Le Routard
Midi toulousain

Directeur de collection et auteur
Philippe GLOAGUEN

Cofondateurs
Philippe GLOAGUEN
et Michel DUVAL

Rédacteur en chef
Pierre JOSSE

Rédacteurs en chef adjoints
Amanda KERAVEL
et Benoît LUCCHINI

Directrice de la coordination
Florence CHARMETANT

Directrice administrative
Bénédicte GLOAGUEN

Direction éditoriale
Catherine JULHE

Rédaction
Isabelle AL SUBAIHI
Mathilde de BOISGROLLIER
Thierry BROUARD
Marie BURIN des ROZIERS
Véronique de CHARDON
Gavin's CLEMENTE-RUÏZ
Fiona DEBRABANDER
Anne-Caroline DUMAS
Géraldine LEMAUF-BEAUVOIS
Olivier PAGE
Alain PALLIER
Anne POINSOT
André PONCELET

Administration
Carole BORDES
Éléonore FRIESS

2015

hachette

Remarque importante aux hôteliers et restaurateurs

Les enquêteurs du *Routard* travaillent dans le plus strict anonymat. Aucune réduction, aucun avantage quelconque, aucune rétribution n'est jamais demandé en contrepartie. Face aux aigrefins, la loi autorise les hôteliers et restaurateurs à porter plainte.

Avis aux lecteurs

Le Routard, ce n'est pas comme le bon vin, il vieillit mal. On ne veut pas pousser à la consommation, mais évitez de partir avec une édition ancienne. Les modifications sont souvent importantes.
Les réductions accordées à nos lecteurs ne sont jamais demandées par nos rédacteurs afin de préserver leur indépendance. Les hôteliers et restaurateurs sont sollicités par une société de mailing, totalement indépendante de la rédaction, qui reste donc libre de ses choix. De même pour les autocollants et plaques émaillées.

Pictogrammes du *Routard*

Établissements

- Hôtel, auberge, chambres d'hôtes
- Camping
- Restaurant
- Boulangerie, sandwicherie
- Glacier
- Café, salon de thé
- Café, bar
- Bar musical
- Club, boîte de nuit
- Salle de spectacle
- Office de tourisme
- Poste
- Boutique, magasin, marché
- Accès internet
- Hôpital, urgences

Sites

- Plage
- Site de plongée
- Piste cyclable, parcours à vélo

Transports

- Aéroport
- Gare ferroviaire
- Gare routière, arrêt de bus
- Station de métro
- Station de tramway
- Parking
- Taxi
- Taxi collectif
- Bateau
- Bateau fluvial

Attraits et équipements

- Présente un intérêt touristique
- Recommandé pour les enfants
- Adapté aux personnes handicapées
- Ordinateur à disposition
- Connexion wifi
- Inscrit au Patrimoine mondial de l'Unesco

Le *Routard* est imprimé sur un papier issu de forêts gérées.

I.S.B.N. 978-2-01-002758-1

TABLE DES MATIÈRES

LE LAURAGAIS

LE VOLVESTRE

LE PAYS DE COMMINGES-PYRÉNÉES

LE TARN-ET-GARONNE

LA LOMAGNE

À L'OUEST DE MONTAUBAN

BALADE EN TARN-ET-GARONNE QUERCYNOIS

VERS CAHORS

LES GORGES DE L'AVEYRON

LE GERS (LA GASCOGNE)

LA LOMAGNE

L'ARMAGNAC

LE PAYS DE D'ARTAGNAN ET LE VAL D'ADOUR

L'ASTARAC ET LES COTEAUX DU GERS

LES HAUTES-PYRÉNÉES (LA BIGORRE)

L'ARIÈGE

LES MONTAGNES DU PLANTAUREL

LE COUSERANS

Recommandation à ceux qui souhaitent profiter des réductions et avantages proposés dans le *Routard* par les hôteliers et les restaurateurs.

À l'hôtel, pensez à les demander au moment de la réservation ou, si vous n'avez pas réservé, **à l'arrivée.** Ils ne sont valables que pour les réservations en direct et non cumulables avec d'autres offres promotionnelles (notamment sur Internet). Au restaurant, parlez-en **au moment** de la commande et surtout **avant** que l'addition ne soit établie. Poser votre *Routard* sur la table ne suffit pas : le personnel de salle n'est pas toujours au courant et une fois le ticket de caisse imprimé, il est souvent difficile de modifier le total. En cas de doute, montrez la notice relative à l'établissement dans le *Routard* de l'année, bien sûr, et ne manquez pas de nous faire part de toute difficulté rencontrée.

☎ **112 :** voici le numéro d'urgence commun à la France et à tous les pays de l'UE, à composer en cas d'accident, d'agression ou de détresse. Il permet de se faire localiser et aider en français, tout en améliorant les délais d'intervention des services de secours.

LES COUPS DE CŒUR DU ROUTARD

Nous tenons à remercier tout particulièrement Loup-Maëlle Besançon, Thierry Bessou, Gérard Bouchu, François Chauvin, Grégory Dalex, Stéphanie Déro, Fabrice Doumergue, Cédric Fischer, Carole Fouque, Michelle Georget, David Giason, Claude Hervé-Bazin, Emmanuel Juste, Dimitri Lefèvre, Fabrice de Lestang, Romain Meynier, Éric Milet, Pierre Mitrano, Jean-Sébastien Petitdemange, Thomas Rivallain et Dominique Roland pour leur collaboration régulière.

Emmanuelle Bauquis
Mathilde Blanchard
Jean-Jacques Bordier-Chêne
Michèle Boucher
Mathilde Bouron
Sophie Cachard
Jeanne Cochin
Agnès Debiage
Jérôme Denoix
Joséphine Desfougères
Tovi et Ahmet Diler
Clélie Dudon
Sophie Duval
Alain Fisch
Cécile Gastaldo
Bérénice Glanger
Adrien et Clément Gloaguen
Bernard Hilaire
Sébastien Jauffret
Blanche-Flore Laize
Virginie Leibel
Jacques Lemoine
Julien Léopold
Jacques Muller
Caroline Ollion
Martine Partrat
Odile Paugam et Didier Jehanno
Julia Pouyet
Émile Pujol
Maud Régent
Anaïs Rougale
Prakit Saiporn
Jean-Luc et Antigone Schilling
Alicia Tawil
Caroline Vallano
Juliana Verdier

Direction: Nathalie Bloch-Pujo
Contrôle de gestion: Jérôme Boulingre et Alexis Bonnefond
Secrétariat: Catherine Maîtrepierre
Direction éditoriale: Catherine Julhe
Édition: Matthieu Devaux, Géraldine Péron, Olga Krokhina, Gia-Quy Tran, Julie Dupré, Pauline Fiot, Camille Loiseau, Béatrice Macé de Lépinay, Emmanuelle Michon, Martine Schmitt et Marion Sergent
Préparation-lecture: Magali Vidal
Cartographie: Frédéric Clémençon et Aurélie Huot
Fabrication: Nathalie Lautout et Audrey Detournay
Relations presse France: COM'PROD, Fred Papet. ☎ 01-70-69-04-69. • *info@comprod.fr* •
Illustration : Anne-Sophie de Précourt
Direction marketing: Adrien de Bizemont, Lydie Firmin et Laure Illand
Contacts partenariats: André Magniez (EMD). • *andremagniez@gmail.com* •
Édition des partenariats: Élise Ernest
Informatique éditoriale: Lionel Barth
Couverture: Clément Gloaguen et Seenk
Maquette intérieure : le-bureau-des-affaires-graphiques.com, Thibault Reumaux et npeg.fr
Relations presse: Martine Levens (Belgique) et Maureen Browne (Suisse)
Régie publicitaire: Florence Brunel-Jars

Remerciements

Pour ce guide, nous tenons à remercier tout particulièrement les personnes suivantes pour leur aide et leur efficacité :

- Nathalie Lacomme et Catherine Dinéglio, du comité départemental de tourisme de la Haute-Garonne, à Toulouse ;
- Mélissa Buttelli, chargée de promotion et des relations presse à l'office de tourisme de Toulouse ;
- Philippe Verger, directeur général de l'office de tourisme de Toulouse ;
- Jean Micoud, directeur adjoint chargé de promotion et de la communication à l'office de tourisme de Toulouse ;
- Hélène Kemplaire, directrice adjointe de l'office de tourisme de Toulouse, chargée des publics ;
- Carol Borgel, responsable de l'accueil à l'office de tourisme de Toulouse ;
- Caroline Manens, de l'Agence de développement de tourisme du Tarn-et-Garonne ;
- Raphaëlle Lequai, du comité départemental de tourisme du Gers ;
- Mado Gonclaves, de l'Agence de développement touristique d'Ariège-Pyrénées ;
- et toutes les équipes des offices de tourisme rencontrées durant notre périple, pour leur aide précieuse et leur collaboration active.

IMPORTANT : DERNIÈRE MINUTE

Sauf rare exception, le *Routard* bénéficie d'une parution annuelle à date fixe. Entre deux parutions, des événements fortuits (formalités, taux de change, catastrophes naturelles, conditions d'accès aux sites, fermetures inopinées, etc.) peuvent intervenir et modifier vos projets de voyage. Pour éviter les déconvenues, nous vous recommandons de consulter la rubrique « Guide » par pays de notre site • ***routard.com*** • et plus particulièrement les dernières ***Actus voyageurs.***

COMMENT Y ALLER ?

PAR LA ROUTE

➢ ***Par l'autoroute :*** Paris-Toulouse (679 km à péage). Prendre l'A 10 Paris-Bordeaux (112 km) puis l'A 20 en direction de Toulouse. Sortir de Paris par la porte d'Orléans. L'A 10 passe par Orléans, l'A 20 se récupère ensuite depuis l'A 10 en passant par l'A 71. Elle passe par Châteauroux et Limoges avant d'arriver à Toulouse.

➢ ***Par la nationale :*** Paris-Toulouse (688 km). Sortir de Paris par l'A 10 et prendre la N 20 avant Palaiseau en direction d'Étampes. Elle passe ensuite par Orléans, se transforme en D 2020 après La Ferté-Saint-Aubin, Vierzon. La D 918 et la N 151 poursuivent jusqu'à Châteauroux. La D 951 et la N 151 prennent le relais jusqu'à Limoges, Brive-la-Gaillarde, Cahors (576 km de Paris), Montauban (637 km) et enfin Toulouse.

– ***Le covoiturage :*** le principe est simple, économique et écologique. Il s'agit de mettre en relation un chauffeur et des passagers afin de partager le trajet et les frais que ce soit de manière régulière ou de manière exceptionnelle, pour les vacances par exemple (*• blablacar.fr •*).

EN TRAIN

▲ **VOYAGES-SNCF.COM**

– Infos et résas depuis la France : • voyages-sncf.com • et sur tablette et mobile avec les applis V. (trains) et V. Hôtel (hôtels).

– Réserver un vol, un hôtel, une voiture : ☎ 0899-500-500 (1,35 €/mn puis 0,34 €/mn).

– Une question ? Rubrique Contact ou au : ☎ 09-70-60-99-60 (n° non surtaxé).

Voyages-sncf.com, distributeur de voyages en ligne de SNCF, vous propose ses meilleurs prix de train, d'avion, d'hôtel et de location de voitures en France et en Europe. Accédez aussi à ses services exclusifs : billets à domicile (en France), Alerte Résa, calendrier des prix, offres de dernière minute...

GRANDES LIGNES

Les différentes liaisons

Au départ de Paris

🚂 ***Gare Montparnasse :*** pour les départs en TGV.

🚂 ***Gare d'Austerlitz :*** pour les trains Corail, et notamment les trains de nuit.

➢ ***Paris-Montauban-Toulouse :*** plusieurs trains directs/j., via Bordeaux (TGV) ou via Limoges (trains Intercités). Compter 5h30 en moyenne. Un train de nuit/j. (train Intercités).

➢ ***Paris-Pau/Lourdes/Tarbes :*** compter env 5h15 en TGV. Un train de nuit/j. (train Intercités).

➢ ***Paris-Foix/Latour-de-Carol :*** correspondance à Toulouse.

Au départ de la province

Liaisons directes pour Toulouse au départ de Bordeaux (2h), Limoges (3h30), Marseille (4h), Montpellier (2h15), Nantes (6h45), Nice (6h45) et Perpignan (2h30) notamment.

Pour préparer votre voyage

– ***e-billet :*** réservez, achetez et imprimez votre e-billet sur Internet.

– ***m-billet :*** plus besoin de support

papier, vous pouvez télécharger le code-barres de votre voyage correspondant à votre réservation directement dans votre smartphone, à l'aide de l'application *SNCF Direct.*
- ***Billet à domicile :*** commandez votre billet par Internet ou par téléphone au ☎ *36-35 (0,34 €/mn, hors surcoût éventuel de votre opérateur)* ; la SNCF vous l'envoie gratuitement à domicile sous 48h, en France.

Pour voyager au meilleur prix

La SNCF propose des tarifs adaptés à chacun de vos voyages.

➢ ***Prem's :*** des petits prix disponibles toute l'année, jusqu'à 90 jours avant le départ. Billets non échangeables et non remboursables (offres soumises à conditions). Impossible de poser des options de réservation sur ces billets : il faut les payer immédiatement.

➢ ***Les IDTGV :*** des prix mini, à saisir sur Internet uniquement.

➢ ***Les tarifs Loisirs***
Une offre pour programmer votre voyage tout en gardant des billets modifiables : ils sont échangeables et remboursables. Pour bénéficier des meilleures réductions, pensez à réserver vos billets à l'avance (les réservations sont ouvertes jusqu'à 90 jours avant le départ) ou à voyager en période de faible affluence.

➢ ***Les cartes de réduction***
Pour ceux qui voyagent régulièrement, profitez de réductions garanties tout le temps avec les cartes Enfant +, Jeune 12-17, Jeune 18-27, Week-end ou Senior + (valables 1 an).

Renseignements et réservations

- ***Internet :*** • *voyages-sncf.com* •
- ***Téléphone :*** ☎ *36-35 (0,34 € TTC/mn).*
- Également dans les gares, les boutiques SNCF et les agences de voyages agréées.

COMMENT CIRCULER DANS LA RÉGION ?

Le réseau TER Midi-Pyrénées

La SNCF et la Région Midi-Pyrénées proposent des tarifs régionaux pour voyager en train ou en car TER Midi-Pyrénées.
Avec le Pack Liberté, pour 20 €/an :
- 50 % de réduction sur les trajets en Midi-Pyrénées (hors trains à réservation obligatoire) les week-ends, les jours de fête et pendant les vacances scolaires (toutes zones). Cette réduction est aussi applicable de 1 à 4 personnes accompagnant ;
- 25 % de réduction les autres jours de l'année.

Et pour les moins de 26 ans, le Pack Liberté offre encore plus de réductions :
- 50 % de réduction tous les jours sur tous les trajets en Midi-Pyrénées ;
- un pack au prix de 15 € au lieu de 20 €.

Pour tout renseignement sur ces offres, rendez-vous dans les gares et boutiques SNCF de la région, sur le site internet TER Midi-Pyrénées, sur l'application TER Mobile (application gratuite disponible sur App Store, Play Store, BlackBerry App World) ou appelez SNCF TER Midi-Pyrénées *(☎ 0800-31-31-31, appel gratuit depuis un poste fixe).*

Pour tout renseignement

- ***Internet :*** • *ter-sncf.com/regions/midi_pyrenees/fr* •
- ***Ligne directe :*** ☎ *0891-677-677 (0,34 €/mn).*

EN BUS

▲ **EUROLINES**
☎ *0892-89-90-91 (0,34 €/mn ; lun-sam 8h-21h, dim 10h-18h).* • *eurolines.fr* •
Eurolines propose 10 % de réduction pour les jeunes (12-25 ans) et les seniors. 2 bagages gratuits par personne en Europe. 20 points de réservation en France.

Première *low-cost* par bus en Europe, Eurolines dessert désormais une soixantaine de villes françaises. Le principe : sur les trajets internationaux, Eurolines prend et dépose les passagers.

EN AVION

Les compagnies régulières

▲ AIR FRANCE

Rens et résas au ☎ 36-54 (0,34 €/mn ; tlj 6h30-22h), sur • airfrance.fr •, dans les agences Air France et dans ttes les agences de voyages. Fermées dim.

➢ Air France dessert Toulouse au départ d'Orly-Ouest avec « la navette » : env 25 vols/j. en sem et une quinzaine le w-e. Au départ de Roissy-Charles-de-Gaulle, env 5-6 vols/j.

➢ Air France assure également des liaisons directes pour Toulouse au départ de Lyon et Strasbourg.

Air France propose à tous des tarifs attractifs toute l'année. Vous avez la possibilité de consulter les meilleurs tarifs du moment sur Internet, directement sur la page « Meilleures offres et promotions ».

Le programme de fidélisation Air France-KLM permet de cumuler des *miles* à son rythme et de profiter d'un large choix de primes. Avec votre carte *Flying Blue,* vous êtes immédiatement identifié comme client privilégié lorsque vous voyagez avec tous les partenaires.

Air France propose également des réductions Jeunes. La carte *Flying Blue Jeune,* réservée aux jeunes âgés de 2 à 24 ans résidant en France métropolitaine, dans les départements d'outre-mer, au Maroc, en Tunisie ou en Algérie. Avec plus de 1 000 destinations et plus de 100 partenaires, *Flying Blue Jeune* offre autant d'occasions de cumuler des *miles* partout dans le monde.

▲ HOP !

Rens et résas sur • hop.com •, via les canaux de ventes Air France, dans ttes les agences de voyages et au centre d'appel : ☎ 0825-30-22-22 (0,15 €/mn ; 365 j./an).

➢ Pour Toulouse, vols directs depuis Lille, Marseille, Nantes, Nice et Rennes. Quelques vols également depuis Calvi et Figari.

➢ Pour Lourdes, vols directs vers Paris-Orly-Ouest.

HOP ! propose des tarifs attractifs toute l'année. Possibilité de consulter les meilleurs tarifs du moment sur *• hop.com •*

▲ TWINJET

☎ 0892-707-737 (0,34 €/mn). • twinjet.net •

➢ 1-2 vols/j. en sem slt sf en été pour Toulouse au départ de Mulhouse et de Metz-Nancy.

Les compagnies *low-cost*

Ce sont des compagnies dites « à bas prix ». Elles desservent les capitales européennes ainsi que de nombreuses villes de province. Plus vous réserverez vos billets à l'avance, plus vous aurez des chances d'avoir des tarifs avantageux, mais il ne faut pas trop espérer trouver facilement des billets à prix plancher lors des périodes les plus fréquentées (vacances scolaires, week-ends...). N'hésitez pas à combiner les offres, d'autant plus que les compagnies *low-cost* permettent des vols simples. La résa se fait souvent par Internet et parfois par téléphone (pas d'agence, juste un numéro de réservation et un billet à imprimer soi-même). Des frais de dossier ainsi que des frais pour le paiement par carte bancaire peuvent vous être facturés. En outre, les pénalités en cas de changement d'horaires sont assez importantes. Afin de réduire les files d'attente dans les aéroports, certaines font même payer l'enregistrement aux comptoirs d'aéroport. Pour l'éviter, vous avez intérêt à vous enregistrer directement sur Internet, où le service est gratuit. Il faut aussi rappeler que plusieurs compagnies facturent maintenant les bagages en soute ou limitent leur poids. En cabine également, le nombre de bagages est strictement limité (attention, même le plus petit sac à main est compté comme un bagage à part entière). À bord, c'est service minimum, et tous les services sont

payants (boissons, journaux...). Ne pas oublier non plus d'ajouter le prix du bus pour se rendre à ces aéroports, souvent assez éloignés du centre-ville ou dans des aéroports secondaires quand il s'agit des capitales. Attention également au moment de la résa par Internet à décocher certaines options qui sont automatiquement cochées (assurances, etc.). Au final, même si les prix de base restent très attractifs, il convient de prendre en compte tous ces frais annexes pour calculer le plus justement son budget.

▲ EASYJET

• easyjet.com •

➢ Easyjet assure des liaisons pour Toulouse au départ de Paris (Orly et Roissy), Bâle-Mulhouse, Bastia, Lille, Lyon, Nantes, Nice, Bruxelles, Genève, Rome, Londres et Bristol.

▲ GERMANWINGS

Résas au ☎ 0892-39-01-58 (0,34 €/mn ; tlj 6h-minuit) ou sur • germanwings.com •

➢ 3-4 vols/sem entre Toulouse et Hambourg.

▲ VUELING

• vueling.com •

➢ La compagnie dessert Toulouse au départ de Barcelone, Málaga, Ibiza et Majorque.

VOYAGES À PIED, À VÉLO, À RAQUETTES, À SKIS OU AVEC UN ÂNE

▲ ALLIBERT

– Paris : 37, bd Beaumarchais, 75003. ☎ 01-44-59-35-35. • allibert-trekking.com • Ⓜ Chemin-Vert ou Bastille. Lun-ven 9h-19h ; sam 10h-18h.

– Agences également à Chamonix, Chapareillan, Nice et Toulouse.

Née en 1975 d'une passion commune entre 3 guides de montagne, Allibert propose aujourd'hui 1 100 voyages aux quatre coins du monde tout en restant une entreprise familiale. Découvrir de nouveaux itinéraires en respectant la nature et les cultures des régions traversées reste leur priorité. Pour chaque pays, différents niveaux de difficulté. Allibert est le premier tour-opérateur certifié tourisme responsable par ATR.

▲ TERRES D'AVENTURE

– Paris : 30, rue Saint-Augustin, 75002. N° Indigo : ☎ 0825-700-825 (0,15 €/mn). • terdav.com • Ⓜ Opéra ou Quatre-Septembre. Lun-sam 9h30-19h.

– Agences également à Bordeaux, Chamonix, Grenoble, Lille, Lyon, Marseille, Nantes, Rennes, Rouen, Strasbourg et Toulouse.

Depuis 1976, Terres d'Aventure, spécialiste du voyage à pied, propose aux voyageurs passionnés de marche et de rencontres des randonnées hors des sentiers battus à la découverte des grands espaces de notre planète. Voyages à pied, à cheval, à raquettes, en bateau... Les hébergements dépendent des sites explorés : camps d'altitude, bivouacs, refuges ou petits hôtels. Les voyages sont conçus par niveaux de difficulté : de la simple balade en plaine à l'expédition sportive en passant par la course en haute montagne.

En province, certaines de leurs agences sont de véritables *Cités des Voyageurs* dédiées au voyage : librairies spécialisées, boutiques d'accessoires de voyage, expositions-ventes d'artisanat et cocktails-conférences. Consultez le programme des manifestations sur leur site internet.

MIDI TOULOUSAIN UTILE

Pour la carte du Midi toulousain, se reporter au cahier couleur.

AVANT LE DÉPART

Adresses utiles

■ **Confédération pyrénéenne du tourisme :** *7, rue des Prêtres, 31000 Toulouse.* ☎ *05-34-40-78-40.* • *lespyrenees.net* •

■ **Comité régional du tourisme Midi-Pyrénées :** *15, rue Rivals, CS 78543, 31685 Toulouse Cedex 06.* ☎ *05-61-13-55-55.* • *tourisme-midi-pyrenees.com* • *Lun-ven 9h-12h30, 14h-17h30.*

■ **Gîtes de France :** ☎ *0826-10-44-44 (0,15 €/mn ; tlj 9h-21h).* • *gites-de-france.com* • Librairie en ligne. Les réservations sont à faire auprès des relais départementaux des *Gîtes de France* (indiqués dans ce guide en introduction de chaque département).

Carte d'adhésion internationale aux auberges de jeunesse (carte FUAJ)

Cette carte vous ouvre les portes des 4 000 auberges de jeunesse du réseau HI-Hostelling International en France et dans le monde. Vous pouvez ainsi parcourir 90 pays à des prix avantageux et bénéficier de tarifs préférentiels avec les partenaires des auberges de jeunesse HI. Enfin, vous intégrez une communauté mondiale de voyageurs partageant les mêmes valeurs : plaisir de la rencontre, respect des différences et échange dans un esprit convivial. Il n'y a pas de limite d'âge pour séjourner en auberge de jeunesse. Il faut simplement être adhérent.

Pour l'obtenir en France

– ***En ligne :*** • *hifrance.org* •
– ***Dans toutes les auberges de jeunesse,*** liste sur • *hifrance.org* •
– ***Par correspondance*** auprès de l'antenne nationale *(27, rue Pajol, 75018 Paris ;* ☎ *01-44-89-87-27),* en envoyant une photocopie d'une pièce d'identité et un chèque à l'ordre de la FUAJ du montant correspondant à l'adhésion + 2 € pour les frais d'envoi.

Les tarifs de l'adhésion 2015

– *Carte internationale individuelle FUAJ - de 26 ans :* 7 €. Pour les mineurs, une autorisation parentale et la carte d'identité du parent tuteur sont nécessaires pour l'inscription.
– *Carte internationale individuelle FUAJ + de 26 ans :* 11 €.
– *Carte internationale FUAJ Famille :* 20 €. Pour les familles ayant un ou plusieurs enfants de - de 16 ans. Les enfants de + de 16 ans devront acquérir une carte individuelle FUAJ.

En Belgique

Réservée aux personnes résidant en Belgique. La carte d'adhésion est obligatoire. Son prix varie selon l'âge : entre 3 et 15 ans, 4 € ; entre 16 et 25 ans, 10 € ; après 25 ans, 16 €.

Renseignements et inscriptions

■ ***À Bruxelles :*** *LAJ, rue de la Sablonnière, 28, 1000.* ☎ *02-219-56-76.* • *lesaubergesdejeunesse.be* •

En Suisse (SJH)

Réservée aux personnes résidant en Suisse. Le prix de la carte dépend de l'âge : 22 Fs pour les - de 18 ans, 33 Fs pour les adultes et 44 Fs pour une famille avec des enfants de - de 18 ans.

Renseignements et inscriptions

■ ***Schweizer Jugendherbergen (SJH) :*** *service des membres, Schaffhauserstr. 14, 8006 Zurich.* ☎ *044-360-14-14.* • *youthhostel.ch* •

Au Canada

Elle coûte 35 $Ca pour une durée de 16 à 28 mois et 175 $Ca pour une carte valable à vie (tarif hors taxes). Gratuit pour les enfants de - de 18 ans.

■ ***Auberges de Jeunesse du Saint-Laurent / St Laurent Youth Hostels :*** *3514, av. Lacombe, Montréal (Québec) H3T 1M1.* ☎ *514-731-10-15. N° gratuit (au Canada) :* ☎ *1-800-663-5777.*

■ ***Canadian Hostelling Association :*** *301-20 James St, Ottawa (Ontario) K2P 0T6.* ☎ *613-237-78-84.* • *info@hihostels.ca* • *hihostels.ca* •

Pour réserver votre séjour en auberge de jeunesse HI

– ***En France :*** • *hifrance.org* • Accès aux offres spéciales et de dernière minute.

– ***En France et dans le monde :*** • *hihostels.com* • Si vous prévoyez un séjour itinérant, vous pouvez réserver plusieurs auberges en une seule fois !

Carte internationale d'étudiant (carte ISIC)

Elle prouve le statut d'étudiant dans le monde entier et permet de bénéficier de tous les avantages, services et réductions dans les domaines du transport, de l'hébergement, de la culture, des loisirs, du shopping... C'est la clé de la mobilité étudiante !

La carte ISIC permet aussi d'accéder à des avantages exclusifs sur le voyage (billets d'avion spécial étudiants, hôtels et auberges de jeunesse, assurances, cartes SIM internationales, location de voiture...).

En France

– ***Rendez-vous dans la boutique ISIC*** *(2, rue de Cicé, 75006 Paris ;* ☎ *01-40-49-01-01)* muni de votre certificat de scolarité, d'une photo d'identité et de 13 € (12 € + 1 € de frais de traitement).

Ou commandez-la en ligne : • *isic.fr* •

En Belgique

Elle coûte 12 € (+ 1 € de frais d'envoi) et s'obtient sur présentation de la carte d'identité et de la carte d'étudiant auprès de l'agence ***Connections*** : *rens au* ☎ *070-23-33-13 ou en ligne.* • *isic.be* •

En Suisse

Dans toutes les agences ***S.T.A. Travel*** *(☎ 058-450-40-00 ou 49-49),* sur présentation de la carte d'étudiant, d'une photo et de 20 Fs. Commande de la carte en ligne : • *isic.ch* • *statravel.ch* •

Au Canada

La carte coûte 20 $Ca (+ 1,50 $Ca de frais d'envoi). Disponible dans les agences ***Travel Cuts/Voyages Campus,*** mais aussi dans les bureaux d'associations étudiantes. Pour plus d'infos : • *voyagescampus.com* •

Cartes de paiement

Quelle que soit la carte que vous possédez, chaque banque gère elle-même le processus d'opposition et le numéro de téléphone correspondant ! Avant de partir, notez donc bien le numéro d'opposition propre à votre banque (il figure souvent au dos des tickets de retrait, sur votre contrat ou à côté des distributeurs de billets), ainsi que le numéro à 16 chiffres de votre carte. Bien entendu, conservez ces informations en lieu sûr, et séparément de votre carte. Par ailleurs, l'assistance médicale se limite aux 90 premiers jours du voyage, et l'assistance véhicule aux cartes haut de gamme (renseignez-vous auprès de votre banque). N'oubliez pas aussi de VÉRIFIER LA DATE D'EXPIRATION DE VOTRE CARTE BANCAIRE avant votre départ !

- ***Carte Bleue Visa :*** *assistance médicale ; numéro d'urgence (Europ Assistance) : ☎ (00-33) 1-41-85-85-85 (24h/24). • visa.fr • Pour faire opposition, contactez le numéro communiqué par votre banque.*
- ***Carte MasterCard :*** *assistance médicale incluse ; numéro d'urgence : ☎ (00-33) 1-45-16-65-65. • mastercardfrance.com • En cas de perte ou de vol, composez le numéro communiqué par votre banque pour faire opposition.*
- ***Carte American Express :*** *téléphoner en cas de pépin au ☎ (00-33) 1-47-77-72-00. Numéro accessible tlj 24h/24. • americanexpress.fr •*
- *Pour toutes les cartes émises par* ***La Banque postale :*** *composer le ☎ 0825-809-803 (0,15 €/mn) depuis la France métropolitaine et les DOM, et depuis l'étranger le ☎ (00-33) 5-55-42-51-96.*
- Également un numéro d'appel valable ***quelle que soit votre carte de paiement pour faire opposition*** : *☎ 0892-705-705 (serveur vocal à 0,34 €/mn). Ne fonctionne ni en PCV, ni depuis l'étranger.*
- Petite mesure de précaution : si vous retirez de l'argent dans un distributeur, utilisez de préférence les distributeurs attenants à une agence bancaire. En cas de pépin avec votre carte (carte avalée, erreurs de numéro...), vous aurez un interlocuteur dans l'agence, pendant les heures ouvrables du moins.

BUDGET

Nous vous indiquons plus bas l'échelle des tarifs auxquels nous nous référons pour le classement de nos adresses en France.

Hébergement

D'une manière générale, nous indiquons des fourchettes de prix allant de la chambre double la moins chère en basse saison à celle la plus chère en haute saison. Ce qui implique parfois d'importantes fourchettes de prix, pas toujours en adéquation avec la rubrique dans laquelle l'établissement est cité. Le classement retenu est donc celui du prix de la majorité des chambres et de leur rapport qualité-prix. À noter que lorsque les lieux d'hébergement sont équipés d'un accès Internet et/ou wifi, nous le mentionnons.

- Les tarifs des ***campings*** sont calculés sur la base d'un emplacement pour deux avec voiture et tente. Ils sont classés en tête de rubrique « Où dormir ? ».
- Les ***auberges de jeunesse*** et ***gîtes d'étape*** pratiquent en règle générale des tarifs « bon marché » pour une nuitée en dortoir (avec ou sans les draps). Le tarif indiqué est celui du lit en dortoir et/ou parfois de la chambre double quand il y en a.
- En ***chambres d'hôtes,*** les prix sont donnés sur la base d'une chambre double. Ils incluent le petit déjeuner. Les cartes de paiement sont rarement acceptées. Dans les cas contraires, nous indiquons « petit déj en sus » et « CB acceptées ».
- Concernant les ***hôtels,*** la base reste celle d'une nuit en chambre double (sans petit déjeuner), sauf exception, notamment pour les chambres familiales.
- ***Bon marché :*** moins de 50 €.
- ***Prix moyens :*** de 50 à 70 €.

- *Chic :* de 70 à 100 €.
- *Plus chic :* de 100 à 150 €.
- *Beaucoup plus chic :* plus de 150 €.

Promotions sur Internet

C'est un fait aujourd'hui, de plus en plus d'hôtels modulent les tarifs sur Internet en fonction du taux d'occupation. Il y a donc les prix officiels (ceux que nous indiquons) et les promos proposées sur le Net. Le prix des chambres évolue en permanence.

Ces promotions sont extrêmement variables d'une semaine à l'autre, voire d'un jour à l'autre. Elles sont particulièrement intéressantes et tout le monde a tendance à s'y mettre, histoire d'optimiser le chiffre d'affaires !

Des centrales de réservation proposent des tarifs attractifs sur leurs sites, prélevant au passage une commission plus ou moins importante sur la marge de l'hôtelier. Pour pallier cette dépendance, les chefs d'établissement alignent volontiers leurs tarifs sur leur propre site ou par téléphone.

Restos

Au restaurant, notre critère de classement est le prix du premier menu servi le soir (hors boissons). Les notions de « Prix moyens » ou « Plus chic » n'engagent donc que les prix. Autrement dit, certains restos chic proposant parfois d'intéressantes formules, notamment au déjeuner, pourront malgré tout être classés dans la rubrique « Plus chic ».
- *Très bon marché :* moins de 12 €.
- *Bon marché :* de 12 à 20 €.
- *Prix moyens :* de 20 à 30 €.
- *Chic :* de 30 à 40 €.
- *Plus chic :* plus de 40 €.

Recommandation à ceux qui souhaitent profiter des réductions et avantages proposés dans le *Routard* par les hôteliers et les restaurateurs.

À l'hôtel, pensez à les demander au moment de la réservation ou, si vous n'avez pas réservé, **à l'arrivée.** Ils ne sont valables que pour les réservations en direct et non cumulables avec d'autres offres promotionnelles (notamment sur Internet). Au restaurant, parlez-en **au moment** de la commande et surtout **avant** que l'addition ne soit établie. Poser votre *Routard* sur la table ne suffit pas : le personnel de salle n'est pas toujours au courant et une fois le ticket de caisse imprimé, il est souvent difficile de modifier le total. En cas de doute, montrez la notice relative à l'établissement dans le *Routard* de l'année, bien sûr, et ne manquez pas de nous faire part de toute difficulté rencontrée.

LIVRES DE ROUTE

Avant d'entamer une liste de livres qui pourrait être bien longue, le voyageur peut déjà noter trois éditeurs locaux qui font un travail remarquable pour la mise en valeur de leur région : les éditions Sud-Ouest, Privat et Loubatières.

- ***Toulouse,*** Quitterie et Daniel Cazes, éd. Sud-Ouest, 1994. Un livre incontournable, pratique et informatif. De nombreuses photos des plus beaux sites toulousains, accompagnées de textes de présentation.
- ***Toulouse, 2 000 ans d'art et d'histoire,*** Mosé Biagio Moliterni, éd. Daniel Briand, 2000. Un beau livre à offrir aux amoureux de la Ville Rose. Un grand format avec photos et textes.
- ***Le Guide du promeneur de Toulouse,*** Hélène Kemplaire, éd. Parigramme, 2013. Un livre très utile pour découvrir l'âme de Toulouse en flânant dans ses quartiers, célèbres ou méconnus, au travers de 17 itinéraires. Un bon moyen de se perdre dans la ville (sans jamais s'égarer), d'humer son atmosphère particulière et de découvrir ici ou là une multitude de petits trésors d'architecture.
- ***Cuisinière du Pays toulousain ; Cuisinière gasconne ; Cuisinière pyrénéenne,*** éd. Stéphane Bachès, 2009. Spécialités culinaires régionales, à découvrir avant le voyage (si l'on est curieux et impatient) avec ces petits carnets de recettes.
- ***Carnets ariégeois,*** Joseph Vézian, éd. Sud-Ouest, 2000. Un livre passionnant qui regorge d'histoires insolites sur l'Ariège. Où l'on découvre les rivalités villageoises, comment conjurer les serpents, les secrets des fêtes traditionnelles...
- ***La Religion cathare. Le Bien, le Mal et le Salut dans l'hérésie médiévale,*** Michel Roquebert, éd. Perrin, 2009. Auteur de *L'Épopée cathare,* une histoire du catharisme en cinq tomes, Michel Roquebert se penche cette fois-ci plus précisément sur les composantes d'une religion qui a enflammé tout le Sud-Ouest du XIIe au XIVe s.
- ***Connaître les cathares*** (2006), Lucien Bély, éd. Sud-Ouest, 2013. Les sites, l'histoire et les secrets des cathares racontés par Lucien Bély, professeur à la Sorbonne.
- ***Le Canal du Midi et les Voies navigables de l'Atlantique à la Méditerranée*** (2009), René Gast et Bruno Barbier, éd. Ouest-France, 2014. Promenade le long des écluses et des sites qui jalonnent le canal du Midi de Pierre-Paul de Riquet. Un itinéraire charmant sur un « chemin d'eau » qui court de Toulouse à Sète.
- ***Paysages du Gers,*** collectif, éd. du Rouergue, 2004. Un état des lieux (photos et textes) méticuleux sur les paysages du Gers, cœur historique de la Gascogne. Merveilleuse alternance de coteaux et de vallons, de la rivière Basse au Savès toulousain, de la Ténarèze à l'Astarac, voici les pays gersois qui révèlent leurs trésors, par des auteurs spécialistes du paysage et de l'urbanisme, toujours soucieux de les protéger.
- ***Montaillou, village occitan,*** Emmanuel Leroy-Ladurie, éd. Gallimard/Folio Histoire, 2008. La vie quotidienne des habitants d'un petit village de l'Ariège de 1294 à 1324. Une chronique vivante appuyée sur un solide travail de recherche, écrite dans un style limpide, par un des pionniers de la nouvelle histoire.
- ***A bisto de nas. Dictionnaire de mots et expressions de la langue française parlée dans le Sud-Ouest,*** Bernard Vavassori, éd. Loubatières, 2008. Un professeur d'espagnol de Toulouse montre dans ce livre les influences de l'occitan et des langues méridionales sur le parler du Sud-Ouest. Pour (re)connaître et se familiariser avec cet accent si particulier.
- ***Randonnées, ascensions, escalades, Pyrénées centrales et occidentales, I-V,*** Robert Ollivier, éd. Cairn, 2007 à 2011. Itinéraires de balades, cartes, photos et descriptions des monts et vallées. Un topoguide écrit par l'alpiniste Robert Ollivier, premier « pyrénéiste » et donc parfait connaisseur de la montagne.
- ***Randonnées insolites dans les Pyrénées,*** Santiago Mendieta, éd. Glénat, 2008. Ce n'est pas un topoguide comme les autres, mais la chronique précise et sélective d'un randonneur qui nous livre ses choix personnels de marche montagnarde.
- ***Du bruit sous le silence,*** Pascal Dessaint, éd. Rivages/Noir, 1999. Un vrai bon polar dont l'action se déroule dans le milieu du rugby toulousain. En situant son action dans le Toulouse actuel, l'auteur choisit le même concept littéraire que le

regretté Jean-Claude Izzo, qui écrivait des polars noirs avec Marseille pour décor. Du même auteur, d'autres polars dont l'intrigue se situe aussi à Toulouse : *Loin des humains, Les Paupières de Lou, Une pieuvre dans la tête.*

– ***Le Bûcher de Montségur – 16 mars 1244*** (1989), Zoé Oldenbourg, éd. Gallimard/Folio Histoire, 2009. Un grand roman historique sur les cathares et la fin des albigeois sur le rocher de Montségur en 1244.

– À noter enfin la collection thématique de Privat, « Domaine pyrénéen », qui permet de découvrir l'histoire des bastides, l'Inquisition, Montségur, la Garonne, les routes de cocagne, le canal des Deux-Mers, les Pyrénées, etc.

PERSONNES HANDICAPÉES

Le label Tourisme et Handicap

Ce label national, créé par le secrétariat d'État à la Consommation et au Tourisme en partenariat avec les professionnels du tourisme et les associations représentant les personnes handicapées, permet d'identifier les lieux de vacances (hôtels, campings, sites naturels, etc.), de loisirs (parcs d'attractions, etc.) ou de culture (musées, monuments, etc.) accessibles aux personnes handicapées. Il apporte aux touristes en situation de handicap une information fiable sur l'accessibilité des lieux. Cette accessibilité, visualisée par un pictogramme correspondant aux quatre types de handicaps (moteur, visuel, auditif et mental), garantit un accueil et une utilisation des services proposés avec un maximum d'autonomie dans un environnement sécurisant.

Pour connaître la liste des sites labellisés : • *rendezvousenfrance.com* • (rubrique « Tourisme et Handicap »).

TOURISME & HANDICAP

Par ailleurs, dans notre guide, nous indiquons par le logo ♿ les établissements qui possèdent un accès ou des chambres pouvant accueillir des personnes handicapées. Certaines adresses sont parfaitement équipées selon les critères les plus modernes. D'autres, plus simples, plus anciennes aussi, sans répondre aux normes les plus récentes, favorisent l'accueil des personnes handicapées en facilitant l'accès à leur établissement, tant sur le plan matériel que sur le plan humain. Évidemment, les handicaps étant très divers, des lieux accessibles à certaines personnes ne le seront pas pour d'autres. Appelez donc auparavant pour savoir si l'équipement de l'hôtel ou du resto est compatible avec votre niveau de mobilité. Malgré les combats menés par les nombreuses associations, l'intégration des personnes handicapées à la vie de tous les jours est encore balbutiante en France. Il tient à chacun de nous de faire changer les choses. Une prise de conscience est nécessaire, nous sommes tous concernés.

SITES INTERNET

• ***routard.com*** • Rejoignez la plus grande communauté francophone de voyageurs ! Échangez avec les routarnautes : forums, photos, avis d'hôtels. Retrouvez aussi toutes les informations actualisées pour choisir et préparer vos voyages : plus de 200 fiches pays, une centaine de dossiers pratiques et un magazine en ligne pour découvrir tous les secrets de votre destination. Enfin, comparez les offres pour organiser et réserver votre voyage au meilleur prix. Routard.com, le voyage à portée de clics !

- *tourisme-seronais.com* • Propose une sélection de randonnées pédestres et d'excursions montagnardes à moins de 100 km de Toulouse.
- *bigorre.org* • Un site complet pour prendre de l'altitude et découvrir la Bigorre vue du ciel. Également des infos complètes sur les activités et sites touristiques en Hautes-Pyrénées, un guide complet sur Tarbes, et même la musique locale.
- *grandsites.midipyrenees.fr* • Présentation, infos pratiques et photos des sites à découvrir en Midi-Pyrénées. Avec des vidéos qui montrent la richesse des paysages.
- *lespyrenees.net* • Site généraliste avec toutes les infos pratiques et touristiques pour préparer son séjour en Midi-Pyrénées (sports d'hiver, randonnées, hébergements, manifestations culturelles...).
- *patrimoines-lourdes-gavarnie.fr* • Site assez complet décrivant les patrimoines du pays des vallées des Gaves, de Lourdes à Gavarnie.
- *ladepeche.fr* • Le site officiel du quotidien régional. Toutes les infos internationales, mais surtout de larges rubriques sur chaque département et l'édition toulousaine en ligne.
- *cds09.com* • Un site bien conçu par le comité départemental de spéléologie de l'Ariège. Idéal pour explorer l'ensemble des sites du département et obtenir toutes les infos pratiques.
- *armagnac.fr* • LE site officiel de l'armagnac.
- *canalmidi.com* • Un site sur le canal du Midi fait par un instituteur ; pédagogique et bien documenté.
- *festivals.midipyrenees.fr* • Le site officiel du conseil régional qui recense l'ensemble des festivals en Midi-Pyrénées.

URGENCE MOBILE

En cas de perte ou de vol de votre téléphone portable

Suspendre aussitôt sa ligne permet d'éviter de douloureuses surprises au retour du voyage ! Voici les numéros des quatre opérateurs français, accessibles depuis la France et l'étranger.

– ***SFR :*** *depuis la France, ☎ 1023 ; depuis l'étranger, 📱 + 33-6-1000-1023.*
– ***Bouygues Télécom :*** *depuis la France comme depuis l'étranger, ☎ 0800-29-1000 ; depuis l'étranger, ☎ + 33-1-46-10-86-86.*
– ***Orange :*** *depuis la France comme depuis l'étranger, 📱 + 33-6-07-62-64-64.*
– ***Free :*** *depuis la France, ☎ 3244 ; depuis l'étranger, ☎ + 33-1-78-56-95-60.*

Vous pouvez aussi demander la suspension de votre ligne depuis le site internet de votre opérateur.

HOMMES, CULTURE, ENVIRONNEMENT

Un délicieux casse-tête que le regroupement – quelque peu arbitraire – de ces cinq départements... Force est de constater que l'insaisissable Sud Midi-Pyrénées ne se livre pas en quelques mots bien choisis. Tant mieux ! Quel voyageur se plaindra d'une telle diversité culturelle, d'une telle variété de paysages, reflet des influences méditerranéennes et océaniques et transition entre les reliefs escarpés pyrénéens et les grasses collines gasconnes ? Il y a bien la Garonne et ses rivières affluentes pour dénouer en partie cet inextricable écheveau. Encore faut-il savoir séduire cette courtisane aux humeurs vagabondes, dont les caprices lâchent parfois la bride aux flots tumultueux lors de crues dévastatrices. Elles apportent toutefois un semblant d'unité à ce dédale topographique de collines et de vallons, même si chaque canton est un monde à part au caractère bien trempé. Des vallées secrètes et intimes des Hautes-Pyrénées, d'Ariège ou de la pointe sud de la Haute-Garonne aux rondeurs fécondes du Lauragais en passant par les croupes rebondies du Gers et du bas département de Tarn-et-Garonne, chaque communauté de villages a la mémoire bien ancrée dans un patrimoine commun de traditions séculaires.

Il faut s'attarder sur les marchés et tendre l'oreille aux boniments des détaillants, s'enthousiasmer lors des rencontres entre équipes de rugby locales, ou s'intégrer aux fêtes patronales pour saisir l'âme de ces petits pays. Elle célèbre un attachement au terroir qui trouve un juste aboutissement dans sa cuisine généreuse.

Nourricier, enchanteur, authentique, le Sud Midi-Pyrénées parle autant à l'esprit qu'au corps. Sur les étals, les chapelets de tomme ariégeoise, les fagots de haricots tarbais ou les guirlandes de chasselas de Moissac annoncent les festins à venir. Invitées d'honneur à chaque grand-messe du terroir, les glorieuses oies du Gers défilent, hautaines et la démarche chaloupée, entre les haies de badauds. Un peu en retard, les troupeaux fraîchement débarqués des pâturages d'altitude ajoutent une partition colorée à cette symphonie animalière... Et l'on se dit que oui, trois fois oui, le pays de cocagne n'a jamais si bien porté son nom !

Certes, la désertification frappe parfois durement certaines vallées reculées de montagne et des collines ariégeoises, mais le visiteur gardera le souvenir des coteaux dorés. L'histoire ménage d'ailleurs de curieux pieds de nez. Si la région n'a pas toujours eu le vent en poupe, à l'image du pauvre d'Artagnan contraint à l'exil, le Sud Midi-Pyrénées profite aujourd'hui des nouvelles aspirations des jeunes générations. La recherche d'une qualité de vie s'impose désormais comme un leitmotiv.

Au-dessus de la mêlée, la dynamique Toulouse rassemble sous sa bannière les candidats à cette fameuse douceur de vivre qui la caractérise. Les raffinés y chantaient l'amour courtois, les fortunés y bâtissaient des palais florentins, mais c'est son âme qui séduit les nouveaux poètes urbains. Pourtant l'arrière-pays n'est pas le grand oublié. Partout, de vieilles fermes renaissent de leurs cendres, de beaux monuments retrouvent un second souffle et

chantent les louanges d'une civilisation brillante. En Midi-Pyrénées, chaque paysage est une petite œuvre d'art !

CHEMINS DE SAINT-JACQUES-DE-COMPOSTELLE

Les différents chemins de Compostelle convergent vers la côte galicienne espagnole et la cathédrale Saint-Jacques, où sont conservées les reliques d'un des plus importants apôtres de Jésus, Jacques, mort en martyr vers l'an 35.
C'est en 800 qu'un ermite, guidé en songe par une étoile, retrouve le tombeau du saint. Le nom de Compostelle proviendrait d'ailleurs de *campus stellae* : champ d'étoiles... Dès le Xe s, des pèlerins en provenance de toute l'Europe viennent se recueillir sur ses reliques. Aujourd'hui encore, on assiste parfois à une certaine affluence sur les chemins en période de pèlerinages et pendant les vacances...
Au fil des ans, aux pèlerins se joignent amateurs d'art roman et férus de randonnées. Il faut dire que les chemins de Compostelle, cadre de ressourcement spirituel extraordinaire, sont aussi d'une beauté et d'un intérêt historique qui valent le détour : les échanges culturels et religieux et la nécessité d'héberger un grand nombre de pèlerins ont favorisé dès le Moyen Âge le développement des villes et des monuments étapes sur le chemin.
Balisés en 1970 par la Fédération de randonnée pédestre, les quatre sentiers historiques français commencent respectivement à Vézelay, au Puy-en-Velay, à Tours (aujourd'hui à Paris) et à Arles. C'est d'ailleurs ce dernier chemin, connu sous nom de *via Tolosana,* qui glorifie l'étape toulousaine et son impressionnante église Saint-Sernin. On a récemment remis à l'honneur certains itinéraires secondaires comme celui de Conques à Toulouse qui offre de belles découvertes en traversant le Tarn.
Depuis 1998, les parcours et les principaux monuments sont classés sur la liste Unesco au titre de Patrimoine mondial de l'humanité. Que vous partiez à pied, à cheval ou à VTT, que vous marchiez tout le long de la route ou sur les derniers kilomètres uniquement, ouvrez grand les yeux pour ne pas rater les beautés croisées sur le chemin : une auberge super accueillante, une église romane perdue dans la campagne, les champs à perte de vue, et souvent de bien belles rencontres...
En Pyrénées, Gascogne et Pays toulousain, les chemins de Compostelle passent par Mirepoix (09), Pamiers (09), Le Mas-d'Azil (09), Saint-Lizier (09), Castillon-en-Couserans (09), Bagnères-de-Bigorre (65), Lourdes (65), Lauzerte (82), Moissac (82), Auvillar (82), Montréal-du-Gers (32), Lectoure (32), La Romieu (32), Condom (32), Eauze (32) et Nogaro (32).
– Pour plus de renseignements :

■ ***ACIR Compostelle*** *(plan centre détachable de Toulouse, D3,* ***5****)* **:** *4, rue Clémence-Isaure, 31000 Toulouse.* ☎ *05-62-27-00-05.* • *chemins-compostelle.com* •

CUISINE

Les Trois Mousquetaires, Le Déjeuner de Sousceyrac (Pierre Benoit), la fameuse poule au pot du roi Henri IV... Allez-y franco ! Même sans le Périgord et le Béarn, ses annexes naturelles, la région Midi-Pyrénées constitue le saint des saints de la France gourmande. Ici, le moindre restaurant de campagne vous offre des ripailles pour trois fois rien. C'est que l'art de la table est inscrit dans les gènes : les paysans ont merveilleusement exploité leurs maigres ressources. Truffes, foie gras, cèpes, confit, cassoulet, gâteau à la broche et melon de Lectoure. Unie dans son abondance, la région se teinte de cuisines différentes :

– ***en Gascogne :*** l'oie, l'oie et encore l'oie. Et quand ce n'est pas de l'oie, c'est du canard... En graisse, foie, confits, gésiers, cous farcis. Dans la cocagne qui entoure Auch, le déjeuner commence par un bouillon de poule ou un pot-au-feu (épaule, jarret, confit), enchaîne avec une fricassée d'escargots et culmine avec un magret, une poularde au jus ou une daube de porc, se conclut sur une croustade arrosée de raisiné et prolonge ses ultimes résonances par un armagnac. On vous invite aussi à lire la rubrique « Cuisine et vins gascons » en introduction du chapitre sur le Gers ;

– ***en Pays toulousain :*** l'oie toujours. Elle alimente ici les daubes, pâtés, ballottines, ragoûts de foie, offre ses confits au cassoulet toulousain (le plus complet de tous les cassoulets). Si le Languedoc pointe son nez avec les aïolis et les escargots, le gâteau toulousain aux amandes,en revanche, est proprement du cru ;

– ***en Ariège :*** l'influence des Pyrénées se ressent dans les nombreuses charcuteries, les préparations de gibier, les fromages de brebis, les petits-gris et le touron, une friandise aux amandes. Pour le reste, tripes, aillades, confits, foie gras et simili-cassoulets.

Spécialités

– ***Aïgo boulido :*** l'aillade ariégeoise ? Un jaune d'œuf délayé dans l'huile, auquel on ajoute le blanc avec une gousse d'ail.

– ***Ail blanc de Lomagne :*** deux départements, deux capitales, Beaumont-de-Lomagne en Tarn-et-Garonne et Saint-Clar dans le Gers. L'ail blanc de Lomagne a été inscrit au registre des Indications géographiques protégées (IGP) par la Commission européenne en décembre 2008.

– ***Aligot :*** purée de pommes de terre aillée, additionnée de tomme fraîche.

– ***Canard :*** en confit, en magret, en foie gras, tout est bon dans le canard (gésiers, manchons, aiguillettes...), est-il utile de le rappeler ? De quoi s'en gaver, bien sûr, par ici. À ce petit jeu (de l'oie), le canard a même fini par régler son pas sur celui de sa consœur en ce qui concerne le foie gras (lire plus loin).

– ***Cassoulet :*** il n'est de cassoulet que de Toulouse, sauf s'il est de Montauban, Castelsarrasin, Castelnaudary ou... Carcassonne ! Le fond reste le même – de beaux « lingots » de l'Ariège et 70 % de haricots (tarbais, de préférence) –, chaque ville faisant valoir ses accompagnements : porc, ail, confits, saucisses, parfois même, comme à Montauban, couenne et purée de tomates. Il faut les laisser mijoter plusieurs heures, en couches dans leur *cassolle* ou *toupine* (cocotte) en argile.

LES SEPT PEAUX CAPITALES

Le secret d'un bon cassoulet réside dans le temps de cuisson. La tradition veut que l'on enfourne celui-ci et qu'on le laisse faire sept « peaux » : dès qu'une croûte se forme en surface, il faut l'enlever et la laisser se reconstituer six fois. Et en principe, la cuillère doit pouvoir tenir debout. Il faut, quoi qu'il en soit, entre 4 et 6h de cuisson et autant pour la digestion, mais quand le démon du cassoulet vous tient ! L'important est de ne pas être pressé...

– ***Cèpes :*** très appréciés partout. Les Gascons en raffolent à la poêle, en daube dans du vin rouge ou alors au jambon, piqués d'ail et grillés.

– ***Croustade :*** de Gascogne en Ariège, cette tourte fait varier sa garniture, tantôt pommes ou poires, tantôt figues ou pruneaux.

– ***Foie gras :*** oubliez le Périgord, c'est la Gascogne qui en produit le plus. À sa tête, le département du Gers, grand producteur de maïs. Ce maïs sert évidemment au gavage des oies, une opération répétée trois fois par jour, qui les dote en 1 mois d'un foie gigantesque. Et ce foie-là est tellement exquis, fin et fondant (un poil plus relevé s'il s'agit de canard) qu'on peut même le déguster cru, avec du gros sel : bonne occasion pour l'acheter moitié moins cher. Si vous manquez de courage, payez-vous une bonne tranche de foie cru, poêlée à feu vif et bref, avec un peu de raisin blanc, il n'y a rien de plus simple et de meilleur au monde. Car pour la terrine, il faut le coup de main : retirer les nerfs, saler, tasser avec un poids et laisser moins de 1h au four dans un bain-marie (la mode est au mi-cuit). La truffe n'est pas indispensable, le foie gras est déjà en lui-même un condiment de luxe pour les pâtes, les salades de haricots verts et, bien entendu, les volailles.

L'ORIGINE DU FOIE GRAS

Tout vient de l'Égypte antique. Les oies d'Europe qui migraient en Afrique se surnourrissaient pour tenir tout le vol. Ayant abattu quelques specimens, les Juifs égyptiens se régalèrent de leur foie bien gras et décidèrent, par la suite, de les gaver eux-mêmes. Cette technique arriva dans le Sud-Ouest grâce aux familles juives qui s'installèrent à Bayonne après leur fuite d'Espagne en 1492.

– Côté ***fruits,*** quantité et qualité sont au rendez-vous. La variété aussi. Leur notoriété a même dépassé nos frontières. Le ***melon,*** qu'il soit de Lectoure, dans le Gers, ou du Quercy, en Tarn-et-Garonne (ce dernier est protégé par une IGP). Le ***chasselas de Moissac,*** au grain fin et translucide, seigneur des raisins de table français, est le premier fruit frais à avoir vu sa qualité récompensée par une AOP (Appellation d'origine protégée). La ***reine-claude,*** quant à elle, a obtenu un Label rouge.

– ***Garbure :*** en entrée ou en plat, selon les endroits, vous la retrouverez pratiquement partout. C'est un bouillon ou encore une espèce de potée aux choux pleine de bonnes choses : haricots, navets, carottes, pommes de terre, oignons, un peu de viande (lard, confit, farce ou l'os du jambon, dans les Hautes-Pyrénées), le tout relevé par une pointe d'ail et de persil. Idéal après une bonne rando. Roboratif mais incontournable.

– ***Gasconnade :*** gigot aux anchois et à l'ail.

– ***Gâteau à la broche :*** d'Ariège en Bigorre, le gâteau des grandes occasions. Sur la broche tournante gainée d'une sorte de rouleau à pâtisserie, on verse peu à peu la pâte – genre madeleine, avec rhum, noix et raisins – qui cuit ainsi par couches.

– ***Haricot tarbais :*** longtemps oublié, il fait son come-back ! Le *mounjete* (en gascon) n'accepte de pousser que sur les terres propices de sa tendre Bigorre, et ce depuis le XVIIIe s. Avec les méfaits de l'agriculture intensive, ce fut la fin des haricots dans les années 1950. Revenu en odeur de sainteté grâce à d'audacieux particuliers, sa chair fondante, sa peau lisse et son teint délicat redeviennent plus que jamais indispensables au cassoulet... qu'il n'aurait jamais dû quitter !

– ***Melsat :*** ce gros boudin blanc de Mazamet (mie de pain gorgée d'œufs, de lait et de lard) est coupé en grosses tranches et poêlé dans la graisse d'oie, dans la grande tradition des bombes caloriques du Sud-Ouest.

– ***Mouton :*** dernier habitant des Causses, le mouton « à lunettes » devrait faire mieux connaître sa chair délicate. Celui de Barèges-Gavarnie est une AOP (Appellation d'origine protégée).

– ***Peteram :*** pied et ventre de mouton, jambon et fraise de veau, lard et pommes de terre, ail et vin de Gaillac, la grande spécialité de Luchon exige 10h de cuisson.

– ***Pistache :*** originaire de Luchon également. C'est un ragoût de haricots au mouton et à l'ail. Roboratif.

– ***Porc noir gascon :*** il faillit connaître le même sort que le haricot tarbais, à savoir une disparition pure et simple ! La robe noire et les oreilles sur les yeux, tel un avocat radié du barreau, le malheureux revit depuis peu... pour finir dans nos assiettes en délicieux jambons et saucissons. Plusieurs chefs le remettent aujourd'hui au goût du jour.

– ***Poularde à la toulousaine :*** sa garniture comprend des truffes, du foie gras, des champignons, des crêtes de coq et des ris de veau !

– ***Saucisse de Toulouse :*** favorite du cassoulet, elle mêle « gras du dos », viande coupée gros, et deux mesures de poivre moulu pour une de poivre en grains.
– ***Truffe :*** en Gascogne (mais aussi en Rouergue et en Quercy), les marchés des villages débordent de petites caisses de crottin de cheval. Ce « crottin », c'est la truffe, un gros champignon souterrain de 10 à 100 g qui, extrait de sa gangue terreuse, révèle une couleur noire et un parfum d'une force bouleversante. La truffe se développe sous les racines des chênes et des noisetiers, plantés là tout exprès en « truffières ». Pour dénicher ce tubercule aphrodisiaque, il faut la truffe du chien ou le groin du cochon, comme le raconte Colette. « Une petite truie la délogeait d'un groin inspiré avec des cris, des élans brusques et toutes les manières d'une somnambule. » Sur les marchés locaux, la truffe coûte environ 2,5 fois moins cher que chez le détaillant, mais si vous l'obtenez à ce prix, écrivez-nous ! Et attention aux vieilles truffes congelées, voire « truffées » de plomb !
Les gens de Souillac les préparent à la crème, comme des morilles. D'autres en omelette ou sous la cendre (40 mn enveloppées d'une barde de lard, sous papier d'argent). Plus les truffes sont coupées fin, ou broyées, plus elles dégagent de saveur. Goûtez-les en salade d'œufs durs, après les avoir cuites au vin blanc, coupées en rondelles et arrosées d'huile de noix.

ÉCONOMIE

L'économie de la région Midi-Pyrénées n'a pas peur des paradoxes : une agriculture très présente (près de 3,5 % des emplois régionaux, soit le double de la moyenne nationale), une industrie contrastée (avec des secteurs de pointe qui ont le vent en poupe, d'autres qui ont fortement décliné), et un secteur tertiaire qui procure l'essentiel des emplois (administration, commerce, services).
L'agriculture est partagée entre un secteur traditionnel constant (élevage de bovins dans les Pyrénées, polyculture végétale un peu partout) et la culture de céréales et d'oléagineux : soja, sorgho (plus de la moitié de la production nationale) et les fameux tournesols qui illuminent les coteaux du Lauragais en juillet. Ces productions agricoles ont généré de multiples industries agroalimentaires essentielles pour les centres ruraux, comme les volailles dans le Gers, sans oublier les vignobles réputés (fronton, madiran, côtes-de-gascogne et armagnac).
Dans l'industrie, les entreprises modernes se sont développées essentiellement sur l'axe Montauban-Toulouse-Muret. Les entreprises traditionnelles ont au contraire pas mal périclité dans des centres industriels excentrés. L'agglomération toulousaine est un pôle important pour les entreprises que l'on appelle parfois « du futur », en « -ique » : informatique, électronique, aéronautique, sans oublier les activités liées à l'espace (CNES, Matra). Signalons aussi la création récente de l'Oncopôle, inauguré en octobre 2014. Il s'agit d'un site unique en France qui regroupe hôpital et centre de recherche contre le cancer, sur l'ancien emplacement de l'usine AZF. C'est la première étape d'un vaste projet qui devrait voir le jour dans les prochaines années : une « cité des bionanotechnologies ».
Mais l'un des phénomènes majeurs ayant marqué l'activité de la Ville Rose ces dernières années n'est autre que la construction d'une nouvelle zone industrielle, appelée « Aéroconstellation », qui a vu le jour autour de l'assemblage de l'A380. Dans le même registre, la chaîne d'assemblage du long-courrier A350 a été inaugurée à l'automne 2012 à Colomiers et le premier exemplaire est sorti en 2013.
Enfin, parmi les activités du secteur tertiaire au niveau régional, retenons le tourisme, très développé grâce aux richesses naturelles : randonnées, ski et montagne dans les Pyrénées, balades le long du canal du Midi, tourisme thermal, sans oublier les villes qui possèdent, comme Toulouse, un patrimoine architectural exceptionnel.

ENVIRONNEMENT

Située au carrefour des quatre zones biogéographiques présentes en France (atlantique, méditerranéenne, continentale et montagnarde) – c'est l'unique cas dans l'Hexagone, s'il vous plaît ! –, la région Midi-Pyrénées est riche d'entités naturelles et de paysages étonnamment variés, souvent remarquables : des lacs d'altitude, joyaux des Pyrénées, aux nombreuses vallées et gorges, en passant par les coteaux doucement vallonnés du Gers, il y en a pour tous les goûts ! La biodiversité y est très élevée, et l'on peut y observer près de la moitié des espèces animales et végétales présentes en France !
Mais au-delà de ces données et dans cette région de forte tradition rurale, il ne faut pas perdre de vue que les équilibres naturels restent fragiles et que la région est confrontée à des problèmes d'environnement sérieux.
Certaines parties du territoire régional (notamment le massif des Pyrénées) connaissent une forte déprise agricole. Si les cours d'eau qui dévalent les pentes des Pyrénées sont d'excellente qualité, les choses se compliquent en aval... Villes et industries en partagent largement la responsabilité avec l'agriculture. Les cultures irriguées sur les coteaux de Gascogne, notamment, posent des problèmes récurrents en été et au début de l'automne : on pompe, on pompe dans les rivières, au point qu'il faut alors réalimenter les cours d'eau ! Sans parler de l'impact de ces monocultures sur la biodiversité. Malgré tout, depuis les années 1980, des efforts importants ont été réalisés à l'échelle du bassin de la Garonne, et le saumon peut à nouveau remonter les flots du fleuve.
Par ailleurs, de nombreuses villes de la région sont très gourmandes et ne cessent de grignoter toujours un peu plus d'espace. Dans les années 2000, Toulouse accueillait près de 6 000 nouveaux habitants par an (près de 15 000 personnes si on prend en compte l'ensemble de la métropole). Aujourd'hui, la croissance démographique reste toujours très élevée avec un chiffre annuel avoisinant les 2 000 nouveaux habitants. L'agglomération connaît l'un des booms démographiques les plus importants de France. C'est un paramètre majeur à prendre en compte en matière d'aménagement du territoire, de politique foncière, de lutte contre les inondations, de préservation des espaces naturels et des terres agricoles.
Et puis n'oublions pas que, malgré sa forte ruralité, la région n'est pas épargnée par les activités hautement dangereuses pour l'environnement. Toulouse n'en a-t-elle pas fait l'amère expérience ? L'explosion de l'usine AZF (usine spécialisée dans la fabrication d'engrais à partir de nitrate d'ammonium), le 21 septembre 2001, a provoqué la plus importante catastrophe industrielle enregistrée en France depuis la Seconde Guerre mondiale.
Enfin, autre sujet épineux en matière environnementale : les transports. En moyenne, près de 20 000 camions par jour franchissent les Pyrénées ! Ce trafic colossal s'écoule essentiellement aux deux extrémités de la chaîne pyrénéenne. Vieux serpent de mer qui date des années 1990, le projet de creusement d'un tunnel au niveau de la partie centrale du massif pyrénéen a été relancé en 2010. Il s'agit de favoriser le ferroutage. Mais les discussions promettent d'être âpres et longues. Bref, le bout du tunnel n'est pas pour demain...

S.O.S. ours

Le sujet délicat, hyper sensible, qui ravit les uns et fâche les autres. Pour bien comprendre, un petit historique, en bref. La population d'ours n'a fait que régresser durant les siècles précédents, et cela principalement à cause de la chasse et des empoisonnements. Près de 150 ours étaient présents au début du XXe s dans les Pyrénées. On en dénombrait environ 70 dans les années 1950 et seulement 5 ou 6 en 1995 ! À l'inverse des loups du Massif central revenus d'eux-mêmes peupler la région, la population d'ours des Pyrénées n'est remontée à une quinzaine d'individus à la fin de l'année 2005 que grâce aux naissances qui ont fait suite au premier lâcher de trois spécimens en 1996-1997. Mais pour que l'ours brun ne retourne pas à la seule mythologie pyrénéenne, les scientifiques s'accordaient à dire qu'il fallait un nouveau lâcher. Quatre femelles et un mâle prélevés en Slovénie ont ainsi été relâchés, en 2006, sur les communes d'Arbas, Burgalays en Haute-Garonne, ainsi que Bagnères-de-Bigorre dans les Hautes-Pyrénées. Depuis, plusieurs oursons ont vu le jour et la population atteint aujourd'hui une bonne vingtaine d'individus.

Les opérations de réintroduction se sont déroulées dans un climat très tendu : vives manifestations contre le projet, actes de violence envers les acteurs favorables à cette action. Le moins que l'on puisse dire, c'est que la question soulève les passions et divise. Pour les éleveurs de brebis, vivre avec l'ours n'est pas chose simple, loin de là. Cela nécessite des adaptations dans la gestion de leur troupeau qui ne sont pas toujours faciles à mettre en œuvre, même avec l'appui financier de l'État et malgré les fameux « chiens patous » qui éloignent les prédateurs. Pour un éleveur, l'attaque de ses bêtes ne se résume pas qu'à une question financière. Il s'agit de son métier, de sa vie, de « ses » bêtes. Certains posent la question crûment : à quoi cela sert-il de préserver la population d'ours ? Chacun se fera son opinion. Début 2014, un rapport scientifique a conclu à la nécessité de nouveaux lâchers pour assurer la survie de l'espèce. Mais un tel scénario n'a pas les faveurs des hautes instances de l'État, du moins pour l'instant.

Quoi qu'il en soit, comme le territoire occupé par la vingtaine d'ours est vaste, vos chances d'en apercevoir sont minces, si attentif que vous soyez aux traces ou aux crottes abandonnées ici et là... car l'ours a généralement peur de l'homme et se dissimule. Si vous en croisez un, ne vous en approchez pas et observez-le de loin. Si vous tombez dessus au détour d'un chemin, à courte distance (moins de 50 m), il faut l'aider à mieux vous identifier en bougeant et en parlant (l'ours est un animal qui ne voit pas très bien, en revanche, il a une bonne ouïe). S'éloigner calmement et ne pas tenter de l'effrayer.

Pour en savoir plus : • *midi-pyrenees.developpement-durable.gouv.fr* • (site officiel de l'État).

Et si vous souhaitez soutenir les plantigrades, vous pouvez contacter l'association :

■ ***Pays de l'ours-ADET :*** *31160 Arbas. ☎ 05-61-97-48-44. • paysdelours.com •*

GÉOGRAPHIE

Jeune et vigoureuse, la chaîne des Pyrénées, au sud de la région, ferme l'horizon. Les vallées pyrénéennes, orientées nord-sud, constituent chacune un univers à part qui semble partir à l'assaut des cimes enneigées une longue partie de l'année, entre des forêts sombres et des hauts pâturages, vers quelque cirque ruisselant de cascades au milieu d'inaccessibles éperons. Autant de sources, de rus, de rivières qui ne tarderont pas à se rejoindre pour aller fertiliser toute une région, avant de

HISTOIRE TRISTE

Pyrène était la fille d'un souverain qui hébergea Hercule. Elle tomba amoureuse du demi-dieu musclé. Hercule préféra partir, certainement pour terminer ses 12 travaux. Pyrène s'enfuit et mourut dévorée par un ours. Catastrophé, Hercule érigea un mausolée en amassant d'énormes rochers, donnant naissance aux Pyrénées.

poursuivre doucement leur course vers l'océan. Même si l'Ariège figure parmi les départements les moins peuplés de France, les Pyrénées restent une montagne vivante, avec ses châteaux forts, ses villes d'eaux et ses troupeaux paisibles en estive. Et ce n'est pas nouveau. Dans l'Ariège, par exemple, on a recensé cinq grottes où les Magdaléniens du pays de Foix festoyaient il y a 5 000 ans. La plus connue est celle de Niaux, dont la salle noire est ornée de 107 représentations d'animaux.
En guise de traits d'union entre cette grande barrière et les coteaux et plaines du Nord, les collines pré-pyrénéennes (Astarac, Baronnies, Comminges, Plantaurel, Razès...) offrent des paysages de transition, tout en rondeurs, tout en douceurs. Ces collines nourrissent mal leur homme mais suffisent aux bêtes.
Au centre de la région, la plaine toulousaine, irriguée par la Garonne, qui se prolonge bien au-delà de Castelsarrasin, en Tarn-et-Garonne. De part et d'autre, des coteaux à perte de vue. Au sud-est, les coteaux du Lauragais qui ont fait la richesse de Toulouse au XVIe s avec la culture du pastel. À l'ouest, le Gers, pays de l'armagnac, des palmipèdes et du foie gras... en deux mots, de la bonne chère ! Tout au nord, une nouvelle fois, changement de décor. Les sols deviennent blanchâtres et calcaires, le paysage beaucoup plus sec. Quelques rivières ont entaillé des gorges bordées de parois abruptes (gorges de l'Aveyron). Voilà donc les Causses du Quercy, modeste préambule aux Grands Causses du Lot et de l'Aveyron.

SURVEILLEZ LA MÉTÉO

L'autan, vent violent du Midi toulousain, est supposé rendre fou, ou du moins avoir la même influence sur certains individus que la pleine lune. Les enfants feraient plus de fautes à l'école quand il souffle ! On dit que les juges manifestent parfois une certaine clémence pour les auteurs de crimes et délits commis lors des crises d'hystérie en période de grand vent. Bref, gare aux coups de vent d'autan !

GRANDS SITES MIDI-PYRÉNÉES

Attention à ne pas confondre avec les sites inscrits au Patrimoine mondial de l'Unesco (voir plus bas). La politique de « Grands Sites » fut initiée par la Région en 2007 pour valoriser les grands sites touristiques de la région et les engager à ce titre dans une démarche de qualité. Qualité de préservation de l'environnement et d'accueil du public notamment. Ce programme est soutenu par l'Union européenne, et la région compte actuellement 25 grands sites inscrits : villes, villages, sites naturels et ouvrages d'art. Certains sont aussi inscrits à l'Unesco.
Dans l'Ariège, la Haute-Garonne, le Gers, les Hautes-Pyrénées et en Tarn-et-Garonne : Auch, Cauterets-Pont-d'Espagne, Flaran-Baïse-Armagnac, Gavarnie, Lourdes, Luchon, Marciac, Moissac, Pic-du-Midi, Revel-Saint-Ferréol, Saint-Bertrand-de-Comminges, Toulouse, le canal des Deux-Mers et différents sites en Ariège (la grotte de Niaux, le parc de la Préhistoire à Tarascon-sur-Ariège, le château des comtes de Foix, les Forges de Pyrène à Montgaillard, la grotte du Mas-d'Azil, le château de Montségur et le palais des Évêques à Saint-Lizier).
Notez qu'il existe une application mobile officielle et gratuite, « Grands Sites Midi-Pyrénées », où l'on peut trouver une présentation de chacun des Grands Sites. Disponible sur iPhone et Android, vous y trouverez entre autres des suggestions variées (randos, activités), des fiches pratiques et un agenda culturel. Pour plus de renseignements : • *tourisme-midi-pyrenees.com* •

HABITAT

La région Midi-Pyrénées est une terre de contrastes qui ne peut être évoquée en quelques lignes, si ce n'est en résumé. Plus la région est vaste, plus les sols sont variés, plus les matériaux sont nombreux et plus différentes sont les habitations. Silhouette d'un pigeonnier, ombre d'un porche, trésors cachés : qui sait ce que le promeneur avisé peut dénicher ? Quelques indices toutefois pour le guider.

Au pays des bastides

Avant d'aller se perdre dans la campagne, il est bon de commencer par une promenade dans les villes. Des villes pas comme les autres, fondées au Moyen Âge et que l'on appelle « bastides ». Alors, d'où sont-elles nées ? La forte croissance démographique et les désordres politiques qui caractérisent le début du XIIIe s dans le Sud-Ouest, mais aussi la nécessité de regrouper la population dans un même endroit et de mettre de l'ordre dans la vie économique, obligent le roi de France à faire preuve d'ingéniosité. Malin comme il est, il crée ces villes nouvelles fortifiées, qui bénéficient de franchises et sont destinées à promouvoir une économie d'échanges. Un quadrillage rectangulaire séparé par un réseau de voies strictement orthogonal, commandé par une belle place à arcades appelée « couverts » ; pas de quoi s'égarer, à moins que ce ne soit pour admirer quelque trésor d'architecture dissimulé au coin d'une rue. Ces bastides, témoignages vivants d'un phénomène unique d'urbanisation médiévale, sont aujourd'hui bien protégées.

Au confluent des styles

Après cette flânerie urbaine, le promeneur appréciera l'air de la campagne, où se cachent d'autres trésors. C'est au confluent de l'Aveyron, du Tarn et de la Garonne qu'il fait bon aller creuser. Pourquoi ? Parce que le département de Tarn-et-Garonne est composé de terroirs « empruntés » à ses voisins : son patrimoine est donc aussi riche que varié. D'abord, les « classiques » de l'architecture tarnaise qu'une balade dans les coteaux devrait vous permettre de découvrir, là où les fermes, installées au creux d'un versant, au sommet d'un vallonnement, se dispersent. Au bout d'un long chemin de terre, le promeneur devra chercher un logis de plain-pied, couvert d'un grand toit à trois ou quatre pentes, faiblement incliné, descendant parfois très bas. Il pourra également traquer l'originalité, cette façade principale où les murs pignons sont couverts par un long porche, appelé « emban » ou « balet », qui commande l'entrée du logis. Les murs sont d'abord en terre, pisé et brique crue associés au pan de bois – la terre argileuse est extraite sur place –, puis la brique cuite remplace ces matériaux. Une grande partie de ces bâtiments a une fonction agricole.

Dans les vallées, l'architecture rurale ne diffère guère de celle des pays de molasses où domine la brique cuite ou crue, bien devant le galet extrait des rivières ou le pisé. Dans cette partie du paysage, il est fréquent de croiser des tours incorporées aux façades : un brin de noblesse dans un monde de buttes ! D'autres fermes ne présentent pas ce porche si caractéristique mais se distinguent avec des façades inspirées des formes néoclassiques de l'architecture urbaine, importées de Montauban, Castelsarrasin...

Merveille de puits trouvé en plein cœur du causse, surprenant fournil implanté en Lomagne (dans le Gers), silhouette imposante d'un pigeonnier en Midi toulousain : la chasse au trésor est lancée pour notre promeneur plein de curiosité et ne devrait pas s'arrêter de sitôt.

Voir aussi la rubrique « Sauvetés, castelnaux et bastides » en introduction du chapitre sur le Gers.

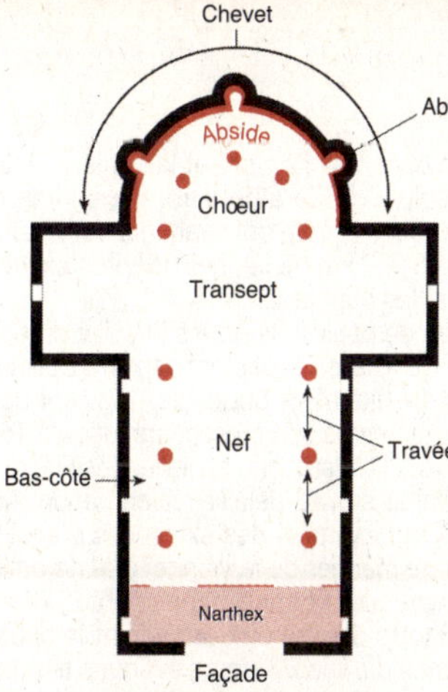

PLAN D'UNE ÉGLISE ROMANE

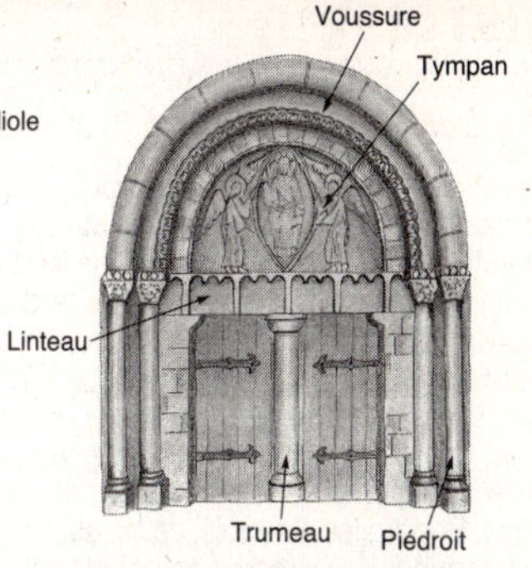

PORTAIL D'ÉGLISE ROMANE

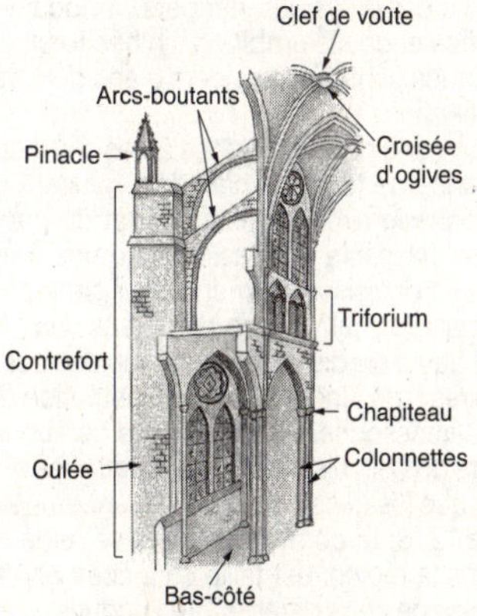

COUPE TRANSVERSALE D'UNE ÉGLISE GOTHIQUE

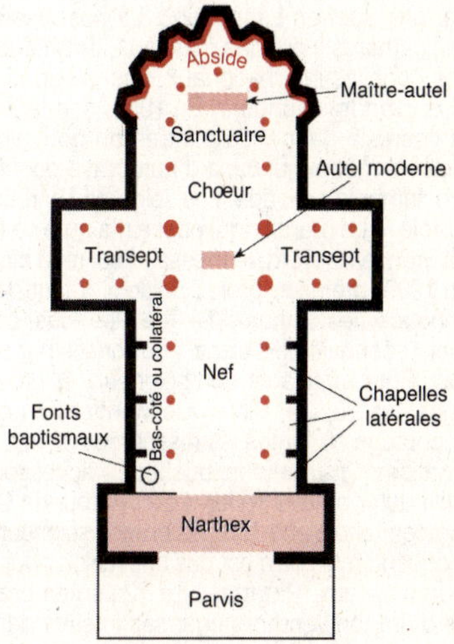

PLAN D'UNE ÉGLISE GOTHIQUE

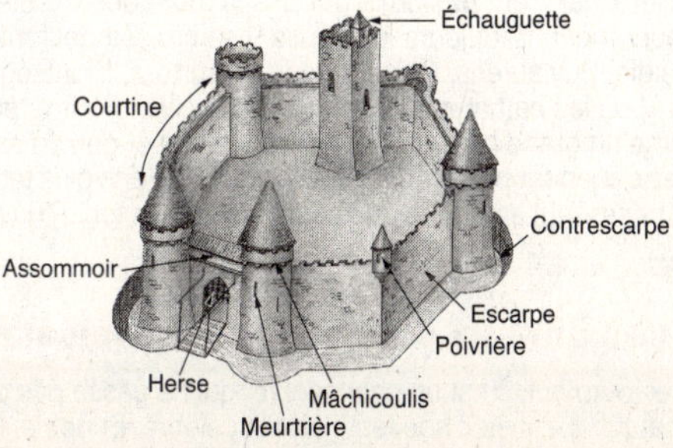

CHÂTEAU FORT

HISTOIRE

Un conflit Nord-Sud

Deux forces se partagent l'univers : le bien et le mal, l'ombre et la lumière. Il faut choisir son camp. Ainsi parlait Manès, disciple de Zarathoustra, dans l'Iran du IIIe s. Il fut entendu : le roi de Perse le fit écorcher vif ! Ce qui avait mal commencé ne finira pas mieux. Mille ans plus tard (et à 6 000 km de là), ses adeptes existent toujours. Il faut créer pour eux l'Inquisition et les bûchers.
Entre-temps, nos manichéens ont pris le nom de pauliciens pour s'installer en Anatolie. Les empereurs byzantins les persécutent, puis les expédient dans les Balkans. Et là, tout va très vite. En Bosnie, leur secte – dite alors bogomile – devient quasiment religion officielle, avec un antipape qui envoie ses messagers jusqu'à Toulouse. Bogomiles, vaudois, cathares, albigeois... D'Allemagne en Italie, des Flandres au Languedoc, l'hérésie a ses saints (les parfaits), son au-delà (la réincarnation), son sacrement (le *consolamentum,* accordé aux mourants) et des exigences d'égalité, de chasteté et de pureté totale (interdiction de manger de la viande) que ne devait guère incarner la société du temps. Partout, évêques et princes répriment.
Partout, sauf en Languedoc. Là-bas, beaucoup d'entre eux ont rejoint la cause. Les cathares y ont des châteaux, des hommes d'armes, et leurs évêques tiennent des conciles internationaux. Les missions envoyées par le pape se heurtent aux plus grands seigneurs. En 1208, son légat est assassiné. À Rome, on tremble. Si l'hérésie gagne les centres du pouvoir, c'est la fin des haricots. Innocent III (celui-là même qui parla d'autocratie pontificale, quelle ambition !) n'hésite plus à proclamer la croisade. Les seigneurs hérétiques sont déchus, leurs biens déclarés « proie ». Le premier qui passe n'a qu'à se servir.
En France du Nord, le message est reçu cinq sur cinq. Les bonnes âmes s'arment. En 1209, première proie : Béziers. Il faut donner le ton. Les habitants refusent de dénoncer les cathares ? « Tuez-les tous, conseille aimablement le légat du pape, Dieu reconnaîtra les siens. » Terrorisée par ce massacre, Carcassonne tombe à son tour. Pour remplacer son seigneur, les croisés choisissent un chevalier sans peur et sans scrupule, Simon de Montfort. La partie va durer près de 50 ans. Un lent grignotage où toutes les ressources de la cruauté médiévale sont décuplées par le fanatisme : mutilations, bûchers, « accessoires » de l'Inquisition, une institution qui allait durer et faire parler d'elle. Autour de Carcassonne, les forteresses hérétiques tombent une à une. Las, les grands seigneurs du coin disent stop. Les cathares s'en moquent, mais ce n'est pas une raison pour que les gens du Nord viennent embêter leurs vassaux. Patatras ! Le 12 septembre 1213, le comte de Toulouse, aidé du roi d'Aragon venu protéger ses intérêts dans la région, est taillé en pièces par les croisés, après le siège de Muret. Conséquence de cette bataille ? Le Languedoc est conquis par l'orthodoxie. Mais pas soumis car, sans cesse, des révoltes éclatent. Le roi de France devra venir en personne rafler la mise en confisquant tout le Midi.
Les cathares ? Ceux qui n'ont pas brûlé ont pris la route des Corbières. Là-haut, de petits seigneurs mènent toujours la guérilla. Les croisés devront réduire un à un leurs nids d'aigle. Puylaurens, Peyrepertuse et, surtout, Montségur, « la Synagogue de Satan », où les cathares tenaient leurs conciles. Pour fêter sa reddition en 1244, on allume un grand bûcher. Nobles, bourgeois et gens d'armes confondus, 225 cathares s'y jettent plutôt que de se renier. Onze ans plus tard, la citadelle de Quéribus est prise. Tout est fini, le pape est content. Il a tort : 700 ans après, on en parle encore...

Quand les yeux beaux d'amour mourir faisaient...

Un troubadour, aujourd'hui, c'est un chansonnier qui ne passe pas chez Drucker. À l'époque – XIe et XIIe s –, il était souvent riche et célèbre. Et noble. Il y eut même un duc d'Orléans et un comte de Foix, le grand Gaston (Phébus). En fait, les

troubadours donnaient le *la* de l'idéal aristocratique. Après le temps des rudes chansons de geste, le dernier raffinement consistait à vouer à sa dame un amour quasiment mystique. *No sex,* cela va sans dire ! L'Europe du Nord a eu Lancelot du Lac, Perceval *(Parsifal)* et la reine Guenièvre. Mais les pays de langue d'oc, spécialement notre région, sont ceux qui ont le plus donné. Les jongleurs, qui chantaient de château en château les hauts faits des paladins du cru, comme Guillaume de Toulouse (la prise d'Orange, le charroi de Nîmes), apprirent à fréquenter les cours d'amour du comte de Toulouse et de sa fille, Adélaïde de Burlats. Thèmes : la beauté d'une dame, la douleur du soupirant qui se morfond, les exploits réalisés en son honneur. Bref, l'amour, toujours, et une poésie allègre et jeune qui court à fleur de peau. Pastourelles, complaintes, sérénades, épîtres, mystères : ils connaissent tous les genres.
Mais dès le XIIe s, la politique prend le dessus : les poètes s'engagent, excitent les esprits contre le clergé, pleurent les morts de la guerre albigeoise et crient leur haine des croisés du Nord. Leur littérature va mourir, tandis que le souffle doré de la langue d'oc remonte vers le nord sous l'influence d'Aliénor d'Aquitaine.

Bastides : la psychose sécuritaire

Pas facile de cultiver son jardin entre le roi de France et le roi d'Angleterre, en pleine guerre de Cent Ans. Du grand au petit seigneur, temporel ou ecclésiastique, chacun s'employa donc à fonder de nouveaux villages, plus sûrs parce que fortifiés. Aux XIe et XIIe s, les abbayes créèrent des centres de peuplement et de défrichement appelés « sauvetés » et protégés des guerres par la paix de Dieu (interdiction de se battre le dimanche et les jours fériés).
Les bastides, elles, procédèrent d'une urbanisation systématique. Dans tout le Sud-Ouest, elles sont quelque 500 à avoir été édifiées aux XIIIe et XIVe s. Pour y attirer les manants, les seigneurs les paraient de noms magiques : Barcelone, Cologne, Pavie, Florence, comme on dirait aujourd'hui Beausoleil ou Mimosa-Plage. Lesdits manants s'y voyaient comblés d'avantages, tels que le statut d'hommes libres ou, comme le prescrivit Henri IV à Réalmont, l'exemption d'impôts, hormis « la langue de toute vache abattue, un pied pour chaque porc préparé, un pain sur 25 cuits au four communal ». Ce mouvement rejaillit sur les grandes villes, où les hobereaux durent se montrer plus accommodants et accorder des privilèges aux bourgeois. Curieux villages, en tout cas, que ces castelnaux, bastides et autres sauvetés. Ici, point de château, c'est le bourg tout entier qui serre ses maisons de poupée dans les remparts, selon un plan gracieusement géométrique qui fait la joie des aviateurs.

« L'eau-toroute » du Roi-Soleil

Le plus grandiose monument du Midi se trouve-t-il à Toulouse, à Sète, à Carcassonne ou à Béziers ? Réponse : partout ! Imaginez 240 km d'une route liquide sous un frais tunnel de platanes, paressant parmi les vergers et les vignes, traversant des cités 3 étoiles, enjambant les fleuves d'un jet d'aqueduc et se haussant du col par des accolades d'écluses (jusqu'à huit à la fois) aux ovales gracieux... Détail : tout le canal du Midi témoigne de l'art du Grand Siècle. « On y voit le pays autant et mieux qu'en diligence », s'exclamait Stendhal dans son coche d'eau, tiré par trois chevaux. Un demi-siècle avant, l'agronome anglais Arthur Young en était resté éberlué : « C'est là le plus beau spectacle qu'il m'ait été donné de voir en France. »
Pourtant, lorsque Pierre-Paul de Riquet, un obscur percepteur de Béziers, vint présenter le projet, c'est tout juste si Colbert ne le traita pas de farfelu. Mais le roi, lui, dit oui. Pendant 14 ans, 12 000 hommes creusèrent, captant les ruisseaux de la Montagne noire, bichonnant des ouvrages colossaux. Le Trésor royal était-il asséché par Versailles et les guerres ? Riquet puisait dans sa poche, puis dans

celle de sa femme : leurs descendants mirent 40 années à rembourser les créanciers. Et pourtant, ils s'étaient bien enrichis !
Dès l'ouverture, en 1681, ce fut la ruée. La première liaison Atlantique-Méditerranée transforma la région. De Toulouse à Sète, on ne voyageait plus qu'en bateau. Relais, chapelles et maisons closes s'agglutinèrent le long du canal. Riquet avait vu grand. Mais il y a des limites, et les péniches du XXe s ont fini par s'y sentir à l'étroit. Plutôt que de modifier le monument, on a laissé aux plaisanciers la plus belle croisière d'eau douce en Europe. Et puis n'oublions pas de signaler que le canal du Midi et le canal de la Garonne sont longés par une piste cyclable ombragée par de vénérables platanes.

Quelques dates importantes

– ***Vers - 500 :*** une grande nation gauloise, les Volques, prend ses quartiers dans la région.
– ***Vers - 300 :*** l'une de leurs tribus, les Tectosages, s'établit à Toulouse. Bonnes terres, bonne position : ils s'enrichissent.
– ***Ier s av. J.-C. :*** la romanisation fait mouche. *Tolosa* (Toulouse) et *Lugdunum Convenarium* (Saint-Bertrand-de-Comminges) prospèrent en troquant les blés de la région contre du vin italien.
– ***Ier s apr. J.-C. :*** le vin n'est plus italien, mais de Gaillac et de Millau. Toutes les villes gauloises se sont romanisées : Cahors, Auch, Eauze, Albi...
– ***IIIe s :*** Toulouse occupe la troisième place en Gaule. On n'oublie pas d'y persécuter les chrétiens : l'évêque saint Saturnin meurt attaché à la queue d'un taureau.
– ***IVe s :*** ici aussi, l'anarchie menace. Le centre de gravité se déplace vers les campagnes, où les *villae* des riches propriétaires préludent à la splendeur des futurs châteaux.
– ***406 :*** invasion des Vandales, les bien nommés. La légende veut qu'ils aient épargné Toulouse à cause des mérites de son pasteur, saint Exupère.
– ***Vers 420 :*** snobant saint Exupère, les Wisigoths s'emparent de Toulouse. Chance : ce sont les plus civilisés de tous les barbares. Et résistants : Théodoric (Dietrich) arrête même Attila. Le royaume wisigothique englobe bientôt l'Espagne et le Languedoc. Toulouse, qui a rang de capitale, vit un petit « siècle d'or ».
– ***507 :*** Clovis annexe la région.
– ***VIe s :*** des montagnards basques, les Vascons, investissent une plaine qu'on appellera désormais la « Gascogne » (nom tiré de la prononciation germanique du peuple basque : *Waskon*).
– ***721 :*** le comté franc d'Aquitaine s'est rendu indépendant. Il défend Toulouse contre l'Arabe Azama.
– ***767 :*** Pépin le Bref, roi des Francs, reprend Toulouse au successeur d'Eudes, duc d'Aquitaine qui soutenait les Vascons contre les Francs.
– ***778 :*** Charlemagne, fils de Pépin, échoue dans sa conquête de l'Espagne. En repassant les Pyrénées à Roncevaux, une bonne partie de l'armée se fait étriper dans une embuscade. On accuse les Sarrasins, mais ce sont les Vascons.
– ***844 et 874 :*** les Normands assiègent Toulouse.
– ***XIe s :*** la région se divise en comtés : Foix, Rouergue, Carcassonne et Toulouse, dont les comtes étendent bientôt leur influence sur tout le Midi.
– ***1099 :*** les Méridionaux sont à la pointe de la première croisade. Le comte de Toulouse refuse le trône de Jérusalem, mais il se taille un comté au Liban.
– ***1177 :*** Toulouse et Barcelone se disputent le Midi. Un des alliés de ce dernier, le vicomte de Carcassonne, est aussi protecteur des cathares. Le comte de Toulouse croit habile de dénoncer l'hérésie au pape. Mauvais calcul...
– ***1208 :*** un écuyer du comte de Toulouse assassine le légat du pape. C'est le début de la croisade. Les armées du Nord descendent exterminer les albigeois. Le comte de Toulouse va-t-il leur prêter main-forte ou bien secourir ses vassaux ? Il

atermoie. Il y perd ses états, qui tombent dans l'escarcelle de Saint Louis, et, peu à peu, la France que l'on connaît prend corps.
- ***1213 :*** bataille de Muret. Défaite des grands seigneurs occitans contre les croisés, légats du pape, dans la lutte pour la sauvegarde de leur souveraineté dans une région-bastion du catharisme.
- ***1229 :*** les grands moyens sont mis en œuvre pour combattre l'hérésie albigeoise, avec la création de l'université de Toulouse, parrainée par l'ordre des Dominicains, prompts à défendre l'orthodoxie. Ils y excellèrent, jusqu'à l'excès.
- ***XIIe-XIIIe s :*** multiplication des bastides, castelnaux et sauvetés.
- ***Début du XIVe s :*** guerre de Cent Ans, pestes, brigandages... Toulouse perd la moitié de sa population.
- ***1420 :*** Toulouse et le Languedoc sont les derniers fidèles du dauphin Charles. Jeanne d'Arc leur donnera raison.
- ***1444 :*** naissance du parlement de Toulouse. Il juge, administre et répartit l'impôt.
- ***1562 :*** la Réforme s'est enracinée à Castres, à Montauban et dans l'Ariège. L'expulsion des protestants de Toulouse donne le signal des guerres de Religion : 40 années de dévastations.
- ***XVIe s :*** le pastel albigeois enrichit Toulouse. Il sera détrôné par une autre teinture, l'indigo des colonies.
- ***1629 :*** comme le roi enlève au parlement le droit de répartir les impôts, le Languedoc se soulève. Chef des émeutiers, le duc de Montmorency est décapité à Toulouse. Désormais, la région se tiendra tranquille, d'autant que Richelieu a signé l'édit de grâce à Alès, qui met fin au cycle infernal des guerres de Religion.
- ***Révolution de 1789 :*** la région opte pour la Convention, sans excès.
- ***XIXe-XXe s :*** désenclavé, le Midi toulousain succombe à la concurrence. Il perd le quart de sa population.
- ***1942-1945 :*** les résistances française et espagnole font transiter de nombreux juifs, dont beaucoup d'enfants, d'Espagne vers Toulouse ou Londres à travers les Pyrénées.
- ***21 septembre 2001 :*** explosion de l'usine chimique AZF à Toulouse. Trente morts et 2 500 blessés.
- ***Janvier 2009 :*** le Grand Toulouse devient communauté urbaine.
- ***1er janvier 2011 :*** la communauté urbaine du Grand Toulouse étend son périmètre à 12 communes supplémentaires, rassemblant 37 communes au total et totalisant 707 000 habitants.
- ***Mars 2012 :*** le Grand Toulouse devient Toulouse Métropole. Le 19 mars, Toulouse est en état de choc après l'assassinat à bout portant de trois personnes, dont deux enfants, devant l'école juive Ozar-Hatorah.

LANGUES RÉGIONALES

Occitans contre Gascons

Occitania ! Pendant la guerre du Larzac, le bruit courut qu'une nouvelle nation d'opprimés se révoltait contre le centralisme jacobin. On chercha sur les cartes si quelque province à moitié étrangère du bout de l'Hexagone, comme le Pays basque, l'Alsace, la Corse ou la Bretagne, n'avait pas été annexée par mégarde. Et lorsqu'on découvrit qu'il s'agissait de 15 départements – 23 avec la Provence ! –, cette cause éveilla moins de sympathie que les précédentes. Faudrait-il se passer des grands bordeaux, de l'aéronautique toulousaine et des stages de tissage dans les Cévennes ? De Brassens et de Jaurès ? Il y en eut pour dire que l'Occitanie n'existait pas et que, en tout état de cause, sa diversité n'était pas moins grande que celle de l'Hexagone.
Et pourtant, l'Occitanie n'a manqué que d'un Cavour pour exister. Sœur de la Catalogne, elle n'a épousé la France que par force. Chaînon manquant entre l'Espagne et l'Italie, c'est une de ces nations de soleil ombrageuses et volubiles,

qui produit des vins lourds, des platanes, des saucisses et des peintres. Sa langue est un trésor : 160 000 mots, contre 30 000 pour le français. Mise en littérature par les troubadours, elle régna sur les cours d'Europe.
Littérature, solidarité urbaine, tolérance : l'Occitanie du XIe s était très en avance sur son temps. Trop, puisque sa complaisance envers les cathares signa sa perte. Francisé de force, l'Occitan libéral devint un Occitan turbulent. Guerres de Religion, camisards, Révolution, 1848, 1870, 1907 : chaque occasion lui fut bonne pour se révolter contre le mépris que ceux du Nord, comme Céline, vouaient à sa nation de « bâtards méditerranéens dégénérés, félibres gâteux, parasites arabiques que la France aurait eu tout intérêt à jeter par-dessus bord ».

BOUDU L'ACCENT !

Selon une enquête du site de rencontres • parship.fr • *, l'accent toulousain est le plus séduisant de France : près de 35 % des personnes interrogées le trouvent sexy, 70 % le considèrent charmant. L'accent toulousain devance le marseillais, qui est le plus facilement identifiable après l'accent ch'ti.*

Si la décentralisation a mis de l'huile dans les rouages, elle est loin d'avoir tout réglé, puisque l'essentiel des ressources occitanes – hier les mines, aujourd'hui l'aéronautique, l'immobilier touristique et certains vignobles – se trouve encore aux mains des « colons ». Hélas, cette noble cause ne s'en trouve pas moins divisée. Preuve de sa vitalité, la langue occitane a deux rameaux. Le languedocien, le plus pur, est parlé de Nîmes à Toulouse, où l'Institut d'études occitanes a réussi à imposer l'ex-patois comme épreuve facultative au baccalauréat. On parle ici *gafets* (gamins), *peillarots* (chiffonniers), *castagnes* et *tartaragnes* (vieilles filles). Le gascon, lui, s'est enrichi des dialectes basques des vallées pyrénéennes. Plus haché, martial, à l'unisson des fanfares du haut pays, les *bandas,* et des bruits de rapière. Si Toulouse est désormais la capitale universitaire de la langue occitane, les Gascons ne se le tiennent pas pour dit. Ils ont fondé, à Fleurance, la première université de gascon.

PERSONNAGES

– ***Saint Saturnin :*** il est l'évêque fondateur du christianisme à Toulouse au milieu du IIIe s. Le bon Saturnin allait dire la messe quand il passa devant le temple de Toulouse. Mauvaise idée. Excédée par le silence de ses dieux, la foule des païens s'en prit au saint homme et l'attacha à la queue d'un taureau que l'on s'empressa de fouetter. Plus tard, les Toulousains se rachetèrent en lui offrant un beau tombeau : l'église Saint-Sernin (Saturnin).
– ***(Saint) Guillaume de Toulouse*** (vers 755-812) ***:*** ce cousin et brillant second de Charlemagne mena une vie « exemplaire ». Premier acte : Guillaume, duc d'Aquitaine, anéantit des Sarrasins. Deuxième acte : il fonde une abbaye dans le village cévenol qui prendra son nom, Saint-Guilhem-le-Désert, pour s'y retirer saintement. Les chansons de geste le connaissent sous le nom de Guillaume « au courb nez », ou Fierebrace.
– ***Gaston III de Foix, dit Phébus*** (1331-1391) ***:*** riche seigneur et fin politique, ce fut le dernier comte de Foix. Phébus signifie « soleil » et fait référence au dieu Apollon.
– ***Pierre de Fermat*** (1601-1665) ***:*** célèbre mathématicien né à Beaumont-de-Lomagne, dans le Tarn-et-Garonne. On lui doit le calcul différentiel. Il s'est aussi intéressé au calcul des probabilités.
– ***D'Artagnan, Charles de Batz*** (vers 1615-1673) ***:*** même sans Dumas, sa vie est un roman. Cadet de Gascogne, il fut à la tête des mousquetaires, corps d'élite entre le GIGN et les paras. Il escorta le roi, arrêta Fouquet et s'illustra dans toutes les guerres du règne.

- ***Antoine de Cadillac*** (1658-1730) **:** à défaut d'avoir inventé la voiture extraplate, Antoine de Cadillac fut le fondateur de Detroit, la ville de *General Motors*. Originaire de Saint-Nicolas-de-la-Grave, un bourg du département de Tarn-et-Garonne, cet aventurier du Canada français revint au pays en 1717 pour couler une retraite en or.
- ***Jean Calas*** (1698-1762) **:** accusé d'avoir tué son fils converti au catholicisme... De nos jours, cet infanticide aurait été condamné à perpète. Mais on était en 1762, Calas fut soumis à la torture et attaché sur une roue où on le bastonna à mort. Un procès douteux. Une cause ardemment soutenue par Voltaire. Le dernier grand scandale de l'Ancien Régime.
- ***Joseph Lakanal*** (1762-1845) **:** il était une fois, dans la ville de Foix, un homme qui devint le « monsieur Culture » de la Convention. Lakanal œuvra aussi pour l'instruction publique.
- ***Maréchal Lannes*** (1769-1809) **:** sous ses airs de grognard un peu fruste, ce natif de Lectoure fut le premier des maréchaux d'Empire. Il fut aussi l'un des premiers à mourir.
- ***Jean-Auguste Dominique Ingres*** (1780-1867) **:** naître à Montauban doit prédisposer au classicisme. Du néo-antique, Ingres passe au néo-Renaissance. Amoureux des nus laiteux, il lui arriva d'ajouter quelques vertèbres pour faire durer le plaisir.
- ***Clément Ader*** (1841-1925) **:** l'ingénieux ingénieur de Muret qui osa le premier s'élever de terre, et ce en 1890 ! Il est, depuis, vu comme le pape de l'aviation. Ainsi donc, la région avait découvert sa vocation des airs bien avant qu'en plein tumulte guerrier les autorités l'aient choisie comme centre stratégique, l'éloignant de la poreuse frontière de l'Est.
- ***Bernadette Soubirous*** (1844-1879) **:** en 1858, la Vierge apparut 18 fois à une gamine pauvre des montagnes. Elle portait une robe blanche avec une ceinture bleue et parlait le gascon. Bernadette finit au couvent. Pour les Lourdais, l'eau miraculeuse se changea en un fleuve d'or.
- ***Gabriel Fauré*** (1845-1924) **:** musique de chambre, musique des champs... À la fin du XIXe s, l'auteur de *Mélodies* mit en musique les lumières délicates de la campagne ariégeoise.
- ***Ferdinand Foch*** (1851-1929) **:** l'un des six maréchaux de la Grande Guerre, c'est celui qui emporta la victoire finale et signa l'armistice. Né à Tarbes par accident.
- ***Jean Dieuzaide*** (1921-2003) **:** ce grand monsieur de la photo française a doté Toulouse de la plus belle galerie de France : le Château d'Eau.
- ***Jean-Luc Lagardère*** (1928-2001) **:** fondateur dans les années 1980 du groupe Lagardère, groupe de presse et de médias dont Hachette, entre autres, fait partie. Son fils unique, Arnaud, a repris la tête du groupe depuis 1989.
- ***Claude Nougaro*** (1929-2004) **:** petite stature mais grande pointure de la chanson française. Fils d'un baryton, sa voix vibrante et son é-lo-cu-tion dé-ta-chée accompagnent des musiques superbes fortement imprégnées de jazz. Il est intimement lié à Toulouse qu'il chantait avec des mots de poète. Sa disparition, en mars 2004, à l'âge de 74 ans, a ébranlé la Ville Rose.
- ***Pierre Perret*** (né en 1934) **:** originaire de Castelsarrasin et chanteur-compositeur-interprète au répertoire pour le moins éclectique. Chansons grivoises, coquines, engagées, ensoleillées, tendres, poétiques... servies avec humanité, et accompagnées d'un petit sourire malicieux.
- ***Philippe Labro*** (né en 1936) **:** originaire de Montauban, Philippe Labro a plusieurs cordes à son arc. On le connaît surtout comme écrivain, journaliste, homme de radio et de télé (il dirigea notamment les programmes de RTL dans les années 1990 et créa la chaîne Direct 8). Il a aussi réalisé plusieurs films et écrit des chansons pour notre Johnny national.
- ***Dominique Baudis*** (1947-2014) **:** ancien journaliste et présentateur du journal télévisé (le 20h sur TF1 à la fin des années 1970 et le Soir 3 au début des années 1980), il fut aussi maire de Toulouse pendant près de 20 ans. Il devint

ensuite président du CSA puis de l'Institut du monde arabe (IMA), avant d'être nommé Défenseur des droits en 2011, fonction qu'il occupa jusqu'à sa mort, en avril 2014.
– ***Jean-Pierre Rives*** (né en 1952) **:** gentleman-paladin, « Casque d'Or » est le héros du rugby toulousain. Il est aussi sculpteur.

RUGBY : UN SPORT D'ART ET D'ESSAIS

De Pau à Béziers, la Gascogne et le Languedoc sont les deux mamelles du rugby français. Et le tronc qui les réunit, c'est le Midi toulousain. Au fait, mordiou, que font ici les Anglais ? Trois cents ans d'occupation de l'Aquitaine leur ont fait aimer la région. Les bourgeois de Bordeaux ont adopté leur savoir-vivre. Gascons et Languedociens, eux, ont reconnu dans le rugby leur propre tempérament : turbulent, grande gueule, mais gentleman, et soudé autour du village par deux millénaires de culture citadine. Aujourd'hui, le moindre bourg a son équipe, ses supporters, ses banquets.

L'IRONIE DU SPORT

Les rugbymen toulousains se moquent bien du redoutable « Haka » des All Blacks, l'équipe de Nouvelle-Zélande : le nom de cette danse rituelle du peuple maori se traduit en français par « la violette », fleur emblématique de Toulouse !

Mais à côté du rugby rugueux des montagnes ariégeoises, le Stade toulousain a imposé une légende (19 fois champion de France) et un style bien à lui : « Du panache, un jeu complet qui allie au jeu d'avants très sobre celui, très brillant, des lignes arrière », comme l'explique l'une des plus célèbres figures du ballon ovale, Walter Spanghero, qui fut lui-même un joueur de légende du Stade.
La France a d'ailleurs accueilli la Coupe du monde de rugby en 2007 et quatre matchs ont été disputés au Stadium de Toulouse.

SITES INSCRITS AU PATRIMOINE MONDIAL DE L'UNESCO

Organisation des Nations Unies pour l'éducation, la science et la culture

En coopération avec le centre du patrimoine mondial de l'UNESCO

Pour figurer sur la liste du Patrimoine mondial, les sites doivent avoir une valeur universelle exceptionnelle et satisfaire à au moins un des 10 critères de sélection. La protection, la gestion, l'authenticité et l'intégrité des biens sont également des considérations importantes.
Le patrimoine est l'héritage du passé dont nous profitons aujourd'hui et que nous transmettons aux générations à venir. Nos patrimoines culturel et naturel sont deux sources irremplaçables de vie et d'inspiration. Ces sites appartiennent à tous les peuples du monde, sans tenir compte du territoire sur lequel ils sont situés. Pour plus d'informations : • *whc.unesco.org* •
Pour la région Midi-Pyrénées, les sites concernés sont :
– la basilique Saint-Sernin et l'hôtel-Dieu à Toulouse ;
– le territoire de Gavarnie-Gèdre, qui fait partie du site « Pyrénées, Mont-Perdu, pays de cirques et canyons » ;
– le canal du Midi ;
– les chemins de Saint-Jacques-de-Compostelle (la cathédrale Sainte-Marie à Auch, Saint-Bertrand-de-Comminges, la collégiale Saint-Pierre à La Romieu).

VINS ET ALCOOLS

Si les délices de la gastronomie en Midi-Pyrénées préfèrent les grands bordeaux, les petits vins de la région – madiran, côtes-de-saint-mont et fronton – jouent sur le même registre de goût, celui du terroir raffiné. Avec un seigneur obsédant, l'armagnac.

– ***Armagnac :*** il était une fois une piquette si misérable que le moindre transport lui était fatal. On la fortifia avec de l'eau-de-vie, puis on en vint à la distiller. Et c'est ainsi que le méchant jaja devint l'armagnac, roi des alcools français. Ses collines fauves, qui occupent tout le département du Gers, se divisent en trois zones : la Ténarèze (donne un armagnac au goût de pruneau), le Haut-Armagnac et le Bas-Armagnac (le plus réputé). Si le cognac est le fait de grandes marques et s'obtient par « coupes », le bon armagnac, comme le vin, est un produit rustique, très « terroir », fruit d'un jus unique et d'une seule année. Autant dire que le millésime est crucial. Quatre ans de fût, au moins, lui donnent sa teinte ambrée, mais il existe des armagnacs d'un siècle. Une vieille eau-de-vie se respire plus qu'elle ne se boit : du tilleul à la réglisse, en passant par l'amande, la pêche et la vanille, le poivre et le pruneau, on n'en finit pas... Les affaires sont rares, mais on déniche quelquefois des « pots gascons » derrière les fagots des fermes gersoises. Celles-là mêmes où, il y a 25 ans, l'armagnac servait encore d'after-shave ou de lotion tonique... Voir aussi la rubrique « Armagnac » en intro du chapitre sur le Gers.

– En Gasgogne, deux appellations. D'abord les ***côtes-de-saint-mont*** : on assiste à un petit retour de mode, après quelques années, sur ce vin typique des environs d'Auch, charnu et flatteur. Ensuite, un peu plus au nord, les ***côtes-de-gascogne,*** principalement vinifiées en blanc. Quant au ***floc de Gascogne,*** c'est un joyeux vin d'apéritif, dont la fermentation est arrêtée par adjonction d'armagnac.

– ***Fronton :*** petite AOP (Appellation d'origine protégée, ancienne AOC) à deux pas au nord de Toulouse, des vins de tous les jours agréables et parfois même subtils. Le département de Tarn-et-Garonne produit d'autres vins sympathiques, comme les ***coteaux-du-quercy,*** les ***côtes-du-brulhois*** ou le ***lavilledieu,*** tous VDQS (Vins délimités de qualité supérieure). Deux vins de pays aussi : le ***saint-sardos*** et les ***terrasses-de-montauban.*** Il s'agit essentiellement de vins rouges.

– ***Madiran :*** à cheval sur les Hautes-Pyrénées, les Pyrénées-Atlantiques et le Gers. Un cépage au nom éloquent, le tannat, lui donne de sacrés muscles et une teinte violacée à force d'être noire. Mais quel plaisir de le déguster après 6 ou 7 ans, surtout avec du gibier ! La région produit également un blanc sec ou doux, le ***pacherenc-du-vic-bilh,*** d'une grande richesse aromatique, capable de rivaliser avec la plupart des sauternes.

LA HAUTE-GARONNE

ABC DE LA HAUTE-GARONNE

- *Superficie :* 6 309 km^2.
- *Population :* 1 260 226 hab., dont 892 100 dans le pôle urbain de Toulouse (Toulouse Métropole) !
- *Densité :* 199,7 hab./km^2.
- *Préfecture :* Toulouse (447 350 hab.).
- *Sous-préfectures :* Saint-Gaudens (11 190 hab.) et Muret (24 085 hab.).
- *Principaux secteurs d'activité :* près de 80 % de la population active occupe le secteur des services, 12,5 % celui de l'industrie, 7 % environ dans la construction. Seulement 1,1 % travaille dans l'agriculture ! Toulouse et sa périphérie concentrent les activités de pointe comme l'aérospatiale, la recherche médicale ou l'imagerie satellitaire.
- *Signes particuliers :* la Haute-Garonne est représentée par sa dynamique capitale : près d'un Toulousain sur cinq est étudiant ! Ce qui classe la ville au rang de 3e ville universitaire de France. Toulouse possède le plus grand nombre de briques rouges en France !

C'est un département un peu baroque qui devient gascon au contact du Gers, qui fait plus que flirter avec le département de Tarn-et-Garonne, qui se prend déjà pour l'Ariège à Montesquieu-Volvestre et qui effectue une drôle de manœuvre inspirée pour que les Hautes-Pyrénées ne lui piquent pas Saint-Bertrand-de-Comminges. De plus, il se taille à la machette un mince couloir entre deux gros voisins, pour posséder sa toute petite tranche de Pyrénées et quelques kilomètres de frontière avec l'Espagne. Insolite, non ?
Il paraît qu'en 1790, à la création des départements français, c'est le cours de la Garonne qui détermina les limites de la Haute-Garonne. Les « têtes d'œuf » de l'époque avaient de drôles d'idées ou devaient être particulièrement perturbées par les changements de régime ! Car ce n'est pas tout à fait le genre de raison à même de forger une unité géographique et sociologique. D'autant plus que Toulouse prend vraiment beaucoup de place (et qu'au fond, elle n'a pas vraiment tort). C'est encore plus vrai depuis le récent développement économique de la Ville Rose, qui a fortement urbanisé les campagnes. À 1h à la ronde, les villages d'antan ont été engloutis par des banlieues pavillonnaires sans attraits, sans vie, sans charme. Pour être honnête, en dehors de Toulouse, la Haute-Garonne n'offre que peu d'intérêts pour le touriste lambda (les rares hôtels, restos et chambres d'hôtes misant avant tout sur

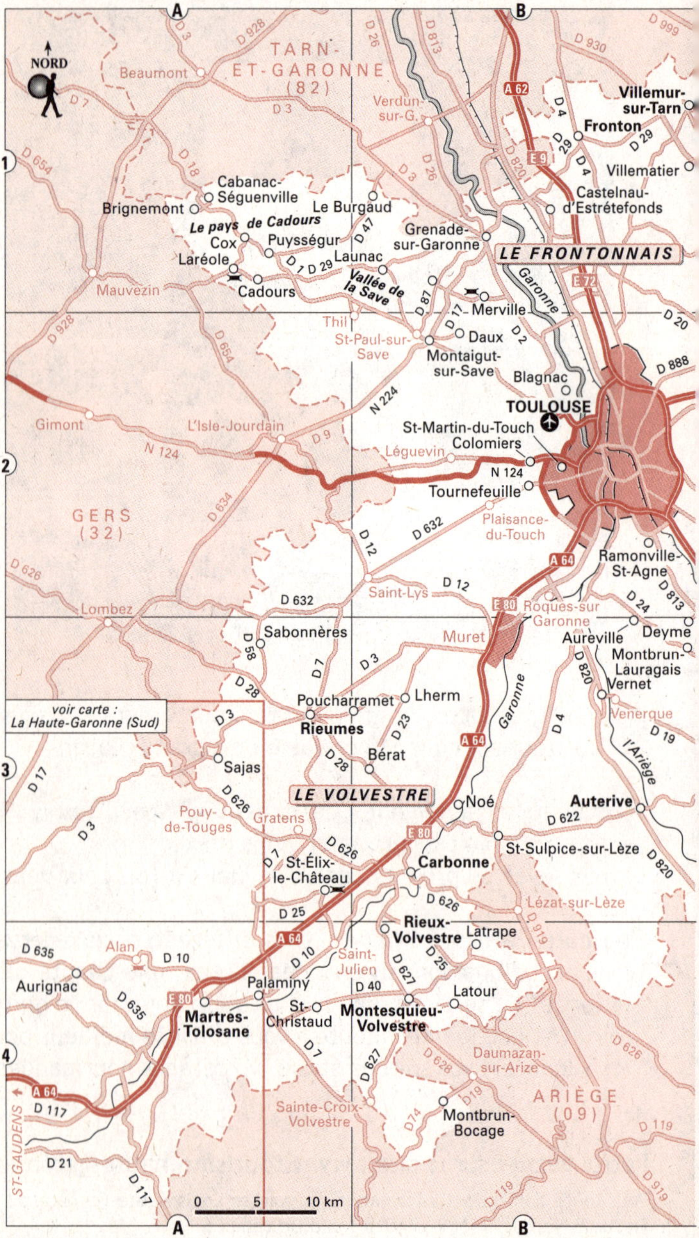
NORD
TARN-ET-GARONNE (82)
GERS (32)
ARIÈGE (09)
Beaumont
Verdun-sur-G.
Villemur-sur-Tarn
Fronton
Villematier
Castelnau-d'Estrétefonds
Cabanac-Séguenville
Brignemont
Le Burgaud
Le pays de Cadours
Cox
Puysségur
Laréole
Launac
Grenade-sur-Garonne
LE FRONTONNAIS
Cadours
Vallée de la Save
Mauvezin
Thil
Merville
Daux
St-Paul-sur-Save
Montaigut-sur-Save
Blagnac
TOULOUSE
Gimont
L'Isle-Jourdain
St-Martin-du-Touch
Colomiers
Léguevin
Tournefeuille
Plaisance-du-Touch
Ramonville-St-Agne
Saint-Lys
Lombez
Roques-sur Garonne
Sabonnères
Muret
Aureville
Deyme
Montbrun-Lauragais
Vernet
Venerque
Poucharramet
Lherm
Rieumes
Bérat
Sajas
LE VOLVESTRE
Noé
Auterive
Pouy-de-Touges
Gratens
St-Sulpice-sur-Lèze
St-Élix-le-Château
Carbonne
Lézat-sur-Lèze
Rieux-Volvestre
Latrape
Alan
Aurignac
Saint-Julien
Palaminy
Latour
Martres-Tolosane
St-Christaud
Montesquieu-Volvestre
Daumazan-sur-Arize
Sainte-Croix-Volvestre
Montbrun-Bocage
ST-GAUDENS
Garonne
l'Ariège
voir carte : La Haute-Garonne (Sud)
0 5 10 km
A
B
1
2
3
4
A 62
E 9
E 72
A 64
E 80
N 124
N 224
D 3
D 7
D 12
D 632
D 626
D 820
D 928
D 654

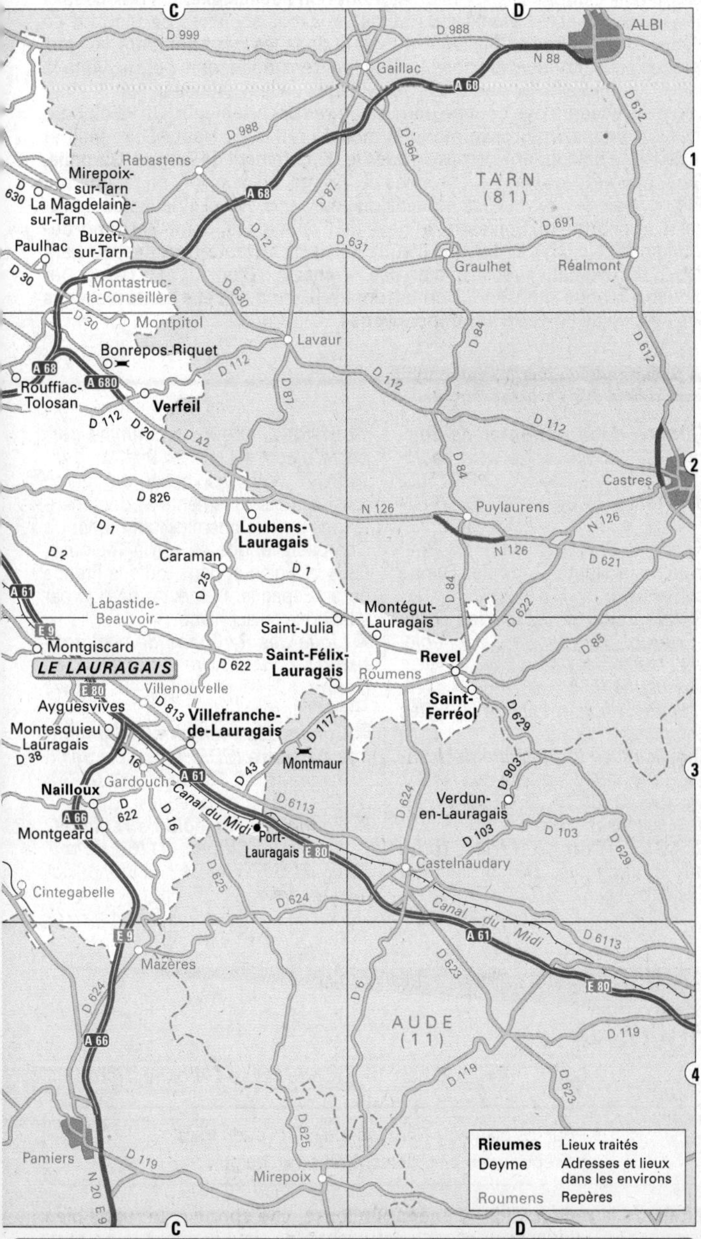

LA HAUTE-GARONNE (NORD)

le tourisme « d'affaires »). À l'inverse, atout non négligeable, les prix cassés pratiqués pendant les week-ends et les vacances scolaires permettent de se loger et de rayonner facilement jusque dans les départements voisins. Quelques sites (concentrés dans le Sud) méritent vraiment le détour, voire le séjour, comme Saint-Bertrand-de-Comminges ou les Pyrénées.
Là, on ne procédera pas comme pour les autres départements. On va d'abord traiter le Toulousain (grosso modo la moitié nord de la Haute-Garonne), et puis on ira se balader en colimaçon dans le département de Tarn-et-Garonne, le Gers, puis vers les Hautes-Pyrénées et l'Ariège. Au passage, on récupérera le Frontonnais et ses vins, les moulins du Lauragais, Revel et le lac de Saint-Ferréol, le charme du Volvestre, le pays de Comminges, Saint-Bertrand-de-Comminges et le pays de Luchon (l'autre partie de la Haute-Garonne, qui sera traitée naturellement avec la chaîne des Pyrénées)... Bien, on va attaquer par Toulouse, presque le dessert. Normal, depuis le temps qu'elle hante les rêves roses de plus de 60 % de nos concitoyens !

Adresses et infos utiles

- ***Comité départemental de tourisme*** *(CDT ; plan centre détachable, E2,* ***2****) : 14, rue Bayard, BP 71509, 31015* ***Toulouse*** *Cedex 06. ☎ 05-61-99-44-00. • tourisme.haute-garonne.fr • Lun-ven 9h-12h15, 13h-17h.* Pour découvrir la Haute-Garonne. Bonne documentation.
- ***Relais départemental des Gîtes de France*** *(plan centre détachable, E2,* ***2****) : même adresse que le CDT (voir ci-dessus). ☎ 05-61-99-70-60. • gites-de-france-31.com •* Plus de 600 gîtes et chambres d'hôtes.
- ***Clévacances*** *(plan centre détachable, E2,* ***2****) : même adresse que le CDT (voir plus haut). ☎ 05-61-99-44-00. • clevacances-31.com •*
- ***L'ACIR Compostelle*** *(plan centre détachable, D3,* ***5****) : 4, rue Clémence-Isaure, 31000* ***Toulouse.*** *☎ 05-62-27-00-05. • chemins-compostelle.com • Lun-ven 9h-13h, 14h-18h (17h ven).* Association qui fournit tous les renseignements et documentations sur les chemins qui mènent à Compostelle, que ce soit à Toulouse, dans la région et dans toute la France ou en Espagne. Demande de doc par téléphone ou sur place.
- ***Ligue des Pyrénées de cyclotourisme :*** *7, rue André-Citroën, 31130* ***Balma.*** *☎ 05-61-99-86-46. • pyrenees.ffct.org •*
- ***Comité départemental de randonnée pédestre*** *(CDRP) : 5, port Saint-Sauveur, 31000* ***Toulouse.*** *☎ 05-34-31-58-31. • cdrp31.free.fr •*
- ***Comité de spéléologie régional :*** *7, rue André-Citroën, 31130* ***Balma.*** *☎ 05-34-30-77-45. • comite-speleo-midipy.com •*

TOULOUSE

(31000) 447 350 hab. *Carte Haute-Garonne (Nord), B2*

▶ Pour les plans de Toulouse, du métro et du tram, se reporter au plan détachable en fin de guide.

Capitale de la région Midi-Pyrénées, Toulouse, cité sportive (le rugby bien sûr, mais pas uniquement) et pôle estudiantin particulièrement important, véhicule l'image d'une ville dynamique, à la tête des industries et technologies performantes où l'on trouve les industries aéronautiques (Airbus),

électroniques, un secteur médical de pointe avec l'ouverture récente de l'Oncopôle, etc. On imagine aussi une certaine douceur de vivre, au diapason de toutes les variétés de roses qui teintent la cité. Nougaro, dans son enthousiasme poétique pour sa ville, nous avait déjà fait respirer l'air de quelques quartiers. Un « air » resté dans toutes les mémoires...
Avec deux lignes de métro, une ligne de tramway et le secteur piéton autour de la rue d'Alsace-Lorraine, c'est un vrai plaisir de partir à la découverte d'une des villes de France où il fait assurément bon vivre, en toute saison, vu le nombre de nouveaux habitants comptabilisés chaque année. Une ville profondément humaine et agréable, un centre-ville quasi intact où l'on découvre, en de longues et romantiques promenades, une merveilleuse architecture, d'admirables églises, un riche patrimoine historique que la ville n'a pas sacrifié à un modernisme forcené (ce qui n'empêche pas d'importants projets d'aménagements urbains). À part quelques trouées haussmanniennes, tout le centre possède son pesant de ruelles charmantes et d'édifices somptueux. Qui sait que Toulouse possède le record de France du nombre d'hôtels particuliers du XVIe s et que, de plus, la plupart se cachent dans de jolies cours, qu'il vous faudra prendre le temps de chercher, comme lors d'un jeu de piste (le soir surtout, quand le rose se transforme en or) ? Avec, au bout de la quête, quelques moments magiques de calme, de poésie urbaine, propres à se refaire une petite santé morale...
Si l'on devait comparer Toulouse à une autre ville, on ne se tournerait pas vers Bordeaux (trop bourgeoise), ni vers Montpellier (qui se couche trop tôt), mais plutôt vers Barcelone, pour sa proximité culturelle et affective. Ici, Occitans et Catalans riment bien ensemble. À Toulouse, on a tout compris aussi, et le dynamisme culturel en témoigne, avec de nombreux festivals ouverts sur le monde et des expos d'art contemporain qui rivalisent de modernisme avec son illustre voisine catalane. C'est ici que se sont élevés la galerie du Château d'Eau – l'un des plus beaux chants d'amour pour la photographie en Europe –, les anciens Abattoirs reconvertis en musée d'Art contemporain, la Cité de l'espace, ou plus récemment Aeroscopia, un vaste complexe qui rend hommage à la fantastique épopée de l'aviation. C'est ici aussi que le chant des partisans des groupes de musiciens engagés, chacun dans leur catégorie, font tomber les à priori et les barrières culturelles.

LA CROIX OCCITANE

L'emblème de Toulouse est une croix grecque à 12 branches illustrant les 12 mois de l'année, les 12 heures du jour, ou encore les 12 signes du zodiaque.

UN PEU D'HISTOIRE

Tout d'abord, la région fut habitée par une peuplade répondant au drôle de nom de Volques Tectosages, qu'inévitablement les Romains vinrent déranger à un moment donné. Aux Ier et IIe s de notre ère, *Tolosa* fut d'ailleurs une colonie romaine prospère. Curieusement, il reste peu de vestiges de ce passé lointain. Quelques éléments du mur d'enceinte découverts çà et là, à l'occasion de travaux, et c'est à peu près tout. Les pierres, très rares dans la région, étaient transportées depuis le piémont pyrénéen, et l'on sait que la brique était utilisée dès l'époque antique. Les Wisi et autres Goths, Francs, Vandales, Sarrasins laissèrent également peu de traces notables. La région fut depuis toujours un lieu de passage.
C'est à partir du IXe s, avec les comtes de Toulouse, que l'histoire put enfin s'écrire. Aux XIe et XIIe s, la ville se développa et prospéra. Le pouvoir se partageait entre les comtes et les représentants de la classe commerçante qui s'étaient enrichis : les capitouls (du latin *domini de capitulo*, « seigneurs du chapitre »), avec une

Église catholique très puissante comme troisième pouvoir. C'est à cette époque que s'acheva la construction de l'imposante basilique Saint-Sernin. Le pape Urbain II vint la consacrer, et surtout chercher à Toulouse la participation de Raimond IV à la croisade pour délivrer le Saint-Sépulcre. À la fin du XIIe s, le comte Raimond V accorda l'autonomie municipale à la ville.

L'époque cathare

Pendant la période cathare, Simon de Montfort, chargé d'écraser l'hérésie, échoua trois fois devant Toulouse. Lors de la dernière tentative, en 1218, il trouva la mort. La défaite des cathares permit au roi de France de rattacher définitivement le Languedoc à la France. Ce fut chose faite en 1271, lorsque le dernier comte disparut au retour d'une croisade. Les Toulousains obtinrent cependant du pouvoir central la préservation de leurs libertés municipales. Les capitouls régnèrent ainsi sur Toulouse jusqu'à la Révolution française.
Pour reconquérir et séduire son public, l'Église catholique se lança alors dans une frénésie de construction de belles églises. Les bourgeois s'enrichirent : la ville connut un petit âge d'or et le gothique méridional triompha. Pourtant, Toulouse souffrit quelques années encore à cause des épidémies de peste et de la guerre de Cent Ans. En 1444, la ville devint capitale provinciale et se dota d'un parlement. Un grand incendie, en 1463, détruisit 7 000 maisons.

La fortune du pastel

De 1463 à 1560, Toulouse connut son « siècle d'or » grâce au commerce du pastel. Cette plante, prolifique dans les terres du Lauragais, donnait après traitement une superbe teinture bleue. Elle avait acquis un immense succès en Europe. Des fortunes colossales s'établirent en quelques années, et Toulouse lui doit parmi ses plus beaux hôtels Renaissance. Les feuilles de pastel étaient broyées et mises en boules, appelées ici « coques ». Elles donnaient ensuite, après fermentation, la célèbre teinture bleue. Ces coques, à l'origine de tant de richesses, valurent ainsi à la région de Toulouse le surnom de « pays de cocagne ». L'arrivée de l'indigo des colonies cassa cependant net ce marché lucratif.
Après un siècle douloureux (nouvelles famines, épidémies de peste, guerres de Religion), Toulouse connut à nouveau une certaine période faste avec la production extensive du blé. La région devint le grenier du Languedoc. La construction des canaux du Midi et de Brienne permit l'écoulement des marchandises. Cette nouvelle richesse trouva son symbole dans la construction du Capitole en 1750.
La Révolution française fut bien accueillie à Toulouse, qui s'affirmait jacobine. Mais, lors de la création des départements, la ville perdit son statut de capitale régionale, ravalée au rang de chef-lieu de département.

Du XIXe s à nos jours

Dans la première partie du XIXe s, n'ayant investi que dans les demeures de prestige (hôtels particuliers, châteaux, etc.) et dans la terre, la bourgeoisie toulousaine ne se préoccupait guère de la révolution industrielle en marche. Il fallut l'arrivée du chemin de fer, en 1856, pour sortir un peu de leur léthargie la ville et ses élites, qui se contentaient strictement de gérer leurs revenus fonciers. Cité la plus importante de la région, Toulouse se dota alors de succursales des banques parisiennes, de grands magasins, etc. Et comme le plan médiéval de la ville constituait une entrave au commerce, on effectua, comme à Paris, des trouées typiquement haussmanniennes, qui se limitèrent, fort heureusement, au croisement de deux rues (la rue d'Alsace-Lorraine et la rue de Metz), bordées pour la première fois d'immeubles, parfois en pierre, mais souvent en brique couverte d'un enduit imitant la pierre (et de style haussmannien, bien entendu !).

Ce fut la guerre de 1914-1918 qui lança sérieusement l'activité industrielle de Toulouse. En effet, le champ de bataille occupant le nord et l'est de la France, force fut de se replier vers le sud. La ville, bien desservie par les transports, bien fournie en main-d'œuvre et en énergie (charbon de Carmaux, houille blanche des Pyrénées), accueillit l'industrie poudrière puis, en 1917, la fabrication des avions Latécoère. Cette dernière production sera déterminante pour Toulouse. L'année 1927 salua la création de la fameuse Aéropostale (avec Didier Daurat, Saint-Exupéry et Mermoz), puis d'autres constructeurs, dans les années d'avant-guerre, s'établirent à Toulouse comme Dewoitine et Bréguet. Dassault, quant à lui, s'y installa en 1967. Certaines compagnies nationalisées sous le Front populaire donnèrent naissance à Sud-Aviation, puis, par extension, à partir de 1970, à l'Aérospatiale.

L'ORIGINE DE L'AÉROPOSTALE

Latécoère était d'abord un fabricant d'avions. En 1917, il obtint la commande des armées pour fabriquer 1 000 avions. On construisit une usine de toute urgence et, à la fin de la guerre, 800 aéronefs étaient achevés. L'armistice signé, que faire de tous ces engins ? C'est alors que Latécoère lança son projet fou de transports postaux vers l'Afrique puis l'Amérique du Sud.

Aujourd'hui, avec Airbus et l'électronique notamment, Toulouse a largement rattrapé son retard industriel historique... et ce n'est pas terminé : avec la construction des Airbus dans les établissements de Colomiers, Saint-Martin-du-Touch et Blagnac pour l'A380, toute une zone d'activité, « Aérosconstellation », a vu le jour autour de l'assemblage du gros-porteur (le toit du hangar monumental pèse cinq fois plus que la tour Eiffel !). Et dans le secteur de la chimie, durement touché après l'explosion d'AZF en septembre 2001, l'avenir passe par la modernisation et la reconversion vers de nombreuses applications indispensables. Signalons ainsi la création de l'Oncopôle, un site unique de recherche contre le cancer, sur l'ancien site d'AZF. Depuis 1993, la ville est équipée d'un métro. La ligne A relie le quartier du Mirail (au sud-ouest) à celui de Balma-Gramont (au nord-est) en passant par le cœur de la Ville Rose. La ligne B inaugurée en 2007 va de Borderouge (au nord-ouest) à Ramonville (au sud-est). Résolument moderne sur le plan technologique (il s'agit d'un VAL, petites rames sans conducteur contrôlées par informatique), le métro l'est aussi sur le plan architectural. La réalisation de chaque station a été confiée à un ou plusieurs artistes contemporains tels que les frères Di Rosa (un nom prédestiné ?), Sophie Calle ou Olivier Debré, ce qui donne dans l'ensemble un résultat très original. Le même parti pris a été appliqué sur la ligne T1 du tramway.

TOULOUSE, LA VILLE DES SAVOIRS

Forte de son identité scientifique et technique, Toulouse se positionne comme un lieu de référence en matière de culture scientifique grâce à de nombreuses initiatives destinées au grand public. La Novela, festival des savoirs partagés, lancée en 2009, rassemble chaque année en octobre chercheurs, plasticiens, ingénieurs et artistes autour d'une importante programmation. À proximité du Muséum, le *Quai des savoirs,* qui devrait ouvrir à l'automne 2015, deviendra une vitrine de la connaissance scientifique. De l'autre côté de la ville, à Blagnac, Aeroscopia offre un parcours de découverte sur l'histoire, les techniques et les savoir-faire aéronautiques. Et pour être complet, on n'oubliera pas la Cité de l'espace, consacrée à la fabuleuse aventure spatiale.

Arriver – Quitter

De et vers l'aéroport

✈ ***Aéroport Toulouse-Blagnac*** *(hors plan d'ensemble détachable par A1) : à* ***Blagnac,*** *à env 12 km du centre. ☎ 0825-38-00-00 (accueil-infos ; 0,15 €/mn). Depuis l'étranger slt : ☎ 00-33-1-70-46-74-74. • toulouse.*

aeroport.fr • Très nombreuses liaisons quotidiennes avec notamment Paris, Marseille, Lyon, Nice, Nantes, Metz, Rennes, Strasbourg, Mulhouse, Nancy, Dijon. Sans oublier les capitales et grandes villes européennes (Madrid, Barcelone, Bruxelles, Amsterdam, Londres, Lisbonne, Munich...).

■ ***Air France*** *(plan centre détachable, E3,* ***12****)* **:** *rens et résas à l'aéroport ou à l'agence en centre-ville, 2, bd de Strasbourg, à l'angle des allées Jean-Jaurès. ☎ 36-54 (0,34 €/mn ; tlj, 24h/24).*

– ***Navettes aéroport :*** *☎ 05-34-60-64-00 ou 05-61-41-70-70. • tisseo.fr • ♿ Tlj sf 1er mai.* Départ ttes les 20 mn (compter 20-45 mn de trajet selon trafic), 5h-21h20 dans le sens Toulouse-aéroport, 5h30-0h15 dans l'autre sens. Compter 5,50-10 € pour 1 déplacement (possibilité d'emprunter 2 correspondances – bus ou métro –, pdt 1h, avec le même ticket). Depuis le centre-ville, départ de la gare routière *(plan d'ensemble détachable, F1,* ***11****)* à proximité de la gare ferroviaire, arrêts à proximité du métro Jean-Jaurès *(plan centre détachable, E3,* ***11****)*, de la place Jeanne-d'Arc *(plan centre détachable, E2,* ***11****)* et de Compans-Caffarelli (centre de congrès ; *plan d'ensemble détachable, D2,* ***11***). Il y a aussi des navettes vers la nouvelle ligne de tramway, qui dessert le centre-ville.

– ***Tram T2 :*** inauguré au printemps 2015, il relie l'aéroport à la pl. Lafourcade, près du palais de justice (correspondance avec la ligne B du métro), en passant par les Arènes (correspondance avec la ligne A du métro). De l'aéroport, départs tlj, ttes les 15 mn (ttes les 20 mn dim), 6h-21h ; ttes les 20 mn, 21h-minuit (0h20 ven-sam). Trajet : 20 mn jusqu'aux Arènes, 30 mn jusqu'au Palais de Justice. Du centre-ville, départs 5h35 aux Arènes (5h50 Palais de Justice)-23h30 (Palais de Justice). Compter 1,60 € pour 1 déplacement ; possibilité de poursuivre dans le métro avec le même ticket.

■ ***Advantage :*** *6, rue Dieudonné-Costes, 31700* ***Blagnac*** *(accessible à pied en 5 mn depuis l'aéroport) ; l'agence se situe à côté de l'hôtel* Radisson. *☎ 05-61-78-95-13. • advantage.com • Tlj 9h-13h, 14h-20h (22h l'été).* Loueur de voitures *low-cost* pour les loisirs. Kilométrage illimité et prix intéressants. Advantage est une marque du groupe Hertz.

■ ***Hertz :*** *à l'aéroport, ☎ 05-61-30-08-99. Également à la gare Matabiau, à Toulouse, ☎ 05-62-73-39-47.*

🚗 ***Taxis :*** ***Taxis Aéroport*** *(borne), ☎ 05-61-30-02-54. Également* ***Capitole Taxi,*** *☎ 05-34-25-02-50, et* ***Taxi Radio Toulousain,*** *☎ 05-61-42-38-38. Ou encore* ***Prestibike,*** *☎ 05-67-77-33-33, • mototaxi.org/toulouse •* Il s'agit de motos-taxis.

De Toulouse vers les autres villes

Un site précieux pour tous les transports régionaux (TER, bus, autocars, tramways) : • *sncf.com/fr/trains/ter* • On y trouve les principales liaisons, leurs horaires... Pour ceux ayant leur vélo, voir le site • *velo.sncf.com* •

En train

🚂 ***Gare SNCF Toulouse-Matabiau*** *(plan d'ensemble détachable, F2)* **:** *80, bd Pierre-Sémard. Rens et résas : ☎ 36-35 (0,34 €/mn). Ⓜ Marengo-SNCF.* Une dizaine de trains directs (dont plusieurs TGV) au départ de Paris (5h) et Bordeaux (1h50). On rappelle que la liaison Bordeaux-Toulouse ne se fait pas à la vitesse TGV. Diverses liaisons avec presque toutes les villes françaises et quelques villes espagnoles. Quant à la ligne LGV (ligne à grande vitesse), elle est attendue pour... 2020.

– Quelques liaisons régionales importantes (TER) à partir de Toulouse : Albi, Auch, Carcassonne, Moissac, Montauban..., sans oublier Agen, Cahors, Castres, Foix, Latour-de-Carol, Lourdes, Luchon, Rodez, Tarbes.

En bus

🚌 ***Gare routière*** *(plan d'ensemble détachable, F1)* **:** *68, bd Pierre-Sémard. ☎ 05-61-61-67-67. Juste à côté de la gare SNCF. Lun-ven 9h-13h, 14h-17h.* Horaires et prix disponibles par téléphone (en théorie, car en pratique ils ne décrochent jamais ! Mieux vaut se déplacer).

– Pour les déplacements interurbains,

consulter le site du conseil général : ● *haute-garonne.fr* ●, rubrique « Transports ». Plus de 350 communes desservies quotidiennement par le réseau « Arc-en-Ciel ». Attention, certaines liaisons ne sont pas assurées en été ! ***Tisséo*** est la compagnie spécialisée dans la desserte du Grand Toulouse *(☎ 05-61-41-70-70 ; ● tisseo.fr ● ; lun-ven 6h-20h, sam 8h30-18h30).* Principaux bureaux Tisséo à la gare et dans les stations de métro Capitole et Jean-Jaurès.

En bateau

■ ***VNF*** *(Voies navigables de France ; plan d'ensemble détachable, F4,* ***13****) : 2, port Saint-Étienne, BP 7204, 31073 Toulouse Cedex 07. ☎ 05-61-36-24-24. ● sudouest.vnf.fr ● Accueil lun, mer et ven 10h-12h, 14h-16h (permanence téléphonique en sem 9h-12h, 14h-16h).* Leur site procure toutes les infos pour naviguer sans encombre sur le canal du Midi et le canal de la Garonne, et dit tout sur les animations qui se déroulent au fil de l'eau en été.

Adresses et infos utiles

Infos touristiques

🅸 ***Office de tourisme*** *(plan centre détachable, E3,* ***1****) : donjon du Capitole, BP 38001, 31080 Toulouse Cedex 06. ☎ 0892-180-180 (0,34 €/mn) ou, depuis l'étranger, ☎ 00-33-5-40-13-15-31. ● toulouse-tourisme.com ● Juste derrière le Capitole. Juin-sept, lun-sam 9h-19h ; dim et j. fériés 10h30-17h15. Oct-mai, lun-ven 9h-18h ; sam 9h-12h30, 14h-18h ; dim et j. fériés 10h-12h30, 14h-17h.* Situé dans le donjon, ancienne tour des archives du XVIe s, restauré par Viollet-le-Duc. Accueil agréable et documentation très complète sur la ville. Résas en ligne sur le site internet. L'été, un triporteur aux couleurs de *So Toulouse* se balade entre les principaux lieux touristiques pour renseigner les visiteurs.

– ***Pass tourisme :*** *possibilité d'acheter ce pass à l'office de tourisme et dans certaines agences* Tisséo. *Valable 1, 2 ou 3 j. (respectivement à 18, 25 et 32 €), il inclut les visites guidées de l'office de tourisme, les principaux sites, la navette aéroport et une balade en bateau* Le Capitole *sur le canal. Réduc pour de nombreux autres sites.* Les sites inclus dans le *pass* : la fondation Bemberg, les Abattoirs, le cloître des Jacobins, le musée des Augustins, le musée Saint-Raymond, le musée Georges-Labit, le musée Paul-Dupuy, le Muséum d'histoire naturelle, l'église Saint-Pierre-des-Cuisines, la galerie du Château d'Eau, le musée du Vieux Toulouse, la crypte Saint-Sernin et l'amphithéâtre romain de Purpan.

– ***Visites guidées de l'office de tourisme de Toulouse :*** *nombreuses visites guidées générales, insolites ou thématiques, circuits régionaux et conférences tte l'année. Tarifs : 4-14 € selon visite. Durée : 2h.* Outre les visites classiques (basilique Saint-Sernin, bord de la Garonne, Toulouse à la Renaissance...), l'office propose un large choix de visites insolites (« Balade apéritive », « Sur les pas de Nougaro », « Toulouse secrète »...). Ou encore des visites liées à des événements ou festivals (comme celle intitulée « Dans les coulisses du stade »). Demander le programme trimestriel *Visites guidées, circuits culturels et conférences.* Toutes les visites sont menées par des guides compétents, pédagogues et vraiment passionnés, jamais avares d'explications.

■ ***Centre occitan des musiques et danses traditionnelles Toulouse Midi-Pyrénées – Conservatoire occitan*** *(plan d'ensemble détachable, C4,* ***4****) : 5, rue du Pont-de-Tounis. ☎ 05-34-51-28-38. ● comdt.org ● Sur la rive droite. Lun-ven sf ven ap-m 10h-13h, 14h (15h lun)-18h45 (17h45 lun et pdt les vac scol). Fermé de mi-juil à mi-août.* Stages de danse et de musique. Atelier de lutherie. Bibliothèque regroupant aussi des informations sur les autres régions. Certains soirs, concerts de musique traditionnelle d'ici, mais aussi d'ailleurs. Le centre édite également une revue en ligne, *Pastel,* sur les musiques et les danses en Midi-Pyrénées.

■ ***Nature Midi-Pyrénées*** *(plan d'ensemble détachable, F4,* ***6****)* **:** *14, rue de Tivoli, 31068 Toulouse Cedex.* ☎ *05-34-31-97-32.* • *naturemp.org* • Ⓜ *François-Verdier. Dans les locaux de la Maison de l'environnement Midi-Pyrénées. Lun-ven 9h-12h30, 14h-18h.* Association de protection des milieux naturels en Midi-Pyrénées, mais aussi de sensibilisation et d'information, qui organise différentes escapades naturalistes dans les environs de Toulouse, au rythme des saisons et en compagnie de guides passionnés.

■ ***Pays d'Oc*** **:** *37, rue du Salat, 31850 Montrabe.* ☎ *05-61-73-17-96.* • *paysdoc.com* • Visites guidées de Toulouse et de sa région sur des thèmes variés, à pied, à vélo, à rollers, à Segway, en car...

Poste et télécommunications

✉ ***Postes principales*** **:** *9, rue Lafayette (plan centre détachable, E3).* ☎ *36-31. Entre le Capitole et la pl. du Président-Wilson. Lun-ven 8h-19h (21h mar) ; sam 9h-17h. Autre poste au 25, rue de Rémusat (plan centre détachable, E2).* ☎ *36-31. Lun-ven 8h30-18h ; sam 8h30-12h.*

@ ***Le Chat de la Voisine*** *(plan centre détachable, F2,* ***7****)* **:** *25, rue des Sept-Troubadours.* ☎ *05-61-57-36-18. Lun-ven 10h-20h ; sam 12h-20h.* Un sympathique cybercafé, baigné dans une musique agréable.

■ @ ***Laverie des Lois*** *(plan centre détachable, D3,* ***8****)* **:** *19, rue des Lois.* ☎ *05-61-23-71-45. Tlj 8h-21h pour laver son linge ; tlj sf dim 14h (9h sam)-19h pour surfer sur Internet.* Et pourquoi ne pas laver son linge tout en surfant sur Internet ?

Santé, urgences

■ ***Commissariat central*** *(plan d'ensemble détachable, C1,* ***9****)* **:** *23, bd de l'Embouchure.* ☎ *05-61-12-77-77 (ou* ☎ *17 pour police-secours).* Ⓜ *Canal-du-Midi.*

■ ***Médecins de garde*** **:** ☎ *05-61-49-66-66.*

■ ***Samu*** **:** ☎ *05-61-49-33-33 ou* ☎ *15.*

■ ***Pharmacie de nuit*** *(plan d'ensemble détachable, F2,* ***10****)* **:** *70-76, allées Jean-Jaurès.* ☎ *05-61-62-38-05. Près de la rue Arnaud-Vidal. Lun 20h-minuit ; mar-dim 20h-8h.*

✚ ***CHU Purpan*** *(hors plan d'ensemble détachable par A2)* **:** *pl. du Docteur-Baylac (rond-point de Purpan).* ☎ *05-61-77-22-33.*

✚ ***CHU Rangueil*** *(hors plan d'ensemble détachable par E6)* **:** *av. Jean-Poulhes.* ☎ *05-61-32-25-33. Route de Narbonne, vers les facultés de médecine.*

Où s'informer ?

De nombreux magazines ou suppléments de quotidiens proposent des pages culture.

– ***La Dépêche du Midi*** **:** appelé *La Dépêche,* quotidien couvrant tout le Midi-Pyrénées, dans lequel Jean Jaurès écrivit.

– ***TLT*** **:** c'est Télé Toulouse, une chaîne locale qui diffuse sur la ville et l'agglomération et qui ne traite que des sujets locaux.

– ***Minuit*** **:** un excellent mensuel culturel gratuit. • *minuit-magazine.fr* •

Les marchés

Plusieurs marchés à Toulouse, plus ou moins importants. Voici les principaux.

Alimentation

– Au cœur du vieux Toulouse, le ***marché des Carmes*** *(plan centre détachable, E4 ; au rdc du parking, tlj sf lun),* sur la place des Carmes, dans les beaux quartiers. Plus bobo que populo. Un autre à la ***halle Saint-Cyprien*** *(plan d'ensemble détachable, C4 ; tlj sf lun),* sur la place du même nom, au cœur de ce chouette quartier populaire. Ou encore à la ***halle Victor-Hugo*** *(plan centre détachable, E2-3 ; tlj sf lun*

6h-13h30), pour le plaisir des yeux... et la douleur du porte-monnaie. De beaux produits cependant. Pour des produits frais toute l'année, on n'hésitera pas à visiter ces marchés couverts.

– ***Marché du Capitole*** *(plan centre détachable, E3) : sur la pl. du Capitole, mer 8h-18h.* Petit marché forain sans grand intérêt. En revanche, joli **marché bio** *(mar et sam mat, à partir de 7h).*

– ***Marché Cristal*** *(plan centre détachable, E2) : bd de Strasbourg, tlj sf lun jusqu'à 13h30.* Plein d'étals de fruits et légumes, à l'ombre des platanes.

– ***Marché de Saint-Aubin*** *(plan d'ensemble détachable, F3) : autour de l'église Saint-Aubin, dim mat.* Très pittoresque, et beaucoup de produits fermiers.

Divers

– ***Autour de la basilique Saint-Sernin*** *(plan centre détachable, D-E2) : dim mat.* Joli petit marché très populaire qui se prolonge avec le marché des plantes aromatiques dans les rues Gatien-Arnoult et des Trois-Piliers (quartier Arnaud-Bernard). ***Marché aux puces*** *(sam, et surtout dim mat)* toujours très fréquenté. Surtout de la fripe.

– ***Marchés de bouquinistes :*** *pl. Arnaud-Bernard (plan d'ensemble détachable, D2), jeu 7h-18h ; au pied de la cathédrale Saint-Étienne (plan centre détachable, E-F4), sam 9h30-18h ; pl. Saint-Aubin (plan d'ensemble détachable, F3), dim ; et pl. Saint-Cyprien (plan d'ensemble détachable, C4), lun.*

– ***Brocantes*** *(plan d'ensemble détachable, F5) : le 1er w-e du mois.* Grande brocante le long des allées Frédéric-Mistral.

– ***Marché aux Arts*** *(plan centre détachable, D4) : pl. Olivier, normalement dim.* Marché de l'art.

Comment se déplacer en ville ?

À pied

Toulouse est une ville qui se parcourt à pied. On laisse la voiture garée et on se balade le nez en l'air. En moins de 30 mn, on a parcouru la vieille ville du nord au sud ou d'est en ouest. Les ruelles historiques supportent d'ailleurs très mal la circulation automobile. Et puis il y a peu de place pour se garer et les parkings du centre sont chers.

En bus, métro et tramway

– ***Transports urbains Tisséo*** *(bus, métro et tram de Toulouse) : rens stations Esquirol, Gare ou Capitole (nombreux autres points).* ☎ *05-61-41-70-70.* • *tisseo.fr* • Une ligne de métro automatique (VAL), la ligne A, dessert 18 stations du sud-ouest (Basso-Cambo) au nord-est (Balma-Gramont) en passant par le centre et la gare. La ligne B, également automatique, dessert 20 stations et relie le nord-ouest (depuis Borderouge) et les Minimes au sud-est (Ramonville). Le métro circule de 5h15 à minuit (3h ven-sam) et s'appuie sur un réseau de bus. La ligne de tramway T1 relie la place Lafourcade, près du palais de justice (correspondance avec la ligne B du métro), à Beauzelle-Aéroconstellation (nord-ouest de l'agglomération), en passant par les Arènes. Le tram circule ttes les 5-10 mn env, 4h50-23h20 (0h20 ven-sam) dans le sens Aéroconstellation-Palais de Justice, 5h45-0h20 (1h20 ven-sam) dans l'autre sens. Au printemps 2015, a été inauguré le tram 2, un nouveau tronçon qui permet de relier directement le palais de justice à l'aéroport. En bus, une navette électrique gratuite parcourt tout le centre-ville ; très pratique car elle s'arrête à la demande.

À vélo, rollers et cyclo-pousse

– ***VélôToulouse :*** ☎ *0800-11-22-05.* • *velo.toulouse.fr* • *24h/24. Tarifs : 1,20 €/j. ; 25 €/an ; les premières 30 mn gratuites dans chacune des stations, 1-2 € l'heure suivante.* Le concept de *VélôToulouse* est le même que celui de ses grands frères parisien, lyonnais et marseillais. Avec un réseau dense (près de 250 stations, tous les 200 ou 300 m) et des vélos légers et maniables, c'est un véritable bonheur ; un moyen de locomotion qui vous change la ville. Écologique, économique et synonyme de liberté ! ***Attention :*** vérifiez bien que vous avez entendu le bip de raccrochage de votre vélo, sinon la facture monte toute seule ! Quelques problèmes nous ont été signalés.

– ***Service Locations Loisirs – Maison du Vélo*** *(plan d'ensemble détachable, F1,* ***14****) :* *89, bd Pierre-Sémard.* ☎ *05-34-40-64-72.* • *maisonduvelotoulouse.com* • *Tlj sf dim sur rdv slt. Résa vivement conseillée, car le parc de vélos est limité. Compter 20 € pour 1 j., 54 € pour 3 j., 98 € pour 1 sem ; caution : 450 €.* Service de location de vélos de cyclotourisme (VTC), avec cadre mixte ou homme, tandems, remorques (pour matériel ou pour enfants), sacoches avant et arrière... Parfait si vous comptez faire un petit tour le long du canal du Midi.

– ***La Maison du Vélo*** *(plan d'ensemble détachable, F2,* ***15****) :* *12, bd Bonrepos.* ☎ *05-34-40-64-72.* • *maisonduvelotoulouse.com* • *Tlj sf dim 10h-12h, 13h-18h30 (17h sam). Pas de résa possible (autant dire qu'on a peu de chances de tomber au bon moment). Compter 15 € l'adhésion (réduc) ; puis 5 € pour 1 sem, 10 € pour 1 mois, 100 € à l'année ; caution : 250 €.* Location longue durée de vélos de ville et de vélos pliables. Atelier de réparation pour les adhérents *(mar-ven 14h30-17h30, sam 13h-17h).* Surtout utilisé par les habitants de Toulouse.

– ***Vinci Park :*** ☎ *05-61-21-70-06.* Vélos gracieusement prêtés si vous stationnez dans un des parkings *Vinci* de la ville. Au parking du Capitole, il faut payer 5 €, puis accès illimité.

– ***La Bicyclette Électrique*** *(plan centre détachable, E2-3,* ***16****) :* *9, rue Rivals.* ☎ *05-61-23-49-76.* • *labicyclettee lectrique.com* • *À 100 m du Capitole. Lun-sam 10h-19h. Loc de vélos électriques : compter 10 € la ½ journée ; 40 € le w-e.*

– ***Deux pieds deux roues :*** • *toulousevelo.free.fr* • De mars à octobre, le dernier vendredi du mois à 20h30, organise des balades nocturnes (15 km ; durée : 2h environ) et des balades du dimanche ou du week-end 6-7 fois par an (25-70 km environ).

– ***Roulez rose :*** • *roulezrose.com* • Association d'adeptes du roller qui promeut le développement du roller en ville, en tant que loisir pour tous et de manière conviviale. Propose des randos régulières, en général le vendredi à 21h, ou le 1er dimanche du mois (à voir sur leur site). Départ en général de la place du Capitole.

– ***Altern'Mobil :*** *3, Grande-Rue-Saint-Nicolas.* • *alternmobil.net* • *Lun-sam 11h-19h. N'hésitez pas à héler un cycloville dans la rue lorsque vous en voyez un. Prix : 1 € de prise en charge + 1 €/pers (2 places) et par km.* Vélo électrique avec chauffeur. Un moyen original de découvrir la ville !

Stationnement et parkings

Pas facile de se garer à Toulouse, où les places sont de plus en plus rares et chères (pour le plus grand bonheur des piétons, d'ailleurs !). Il existe une quinzaine de parkings payants en centre-ville, certains ouverts 24h/24 (Capitole, Carmes, Compans-Caffarelli, Victor-Hugo). Pour les accros des quatre-roues, on peut encore trouver des places gratuites dans certains quartiers, notamment autour du Grand-Rond. La *Tisséo* met également à disposition des parkings gratuits en dehors du centre-ville (stations de métro Jolimont, Arènes, Basso-Cambo, Argoulets, Balma-Gramont, Borderouge, Ramonville et La Vache), à condition d'utiliser son réseau par la suite.

Où dormir ?

Bien pratique, le service de réservation gratuit en ligne de l'office de tourisme. Un bon conseil : en dehors des vacances d'été, réservez à l'avance si vous comptez dormir à Toulouse. Entre les congrès, l'activité économique intense toute l'année et les milliers d'étudiants en période d'examens, la Ville Rose affiche très souvent complet ! À l'inverse, en période « creuse » (à savoir les week-ends et pendant les vacances scolaires), la plupart des hôtels de Toulouse (et des environs) bradent les prix. Appelez-les et surveillez les promos sur Internet ! Toujours sur Internet, sur le site de l'office de tourisme (• *toulouse-tourisme.com* •), offres de séjours à prix intéressants associant un hébergement (1 à 3 nuits, sur les week-ends uniquement) à une activité (visite guidée, excursion en bateau sur le canal, sortie gastronomique...).

Chambres d'hôtes

La Péniche Amboise *(plan d'ensemble détachable, G5,* ***20****) : face au 17, bd Griffoul-Dorval. ☎ 05-62-16-94-37. 06-50-77-64-58. • peniche.amboise@gmail.com • peniche-amboise.com • Ouv tte l'année. Compter 90-115 € pour 2, 150 € pour 4.* À quelques encablures du centre-ville, sur le mythique canal du Midi, une superbe péniche anis et bronze, reconvertie en maison d'hôtes. 4 chambres, superbes et tout confort (clim, TV, sèche-cheveux, bouilloire), ultra-tendance, où l'esprit marin a été savamment préservé. La plus grande, l'ancienne cabine du capitaine, peut accueillir 4 personnes. Grand salon à disposition. Jacuzzi et terrasse sur le ponton.

Maison d'hôtes Anjali *(plan d'ensemble détachable, E5,* ***21****) : 86, Grande-Rue-Saint-Michel. ☎ 09-54-22-42-93. 06-84-29-78-09. • contact@anjali.fr • anjali.fr • Ⓜ Palais-de-Justice. Ouv tte l'année. Compter 95-120 € pour 2 ; familiales (3-4 pers) 135-155 €. CB acceptées.* 5 chambres très personnalisées à la déco contemporaine dont une a été aménagée dans l'ancien poulailler, au fond du jardin. 2 d'entre elles donnent sur la Grande-Rue-Saint-Michel, une artère passante, mais elles sont équipées de double vitrage. C'est Delphine, une Parisienne venue s'installer il y a une quinzaine d'années dans la Ville Rose, qui est aux commandes du navire. On prend son petit déj sous la véranda. Le jardin, très calme, est parfait pour paresser au soleil en se laissant bercer par le chant des oiseaux, ce qui ne gâche rien ! Une escale intimiste. Et tout ça à 20 mn à pied du Capitole.

Les Loges de Saint-Sernin *(plan centre détachable, E2,* ***22****) : 12, rue Saint-Bernard. ☎ 05-61-24-44-44. • logesaintsernin@live.fr • dormiratoulouse.info • Congés : sem de la Toussaint. Compter 110-135 € pour 2, petit déj compris. Un savon « Graine de Pastel » offert sur présentation de ce guide.* Dans un immeuble bourgeois du XIXe s, Sylviane propose 4 chambres différentes, aussi jolies les unes que les autres. Bien entendu, le confort est au rendez-vous (salle de bains privée, clim), le charme aussi (cheminée de marbre). 3 d'entre elles disposent d'un petit balcon. Et vous êtes aux premières loges pour aller admirer la basilique Saint-Sernin, dont le clocher illumine le soir, à moins de 200 m de là.

Le Clos d'Arduenna *(hors plan d'ensemble détachable par A4,* ***23****) : 201, av. de Lardenne. ☎ 05-34-56-61-85. 06-17-03-82-47. • contact@leclosdarduenna.com • leclosdarduenna.com • À 7 km env du centre-ville. Juste à côté de l'église de Lardenne. Ouv tte l'année. Doubles avec sdb et clim 80-135 € selon taille, petit déj compris. Également 2 apparts. Parking gratuit dans la rue. Oct-avr, réduc de 10 % sur le prix de la chambre sur présentation de ce guide.* Jolie maison restaurée proposant 5 chambres confortables, à la déco raffinée. Chacune d'elles rend hommage à un peintre de la région. On a un petit faible pour la grande chambre mansardée sous le toit. La maison borde une artère passante en journée, mais l'isolation phonique est réussie. Depuis le jardin verdoyant où l'on peut prendre le petit déj, on finit même par oublier qu'on est en ville. Piscine, court de tennis, salle de fitness et de jeux. Bon accueil du propriétaire, qui habite la maison mitoyenne.

De bon marché à prix moyens

La Petite Auberge de Saint-Sernin *(plan d'ensemble détachable, D2,* ***24****) : 17, rue d'Embarthe. 07-60-88-17-17. • auberge.toulouse@gmail.com • lapetiteaubergedesaintsernin.com • Nuitée 22 €/pers.* Entre le gîte d'étape et l'auberge de jeunesse, voilà une adresse sympathique et centrale qui fait le bonheur de jeunes du monde entier et en dépannera plus d'un. Une dizaine de dortoirs (4-8 lits, soit 50 lits au total) avec casiers, kitchenette, salle de bains et w-c. Dortoirs mixtes, sauf l'un d'eux, réservé aux filles. Confort rudimentaire mais accueil extra qui compense largement. Ambiance cosmopolite. Terrasse, jardin (avec soirées barbecue), et même un balcon dans certaines chambres.

Hôtel Beauséjour *(plan centre détachable, F2,* ***25****) : 4, rue Caffarelli. ☎ 05-61-62-77-59. • hotel.beausejour@hotmail.fr • hotelbeausejourtoulouse.com • À 5 bonnes minutes de la gare et à 10 mn du Capitole. Ouv tte l'année. Résa longtemps à l'avance conseillée. Doubles 41-50 € ; triple 62 €.* Voici le petit hôtel d'une dizaine de chambres comme on n'en fait plus guère. Propre, à l'accueil gentil et familial, sûr et calme. TV et double vitrage pour les chambres donnant sur la rue ; w-c sur le palier pour les moins chères. Euh... quoi d'autre ? Les prix bien sûr ! Bas, tout simplement.

Auberge In Toulouse *(hors plan d'ensemble détachable par B6,* ***26****) : 1, impasse du Professeur-Nougayrol. ☎ 05-61-16-66-25. • saes80@yahoo.fr • hostel-toulouse.com • Ⓜ Mirail-Université. À env 100 m de l'entrée de la fac du Mirail ; depuis la bouche de métro, prendre la 1re rue sur la droite en direction de la fac, puis encore la 1re à droite. Ouv tte l'année. Mieux vaut réserver. Compter 19 €/pers en dortoir 3-4 lits ; double 40 €.* Un établissement style auberge de jeunesse, d'une capacité de 11 personnes, tenu par un jeune couple sympathique. En tout, 3 dortoirs (un est réservé aux filles) et une chambre double à la déco sobre et moderne (murs rouge et gris). Sanitaires communs. Cuisine équipée à disposition pour le petit déj ou les repas (boulangerie à proximité de l'entrée de la fac, fermée le week-end et en août), thé et café à volonté. Salon avec TV, DVD et jeux de société.

Hôtel Croix-Baragnon *(plan centre détachable, E4,* ***27****) : 17, rue Croix-Baragnon. ☎ 05-61-52-60-10. • hotelcroixbaragnon.toulouse@orange.fr • hotelcroixbaragnon.com • Réception (8h-20h) au 1er étage. Ouv tte l'année. Résa conseillée. Doubles 63-65 € (1 ou 2 lits) ; familiales (3-4 pers) 72-82 €. Un petit déj offert sur présentation de ce guide.* L'hôtel est situé en plein centre, pas loin de la cathédrale Saint-Étienne. Pas désagréable du tout, avec son petit escalier extérieur couvert de plantes. Les chambres sont confortables ; préférez celles avec fenêtre sur cour (celles donnant sur la rue ont tout de même le double vitrage). L'ambiance ferait presque penser à celle de colocataires d'un même immeuble...

De prix moyens à chic

Hôtel Royal Wilson *(plan centre détachable, E3,* ***29****) : 6, rue Labéda. ☎ 05-61-12-41-41. • contact@hotelroyalwilson-toulouse.com • hotelroyalwilson-toulouse.com • Ouv tte l'année. Doubles 61-98 € selon confort ; familiales 89-98 €. Garage privé payant. Un petit déj par chambre et par nuit offert sur présentation de ce guide (pour les résas en direct à l'hôtel).* Le meilleur rapport qualité-prix du centre-ville. Chambres jolies, confortables (climatisées) et personnalisées. Certaines d'entre elles, un peu plus sombres que celles sur rue, donnent sur un petit patio à l'espagnole, particulièrement calme. Parties communes décorées de suspensions, de cadres en bois, tout cela donnant de la chaleur et un certain charme à l'établissement. Bon accueil et grande propreté. Une adresse sûre.

Hôtel d'Orsay *(plan d'ensemble détachable, F2,* ***28****) : 8, bd Bonrepos. ☎ 05-61-62-71-61. • hotel.dorsay@wanadoo.fr • hotel-dorsay.com • Doubles 59-75 € selon confort.*

Parking payant. 🖳 ᯤ *Réduc de 10 % sur le prix de la chambre sur présentation de ce guide.* Presque en face de la gare, sur ce boulevard qui ne mérite plus son nom. Un petit hôtel aux chambres rénovées, où l'accueil est pro, et l'entretien un souci au quotidien. Pour une nuit au calme, préférez le côté jardin, même si les chambres côté rue ont été équipées de double vitrage. Le petit déj se prend côté jardin. Une bonne étape donc, surtout qu'une station de *VélôToulouse* se trouve juste devant l'hôtel, ce qui permet de gagner le Capitole en deux coups de pédales.

Hôtel St Claire *(plan centre détachable, F2,* ***30****) : 29, pl. Nicolas-Bachelier. ☎ 05-34-40-58-88. • contact@stclairehotel.com • stclairehotel.fr • ♿ Doubles 62-108 € selon période ; petit déj 12 €.* ᯤ *Un petit déj par chambre et par nuit offert le w-e et pdt les vac scol sur présentation de ce guide.* Situé dans un quartier agréable, un peu à l'écart de la foule mais à proximité immédiate des allées Jean-Jaurès et du centre historique. Un petit hôtel de charme entièrement rénové, à l'atmosphère paisible. Une quinzaine de chambres à la déco raffinée (lampes en ferronnerie d'art, meubles cérusés), aménagées selon les règles du feng shui. Toutes sont lumineuses, très calmes et confortables (excellente literie, TV à écran plat, AC et sèche-cheveux). Au petit déj, servi dans une petite salle cosy, large choix de douceurs salées et sucrées. Possibilité de shiatsu sur rendez-vous. Accueil charmant et discret, à l'image des lieux.

Hôtel Le Clocher de Rodez *(plan centre détachable, E2,* ***31****) : 14-15, pl. Jeanne-d'Arc. ☎ 05-61-62-42-92. • contact@hotel-clocher-toulouse.com • hotel-clocher-toulouse.com • Fermé pour les fêtes de fin d'année. Doubles 89-130 € selon période. Tarif préférentiel au parking public voisin.* ᯤ Un 3-étoiles accueillant, à la tenue impeccable et entièrement restauré. Chambres modernes, bien équipées, avec douche ou bains, la plupart joliment rénovées. La structure de l'hôtel étant assez ancienne, les couloirs sont tarabiscotés et donc les chambres assez différentes les unes des autres. Sur les murs, de splendides photos consacrées aux clochers de Toulouse (mais point de Rodez, en tout cas on ne l'a pas trouvé !).

Hôtel Albert Ier *(plan centre détachable, E3,* ***32****) : 8, rue Rivals (et 7, rue John-Fitzgerald-Kennedy). ☎ 05-61-21-17-91. • toulouse@hotel-albert1.com • hotel-albert1.com • ♿ Ouv tte l'année. Doubles 65-145 € selon période et confort.* 🖳 ᯤ *Réduc de 10 % sur le prix de la chambre sur présentation de ce guide.* Rue calme dans un quartier commerçant et central. Excellent accueil, professionnel tout en restant assez familial. Hall d'entrée accueillant avec ses céramiques et ses briques toulousaines. Une cinquantaine de chambres différentes, agréables et confortables, de taille raisonnable, toutes avec minibar, AC et TV. Déco classique et agréable. Bref, l'hôtellerie indépendante dans ce qu'elle a de meilleur.

Hôtel Wilson Square *(plan centre détachable, E3,* ***33****) : 12, rue d'Austerlitz. ☎ 05-61-21-67-57. • contact@hotel-wilson.com • hotel-wilson.com • Ouv tte l'année. Doubles 60-85 € ; familiales (3 pers) 89-93 €. Possibilité de parking payant à proximité.* ᯤ *Réduc de 10 % sur le prix de la chambre ven-dim et vac scol sur présentation de ce guide.* Dans une rue qui compte pas mal d'hôtels plus ou moins intéressants, celui-ci se défend honorablement tant au niveau de l'accueil que des tarifs. Façade néoclassique flanquée de ses cariatides et joli petit hall d'entrée dans les tons jaunes. TV et double vitrage dans toutes les chambres, clim dans celles qui sont le plus exposées aux rayons du soleil.

Hôtel Héliot *(plan centre détachable, E2,* ***34****) : 3, rue Héliot. ☎ 05-34-41-39-41. • hotelheliot@aol.com • hotel-heliot.com • À 10 mn de la gare à pied et à 15 mn du Capitole, dans une ruelle tranquille. Ouv tte l'année. Doubles 60-140 €. Parking payant.* ᯤ Petit établissement de province dans toute sa splendeur, avec ses boiseries, ses planchers qui craquent, son côté désuet et charmant à la fois. Une douzaine de chambres spacieuses, avec d'anciennes cheminées en marbre, certaines donnant sur le jardin. Simple, propre, confortable. Excellent accueil et conseils de visites dans la région.

Hôtel Castellane *(plan centre détachable, F3, **35**) : 17, rue Castellane. ☎ 05-61-62-18-82. • hotelcastellane@gmail.fr • castellanehotel.com • ♿ Ouv tte l'année. Doubles 50-88 €. Parking payant. 💻 📶 Réduc de 10 % sur le prix de la chambre les w-e et vac scol (hors promos en cours) sur présentation de ce guide.* Un hôtel somme toute assez banal mais plutôt bien situé et offrant des chambres propres et confortables, avec AC. Certaines sont plus tranquilles que d'autres (donnant sur le patio, sous les toits et dans l'annexe plus récente). Terrasses pour les plus chères (la n° 113 est particulièrement spacieuse et agréable). Salle accueillante pour le petit déj.

Grand Hôtel d'Orléans *(plan d'ensemble détachable, F2, **36**) : 72, rue Bayard. ☎ 05-61-62-98-47. • contact@grand-hotel-orleans.fr • grand-hotel-orleans.fr • Ouv tte l'année. Doubles 55-100 €. Parking privé payant. 📶 Un petit déj par chambre et par nuit offert sur présentation de ce guide.* Un bon hôtel à deux pas de la gare. Un petit style espagnol avec son patio couvert à coursives, dont les balcons débordent de plantes. Chambres fonctionnelles, assez spacieuses, avec TV et clim, fenêtres donnant sur la rue ou sur le patio. Ces dernières se révèlent plus calmes (double vitrage pour celles donnant sur la rue) mais sont plus confinées aussi. Les chambres les moins chères sont un peu plus tristes et un rien vieillottes ; les plus chères ont été rénovées au goût du jour. La catégorie intermédiaire s'avère un bon compromis. Accueil familial. Honnête rapport qualité-prix dans l'ensemble. Autre atout : un parking privé, plutôt rare en centre-ville.

Hôtel Ours Victor Hugo *(plan centre détachable, E2, **39**) : 25, pl. Victor-Hugo. ☎ 05-61-23-14-55. • victorhugo@hotel-oursblanc.com • hotel-oursblanc.com • Ouv tte l'année. Doubles 78-88 € selon confort (réduc de 20 % ven-dim). Parking public payant à proximité. 📶* Parmi les 3 hôtels *Ours* que compte la famille, le *Victor Hugo* est le plus simple, celui qui a le moins de charme, mais aussi celui qui propose les prix les plus tassés. Déco minimaliste et standard. Les chambres qui donnent côté rue (et sur le bâtiment du parking Victor-Hugo) ont un balcon et bénéficient du double vitrage. Les autres, peu spacieuses, peuvent s'avérer un peu sombres. Malgré tout, le rapport qualité-prix est honorable.

Hôtel Ours Centre *(plan centre détachable, E3, **40**) : 14, pl. Victor-Hugo. ☎ 05-61-21-25-97. • centre@hotel-oursblanc.com • hotel-oursblanc.com • Ouv tte l'année. Doubles 88-98 € selon confort (réduc de 20 % ven-dim). Parking public payant à proximité. 💻 📶* Dans un ancien bâtiment à la jolie façade de brique, l'hôtel propose des chambres à la déco blanche et, là encore, minimaliste. Si votre budget vous le permet, autant opter pour une supérieure qui donne à l'arrière, plus calme. Un sympathique petit igloo pour la nuit, à condition d'éviter les 2 ou 3 chambres situées au-dessus du bar (très animé en fin de semaine).

Hôtel du Taur *(plan centre détachable, E3, **41**) : 2, rue du Taur. ☎ 05-61-21-17-54. • contact@hotel-du-taur.com • hotel-du-taur.com • À 20 m de la pl. du Capitole. Doubles 72-82 € selon confort (à partir de 55 € le w-e). Parking privé payant. 💻 📶* Une adresse très recommandable grâce à sa centralité et à ses tarifs attractifs. Couleurs fortes dans l'escalier qui mène à la réception (1er étage), puis dominante de rouge et blanc pour les couloirs. Chambres sobres et refaites de manière moderne, sauf les salles de bains qui restent un peu dans leur jus tout en étant très correctes. Ascenseur. Ensemble calme car beaucoup de chambres donnent sur cour. Les autres donnent sur la rue piétonne mais qui peut être bruyante malgré tout les soirs de fin de semaine. Un bon petit hôtel, comme l'accueil.

Hôtel Le Capitole *(plan centre détachable, E3, **42**) : 10, rue Rivals. ☎ 05-61-23-21-28. • contact@capitole-hotel.com • capitole-hotel.com • Doubles 56 € pour les plus petites (pas très adaptées pour 2 pers), puis 67-89 € pour les autres (49-67 € le w-e). 💻 📶* Le hall d'entrée a déjà pris un coup de jeune, et les chambres subissent un lifting à tour de rôle. Il

TOULOUSE ET SES ENVIRONS

faut voir cette adresse, à deux pas de la place du Capitole, comme un petit pied-à-terre pas cher et sympa (avec AC tout de même), qui conviendra parfaitement aux joyeuses bandes de jeunes qui seront à pied d'œuvre pour faire la fête.

Hôtel de France (*plan centre détachable, E3,* ***43****) : 5, rue d'Austerlitz. ☎ 05-61-21-88-24. • contact@hotel-france-toulouse.com • hotel-france-toulouse.com • Doubles 69-92 € (avec douche ou bains) ; promos régulières sur Internet.* Cet hôtel a profité d'un lifting intérieur de qualité, s'habillant de tons gris, blancs et noirs, mais aussi de nuances de rouge et d'autres teintes pimpantes, fraîches et modernes. Bon équipement, excellent accueil et propreté exemplaire. Une bonne adresse centrale et soignée, presque chic en fait.

Hôtel Arnaud-Bernard (*plan d'ensemble détachable, D2,* ***44****) : pl. des Tiercerettes. ☎ 05-61-21-37-64. • a.bernardhotel@wanadoo.fr • hotel-arnaudbernard.com • Doubles 59-79 € (59-60 € ven-dim ainsi qu'en période estivale) ; familiale 110 € (89 € ven-dim). Réduc de 10 % sur le prix de la chambre lun-jeu sur présentation de ce guide.* Une vingtaine de chambres dans ce petit hôtel donnant sur une petite place sympa comme tout. Bon à savoir : on est au cœur d'un quartier qui aime bien vivre la nuit, et la place est bruyante jusque tard, voire très tard. Bref, une adresse pour noctambules. Ou alors choisissez l'une des quelques chambres donnant sur le petit patio. Elles sont bien équipées (AC, écran plat) et à prix corrects. Jolie salle de petit déj et accueil gentil comme tout.

De chic à plus chic

Hôtel Ours Blanc Wilson (*plan centre détachable, E2-3,* ***38****) : 2, rue Victor-Hugo. ☎ 05-61-21-62-40. • wilson@hotel-oursblanc.com • hotel-oursblanc.com • Ouv tte l'année. Double 118 € (réduc de 20 % ven-dim). Parking public payant. Un petit déj par chambre et par nuit offert sur présentation de ce guide.* Très bel immeuble en arrondi des années 1930. L'ensemble a été récemment restauré. Dans le hall, noter la remarquable cage en bois de l'ascenseur (elle est d'époque !). Les chambres avec vue sur la place Wilson sont très prisées.

Hôtel Le Cousture (*plan centre détachable, F3,* ***45****) : 40, bd Lazare-Carnot. ☎ 05-34-40-29-00. • info@lecousture.com • lecousture.com • Doubles 85-120 € selon période. Parking privé payant.* Bel hôtel moderne et zen, aux couleurs tendance, très bien équipé, impeccable et bien insonorisé. Choisir de préférence des chambres en hauteur et sur l'arrière. Ascenseur. En plein cœur de ville, un bon équilibre entre design et chaleur. Baignoire dans toutes les salles de bains. Un seul reproche, l'exiguïté de la salle de petit déj.

Grand Hôtel Raymond IV (*plan d'ensemble détachable, E2,* ***37****) : 16, rue Raymond-IV. ☎ 05-61-62-89-41. • contact@grandhotel-raymond4.com • grandhotel-raymond4.com • Ouv tte l'année. Résa conseillée. Doubles 125-145 € (69-79 € les w-e et vac scol). Parking payant.* Dans une rue parfaitement calme (à 2 mn de la place Jeanne-d'Arc), une façade de brique longue et plate qui cache un établissement classique aux chambres plutôt coquettes, claires et douillettes, dans un cadre agréable et lumineux. Toutes sont climatisées. Accueil souriant et gentil.

Hôtel Best Western Athénée (*plan d'ensemble détachable, E2,* ***46****) : 13 bis, rue Matabiau. ☎ 05-61-63-10-63. • contact@hotel-toulouse-athenee.com • hotel-toulouse-athenee.com • Doubles avec sdb 79-139 € selon période. Parking payant.* Un hôtel de bonne tenue qui abrite une trentaine de chambres aux teintes jaunes, aussi confortables que classiques. Clim, TV satellite, double fenêtre côté rue et coffre-fort pour toutes, minibar pour certaines. Dommage toutefois qu'elles ne soient pas un peu plus grandes. Petit salon agréable au rez-de-chaussée.

Hôtel Riquet (*plan d'ensemble détachable, F2,* ***47****) : 92, rue Riquet. ☎ 05-61-62-55-96. • reception@hotelriquet.com • hotelriquet.com •*

Fermé pour les fêtes de fin d'année. Doubles 95-150 € selon confort (intéressant, 80 € ven-dim) ; familiales (4 pers) 135-175 €. Un établissement classique mais pas vieillot pour autant, à 5 mn de la gare et à proximité du centre-ville, dans une rue au calme, plutôt agréable. Service bien lissé. Les chambres standard ne sont pas bien grandes certes, mais elles sont bien équipées (écran plat, double vitrage, salles de bains correctes). Une adresse régulière et sans soucis, même si la déco n'est pas à la dernière mode. Spa avec nage à contre-courant, sauna, salle de fitness.

Hôtel Le Clos des Potiers *(plan d'ensemble détachable, F4,* ***48****) : 12, rue des Potiers. ☎ 05-61-47-15-15. • contact@le-clos-des-potiers.com • le-clos-des-potiers.com • Doubles 108-139 € selon taille ; suites 154-180 € ; petit déj 14 €. Parking payant. Réduc de 10 % sur le prix de la chambre sur présentation de ce guide.* Une belle demeure bourgeoise de la fin du XIXe s blottie au fond d'une cour ombragée par un marronnier et un tilleul. Un hôtel de charme qui propose une dizaine de chambres avec TV, toutes différentes. Atmosphère romantique, feutrée ou plus contemporaine, c'est au choix. Le propriétaire, véritable chineur, a le sens de la déco. Mention spéciale pour les chambres mansardées au dernier étage. Accueil courtois. Une adresse élégante et rare.

Hôtel Saint-Sernin *(plan centre détachable, E2,* ***49****) : 2, rue Saint-Bernard. ☎ 05-61-21-73-08. • contact@hotelstsernin.com • hotelstsernin.com • À l'angle de la pl. Saint-Sernin. Réception au 1er étage. Doubles standard 79-139 € selon période ; chambres « Prestige » 89-179 € ; petit déj 13 €. Petit garage payant.* Un petit hôtel de charme, face à la basilique Saint-Sernin. Une vingtaine de chambres très confortables (certaines un peu petites néanmoins), avec clim. Les unes ont un esprit très nature (déco en bois brut), les autres un design contemporain sobre ou baroque. Les chambres « Prestige », très lumineuses, offrent une superbe vue sur la basilique et son extraordinaire clocher ; pas mal pour un petit séjour en amoureux, si votre budget vous le permet... On est alors aux premières loges pour contempler le beau marché qui s'anime le dimanche matin autour de Saint-Sernin.

Hôtel Mercure Saint-Georges *(plan centre détachable, E3,* ***50****) : rue Saint-Jérôme. ☎ 05-62-27-79-79. • mercure.com • Doubles 145-155 € en moyenne (155-175 € mar-mer ; promos régulières sur Internet le w-e, vraiment attractives : compter alors env 91 € – et parfois autour de 100 €, petit déj compris) ; petit déj-buffet 17,50 €.* Certes, la façade respire à pleins poumons le style des années 1970, mais dès la porte du hall d'entrée franchie, on comprend que l'hôtel a été revisité selon les canons les plus modernes de l'esthétique et du confort. Des tons blancs et vert acide pour les parties communes, et un confort sans défaut dans les chambres, lumineuses et chaleureuses. Excellente literie, tout comme l'accueil. Salles de bains bien équipées. Agréable salle de resto. Une affaire si l'on sait profiter des promotions.

Hôtel Garonne *(plan centre détachable, D4,* ***51****) : 22, descente de la Halle-aux-Poissons. ☎ 05-34-31-94-80. • contact@hotelgaronne.net • hotelgaronne.net • Ouv tte l'année. Des prix qui font le grand écart : doubles 95-260 € selon confort, période et promo ; petit déj continental 15 €.* Une quinzaine de chambres spacieuses, élégantes et d'un grand confort dans ce petit établissement bien caché au cœur d'une ruelle qui court vers la Garonne. Certaines chambres ont vue sur la cour intérieure, toutes sont luxueuses et impeccables. Celles qui donnent sur la ruelle sont toutefois un peu sombres. Déco d'une grande sobriété, tendance zen asiatique, aux couleurs bordeaux, beige, marron, dans l'air du temps. Bel accueil. Beau petit déj.

Hôtel Les Bains Douches *(plan d'ensemble détachable, F4,* ***52****) : 4, rue du Pont-Guilheméry. ☎ 05-62-72-52-52. • accueil@hotel-bainsdouches.com • hotel-bainsdouches.com • Doubles 95-210 € selon confort et période ; suites 200-330 € ; petit déj-buffet 15 €. Parking payant.* Ce n'est pas une erreur, vous êtes bien dans les anciens bains-douches de la ville. Et la magnifique mosaïque sur le mur extérieur est là pour rappeler cette vocation initiale. Sauf que l'intérieur, s'il en a conservé les volumes et s'il reprend le thème de l'eau dans le choix des coloris et du mobilier ondulé, n'a plus rien à voir. Cadre ultra-design, éclairages, coloris flashy des chambres, et déco à la fois kitsch et surprenante. Ici, on a l'impression d'évoluer dans un *Star Trek* de l'an 3000 !

Hôtel des Beaux-Arts *(plan centre détachable, D4, **53**) : 1, pl. du Pont-Neuf. ☎ 05-34-45-42-42. • contact@hoteldesbeauxarts.com • hoteldesbeauxarts.com • Juste à l'angle du Pont-Neuf. Doubles 135-180 € ; quelques-unes à 115 € mais donnant sur un mur (à éviter) ; suites bien plus chères, dont une avec terrasse ; petit déj 14 €.* À part les moins chères, la plupart des chambres offrent une vue sur la Garonne. La jolie réception rappelle les canons esthétiques anglais plutôt que le style occitan, avec ses bibliothèques en trompe l'œil, ses murs à larges rayures et ses canapés confortables. Les chambres (pas bien grandes) sont du même acabit, modernes et confortables, dans les tons tabac et bois (minibar, tête de lit en bois, voilages, coffre, petite baignoire). Une adresse intimiste et élégante. Pour une meilleure vue, en choisir une dans les étages. Au rez-de-chaussée, *Brasserie des Beaux-Arts*.

Beaucoup plus chic

Hôtel Novotel Centre Wilson *(plan centre détachable, E3, **54**) : 15, pl. Wilson. ☎ 05-61-10-70-70. • novotel.com • Doubles 105-255 € selon confort et période ; suites 180-290 € ; 2 formules au petit déj : buffet 17 € (cher) ou petit déj continental allégé au bar 8,30 €.* Sur la superbe place Wilson, voici l'un des fleurons de la modernité hôtelière en centre-ville. Une modernité pleinement assumée, tout en conservant une grande convivialité. Un grand couloir blanc et taupe, agrémenté d'une œuvre d'art murale, un vaste hall surmonté d'une généreuse verrière lumineuse, des fauteuils blancs, de larges luminaires, quelques plantes vertes... le décor est planté. Les chambres ne sont pas très spacieuses, mais leur aménagement est particulièrement astucieux et il s'en dégage une atmosphère très zen. Minibar, écran plat. Mention spéciale pour cet incroyable système d'opacification de la vitre de séparation entre la salle de bains et la chambre, qui assure l'intimité comme par magie. Sauna, hammam, salle de fitness et jacuzzi, compris dans le tarif. Un ensemble hyper design et chaleureux. Et finalement assez abordable le week-end en famille. Accueil super pro.

Hôtel Le Grand Balcon *(plan centre détachable, D-E3, **55**) : 8-10, rue Romiguières. ☎ 05-34-25-44-09. • info@grandbalconhotel.com • grandbalconhotel.com • Ouv tte l'année. Doubles 215-250 € selon confort et période ; également des suites ; réduc importante les w-e et vac scol ; petit déj 18 €. Parking payant.* Après plusieurs années de restauration, l'hôtel mythique de Toulouse a fait peau neuve ! Haut lieu de l'histoire aéropostale, c'est là que les Daurat, Guillaumet, Enderlin, Saint-Exupéry passaient leur dernière nuit avant de s'envoler pour Alicante, l'Afrique et l'Amérique du Sud. La rénovation très contemporaine a gardé un certain esprit des lieux et vous pouvez réserver la chambre de Saint-Exupéry qui a été conservée dans son style d'antan. Couloirs baignés dans la pénombre avec un chapelet de petites loupiotes bleutées au sol qui évoquent une piste d'atterrissage, en clin d'œil au livre *Vol de Nuit* de Saint-Exupéry, bar en fuselage d'avion, pan de mur recouvert de photo de ciel dans les chambres. Le confort est sans faille (clim, minibar, machine Nespresso, station iPod, coffre-fort, etc.). Pour un séjour prolongé, mieux vaut éviter les chambres Cosy (premier prix), bien petites... Le week-end, préférez une chambre donnant sur l'arrière : la place du Capitole est vraiment à deux pas. Un peu cher tout de même.

Grand Hôtel de l'Opéra *(plan centre détachable, E3, **56**) : 1, pl. du Capitole. ☎ 05-61-21-82-66. • hotelopera@guichard.fr • grand-hotel-opera.com • Doubles 108-228 € selon confort et* *période ; les « Deluxe Privilège » et suites coûtent évidemment plus cher ; petit déj 15 €.* Jouxtant le théâtre du Capitole et installé dans un ancien couvent, l'hôtel est situé en retrait de la place centrale de Toulouse, au fond d'une cour. Beaucoup de charme pour cet établissement qui a su miser sur les couleurs fortes et une personnalité marquée, tant pour les superbes salons que pour les chambres, dotées de tout le confort évidemment. Seules 3 chambres (les plus chères) ont donc vue sur la place. Pour apprécier ce raffinement cosy sans vous ruiner, misez sur les tarifs week-end, vraiment abordables. Courette joliment aménagée. Bon accueil.

Crowne Plaza Toulouse *(plan centre détachable, E3,* ***57****) : 7, pl. du Capitole. ☎ 05-61-61-19-19. • hicptoulouse@alliance-hospitality.com • crowne-plaza.com/toulouse • Pour les chambres standard, compter env 135-145 € (promos sur Internet) ; pour les supérieures (vue sur la place pour certaines), ajouter env 50 € ; petit déj 25 €.* Ce superbe hôtel 5 étoiles situé sur la place du Capitole est un grand établissement très confortable, ça va de soi. Pour profiter de son standing, de son cadre exceptionnel et de son grand raffinement (grands espaces modernes, calme garanti avec vue sur la place du Capitole tout de même !), n'hésitez pas à vous renseigner sur les offres week-end, assez attractives, et c'est pour cela qu'on l'indique. Une atmosphère élégante et cosy tout à la fois, doublée d'un excellent service, très pro. Salle fitness.

Où camper dans les environs ?

Camping Les Violettes *(hors plan d'ensemble détachable par E6) : 17, D 813, à* ***Deyme*** *(31450). ☎ 05-61-81-72-07. • campinglesviolettes@wanadoo.fr • campinglesviolettes.com • À env 15 km de Toulouse, en direction de Narbonne-Carcassonne, 4 km après Castanet-Tolosan. Bus de la gare routière (Courriers de la Garonne), direction Carcassonne ; arrêt devant le camping. Ouv tte l'année. Compter 14,50 € pour 2 en saison ; loc de mobile homes 290-350 €/sem selon saison. Réduc de 10 % sur le prix des longs séjours sur présentation de ce guide. 80 empl.* Bien tenu, ombragé et agréable avec ses 2 allées de peupliers, mais proche de la route, sur laquelle la circulation est importante. Bon accueil familial. Resto routier à côté (ouvert midi et soir en été).

Camping municipal Le Ramier *(hors plan d'ensemble détachable par E6) : av. du Camping-Vernet, sur la commune du* ***Vernet*** *(31810). ☎ 05-61-08-33-98 ou 05-61-08-50-47 (mairie). • mairielevernet.31@wanadoo.fr • mairielevernet31.fr • À env 20 km au sud de Toulouse par la D 820 ; en venant du Vernet, en direction de Venerque, prendre à droite avt de traverser la rivière (direction Lagardelle-sur-Lèze), puis à gauche. Ouv tte l'année. Prix tente 13,50 € ; prix caravane 108,50 €/sem. CB refusées. 90 empl.* Camping municipal au bord de l'Ariège. Ombragé, verdoyant, et on y entend plus le bruit de l'eau de la rivière que celui de la route !

Camping Le Rupé *(hors plan d'ensemble détachable par D1) : 21, chemin du Pont-de-Rupé, base verte de Sesquières, à Toulouse. ☎ 05-61-70-07-35. 06-13-83-44-49. • campinglerupe31@wanadoo.fr • camping-toulouse.com • En direction d'Agen-Montauban (par la D 820), à moins de 7 km de Toulouse (après le périphérique, tourner à gauche au 1er feu). Sinon, prendre le bus n° 59 de la pl. Jeanne-d'Arc jusqu'à l'arrêt Rupé, puis traverser le canal, c'est à 300 m. Accessible aussi par la piste cyclable qui longe le canal. Ouv tte l'année. Prix tente 20,50-23,90 € selon saison ; mobile homes 260-710 €/sem selon saison. 182 empl.* Quelques emplacements bien ombragés pour tentes à côté de mobiles homes et de caravanes d'habitués. Espace détente. Téléski nautique sur le lac, pêche et nombreuses autres activités à proximité, dans la zone verte de Sesquières fort animée.

TOULOUSE ET SES ENVIRONS

Où manger ?

On recense près de 1 200 adresses à Toulouse (ce qui mettrait la ville au 2e rang français en nombre de restaurants). Tables gourmandes ou de terroir, bars à potes et cantines d'étudiants, kebabs, crêperies, sushis, fast-foods... le choix est large mais, on s'en doute, le meilleur côtoie le pire (notamment en matière de cassoulet !). Attention, beaucoup de restos sont fermés au mois d'août. N'oubliez pas que les adresses de la rubrique « Où prendre un thé ou un café... et grignoter ? » (voir plus loin) sont également souvent de sympathiques lieux pour casser la croûte.
Et puis vous pouvez vous procurer le guide des restaurants participant au prix Vanel de la gastronomie à l'office de tourisme.

Autour du Capitole, de la rue Saint-Rome et de Saint-Sernin

Autour du Capitole, le canard et l'oie sont rois, forcément (confit, magret, foie gras...), mais vous pourrez quand même trouver autre chose à manger, heureusement, que le sacro-saint cassoulet, certes célèbre dans le monde entier mais pas toujours très adapté à une exploration de la ville par une chaude journée d'été... Il y a aussi des adresses sympathiques pour manger sur le pouce, des tables jeunes, vivantes, avec des chefs capables de vous surprendre par leur inventivité... Des saveurs d'ici et de là-bas, qui donnent de nouvelles couleurs à une gastronomie locale à la recherche d'un second souffle !

De très bon marché à bon marché

|●| ***Le Bol Bu*** *(plan centre détachable, E3,* ***70****) : 8, rue du May. ☎ 05-61-21-11-31. • jeanluc.auriol@gmail.com • Tlj 12h-19h (22h jeu-sam). Large choix de crêpes salées et sucrées env 3-6 € et salade env 7,90 € ; repas 10-15 €. CB refusées.* Un bar-salon de thé-crêperie bien agréable, un gentil bric-à-brac parfait pour poser ses fesses et ses courses à midi au cœur de la vieille ville. La carte est longue, et les crêpes réussies (pâte entièrement bio, comme la salade verte). À accompagner de thés (environ 80), cidre, café ou jus de fruits frais. Quelques tables en terrasse en bordure de la ruelle piétonne.

|●| ***Les restos du marché Victor-Hugo*** *(plan centre détachable, E2-3,* ***71****) : pl. Victor-Hugo. ♿ Tlj sf lun (marché fermé ce jour-là), le midi slt 11h45-14h30 (servent un peu plus tard en fin de sem). Menus à partir de 12 € env en sem, 18 € les w-e et j. fériés.* Une institution toulousaine ! Au 1er étage de cette halle de béton rénovée, 5 petits restos en ligne à des prix fort modérés. Ambiance populaire, et plats pour tous les goûts. Certains restos invitent au voyage et au mélange des saveurs : *Le Bon Graillou, L'Impériale, Le Magret,* ou encore *Chez Attila. Le Louchébem* vous fera découvrir un cassoulet aux fèves le 1er week-end de chaque mois. Excellentes viandes aussi. Quelques tables installées sur le long balcon. Attention, il y a toujours pas mal de monde. Venez tôt, venez tard... ou patientez !

|●| **Le May** *(plan centre détachable, E3,* ***72****) : 4, rue du May. ☎ 05-61-23-98-76. • c.carles@club-internet.fr • Ouv tte l'année, tlj sf le midi des dim et j. fériés. Résa vivement conseillée. Formule déj 8,50 € ; menus 10,50 € le midi, 15-17 € le soir ; carte env 20 €. Apéritif maison offert sur présentation de ce guide.* 2 petites salles chaleureuses auxquelles s'ajoute une terrasse en bord de la rue piétonne dès qu'il fait beau. Bonne clientèle d'habitués qui, au *May,* trouvent et font ce qui leur plaît. Souvent bondé, car les formules et menus proposés offrent un large choix et un rapport qualité-prix fort honnête. Cuisine du marché qui se défend correctement sans taper trop fort dans le porte-monnaie. Accueil sympa.

|●| ***L'Esquinade*** *(plan centre*

détachable, D2, ***73****) :* *28, rue de la Chaîne. ☎ 05-61-12-06-70. En face de la pl. des Tiercerettes. Tlj sf le midi sam-dim ; service jusqu'à 23h en sem, minuit ven-sam. Fermé en principe le midi en août et 1 sem pour les fêtes de fin d'année. Résa conseillée. Formules déj 10-12,50 € ; parillada de la mer 17,50 € ; carte 20-25 €. Plusieurs formats : tapas, ½ ration ou ration entière.* Un p'tit resto plein de chaleur humaine et pas plus grand qu'un mouchoir de poche, pour une bonne cuisine *a la plancha*. Cuisine « franchouillot-iberico-funtartico-bruyante », dit la carte. On est assez d'accord. En entrée, de nombreuses tapas. Une adresse très sympa mais, vu la promiscuité des tables (impossible de pousser les murs !), à éviter si vous recherchez une soirée intime. Il est d'ailleurs fréquent d'être au coude à coude avec ses voisins (ou voisines !). Quelques tables (chères !) sur le trottoir.

|●| ***Caminito – Empanadas Argentinas*** *(plan centre détachable, E3,* ***74****) :* *3, rue des Gestes. ☎ 05-61-23-51-74. • caminitotoulouse@gmail.com • Tlj sf dim 12h-15h, 19h-23h ; service continu sam 12h-minuit. Congés : 1 sem pour les fêtes de fin d'année. Repas 10-12 €.* À deux pas de la place du Capitole, un petit resto 100 % argentin aussi grand qu'un Abribus, qui propose de bonnes *empanadas* à grignoter avec une salade, des soupes en hiver et des gâteaux argentins. C'est bon, sans chichis. Pas mal du tout pour se restaurer à moindres frais. Tenu par une équipe qui a le sens de l'accueil.

|●| ***La Faim des Haricots*** *(plan centre détachable, E3,* ***75****) :* *3, rue du Puits-Vert. ☎ 05-61-22-49-25. Ouv tlj, tte l'année, midi et soir. Formule et menu 11-16,50 €.* À deux pas de la rue Saint-Rome, un petit resto coloré et tout simple, tant dans la déco que dans sa cuisine. Ici, on sert des spécialités végétariennes pur jus. Plusieurs formules autour d'un buffet de crudités, tartes salées, pâtisseries maison. Bon plat du jour et soupe également en hiver. Pour manger frais et léger. Et que les gros appétits se rassurent, pas mal de plats sont servis à volonté !

De bon marché à prix moyens

|●| ***La Kasbah*** *(plan centre détachable, D2,* ***76****) :* *dans la cour intérieure du 30, rue de la Chaîne (au 1er étage). ☎ 05-61-23-55-06. Tlj sf le midi mer-jeu. Congés : août. Plats 11,50-16 € ; repas 25-30 €. Café ou thé à la menthe offert sur présentation de ce guide.* Dans le quartier Arnaud-Bernard, à forte influence nord-africaine, ce resto a bien sûr toute sa place. La salle éclatante de blancheur s'organise autour d'arcades et dessine un patio où trône une petite fontaine. À la carte, de bons plats algériens et un grand choix de couscous et tajines. À accompagner tout naturellement d'un vin d'Afrique du Nord.

|●| ***Le Petit Magre*** *(plan centre détachable, E3,* ***77****) :* *4, rue Baronie. ☎ 05-61-22-55-48. • contact@lepetitmagre.com • Mar-sam ; repas du midi jusqu'à 14h, puis salon de thé dans la foulée. Congés : 3-4 sem en août et pour les fêtes de fin d'année. Formules déj 16,50-21 € ; le soir, env 20-22 €.* L'adresse à la mode en matière de salon de thé en ville. Il faut dire que, fort du succès du *Genty Magre* (même proprio, voir plus loin), ce petit frère avait toute sa place à l'heure du déjeuner comme à celle du goûter. Et ce *Petit Magre* est rapidement devenu la coqueluche des amateurs de bons gâteaux et des gourmands au déjeuner. Il faut voir le long comptoir de bois couvert de belles entrées (proposées à volonté dans le cadre du menu du midi), ainsi que les super desserts pour se laisser aller et s'affaler sur les banquettes adoucies par de jolis coussins douillets. Et l'on s'empiffre de paris-brest, de tartes aux fruits, de cake au chocolat, de gaufres et de brioche à la cannelle... Côté boissons, belle sélection de thés de qualité, cocktails de fruits, etc. Le soir, grand buffet de salades (on paie au poids !) et quelques suggestions.

|●| ***Le J'Go*** *(plan centre détachable, E2,* ***78****) :* *16, pl. Victor-Hugo. ☎ 05-61-23-02-03. • toulouse@lejgo.com • ♿ Tlj sf dim soir ; service jusqu'à 23h30 (0h30 jeu-sam). Le midi*

en sem, formules 16,50-19 €, puis menus 26-35 € ; carte 40-45 €. Une ambiance de fête dans cet antre du bien-manger et du bien-boire, aux couleurs et à la déco feria à souhait. Bonnes terrines de foie gras, gigot d'agneau fermier du Quercy, porc noir de Bigorre et poulet du Gers. Des produits de qualité, servis dans une ambiance endiablée au rez-de-chaussée, un peu plus calme à l'étage où l'on peut profiter, l'été, d'une terrasse bien agréable ! Également un bar qui fait régulièrement le plein dès l'heure de l'apéro, pour s'entraîner à lever le coude. Juste à côté, tenu par le même patron, le *Pategrain (☎ 05-61-23-20-64 ; tlj midi et soir).* Décor un peu moins coloré (ambiance plus tranquille aussi) et spécialité de poulet rôti fermier de race « Pategrain ».

|●| *La Réserve* *(plan centre détachable, D3,* ***79****) : 8, rue Jean-Suau. ☎ 05-61-21-84-00. ♿ Tlj sf dim-lun en hiver ; service jusqu'à 23h. Le midi en sem, menu env 14,50 € ; le soir, carte 20-25 €.* Murs de brique toulousaine, vieux parquet et salle entièrement relookée dans un style contemporain sobre et réussi, à l'image de la cuisine, mélangeant produits du terroir et saveurs du Sud (italiennes essentiellement). Salle lumineuse qui invite à se lover tranquillement pour papoter entre amis ou en amoureux, et même une grande table d'hôtes pour les virées en bande. Aux beaux jours, la grande terrasse est prise d'assaut et permet de prendre l'air. Au menu donc, salades, pâtes et pizzas... Petit bémol, les portions parfois un peu chiches...

Prix moyens

|●| *Le Genty Magre* *(plan centre détachable, E3,* ***80****) : 3, rue Genty-Magre. ☎ 05-61-21-38-60. • contact@legentymagre.com • Tlj sf dim-lun et j. fériés. Congés : 3 sem en août et pour les fêtes de fin d'année. Le midi, formule 16,50 € et menu 20,50 € ; le soir, menu 38 € ; carte 40-45 €.* Une cuisine d'aujourd'hui à déguster dans une ambiance agréable. Avant de revenir au pays natal, Romain Brard a travaillé à New York, puis à Tokyo, où il a rencontré sa jeune femme et rapporté une conception nouvelle de la cuisine. Recettes fines et subtiles. Une des adresses appelées à redonner du fumet à une cuisine toulousaine trop longtemps endormie sur son cassoulet, dans un cadre classique et moderne à la fois.

|●| *Monsieur Georges* *(plan centre détachable, E3,* ***81****) : 20, pl. Saint-Georges. ☎ 05-61-29-81-96. • serra benjamin9@gmail.com • ♿ Tlj sf dim ; service jusqu'à 22h15 (23h sam). Le midi, formule et menu 16-19 € ; le soir, menu 29 € ; carte 35-40 €.* Resto branchouille déclinant son concept de la cave au grenier. La cuisine n'a vraiment rien d'exceptionnel, mais les belles salades ou les formules restent un bon moyen de profiter de la très belle terrasse sans trop casser sa tirelire. Car il faut bien avouer que l'ensemble s'avère un peu (trop) cher à la carte. Service efficace et souriant.

|●| *Le Saint-Sauvage* *(plan centre détachable, D2,* ***82****) : 20, rue des Salenques. ☎ 05-61-23-56-86. Tlj sf sam midi et dim-lun. Congés : 2 sem mi-août. Menus 16,50 € (midi), puis 34-39 € ; carte env 40 €.* Les rideaux prune, les banquettes de moleskine, les sièges design et les fauteuils « calèche » constituent un décor *cocoon* assez chargé (genre bonbonnière), chaleureux et tout à fait hors du temps et des modes. C'est fort bien ainsi, et tant mieux si l'adresse semble oubliée du Tout-Toulouse ! De toute manière, *Le Saint-Sauvage* fait le plein midi et soir avec les habitués, sans que ceux-ci refilent l'adresse à n'importe qui. Et l'on fait ici un excellent repas, tout simplement. La patronne-chef propose une cuisine hors du commun, simple et franche, généreuse (belles portions) et exquise, soignée et impeccable. Même dans le cadre du menu du midi, on ne se moque pas du client et on a à cœur de lui proposer le meilleur. Bravo !

|●| *Les Sales Gosses* *(plan centre détachable, F3,* ***83****) : 7, rue de l'Industrie. ☎ 05-61-99-30-31. Tlj sf dim-lun et j. fériés. Congés : août. Le midi, formules et menu 17,50-20 € ; le soir, formule 29 € et menu 32 €.* Le resto s'est déguisé en salle de classe de CM1, avec même une petite marelle peinte au sol ! La carte est courte, la cuisine inventive (pas toujours complètement maîtrisée sur tous les plats), avec un fond d'ambiance un rien potache que l'on apprécie bien. Une jolie petite adresse, généreuse et joyeuse, ayant été récompensée par le prix Lucien-Vanel en 2012, et c'est mérité. Service attentif et speed à la fois. Avec la note, si vous avez été sage, vous aurez droit à quelques bonbons.

|●| *Du Plaisir à la Toque* *(plan centre détachable, D3, **84**) : 9, rue des Blanchers. ☎ 05-61-21-88-94. ● rest.plaisiralatoque@free.fr ● Tlj sf sam midi et dim-lun ; fermé le midi en été. Formule déj 14,50 € ; le soir, menu-carte 28 €. Apéritif maison offert sur présentation de ce guide.* Dans cette rue connue pour ses nombreux restos, il y a du bon et du moins bon. Celui-ci tire manifestement son épingle du jeu. Le cadre est plaisant, mais c'est bien ce que l'on a dégusté dans l'assiette qui a retenu notre attention. On y a découvert une cuisine faite de surprises, de fraîcheur, qui jongle adroitement avec les épices et les arômes. Une cuisine qui s'éloigne des standards régionaux sans jamais se trahir ni s'endormir. Carte de vins rigoureusement sélectionnés, il faut dire que le patron est un fin sommelier. Une adresse à la qualité régulière. Et puis la musique de fond est sympa, alors on ne va pas bouder notre plaisir. Quelques tables sur le trottoir.

De chic à plus chic

|●| *Restaurant Émile* *(plan centre détachable, E3, **85**) : 13, pl. Saint-Georges. ☎ 05-61-21-05-56. ● restaurant-emile@wanadoo.fr ● Fermé dim-lun (slt le lun midi hors saison) et pour les fêtes de fin d'année. Menus 21 € (midi), puis 32-56 € ; carte env 55 €. Apéritif maison offert sur présentation de ce guide.* Une institution toulousaine depuis les années 1940. Aux beaux jours, il y a la terrasse ombragée, accueillante et extrêmement prisée. Dans les assiettes, une cuisine traditionnelle généreuse, qui s'attache à la précision des cuissons. Le produit (agneau de lait des Pyrénées, canard du Gers, cochon du Quercy et poissons de Normandie) est mis en avant, jamais masqué. Cassoulet réputé, cela dit en passant (le patron fait même partie de l'Académie universelle du cassoulet !). Côté vins, une cave pour tous les palais et toutes les bourses (avec près de 80 000 bouteilles !).

|●| *Le Bibent* *(plan centre détachable, E3, **86**) : 5, pl. du Capitole. ☎ 05-34-30-18-37. ● brasseriebibent@maisonconstant.com ● Tlj, tte l'année ; service jusqu'à 22h30 (23h30 jeu-sam). Le midi en sem, formule « Affaire de l'été » 34 € (verre de vin et café compris) ; autres formule et menu 25-31 € ; carte 40-50 €.* La réservation est possible maintenant, plus besoin de faire (longuement) la queue pour avoir une chance de déjeuner ou de dîner sous les dorures d'un bistrot signé Christian Constant... Ou alors éviter l'heure de pointe ! Le chef multiétoilé a exhumé cette brasserie mythique et lui a offert une nouvelle vie. Le décor Belle Époque brille de nouveau de mille feux, marié pour le meilleur à un aménagement design et contemporain. Dans l'assiette, une cuisine de bistrot améliorée où le produit tient la vedette. Carte courte et de saison, associant plats de grand-mère et saveurs nouvelles (cassoulet, bar croustillant aux amandes). Pas donné, certes, mais délicieux ! Service jeune et plein de bonne volonté mais parfois dépassé... *Le Bibent* (qui signifie le « bien-boire » en occitan) propose, en outre, petits déj, goûters et apéros.

|●| *Les Jardins de l'Opéra* *(plan centre détachable, E3, **87**) : 1, pl. du Capitole. ☎ 05-61-23-07-76. ● contact@lesjardinsdelopera.fr ● ♿ Tlj sf dim-lun et le midi des j. fériés. Menus 30 € (sf sam soir), puis 59-99 € ; carte 70-80 €. Les Jardins* se trouvent sous le porche à gauche (une fois passé la brasserie). Cuisine inventive, ludique, goûteuse et raffinée, dont l'éloge n'est plus à faire. Très cher à la carte, mais le 1er menu servi midi et soir (sauf le samedi soir) permet de s'offrir un grand moment gastronomique à prix plutôt doux. Stéphane Tournié, l'un des grands chefs les plus remuants de la ville, fait partie aujourd'hui des notabilités. Il propose une véritable symphonie de goûts, de formes et de couleurs, qui promet d'enchanter vos papilles ! Bons vins à la carte, à des prix raisonnables compte tenu de la qualité de la table. Décor (une belle verrière), accueil et service au diapason. Et même si vous n'y mangez pas, entrez sous le porche et jetez un coup d'œil pour admirer la magnifique façade du bâtiment dans la cour intérieure.

Entre les allées Jean-Jaurès et le Grand-Rond

Bon marché

La Pastasciutta *(plan d'ensemble détachable, F2-3,* ***89****) : 35 bis, rue Gabriel-Péri. ☎ 05-61-62-69-39. Tlj sf sam midi et dim-lun ; service jusqu'à 23h. Congés : de mi-juil à mi-août. Pizzas 7-15 € ; repas env 20 €. Apéritif maison offert sur présentation de ce guide.* Inutile d'y prévoir un rendez-vous amoureux : les tables sont au coude à coude, la salle bruyante quand elle est pleine (ce qui arrive souvent). Accueil chaleureux. 3 tailles de pizzas, très bonnes au demeurant. La petite est déjà énorme !

De prix moyens à chic

Bois et Charbon *(plan d'ensemble détachable, F3,* ***88****) : 64, rue de la Colombette. ☎ 05-61-63-61-21. • restoboisetcharbon@gmail.com • Tlj sf sam midi et dim-lun ; service jusqu'à 22h30 en sem et 23h30 le w-e. Congés : 2de quinzaine d'août. Formule déj en sem 11,90 € ; menu 25 € le soir et carte.* Salle au cadre cosy : vieux parquet, tables et chaises de bistrot, loupiotes sur les murs de brique... Cuisine régionale plutôt bien tournée, sans oublier quelques échappées plus exotiques. Pour accompagner le repas, carte de vins de pays.

Les Copains d'Abord *(plan d'ensemble détachable, G3,* ***90****) : 38, rue du Pont-Guilheméry. ☎ 05-62-47-39-98. • les.copains@wanadoo.fr • Un poil excentré. Ouv tlj. Formule déj en sem 16 € ; menus 20 € (midi en sem), puis 30-42 € ; carte 35-45 €.* On est bien content, une fois la porte franchie, de découvrir cet antre où le client est d'abord traité en copain. La cuisine, copieuse et conviviale, autant que le service contribuent à cette ambiance chaleureuse. Les grands classiques du Sud-Ouest sont présentés à la carte, avec notamment du foie gras, le canard sous toutes ses formes, et un cassoulet qui n'a rien à envier aux institutions de la région ! Belle sélection de vins régionaux. Petite cour qui se dissimule à l'arrière du resto. Une adresse comme on les aime.

La Madeleine de Proust *(plan d'ensemble détachable, F3,* ***91****) : 11, rue Riquet. ☎ 05-61-63-80-88. • jomereni@aol.com • Tlj sf dim soir et lun. Congés : 1re quinzaine d'août et 1 sem pour les fêtes de fin d'année. Formules déj en sem 13,50-15,50 € ; menus 20-29,50 € ; carte 35-40 €. Apéritif offert sur présentation de ce guide.* Il flotte ici comme un doux parfum de nostalgie car tout, du décor au contenu de l'assiette, rappelle notre enfance, à commencer par le mobilier chiné et l'incroyable collection de jouets d'autrefois joliment mis en scène (on dit même que certains habitants du quartier se piquant au jeu auraient contribué au décor !). Le chef affectionne les légumes anciens et revisite les classiques de nos grands-mères : marbré de foie gras et son pain d'épice, parmentier de confit de canard au potiron, moelleux à la patate douce, riz au lait façon « mémé ». Une belle adresse, tout à la fois authentique et originale.

Le Ver Luisant *(plan d'ensemble détachable, F3,* ***92****) : 41, rue de la Colombette. ☎ 05-61-63-06-73. • leverluisant@hotmail.fr • Fermé lun, sam midi et dim soir. Le midi en sem, formule 13 € et menu 15 € ; le soir, menus 18-32 € et carte. Café offert sur présentation de ce guide.* Sous ses aspects de bar de d'jeuns, avec son bar d'aluminium et ses petites tables de troquet, ses murs à miroirs et ses ardoises indiquant la liste des bières, on ne s'attendait pas à faire un repas aussi abouti. Loin du petit bistrot branché (un fond de jazz de qualité emplit les oreilles), la cuisine est tout bonnement de qualité.

Que ce soit la généreuse entrecôte, les gambas au curry ou le risotto, les préparations sont goûteuses et copieuses, le service simple et direct, et les tarifs raisonnables. Une bonne affaire, quoi !

Orsi, Le Bouchon Lyonnais *(plan centre détachable, F3, **93**) : 13, rue de l'Industrie. ☎ 05-61-62-97-43. • orsi.le-bouchon-lyonnais@wanadoo.fr • Tlj sf sam midi et dim ; service jusqu'à 23h. Le midi, formule et menu 17-21 € ; autres menus 25-42 €. Apéritif maison offert sur présentation de ce guide.* Ce nom doit bien dire quelque chose aux gastronomes lyonnais. Cet *Orsi*-là, petit frère de l'autre, a su s'adapter aux spécialités de sa région d'adoption. Outre les 1ers menus, qui font la part belle aux « lyonnaiseries » (pieds de porc grillés, andouillettes, quenelles...), et la carte de poissons de première fraîcheur, le menu le plus cher est dédié à la gastronomie du Sud-Ouest, avec un des meilleurs cassoulets de la ville. Superbe carte des vins pour accompagner le tout. Décor brasserie Belle Époque plutôt classe, et terrasse fleurie dès les premiers beaux jours.

Le Télégramme *(plan centre détachable, E3, **100**) : 1, rue Gabriel-Péri. ☎ 05-61-20-42-60. • contact@telegramme-toulouse.com • Tlj sf dim-lun. Formule déj en sem 16 € ; menu « Télégramme » le soir slt 32 € ; carte 35-38 €.* Il y a 100 ans, le journal *Le Télégramme* s'installait dans ce beau bâtiment d'angle (il y a la date juste sous l'horloge !). On vient dans ce grand bar-restaurant entièrement revisité pour profiter d'un cadre remarquable, organisé sur 2 niveaux autour d'un bel escalier en métal, à la fois traditionnel et design. Carte à vocation locale, très honorable, composée de viandes grillées (entrecôte, tartare, magret...), mais aussi de spaghettis de la mer et de quelques poissons. Il y a quasiment 2 établissements en 1 : pendant la journée, l'endroit est calme et tranquille, tandis que le soir, l'ambiance, musicale et festive, bat son plein. S'y presse alors la jeunesse toulousaine un peu branchée.

Dans le quartier des Carmes et au sud de Saint-Étienne

De bon marché à prix moyens

La Gouaille *(plan centre détachable, E4, **101**) : 6, rue Joutx-Aigues. ☎ 05-61-25-65-66. • adrien.aupied@laposte.net • Ouv tlj, le soir slt. Plat du jour 10,50 € ; formule 13,90 € ; repas complet env 18 €. CB refusées. Digestif maison offert sur présentation de ce guide.* Porte bien son nom, car on y cause, on y cause... Décor du style « ma cabane au Canada », avec des planches de récup', des expos temporaires, quelques tables accrochées aux murs et le dos du voisin comme dossier ! Pour l'autre salle, il faut traverser la cuisine, signe d'une grande convivialité... Et puis il y a ce petit comptoir animé. Clientèle mélangée, de filles et de garçons, un rien désargentée, mais pas uniquement. Dans la formule, soupe chaude l'hiver, froide l'été, un plat parfois espiègle à l'image du camembert rôti et son maigre de cochon, plus diététique comme l'assiette végétarienne, ou plus classique comme le poulet farci au miel. Petits concerts le dimanche, très orientés chanson française, vers 21h *(sf juil-août ; PAF : 2 €).*

Le Peyrolières *(plan centre détachable, D4, **102**) : 12, rue Peyrolières. ☎ 05-61-23-46-29. • reservation@lepeyrolieres.com • Tlj sf dim-lun. Formules et menus 12-15 € le midi, 17-20 € le soir et carte.* Un resto simple, où l'on sent le souci du travail bien fait. Loin des grandes tables gastronomiques, on vous propose ici une cuisine de région qui a du goût et du caractère, une cuisine de grand-mère améliorée (la cuisine, pas la grand-mère !). On travaille en famille, les produits sont frais, tout est fait maison (du cassoulet aux gâteaux), et le chef met un point d'honneur à ne rater aucune cuisson. Petite précision : si vous voulez du cassoulet à midi, pensez à le commander 1h à l'avance, pour éviter ensuite le temps d'attente. Un resto qui mène sa barque tranquillement mais assurément. Pas de terrasse. Juste à côté, la maison propose une restauration version tapas.

Le Nez Rouge *(plan centre détachable, D-E4,* ***103****) : 2, rue des Couteliers. ☎ 05-61-25-83-42. • le-nez-rouge-bistrot-a-vins@orange.fr • Tlj sf sam soir et lun, plus mar soir en été. Congés : 1 sem autour du 15 août. Formule déj 16,90 € ; le soir, carte 35-38 €.* Ce bar à vins, riche de 500 références de vins naturels (sans levure ni soufre), est une jolie adresse du centre-ville. Au pied de la vénérable église, les voisins y ont vite pris leurs habitudes et s'y retrouvent entre copains (certains y ont même leur rond de serviette !). *Le Nez Rouge*, c'est d'ailleurs une affaire de potes, où les amis vignerons sont impliqués et mis à contribution. Le midi, menu rapide avec 2 entrées au choix, 2 plats, 2 desserts... Le soir, cuisine de saison et grignotes pour plus de convivialité. Jolie terrasse au pied de l'église de la Dalbade.

Chez Navarre, table d'hôtes *(plan centre détachable, E4,* ***104****) : 49, Grande-Rue-Nazareth. ☎ 05-62-26-43-06. Lun-ven midi et soir. De mi-juil à début sept, ouv le soir slt sf w-e. Résa conseillée. Menus-buffet 16 € le midi, 25 € le soir.* Dans une vénérable demeure du XVIe s, voilà un resto où Pantagruel aurait été assurément à son aise. Murs de brique, vieilles poutres et meubles patinés par les années y dégagent une atmosphère des plus chaleureuse. Mais la grande originalité du lieu, c'est son esprit table d'hôtes. Longues tables autour desquelles on bavarde joyeusement et vieilles assiettes dépareillées pour ripailler ! À volonté, buffet d'entrées, plat du jour, fromages (le soir seulement) et desserts. Rien de très recherché, juste une bonne cuisine toute simple, comme la préparaient nos grands-mères, et surtout très généreuse. Plusieurs entrées, un seul plat et plusieurs desserts au choix. Une adresse sympa pour partager, l'instant d'une soirée, convivialité et une certaine forme d'authenticité. Patron vraiment très accueillant.

Le Beaucoup *(plan centre détachable, D4,* ***106****) : 9, pl. du Pont-Neuf. ☎ 05-61-12-39-29. • beaucoup@libertysurf.fr • Tlj sf dim soir et lun-mar 10h-2h (3h sam) ; service jusqu'à 23h30. Le midi, formule en sem 12 € et menu 14 € ; le soir, carte 20-25 € ; brunchs env 17-20 € le w-e 12h-17h. Apéritif maison offert sur présentation de ce guide.* Un petit resto-bar branché *gay-friendly* et gentiment décalé, tout en angles, qui joue à juste titre sur ses 2 facettes. Belle de jour, avec sa cuisine de bonne tenue. Belle de nuit, à partir de 19h, pour une nuit pleine de paillettes, avec en principe, soirée DJ le samedi (et veilles de fête – et parfois également le vendredi) dans la cave voûtée, en sous-sol. Petite terrasse (assez bruyante à cause de la circulation).

De prix moyens à chic

Bistro La Belle Équipe *(plan centre détachable, E4,* ***107****) : 22, rue des Polinaires. ☎ 05-61-52-62-98. ♿ Tlj sf dim et le midi des j. fériés. Le midi, formule et menu 14,50-21 € ; le soir, carte slt, à partir de 35-40 €.* Un resto-bistrot chaleureux style années 1930, avec un vieux parquet et des murs patinés. C'est d'abord un bar à vins avec un patron qui sait parfaitement choisir de bons petits crus. Mais c'est aussi un resto avec des plats très Sud-Ouest (carré d'agneau des Pyrénées, pigeonneau...). Viandes locales, fondantes, irréprochables. Ambiance sympathique et clientèle qui s'est embourgeoisée.

Le Mangevins *(plan centre détachable, E4,* ***108****) : 46, rue Pharaon. ☎ 05-61-52-79-16. Ouv tlj sf w-e ; service jusqu'à 22h30. Congés : 1 sem à Pâques, 4 sem en juil-août et 1 sem pour les fêtes de fin d'année. Résa conseillée car ce n'est pas grand. Formule et menus 11-25 € ; carte 35-40 €.* Dans un cadre typiquement toulousain, Jean-Charles a fait de ce petit lieu un temple du vin (et il s'y connaît, le bougre !). Il met un point d'honneur à accorder bon pain et excellents plats « bouchon toulousain » au vin qui coule dans les verres... et bientôt dans vos veines ! Foie gras frais, magret, gigot de mouton et autres succulents morceaux de viande, vendus au poids et rôtis au four, tout simplement. Pas de terrasse.

🍽 ***Aux Saveurs des Paradoux*** *(plan centre détachable, E4,* ***110****)* **:** *14, rue des Paradoux. ☎ 05-61-25-23-23. Ouv le midi lun-sam, plus le soir jeu-sam. Congés : de mi-juil à mi-août et pour les fêtes de fin d'année. Formule 16,50 € le midi ; le soir, assiettes à thème 19-23 € et menu-carte 36 €.* Une adresse discrète, à la déco sobre, presque passe-partout. On vient ici pour profiter d'une cuisine joliment élaborée, servie dans des assiettes généreusement garnies. Des réalisations fines et goûteuses, sans audace excessive mais qui procurent beaucoup de plaisir. À noter également, les belles « assiettes » qui font office de repas (« Le canard dans tous ses états », « L'océane aux saveurs du temps », etc.).

🍽 ***Py-r*** *(plan centre détachable, D4,* ***112****)* **:** *19, descente de la Halle-aux-Poissons. ☎ 05-61-25-51-52. • contact@py-r.com • Tlj sf dim-lun. Congés : 3 sem en août et 1 sem pour les fêtes de fin d'année. Menus 26 € (midi en sem), puis 42-62 €.* Prononcez Pi-erre, le prénom du chef ! Ici, l'intitulé des recettes s'énonce comme une poésie, une sorte d'invocation gourmande, et se lit avec le respect que l'on doit aux philtres d'amour et aux potions magiques... Chaque ingrédient est savamment dosé et apporte, c'est selon, croustillant, craquant, fondant, exotisme, douceur, parfum (mais aussi peps et pschitt !). Une symphonie apparemment complexe mais où tout se répond dans une troublante harmonie. Pierre Lambinon (passé, entre autres, chez Ducasse) cuisine comme on conduit un orchestre. C'est exquis, délicat, équilibré, et c'est à regret que l'on brise chacune des superbes compositions. Un sans-faute ! Les menus changent toutes les 3 semaines, une bonne excuse pour revenir ! Atmosphère chic et décontractée, accueil et service à l'unisson. Joli décor « blanc loft » et vieilles briques. Service de voiturier (bien pratique, car sans vouloir jouer aux grands, il n'est pas facile de se garer dans le coin...).

Dans le quartier Saint-Cyprien

De bon marché à prix moyens

🍽 ***Chez Raymond*** *(plan d'ensemble détachable, C4,* ***115****)* **:** *9, pl. J.-Diebold (ex-pl. Roguet). ☎ 05-61-42-77-56. Au fond de la pl. Saint-Cyprien. Tlj sf sam soir et dim. Congés : 3 sem en août et 1 sem pour les fêtes de fin d'année. Menus 13 € (en sem midi et soir, boisson comprise), puis 17,50-26 €.* Salle tout en longueur, très fréquentée par les ouvriers et les retraités du coin, attablés au coude à coude dans un joyeux brouhaha. Arriver avant 13h, heure du coup de feu... Même le soir, le lieu ne désemplit pas. On s'y nourrit copieusement, selon les jours, d'une soupe, d'un œuf aïoli, d'un poulet rôti, d'un boudin aux pommes ou d'un canard aux olives et d'un riz au lait. Une adresse populaire qui fleure bon la France profonde, dans un coin de Saint-Cyprien qu'on aurait tort d'ignorer.

🍽 ***Chez Carmen – Restaurant des Abattoirs*** *(plan d'ensemble détachable, C3-4,* ***117****)* **:** *97, allées Charles-de-Fitte. ☎ 05-61-42-04-95. • chezcarmentoulouse@gmail.com • ♿ Ouv tte l'année, mar-sam, midi et soir ; service jusqu'à 23h. Formule déj en sem 16 € ; menu 24 € ; carte env 30 €. Apéritif maison offert sur présentation de ce guide.* Même si les abattoirs en face ne sont plus – ils ont été reconvertis en centre d'art contemporain –, la viande est toujours aussi bonne dans ce bistrot un peu chic et à l'effervescence toute parisienne... Service efficace sous l'œil vigilant du patron. À la carte, le bœuf (Simmental) est roi, tout comme la cervelle de veau ou la daube. Une adresse franche et loyale comme le tranchoir du boucher, dans un quartier à l'écart du circuit traditionnel, sur la rive gauche de la Garonne. Quelques tables en terrasse (assez bruyante) l'été.

🍽 ***La Cantina San Subra*** *(plan d'ensemble détachable, C4,* ***118****)* **:** *1, pl. Intérieure-Saint-Cyprien. ☎ 05-34-28-95-16. Tlj sf lun soir. Congés :*

1 sem en août. Formules déj en sem 12-14,50 € ; carte env 30 €. C'est William Servat (et 2 de ses collègues en ovalie), talonneur de talent du Stade toulousain et de l'équipe de France de rugby, qui a ouvert cette cantine où le sport a évidemment toute sa place. Plusieurs écrans diffusent la meilleure actualité sportive du moment, tandis que l'on déguste de bonnes viandes grillées, une copieuse assiette de charcuterie qui sent bon le soleil, quelques tapas (le soir) ou une salade de bon aloi. L'affaire est « ovalement » menée, et l'on vient là entre copains suivre les rencontres et refaire le match plus que pour faire une halte gastronomique, on l'aura compris. L'ambiance est bonne, et c'est l'essentiel !

Un peu plus loin du centre

Bon marché

|●| Le Vélo Sentimental *(plan d'ensemble détachable, F2,* ***120****) : 12, bd Bonrepos. ☎ 05-34-42-92-51. • levelosentimental@gmail.com • Tlj sf lun soir, mar soir, sam soir, dim et j. fériés. Plat du jour 10,50 € le midi, 13 € le soir ; repas complet env 20 €. Apéritif maison offert le soir slt sur présentation de ce guide.* Dans une ancienne écluse, face à la gare, un resto monté par une association qui a pour objectif de permettre la réinsertion de gens, jeunes ou moins jeunes, ayant eu un accident de la vie. En salle ou dans la cour ombragée à l'arrière, l'atmosphère est détendue et conviviale. On s'y sent un peu comme chez soi. Bonne cuisine du marché pleine de fraîcheur. Choix limité au menu du jour. De temps en temps, les jeudi et vendredi à l'heure de l'apéro, concerts (jazz, chanson française, etc.), théâtre.

|●| La Badiane *(plan d'ensemble détachable, E2,* ***121****) : 31, rue de la Concorde. ☎ 05-61-13-68-50. • bf.badiane@gmail.com • Tlj sf dim soir et lun ; service jusqu'à 14h ; buffet apéro dînatoire 18h-21h (surtout en été). Repas env 13 €. Café offert sur présentation de ce guide.* Une épicerie fine qui propose d'excellents produits régionaux à déguster en salades ou en assiettes composées, le tout accompagné d'un fronton servi au verre. Quelques plats chauds en hiver également. Les beaux jours, profitez de la petite terrasse en bord de rue ; sinon, quelques tables vous attendent dans une salle à l'arrière agrémentée d'expos contemporaines. Un bon plan pour se sustenter le midi à partir de produits de qualité et à prix vraiment démocratiques, si vous êtes dans le coin.

De bon marché à prix moyens

|●| La Pelouse Interdite *(hors plan d'ensemble détachable par D1,* ***123****) : 72, av. des États-Unis. ☎ 05-61-47-30-40. Ⓜ Barrière-de-Paris. ♿ En été, ouv le soir slt, mar-sam ; le reste de l'année, le midi mar-ven, plus le soir jeu-sam ; service jusqu'à 23h. Congés : 1 sem fin oct et 2 sem fin déc. Résa conseillée. Formule déj en sem 16 € ; le soir, menu 29 € ; carte env 35 €. Digestif maison offert sur présentation de ce guide.* Voici un resto secret, en plein air (l'été), où de nombreuses bougies éclairent les recoins du jardin extraordinaire, meublé de mobilier de récup', entre l'ashram, la guinguette et le rêve pavillonnaire. En hiver, pour échapper aux frimas, on se retrouve dans la salle de *La Pelouse Intérieure* ou sous la véranda. Cuisine de notre temps aux saveurs méditerranéennes. Une adresse plutôt pour le soir, pour profiter du jardin en été. Même s'il n'y a pas d'enseigne, l'endroit est couru.

|●| Bistrot Le Chevillard *(plan d'ensemble détachable, C2,* ***124****) : 4, bd du Maréchal-Leclerc. ☎ 05-61-21-32-02. Tlj sf sam midi et dim. Formule déj en sem 15 € ; le soir, menu 24 € ; carte 25-30 €.* C'est une succursale de *Chez Carmen* (le *Restaurant des Abattoirs*), où l'on propose les mêmes viandes du même fournisseur, à savoir fondantes et goûteuses. Qualité régulière, cuisine de saison sans esbroufe mais le produit parle tout seul (c'est bien connu, « ventre affamé n'a point d'oreilles » !). Pied de cochon, pavé de foie de veau, côte de veau...

Chic

Le Colombier *(plan centre détachable, E2,* ***125****) : 14, rue Bayard. ☎ 05-61-62-40-05. • colombier.r@wanadoo.fr • Tlj sf lun midi, sam midi et dim. Congés : 2 ou 3 sem en août et pour les fêtes de fin d'année. Formule déj en sem 19 € ; menus 23 € (midi en sem), puis 32-39 € ; carte 35-40 €.* L'endroit fut d'abord écuries des capitouls au XVIIIe s, puis relais de poste à la Révolution. Resto depuis 1873, il doit son nom à un certain M. Colombier, qui ouvrit après guerre une « pension bourgeoise : Au Véritable Cassoulet de Castelnaudary ». Aujourd'hui, le cadre reste très agréable avec ses murs en mosaïque de galet gris et de brique rouge, et sa grande fresque rendant hommage au gourmand Gargantua. Les nouveaux proprios perpétuent la tradition en proposant une bonne cuisine bourgeoise traditionnelle. En vedette, le véritable cassoulet toulousain, régulièrement primé. Excellent, avec lingots du Lauragais, confit d'oie, saucisse de Toulouse et andouillette de couennes. Service à l'ancienne, courtois, attentif et efficace.

Restaurant de l'Émulation Nautique *(plan d'ensemble détachable, D5,* ***126****) : allée Alfred-Mayssonié, sur l'île du Ramier (fléché sur la droite juste avt le parc des expos). ☎ 05-61-25-34-95. • emulationnautique@yahoo.fr • Fermé dim tte l'année, plus lun soir et mar soir 15 sept-15 mai. Congés : pdt les fêtes de fin d'année. Le midi en sem, formule 13,90 € et menu 15,90 € ; le soir, carte slt, 32-40 €.* Ce club nautique (l'un des 3 plus anciens de France) possède un resto avec une agréable terrasse qui surplombe la Garonne, sous les platanes. L'environnement est assez exceptionnel lorsqu'il fait beau ! L'intérieur offre un cadre moderne et plutôt élégant où l'on se sent bien. La carte alterne bonnes grillades au feu de bois, honnêtes poissons et salades. Accueil et service décontractés.

Plus chic

Restaurant Michel Sarran *(plan centre détachable, D2,* ***127****) : 21, bd Armand-Duportal. ☎ 05-61-12-32-32. • contact@michel-sarran.com • Tlj sf mer midi, w-e et certains j. fériés. Congés : août-début sept et 1 sem à Noël. Menus 51 € (midi sf j. fériés ; vin et café compris), puis 100-176 € et carte.* Dans cette ancienne demeure bourgeoise, les tables sont très joliment installées au rez-de-chaussée ou dans de petites pièces familiales à l'étage. Une déco sobre qui allie à la fois passé et modernité avec des touches design, sans excès. La cuisine éveille les sens ; elle est juste, savoureuse et souvent surprenante. Pour le vin, pas moins de 300 références... Du raffinement à l'état pur ! Une table à la renommée qui n'est plus à faire.

Où manger dans les environs ?

De chic à plus chic

L'Amphitryon : *chemin de Gramont, 31770* ***Colomiers.*** *☎ 05-61-15-55-55. • contact@lamphitryon.com • ♿ À 8 km de Toulouse. Par le périphérique, direction Auch, sortie no 3. Suivre Cornebarrieu. Après le 2e rond-point, prendre la 2e à droite : c'est à 800 m. Ouv tlj, midi et soir. Congés : 1re sem de janv et 2 sem en août. Formule déj en sem (sf j. fériés) 36 € (51 € accord vins et café) ; menus 79-132 €.* Dans cette bâtisse aux airs de villa bourgeoise récente se dissimule l'une des grandes tables de la région ! Beaucoup de classe et d'élégance avec un cadre qui joue dans un registre chic contemporain. Dès que le temps le permet, les tables sont dressées sur la terrasse qui surplombe un petit parc arboré. Avec un esprit créatif et attaché à ses racines du Sud-Ouest, Yannick Delpech invente au quotidien une cuisine de haute volée, délicate et raffinée. Une adresse dont on profitera à midi pour sa formule d'un bon rapport qualité-prix.

Le Mas de Dardagna *(hors plan d'ensemble détachable par E6,* ***132****) : 1, chemin de Dardagna, 31400*

Toulouse. *☎ 05-61-14-09-80. • masdedardagna@yahoo.fr • ♿ Tt près du centre hospitalier de Rangueil. Tlj sf w-e et j. fériés. Congés : 3 sem en août et 1 sem en fin d'année. Le midi, menu du jour 21,50 € ; le soir, menus 31,50 € (lun-mer), puis 39,50-53 €.* Cela vaut vraiment le coup de s'éloigner du bourdonnement de la ville et de venir se perdre en banlieue... Entre CHU et faculté, une vieille ferme en brique et galet, aux jolis volets pastel. Une belle adresse pour déjeuner ou dîner en terrasse, sous la glycine... Quel calme ! Quel silence ! Quel régal aussi ! Le chef, passionné de bons produits (et d'épices), ne cuisine que le meilleur, au meilleur de la saison. Le petit menu du midi (qui change chaque semaine) est une véritable aubaine. Le soir, la table se fait plus gourmande encore et pas aussi sage qu'il n'y paraît : escalope de foie gras de canard poêlée et abricot rôti à l'huile d'argan, poitrine de pigeon du mont Royal rôtie et pois chiches au sésame, sablé breton ananas rôti et poivron confit, sorbet *piña colada* et basilic.

|●| *L'Art de Vivre :* *279, chemin Ramelet-Moundi, 31170* ***Tournefeuille.*** *☎ 05-61-07-52-52. • contact@lartdevivre.fr • ♿ Au départ de Toulouse, toujours tt droit depuis Saint-Cyprien et l'av. Étienne-Billières ; ou alors suivre l'av. de Lombez ; sur le pont de la rocade ouest, direction « Base verte de Ramée ». Tlj sf dim soir et lun-mar. Congés : 3 sem en août et 2 sem à Noël. Le midi en sem, formule et menu 19,50-25,50 € ; autres menus 40-62 € ; carte 50-60 €.* Au bord de l'Ossau, un lieu assez enchanteur et verdoyant pour découvrir une cuisine créative basée sur des produits de première qualité. Après s'être formé chez les plus grands, de Girardet, en Suisse, à Bruneau, en Belgique, Pierre Sepulchre a posé son piano à 7 km de Toulouse, dans cette maison tranquille. Au programme des réjouissances, une cuisine inspirée et raffinée, qui suit les saisons et respecte toute la saveur des produits frais. Idéal l'été, avec la terrasse.

|●| *Le Cantou :* *98, rue Vélasquez, 31300* ***Saint-Martin-du-Touch.*** *☎ 05-61-49-20-21. • contact@cantou.fr • À la sortie de Toulouse ; prendre la rocade en direction de Colomiers et sortir à « Saint-Martin-du-Touch Airbus ». Tlj sf w-e et j. fériés, plus lun en été. Congés : 3 sem fin août-début sept et 2 sem fin déc-début janv. Résa impérative. Menus 35-65 € ; carte env 55 €.* Un lieu étonnant que cette belle maison de village, carrément en bout de piste. Beau parc, jardin magnifique et spectacle garanti, l'été, quand la terrasse affiche complet. Mais, une fois l'avion passé, tout le monde replonge le nez dans son assiette, car c'est là que l'essentiel se passe, rassurez-vous. Une des plus belles tables du pays, qui joue tout à la fois le respect des traditions et l'envol des saveurs, situation oblige. Très cosy également aux jours gris. Service très pro et décontracté tout à la fois. Un grand moment.

|●| *Ô Saveurs :* *8, pl. des Ormeaux, 31180* ***Rouffiac-Tolosan.*** *☎ 05-34-27-10-11. • contact@o-saveurs.com • ♿ À env 12 km au nord-est de Toulouse, en direction d'Albi (par la D 888). Sur la pl. de la mairie, au centre du vieux village. Tlj sf sam midi, dim soir et lun. Congés : 1 sem en fév, 1 sem en mai et 3 sem de mi-août à début sept. Menus 28 € le midi en sem (36 € avec vin et café compris), puis 48-98 €.* Un étoilé avec des prix raisonnables, un service chaleureux et efficace, et des tablées plutôt joyeuses, où la bourgeoisie locale côtoie la jeunesse venue s'offrir une grande maison. Intérieur moderne, et jolie terrasse sur le devant de cette petite maison typique, avec ses briques et ses galets, qui fut autrefois un café de village. Pour une fois, on ne va pas pleurer la disparition de ce dernier, car la vie est toujours là, et bien là ! Daniel Gonzalez et David Biasibetti ont créé une association sucrée-salée qui tient la route. Menus d'une progression époustouflante en bouche, d'une originalité totalement maîtrisée et d'une cuisson parfaite.

|●| *En Marge :* *1204, route de Lacroix-Falgarde, Birol, 31320* ***Aureville.*** *☎ 05-61-53-07-24. • contact@restaurantenmarge.com • À 17 km de Toulouse. Tlj sf dim-lun. Menus 30 € (midi en sem), puis 49-140 €.* Après les cuisines du fameux étoilé toulousain *Les*

Jardins de l'Opéra, le chef Franck Renimel a roulé sa bosse jusqu'aux Antilles, avant de se retrouver à Toulouse. Le cadre, un univers d'inspiration néobaroque, est décalé et anticonformiste, tout comme la cuisine. Le chef s'amuse en préparant une cuisine de l'instant, selon le marché du jour et son inspiration. Il faut lui faire confiance et se laisser guider par le menu « Bouche à oreille » à midi, ou les menus certes plus chers mais sacrément créatifs.

Où prendre un thé ou un café... et grignoter ?

BAPZ *(Bakery and Tea Room ; plan centre détachable, D-E3,* ***140****) : 13, rue de la Bourse. ☎ 05-61-23-06-63. • jeanyvesrael@free.fr • ♿ Tlj sf dim-lun et j. fériés (ouv dim oct-mars) 12h-19h ; formule brunch ou déj jusqu'à 14h30. Congés : août. Résa conseillée. Formule (avec thé ou café) env 12 € ; carte 15-20 €.* Très bons gâteaux qui trônent sur une longue table en bois. Ambiance à dominante crème, avec tapis, chaises en osier, toiles et gravures anciennes. On s'y sent vraiment bien, et l'atmosphère invite à la détente. Une bonne halte, aussi bien pour le petit déj que pour le brunch, pour le déjeuner que pour la pause *tea time.* À midi, le salé (tartes, quiches, plat du jour...) domine, tandis que l'après-midi, on opte pour les pâtisseries, scones, petits pains et plein d'autres merveilles de bouche.

Le Dip's Tea *(plan centre détachable, E4,* ***141****) : 28, rue Pharaon. ☎ 05-61-32-68-16. Tlj 8h30-19h ; fermé dim de mi-juin à mi-oct. Congés : août et 1 sem pour les fêtes de fin d'année. Formule sucrée-salée autour d'une tarte ou d'un plat env 12,50 € ; brunch dim en hiver (11h-19h) 18 €.* Clair, lumineux, reposant, avec des murs blancs, des banquettes marron, des petites lampes au chevet des clients ou de discrètes bougies. Un peu de brique, quelques gravures, du papier kraft sur les tables. Si ça, ce n'est pas cosy, qu'est-ce qu'il vous faut ? Dans l'assiette, généreuses tartes salées, *apple pies,* crumble aux fruits rouges, gâteau au chocolat... Raffinement et délicatesse, modernité et chaleur. Sans oublier la cinquantaine de thés aux noms incroyables : « Reine de Saba », « Le Jardin de Mogador », « Apprentis Sorciers », « Syracuse », thé blanc... Également une autre adresse, dès qu'il fait beau, avec terrasse : *23, pl. du Salin.*

Au Jardin des Thés *(plan centre détachable, E3,* ***142****) : 16, pl. Saint-Georges. ☎ 05-61-23-46-67. • contact@aujardindesthes.fr • Tlj 12h-19h30.* Un ravissant salon de thé et surtout une magnifique terrasse ombragée sur l'une des places les plus agréables de Toulouse. Jus de fruits de saison pressés (hmm, la framboise !), chocolat chaud à l'ancienne, thés raffinés... Petite restauration le midi (correcte) et pâtisseries à toute heure.

Le Sherpa *(plan centre détachable, E2,* ***143****) : 46, rue du Taur. ☎ 05-61-23-89-29. Service continu tlj 11h-minuit. Salades, crêpes env 2,30-7 € ; repas env 10 €. CB refusées. Café offert sur présentation de ce guide.* Une crêperie-salon de thé que les étudiants toulousains connaissent bien pour ses fresques philosophiques sur les murs, ses nombreuses variétés de thés et de tisanes, ses prix très démocratiques et ses tables posées sur le trottoir dès que la météo le permet... Le lieu est souvent bondé.

Dar Diaf *(plan centre détachable, E4,* ***144****) : 10, rue Maletache. ☎ 05-61-53-57-69. • toulouse@dardiaf.fr • ♿ Tlj sf dim-lun et j. fériés 9h30-19h (sur résa le soir). Congés : août. Formule déj 13,50 €. Dar Diaf* signifie « maison des invités » en arabe. C'est un joli resto-salon de thé logé dans une ancienne boutique du vieux Toulouse, volontairement conservée dans son jus, avec juste une petite touche de déco. Chaleureuse cuisine ouverte sur la salle et clientèle d'habitués. Sid-Ahmed prépare sous nos yeux un délicieux brick au fromage de brebis ou un plat du jour tout aussi familial. En journée, de bonnes et délicates pâtisseries maison, ainsi que le traditionnel thé à la menthe.

Saveurs des Tropiques *(plan centre*

détachable, E4, ***145****) : 5, pl. Rouaix. ☎ 05-61-25-26-75. • saveursdestropiques@yahoo.fr • Tlj 8h-19h.* Le rendez-vous des amateurs de café ! Pas moins d'une quarantaine de cafés du monde entier (Mexique, Brésil, Cuba, Colombie, Papouasie-Nouvelle-Guinée...), torréfiés sur place. Les uns acidulés ou corsés, les autres suaves et légers avec une pointe d'acidité... Des cafés qui restent en bouche et que l'on déguste presque religieusement, accompagnés d'un savoureux carré de chocolat. Sans oublier les nombreux thés (plus de 200 références !). Tout n'est pas sur la carte, loin s'en faut ! Petite terrasse lorsque le temps le permet.

Le Bol Bu *(plan centre détachable, E3,* ***70****) : voir plus haut la rubrique « Où manger ? Autour du Capitole... ».*

Le Petit Magre *(plan centre détachable, E3,* ***77****) : voir plus haut la rubrique « Où manger ? Autour du Capitole... ».*

Où manger une bonne glace ?

Glacier Philippe Faur *(plan centre détachable, E4,* ***146****) : 51, rue des Filatiers. ☎ 05-62-73-11-89. Tlj 11h (14h dim)-19h.* Philippe Faur est connu dans toute la région pour ses sorbets et glaces salés (foie gras, roquefort, truffe, balsamique, tomates...) qui font merveille en cuisine. À emporter ou à déguster sur place, on retrouve ici toute la panoplie classique des parfums sucrés, mais aussi des saveurs beaucoup plus improbables et originales (lavande, pêche de vigne, pastis, épices, badiane...). Lait fermier, chocolats grands crus, fruits du verger, il fait appel aux meilleurs fournisseurs... 100 % naturel. Fait également salon de thé. Possibilité de déjeuner sur place.

Chez Octave *(plan centre détachable, E3,* ***147****) : pl. du Capitole, sous les arcades. ☎ 05-61-12-27-00. • contact@octave.eu • Mai-oct, tlj 12h30-1h ; hors saison, horaires réduits.* Délicieux sorbets aux fruits, réalisés sans conservateur ni colorant, au rythme des saisons (hmm, l'abricot ! miam, la framboise !). Attention, les prix s'envolent dès que l'on s'assoit en terrasse. Alors, restez debout ! Autres boutiques : *24, pl. Saint-Georges, aux halles Victor-Hugo (tte l'année, tlj sf lun) et au 11, allées Franklin-Roosevelt.*

O'Sorbet d'Amour *(plan centre détachable, E3,* ***148****) : 28, rue Montardy. Mars-oct, tlj.* Bonnes et naturelles aussi... moins chères surtout. Choix très large, là encore. On a même le droit de goûter avant.

Où boire un verre ?

À Toulouse, ville étudiante et jeune dans l'esprit, pas étonnant qu'il y ait des établissements pour tous les goûts, toutes les sensibilités. Vous trouverez donc dans cette rubrique de sympathiques adresses pour boire un verre, proposant parfois quelques concerts ou des soirées avec DJs. Mais c'est dans les rubriques suivantes que vous découvrirez les vrais bars musicaux et les salles plus spécialisées ainsi que les bars-boîtes pour danser « touteu-la-nuit » ! N'oubliez pas de consulter l'indispensable petit mag' culturel *Clutch* (gratuit en version papier ou sur le site *• clutchmag.fr •*), qui recense tous les bons plans de la ville tels que concerts, expos, théâtre, festivals.

Pour prendre juste un verre, nombreuses ***terrasses*** sur les places du Capitole, Wilson, Saint-Georges et de la Trinité. À l'heure de l'apéro, on peut se rendre sur la place de la Daurade, au ***Café des Artistes,*** pour profiter des superbes couchers de soleil sur la jolie façade à colombages face à la Garonne, ou un peu plus tard sur la place Saint-Pierre, pour les ambiances de 3e mi-temps...

En journée ou en début de soirée

Au Père Louis *(plan centre détachable, E3,* ***160****) : 45, rue des*

Tourneurs. ☎ *05-61-21-33-45.* ♿ *Tlj sf dim 9h30-14h30, 18h-23h30. Congés : 1er janv, août et 25 déc.* Une institution ! Un coup de cœur. Un des plus anciens bars à vins de Toulouse. Fondé en 1889 et classé Monument historique en 1991. Heureusement ! Le décor a peu changé et il est superbe. Une vitrine lie-de-vin, un zinc antique indéboulonnable et quelques tonneaux autour desquels on déguste la cuvée maison et quelques autres crus régionaux. Ou ces boissons datant pour les plus jeunes de la préhistoire : quinquina, banyuls, muscat, grenache, etc. À consommer à la bouteille, comme tout le monde, ou même à emporter...

Café de la Concorde *(plan d'ensemble détachable, E2,* ***161****) : 17, rue de la Concorde.* 📱 *06-28-72-19-38. Tte l'année, tlj sf dim ap-m, jusqu'à 20h env (un peu plus tard jeu). CB refusées.* Le plus vieux café de Toulouse, avant même *Au Père Louis* ! Mais après tout qu'importe, car, comme son nom le suggère, la guerre des bistrots n'aura pas lieu. Bien au contraire. Avec son émouvante façade classée, ses 2 colonnes, sa terrasse et sa belle patine, *La Concorde* est toujours ce café populaire et tranquille installé dans cet îlot calme et primesautier. Enfin, pas si populaire si l'on considère le prix des consos, un tantinet exagéré... En principe, petits concerts le jeudi soir (hors vacances scolaires) dédiés à la chanson française, au jazz, à la soul, etc., de 19h à 20h ou 21h *(majoration de la 1re conso : 2 €).* Les endroits comme ça se comptent sur les doigts d'une main.

Bar du Matin *(plan centre détachable, E4,* ***162****) : 16, pl. des Carmes.* ☎ *05-61-52-72-27. À l'angle de la rue des Filatiers, face au hideux parking des Carmes. Tlj sf dim 8h-21h30.* Cadre simple et chaleureux, mais surtout terrasse stratégique. Agréable pour son atmosphère décontractée, joyeuse et communicative le soir. À l'heure de l'apéro, clientèle de musiciens, d'artistes et d'étudiants débordant sur le trottoir. Moralité : le *Bar du Matin* est plus sympa le soir !

Délicatessen *(plan d'ensemble détachable, F3,* ***164****) : 11 bis, rue Riquet.* ☎ *05-61-62-49-00. Lun-ven 16h-2h ; sam-dim 18h-2h. Congés : 2 sem mi-août.* Happy hour *tlj 18h30-19h30. Carte de tapas à partir de 19h.* 📶 Un bar de début de soirée, plein de vie et d'énergie, une adresse phare du quartier Saint-Aubin. Le cadre est chaleureux, le comptoir amusant, les prix peu onéreux. Résultat : à l'heure de l'apéro, on y joue souvent des coudes, la tireuse ne connaît pas de répit et les tapas remportent un franc succès. L'ambiance est joyeuse et vitaminée. Et quasiment tous les soirs, c'est le même scénario.

L'Autan *(plan d'ensemble détachable, D2,* ***165****) : 58, bd d'Arcole.* ☎ *05-61-62-02-26. Tlj 11h-2h. CB refusées.* Un bar punk-rock qui n'a rien de formaté ni d'aseptisé, on s'en doute ! La déco décalée et un poil théâtralisée, véritable bric-à-brac de vieilleries sur lesquelles le plumeau n'est pas passé tous les jours, donne le ton ! Côté musique, c'est du rock, du vrai ! Mais dans un grand élan de nostalgie, on y a déjà entendu du Michel Fugain... Clientèle hétérogène. Un bar qui fait partie du paysage toulousain et qui décoiffe, comme le vent d'autan ! Concerts à l'occasion.

Café Populaire *(plan centre détachable, F3,* ***166****) : 9, rue de la Colombette.* ☎ *05-61-63-07-00. Tlj sf dim.* Happy hour *tlj 19h30-20h30.* L'adresse très populaire auprès des étudiants pour ses bières pas chères, ses baffles qui crachent un son rock énergique, sa chaude ambiance le week-end (et même en semaine) ! Un incontournable du circuit nocturne étudiant depuis de nombreuses années.

La Pelouse Interdite *(hors plan d'ensemble détachable par D1,* ***123****) : voir plus haut la rubrique « Où manger ? Un peu plus loin du centre ».* Un endroit vraiment très sympa pour prendre un verre dans un super jardin, en été, lorsqu'il fait beau. Atmosphère musique électro-*lounge* aérienne sous la voûte étoilée.

La Plage *(plan d'ensemble détachable, E6,* ***167****) : 60, Grande-Rue-Saint-Michel.* ☎ *05-61-73-83-77. Tlj sf dim 18h-2h (3h sam).* Derrière sa façade qui ne paie pas de mine, ce bar cache un grand jardin super agréable pour prendre un verre en grignotant des tapas, les soirs d'été, à la fraîche, sous le figuier, l'olivier et le cerisier. Pour respecter la tranquillité des voisins, pas de musique. Du coup, on entend le chant des oiseaux ! Fait aussi resto.

En soirée

Le Bar de la Lune *(plan centre détachable, F3,* ***168****)* **:** *22, rue Palaprat. ☎ 05-34-41-16-96. Lun-ven 19h-2h ; sam 20h-3h ; dim 18h-2h. Congés : 3 sem en août.* Un p'tit port d'attache où il fait bon faire escale pour une soirée tranquille. Ici, on ne vous promet pas la lune mais un moment convivial, autour d'une très large sélection de bières (avec plus de 150 références, c'est même l'un des endroits les mieux fournis de Toulouse !). Et les amateurs de whisky ne seront pas déçus non plus ! Patron à l'image des lieux, cool et authentique, clientèle hétéroclite venue trinquer et papoter dans une ambiance relax. Musique tendance pop-rock et world, toujours de qualité, qui laisse la place aux discussions intimes, même le week-end.

Breughel L'Ancien *(plan d'ensemble détachable, D2,* ***169****)* **:** *30, rue de la Chaîne. ☎ 05-61-21-66-54. Tlj sf dim 17h-2h.* Un bar aux allures de taverne patinée, dans lequel la bière coule à flots, les ballons de p'tit rouge descendent tout seuls, l'atmosphère est ensoleillée et bon enfant. La musique pop-rock n'est là que pour envelopper le tout. Organise parfois des concerts gratuits en fin de semaine, vers 21h (sauf en juillet-août). La soirée se poursuit à l'extérieur sur la place des Tiercerettes, juste en face. C'est alors la fête au village, jusque tard dans la nuit...

La Cale Sèche *(plan centre détachable, E3,* ***170****)* **:** *41, rue Gambetta. ☎ 05-61-20-04-23. • oukher@orange.fr • ♿ Tlj sf dim-lun 18h-2h (3h sam). Congés : août.* Derrière une devanture vitrée se cache une authentique rhumerie que les moussaillons en herbe de Toulouse connaissent bien. Comptoir tout en longueur en forme de navire, murs bardés de bois... et bien sûr, moult rhums aux parfums variés : melon, kiwi, figue, poire, banane, etc. Mais aussi mojito, caïpirinha, etc. Musique à fond et ambiance estudiantine surchauffée.

La Loupiote *(plan d'ensemble détachable, C4,* ***171****)* **:** *39, rue Réclusane. Tlj sf dim 17h-2h. Congés : août.* Un café sympa, connu pour sa pêche et sa créativité. Concerts à dominante française (chansons et rock alternatif, plus rarement jazz), expositions, café-théâtre de temps en temps. Étudiants, potes fidèles du quartier et âmes esseulées s'y côtoient dans la bonne humeur. Le tout dans un petit décor de pub, avec bières et vins au verre. Une petite loupiote à suivre donc, dans la nuit toulousaine.

Les bars de la place Saint-Pierre : le ***Bar Basque et ses jardins*** *(plan centre détachable, D3,* ***172****)*, au n° 7 *(☎ 05-61-21-55-64 ; ouv tlj, tte la journée).* Ce bar, qui s'ouvre sur une agréable et grande cour fleurie et bariolée (les jardins du *Bar Basque*), est un incontournable des grands rendez-vous sportifs (retransmissions des matchs de rugby sur grand écran, s'il vous plaît !). Ambiance de 3e mi-temps assurée ! Dans la pièce du fond, concert ou DJ en fin de semaine. À deux pas, fidèle au poste depuis des lustres, ***Pastis Ô Maître – Chez Tonton*** *(plan centre détachable, D3,* ***173****)*, au n° 16 *(☎ 05-61-21-89-54 ; ♿ ; ouv tlj).* Bar spécialisé dans le pastis, donc, et les beuveries généralisées dans les vapeurs anisées (ça rime !), les jeudi et vendredi surtout – le samedi, les étudiants sont déjà fauchés ! Ou encore juste à côté, ***La Couleur de la Culotte*** *(plan centre détachable, D3,* ***174****)*, au n° 14 *(☎ 05-34-44-97-01 ; ouv tlj).* Tout un programme ! Ambiance électro ou musique plus généraliste selon les DJs. Avant de quitter la place, un mot sur ***Le Saint des Seins*** *(plan centre détachable, D3,* ***175*** *; ☎ 05-61-22-11-39 ; lun-ven 12h-2h, sam 12h-4h).* Un bar qui organise de bons concerts électro-rock.

The Dispensary *(plan d'ensemble détachable, C4,* ***176****)* **:** *1, rue Marthe-Varsi. ☎ 05-61-42-00-88. • thedispensary@hotmail.fr • Tlj sf lun 11h-2h (3h sam, 18h dim). Happy hour tlj 19h30-20h30.* Dagmar et Charlie, 2 Anglaises au charme teinté de fantaisie, sont comme 2 reines de la nuit dans ce quartier Saint-Cyp'. Elles n'ont pas ménagé leurs efforts pour monter et faire tourner ce bar-resto qui a rapidement trouvé sa place dans les nuits toulousaines. Mur en brique et galet de Garonne qui rappelle qu'on est bien dans la Ville Rose, déco soignée et intimiste sur fond de musique rock venue d'outre-Manche. Plateau de charcuterie, de fromage, *fish & chips,* ou plats plus consistants pour caler une faim.

De Danú *(plan d'ensemble détachable, F3,* ***177****) : 9, rue du Pont-Guilhemery. ☎ 05-61-62-58-79. Tlj 10h30-2h (3h sam).* Que faire après avoir usé ses crampons en équipe nationale irlandaise de rugby, dans l'équipe de Leinster, puis au Stade toulousain ? Trevor Brennan a choisi. Il est resté dans la Ville Rose pour ouvrir son propre pub irlandais. D'ailleurs, vous le croiserez certainement derrière le comptoir. Sur les murs, nombreux tee-shirts dédicacés comme autant de trophées de son ancienne vie de sportif. Pas moins d'une dizaine d'écrans pour suivre les retransmissions de matchs de rugby. Un incontournable dans le genre.

Le J'Go *(plan centre détachable, E2,* ***78****) : 16, pl. Victor-Hugo. ☎ 05-61-23-02-03. Voir plus haut la rubrique « Où manger ? Autour du Capitole... ».* Au fur et à mesure que la soirée avance, l'endroit se transforme en bar, ambiance bodega pour clientèle la trentaine plutôt confortablement installée dans la vie. Beaucoup, beaucoup de monde le week-end.

Le Beaucoup *(plan centre détachable, D4,* ***106****) : 9, pl. du Pont-Neuf. Voir plus haut la rubrique « Où manger ? Dans le quartier des Carmes et au sud de Saint-Étienne ».* Ce petit resto se transforme en bar une fois les repas terminés. Soirée DJ le samedi (parfois les vendredi et veilles de fêtes) dans la petite cave en sous-sol. Ambiance *gay-friendly.*

The London Town *(plan centre détachable, E4,* ***179****) : 14, rue des Prêtres. ☎ 05-61-53-36-98. Lun-ven 15h-2h ; sam 15h-3h ; dim et j. fériés 17h-1h. Happy hours tlj 19h-21h. Service au bar.* Le traditionnel pub anglais avec sa moquette, ses tapisseries victoriennes, ses boiseries, son jeu de fléchettes, ses drapeaux épinglés au plafond, sans oublier les écrans plats branchés sur les chaînes sportives. Des soirées y sont régulièrement organisées (« Ladies' night », « Speed english », « Big music quiz night », « Live music », etc.). Ambiance cosy et jeune.

The Petit London *(plan d'ensemble détachable, F3,* ***180****) : 7 bis, rue Riquet. ☎ 05-61-62-93-29. Lun-ven 10h-2h ; sam 17h-3h ; dim 11h-16h.* Petit troquet de quartier un poil grunge. Un endroit gentiment décalé. Clientèle de tout âge qui ne se la raconte vraiment pas.

Limelight Bar *(plan d'ensemble détachable, F3,* ***182****) : 23, bd Riquet. ☎ 05-61-47-65-54. • limelightbar@gmail.com • Tlj 19h-4h (6h ven-sam).* Un bar-boîte branché aussi bien homo que lesbienne (mais sans exclusivité), à la déco blanche, design et stylée, tendance futuriste. Musique électro et éclairage fluo. Grande terrasse couverte à l'arrière, et chauffée en hiver. Nickel pour commencer sa soirée clubbing.

Où voir un spectacle ? Où assister à un concert ?

Toulouse ne manque pas d'endroits où il se passe plein de choses, du café-théâtre à la salle de concerts plus spécialisée, où l'on peut en général s'attarder pour prendre un verre après le spectacle, en discutant avec les artistes... On vous invite également à jeter un coup d'œil aux bars de la rubrique « Où boire un verre ? » qui organisent souvent quelques petits concerts ou soirées DJs.

Pour les programmes des concerts, pièces de théâtre et animations, consulter quelques canards : *Flash, Hebdo loisirs, Toulouse hebdo, Intramuros,* le magazine *Ramdam, L'Ouvre-boîte,* ou encore *Clutch* ou *Coca'Zine.*

Le Bikini *(hors plan d'ensemble détachable par G6,* ***190****) : parc technologique du Canal, à* ***Ramonville-Saint-Agne*** *(31520). ☎ 05-62-24-09-50.*

• contact@lebikini.com • lebikini.com • Par la rocade ouest, sortie Ramonville, puis suivre « Parc technologique du Canal », fléché ensuite. Ouverture et prix d'entrée selon programmation. LA salle rock de Toulouse où des artistes de renom se produisent. Le lieu se compose d'une salle de près de 1 500 places sur 2 niveaux, d'une terrasse, d'une piscine et d'un resto d'été. Ambiance du tonnerre. Longue vie au *Bikini* !

Le Bijou *(plan d'ensemble détachable, B6, **191**) : 123, av. de Muret. ☎ 05-61-42-95-07. • le.bijou@wanadoo.fr • le-bijou.net • ♿ Fermé lun soir, w-e et j. fériés, ainsi que juil-août. Possibilité de manger : repas env 20 €. Entrée spectacle : env 12 € ; réduc.* Dans l'arrière-boutique d'un bistrot de quartier, grande salle au décor rétro-hétéroclite, avec un vieux Scopitone pour revoir les *Chaussettes noires* dans *Chérie, oh chérie* ! Une adresse très gaie et une vraie salle de spectacle puisqu'elle est séparée de la partie café et restauration. Concerts, café-théâtre, et on en passe, 3 ou 4 fois par semaine à 20h ou 21h30. Aucune soirée ne ressemble à la précédente et la programmation est vraiment novatrice, voire avant-gardiste... Alors, n'hésitez pas ! En été, *Le Bijou* s'exporte avec la foi qui soulève les montagnes à Sengouagnet, un petit village de 200 habitants dans les Pyrénées centrales... Spectacles, randos et pêche à la truite au programme. Il ne tient qu'à vous de les suivre !

La Cave Poésie « René Gouzenne » *(plan centre détachable, D2, **193**) : 71, rue du Taur. ☎ 05-61-23-62-00. • contact@cave-poesie.com • cave-poesie.com • ♿ (1 salle). Spectacle le soir à partir de 19h30, sur résa. Entrée : 12 € (3 € les soirs de pleine lune) ; réduc ; 8 € sur présentation de ce guide. CB refusées.* Programmation de qualité dans une atmosphère authentiquement toulousaine et qui privilégie notamment la découverte de nouveaux talents. Textes, chansons, théâtre, poésie, concerts, danse contemporaine, scène ouverte les soirs de pleine lune (sauf l'été), le tout dans 2 petites salles du XVIe s, pouvant accueillir 50 et 70 spectateurs. Petit bar pour prendre un verre avant ou après le spectacle en compagnie des artistes. Un endroit emblématique de la vie culturelle de la Ville Rose.

Chez ta Mère *(plan d'ensemble détachable, D2, **197**) : 1, rue des Trois-Piliers. ☎ 09-54-79-56-31. • contact@cheztamere.org • cheztamere.org • ♿ Mer-dim 18h-1h (2h sam). Congés : de mi-juil à fin août et 1 sem pour les fêtes de fin d'année. Entrée gratuite (parfois payante selon programmation). Adhésion à l'association en prix libre. CB refusées. Adhésion annuelle offerte sur présentation de ce guide.* Un café associatif monté par une bande de copains bénévoles qui ont manifestement réussi leur coup. Cette petite salle chaleureuse et intimiste s'est vite imposée comme un lieu culturel actif du quartier Arnaud-Bernard. La programmation variée, souvent de qualité, fait une large place aux talents de la scène toulousaine, mais sans exclusivité. Concerts, théâtre, débats, soirées impro, expos, etc. Il y a un peu de tout. La salle est chaleureuse. Le genre de petit endroit dont on peut rapidement devenir accro. Une précision : pour consommer une boisson, il faut être adhérent à l'association.

Le Cri de la Mouette *(plan d'ensemble détachable, B-C2, **195**) : canal de Brienne, au niveau du sq. de l'Héraclès. ☎ 05-62-30-05-28. • contact@lecridelamouette.com • lecridelamouette.com • Jeu 21h-2h, ven-sam 22h-5h. Congés : août et pdt les fêtes de fin d'année. Entrée : près de 5 € (parfois un peu plus selon programmation) ; gratuit après le concert, vers 1h du mat en général.* Cette ancienne péniche, amarrée depuis belle lurette sur les bords du canal de Brienne, se languissait sur des flots un peu trop calmes... L'occasion était trop belle pour Erich, qui n'a pas hésité à lui offrir une seconde jeunesse en ouvrant ses cales aux groupes toulousains et d'ailleurs. Nombreux concerts avec à chaque fois un cri différent (rock tranquille ou vitaminé, *afrodream*, ska reggae, fusion latine, électro-pop...) ! Le week-end, après le concert, DJ pour prolonger la soirée.

Connexion Café *(plan centre détachable, F3, **196**) : 8, rue Gabriel-Péri.*

☎ 09-77-08-59-64. ● connexioncafe@gmail.com ● connexion-cafe.com ● Tlj sf dim (sf en cas de concert) 17h-2h (3h sam). Entrée libre ou payante selon programmation (5-10 €, parfois jusqu'à 15-20 €). Une grande salle à mi-chemin entre bar et salle de concerts, en lieu et place d'un ancien garage dont l'architecture industrielle a été conservée. Un côté underground dans la déco avec ses matériaux bruts, ses gros bidons métalliques pour poser les verres. Grande terrasse couverte (et chauffée en hiver), à l'accès toujours gratuit. Grosse programmation (concerts et DJs) qui n'hésite pas à faire le grand écart (électro, rock, métal, blues, etc.).

Le Cactus *(plan d'ensemble détachable, D2,* ***199****) : 13, bd Lascrosses. ☎ 05-61-21-68-81. ● lecactustoulouse@gmail.com ● Tlj 7h30 (11h w-e)-2h. Concerts gratuits dim 19h-22h (même en été !). Forum des langues tte l'année sf juil-août, lun ou mar à partir de 19h.* Un bar-brasserie fréquenté par de nombreux habitués (au déjeuner en semaine). On vous le signale pour ses apéros-concerts dominicaux, programmés une grande partie de l'année. Place à la scène toulousaine au sens large (là encore, du grand éclectisme). Expos photos (11 mois, 11 photographes).

Les Trois T *(plan d'ensemble détachable, F3,* ***200****) : 40, rue Gabriel-Péri. ☎ 05-61-63-00-74. Résa possible sur le site ● 3tcafetheatre.com ● Au fond de la cour (pousser la grille). Spectacles tlj. Congés : août. Entrée : 18-20 € en général ; réduc (sf sam, j. fériés et veilles de j. fériés).* On ne présente plus le théâtre des *Trois T,* où découvertes, valeurs montantes et stars reconnues viennent jouer (ou roder) leurs spectacles humoristes, tantôt franchement comiques, tantôt plus poétiques. Une valeur sûre de la scène toulousaine.

Théâtre Le Fil à Plomb *(plan d'ensemble détachable, D2,* ***169****) : 30, rue de la Chaîne. ☎ 05-62-30-99-77. ● lefilaplomb@free.fr ● theatrelefilaplomb.fr ● Accueil mar-sam 14h-18h. Spectacle tt public tlj sf dim-lun à 21h (ouverture des portes à 20h) ; spectacle enfants mer, sam et certains j. pdt les vac scol à 15h30. Congés : août. Tarifs : 12 € ; réduc ; spectacle jeune public 6 €. CB refusées.* C'est Badrading et son équipe qui ont mis *Le Fil à Plomb...* d'aplomb pour donner une scène aux troupes de théâtre locales. Programmation tournée vers l'humour et la dérision. Petit bar pour apprécier un thé à la menthe ou une assiette à grignoter avant ou après le spectacle, dans la bonne humeur. Parfois aussi de la musique.

Théâtre du Capitole *(plan centre détachable, E3,* ***201****) : pl. du Capitole. ☎ 05-61-63-13-13. ● theatre-du-capitole.fr ● Accueil lun-sam 10h-13h, 14h-17h45. Congés : juil-août.* Cette institution toulousaine située au sein de l'hôtel de ville propose des opéras, des ballets, des concerts, des pièces de théâtre et des conférences.

TNT – Théâtre national de Toulouse *(plan centre détachable, E3,* ***202****) : 1, rue Pierre-Baudis. ☎ 05-34-45-05-05. ● accueil@tnt-cite.com ● tnt-cite.com ● Accueil mar-sam 13h-19h et soirs de représentation. Congés : fin juil-début sept.* Construit en 1998 à l'emplacement de l'ancien conservatoire de musique, le TNT abrite, sous son architecture de brique et de verre, 3 salles : la grande salle, le petit théâtre et le studio. Répertoire varié, classique et contemporain ; danse, poésie, arts du cirque, théâtre des enfants. C'est aussi un centre de création et de diffusion théâtrale.

Où danser ?

Rappelons qu'on est dans la ville des Zebda et autres Fabulous Trobadors, et qu'on n'oublie pas ici de faire régulièrement exploser certaines frontières (et barrières) culturelles... On précise, au cas où, que cette rubrique rassemble quelques bars-boîtes pour s'éclater jusqu'au bout de la nuit le week-end.

Puerto Habana *(plan d'ensemble détachable, F4,* ***210****) : 12, port Saint-Étienne. ☎ 05-61-54-45-61.*

TOULOUSE ET SES ENVIRONS

• puerto-habana.com • ♿ Tlj sf dim et j. fériés, jusqu'à 2h. Menus env 23-28 € ; également des tapas. Bar-resto-dancing cubain au superbe décor avec mezzanine qui fait le tour de la salle. Dès que les convives ont fini de manger (vers 23h environ), l'ambiance monte d'un cran pour devenir chaude et sensuelle *(caliente !)*. C'est toujours « gavé » de monde, comme on dit par ici. Pour ceux qui ne posséderaient pas encore les passes de salsa sur le bout des doigts, cours de rattrapage du mardi au jeudi de 19h30 à 20h30 *(📱 06-08-51-61-79 ; 7 €)*.

♫ ***Planète Rock*** *(hors plan d'ensemble détachable par F1,* ***211****) : chemin de Lanusse (qui part de la route d'Albi, avt la rocade). ☎ 05-61-11-45-00. • planeterock-toulouse.fr • Jeu-sam et veilles de j. fériés minuit-6h. Entrée gratuite.* Bar-boîte dédié au rock'n'roll et à la pop-rock, « de Bill Haley à Rage Against the Machine », sans oublier les Rita, Noir Désir, Muse, Radiohead... Clientèle mixte et variée. L'une des valeurs sûres de la Ville Rose.

♫ ***Shanghaï Club*** *(plan centre détachable, E3,* ***212****) : 12, rue de la Pomme. ☎ 05-61-23-37-80. Tlj sf lun-mar de minuit à l'aube. Entrée (en principe) : 8 €.* Ce club homo, qui fut un lieu quasi mythique de la Ville Rose, s'est fortement « hétérotisé » ces dernières années. Musique techno et électro. En sous-sol, dans la salle voûtée, mieux vaut ne pas être trop claustro ! Mesdemoiselles, sachez qu'il y a tout de même une salle... où vous ne pourrez pénétrer.

♫ ***Le Bazar*** *(plan centre détachable, E3,* ***213****) : 11, rue des Puits-Clos. ☎ 05-61-12-07-18. Mar-sam de minuit à l'aube. Entrée gratuite.* Dans ce vieux quartier de Toulouse, *Le Bazar* a des airs de déjà-vu. Rien à voir avec les grandes boîtes (et pour cause, les caves toulousaines ne sont pas bien grandes !). Déco métallo et assez psyché pour une boîte à la musique généraliste (house, R'n'B, salsa ou rock).

♫ ***Monsieur Carnaval*** *(plan d'ensemble détachable, E2,* ***214****) : 34, rue Bayard. Tlj sf dim-lun jusqu'à 5h (6h sam).* Une adresse à la déco « lookée » seventies et aux couleurs flashy. 2 *dance floor,* l'un avec les morceaux du moment, l'autre plus électro-house. Clientèle jeune et étudiante. Mieux vaut montrer patte blanche pour entrer en fin de semaine.

TOULOUSE ET SES ENVIRONS

Achats

Douceurs toulousaines

Chez Régal's *(plan centre détachable, E3,* ***300****) : 25, rue du Taur. ☎ 05-61-21-64-86. • regals.fr • Tlj sf lun.* Petite halte pour déguster un *fénétra.* C'est ici qu'on trouve le meilleur ! Idéal pour prendre des forces avant d'affronter la basilique Saint-Sernin.

À la Bonbonnière *(plan centre détachable, E3,* ***301****) : 41, rue des Tourneurs. ☎ 05-61-21-66-04.* D'excellents *fénétras* mais également de savoureuses galettes des Rois briochées (sans frangipane mais avec de la fleur d'oranger), que les Toulousains s'arrachent au mois de janvier.

Le Paradis Gourmand *(plan centre détachable, E3,* ***301****) : 45, rue des Tourneurs. ☎ 05-61-22-05-77. Tlj sf dim 10h-19h.* Propose toute une gamme de confiseries à l'ancienne, des traditionnels bonbons à la violette aux pétales de roses cristallisés...

La Maison de la Violette *(plan d'ensemble détachable, F2,* ***302****) : dans la péniche située à l'angle du bd Bonrepos et des allées Jean-Jaurès. ☎ 05-61-99-01-30. Lun-sam 9h30 (10h sam)-12h30, 14h-19h (en continu lun-ven en été). Congés : 1 sem en janv.* De beaux produits liés à la violette, présentée sous toutes ses formes (bonbons, confitures, thés...).

Violettes et Pastels *(plan centre détachable, E3,* ***303****) : 10, rue Saint-Pantaléon. ☎ 05-61-22-14-22.* Produits à base de violette et de pastel évidemment (bougies, parfums, encens, épices, cosmétiques...).

Signalons enfin la ***petite boutique de l'office de tourisme*** *(plan centre détachable, E3),* qui propose quelques produits de bouche à base de violette et que l'on trouve dans les différentes boutiques de la ville.

« Surprises » toulousaines

La Fleurée de Pastel *(plan centre détachable, D-E3-4,* ***304****)* **:** *20, rue de la Bourse. ☎ 05-61-12-05-94. Mar-sam 10h-13h, 14h30-19h.* Une vraie ancienne maison de pastelier qui propose aquarelles, foulards, vêtements et objets de décoration, tous issus de cette industrie du pastel qui fit la richesse de la ville. L'hôtel de Delfau, qui abrite cette élégante boutique, en est d'ailleurs un très beau témoignage. Il est possible d'admirer les fenêtres à croisillons et la tour d'escalier dans la cour du fond, mais demandez la permission avant de vous y rendre.

Graine de Pastel *(plan centre détachable, E4,* ***305****)* **:** *4, pl. Saint-Étienne. ☎ 05-62-17-00-84. • grainedepastel.com • Lun-sam 10h-13h, 13h30-19h.* Senteurs, cosmétiques, savons, mais aussi espace bien-être, massages...

La Mucca *(plan centre détachable, D2-3,* ***306****)* **:** *23, rue des Lois. ☎ 05-34-30-93-84. • lamucca.fr • Lun-sam 10h-19h.* Une boutique insolite et étonnante ! Créateur en papeterie, *La Mucca* est une véritable mine d'or. Des carnets originaux, des cahiers personnalisés, des mémos rigolos, des répertoires, des carnets de voyage, des agendas et plein d'autres surprises...

La Ferme Attitude *(plan centre détachable, E3,* ***307****)* **:** *23, rue d'Astorg. ☎ 05-34-33-51-55. • fermeattitude@gmail.com • fermeattitude.fr • Tlj sf dim et lun mat 9h-13h30, 15h-19h30 (9h-19h30 sam).* Une super idée que cette supérette au cœur de Toulouse. Uniquement des produits fermiers, de saison, en vente directe : fruits, légumes, viandes, volailles, produits laitiers, épicerie, etc., produits dans les environs proches. Pas forcément biologiques mais toujours fermiers et de qualité ! À moindre coût...

À voir

Toulouse est véritablement une ville à découvrir à pied (ou à vélo !). Les distances ne sont jamais énormes. D'ailleurs, entre les sens interdits et les rues minuscules, il est presque impossible de s'y garer, et difficile d'y circuler en voiture.
Ravissement et extase sont de mise grâce à ces merveilleux hôtels Renaissance qui balisent l'itinéraire. Ils furent construits par des parlementaires et de riches commerçants (ayant fait fortune dans le pastel notamment), afin d'établir leur réussite et de favoriser leur accès au pouvoir politique (capitoul, parlement régional). La tour de ces hôtels particuliers représente le symbole de cette ambition car elle domine les demeures de tous les autres. Elle servait généralement de cage d'escalier. Il vous faudra pousser des portes, car ces demeures sont souvent situées dans les cours, de plus en plus fermées par des digicodes, surtout à l'approche de la nuit.
Dans le vieux Toulouse, chaque rue (ou presque) renfermant des chefs-d'œuvre, vous devrez vous livrer à un véritable quadrillage de la ville et vous serez sans arrêt amené à recouper les itinéraires. Nous partirons de la place du Capitole, le vieux cœur de la ville et du pouvoir local, où le Stade toulousain, l'équipe de rugby locale, vient fêter aujourd'hui chacun de ses trophées. *Ô tempora, ô mores,* comme dirait l'autre...
Pour mieux découvrir la ville, un ***Pass tourisme*** incluant transports et entrées dans les principaux sites est en vente à l'office de tourisme (voir aussi « Adresses et infos utiles »). Prix à la journée 18 €, 2 jours 25 € ou 3 jours 32 €, incluant la navette aéroport aller-retour. Le *pass* offre aussi de nombreuses réductions pour les activités de loisirs et de découverte (visites guidées, bateaux, shopping, etc.).

LE CENTRE ANCIEN : CIRCUIT NORD

Autour du Capitole *(plan centre détachable, E3)*

Le Capitole *(plan centre détachable, E3)* **:** siège de la municipalité depuis le XIIᵉ s. Tient son nom de *Capitulum* (le « chapitre »), dont les membres, les

capitouls, formèrent le conseil municipal de 1189 à 1789. Son élégante et harmonieuse façade à colonnes et pilastres, longue d'environ 130 m, fut édifiée en 1750 par Guillaume Cammas. L'aile droite abrite le théâtre. Il s'agit en fait d'une façade-écran, masquant sur l'arrière des édifices aux styles disparates. À noter, les éléments de décoration horizontaux jouant en permanence avec la bichromie, particularité que l'on retrouve dans la partie supérieure mais avec un rythme vertical cette fois. Au centre, huit colonnes de marbre symbolisant les huit capitouls qui gouvernaient la ville, provenant de la région de Carcassonne. Sur les balcons, les blasons des capitouls de l'époque. Le style est en fait assez néoclassique (fronton triangulaire et balustrade à l'italienne), avec au sommet son lot de statues allégoriques : Tragédie et Comédie à droite (au-dessus du théâtre), et à gauche, la Culture antique (Pallas) et Clémence Isaure, symbolisant la culture occitane.
Toutes les façades de brique autour de la place sont bien plus tardives et datent de la première moitié du XIXe s. Elles s'inspirent de celles de la rue de Rivoli à Paris et illustrent le principe des places à programme. Au centre de la place, fichée dans le pavé, une croix occitane en bronze sur laquelle l'artiste Raymond Moretti a superposé les 12 signes du zodiaque.
- Face au Capitole, sur la place, les arcades appelées ***La Galerue des arcades,*** dont le plafond formé de 29 caissons abrite des sérigraphies, également de Moretti, réalisées en 1997 et narrant toute l'histoire de la ville. Allez, en voici quelques-unes, parmi les plus notables (en partant de la gauche) : on démarre avec *La Vénus de Lespugue,* signe des premiers peuplements préhistoriques, puis saint Sernin martyrisé par son taureau et, en vrac, l'évocation de Simon de Montfort, de Clémence Isaure, du pastel, de Pierre-Paul de Riquet, de Jaurès, de Gardel, du rugby, de Nougaro, de l'espace... Et puis le dernier est un miroir, hommage rendu aux Toulousains de la rue.
- La cour intérieure du Capitole *(appelée cour Henri-IV)* **:** de manière générale, depuis la place, la grande porte de bois est ouverte (sauf quand elle est fermée, comme aurait dit La Palice). Dans la cour, remarquable portail Renaissance surplombé par une statue de Henri IV, considérée comme une des seules sculptées de son vivant. Elle se compose de trois marbres différents. En dessous, des sphinges, sorte de sphinx féminins, et au centre les armes de Toulouse. Bel appareillage de pierre et de brique des galeries latérales (XVIIe s), avec fenêtres à meneaux toutes ciselées. Partout sur les murs, de très nombreux blasons des capitouls, lesquels cooptés seulement pour 1 an par leurs pairs, se devaient de laisser une trace de leur passage dans la pierre. Au centre, sur le sol, dalle rappelant l'exécution, en 1632, du duc de Montmorency qui s'était révolté contre Richelieu. Il fut jugé en tant que traître à la Couronne.

L'intérieur de l'hôtel de ville : *☎ 05-61-22-34-12. Entrée libre hors cérémonie. Pâques-Toussaint, tlj 8h30 (10h dim et j. fériés)-19h ; en dehors de cette période, lun-sam 8h30-17h et le 1er dim du mois 10h-19h. Pour les visites guidées, passer par l'office de tourisme.*
Accès par un grand escalier du XIXe s où trône le buste de Jean Jaurès, qui fut prof de philo à la fac et conseiller municipal de Toulouse. Pour bien comprendre le faste des salles qu'on va voir ici, il faut rappeler qu'il y a toujours eu un pouvoir à deux têtes à Toulouse : le parlement d'un côté, dont les prérogatives s'étendaient sur les domaines judiciaire, civil et criminel, et les capitouls de l'autre, qui géraient la ville, d'où une certaine rivalité. Les salles du Capitole ont donc été conçues dans un esprit de démonstration du pouvoir des capitouls. Au XIXe s, on réalisa un ensemble architectural et décoratif sur l'histoire de la ville. Au bas de l'escalier, scène de tournoi. Dans l'escalier lui-même, un tableau évoquant la création du « Consistoire du gay savoir » au XIVe s, première société littéraire d'Europe, connue aujourd'hui sous le nom d'Académie des jeux floraux, où l'on récompensait les meilleurs poètes par des fleurs d'orfèvrerie. Ils avaient pour patronne mythique Clémence Isaure.

En haut de l'escalier, la ***salle des mariages,*** décorée de scènes d'amour à tous les âges, destinées à l'édification des jeunes couples ! De meilleur goût, la ***salle Henri-Martin,*** du nom de ce peintre impressionniste toulousain : fresque en six panneaux. Représentation des quatre saisons, ainsi qu'une grande toile présentant des paysans au travail, et juste en face *Les Bords de Garonne et les Rêveurs,* qui évoquent d'une part les intellectuels et les artistes qui se promènent tranquillou, d'autre part les autres en face qui sont en train de trimer comme des malades. Jean Jaurès est l'un d'entre eux, coiffé d'un canotier. Évocation du monde de la pensée (qu'on aimait autrefois – et encore maintenant – opposer de manière singulière à celui du travail physique). Noter à l'arrière-plan les pêcheurs de sable et le bateau-lavoir.
Grande ***salle des Illustres,*** évoquant les Toulousains célèbres et conçue sur le schéma des galeries à l'italienne. Décor très pompeux réalisé à la fin du XIXe s suivant les goûts de l'époque. Incroyable, ce chic n'est que du toc : fausse voûte et colonnes en faux marbre (si vous faites toc-toc sur une colonne, vous vous en rendrez compte tout de suite !). Assez admirable dans le genre. Toiles de qualité inégale mais dont on retiendra un tableau sur la reconstitution des remparts de Toulouse au moment du siège de Simon de Montfort. À l'opposé, très belle toile (peut-être la plus belle) rappelant l'entrée du pape Urbain II en 1096. Superbe facture et jolie lumière où l'on voit le pape venir chercher le comte de Toulouse pour participer à la première croisade. Il profitera de sa visite pour consacrer l'église Saint-Sernin. Nombreuses autres évocations historiques.

Le « Donjon » *(plan centre détachable, E3)* **:** en revenant dans la cour Henri-IV et en passant sous la statue, on aboutit au square Charles-de-Gaulle (communément appelé « le jardin du Capitole » par les Toulousains, logique !), qui vient d'être récemment et joliment réaménagé, avec plein de bancs pour roucouler et admirer le donjon. C'est une ancienne tour de brique de la première partie du XVIe s, fière et massive, avec tout l'appareillage classique d'une tour de défense (mâchicoulis, créneaux, échauguettes, meurtrières...). Elle faisait partie du complexe municipal de l'époque, qui fut rasé au XIXe s pour ouvrir l'arrière du Capitole. On conserva ce donjon qui n'en fut jamais un. Il abritait les archives capitulaires ainsi que la réserve de poudre à canon (c'est malin !). Il fut restauré par Viollet-le-Duc, qui y ajouta une haute toiture et le beffroi de style flamand qui, de fait, n'a pas grand-chose à faire là. C'est aujourd'hui l'office de tourisme. Jetez donc un coup d'œil aux voûtes en ogive de la salle. Dans le jardin juste devant, sculpture de Toutain en résine, une *Maternité* très réussie.

➢ On peut poursuivre ce circuit vers l'est en poussant vers la ***place Wilson,*** qui est à deux pas (voir plus loin « Le quartier Saint-Aubin-Marengo »). Sinon, on file au cœur de la vieille ville.

Par la ***rue du Taur*** *(plan centre détachable, D-E2-3),* on parvient à l'admirable basilique Saint-Sernin. Cette rue fut l'une des plus importantes rues commerçantes au Moyen Âge. Aujourd'hui semi-piétonne et toujours très animée, elle est bordée d'édifices intéressants à plus d'un titre. Avant de l'emprunter, jeter un coup d'œil sur la perspective de la rue depuis la place du Capitole, qui donne tout au bout sur Saint-Sernin.
– Au no 8, au fond de la cour, petit portail du XVIIe s et le flanc de l'église du Taur, imbriquée dans les habitations.
– Sur votre droite (au no 10) s'élève la remarquable façade de ***Notre-Dame-du-Taur*** *(ouv tlj en principe),* datant du XIVe s, dont le nom rappelle l'animal utilisé pour le martyre de saint Sernin. Imposant clocher-mur émergeant des toits à 40 m de hauteur. Pour l'observer, prendre du recul dans la rue des Pénitents-Gris. On s'aperçoit alors que cette façade surélevée (caractérisée par ses arcs en mitre – triangulaire comme la mitre de l'évêque) n'est rien d'autre qu'un clocher-mur dont l'étroitesse étonne. À l'intérieur, intéressante nef unique, gothique, austère et sombre. Au-dessus de l'autel, une peinture du XIXe s évoquant le martyre de saint Sernin en 250 (voir plus loin « La basilique Saint-Sernin »).

À l'angle de la ***rue du Périgord,*** base d'une grosse tour de brique du XIIe s. Elle montait beaucoup plus haut ; son propriétaire d'alors, accusé d'hérésie cathare, fut condamné à en araser le sommet.
– Au n° 69, ***portail monumental*** de Nicolas Bachelier (1556), dont Toulouse possède de nombreuses œuvres. Portail vermiculé (c'est un gros mot, ça ?), dont la pierre est trouée d'orifices pour imiter l'érosion et l'usure du temps. On appelait ça le style rustique. Au-dessus, des blasons de capitouls encadrés de masques.
– Au n° 56, entrée de l'***ancien collège universitaire*** fondé en 1360, abattu et remplacé au début du XIXe s par un séminaire. Une curiosité : lorsque le portail est ouvert, entrez dans la cour de l'édifice pour admirer la galerie en encorbellement de bois, unique vestige de l'ancien collège.
– Derrière, la bien belle ***cinémathèque*** (projections, documentation, festival Zoom arrière, etc.). *Programme : ☎ 05-62-30-30-10. • lacinemathequedetoulouse.com • Tlj sf lun et j. fériés. 2 séances en soirée (sf dim), plusieurs séances les mer, sam et dim ap-m ; horaires variant selon programmation. Fermé 2 sem en août. Cinéma en plein air fin juin-début août.*

La basilique Saint-Sernin *(plan centre détachable, D-E2)* **:** *pl. Saint-Sernin. ☎ 05-61-21-70-18. Oct-mai, tlj 8h30-18h (19h30 dim) ; juin-sept, tlj 8h30-19h (19h30 w-e). Pas de visite pdt les offices. Possibilité de visite guidée ; rens sur place.*

APPELLATION CONTRÔLÉE

« Basilique » est un nom donné directement par le pape en hommage à un grand saint ou à une grande sainte. La cathédrale est le lieu où se trouve le siège (la cathèdre) d'un évêque.

Quelques éléments historiques d'abord. Au IIIe s, Saturnin, alors évêque d'une petite communauté chrétienne, est accusé de perturber les prières des païens se rendant au temple romain (appelé le Capitole mais n'ayant rien à voir avec l'actuel Capitole). Un jour où lesdits païens préparaient le sacrifice d'un taureau, le pauvre Saturnin a la mauvaise idée de passer par là. On sollicite sa participation à cette fête, ce qui aurait été en fait, pour lui, une manière de renier sa foi. Évidemment, il refuse. La foule en colère s'empare de lui, l'attache au taureau qu'on fouette et qui part au galop. Après une belle chevauchée, traîné par la bête, Saturnin meurt aux portes de la ville. Son corps est enseveli dans la nécropole nord, au bout de l'actuelle rue du Taur. L'endroit devient lieu de pèlerinage au IVe s, avant qu'on ne construise une église dédiée au martyr. Au XIe s, le clergé décide d'offrir à saint Sernin (évolution du nom « Saturnin ») un édifice encore plus digne de lui et en rapport avec les nombreux pèlerinages. C'est vers 1075 que l'on entreprend la construction d'une prestigieuse église qui enserre la précédente avant que cette dernière ne soit démolie. Les architectes avaient vu grand. En effet, de par sa situation sur la route du pèlerinage à Saint-Jacques-de-Compostelle (la *via Tolosa*), les dimensions de Saint-Sernin sont avant tout motivées par le passage des pèlerins dans la ville, qui viennent prier les nombreuses reliques qu'abrite déjà l'église. Bien avant qu'elle ne fût achevée, le pape Urbain II vint en consacrer, en 1096, le chœur et le transept. L'ensemble n'est terminé qu'à la fin du XIIIe s. C'est aujourd'hui le plus grand édifice roman conservé et l'une des plus belles églises de France. Ses proportions parfaites, en forme de croix, en font un modèle du genre : une longueur de 115 m, un transept de 64 m et une hauteur de 21 m sous voûte.
Le cloître et les bâtiments de l'abbaye furent démolis au début du XIXe s avant que Viollet-le-Duc n'entreprenne, à partir de 1860, de lourds travaux de restauration. La création des toitures à décrochement et le dallage des absides modifièrent considérablement la physionomie de la basilique. À la fin des années 1990, Saint-Sernin fut au centre d'une polémique lorsqu'on décida d'entreprendre une nouvelle restauration du monument. En effet, les matériaux utilisés par Viollet-le-Duc étaient en état de dégradation très avancée, en raison de la faillite du système d'écoulement des eaux (voir encadré).

À l'extérieur

De la rue Saint-Bernard, admirable vue sur le chevet avec ses neuf absidioles et l'imposant clocher octogonal aux étages à retraits successifs, percés dans les derniers étages de baies dites « en mitre ». Ce chevet est particulièrement intéressant pour ses volumes qui s'échelonnent jusqu'au clocher, caractéristique du roman, comme une sorte d'élévation naturelle vers le ciel. Le clocher servit de modèle à de nombreuses églises de la région. Noter le jeu subtil de la pierre blanche et de la brique, qui donne un aspect encore plus élancé à l'ensemble.

APRÈS RESTAURATION, VIVE LA « DÉRESTAURATION »

Tout Saint-Sernin était menacé par l'infiltration, et les corniches se désintégraient. Pour la première fois en France, on décida de « dérestaurer » le travail de Viollet-le-Duc pour revenir à l'état antérieur. Bien vu ! La suppression des enduits et des peintures du XIXe s favorisa la mise en valeur du bel appareillage de pierre et de brique et la mise au jour de splendides fresques médiévales masquées par les anciens badigeons. Grâce à ce retour en arrière, Saint-Sernin retrouva la simplicité architecturale qui fut sienne durant des siècles, redevenant plus que jamais cette « fleur de corail » chantée par Nougaro.

Sur la façade latérale sud (face à la rue du Taur) s'élève la porte Miègeville, au tympan roman évoquant l'ascension du Christ. Portail richement ouvragé. De tout temps, ce fut l'entrée principale car elle est en prolongement de la rue du Taur (c'est aussi là que devait se trouver la porte de l'édifice primitif). Chapiteaux historiés : Annonciation, massacre des Innocents...

À l'extrémité du transept droit, beau portail là aussi (la porte des Comtes), dont il faut détailler les sculptures, notamment la *Parabole de Lazare et du mauvais riche* et, surtout, la représentation des supplices infernaux concernant le péché de chair : sur le chapiteau de gauche, un homme se voit arracher les testicules avec des crochets (ouille !). Sur celui de droite, des serpents avalent les seins d'une femme (aïe !)... Pas question de rigoler avec ça à l'époque !

UN MYSTÈRE GRAVÉ DANS LA PIERRE

Sur la façade extérieure de la basilique Saint-Sernin, du côté de la rue du Taur, juste à proximité des sarcophages, on peut observer une curiosité. Il s'agit d'une grosse pierre saillante qui n'a pas été taillée par les bâtisseurs de l'époque, contrairement aux autres pierres. Certains ont émis l'hypothèse que ce bloc aurait été amené de Terre sainte par les croisés. Aujourd'hui, nul n'a la réponse et le mystère reste entier.

À l'intérieur

Il s'agit d'une église romane qui se caractérise par ses cinq nefs (un vaisseau central et deux doubles collatéraux), typiques d'une église de pèlerinage. Car, doit-on le rappeler encore, l'organisation de Saint-Sernin est faite pour les pèlerins. Sur la route de Saint-Jacques, il existait cinq édifices de cette ampleur (Tours, Limoges, Conques, Toulouse et... Saint-Jacques). Les collatéraux constituaient en fait des couloirs d'accès aux reliques, situées dans les chapelles autour du chœur, puisque l'objectif du pèlerin était de « faire le tour des Corps saints ». La pierre et la brique accentuent l'impression de puissance, de sobriété et d'homogénéité architecturales tout à la fois. Le tout baigné dans une émouvante luminosité. Admirable rythme de la voûte en berceau, de ses arches en plein cintre, des retombées de doubleaux sur de beaux chapiteaux sculptés, des ouvertures sur les galeries latérales.

Dans la nef centrale, à la croisée du transept, une très rare table d'autel en marbre du XIe s. Inscription en latin qui indique qu'elle fut consacrée à saint Sernin, jolie bordure en écailles de poissons, frise devant avec des anges portant le Christ (si vous ne voyez pas bien, un moulage de l'autel est situé dans le transept nord). Au-dessus

de l'autel principal, haut baldaquin baroque qui abrite la châsse de saint Sernin sur quatre taureaux de bronze. Stalles du XVIIe s. C'est toujours dans ce transept nord que l'on trouve l'entrée de la crypte et du déambulatoire *(lun-sam 10h-18h, dim 11h30-18h ; fermé 12h-14h oct-mai ; entrée : 2 €, gratuit moins de 15 ans).* Tiens, en suspension au-dessus de la voûte, noter l'énorme ex-voto, une maquette de Toulouse offerte par les Toulousains à saint Sernin pour une peste vite éloignée.
Le déambulatoire abrite de nombreuses chapelles, la plupart ornées de reliquaires du XVIIe s en bois doré. Dans la chapelle d'axe, autel signé Viollet-le-Duc et six superbes statues d'apôtres en bois polychrome (XVe s). Au dos de l'abside majeure, sept bas-reliefs romans, à l'origine certainement positionnés ailleurs, dont un christ magnifique du XIe s, en marbre patiné. Grande douceur du trait, curieux petit ventre. D'ailleurs, on l'appelle le « Dieu obèse ».
Dans la crypte (deux niveaux), quelques pièces d'orfèvrerie religieuse (mitre et gants du XIIIe s, coffret en ivoire), un reliquaire de la Vraie Croix en cuivre émaillé (XIIe s). Ces cryptes furent creusées aux XIIIe et XIVe s pour accueillir de nouvelles reliques, la capacité de stockage du rez-de-chaussée étant saturée. Jetez un œil sur les fresques du chœur, fraîchement restaurées et datant du XVIe s.
Revenons au niveau supérieur, encore dans le transept nord : exceptionnel christ roman, hiératique, très raide, recouvert de cuivre doré d'origine romane : noter ses yeux ouverts, faisant face à la mort. Sur le mur opposé, ne pas rater la remarquable fresque du XIIe s, découverte lors de la restauration en 1973. C'est l'ange de la Résurrection au bord d'un tombeau. Grande sérénité du visage, traitement très lyrique du plissé du vêtement. Il annonce la bonne nouvelle aux trois femmes (dont Marie Madeleine). On retrouve le Christ en haut, entouré de la Vierge et de saint Jean. Sur la voûte, curieux agneau pascal tout en rondeurs. On rappelle que les fresques se lisent de bas en haut, du terrestre vers le céleste. Dans le transept sud, noter les pieds en relief de saint Christophe sortant d'un pilier complètement patiné par les étreintes des pèlerins, mais dont le corps peint a disparu. À côté, saint Jude, patron des causes perdues (efficace, paraît-il, avant les examens !).

Le musée Saint-Raymond *(musée des Antiques de Toulouse ; plan centre détachable, D2)* **:** *1 ter, pl. Saint-Sernin. ☎ 05-61-22-31-44. • saintraymond.toulouse.fr • Tlj 10h-18h. Fermé 1er janv, 1er mai et 25 déc. Entrée : 4 € ; gratuit moins de 18 ans et étudiants. Audioguide gratuit. Visite commentée : 3 € supplémentaires. Expos temporaires : env 5-8 € (billet donnant accès à la collection permanente ; gratuit moins de 18 ans ; réduc étudiants). Nombreux ateliers et activités « jeune public » (dès 3 ans). Petit jardin avec café en terrasse à l'entrée.*
Un des plus beaux musées de la ville. Installé dans un magnifique édifice du XVIe s rénové. Architecture assez austère, mais réchauffée par la belle couleur de la brique toulousaine, avec des tourelles d'angle en encorbellement, exemple typique des collèges du XVIe s. Fenêtres à meneaux, faux mâchicoulis et gargouilles. Le musée est étroitement lié à la basilique Saint-Sernin toute proche et aux fouilles prodigieuses du domaine impérial de Chiragan, près de Martres-Tolosane. Haut les cœurs (!), la visite se fait de haut en bas.

2e étage, Tolosa en narbonnaise
Présentation de la ville antique de *Tolosa,* qui fut l'une des plus importantes cités de la province romaine de Narbonnaise, une région considérée comme une seconde Italie, tant l'activité y fut prospère. La présentation s'est enrichie des dernières découvertes faites au cours des fouilles pendant la construction du métro. Belles pièces venues de la région Midi-Pyrénées, de Narbonne, Béziers, Carcassonne et d'ailleurs, tel l'éphèbe – superbe – de Villefranche-de-Rouergue (Aveyron). Admirables bijoux en or (anneau de cheville très joli), amphores, pièces de monnaie... Beaux chapiteaux romains trouvés dans la vieille ville de Toulouse, maquette d'un temple trouvé sous la place Esquirol. Tambour de colonnes, mosaïques entières ou partielles. Vitrines de bijoux, peignes et épingles à cheveux. Étonnant, au fond, un exceptionnel *manche sculpté au centaure* (une miniature en ivoire du IIe s), un très rare groupe de portraits impériaux découvert sur l'emplacement

du forum de Béziers. Parmi ces derniers, s'attarder sur cette monumentale tête d'Antonin le Pieux, inachevée... Mais le meilleur reste à venir...

1er étage, Chiragan

Consacré aux fouilles de la villa de Chiragan. Le clou du musée, puisqu'il s'agit, ni plus ni moins, du plus grand ensemble de sculptures romaines en marbre mis au jour en France au même endroit (près de Martres-Tolosane), et puisé à l'emplacement de la villa romaine la plus importante d'Europe après la villa d'Hadrien près de Rome. Magnifiques hauts-reliefs des *Travaux d'Hercule,* presque intégralement conservés, jouissifs comme la lecture d'une bande dessinée sculptée dans la pierre ! Des pierres remarquables, très expressives, aux personnages tout en action, aux muscles saillants. Collection exceptionnelle de têtes d'empereurs romains et de leurs familles (dignitaires, militaires...). Toutes proviennent de la villa. Dire que l'on ne sait pratiquement rien sur les propriétaires de cette villa mirifique... Les recherches actuelles tendent à prouver qu'il s'agissait d'un domaine impérial, géré par les administrateurs de l'État romain. L'empereur Maximien Hercule préparant ses campagnes d'Espagne (en l'honneur duquel les travaux du héros éponyme auraient été sculptés et la parure de la villa remaniée) y logea vraisemblablement, à la fin du IIIe s. En tout cas, c'est absolument superbe. Certains visages se révèlent vraiment sublimes. Quelques statues d'Athéna, dont certaines au drapé de la robe d'un étonnant réalisme.

Sous-sol

Descente jusqu'au sous-sol, sans passer par le rez-de-chaussée. Vestiges archéologiques (dont un exceptionnel four à chaux, juste sur la droite en descendant les escaliers) retrouvés sur place et nombreux sarcophages sculptés du cimetière paléochrétien qui s'était développé autour du tombeau de Saturnin. Certains sont d'une grande richesse ornementale : volutes de végétaux, frises de personnages, couvercles ornés d'arabesques superbes, d'écailles de poissons, entrelacs de ceps de vigne... Également quelques épitaphes funéraires. Le long mur de brique est un vestige de l'ancien hôpital, édifié au XIe s. Plaques de pierres gravées.

Rez-de-chaussée

Dans le *tinel* datant du XVIe s, expositions temporaires présentant régulièrement les œuvres des réserves du musée qui n'ont pu trouver place dans l'expo permanente ou qui proviennent d'autres musées européens. Également des expos sur les découvertes archéologiques locales et régionales ou sur des thématiques de recherche ayant trait à l'Antiquité. À ne pas manquer, car complémentaires de la visite de ce musée qui réussit le tour de force d'être passionnant grâce à son patrimoine exceptionnel, mais aussi grâce à sa lumineuse muséographie.

|●| Devant l'entrée du musée, faites un petit tour au *Café des Antiques* *(mêmes horaires que le musée),* sympa comme tout avec sa terrasse noyée dans la verdure, véritable havre de paix lorsqu'il fait beau. On peut s'y poser sans consommer.

– On pourra compléter la visite par celle des vestiges de l'amphithéâtre romain (et des thermes), situés à la sortie de Toulouse : *av. des Arènes-Romaines ; (T) Arènes romaines (T1 ; il s'arrête devant) ; fin mai-fin oct, dim 14h-17h ; entrée : 2 €, réduc ; rens auprès du musée.*

La chapelle des Carmélites *(plan centre détachable, E2)* **:** *1, rue de Périgord. ☎ 05-34-44-92-05. ♿ À côté de la bibliothèque municipale et à deux pas de la rue du Taur. Tlj sf lun et certains j. fériés 10h (9h30 mai-sept)-12h, 14h-17h (18h mai-sept). N'hésitez pas à demander des précisions à la pers à l'entrée.*

Chapelle inspirée du gothique méridional, édifiée aux XVIIe et XVIIIe s. La première pierre fut posée le 1er juillet 1622 par Louis XIII. Elle est dédiée à Notre-Dame du Carmel, dont on retrouve les thèmes : apothéose de sainte Thérèse d'Avila, la grande réformatrice des carmélites, sur la partie haute de la porte ; de part et d'autre des fenêtres, les différentes vertus (théologales, cardinales et carmélites) ; et partout, des évocations des vies d'Élie, d'Élisée, de Marie et de divers personnages de l'Ancien Testament. On doit l'architecture de la chapelle à Didier Sansonnet, qui fut aussi l'auteur de l'église Saint-Exupère à Toulouse.

Constituée d'une nef unique de 30 m de long et 11 m de haut, pour faciliter la prédication, elle est divisée en quatre travées et une abside à trois pans coupés. Son plafond est remarquable par son lambris d'épaisses planches de chêne marouflé (toile collée sur support et peinte) et ses « clés pendantes » en bois doré. Les peintures à l'huile recouvrent la totalité de la voûte et des murs. Le peintre toulousain Jean-Pierre Rivalz en amorça la réalisation à la fin du XVIIe s. Jean-Baptiste Despax, élève d'Antoine Rivalz (fils du précédent), lui succéda et accomplit, entre 1747 et 1751, la majeure partie du décor, dans un style baroque, avec un objectif précis : exalter le carmel. Malgré la belle réhabilitation, suite à des dégradations volontaires commises en 1982, on peut encore deviner quelques coups de cutter sur les toiles.
– À côté de la chapelle, la ***bibliothèque d'étude et du patrimoine*** : ☎ *05-62-27-66-66. Mar-sam 10h-19h. Fermé sem du 15 août et dernière sem de déc. Visites commentées sur le thème « Les trésors publics », durant lesquelles on peut voir de vieux ouvrages enluminés : 2 ven par mois 12h30-13h30, hors vac scol. Également des visites commentées du bâtiment. Résa indispensable. Expos temporaires consacrées aux livres. GRATUIT.* Elle date des années 1930 ; on pourra voir la salle de lecture de la même époque, très lumineuse avec une grande rosace colorée et des toiles symboliques sur la culture et le savoir, caractéristiques de la sensibilité artistique de la période à tendance socialisante.

Le musée des Augustins *(musée des Beaux-Arts de Toulouse ; plan centre détachable, E3)* **:** *21, rue de Metz (sq. Édouard-Privat).* ☎ *05-61-22-21-82.* • *augustins.org* • *(partiel). Tlj 10h-18h ; nocturne mer jusqu'à 21h, avec concert d'orgue gratuit à 20h tte l'année. Entrée : 4 € ; gratuit moins de 18 ans, étudiants et pour ts le 1er dim du mois. Livret de visite pour les plus petits. Audioguide : 2 €.*
Installé dans un monastère des XIVe et XVe s. C'était l'ensemble conventuel des augustins, un ensemble gothique méridional majestueux. Le musée, quant à lui, fut créé pendant la Révolution française, grâce à Condorcet et à l'abbé Grégoire. C'est l'un des plus anciens musées de France et l'un des rares ensembles conventuels qui ne furent pas entièrement détruits. Il subit cependant, au fil des ans, de nombreuses destructions et altérations, que seule une superbe restauration, à partir de 1950, rendit à sa grâce initiale. Une aile entière, correspondant à l'ancien réfectoire, fut élevée à la fin du XIXe s (amusante vitrine sur la rue). Aujourd'hui, c'est l'un des plus importants musées de sculpture médiévale qu'on connaisse, et aussi l'un de ceux où la mise en valeur des pièces, pourtant parfois austères, est le mieux réussie, grâce à une parfaite adéquation entre les œuvres exposées et le style architectural des salles qui les accueillent.

DES MENDIANTS CHEZ LES RICHES

Les augustins, installés dans un ensemble conventuel somptueux, furent l'un des quatre ordres mendiants représentés à Toulouse (avec les dominicains, les carmes et les franciscains). Mais pourquoi tant de « pauvres » dans une ville aussi riche ? Tout simplement parce que les ordres faisant vœu de pauvreté s'installaient précisément là où les dons étaient généreux. Pas bête ! Leur présence était même révélatrice du niveau de prospérité d'une ville.

– ***Le cloître*** **:** superbe, à arcs flamboyants sur colonnettes géminées, entourant un jardin inspiré des jardins monastiques médiévaux. Il fut recomposé à partir de documents anciens : des fruits, fleurs, légumes et plantes médicinales qui correspondent à ce qu'on trouvait à l'époque. Tout autour du cloître, étonnante exposition de gargouilles, en position verticale, provenant de l'église des Cordeliers.
– ***La salle capitulaire*** *(belles voûtes en palmier)* **:** ensemble de sculptures gothiques provenant des églises de Toulouse et des environs. L'œuvre la plus intéressante de cette salle est sans conteste cette célèbre *Nostre-Dame de Grasse,* une Vierge à l'Enfant du XVe s, récemment restaurée : noter le regard doux et mélancolique de la Vierge, ses cheveux, le plissé de sa robe ; et le regard divergeant entre

l'enfant et celui de sa mère. Superbe ! *Pietà* avec Jean et Marie Madeleine (XVe s), de style très languedocien, ainsi que la prédelle d'un retable (scène de la Passion et beau rythme des personnages serrés les uns contre les autres).

– Dans la salle d'à côté, ***chapelle Notre-Dame-de-Pitié*** : plusieurs salles consacrées à la sculpture gothique provenant de l'église des Cordeliers. Au centre, gisant de l'évêque de Rieux, au visage large, typique du style languedocien de l'époque. Remarquable saint Paul à la barbe fleurie. Dans la dernière salle (la sacristie), magnifique *Vierge à l'Enfant* en albâtre (XIVe s), gisants, pierres tombales sculptées (XIIIe s). Intéressant de voir ici l'évolution de la sculpture : on démarre du bas-relief, puis on glisse vers le gisant (toujours avec des visages très larges). Également quelques sarcophages et, dans une niche, une jolie tête (de religieuse ?) du XIVe s en marbre noir et blanc, etc.

– Dans la ***nef de l'église*** (style gothique méridional du XVe s), pittoresques statues de terre cuite (début XVIe s), avec d'intéressants détails dans les vêtements. De belle taille, on voit qu'elles ont été cuites en trois parties. Elles représentent les Sibylles et les prophètes et furent déménagées de Saint-Sernin par Viollet-le-Duc lui-même. Superbes ! Non loin, une statue de *Dame Tolosa,* une allégorie de la ville, une des rares statues en bronze de la Renaissance. *Le Miracle de la mule* de Van Dyck, puis *Le Christ entre les deux larrons* de Rubens, une des œuvres majeures de l'église. Majeur également, ce très beau tableau du Pérugin, *Saint Jean l'Évangéliste et saint Augustin. San Diego de Alcalá de Henares en extase devant la Croix* de Murillo, beaux reliefs de Nicolas Bachelier. C'est ici qu'ont lieu également les concerts d'orgue sur une copie d'un modèle du XVIIe s.

– ***Le petit cloître :*** construit en 1626, style Renaissance.

– ***La salle de sculpture romane :*** dans un bâtiment du XIXe s inspiré par Viollet-le-Duc, la collection est présentée par églises. On dit souvent que Toulouse a été la capitale du « vandalisme immobilier » au XIXe s. C'est ainsi qu'on a récupéré les chapiteaux de trois cloîtres romans aujourd'hui disparus (cloître de la Daurade, de Saint-Étienne et de Saint-Sernin). Superbe scénographie de l'artiste contemporain Jorge Pardo. La présentation chronologique permet de comprendre l'évolution des styles, avec des sculptures de plus en plus audacieuses et un relief de plus en plus affirmé. Parmi les chapiteaux les plus intéressants, *Le Jugement dernier* (où les morts se lèvent), *L'Incrédulité de saint Thomas* (avec un fond gaufré) et *Le Roi David et ses musiciens,* de facture moderne, très cool. Dans le bas-relief *Le Signe du Lion et le Signe du Bélier,* on s'aperçoit que les personnages ne portent qu'une seule chaussure : le côté sans pompe, c'est l'état naturel, celui avec, c'est la civilisation. Exceptionnel chapiteau de *La Mort de saint Jean-Baptiste,* véritable bande dessinée avant l'heure.

– ***La salle d'épigraphie médiévale :*** inscriptions gravées sur pierre, datant pour la plupart du Moyen Âge, présentées en galerie, mais on manque de recul pour bien apprécier.

– ***Le 1er étage :*** accès par l'escalier Darcy-Viollet-le-Duc au pied duquel sont exposées de nombreuses sculptures de Falguière (XIXe s). Alternance d'œuvres monumentales et brutales et d'autres d'un grand raffinement. Sensuelle (voire érotique) réalisation de Thivier, *Le Cauchemar* (en bas de l'escalier). Le *salon rouge* et les salles attenantes présentent une exposition de peintures du XVIe au XIXe s. Concernant ce dernier siècle, tous les courants sont déclinés : néoclassique, romantique, orientaliste, impressionniste... Citons quelques toiles (dont certaines monumentales) des écoles italienne, française et nordique : imposant *Sultan du Maroc* de Delacroix, *Entrée de Mehmet II à Constantinople* de Benjamin Constant, *Dans le parc* de Berthe Morisot, *Portrait de Mme Marguerite de Conflans* de Manet et une splendide *Première Communion* de Toulouse-Lautrec. Bustes de Rodin et de Camille Claudel. Et puis le *Rialto* de Guardi, *Réception du duc de Longueville* de Philippe de Champaigne, belle tête de vieillard de Pieter Verelst (XVIIe s), natures mortes de Louise Moillon. Également quelques œuvres de peintres toulousains : Crozat, Subleyras, Rivalz, Chalette...

La place Saint-Georges *(plan centre détachable, E3)* **:** l'une des places les plus célèbres de Toulouse par son histoire depuis l'époque médiévale et lieu des exécutions capitales (c'est là que fut supplicié Jean Calas). Sur le plan architectural, au fond, façade néoclassique du XVIIIe s, et quelques vestiges de maison à pans de bois. Un ensemble assez hétéroclite en fait, mais dont se dégage une certaine homogénéité. Les grands arbres (chênes, micocouliers, marronniers, tilleuls, platanes...) et les terrasses de cafés contribuent à lui donner un caractère villageois. Mais cette place ne fut pas toujours aussi pacifique. Toulouse était même réputée pour être « l'un des parlements les plus sanguinaires de France » (voir encadré). Au centre de la place, une petite plaque rappelle le supplice de Calas et affirme qu'il tua son fils qui voulait se convertir au catholicisme, ce qui ne fut jamais prouvé. Ce qu'on sait en revanche, c'est le côté partisan du jugement des capitouls et des parlementaires.

REPORTAGE SUR LE VIF

On conserve des témoignages précis des supplices appliqués aux criminels au XVIIIe s. Un certain Barthes décrit le supplice infligé à Calas qui bafoua, soi-disant, la religion catholique : « [...] on le plaça sur une roue et on lui rompit les articulations avec une masse, ce qui provoquait à n'en pas douter force œdèmes et souffrances terribles. Calas ne mourant pas, le bourreau finit par l'achever, par pitié. » Cette exécution fut le reflet de l'atmosphère d'intolérance de l'époque. Voltaire se battit pour sa réhabilitation, 3 ans plus tard, en 1765. Mais Calas était déjà éparpillé, façon puzzle.

L'église Saint-Jérôme *(plan centre détachable, E3)* **:** *rue du Lieutenant-Colonel-Pélissier, à côté du no 2, près de l'angle avec la rue d'Alsace-Lorraine. Lun-sam 8h-19h ; dim 8h-12h, 17h-19h.*
Une église insolite, assez méconnue des Toulousains. Et c'est vrai qu'elle est particulièrement discrète. Son flanc est assez simple (on entre de ce côté), mais l'intérieur est étonnant. Il associe le rond et l'ovale. Elle fut, avant de devenir église paroissiale, la chapelle des Pénitents bleus, une confrérie laïque qui vit le jour ici, au moment du protestantisme, pour tenter de racheter les fautes des protestants. On est donc en plein dans la Contre-Réforme. Même les rois de France appartenaient à cette confrérie. Ses membres étaient des anonymes vêtus d'un « sac », sorte de grande tunique et d'une cagoule pointue (ça rappelle de vilaines choses !). Ils priaient et faisaient des processions. Et si l'on vous raconte cela, c'est pour vous expliquer que le bâtiment qui forme le flanc de l'église constituait les vestiaires où se changeaient les Pénitents bleus.
Curieux portail baroque avec une Vierge en majesté (Vierge contestée par les protestants). Église encore aujourd'hui très « religieuse », donc soyez discret car les fidèles y viennent vraiment pour prier. On entre par une sorte de rue intérieure couverte, qui abrite des vitrines aménagées comme un petit musée.
L'intérieur est essentiellement du XVIIIe s, décoré un peu à la manière d'un théâtre chaleureux avec beaucoup de bas-reliefs en stuc et de nombreux balcons où la noblesse prenait place. Atmosphère particulière, organisation tout en rondeurs, un peu à la manière d'un sablier (nef ovale et chœur rond avec un étranglement entre les deux). Chaire baroque inspirée de l'église Saint-Roch à Paris. Intérieur céladon. Décor de pilastres qui encadrent des trophées et des scènes religieuses en bas-relief. À droite en entrant, petit autel dédié à sainte Rita, la patronne des causes désespérées.

Le couvent des Jacobins *(plan centre détachable, D3)* **:** *pl. des Jacobins. ☎ 05-61-22-23-82 (secrétariat). À deux rues du Capitole. Accès par la rue Lakanal (de laquelle on embrasse une très jolie vue sur le chevet et le clocher). Tlj 10h-18h.*
Quelques éléments d'histoire tout d'abord, afin de recadrer le couvent et sa construction dans leur contexte. Le chanoine espagnol Dominique d'Osma, de

passage à Toulouse, s'y installe et fonde, en 1215, une communauté de religieux : les dominicains. Il s'agit d'un ordre mendiant, mais aussi d'un ordre prêcheur, ce qui explique l'utilisation de la brique (matériau simple et pas cher) et l'édification d'une église au volume unique et vaste (pour le partage de la parole). Ce couvent est donc leur première grande construction. Au début du XIIIe s, c'est la montée de l'« hérésie » cathare. Lorsque le pape demande aux dominicains, pédagogues et bons orateurs, de prendre part à la lutte contre le catharisme et à l'Inquisition, il faut alors symboliser la puissance de l'Église. Le premier édifice, charpenté et bas, est gentiment agrandi. On choisit de doubler sa hauteur pour rappeler la force de ce pouvoir. C'est ainsi que ce bijou vit le jour. Le pouvoir, toujours le pouvoir.

JACOBINS OU DOMINICAINS ?

« Jacobins » est le surnom des dominicains, un ordre fondé à Toulouse au début du XIIIe s. Mais la communauté s'étendit rapidement et choisit de s'installer à Paris, rue Saint-Jacques, d'où le nom de Jacobins. Et quid des jacobins de la Révolution ? L'appellation vient du fait que ces derniers se sont installés dans le couvent des Jacobins à Paris, après avoir pris soin de chasser les religieux jacobins qui occupaient les lieux.

– Voici donc cette admirable ***église*** édifiée aux XIIIe et XIVe s, chef-d'œuvre du gothique languedocien, dominée par un clocher de 45 m.
L'édifice se caractérise par son apparence massive à l'extérieur mais légère et aérienne à l'intérieur du vaisseau. On est d'abord frappé par l'élégant rythme des contreforts à gargouilles et des baies longitudinales et dépouillées.
– À l'intérieur, grand choc émotionnel et esthétique devant la hardiesse de l'architecture, la couleur, le côté imposant et l'unité de l'espace. Un volume unique, séparé en deux par les hautes colonnes entre lesquelles on installait des cloisons de bois : un espace de prière pour les religieux d'un côté, et de l'autre un espace de rencontre avec les fidèles, de prédication. Ici, on distribuait la parole (la bonne évidemment !), pour développer l'explication théologique. Le Toulouse religieux fonctionnait en stéréo : Saint-Sernin pour les pèlerins, les Jacobins pour la doctrine. Dans la double nef divisée par sept colonnes de 28 m de haut, en se plaçant sous le « palmier » de l'abside, on ne se lasse point de ce jaillissement merveilleux des 22 nervures et de croisées d'ogives se reproduisant comme en échos incessants. Notez la position de la table d'autel, curieusement décalée par rapport au centre. Cette position s'explique par le fait qu'elle est à la même place qu'au XIIIe s lorsque l'église était plus petite. Le décor peint (début du XIVe s) simule le marbre car en fait tout est en brique, sauf les colonnes centrales. Tout en haut, seules les rosaces ont conservé leurs vitraux d'origine. Côté nord, vers le cloître, des couleurs froides (bleu, vert), et côté sud, vers la ville, des couleurs chaudes (rouge, jaune).
Sous le maître-autel se trouve la châsse contenant les reliques de saint Thomas d'Aquin. Le corps du célèbre dominicain, mort en Italie en 1274, fut confié à la communauté de Toulouse par le pape parce qu'elle était la communauté fondatrice de l'ordre.
Cet ensemble superbe revient de loin. Confisqué à la Révolution, il est transformé en caserne d'artillerie sous Napoléon. Prosper Mérimée, inspecteur général des Monuments historiques, y découvre, lors d'une visite, 500 chevaux et constate qu'on a même cassé deux ailes du cloître pour agrandir les lieux. Lorsque l'armée abandonne les Jacobins, une superbe restauration (dont la première tranche fut achevée en 1974) lui rend sa splendeur. On a retrouvé des colonnes et des chapiteaux du cloître éparpillés dans tout le département, et le déblaiement explique pourquoi l'église est plus basse que la route. Tiens, pour nos lecteurs curieux, un petit détail insolite : à côté de l'autel, sur les piédestaux des colonnes (cette partie s'appelle le « tore »), des sculptures minuscules. Lors de la restauration, dans les années 1970, un sculpteur génial prit l'initiative de laisser libre cours à son imagination. Il sculpta

une souris, un moine, des feuillages... en miniature. C'était tellement en accord avec l'esprit de l'époque que les Monuments historiques décidèrent de les conserver.

– Petite porte donnant accès au beau **cloître** *(entrée : 4 € ; visite commentée : 3 € en sus ; gratuit moins de 18 ans et étudiants).* Harmonieux ensemble d'arcades de brique sur colonnettes géminées de marbre gris. C'est autour de ces galeries que s'organisait la vie conventuelle : on trouvait autour le réfectoire, la salle de travail, la salle capitulaire, la sacristie, la cuisine et les dortoirs à l'étage. Sur le sol des galeries, nombreuses dalles funéraires. Un portail à six profondes voussures et deux grandes baies s'ouvrent sur la salle capitulaire. Voûtes reposant uniquement sur deux fines colonnes de marbre. Pendant les mois d'été s'y déroulent des concerts de musique ainsi que le festival Piano aux Jacobins, en septembre. Cadre hors pair pour une telle manifestation et excellente acoustique (ne pas oublier de réserver à l'office de tourisme si l'on veut avoir de la place).

– Du jardin, l'ensemble buis, cyprès, cloître, vaisseau de l'église compose la plus belle vision qui soit. C'est de là que le fin clocher octogonal de l'église, avec ses arcs en mitre et en contre-plongée, se révèle le plus photogénique.

– La petite **chapelle Saint-Antonin** présente un beau décor de peintures à la détrempe du XIVe s. Scènes de la vie de saint Antonin, martyr de Pamiers. Au plafond, les 24 vieillards de l'Apocalypse autour du Christ dans une mandorle. Sublime ! Vitraux des années 1970, à fleur de lys rappelant le symbole de la virginité de Marie (à qui les dominicains étaient très dévoués). Sublime ! Pour l'anecdote, pendant l'occupation militaire, ce fut l'infirmerie des chevaux : malheureusement, l'urine des animaux et les vapeurs d'ammoniaque qui s'en dégageaient endommagèrent les parties basses des fresques.

– Enfin, le **réfectoire** conventuel, immense salle de 60 m de long et 17 m de haut, accueille parfois des expositions temporaires, à caractère historique et patrimonial *(parfois payantes ; le billet donne alors également accès au cloître).*

L'hôtel de Bernuy *(plan centre détachable, D3)* **:** *rue Gambetta, face au n° 20. Accessible slt avec les visites guidées de l'office de tourisme.*
Un des plus beaux hôtels Renaissance de Toulouse (à la façade malheureusement bien sale, mal mise en valeur). Édifié par Jean de Bernuy, juif espagnol chassé par l'Inquisition. Ayant fait fortune dans le commerce du pastel, il put, entre autres, se porter caution pour l'énorme rançon exigée pour la libération de François Ier, prisonnier de Charles Quint. Bernuy rendit d'ailleurs visite à François Ier en 1533. Aujourd'hui, l'édifice fait partie du lycée Fermat (cour et parties extérieures accessibles au public), un hôtel particulier du XVIe s. Portail entre les styles gothique et Renaissance : arc en cloche, pinacles, fenêtres à meneaux, soleil central et chérubins.
À l'intérieur, on ne visite que les deux cours. Première cour de style franchement Renaissance italienne, avec tout l'attirail classique : loggia ouverte, colonnes à candélabres, voûtes à caissons, fenêtres à meneaux... La pierre domine et efface la brique, signe de richesse du marchand qui a réussi à s'anoblir en devenant capitoul. Galeries et voûtes richement sculptées, notamment de boutons de fleurs. Ce sont les visages des anciens propriétaires qui apparaîtraient dans le décor, selon certaines hypothèses. À droite, sous la voûte, un autre petit portrait en bas-relief, que l'on considère comme étant celui de Louis Privat (l'architecte). Dans la deuxième cour, intéressante tour d'escalier octogonale, agrémentée d'une seconde tourelle d'angle sur trompe (avec un angelot à la clé), sorte de tour de prestige qui ne servait à rien. Fenêtres à meneaux à décors gothiques.

Autour de la rue Saint-Rome
(plan centre détachable, E3)

Avec les rues des Changes, des Filatiers et du Pharaon qui lui succèdent, c'est le *cardo,* l'ancien axe nord-sud romain qui reliait les anciennes portes romaines du

Capitole et de la place du Salin, qui réapparaît. C'est au Moyen Âge qu'il devint ce qu'on appela la Grand-Rue, principale voie commerçante de la ville.
Aujourd'hui, la rue Saint-Rome est toujours une rue piétonne, très commerçante, bordée de nombreuses demeures anciennes remarquables et d'innombrables boutiques. À éviter le samedi après-midi, si la foule vous oppresse... Dans cette rue et les rues perpendiculaires, vous remarquerez que certaines plaques sont jaunes et d'autres blanches. Cette codification chromatique était destinée aux illettrés qui pouvaient ainsi se repérer, car la couleur leur indiquait si la rue était parallèle ou perpendiculaire au fleuve.
La rue Saint-Rome était la rue la plus large de la ville jusqu'en 1870, date à laquelle on perça la grande artère qui transforma l'urbanisme toulousain. Toutes les rues de ce quartier ont été frappées d'alignement au XIXe s et beaucoup furent transformées. La rue Saint-Rome conserve tout de même de beaux restes. Au nº 39, pénétrer dans le couloir, grimper l'escalier et gagner la terrasse du resto *Les Terrasses de Saint-Rome.* Un mur présente un beau décor Renaissance avec masques à l'antique sous les fenêtres et pilastres. Il appartenait à un médecin astrologue, médecin de Catherine de Médicis, qui trouva un bon remède pour échapper à la peste : « Partir loin, courir vite et revenir bien tard. »
- ***La place Salengro :*** une petite place à fontaine, percée au XIXe s. Façade de brique, lambrequins. Jean Jaurès habitait au nº 20.
- ***La place des Puits-Clos :*** placette très toulousaine avec, dans un angle, les colonnes d'un retable réemployées ici.
- ***L'hôtel de Séguy :*** *4, rue Jules-Chalande.* Maison de capitoul du milieu du XVIe s. Décor gothique avec arc en accolades et sol de galets.
- ***L'hôtel Dumay :*** *7, rue du May.* C'est désormais le musée du Vieux Toulouse (voir plus bas). La cour date du XVIe s : sol de galets, tout dans le style Renaissance, avec sa tour et sa tourelle d'escalier, son décor de marbre sous les fenêtres, sa loggia à colonnettes en pointe de diamant. Retour vers la rue Saint-Rome.
- ***La rue Saint-Rome :*** au nº 7, maison superbe à pans de bois, dont la poutre maîtresse ploie sous le poids du temps. Toulouse fut bien évidemment une ville en bois avant d'être de brique. Après le grand incendie de 1463, qui dura 12 jours et au cours duquel la moitié de la ville fut rasée, les capitouls réglementèrent l'utilisation des pans de bois dans la construction et favorisèrent la généralisation de la brique.
- Juste à côté, la rue Bedelières, une des plus étroites de la ville. Au nº 3, à l'angle de la rue Tripière, l'***hôtel de Comère,*** qui date du XVIIe s. Superbe porte ouvragée et larges fenêtres à meneaux ornementées. Arc de boutiques sur pointe de diamant. Cet édifice appartint à Pierre de Comère, un riche marchand du XVIIe s.

Le musée du Vieux Toulouse *(plan centre détachable, E3) : dans l'hôtel Dumay, au 7, rue du May (certains y verront un rapprochement... à juste titre !), petite rue donnant dans la rue Saint-Rome. ☎ 05-62-27-11-50. • toulousainsdetoulouse.fr • Début mai-fin oct, tlj sf dim et j. fériés 14h-18h. Entrée : 2,50 € ; réduc ; gratuit moins de 10 ans.* Dans un bel hôtel particulier des XVIe et XVIIe s, voici un tout petit musée, aussi sympathique que sans prétention. Découvrez les souvenirs émouvants liés au passé de la ville : belles collections de faïences toulousaines des XVIIIe et XIXe s, œuvres de peintres locaux, portraits de capitouls, évocation de la vie populaire autour de 1900, maquettes de terre cuite, Vierge à l'Enfant du XVIIe s, uniforme de garde d'honneur spécialement confectionné pour la venue de Napoléon à Toulouse en 1808 et autres costumes, céramique populaire, documents divers (estampes, etc.). En particulier, pittoresques peintures de paysages urbains aujourd'hui disparus (comme la Garonnette, bras de la Garonne comblé au XXe s). Expositions temporaires.

La rue Tripière : au nº 9, on pénètre dans une ravissante cour. Le portail est baroque, avec un fronton interrompu, réalisé entièrement en brique. Cour charmante où la verdure se mêle au rouge de la brique.

Au nº 14, *maison du XVIe s,* à pans de bois, superbement restaurée par les Compagnons du devoir. Un chef-d'œuvre de compagnon abrite le portrait du père Soubise, un des pères fondateurs du compagnonnage. Au-dessus, le sigle UVGT signifie « Union, valeur, gloire et travail ». Tout un programme ! Fenêtre avec balcon sculpté et un charmant clocheton. À l'intérieur, *musée des Compagnons (☎ 05-62-47-41-77 ; • compagnons.org • ; slt mer et 1er dim du mois 14h-17h ; fermé en août ; GRATUIT).*

Au nº 12, noter les petits lapins sur la façade, en hommage aux petits compagnons, des gamins qui servaient de coursiers et qui cavalaient dans les rues de la ville, comme de véritables lapereaux.

Le carrefour des rues ***Saint-Rome, des Changes, Peyras*** et ***des Temponières*** (fabricants de chausses) était l'épicentre du quartier médiéval ***tour de Sarta*** (capitoul du XVIe s) qu'on peut observer quand on prend du recul dans la rue des Changes. Intéressante maison à pans de bois également.

– ***L'hôtel d'Assézat :*** nos pas nous mènent vers ce célèbre hôtel, dont on parle plus bas en détail.

– ***L'hôtel d'Astorg :*** *16, rue des Changes.* Maison d'un marchand capitoul. Façade avec deux arcs de boutiques en bas et des fenêtres à pilastres dans les étages. Tout en haut, des mirandes (ouvertures à la base des toits qui servaient pour l'aération). À l'intérieur, au fond de la courette (fermée le dimanche en général), vous découvrirez deux beaux escaliers en vis-à-vis, en bois, du XVIe s. Madrier d'angle suspendu et taillé dans un seul arbre. Balcon à balustres de la même époque.

– ***L'hôtel de Brucelles :*** *19, rue des Changes.* Dans la tour abondamment décorée (figurines à l'italienne, bustes). Propriétaire trônant au-dessus de la corniche (avec corne d'abondance). Petite galerie de passage. Bel escalier à vis. Porte ouverte en semaine.

– ***L'hôtel de Boscredon :*** *à l'angle des rues des Changes et Malcousinat.* Intéressante maison à pans de bois de 1504.

– ***L'hôtel de Boysson :*** *11, rue Malcousinat.* Dans la première cour, la classique tour-escalier. Belles fenêtres à meneaux, dont une avec cariatides. Dans la seconde cour, là aussi, haute fenêtre ouvragée de style gothique fleuri. Culots sculptés en feuilles de chou ou personnages fantastiques. Petit puits d'angle. C'est aujourd'hui l'*Ostal d'Occitania* (maison de l'Occitanie) qui abrite, entre autres, les locaux de l'Institut d'études occitanes, d'OC-TV (chaîne de télévision occitane diffusée sur Internet) et de la Fédération régionale des Calandretas (écoles bilingues).

Interrompons ce périple pour nous intéresser à l'hôtel d'Assézat, avant de poursuivre le reste du trajet plus loin, dans « Le centre ancien : circuit sud ».

L'hôtel d'Assézat et la Fondation Bemberg *(plan centre détachable, D3-4) : pl. d'Assézat (et rue de l'Écharpe). ☎ 05-61-12-06-89. • fondation-bemberg.fr • Tlj sf lun 10h-12h30, 13h30-18h (21h jeu). Entrée : 8 € ; réduc (notamment sur présentation de ce guide) ; gratuit moins de 8 ans. Visite commentée tlj à 15h30 (supplément de 2 €). Visite guidée des collections anciennes mar, jeu et sam, et des collections modernes mer, ven et dim. Conférences sur l'histoire de l'art sam à 10h30 ; durée : 1h30. Visites à thème le 1er dim du mois à 16h30 ; durée 1h. Prix de ttes les visites : 10 € (comprenant l'entrée du musée). Salon de thé sous la loggia, ouv mai-oct, 10h-17h.*

– ***L'édifice :*** peut-être le plus bel hôtel de l'époque du pastel, quasiment un palais, daté de 1555-1557, et aujourd'hui un musée fort intéressant. Son propriétaire, Pierre d'Assézat, ne put l'achever à cause, entre autres, de l'effondrement du commerce du pastel. Possibilité de pénétrer dans la cour sans visiter la Fondation Bemberg. De style Renaissance classique, équilibré et harmonieux. Ses trois étages rythmés de colonnettes de styles dorique, ionique et corinthien firent penser un temps qu'il pouvait être l'œuvre de Pierre Lescot (l'auteur de la Cour

carrée du Louvre), mais l'architecte était en fait le célèbre Nicolas Bachelier. Tour de capitoul, loggia à l'italienne et superbe coursière sur anse de panier, portée par des consoles richement sculptées. Très beau plafond à caissons.
Une toile de Pissarro (*Le Pont de Mâcon,* exposée au 2e étage), achetée alors qu'il était étudiant à Harvard, a décidé Georges Bemberg, un collectionneur argentin décédé en 2011 dans sa 91e année, à réunir cette exceptionnelle collection privée au fil des ans. Séduit par le lieu (il cherchait un écrin de qualité pour sa collection, mais loin de Paris, où elle aurait été noyée), il a décidé, en accord avec la municipalité, de l'offrir au public dans le cadre de l'hôtel d'Assézat en 1995. Mais l'on devait respecter le choix de son accrochage. La fondation présente au 1er étage la peinture, la sculpture et des objets d'art des XVIe-XVIIIe s. Au 2e étage, peinture française de la fin du XIXe s et jusqu'en 1930 (impressionnisme, nabis, pointillisme, fauvisme...). Que des chefs-d'œuvre !
– ***Au 1er étage :*** les œuvres sont présentées selon un ordre chronologique décroissant du fait de la dernière donation par M. Bemberg d'œuvres du XVIIIe s venues compléter la donation initiale composée d'œuvres du XVIe. À noter que, pour rejoindre la salle no 2, il faut impérativement passer par la salle no 5. Dans la ***salle no 1,*** pièces et mobilier principalement du XVIIIe s vénitien (à noter par exemple une copie d'un lustre de Murano du XVIIIe s) s'accordent remarquablement bien aux œuvres du XVIe au XVIIIe s exposées : évocations de Venise par Canaletto ou Guardi *(Vue de la Punta della Dogana)* ; notez aussi ces amusants angelots en trompe l'œil de l'école de Witt. Dans la salle no 5, bel ensemble de majoliques (faïences) du XVIe s et porcelaine de Chine. ***Salle no 2 :*** le XVIIIe s. Œuvres vénitiennes, peinture, mobilier et art décoratifs. ***Salle no 6,*** longue galerie de portraits : *Charles IX* par François Clouet, *Jeune Femme à la bague* de Benson, très beaux Cranach, peintre allemand du XVIe s, avec l'admirable *Portrait de Sybille de Clève.* Et encore *Vierge à l'Enfant* de Gérard David, superbes bronzes, dont un *Mars* de Jean de Bologne. Dans la salle de la coursière (salle no 7), signalons juste quelques toiles de Titien et de Véronèse, excusez du peu. Une magnifique *Présentation au Temple* du Tintoret. Sans oublier *Le Portrait du jeune homme* de Véronèse, une des toiles phares de la fondation.
– ***Au 2e étage :*** la visite commence ***salle no 8,*** avec les fauves et les pointillistes. Vuillard y tient une belle place, avec de très belles toiles : *Le Couple, Nu aux bras levés...* De Le Sidaner, *La Table de la mer,* et de Paul Signac, un remarquable *Clocher de Saint-Tropez.* ***Salle no 9,*** des Fantin Latour, *Portrait de l'artiste, La Chaise à la fenêtre* ; sansoublier *L'Enlèvement de Ganymède* d'Odilon Redon et le *Théâtre en plein air* d'Albert Marquet. La ***salle no 10*** est consacrée aux fauves : *La Clairière* de Derain, *Vue d'Antibes* de Matisse et quelques toiles de Vlaminck *(Nature morte aux poissons)* ; émouvant autoportrait de Sarah Bernhardt. Plusieurs Dufy *(Chevaux de cirque). Sur le boulevard* de Louis Valtat. Suivent Gauguin, Van Dongen *(Le Caoutchouc rouge).* La ***salle no 11*** est consacrée aux impressionnistes. De Boudin, *Les Crinolines à la plage,* sûrement l'une de ses plus belles marines. Monet présente *Bateaux sur la plage d'Étretat,* tandis qu'Alfred Sisley répond avec *Le Canal du Loing.* Degas est là avec un superbe *Arlequin jaune.* La ***salle no 12*** est transformée en cabinet de dessins signés Toulouse-Lautrec, Rouault ou Cézanne, mais aussi Gauguin avec *La Tahitienne* ou Modigliani avec le *Portrait de Paul Guillaume.* Sans oublier *Femme à la coiffeuse* de Degas et sa belle *Danseuse rajustant son épaulette.* La ***salle no 13*** est entièrement dédiée à Bonnard, peintre de prédilection de Georges Bemberg. Une concentration étonnante de 35 toiles, dont certaines n'avaient jamais été exposées : beaucoup de scènes de la vie urbaine, dont *L'Omnibus, Concert Lamoureux, Femme au peignoir rouge, Le Moulin Rouge, Les Pêcheurs,* ainsi qu'un très beau nu et quelques chefs-d'œuvre comme *Iris et Lilas* ; et puis ces admirables autoportraits, dont le dernier qu'il a peint en 1945 après la mort de sa femme, où il fait le constat d'une fin de vie (regard creux, visage triste...). La pièce est rythmée par quelques remarquables bronzes de Rodin et Roger de La Fresnaye.
– Le musée propose des cours d'histoire de l'art, ainsi que des expos temporaires.

LE CENTRE ANCIEN : CIRCUIT SUD

On va pouvoir explorer ici tout le secteur au sud de la trouée haussmannienne de la rue de Metz. Trois itinéraires, en fait, s'offrent aux promeneurs et aux curieux.

Au sud de la place Esquirol
(plan centre détachable, E3-4)

Ce premier itinéraire suit grosso modo l'axe de l'ancien *cardo* (rues Saint-Rome, des Changes, des Filatiers et du Pharaon) pour nous conduire jusqu'à la place du Salin. Après la place Esquirol, on pénètre dans ce qui était au Moyen Âge le quartier populaire de Toulouse. La plupart des noms de rues rendent d'ailleurs hommage aux différents corps d'artisans qui travaillaient là : rue des Couteliers, rue des Polinaires (polisseurs de métaux), rue des Filatiers, etc. De nombreuses habitations conservent encore l'organisation des maisons marchandes de l'époque ; une façade étroite avec arcade de boutique et une petite porte sur le côté qui donne accès à un long couloir menant à une cour intérieure.

Au départ de l'itinéraire, la ***place de la Trinité*** *(plan centre détachable, E3-4)* doit son nom à un ancien couvent de trinitaires du XIXe s, aujourd'hui disparu. Quelques terrasses de cafés où l'on peut se poser, à l'abri de la circulation. On remarquera la maison Lamothe de 1830 (au n° 57) avec sa belle façade de style néo-Renaissance, à l'arrière de la spectaculaire fontaine aux belles sirènes ailées portant une grande vasque de marbre. Entre les n°s 8 et 10, la demeure au bow-window du début du XXe s, réalisé par le maître verrier Gesta, qui a laissé de nombreuses signatures à Toulouse (à voir de préférence la nuit, car les motifs floraux caractéristiques de l'Art nouveau sont joliment mis en lumière).

Rue très commerçante, la ***rue des Filatiers*** mène à la place des Carmes. Comme son nom l'indique, c'était au Moyen Âge la rue des artisans spécialisés dans la fabrication et la vente des textiles. Aujourd'hui, de nombreuses boutiques de fringues jalonnent la rue.
Au n° 50 se dresse la maison familiale de Jean Calas où fut retrouvé le cadavre de son fils le 13 octobre 1761 (en principe, ouverte pour les Journées du patrimoine). Jean Calas fut accusé d'avoir assassiné son fils pour l'empêcher de se convertir à la religion catholique. Une odieuse campagne de calomnies et d'intolérance au parlement de Toulouse provoqua sa condamnation. Voltaire fit pression contre l'exécution injuste de Jean Calas. Trois ans plus tard, ce dernier fut réhabilité...
Au hasard de la rue, on ne manquera pas d'admirer les façades à colombages (en grille ou en croix de Saint-André) datant de la fin du XVe s et du début du XVIe s.

Arrivé sur la ***place des Carmes*** *(plan centre détachable, E4)*, pourquoi ne pas grimper au 7e et dernier niveau de l'inesthétique parking des Carmes pour avoir une vue panoramique sur les toits de la Ville Rose ? Après tout, on n'a pas souvent l'occasion de voir Toulouse d'en haut !

De l'autre côté de la place des Carmes, la ***rue Pharaon*** *(plan centre détachable, E4)* aligne quelques beaux hôtels particuliers. Si la porte d'accès n'est pas fermée, au n° 41 en fond de cour, jolie galerie avec ses colonnes doriques. Au n° 21, ne manquez pas l'***hôtel de Rolle*** (des XVe et XVIIIe s). Dans la cour, belle fenêtre de style gothique flamboyant fleuri, remarquable escalier à vis et ancien puits d'alimentation dans la cour. Avant d'arriver sur la place du Salin, bifurquer sur la droite par la rue de Brunière pour rejoindre la rue de la Dalbade.

La rue de la Dalbade *(plan centre détachable, D-E4)* **:** elle devint à partir du XVe s le quartier de la noblesse de robe. Petite explication : en 1442, le quartier fut ravagé par un grand incendie. Après la création du parlement sur la place du Salin

2 ans plus tard, les parlementaires y achetèrent de nombreuses parcelles ; la rue vit fleurir alors moult hôtels particuliers au cours du XVIe s.

– Au no 32, l'***hôtel des Chevaliers de Saint-Jean-de-Jérusalem*** (ou chevaliers de l'ordre de Malte, qui se devaient d'accueillir les pèlerins sur la route de Saint-Jacques-de-Compostelle) avec sa façade du XVIIe s et ses jolies merlettes. Les travaux de restauration ont mis au jour un sarcophage contenant les restes de... chut ! On n'a pas le droit de le dire...

– Au no 29, l'***hôtel Aldeguier*** (début XVIIe s) : on remarquera surtout ses personnages aux jambes engainées (motifs décoratifs très en vogue à l'époque).

– Au no 22, l'***hôtel Molinier*** avec son portail sculpté de style très exubérant. Certains érudits toulousains voient dans ce décor un message alchimique ! Les potaches et les fins observateurs verront surtout les membres imposants des deux satyres du tympan.

– Au no 25, l'***hôtel de Clary*** (l'« hôtel de pierre ») est l'édifice le plus prestigieux de la rue, encore habité par des veinards. Il connut trois périodes de construction. D'abord, la structure générale de la cour par le célèbre Nicolas Bachelier en 1538. Superbe façade sur cour (côté porche d'entrée), alliance de brique et de pilastres très ornementés. La mort de son fils le fit renoncer à achever le décor. Au XVIIe s, Clary, président du parlement de Toulouse, fit édifier la monumentale façade sur la rue. C'est la première fois qu'on utilisa ainsi la pierre en ville, qui demeure rare. Comme Clary supervisait aussi les travaux du Pont-Neuf et que ceux-ci s'éternisaient, une rumeur éclata, l'accusant de voler les matériaux destinés au pont. Un dicton fit d'ailleurs fureur à l'époque : « Il y a plus de pierres du pont à l'hôtel de pierre que de pierres au pont ! » Enfin, Calvet-Besson, un pharmacien parvenu, acheva au XIXe s le décor très abondant de la façade sur rue.

L'église Notre-Dame-de-la-Dalbade *(plan centre détachable, D-E4)* **:** *à l'intersection des rues de la Dalbade et des Couteliers.* Elle doit son nom à *Sancta Maria de Albata* (sainte Marie la Blanche), tout simplement, car au Moyen Âge ses murs étaient badigeonnés à la chaux. Détruite par l'incendie de 1442, elle fut reconstruite aux XVe et XVIe s. Caractéristique du gothique méridional avec sa nef unique, sans transept, ses murs imposants, sa voûte de style gothique flamboyant. Flèche abattue à la Révolution sous prétexte d'« égalité des hauteurs », reconstruite un siècle plus tard, à 84 m, avec des matériaux de faible qualité. Résultat : tout s'effondra sur la nef en 1926. Nouvelle reconstruction. Dans la cinquième chapelle sur la gauche, iconographie assez rare de saint Pierre marchant sur les eaux (on le connaît effectivement plus à l'aise sur le mont des Oliviers...). Dans la première chapelle sur la droite, remarquer le Christ miraculeux du Salin (XVe s) qui se trouvait à l'origine sur la place du Salin, face au parlement. Les attroupements répétés des Toulousains, venus vénérer leur sauveur avant chaque procès, finirent par agacer plus d'un parlementaire. On donna alors l'ordre de le déplacer dans la petite chapelle extérieure située à droite de l'entrée de l'église. Ce n'est qu'après la Révolution qu'il trouva refuge au sein de l'église. Pour finir, sous le grand orgue, superbes caissons avec clés pendantes de style mudéjar (style musulman espagnol). À l'extérieur, intéressant portail Renaissance, avec céramique ajoutée au XIXe s dans le tympan, reproduisant un tableau de Fra Angelico *(Le Couronnement de la Vierge).*

Dans la ***rue de la Fonderie*** (qui prolonge la rue de la Dalbade en direction de la place du Salin), au no 19, bel *hôtel de Chalvet* à l'architecture très sobre (XVIIe s) avec un escalier « rampe sur rampe ».

L'Institut catholique *(plan centre détachable, D-E4)* **:** *31, rue de la Fonderie.* Ancien couvent du XIVe s désaffecté à la Révolution et utilisé comme fonderie de canons à partir de 1793 ; il fallait bien armer les troupes françaises pour mener combat contre les Espagnols.

– Au milieu de la cour intérieure, le passage des Trinqueballes mène à l'***espace muséographique Georges-Baccrabère,*** du nom de son fondateur

(☎ 05-61-36-81-12 ; • ict-toulouse.fr • ; ouv slt le 1er ven du mois à 18h30 ; GRATUIT ; visite guidée ; rens également auprès de l'office de tourisme). Petit musée archéologique réaménagé en 2010 et organisé autour de quatre thèmes : Antiquité et Moyen Âge, fonderie, traditions et arts populaires. Exposition d'éléments funéraires du Ier s apr. J.-C., d'une maquette de Toulouse sous domination romaine et de vestiges du rempart gallo-romain de la ville datant du Bas-Empire, qui raviront nos lecteurs férus d'archéologie. Visite de la ventouse nord de la fonderie qui contenait deux énormes fours pour couler les canons. Accrochés aux murs, d'innombrables outils ruraux évoquant les métiers traditionnels d'antan, et petite collection de poteries du XVIe au XIXe s. Expos temporaires.

La place du Salin *(plan centre détachable, E4)* **:** sur cette petite place ombragée se dressait le château Narbonnais, la résidence des comtes de Toulouse. Il n'en reste rien. En 1444, on y construisit le parlement. Aujourd'hui, c'est le tribunal de grande instance, fortement transformé au XVIIe s, puis tout récemment pour la partie arrière *(possibilité de visite guidée de la crypte archéologique ; rens à l'office de tourisme).* Face au tribunal, l'ancienne trésorerie royale, créée en 1271, accueille l'Église réformée de France. C'est sur la place du Parlement que se tient également le célèbre marché au gras.

À proximité de la place du Salin, deux petites haltes intéressantes.
– ***La maison Seilhan*** *(plan d'ensemble détachable, E5)* **:** *7, pl. du Parlement. ☎ 05-61-32-83-27. • seilhan.org • Mar-mer et sam 14h-18h (mar, visite de la maison slt ; mer et sam, maison et amphithéâtre). GRATUIT.* C'est ici même que fut fondé l'ordre des Dominicains, avant que ces derniers n'installent leurs pénates dans le couvent des Jacobins. Oratoire de Saint-Dominique avec plafond du XVIIe s et mobilier de Henri-Dominique Lacordaire (il restaura l'ordre des Dominicains en France au XIXe s). Dans l'ancienne chapelle de l'Inquisition transformée en auditorium, 15 caissons du XVIIe s peints par Balthazar-Thomas Moncornet évoquent la vie de saint Dominique. À l'entrée de la maison, sur la gauche, vestige de l'ancien rempart gallo-romain.
– Au no 16 de la ***Grande-Rue-Nazareth*** *(plan centre détachable, E4),* la demeure où habitait la Belle Paule (Paule de Viguier de son vrai nom), surnommée ainsi par François Ier, qui fut littéralement subjugué par sa beauté. Finis alors l'anonymat et la tranquillité, puisqu'elle devait se présenter deux fois par semaine à son balcon (ordre des capitouls !) pour le plus grand enchantement des Toulousains. Sa beauté légendaire (à vous de voir...) est immortalisée sur l'une des peintures de la salle des Illustres au Capitole.

En empruntant la ***rue des Fleurs*** *(plan d'ensemble détachable, E5),* on rejoint le quartier situé au sud de la cathédrale Saint-Étienne (voir plus loin). Au no 13, ancien hôtel du XVIIIe s avec de belles clés sculptées au niveau des arcades.

BACH MET LA GOMME !

Dans la rue des Fleurs, l'église Saint-Jésus pointe le bout de son clocher. Elle est l'œuvre de l'architecte Bach. Un drôle de monsieur qui ne demandait aucune rémunération pour ses travaux, ou alors seulement le prix d'une gomme, comme lors de la construction du collège du Caousou !

Au sud de la cathédrale Saint-Étienne
(plan centre détachable, E-F4)

Au sud de la cathédrale s'étend un quartier très agréable. L'architecture présente une harmonieuse homogénéité. C'est un treillis de ruelles étroites et calmes, jalonnées de ravissantes demeures aux hautes façades, de quelques petits restos de charme, de nombreuses boutiques d'antiquaires qui donnent un côté « chicos » au quartier. On y découvre de nombreux hôtels particuliers « entre cours et jardins » construits entre le XVIe et le XVIIIe s par des parlementaires qui avaient établi ici leur quartier de prédilection. N'hésitez pas à vous perdre au hasard des rues, y compris la nuit. Les rues se chargent alors d'un parfum mystérieux, pour peu qu'un chat noir vous emboîte le pas... Les hôtels particuliers sont encore habités et on peut pénétrer à l'intérieur des cours, mais en toute discrétion, bien sûr. On vous conseille plutôt de faire la balade en semaine. Le dimanche, de nombreuses portes restent closes. À noter que l'office de tourisme propose une visite de ce quartier intégrant la découverte d'hôtels particuliers. Mais assez de bavardage, place à la visite.

Sur la ***place Saint-Étienne*** *(plan centre détachable, E4),* l'une des plus anciennes de Toulouse, trône le *Griffoul,* fontaine publique datant de 1546. Au n° 8, l'*hôtel de Froidour* (du XVIIe s). Au n° 4, l'*hôtel Cambon,* où habitait la famille Castelbajac avec leur fille Léontine, que Chateaubriand appelle l'Occitanienne dans ses *Mémoires d'outre-tombe.* La préfecture, à droite de l'entrée principale de la cathédrale, occupe quant à elle un ancien hôtel particulier construit en 1693 par l'archevêque Colbert (cousin du ministre).

UNE SOURCE DE DIFFÉRENDS

À l'origine, les gentils marmousets en bronze qui entourent la fontaine de la place Saint-Étienne étaient dotés d'un modeste appendice anatomique par lequel s'écoulait l'eau. Il s'agissait en fait de véritables petits Manneken-Pis. Seulement voilà, au XVIIe s, les mœurs se raidirent, et cette miction publique n'était plus du goût de tout le monde. On dut alors remplacer leur petite extrémité par de petits dauphins, bien plus consensuels !

La cathédrale Saint-Étienne *(plan centre détachable, E-F4)* **:** pl. Saint-Étienne. On vous conseille de la visiter le mat, la lumière filtrée par les vitraux est beaucoup plus belle.

Elle connut trois phases de construction, ce qui lui donne aujourd'hui une architecture bizarre. Au XIIe s, édification d'une première église romane (quelques vestiges à la base du clocher) et d'un cloître, aujourd'hui disparu (très beaux chapiteaux au musée des Augustins). Au XIIIe s, extension de l'édifice avec la réalisation d'une nef unique dans un style gothique méridional. Mais le traité de Paris signé en 1229 stipulait que si Jeanne de Toulouse (fille de Raymond VII, comte de Toulouse), mariée à Alphonse de Poitiers (frère de Saint Louis), n'avait pas d'enfant, le comté de Toulouse serait inexorablement rattaché au domaine de France. Le couple décède en 1271. Point de progéniture ! C'est alors qu'à partir de la fin du XIIIe s le style gothique français du Nord va s'imposer (il était effectivement de bon ton de témoigner de sa fidélité aux nouvelles instances de tutelle). Mais l'accouchement fut on ne peut plus laborieux ; la réduction en surface du diocèse, le manque d'argent, quelques incendies réduisirent considérablement les ambitions des constructeurs. Résultat : les travaux durèrent jusqu'au début du XVIIe s, et c'est aujourd'hui l'une des églises les plus hybrides qu'on connaisse, ce qui contribue aussi certainement à son charme.

D'abord, deux nefs complètement décalées : celle de l'église primitive (qui devait, bien sûr, être démolie) et, décrochée sur la gauche, celle de la cathédrale proprement dite. À la jonction des deux nefs, une énorme colonne (le *pilier d'Orléans*), une des quatre qui devaient porter le futur transept. Architecturalement, c'est très surprenant. C'est là que repose Pierre-Paul de Riquet, le père du canal du Midi, né à Béziers mais Toulousain d'adoption. La réduction des moyens financiers limita la hauteur de la nouvelle nef à 28 m (au lieu des 40 m projetés). Cependant, tout autour du chœur et de la nef, beau triforium gothique flamboyant. Splendides vitraux du XIVe au XIXe s ; au niveau des plus anciens (troisième et quatrième chapelles sur la droite), les personnages sont constitués de petits tessons très colorés (bleus et rouges). Au XVIe s, les personnages sont plus grands, l'artiste joue sur les effets de perspective (cinquième chapelle, déambulatoire nord), alors qu'au XIXe s (cinquième chapelle, déambulatoire sud) de véritables portraits apparaissent. Dans le déambulatoire nord, remarquer la poignée de porte de la sacristie finement ouvragée et, au-dessus, une curieuse devise encadrée. Autour de l'imposant autel baroque en marbre, retable du XVIIe s représentant la lapidation de saint Étienne et stalles en noyer ornées d'une étrange galerie de personnages sculptés (sirène pulpeuse, sphinx et même un satyre sur la dernière stalle à droite, celle de l'évêque !). Une curiosité : au fond, monumental ***orgue*** du XVIIe s, spectaculairement suspendu au mur et ne reposant que sur une console. Remarquable buffet en noyer et chêne sculpté.

Après la visite de la cathédrale débute, au sud, la balade à la découverte des ***hôtels particuliers*** *(plan centre détachable, E4).* Nous ne pouvons bien sûr les signaler tous. Voici les plus prestigieux.

– ***Place Sainte-Scarbes :*** au n° 6, l'***hôtel Dubourg*** du XVIIe s. Très sobre, bien dans l'esprit de son temps. Du haut du balcon posé sur console, le parlementaire Dubourg aimait à regarder passer ses confrères qui se rendaient en procession du parlement à la place Saint-Étienne. Jeter un coup d'œil à l'escalier « à retour suspendu ». Très beau. La rampe en fer forgé est l'une des premières connues à Toulouse.

– ***Rue Ninau :*** nombreux hôtels particuliers dont, au n° 15, celui de ***Jean d'Ulmo.*** Édifié au XVIe s par un haut magistrat, avocat général puis président du parlement de Toulouse qui fut pendu pour corruption. C'est l'un des tout premiers hôtels particuliers de la Renaissance à Toulouse. Noter le souci de symétrie de l'ensemble et la perspective donnant sur le jardin. À l'entrée, élégant escalier à baldaquin de pierre avec éteignoirs pour chandelle. On peut grimper les quelques marches de l'escalier intérieur à l'italienne, éclairé par une fenêtre sur cour et une autre sur jardin. Au sommet, belle voûte sur croisée d'ogives qui permettait de soutenir le bureau de travail de sieur d'Ulmo. Au n° 19, l'***hôtel Castane d'Auriac*** du XVIIIe s avec sa grande cour d'honneur pavée. De part et d'autre, les anciennes écuries.

– ***Rue Neuve :*** vieille ruelle campagnarde. En l'arpentant entre les hauts murs cachant de luxuriants jardins, on est transporté à cent lieues de Toulouse.

– ***Rue Espinasse :*** au n° 3, l'***hôtel de Mansencal*** (XVIe s) aux jolies fenêtres à meneaux. Surprend par l'étroitesse de la parcelle. Tour carrée avec tourelle et base en forme de conque.

– ***Rue Mage*** *(carrièra Màger Dels Afachadors)* **:** adorable, ravissante, présentant une grande variété de styles, portes, fenêtres, balcons en fer forgé, etc. Au n° 16, une demeure avec hautes fenêtres à mascarons (du XVIIIe s), mais qui mériterait un sacré lifting. Au n° 32, une curiosité assez unique, à ne pas rater ! Ne pas hésiter à pousser la porte. En ce XIXe s frimeur, l'argent est avant tout investi en façade. Pour le reste, on ruse. La preuve ? Admirez au passage le somptueux édifice au fond de la cour. Bon, maintenant allez voir de près. Oh, déception ! Ce n'est qu'une façade banale avec un tout petit décor au milieu (niche et statue). Par un simple effet d'optique de la rue à 30 m, il suffit de ces quelques mètres carrés (s'encadrant bien dans le porche) pour faire croire à la présence d'un bel immeuble sur cour... Les cinéphiles apprendront avec délice que ces deux derniers édifices « jouèrent » un petit rôle dans *Ma saison préférée,* fort joli film d'André Téchiné avec Catherine Deneuve et Daniel Auteuil.

Le musée Paul-Dupuy *(plan centre détachable, E4)* **:** *13, rue de la Pleau. ☎ 05-31-22-95-40. Tlj sf lun et j. fériés 10h-17h (18h juin-sept). Entrée : 4 € ; visites guidées : 3 € en sus (se renseigner pour les horaires) ; gratuit moins de 18 ans, étudiants et pour ts le 1er dim du mois.*

Comment deviner que se cache dans cette petite rue un si riche musée ? Dans cet hôtel particulier du XVIIe s, vous découvrirez une impressionnante collection de beaux objets d'art décoratif rassemblée en partie par Paul Dupuy, fils de négociant en cornichons du début du XXe s. D'autres proviennent de saisies après la Révolution, de dons et d'acquisitions.

– ***Au 1er étage :*** remarquable collection d'horlogerie (la troisième au monde) ; pendules, montres émaillées, curieuse horloge à huile (le liquide qui brûlait indiquait le temps qui passe), boussoles, cadrans solaires « de poche », astrolabes, automates (*La Leçon de chant,* conçu par Robert Houdin lui-même, que l'on fait fonctionner le premier mercredi de chaque mois à 15h tapantes). Arrêtez-vous quelques instants devant le pendule planétaire d'Antide Janvier qui représente le système solaire.

– ***Au 2e étage :*** expositions temporaires autour de collections d'arts décoratifs et d'arts graphiques (dessins, estampes et photographies) liées à l'histoire et à l'art du Languedoc.

– ***Au rez-de-chaussée :*** superbe « apothicairerie » (en noyer sculpté) des jésuites (XVIIe s). À droite, vase à thériaque en étain de la même époque.

– ***Au sous-sol :*** belle collection de faïences du XVIIe au XIXe s. Ne pas manquer, dans la dernière salle, le sabre d'honneur de Bonaparte, que lui offrit le Directoire en 1796 pour le remercier de sa victoire sur le pont d'Arcole. Bonaparte en fit cadeau au général Kléber qui l'offrit par la suite au général Verdier avant que la famille de ce dernier n'en fasse don au musée. Également de nombreuses œuvres et objets d'art religieux et profanes, orfèvrerie, émaux, sculptures, parements d'autel, etc. Superbes ivoires sculptés. Remarquer notamment l'olifant avec lequel, selon la légende, Roland aurait appelé Charlemagne depuis le col de Roncevaux. Émaux limousins (avec la châsse de saint Exupère qui contenait les reliques du saint homme), cuve baptismale en plomb du XIIIe s, etc.

– Les passionnés ou les curieux pourront consulter (sur rendez-vous) des dessins et des esquisses (plus de 6 500 !) d'artistes toulousains, languedociens et italiens, soigneusement conservés au ***cabinet des Dessins*** *(☎ 05-61-14-65-57 ; sur rdv).* Environ 100 000 œuvres (estampes du XVe au XXe s, photos, cartes postales, affiches, etc.) également consultables au ***cabinet des Estampes*** *(☎ 05-61-14-65-52 ; sur rdv).*

TOULOUSE ET SES ENVIRONS

La rue Ozenne *(plan centre détachable, E4)* **:** son percement, typiquement haussmannien, coupa en deux l'ancien quartier parlementaire et nécessita la liquidation de près d'une dizaine d'hôtels particuliers et belles demeures. Heureusement, il en reste sur les bords quelques morceaux de choix, comme la ***tour pentagonale*** à l'angle de la rue de Nazareth (de 1503). On félicite d'ailleurs le tailleur de pierre pour son remarquable travail sur les fenêtres situées au niveau de l'arête de la tour ! Au n° 9, l'***hôtel Dahus*** (du XVe s). Tour avec splendide porte Renaissance. Linteau richement sculpté de deux lions et une urne funéraire qui rappelle le décès prématuré du fils du propriétaire. Au n° 3, pittoresque vieille pharmacie avec casiers en bois et médaillons peints. Avis aux gourmands, la *Chocolaterie Pillon* se trouve en face.

L'hôtel du Vieux Raisin *(plan centre détachable, E4)* **:** *36, rue du Languedoc.* L'un des plus beaux hôtels particuliers de Toulouse. Construit par un capitoul pétri d'art italien, en 1516. Son jardin fut détruit lors du percement de la rue Ozenne. Somptueuse ornementation. Tour caractéristique de la Renaissance avec sa superposition de pilastres et de médaillons figurant des personnages mythologiques. À l'intérieur, remarquable escalier à vis. Baies à cariatides, atlantes et termes (statues dont le corps se termine en gaine) sur les façades de la cour. Au n° 46 de la même rue, l'***hôtel de Pins.***

La rue Croix-Baragnon *(plan centre détachable, E4)* **:** supposée être le *decumanus maximus* (le grand axe est-ouest de la ville romaine), c'était une rue très marchande au Moyen Âge. À l'angle de la rue du Languedoc, l'ancien ***hôtel de Fumel,*** devenu la résidence officielle du président du parlement à partir de 1770. Entièrement réaménagée au XVIIIe s, cette jolie bâtisse héberge aujourd'hui la chambre de commerce et d'industrie de Toulouse. Ne se visite pas. Au n° 15, belle maison dite « romane » qui présente en fait une architecture gothique avec des fenêtres géminées (c'est la seule de ce type à Toulouse !). À l'angle de la rue des Arts, ravissante demeure à colombages du XVIe s. Au n° 22, jeter un coup d'œil au superbe pastiche (1905) d'un hôtel particulier du XVIIe s. Seule la galerie de droite, réalisée en 1535 par Nicolas Bachelier, est d'époque. Elle provient de l'hôtel de Pince situé au n° 46 de la rue du Languedoc qui ne fut vendu qu'à moitié (allez donc rendre une petite visite à son autre « moitié », toujours sur place, si ce n'est déjà fait). La rue est jalonnée d'autres hôtels particuliers mais, faut-il le répéter, le système des codes d'entrée se généralisant, il devient de plus en plus difficile d'admirer les cours intérieures. Aux nos 10 et 41, beaux hôtels du XVIIIe s. Détail amusant, ce dernier fut édifié pour la famille Bonfontan. Mais comme les ouvriers ne savaient pas lire (ou faisaient-ils semblant ?), ils ont posé les pierres gravées au nom du propriétaire à l'envers. On imagine que ça en a fait rigoler plus d'un à l'époque.

Vers le canal du Midi et les jardins

La rue Croix-Baragnon nous conduit à nouveau à la place Saint-Étienne. Ceux qui ne sont pas épuisés pourront alors suivre le troisième itinéraire qui flirte quelques instants avec les berges du canal du Midi.

La Halle aux Grains *(plan d'ensemble détachable, F4)* **:** *pl. Dupuy.* Aujourd'hui transformée en salle de spectacle. De style que l'on qualifiera de néoclassique tardif (faute de mieux !), elle se caractérise par une jolie forme octogonale, une charpente métallique habillée de brique et de galet de Garonne. Construite au XIXe s, on y vendait les céréales en provenance du Lauragais (au sud de Toulouse) transportées par péniches entières. Sur la place, mémorial dédié à Dupuy, le copain de Bonaparte lors des campagnes d'Italie et d'Égypte.

Le monument aux morts *(plan centre détachable, F4)* **:** *au début des allées François-Verdier.* En forme d'arc de triomphe, ce monument de l'entre-deux-guerres est sculpté sur toutes ses faces. L'une d'elles est une Victoire particulièrement kitsch. Ce haut-relief représente une femme nue, poitrine tombante, qui semble bien fatiguée. Tout le contraire de l'image du fier soldat sculpté d'habitude.

Les allées François-Verdier *(plan centre détachable, F4)* **:** plantées de platanes, elles sont bordées de jolies maisons bourgeoises du XIXe s avec balcons et lambrequins en fonte. Curieusement, les briques crème ou jaune pâle n'ont rien de la couleur traditionnelle toulousaine. Normal ! Il s'agissait d'imiter au mieux l'architecture haussmannienne et les pierres (qui font cruellement défaut à Toulouse), bien plus chic... Au bout des allées, le ***palais Niel,*** construit en 1863, qui est le siège du commandement de la 3e division de parachutistes.
En rejoignant le canal du Midi (au bout de la rue de Tivoli), on passe devant les bâtiments de la capitainerie du port et le *Point Accueil VNF* (voir « Arriver – Quitter. De Toulouse vers les autres villes. En bateau »), joliment restaurés en brique et galet de Garonne.

Le musée Georges-Labit *(plan d'ensemble détachable, G5)* **:** *17, rue du Japon. ☎ 05-61-53-48-25. À env 300 m de la capitainerie du port, en empruntant la piste cyclable qui longe le canal du Midi. Tlj sf lun et j. fériés 10h-17h (18h juin-sept). Bibliothèque du musée (☎ 05-61-53-53-43) ouv lun 14h-17h et mar-mer 9h-12h, 14h-17h. Entrée : 4 € ; gratuit moins de 18 ans, étudiants et pour ts le 1er dim du mois. Visite guidée avec un supplément de 3 € ; se renseigner pour les horaires.*
On ne peut qu'avoir un vrai coup de cœur pour cette superbe et curieuse villa de style néomauresque de la fin du XIXe s, joliment rénovée. De plus, il y règne une atmosphère très zen. Quoi de plus normal pour un musée qui présente de remarquables collections d'art asiatique et égyptien ? Elles furent constituées en partie par Georges Labit (oui, oui, n'hésitez pas, il faut prononcer le « t » !), qui eut la

TOULOUSE ET SES ENVIRONS

chance de naître riche dans cette seconde moitié du XIXe s et de pouvoir passer sa jeunesse à voyager. On peut même affirmer que c'est, après le musée Guimet de Paris, le plus riche musée de France dans ce domaine. De plus, il ne présente pas une accumulation d'objets : uniquement les plus beaux dans chaque catégorie. Pas de saturation, donc.
- ***Au rez-de-chaussée :*** importante collection égyptienne (livre des morts en papyrus, barque funéraire, stèles gravées, momie du VIIIe ou VIIe s av. J.-C. et âgée d'une trentaine d'années, sarcophages, amulettes...) et objets religieux tibétains et népalais (ne pas rater l'impressionnant chapelet à têtes de mort !), superbes garnitures d'autels lamaïques, bronzes bouddhiques, jolie conque marine et argent repoussé du XIXe s, etc.
- ***Au 1er étage :*** un panorama des plus complet, sur trois millénaires, de l'art de l'Inde, du Gandhara (Afghanistan et Pakistan), du Cambodge, du Champa, de la Thaïlande, et bien entendu de la Chine (terres cuites Tang, Song et Yuan, jades, porcelaines)... et on en passe. Ne pas manquer d'admirer les superbes estampes japonaises soigneusement rangées dans des tiroirs (qu'il ne faut donc pas hésiter à ouvrir). Un vrai trésor pour tous les routards, ce musée !

🚶 ***Le musée départemental de la Résistance et de la Déportation*** *(plan d'ensemble détachable, F5-6)* ***:*** *52, allée des Demoiselles.* ☎ *05-61-14-80-40.* • *musee-resistance31.fr* • ♿ *Tlj sf w-e et j. fériés 9h-12h, 13h30-17h30. GRATUIT.* À l'entrée, la première salle rend hommage à la lutte clandestine de la Résistance : postes émetteurs, anciennes presses et quelques exemplaires de journaux clandestins. Sur la droite, remarquer la presse de l'imprimerie toulousaine des frères Lion, qui furent dénoncés et dont toute l'équipe fut déportée en camp de concentration. Aux 1er et 2e étages, exposition pédagogique sur l'histoire de la Seconde Guerre mondiale : de l'avènement du fascisme dans les années 1920 à la Libération, sans oublier l'afflux massif des Espagnols dans la région : près de 350 000 personnes à partir de 1939, parquées par les autorités de l'époque dans des camps d'internement administratifs (aussi appelés « camps poubelles » !). Hommage à François Verdier, qui unifia la Résistance toulousaine et qui fut retrouvé décapité en forêt de Bouconne. Expo consacrée également à la déportation (images particulièrement choquantes). Régulièrement, d'intéressantes expos temporaires sur le thème des Droits de l'homme.
- Pour compléter la visite, on peut faire une halte au ***monument à la gloire de la Résistance,*** situé au bout des allées Frédéric-Mistral *(plan d'ensemble détachable, F5 ; tlj sf mar, w-e et j. fériés 10h-12h, 14h-17h ; GRATUIT).* Un genre de bunker souterrain avec diaporama projeté directement sur les murs de béton. Pas un mot, juste des images et des visages d'époque sur fond de musique un brin oppressante. Assez émouvant.

🚶 ***Le Jardin des plantes*** *(plan d'ensemble détachable, F5),* ***le Jardin royal*** *(plan centre détachable, F4)* ***et le jardin du Boulingrin*** *(plan centre détachable, F4)* ***:*** c'est le secteur des jardins de Toulouse que les amoureux de la chlorophylle ne manqueront pas. Aménagé au milieu du XVIIIe s par l'urbaniste Louis de Mondran sur la base d'une idée simple : créer un espace agréable pour donner envie aux familles fortunées (qui avaient quelque peu déserté la ville) de s'installer de nouveau à Toulouse, afin de relancer l'activité.
Autour du ***jardin du Boulingrin*** (les boulingrins sont des espaces gazonnés, bordés d'arbustes), appelé aussi « le Grand-Rond », rayonnent d'importantes artères permettant un accès facile au centre-ville. Pour la réalisation de ce grand projet, on dut démolir une partie des anciens remparts qui ceinturaient la ville.
En déambulant dans le ***Jardin des plantes,*** ayez une pensée pour Simon de Montfort, le massacreur des cathares, qui trouva la mort aux alentours en recevant un méchant caillou sur le crâne. On y trouve aussi quelques vestiges archéologiques (entre autres, les anciens portails du Capitole).

Le ***Jardin royal,*** de l'autre côté des allées Jules-Guesde, est bien reposant. Au centre, une statue de Saint-Exupéry avec son Petit Prince. Toulouse se devait bien d'honorer la mémoire de ce grand aviateur et écrivain.
Les allées Frédéric-Mistral accueillent une brocante très courue, le premier week-end de chaque mois. C'est au bord des allées Jules-Guesde que devrait ouvrir à l'automne 2015 le ***Quai des savoirs,*** un lieu destiné à diffuser la culture scientifique au plus grand nombre.

Le Muséum d'histoire naturelle *(plan d'ensemble détachable, E5) : 35, allées Jules-Guesde. ☎ 05-67-73-84-84. • museum.toulouse.fr • (site très bien fait). Ⓜ Palais-de-Justice ou Carmes. Bus n° 1, 2, 10 ou 12. Tlj sf lun et certains j. fériés 10h-18h ; nocturnes de temps en temps. Entrée : 6 € (8 € avec l'expo temporaire) ; 6-17 ans 4 € ; gratuit moins de 6 ans et pour ts le 1er dim du mois. Billet valable la journée. Possibilité de visite guidée. Nombreux ateliers pour les enfants.*
Voici l'un des établissements de culture scientifique le plus visité et le plus important d'Europe (2,5 millions de pièces). Situé dans le Jardin des plantes et réalisé par l'architecte Jean-Paul Viguier (concepteur notamment du pavillon de la France à l'Expo universelle de Séville), il s'étend sur 6 000 m^2 qui sont ouverts au public. Dans le hall d'accueil du muséum, un éléphant et, suspendu, un squelette de quetzalcoatlus rapporté des Andes, le plus gros reptile volant connu à ce jour !
Le musée s'inscrit dans une recherche muséographique moderne, ambitieuse et dynamique qui met l'accent sur l'échange, la curiosité et la découverte partagée. Il n'a plus pour seule vocation d'exposer de vieilles reliques et des os de dinosaures, mais de transmettre un savoir, de réaliser des projets et de faire comprendre les liens qui unissent l'homme, la nature et l'environnement. La présentation donne une dimension féerique, poétique et onirique aux collections de fossiles, de minéraux, de végétaux, etc. La visite s'articule autour d'un parcours scientifique sur les relations « homme-nature-environnement », parcours décloisonné que l'on suit librement, comme une histoire, au gré de cinq « séquences » thématiques.
– La première, ***« S'exposer aux puissances »*** ou « Terre planète active », présente notre planète dans tous ses mouvements, dont la splendeur et le gigantisme nous laissent rêveurs.
– La deuxième, ***« Abolir nos hiérarchies »,*** avec une partie « Ordre du vivant » où sont présentées les formes multiples de la vie. À commencer par ce calamar géant de 16 m de long, sculpture à échelle réelle d'un authentique spécimen pêché. Il en existerait même de plus gros ! Particulièrement émouvant, et unique en son genre, le mur de squelettes présenté en situation dynamique : un hippopotame qui nage, dont le côté aérien peut faire sourire, un gros chat en train d'attraper un petit oiseau, un crocodile sur le point de dévorer une tortue, un homme sur son cheval, etc. Les squelettes sont tous authentiques et ont été minutieusement remontés tels des puzzles par des spécialistes. Suspendu au plafond, un rorqual commun de plus de 16 m, échoué sur la plage d'Alger en 1907 et rapporté à Toulouse.
À suivre, un espace « Classer pour connaître », où les relations de parenté sont abordées de façon didactique : des arbres généalogiques créent les liens entre les espèces. Au fait, saviez-vous que d'après l'étude du génome, hérissons, tigres, vaches et baleines ont des ancêtres communs ? Également des vitrines d'animaux naturalisés, une collection aussi rare que riche.

L'ÉTONNANT CŒLACANTHE

Contemporain des dinosaures, on croyait ce gros poisson disparu depuis des millions d'années. Et puis, en 1938, on en pêche un vivant, par hasard. Nicolas Hulot en aperçoit même un autre. La bestiole a la particularité de posséder un poumon atrophié. De plus, ses nageoires pectorales (celles à l'avant du corps) fonctionnent comme des pattes. Le cœlacanthe était donc destiné à sortir de la mer pour devenir un reptile, mais l'évolution s'est arrêtée pour une raison inconnue.

– L'« Escalier du temps » mène à la troisième séquence, ***« Affronter l'immensité »,*** une section qui permet de remonter aux origines de la vie. « Continuum, rupture et force de vie », quand une espèce chasse l'autre... Autant dire que la vie est une goutte d'eau dans l'océan et que l'homme est une goutte d'eau dans la goutte d'eau. Une véritable leçon d'humilité...
– La quatrième séquence : ***« Admettre l'évidence »*** ou « Les grandes fonctions du vivant ». Il s'agit ici du volet ethnologique du musée où sont développés de grands thèmes tels que « se nourrir », « se déplacer », « se protéger », « se reproduire » et « transmettre ». Le totémisme, l'animisme, le chamanisme abordent les rapports de l'homme à la nature.
– Dans la dernière partie, expo-dossier : à la sortie des expos permanentes, cet espace est réservé à la découverte d'objets évoquant des sujets généralement en lien avec l'exposition temporaire.
Au cours de la visite, faire un petit détour par le ***jardin botanique Henri-Gaussen*** attenant *(tlj sf lun 10h-18h).* Ne pas manquer les *grandes serres* (tropicale sèche et tropicale humide avec mur végétal et cascade). En tout, 2 500 espèces du monde entier (plantes médicinales, industrielles, toxiques, aquatiques, carnivores, etc.).

I●I Possibilité de manger au restaurant self-service du muséum, ***Le Moaï*** *(☎ 05-34-31-67-85 ; tlj 10h-18h ; menus 18-28 €),* avec sa très agréable terrasse donnant sur les jardins. Enfin un resto de musée de qualité ! Dans l'après-midi, le resto se transforme en salon de thé.

– Les ***jardins du Muséum*** *(au nord de Toulouse ; Ⓜ Borderouge – terminus ; bus nº 36 ; ouv mai-oct)* complètent le muséum. D'une superficie de 3 ha, ils proposent l'Ombrière, l'étang naturel préservé et les « Potagers du Monde », soit huit carrés de cultures différentes selon les régions du monde. *La Noria* est un sympathique restaurant qui sert une cuisine goûteuse accompagnée par le chant des grenouilles.

L'église Saint-Exupère *(plan d'ensemble détachable, E5)* **:** *en bordure des allées Jules-Guesde.* Façade très sobre du XVIIe s avec une représentation de saint Joseph et l'Enfant Jésus. Intérieur entièrement refait au XIXe s. Au-dessus des stalles, toiles de Despax, célèbre peintre toulousain du XIXe s. En face de l'église, de l'autre côté des allées, vestige des anciens remparts de la ville.

BALADE LE LONG DE LA GARONNE

Il serait bien dommage de s'arrêter dans cette Ville Rose sans venir flâner le long de sa rive droite. Faire tout simplement comme de nombreux Toulousains, qui, dès les premiers rayons de soleil un peu chauds, lézardent sur les berges enherbées du fleuve, ou s'installent à la terrasse d'un café des places de la Daurade ou Saint-Pierre. À l'heure où le soleil décline, l'instant est magique : les façades des maisons bourgeoises et les briques s'enflamment de couleurs ocre et orangées, teintées de rose bien sûr. On vous propose donc une balade, depuis le pont Saint-Michel jusqu'aux Ponts-Jumeaux, à la découverte de Toulouse au fil de l'eau. Chaussez-vous bien, il y a près de 5 km à parcourir. Mais avant d'entamer notre escapade, un brin d'histoire.
Vous l'avez compris, la Garonne est indissociable de l'âme de la ville. C'est d'ailleurs elle qui a dicté l'emplacement, le développement de Toulouse, ainsi que son activité économique jusqu'à l'arrivée du chemin de fer en 1856. Quelques kilomètres à peine après sa confluence avec l'Ariège, son lit se courbe, ses eaux ralentissent. La rive droite, surélevée de 8 à 10 m par rapport à la rive gauche, était idéale pour l'implantation de l'activité humaine. On pouvait même traverser le fleuve à pied ou à cheval au Bazacle, grâce à un dallage de pierre, avant même la construction de tout pont.
La configuration de la Garonne a bien changé depuis l'implantation de la cité gallo-romaine... Jusqu'à la fin du XIXe s et au début du XXe s, on comptait de

nombreuses îles inondables (appelées « ramiers »), où les familles louaient un lopin de terre et plantaient des peupliers pour la naissance de leurs filles. Il fallait bien assurer la dot de la future mariée ! Sous ses airs paisibles, la Garonne est capricieuse, et ce n'est pas le quartier Saint-Cyprien qui nous contredira. Celui-ci se rappelle encore la terrible inondation du 23 juin 1875 qui fit plus de 200 victimes et près de 20 000 sans-abri, et la célèbre phrase du président Mac-Mahon, qui, venu constater les dégâts et visiblement très inspiré, s'exclama : « Que d'eau ! Que d'eau ! » Très tôt, il a donc fallu se protéger du fleuve. En 1777, les états du Languedoc (l'instance administrative de la province royale du Languedoc) décidèrent un vaste projet de construction de quais pour écarter la rive droite urbanisée des risques d'inondations. Un siècle plus tard, c'est au tour de la berge en amont du Pont-Neuf de connaître les aménagements. La Garonne devait prendre alors toute la dimension qu'on lui connaît aujourd'hui ; un fleuve que l'on admire depuis les balcons ou en se baladant à l'ombre des platanes qui jalonnent ses rives. Pourtant, dans les années 1960, coup de tonnerre ! Un projet de construction de voie rapide sur berge tente de sortir des cartons. L'opposition fut forte et le projet tomba à l'eau ! Finalement, à la fin des années 1980 et après mûre réflexion, on préféra l'aménagement paysager des berges... ouf !

Le pont Saint-Michel *(plan d'ensemble détachable, D5)* **:** construit au XIXe s, grosso modo dans l'alignement de l'ancien rempart médiéval, il offre la vue la plus vaste et la plus belle sur le fleuve et la ville : prairie des Filtres, galerie du Château d'Eau, dôme de l'hôpital Saint-Joseph-de-la-Grave, Pont-Neuf, église Notre-Dame-de-la-Daurade, clochers des Jacobins et de Saint-Sernin, etc. Tout Toulouse en un seul coup d'œil ! Idéal donc pour commencer la balade.

L'écluse Saint-Michel *(plan d'ensemble détachable, D5)* **:** cette ravissante écluse qui avance comme une proue de navire sur la Garonne date de 1850. Elle a été construite pour faciliter la navigation sur le fleuve. Avec ses majestueux platanes, elle invite à une petite halte bien sympathique (déjà ? On vient juste de commencer !). Sur la maison de l'éclusier, une plaque rappelle la terrible inondation de 1875.
Juste en sortant de l'écluse (en regagnant la rue principale), on aperçoit, entre deux immeubles récents, une demeure néomédiévale. Certains Toulousains l'appellent la ***Maison hantée*** ou la ***tour du Bourreau*** (rien ne prouve d'ailleurs qu'elle fut habitée par un tel personnage). Hélas, grosse déception ; point de porte qui s'ouvre toute seule, point de fantôme. Ah... les rumeurs ont décidément la vie dure !

L'ancienne île de Tounis *(plan centre détachable, D4)* **:** il ne reste plus rien de cette île aujourd'hui urbanisée et qui s'étirait le long de l'actuel *quai de Tounis.* Elle doit son nom à saint Antonin (saint patron de Pamiers) qui, découpé en morceaux, aurait été transporté par des anges sur une barque pour venir s'échouer sur l'île (tout cela selon la légende, bien sûr). Ayant retrouvé ses esprits (et ses morceaux !), il aurait alors repris le fil de l'eau pour voguer sur la Garonne avant de remonter une partie de l'Aveyron à contre-courant jusqu'au village de Saint-Antonin-Noble-Val en Tarn-et-Garonne. C'est au XIXe s que l'île va disparaître avec la construction des maisons bourgeoises sur deux niveaux de sous-sol (normal, la zone était particulièrement insalubre).

Le Pont-Neuf *(plan centre détachable, D4)* **:** c'est François Ier qui, pour des raisons essentiellement stratégiques, ordonna en 1541 la construction d'un pont sur la Garonne. Rappelons que la frontière franco-espagnole n'était qu'à 50 km et que les démêlés avec Charles Quint étaient nombreux. Mais les travaux, menés à leurs débuts par Nicolas Bachelier, connurent de nombreuses interruptions : problème de portance du sol, déclin de l'activité du pastel, guerres de Religion. Si bien qu'il ne fut inauguré qu'en 1632, soit près d'un siècle après le début de sa construction. Il reste d'ailleurs inachevé (des motifs décoratifs manquent encore...). Il s'étire sur 250 m et épouse la forme d'un dos-d'âne pour rattraper la dénivellation entre les deux rives. À son extrémité ouest (côté quartier Saint-Cyprien), une ancienne porte, aujourd'hui disparue, marquait la frontière entre le Languedoc et la Gascogne. Le Pont-Neuf se distingue par le rythme de ses arches inégales de pierre et de brique (l'emplacement des piles a tout simplement été dicté par la portance du sol), ses oculus (ou dégueuloirs), l'impression de robustesse et d'élégance qu'il dégage tout à la fois. C'est grâce à ses dégueuloirs qu'il résista victorieusement aux différentes inondations. C'est un lieu très romantique au soleil couchant. Parfois, un joueur de saxo solitaire y balance ses notes au vent d'autan...

La basilique Notre-Dame-de-la-Daurade *(plan centre détachable, D3)* **:** édifiée à partir de 1773, inspirée de Saint-Pierre de Rome et à l'architecture grandiloquente. Jamais achevée, cette curieuse basilique très sombre, à laquelle on accède en traversant une rangée d'habitations, est chère au cœur des Toulousains. Elle doit son nom à la première église du Ve s qui était couverte de mosaïques dorées (donc rien à voir avec le poisson !). Dans le chœur, tableaux du peintre Roques, élève d'Ingres. Au fond de la nef, sur le côté droit, voir la chapelle du Purgatoire et les touchants petits anges qui pleurent. À l'extérieur, façade néoclassique du XIXe s, avec son fronton jamais sculpté et ses deux énormes clochers... jamais réalisés.

NOTRE-DAME DES SEPT DOULEURS

Depuis toujours, on prête à la Vierge noire de Notre-Dame-de-la-Daurade un pouvoir sur les femmes lors de l'accouchement. Il suffisait de poser l'une des robes de la Vierge sur la couche de la jeune femme pour que tout se passe bien. Mais la Révolution fut sans pitié pour notre protectrice, qui finit dans les flammes. Très vite, une nouvelle Vierge noire reprit ses fonctions. Les futures mères vont désormais chercher un ruban rouge, censé assurer un accouchement sans douleur. Si l'on en juge par la quantité d'ex-voto, ça doit marcher ! La Notre-Dame en question porte une robe que l'on change régulièrement selon la liturgie (elle en possède 34 !).

En poursuivant, on débouche alors sur l'adorable ***place de la Daurade*** *(plan centre détachable, D3)*. Une place pour faire craquer les amoureux, à commencer par ceux de la ville elle-même, avec son ancien port, ses petites maisons pimpantes et sa dernière demeure à colombages sous laquelle s'est installé le très joli *Café des Artistes,* sans doute la maison et le café les plus photographiés de la ville à cause des superbes couchers de soleil, qui lui donnent la coupe... rose. Mais peut-être préférerez-vous *Les Terrasses de la Daurade* *(ouv slt en saison lorsqu'il fait beau),* un petit café qui fit longtemps office de morgue pour les pêcheurs de sable ; un endroit très frais, nous a-t-on dit. Idéal pour une petite bière ou une glace, non ? Sur le quai, de début mai à mi-juin et de début septembre à mi-octobre (selon conditions météo), tous les dimanches, expos d'art contemporain en présence des artistes (peintures, sculptures, mosaïques et photos ; • *la-garonne-expose.com* •).

Le ***quai Lucien-Lombard*** *(plan centre détachable, D3)* rejoint la place Saint-Pierre. Ne manquez pas d'admirer les belles façades dont la construction fut planifiée par le projet d'aménagement des quais et qui présentent une structure de base identique (rez-de-chaussée et entresol réservés au stockage des biens alimentaires). À la disparition des états du Languedoc après la Révolution, le grand projet fut interrompu (à l'image de ce pan de mur au niveau de la rue Étroite, situé entre les nos 1 et 2 !). Chaque propriétaire y alla alors de sa propre créativité et de sa propre fantaisie. Le résultat est charmant, levez le nez ! Quelques scènes du film *Ma saison préférée* d'André Téchiné furent tournées ici.

– Sur la rive gauche, accrochée à l'austère façade de l'hôtel-Dieu Saint-Jacques, une arche de l'ancien pont de la Daurade dont les premières traces remontent au Moyen Âge, ainsi que le port de Viguerie avec ses portes d'écluse qui se ferment dès la montée des eaux.

La place Saint-Pierre *(plan centre détachable, D3)* **:** très connue des amateurs de bière et de rugby. Enjambant la Garonne, le *pont Saint-Pierre*, copié sur le pont Alexandre-III de Paris, a été remplacé cinq fois entre 1850 et 1988 !
À deux pas, deux monuments pour les amateurs de vieilles pierres.
– **L'auditorium de Saint-Pierre-des-Cuisines** *(plan centre détachable, D3)* **:** *rens au ☎ 05-61-22-31-44 (musée Saint-Raymond). Août, tlj 10h-12h, 14h-18h ; le reste de l'année, lun 10h-13h et quelques ouvertures supplémentaires durant l'année, se renseigner. Entrée : 3 € ; gratuit moins de 18 ans et étudiants. Visite commentée de la crypte et de l'église (août, tlj à 16h ; le reste de l'année, lun à 11h ; tarif : 3 €, réduc).* Construit sur une ancienne nécropole romaine. Portail de style roman et enfeu en hauteur. C'est l'actuel auditorium du conservatoire régional. Les vestiges de l'église primitive sont conservés dans une crypte.
– **L'église Saint-Pierre-des-Chartreux** *(plan centre détachable, D3)* **:** *au début de la rue Valade qui part de la pl. Saint-Pierre. Ouv au public le w-e ; rens à l'office de tourisme.* Elle date du XVIIe s. Belles peintures, orgue du XVIe s et superbe portail sculpté par le frère de Nicolas Bachelier, sieur Antoine. Derrière l'église (accès par la place Saint-Pierre en contournant l'auditorium de Saint-Pierre-des-Cuisines), les restes de l'ancien cloître fondé par une petite communauté de chartreux, réfugiée à Toulouse lors des guerres de Religion. Les chartreuses entourant le cloître ont été démolies après la Révolution pour construire l'arsenal de Toulouse, en ces mêmes lieux. Aujourd'hui, ce dernier a été remplacé par une cité et un resto universitaires.

L'espace EDF-Bazacle *(plan d'ensemble détachable, C3)* **:** *11, quai Saint-Pierre. ☎ 05-62-30-16-00. • bazacle.edf.com • Tlj sf lun 11h-19h (18h nov-avr). GRATUIT.* Cet ancien moulin, transformé en centrale hydro-électrique au XIXe s, est désormais un espace culturel géré par Électricité de France. On peut visiter les installations encore utilisées, voir les anciens souterrains hydrauliques et une passe à poissons au sous-sol, aménagée pour faciliter leur migration. De mai à août, il est d'ailleurs possible d'observer ce phénomène par un hublot donnant sur un des bassins de la passe. C'est assez ludique, et puis il ne faut pas oublier qu'on est sous le niveau de la Garonne. Expositions temporaires très intéressantes. Très beau point de vue sur la Garonne.

Le canal de Brienne *(plan d'ensemble détachable, B2)* **:** juste avant, sur la droite, débute le canal de Brienne, creusé au XVIIIe s pour contourner l'obstacle du Bazacle. Sur 1,6 km (on ne dirait pas !), ses berges constituent un lieu de promenade populaire sous la majestueuse voûte que dessinent des platanes bicentenaires. N'oublions pas qu'il est classé au Patrimoine mondial de l'Unesco, au même titre que le canal du Midi. Malheureusement, on a un peu de mal à en profiter sereinement car la circulation est dense, de part et d'autre. Dommage, car le cadre est vraiment agréable. Le dimanche, c'est plus calme.
– **L'écluse Saint-Pierre** *(plan d'ensemble détachable, C3)* **:** une mignonnette petite écluse construite en forme d'olive pour mieux résister à la pression latérale du sol. Ce n'est pas une nouveauté puisque Riquet avait déjà utilisé l'astuce pour les écluses du canal du Midi.
– En bordure de l'allée de Brienne, ne pas rater l'ancienne ***Manufacture nationale des tabacs*** *(plan d'ensemble détachable, C3)* à l'architecture industrielle, construite en 1888 et fermée en 1976. Superbement rénovée, elle accueille aujourd'hui l'université des sciences sociales. Ne pas hésiter à franchir le pas de la porte. Dans la cour intérieure subsistent encore les bâtiments en enfilade où travaillaient près de 2 000 femmes en blouse noire (rouler des cigares demandait de la patience, c'est bien connu, depuis Carmen...). Il ne suffit alors que d'un brin d'imagination pour voir tout cet univers revivre. À quelques pas (n° 29), la *crèche* et la *garderie de*

la Manufacture des tabacs, ouvertes en 1920 ; l'une des grandes victoires de ces femmes réputées « fortes en gueule ». C'est d'ailleurs toujours une crèche. Jolies fleurs et feuilles de tabac en céramique sur la façade.

– ***Le square de l'Héraclès*** *(plan d'ensemble détachable, C2)* **:** une petite halte à mi-chemin du canal (en bordure de l'allée de Barcelone) pour admirer l'*Héraclès,* la belle sculpture de Bourdelle (1861-1929) datant de 1909, offerte gracieusement à la Ville par le sculpteur lui-même et dédiée à la mémoire des 575 rugbymen de Toulouse morts à la guerre.

– ***Les Ponts-Jumeaux*** *(plan d'ensemble détachable, A2)* **:** tout au bout du canal. Ce petit coin de Toulouse, adossé au périphérique et peu connu, mérite pourtant le détour ! C'est là que débouchent le canal de Brienne, le canal du Midi (au centre) et le canal de la Garonne (au nord – c'est l'équivalent du canal du Midi, entre Toulouse et Bordeaux). Posez-vous sur le banc, oubliez le bruit de la circulation et admirez le bas-relief en marbre de Carrare, réalisé par François Lucas (grand sculpteur toulousain de l'époque) et considéré comme l'une des plus belles sculptures du XVIIIe s (pour sa dimension et son esthétique) ! Au centre, la jeune femme bien en chair, mise en scène sur fond de draperie élégante, représente les états du Languedoc ! À sa gauche, la plantureuse Garonne avec sa corne d'abondance irrigue les plaines fertiles toulousaines en prenant sa source dans les Pyrénées. À sa droite, deux petits génies s'affairent pour creuser le canal de Brienne, et il faut faire vite car un bateau arrive ! Le bon vieux monsieur symbolise le canal du Midi. Juste à côté, la ***Maison Nougaro*** doit ouvrir ses portes courant 2015, sur une péniche.

De là, il est possible de continuer la balade en bordure du canal de la Garonne (piste cyclable qui se poursuit jusqu'au département de Tarn-et-Garonne), mais hélas... on longe, du moins au début, le périphérique.

SUR LA RIVE GAUCHE DE LA GARONNE : LE QUARTIER SAINT-CYPRIEN (plan d'ensemble détachable et plan centre détachable, C-D3-4)

Sitôt franchi le Pont-Neuf (voir plus haut « Balade le long de la Garonne »), on découvre une autre ville, moins grandiose sans doute, plus authentique peut-être : le quartier Saint-Cyprien. On est sur la rive basse de la Garonne, la plus pauvre car la plus exposée aux inondations. Le quartier se développe à partir du Moyen Âge, grâce aux établissements religieux et aux lieux d'hospitalité (gérés par des confréries de laïcs qui faisaient ici la charité aux pauvres). Le fleuve servait autrefois de frontière entre le Languedoc (rive droite) et la Gascogne (rive gauche). Il faut toutefois attendre le XVIe s pour que ces lieux d'hospitalité deviennent des hôpitaux au sens moderne du terme.

Des deux établissements qui se constituent alors, l'*hôtel-Dieu Saint-Jacques* et l'*hôpital Saint-Joseph-de-la-Grave,* le premier a cessé d'accueillir des malades en 1987, le second est toujours en activité. En s'installant de ce côté du fleuve, on évitait aux maladies, pensait-on, de le traverser. Du pont de jadis, il ne subsiste qu'une arche située légèrement au nord du Pont-Neuf, accrochée à la façade de l'hôtel-Dieu. À cette période, les habitations sont éparpillées autour du fleuve, le long de la rive qui accueille essentiellement mariniers, pêcheurs et petites gens (saint Cyprien est le patron de ceux qui vivent des eaux). L'urbanisation est modeste, les maisons peu résistantes. Ainsi, chaque inondation fait des ravages. C'est pourquoi, mis à part l'hôtel-Dieu et l'église Saint-Nicolas, il ne reste que peu de traces de l'architecture du XVIIIe s. C'est surtout le siècle suivant qui marque le secteur, époque où la ville l'englobe en totalité et le dépasse largement. C'est le début de l'exode rural : les paysans, Gascons miséreux, fuient leur terre et viennent prendre pied dans ce quartier. Ils aiment faire la fête et la foire (notamment celle aux chevaux). Terre d'accueil par nature, ce n'est pas un hasard si plus tard des réfugiés catalans de la guerre d'Espagne viennent également s'installer ici. Dernièrement, c'est la percée du métro qui favorisa une nouvelle mixité de la population. Le quartier, autrefois regardé de travers par les familles riches du centre, est désormais très convoité. Il a aujourd'hui sans doute gagné en normalité ce qu'il a perdu en identité, en caractère, tout en conservant son côté village. N'hésitez pas à dépasser la galerie du Château d'Eau, et à vous promener jusqu'aux Abattoirs en passant par le musée de l'Affiche. On découvre Toulouse sous un autre angle, plus populaire et plus quotidien. Au fait, nous y avons bien sûr quelques adresses pour manger un morceau et boire un verre.

Le Château d'Eau – Centre photographique *(plan centre détachable, D4)* **:** *1, pl. Laganne. ☎ 05-61-77-09-40. • galeriechateaudeau.org • ♿ (accès partiel). Situé au bout du Pont-Neuf, en bord de Garonne. Tlj sf lun et certains j. fériés 13h-19h. Entrée : 2,50 € (1,50 € sur présentation de ce guide) ; réduc ; gratuit moins de 18 ans.*
Impensable de rater ce « phare de la photo », galerie tout à fait unique en France. Au XVIIIe s, un capitoul éclairé légua 50 000 pièces d'or à la Ville pour que les Toulousains puissent consommer « une eau pure, claire et agréable à boire en toute saison ». Il faudra cependant attendre 50 ans pour qu'un projet de château d'eau voie le jour, en 1821 : l'eau prélevée sur la Garonne faisait tourner deux roues à aubes, qui actionnaient des pompes, propulsant l'eau filtrée au sommet d'une tour. Cette eau redescendait par gravité et était ensuite répartie dans 15 fontaines et 75 points d'eau dans toute la ville. Coïncidence étonnante : le château d'eau fut donc construit en 1823, l'année même où Nicéphore Niépce inventa la photographie ! En 1870, devant les besoins de la ville, le château d'eau devint inévitablement insuffisant et prit sa « retraite ».
Un siècle plus tard, Jean Dieuzaide, futur directeur de la galerie, photographe réputé, tomba amoureux du « phare » et n'eut de cesse d'obtenir des autorités de le transformer en galerie photographique. Inauguré en 1974 (avec une expo de Doisneau), le Château d'Eau a acquis une réputation internationale. Environ huit expos par an offrant aux visiteurs aussi bien des œuvres d'artistes émergents que des réalisations plus classiques, mais toujours d'un grand intérêt.
– Dans la ***Grande Galerie,*** au rez-de-chaussée de la tour (dans laquelle on ne grimpe pas), l'architecture circulaire se révèle idéale pour observer les œuvres exposées. Les éclairages judicieux, la chaleureuse présence de la brique, apportent en outre leur contribution à l'atmosphère douce et raffinée du lieu, aux remarquables conditions d'observation, à la distillation du plaisir et de l'émotion. Seconde expo dans la ***Galerie 2,*** située sous une arche sèche du Pont-Neuf.

La prairie des Filtres *(plan centre détachable, D4)* **:** le nom de cet espace verdoyant mérite quelques explications. Le bord de la Garonne se compose de terres alluviales qui servent depuis le XVIIIe s à filtrer l'eau du fleuve pour la rendre propre à la consommation. Autrefois, des bateaux-filtres utilisaient cette terre pour nettoyer l'eau et des porteurs la distribuaient chez les bourgeois de la ville ; d'où le nom de cet espace et le choix de l'implantation du château d'eau voisin qui utilisait les vertus de cette terre. Avec ses grandes pelouses et ses zones arborées, c'est le plus grand poumon vert de la ville à proximité du centre. Le cours Dillon qui borde la prairie des Filtres fut la première digue construite à la fin du XVIIIe s pour empêcher les inondations. C'est ici que les jeunes filles de bonne famille se promenaient. Aujourd'hui, le soir, c'est plutôt le coin des hommes sans famille... Accueille en juin le festival *¡ Rio Loco !* (voir plus loin « Fêtes, manifestations et festivals »).

L'hôtel-Dieu Saint-Jacques – Musée d'Histoire de la médecine de Toulouse *(plan centre détachable, D4)* **:** *au pied du Pont-Neuf, juste en face de la galerie du Château d'Eau ; entrée par le 2, rue Viguerie. ☎ 05-61-77-84-25. • museemedecine.free.fr • Jeu-ven, certains dim et j. fériés 11h-17h. GRATUIT.*
Ancien relais du pèlerinage de Saint-Jacques-de-Compostelle, puis hôpital de la ville jusqu'en 1987, accueillant aujourd'hui l'administration des Hôpitaux. Les

bâtiments du Moyen Âge furent modifiés au XVIIe s, puis au XIXe s. Un petit *musée d'Histoire de la médecine* a élu domicile dans l'ancienne pharmacie.
Dans la première pièce, superbe pharmacie du XVIIIe s. Quelques instruments anciens, et puis des gravures et tableaux terrifiants : éléphantiasis du scrotum, cancer de la face ou syphilis évoluée, greffe à l'italienne, ou encore une automédication au XVIIIe s assez pointue... Maquette d'un lit médiéval dans lequel on pouvait faire dormir jusqu'à cinq malades à la fois. On mettait les fiévreux au milieu, ils tenaient chaud aux autres ! Noter le « soi-même », instrument qui permettait de s'administrer un lavement (charmant !). Ventouses, instruments chirurgicaux... Encore plein de choses au sous-sol.
Possibilité de traverser les jardins ornés d'une gigantesque coquille Saint-Jacques. Tiens, puisqu'on est là, savez-vous pourquoi ces délicieux petits mollusques bivalves de l'Atlantique sont associés au nom de saint Jacques ? Parce que ce dernier aurait sauvé un homme de la noyade grâce à ces coquilles aussi légères que des bouées minuscules... À la suite de ce miracle, les pèlerins qui se rendaient à Compostelle, en Espagne, portèrent fidèlement les coquilles sur leurs vêtements (on les retrouve sur des gravures anciennes). Leur consommation s'en trouva accélérée, pour le plus grand plaisir des gastronomes !
En haut du double escalier (en grimpant par la volée de droite), au niveau de la plus haute marche, noter le trou dans le mur, qui permettait de récupérer les enfants abandonnés tout en respectant l'anonymat de la mère. Il fut mis en place en 1540.
– Également sur place, le ***musée des Instruments de médecine des hôpitaux de Toulouse*** *(☎ 05-61-77-82-72 ; • chu-toulouse.fr • ; jeu-ven 13h-17h, le 1er dim du mois 10h-18h ; GRATUIT).* Il présente une collection d'instruments de la seconde moitié du XIXe s à nos jours. Un musée récent, à la fois historique et technique. À voir : les cires anatomiques, des pièces rares...

L'église Saint-Nicolas *(plan d'ensemble détachable, C4)* **:** *Grande-Rue-Saint-Nicolas. Malheureusement rarement ouverte.* Édifiée aux XIVe et XVe s. Exemple typique de l'architecture gothique méridionale. Clocher octogonal qui imite celui de Saint-Sernin. Porche d'entrée très abîmé où, sur la droite, apparaissent saint Nicolas et son bateau. Magnifique maître-autel de Despax (XVIIIe s), pour lequel il se souvint des leçons du Greco et de Raphaël.

Les Abattoirs *(musée d'Art moderne et contemporain ; plan d'ensemble détachable, C3-4)* **:** *76, allées Charles-de-Fitte. ☎ 05-34-51-10-60. • lesabattoirs.org • Ⓜ Saint-Cyprien-République. Bus n° 1 ou 45 depuis le centre. Juil-sept, tlj 11h-19h ; oct-juin, mer-ven 10h-18h, w-e 11h-19h. Entrée : 7 € ; réduc ; gratuit moins de 4 ans et pour ts le 1er dim du mois. Médiathèque mer-sam 14h-18h, tte l'année ; entrée libre.*
Ça, c'est Toulouse : créer un nouveau lieu de culture tout en conciliant passé et modernité ! Toujours à la recherche d'une reconnaissance du grand public et parce que celui-ci a souvent l'impression d'aller à l'abattoir quand on lui parle d'art moderne, ses défenseurs ont fait le pari audacieux d'attirer les plus récalcitrants dans un espace s'intégrant intelligemment dans le patrimoine de Toulouse. Car les Abattoirs, c'est un vrai lieu. Pour cet harmonieux bâtiment principal, Urbain Vitry, architecte en chef en 1831, s'est certainement inspiré des formes et des proportions de la nef de la basilique Saint-Sernin en les adaptant, bien sûr, au style néoclassique industriel du XIXe s. Derrière l'édifice s'ouvre un bel hémicycle, succession d'arcades donnant accès à un belvédère dominant la Garonne. Et puis il fallait bien que cela arrive : en 1988, on décida la fermeture définitive des abattoirs, sans doute les derniers en France encore situés au cœur d'une grande ville. Rien ne bouge jusqu'en 1995, lorsque Antoine Stinco (responsable de la restructuration de la galerie du Jeu-de-Paume à Paris, entre autres) et Rémi Papillault font creuser sous le niveau du fleuve une salle d'un très grand volume, afin d'accueillir un « sacré morceau ». En effet, en 1965, Pablo Picasso offre à la Ville le rideau de scène de la représentation théâtrale d'une pièce de Romain Rolland, *Le 14 Juillet,* réalisé en 1936 à partir d'une gouache intitulée *La Dépouille du Minotaure*

en costume d'Arlequin. Désormais, cette œuvre de 8,30 m sur 13,25 m, pastel lumineux inspiré de sa période bleue, est visible dans ce beau volume éclairé par un puits de lumière naturelle (6 mois de l'année uniquement, afin de la protéger). Un volume qui offre une perspective en contre-plongée assez intéressante sur la « nef » et le rez-de-chaussée, reliés entre eux par un escalier monumental.
Passons maintenant au fonds de la collection, qui tourne régulièrement ! À savoir 2 500 œuvres environ, peintures, dessins, gravures et photographies de la seconde moitié du XXe s, traversant des courants nés de la Seconde Guerre mondiale aux États-Unis, en Europe ou en Extrême-Orient, avec une inclination pour des artistes hispaniques et italiens. Les deux grandes collections (Denney et Cordier) sont situées de part et d'autre du niveau 1. L'occasion de découvrir ou de redécouvrir ce que sont l'expressionnisme abstrait, l'abstraction lyrique, l'art brut, l'art informel ou encore l'Arte Povera... Le fonds provient pour une part de la collection Anthony Denney, photographe et esthète anglais (Burri, Dubuffet, artistes japonais du groupe Gutaï...), mais, surtout, et c'est là son principal « fonds de commerce », de la donation Daniel-Cordier, cédée par le Centre Georges-Pompidou. Cordier fut ni plus ni moins le secrétaire de Jean Moulin. Initié par son patron qui possédait une galerie d'art contemporain à Nice, il devint lui-même un amateur d'art éclairé. Près de 400 œuvres, parmi lesquelles celles d'Arman, Brassaï, Combas, Duchamp, Dubuffet ou encore César, très médiatisées, mais aussi celles d'artistes moins grand public comme Bellmer, Chaissac, Dado, Matta, Dewasne, Le Gac ou Mapplethorpe.
Et puis les Abattoirs ouvrent leurs portes aux nouvelles formes de création contemporaine, avec une politique d'acquisition, de commande et de dépôt d'œuvres nouvelles. Mieux vaut d'ailleurs suivre une visite guidée pour pénétrer vraiment dans ces univers artistiques si différents. Il existe même de judicieuses visites-animations réservées aux sourds et malentendants.
En dehors des expos temporaires, signalons aussi des services ouverts à tous, tels qu'une médiathèque, une librairie, un auditorium et surtout, ce qui est très pratique, un bon café-restaurant situé derrière le musée. À noter que les bâtiments en brique en hémicycle qui tournent le dos à la Garonne (à l'arrière du musée) sont les anciens échaudoirs à cochons, situés à l'extérieur du bâtiment principal à cause du vacarme que faisaient les animaux avant d'être égorgés.

Le jardin Raymond-VI et les remparts *(plan d'ensemble détachable, C3)* **:** ce jardin situé autour des Abattoirs s'étire jusqu'à la Garonne. Sur le côté, quelques fragments de remparts de brique, élevés au XVIe s. Un des rares endroits en ville où ils sont encore debout. La quasi-totalité des remparts fut en effet rasée au début du XIXe s afin d'étendre la ville. À l'extrémité, un belvédère donne accès à une passerelle métallique qui domine la Garonne et la chaussée du Bazacle. Spectaculaire au moment des hautes eaux !

Le centre de l'Affiche *(plan d'ensemble détachable, C4)* **:** *58, allées Charles-de-Fitte. ☎ 05-81-91-79-17. • centreaffiche.toulouse.fr • Ⓜ Saint-Cyprien-République. Bus nº 1, arrêt Saint-Cyprien ou Les Abattoirs. Tlj sf w-e et j. fériés 9h-12h, 14h-18h. GRATUIT. Visite commentée en principe mar à 14h30 (3 €).* Créé en 1978, ce musée présente chaque année trois expos différentes autour d'un même thème illustrées par des affiches ou des cartes postales.

L'ÎLE DU RAMIER (plan d'ensemble détachable, C-D5-6)

L'île du Ramier est bordée à l'ouest par le bras supérieur de la Garonne et à l'est par le bras inférieur (très logique jusque-là !). C'est le dernier vestige des nombreux ramiers qui ponctuaient le cours du fleuve. Inondable, elle fut longtemps (et raisonnablement) ignorée par les activités humaines. À partir du XVIIe s, les choses changent avec une première installation de moulins à poudre dans son extrémité nord. Mais après une explosion en 1840 qui causa la mort de neuf personnes, on

décida de construire une nouvelle poudrerie un peu plus au sud afin d'éloigner le danger des habitations. La Première Guerre mondiale aidant, l'activité croît. Elle est alors déplacée une seconde fois pour être installée encore plus au sud, là où elle se trouve aujourd'hui, c'est-à-dire à deux pas de là où se trouvait l'usine AZF. Déjà à l'époque, *La Dépêche du Midi* surnommait Toulouse la « Poudreville » !
Au début du XXe s, changement radical d'optique : l'île du Ramier doit être consacrée aux loisirs et à la détente. Toulouse veut son bois de Boulogne ! Guinguettes et dames à ombrelle fleurissent alors. Dans les années 1930, Étienne Billières, le maire de la ville, engage une politique ambitieuse d'équipements sportifs avec l'aménagement d'un parc municipal des sports (piscine, vélodrome, stadium). Deux objectifs simples : démocratiser au maximum la pratique et l'hygiène du sport tout en créant un lieu unique en Europe ! L'île du Ramier devient alors une île consacrée aux sports, vocation qu'elle conserve toujours aujourd'hui. D'ailleurs, elle fait actuellement l'objet d'un grand projet avec des aménagements qui visent à renforcer sa vocation de poumon vert, de lieu de loisirs et de promenade.

LE QUARTIER ARNAUD-BERNARD
(plan d'ensemble détachable, D2)

Le quartier Arnaud-Bernard n'est pas un quartier tout à fait comme les autres. Ici, point de grand monument ni de carte postale qui font la fierté de la ville. Non, rien de tout ça. À l'ombre de la basilique Saint-Sernin, Arnaud-Bernard est tout simplement le dernier quartier populaire du centre de Toulouse ! Le long de la rue des Trois-Piliers fleurissent les échoppes aux accents d'Afrique du Nord. Sur la place Arnaud-Bernard, loukoum, *makroud,* etc. sont à l'honneur aux terrasses des nombreux petits cafés. Il règne une atmosphère de village cosmopolite et accueillant, fraternel et festif, avec le militantisme civique et la concitoyenneté comme pôle de réflexion. Un îlot grand comme un mouchoir de poche qui fait en quelque sorte de la résistance avec un esprit gentiment frondeur.
Allez, un peu d'histoire : Arnaud-Bernard fut longtemps l'un des quartiers les plus populaires de la ville. Jusque dans les années 1960 s'y tenait le marché de gros de Toulouse. C'est ici qu'est né Carlos Gardel, le pape du tango argentin (il émigra là-bas à l'âge de 2 ans). Eh oui ! Tout comme, 35 ans plus tard, le petit Claude Nougaro, qui revint régulièrement traîner ses baskets par ici.
À partir de 1936, Toulouse s'impose comme la capitale d'une Espagne républicaine en exil. De nombreux immigrés y trouvent alors refuge. Une trentaine d'années plus tard, c'est au tour d'immigrés maghrébins de s'installer dans ce quartier un brin vétuste, jusqu'à la mise en place de la politique de regroupement familial en 1975. C'est alors qu'artistes et intellos y établissent leurs pénates. De cette nouvelle vague va émerger une véritable dynamique associative de quartier, conduite entre autres par un militant de longue date, Claude Sicre, fondateur du duo rap occitan des Fabulous Trobadors. L'ambition est grande, l'objectif est simple : faire naître une *convivencia,* une citoyenneté active, un pouvoir civique et culturel pour construire un petit paradis, ici même, tout de suite et avec tous ! Un comité de quartier, représentant tous les habitants au-delà des penchants politiques, se met en place dès 1975 et s'affirme, dans une optique résolument démocratique, comme contre-pouvoir civique par rapport à la politique municipale. Un appartement se libère ? On se débrouille pour faire venir des potes. Puis tout s'enchaîne... En 1989 est organisée, sur la place des Tiercerettes, la première conversation socratique – en plein air, pour que tout le monde puisse prendre la parole au vu et au su de tous (telle l'Agora de Socrate). En 1991, le premier repas de quartier voit le jour : l'idée se propagera dans toute la France et au-delà.
En 1992, c'est le début de la popularité pour les Fabulous Trobadors. Le premier Forom des langues du monde se tient en 1993. Le groupe Zebda vient en voisin pour participer à toute cette aventure. Les initiatives ne manquent pas et les

projets de quartier se succèdent. Et puis c'est la reconnaissance, aussi bien à l'échelle nationale qu'internationale. Les idées d'ici font des petits ailleurs : que ceux qui n'ont jamais entendu parler de repas de quartier où « chacun amène son manger » lèvent le doigt !
À Arnaud-Bernard, l'esprit de quartier est désormais bien enraciné et l'identité culturelle bien en place, on a toujours des projets, et des concerts animent parfois la place.
– Pour se tenir informé de tout ce qui se passe à Arnaud-Bernard, visite impérative du site internet • *arnaud-bernard.net* • Sur place, vous pouvez prendre contact avec ***La Maison des associations*** *(3, rue Escoussières-Arnaud-Bernard).* Ils se feront un plaisir de vous accueillir. Au même endroit, ***Le Carrefour culturel Arnaud-Bernard*** *(☎ 05-61-12-11-16),* une association qui organise (entre autres) chaque année en mai le Forom des langues du monde (voir plus loin la rubrique « Fêtes, manifestations et festivals »). C'est également le Carrefour culturel qui a conçu nombre d'événements organisés avec le comité de quartier : les repas de quartier plusieurs fois par an, les conversations socratiques, ainsi que, en septembre, le « pot de bienvenue », où les anciens habitants accueillent ceux qui sont arrivés dans le quartier au cours de l'année en leur offrant l'apéro !
– Par ailleurs, on y trouve un café-concert-débat, ***La Maison Blanche*** *(10, rue Arnaud-Bernard ; ☎ 09-52-92-57-22 ; • cafe-maison-blanche.fr • ; en sem 14h30-minuit – 19h lun –, sam 16h-1h ; fermé fin juil-fin août).*

Le jardin Compans-Caffarelli *(plan d'ensemble détachable, C1-2)* **:** *ce jardin public n'est pas à proprement parler dans le quartier Arnaud-Bernard. Longer sur 200 m env le bd Lascrosses en direction de la cité administrative. Ⓜ Compans-Caffarelli.* Sur une dizaine d'hectares, calme et bouffée de verdure assurés ! Au centre, un joli jardin japonais très zen (classé « Jardin remarquable »), comme l'avait souhaité Pierre Baudis, ancien maire de Toulouse et grand amateur de culture orientale. Minuscules collines engazonnées qui symbolisent la géographie du Japon, canards qui s'ébrouent dans l'eau, etc. Il y a même une petite passerelle qui mène au Paradis ! Non loin, monstrueux dragon digne des plus grands récits de Jules Verne.

À voir un peu plus loin

Les quartiers Jaurès, Saint-Aubin et Marengo

La place Wilson *(plan centre détachable, E3)* **:** notre promenade dans ce quartier débute sur cette place, à deux pas de celle du Capitole. Ce fut l'élément architectural originel du développement de la ville vers l'est au XIXe s. On détruisit la porte de ville qui s'élevait là et l'on demanda à Jacques-Pascal Virebent de concevoir ce qu'on appelle une « place à programme ». Il s'agit d'un espace à l'architecture définie, s'appuyant sur un cahier des charges précis : on y trouve donc des boutiques au rez-de-chaussée, un entresol dans l'arcade de la voûte, deux étages et une balustrade masquant les toits qui donne son côté italien à l'ensemble. C'est sur cette place ovale que se trouvaient certains des plus grands et plus prestigieux cafés de la ville, où les fiacres circulaient en permanence. On l'appela le coin des Américains, d'où le nom du président Wilson qui lui fut donné. Dans le jardin central, belle sculpture de Falguière évoquant Pierre Goudoulin, poète occitan du début du XVIIe s, avec sa muse à ses pieds, de très belle facture.

Ceux que les détails architecturaux intéressent pourront emprunter la ***rue Lafayette*** *(plan centre détachable, E3).* Au n° 20, façade de brique enduite qui tente d'imiter la pierre. On retrouve ici le vieux complexe toulousain du XIXe s de ne pas avoir de pierre à tailler. Les statues sont en terre moulée, cuite et enduite. Cette technique, mise au point par les Virebent, grande famille d'architectes et d'artistes, fit même l'objet d'un brevet d'invention. Fronton, pilastres et agrafes. Tout est en terre cuite.

De là, petite incursion dans la grande ***rue d'Alsace-Lorraine*** *(plan centre détachable, E2-3),* récemment réaménagée, une des plus grandes percées de type haussmannien de la ville. Elle fut créée pour faciliter les déplacements, assainir la ville et développer le commerce.

La Maison de la Violette *(plan d'ensemble détachable, F2)* **:** *BP 15005. Sur le canal, à l'angle du bd de Bonrepos et des allées Jean-Jaurès. ☎ 05-61-99-01-30. • lamaisondelaviolette.com • Tlj sf dim et j. fériés 9h30 (10h sam)-12h30, 14h-19h (en continu lun-ven en été). Fermé 1 sem en janv.* Sur cette jolie péniche couleur lilas et violet, on revit de manière sympathique toute la longue histoire d'amour entre Toulouse et la fameuse violette. Évidemment, c'est une boutique plus qu'un musée, mais on ne vous pousse jamais à la consommation, et c'est bien appréciable. Plein de produits sympas comme tout : confitures, thés aromatisés, pots-pourris, bougies, bonbons, crème glacée à la violette (en été), liqueur, parfum... Sur le ponton de la péniche, serre aux violettes en période de floraison (de novembre à mars) et, aux beaux jours, salon de thé *(tlj sf dim et j. fériés, l'ap-m slt)* où l'on peut déguster glaces, macarons, sirops à la violette, etc.

Les allées Jean-Jaurès *(plan centre détachable, E3-F2).* On n'est plus dans le cœur de la zone historique, délimitée par le boulevard Lazare-Carnot, située à l'emplacement des anciens remparts de la ville, en grande partie détruits au début du XIXᵉ s. Cette nouvelle zone s'urbanise alors rapidement. C'est aujourd'hui un grand axe de circulation peu sympathique, mais ce fut autrefois un lieu de promenade, de foires et de nombreuses distractions mondaines (grands cafés, terrasses, théâtres...). Les Toulousains les appelaient d'ailleurs les Champs-Élysées. Au bout des allées, la ***médiathèque José-Cabanis,*** une arche moderne qui se repère facilement.

L'église Saint-Aubin *(plan d'ensemble détachable, F3)* **et le quartier alentour :** voici un secteur qui s'est développé au XIXᵉ s avec des couches de population modeste (manœuvres du canal, portefaix – coursiers de l'époque). Quant à l'église massive et gigantesque occupant la place, c'est à la demande de la population qu'elle fut érigée, sur l'emplacement d'un ancien cimetière où l'on enterrait les exécutés. Son ampleur montre le dynamisme démographique de l'époque. Devant la place et en face, on peut voir les seules demeures bourgeoises du quartier (l'une d'elles possède un bel épi de faîtage). Beaucoup de gens viennent se marier dans cette église, car c'est la seule à posséder une volée de marches (pratique pour les traditionnelles photos des mariés). C'est aussi ici que se tient l'un des marchés les plus pittoresques de la ville, le dimanche matin.

La rue de la Colombette *(plan d'ensemble détachable, F3)* **:** à deux pas de l'église, voici l'épicentre du quartier, car c'était la route du cimetière. Petite artère commerciale, à explorer les vendredi et samedi soir pour sa gentille animation et ses quelques bars, ou encore à l'occasion de sa foire annuelle pour la Toussaint.

Le quartier Marengo *(plan d'ensemble détachable, G1-2)* **:** à l'est du canal et de la voie ferrée, ce quartier possède encore l'âme d'un village. Espace tranquille et verdoyant. Contrairement au reste de la ville, on est sur une colline.
– ***Le cimetière de Terre-Cabade*** (« terre creusée ») doit son nom au fait que l'on creusait ici la terre destinée aux tuileries. Il peut faire l'objet d'une agréable balade : allées sinueuses, végétation de buis, de cyprès. Y sont enterrées les grandes figures de Toulouse des deux siècles précédents : Aristide Bergès, Louis Deffes (compositeur de *La Toulousaine*), santa Helena, qui ne fut jamais canonisée bien qu'elle fît l'objet de dévotions pour sa bonté (tombe fleurie presque en permanence). On retrouve aussi le carré des Inondés, où l'on enterra les victimes de l'inondation de 1875 (plus de 200 morts) du quartier Saint-Cyprien. S'il ne

fallait en voir qu'une, allez donc jeter un œil dans l'allée qui borde le flanc le plus haut du cimetière, sur la sépulture d'Aristide Bergès. Édifice à l'antique représentant de fausses ruines grecques avec colonnades ioniques en hémicycle et, sur le devant, un bas-relief romantique où une femme ailée semble en lévitation.

EN RETARD D'UNE BATAILLE

Non loin du cimetière de Terre-Cabade, un obélisque de brique commémore la bataille de 1814 qui vit s'opposer inutilement l'armée française de Soult à la coalition des Anglais menée par Wellington. Ce fut l'une des plus vaines batailles des armées de l'Empereur. En effet, Napoléon avait abdiqué quelques jours auparavant, mais la nouvelle ne leur était pas encore parvenue. La bataille fit quand même 2 000 morts !

L'observatoire de Jolimont et ses jardins *(plan d'ensemble détachable, G1-2) : 1, av. Camille-Flammarion, juste à côté de l'obélisque. ☎ 05-61-58-42-01. • saptoulouse.net • Ⓜ Marengo. Ven à 21h, visite guidée de l'ancien observatoire. GRATUIT. À noter que janv-mai et oct-nov, le dernier ven du mois, une conférence par la Société d'astronomie populaire remplace la visite guidée.* Ancien observatoire entouré de ses jardins où trônent plusieurs petites coupoles d'observation du XIXᵉ s. Ce lieu intéressera ceux qui se passionnent pour l'astronomie. Visite des coupoles, explications sur les instruments ; également observation du ciel, des planètes et de la Lune, si le temps le permet.

Redescente par la ***rue du 10-Avril*** *(plan d'ensemble détachable, G2)*, qui replonge vers le centre et où s'alignent de coquettes maisons et maisonnettes. Un quartier résidentiel sans être bourgeois, avec quelques fantaisies architecturales que votre regard curieux ne manquera pas de dénicher. Vers le bas de la rue, à gauche, l'église Saint-Sylve, avec son parement de brique et galet (meilleure vue depuis le chevet). Pour ceux qui n'en ont pas assez, emprunter non loin l'*avenue de la Colonne*, où, au nº 27, on découvre cette étonnante demeure bourgeoise qui appartenait à un fabricant de terre cuite (la maison est devenue en fait la vitrine d'un savoir-faire). Pour mieux l'observer, se placer face au nº 25, où l'on découvre ainsi un fronton d'une rare exubérance allégorique avec volutes végétales, agrafes, balcons... le tout évidemment en terre cuite. À l'angle du toit, un adorable singe malin portant gibus semble guetter le chaland... Comme quoi, la famille avait de l'humour !

Le Lieu Commun – Espace d'art contemporain *(plan d'ensemble détachable, F1) : 25, rue d'Armagnac. ☎ 05-61-23-80-57. • lieu-commun.fr • Mer-sam 12h-19h (quand il y a des expos).* Créé en 2007, voici un vaste espace dédié aux arts contemporains sous toutes leurs formes, proposant expos, concerts et happenings. Un lieu en mutation permanente, offrant éclectisme artistique et une vraie dynamique. Expos et événements accessibles à tout public. Voir sur leur site ce qu'il s'y passe au moment de votre visite.

À voir. À faire hors du centre

La Cité de l'espace *(hors plan d'ensemble détachable par G4) : av. Jean-Gonord. ☎ 05-67-22-23-24. • cite-espace.com • ♿ À l'est de la ville. Pour y aller : en voiture, à 7 km du centre de Toulouse par la route de Castres (D 826) ; sortie nº 17 depuis le périphérique en direction de Montpellier, sortie nº 18 en direction de Bordeaux. En bus et métro, prendre le métro ligne A jusqu'à la station Jolimont ou le métro ligne B jusqu'à la station Ramonville, puis le bus nº 37, arrêt Cité-de-l'Espace ; également le bus nº 16, arrêt Gymnase-de-l'Hers, à env 500 m de la Cité de l'espace. Tlj (sf lun sept-mars, hors vac scol) 10h-17h ou 19h selon période (et même jusqu'à 23h certains j. d'été). Fermé en janv. Entrée : 21-24 €*

selon saison ; enfant 15,50-17,50 € ; gratuit moins de 5 ans ; forfait famille ; réduc. Possibilité d'un billet « spécial 2e jour » : 5 €. Également des visites guidées (supplément 4,90 € ; enfant 3,90 €) pour présenter le site et des animations à la carte (prix variables, se renseigner). Ticket valable tte la journée ; possibilité de l'acheter sur Internet. Compter une bonne journée pour la visite. Pour tt public, dès 3 ans. Propose également un riche programme événementiel, en rapport avec l'actualité spatiale du moment.

Il était assez évident, dans la ville de l'aérospatiale, de créer ce parc de l'aventure spatiale, qui fait d'ailleurs souvent parler de lui lors de grands événements spatiaux et astronomiques comme la nuit des étoiles, le suivi du robot Curiosity sur Mars, etc. (conférences, animations, lancements spatiaux commentés en direct). Coréalisée par les instances publiques régionales (Ville de Toulouse, conseil régional Midi-Pyrénées) et les entreprises liées à l'espace (CNES, Airbus Defence and Space, Météo-France, Thales Alenia Space...), la Cité de l'espace mérite une visite. Des attractions interactives, des salles de spectacle, des animations amusantes ou une exposition temporaire annuelle bien conçue font de la Cité un parc à thème vivant, ludique et intelligemment didactique. Tout cela servi par une remarquable muséographie, misant sur les sensations et l'immersion. Pas d'axe de visite particulier, le visiteur vogue au gré de son intuition.

– ***Le pavillon d'expositions permanentes,*** renouvelé en 2012, donne des points de repère pour comprendre l'espace et l'astronomie. Il permet de vivre des expériences surprenantes comme reproduire le vide spatial, jouer à l'astronome dans son observatoire, regarder des comètes en mouvement, réaliser son propre bulletin météo à la TV, etc. On y découvre comment envoyer des objets dans l'espace (on peut assister à un lancement de fusée comme si on était à Kourou en Guyane, en Chine ou aux États-Unis). On teste les applications spatiales utilisées aujourd'hui en télémédecine, dans l'agriculture, pour la surveillance des animaux ou la pêche en mer. En présence d'un météorologue, on s'amuse à réaliser en direct des prévisions météorologiques. D'autres thèmes tels la vie et le travail dans l'espace ou l'observation de la Terre y sont développés. Car le message est clair, l'homme part à la découverte de l'espace, à l'aide de télescopes spatiaux, pour l'explorer et saisir ses origines, mais aussi et surtout pour observer la Terre, la comprendre, surveiller son état, son évolution et celle des glaciers, et enfin prévoir certaines catastrophes. Autant de thèmes qui ne laissent pas indifférent. L'aspect ludique n'est pas en reste. Ne vous privez pas du plaisir « extra-ordinaire » de marcher (ou plutôt de sautiller) sur la Lune (vous êtes six fois plus léger que sur Terre !) grâce au *Moon-Runner.* Admirez aussi une véritable pierre de lune rapportée par les astronautes de la mission *Apollo 15* et deux véritables météorites martiennes.

– La Cité de l'espace fait aussi partager l'aventure extraordinaire de la sonde *Rosetta* partie depuis 10 ans à la découverte d'une comète : un vrai défi ! Des ateliers « Cuisiner sa comète» ou « Animation du robot Curiosity en direct » sont proposés.

– ***L'Astralia :*** salle de spectacle qui réunit le grand écran Imax et le planétarium. La salle de cinéma grand format Imax, avec un écran de 350 m², projette un film saisissant en 3D : une immersion totale garantie dans l'espace ! En complément, un planétarium avec un écran hémisphérique de 360° et un simulateur astronomique dernière génération pour un véritable voyage d'exploration dans l'univers.

– ***L'allée de l'Infini*** permet un voyage à la verticale, de la Terre aux confins de l'univers. Le parcours démarre du panneau nous situant dans le parc, mais il peut tout aussi bien se faire dans l'autre sens. Noter qu'à chaque panneau notre distance est multipliée par 10.

– Dans le ***parc,*** reconstitution de la fusée *Ariane 5* grandeur réelle (55 m) et authentiques objets spatiaux : capsule russe *Soyouz* dans laquelle on peut prendre place comme un vrai cosmonaute (!), véritable modèle d'essai de la station *Mir* qui servit à la réalisation de tests au sol. Ce dernier n'a jamais été mis sur orbite, mais il est équipé à l'identique de la station qui a menacé de nous tomber dessus en pièces détachées ! À l'intérieur, on notera la différence entre la nourriture spatiale des Russes, des Américains et des Français. Sous la fusée, la « Base des enfants »,

un espace pour les bambins de 6 à 12 ans, pour jouer à l'apprenti ingénieur, à l'astronome ou à l'astronaute.
– Le ***square des Petits Astronautes*** est situé à proximité de L'Astralia. Aire de jeux évidemment dédiée à l'espace pour les enfants dès 3 ans.
Sur place, deux restaurants, ***L'Astronaut Café*** et ***L'Espace 149,*** qui ne manquent pas d'espace pour le coup *(formules à partir de 12 € ; également un snack en été).* Mais on peut aussi pique-niquer sur place ou à proximité : agréable espace vert à disposition.

L'Aérothèque *(plan d'ensemble détachable, B-C1) : 18, rue Montmorency. ☎ 05-34-40-62-93. • aerotheque.fr • Ⓜ Canal-du-Midi. Bus n° 15 depuis la pl. Jeanne-d'Arc, arrêt Jean-Gounod (à deux pas de l'Aérothèque). Mer 14h-17h. Visite guidée avec des retraités de la société Airbus. Entrée : 3 € ; réduc enfants. Petite précision : l'Aérothèque pourrait rejoindre le grand espace muséographique Aeroscopia dédié à l'histoire de l'aéronautique à Blagnac.* Un petit musée qui retrace l'histoire des réalisations de l'aérospatiale et qui fit ses premiers pas en 1920 sous le nom de « Constructions aéronautiques Émile Dewoitine ». Nombreuses maquettes (avec fiches techniques détaillées), depuis les avions de chasse des années 1920 jusqu'au petit dernier, l'A380. Une visite qui ravira tous ceux qui se passionnent pour la fabuleuse aventure de l'aviation.

Terre de Pastel *(hors plan d'ensemble détachable par G6) : 629, rue Max-Planck, 31670* **Labège.** *☎ 05-62-88-36-79. • terredepastel.com • À env 10 km du centre-ville. Prendre le métro ligne B jusqu'à la station Rangueil, puis le bus n° 80 direction Belberaud La Balme, arrêt Grande-Borde. Tlj 10h-19h.* Un nouvel espace consacré au pastel qui comprend une partie musée *(expos permanente et temporaire ; accès libre)* et un spa (soins du visage et du corps ; balnéothérapie : piscine, hammam et sauna). Également une boutique et un resto.

Aeroscopia et les circuits de visite Airbus (Let's Visit Airbus) : à deux pas de Toulouse, à **Blagnac,** il ne faut évidemment pas louper la visite d'Airbus ! Voir plus loin les textes dans la partie « Dans les environs de Toulouse ».

Croisières fluviales

On peut aussi découvrir Toulouse par les canaux ou sur la Garonne. Plusieurs compagnies organisent des balades.
Croisières commentées de 45 mn à 2h sur la Garonne ou le canal du Midi avec passages d'écluses. Attention, bien se renseigner sur les horaires et les lieux de départs qui changent régulièrement à cause des crues. Par ailleurs, sachez que la navigation est parfois impossible sur le canal quand il est en période de chômage (traduire : quand on le vide et qu'on le nettoie).

Les Bateaux Toulousains – Péniches Baladine 1 et 2 : *départ théorique quai de la Daurade, port Saint-Sauveur. ☎ 05-61-80-22-26. 06-74-64-52-36. • bateaux-toulousains.com •* Plusieurs formules sur résa sont proposées sur ces 2 péniches bien aménagées. Attention : pour certaines croisières, le point d'arrivée ne correspond pas au point de départ (se renseigner pour éviter les mauvaises surprises).

Toulouse Croisières : *☎ 05-61-25-72-57. • toulouse-croisieres.com •* À bord du *Capitole,* bateau-mouche panoramique, ou à bord de l'*Occitania,* longue vedette sur laquelle sont organisées des croisières-déjeuners ou dîners, sur le canal du Midi.

Où assister à un match de rugby ?

Il serait impardonnable de ne pas vous inviter à voir jouer le Stade toulousain, l'une des toutes premières équipes de rugby françaises (voire du monde) ! Tiens, savez-vous pourquoi le Stade toulousain joue en rouge et noir ? Parce que c'était la couleur des capitouls. Les matchs ont lieu au stade des Sept-Deniers ou Ernest-Wallon, et parfois au Stadium (pour les grandes affiches). Pour connaître les dates des matchs, renseignements à l'office de tourisme, sur le site internet • *stadetoulousain.fr* • ou dans l'excellent quotidien *Midi Olympique* ; de toute façon, vous le saurez en vous promenant en ville...

Fêtes, manifestations et festivals

On peut se procurer gratuitement le mensuel *À Toulouse* à l'office de tourisme ou à la mairie. Ce mensuel liste par le menu toute l'actualité de la ville. La version annuelle récapitule l'activité culturelle de l'année. Très complet.
Voici quelques festivités importantes au cours de l'année. Beaucoup d'autres événements toute l'année, bien sûr, recensés sur le site • *toulouse-tourisme.com* • (le site de l'office de tourisme) ou sur le site • *culture.toulouse.fr* • (le site de la ville). Pour plus d'infos, on peut aussi consulter la page Facebook de l'office de tourisme • *facebook.com/toulouse.tourisme* • On y trouve l'actu instantanée et les bons plans.

Le festival international d'Art

• *toulouseartfestival.com/fr* • L'ancien Printemps de septembre a changé de nom. ***De fin mai à fin juin,*** Toulouse devient une ville ouverte à tous. Rendez-vous des amoureux de la création artistique en général, ce festival se veut un observatoire de la création contemporaine. Différentes demeures de la ville, célèbres ou non, toutes au riche passé historique, présentent des créations d'art visuel. Performances chorégraphiques et musicales se déroulent dans les lieux patrimoniaux. Ici, le spectacle est aussi à l'extérieur : son et lumière, artistes de rue, sculptures mobiles, le tout dans une ambiance bon enfant où se retrouvent, bien sûr, tous les passionnés d'art. Certaines œuvres peuvent paraître ésotériques, mais les commentaires les accompagnant sont le plus souvent bien faits...

Autres manifestations

L'office de tourisme possède toutes les infos concernant l'ensemble des manifestations et s'engage de manière dynamique pour en faire la promotion.

Toute l'année

– ***La Pause musicale :*** *sept-juin, jeu 12h30-13h30. Mai-juin et sept, dans la belle cour de la Maison de l'Occitanie (11, rue Malcousinat) ; oct-avr, dans la salle du Sénéchal (17, rue de Rémusat).* Belle programmation éclectique de concerts gratuits, de la musique médiévale au free jazz ! Principalement des groupes de la scène toulousaine au dynamisme jamais démenti.

En janvier

– ***Détours de chant :*** *les 2 premières sem de janv.* • *detoursdechant.com* • Un grand nombre de lieux culturels de la ville mettent à l'honneur la chanson française.

En février

– ***Les Journées de la violette :*** *pdt quelques j. en fév, sur la pl. du Capitole.* Se déroule quand la violette commence à fleurir.

En mars

– ***Zoom arrière :*** *15 j. en mars, à la cinémathèque. Infos :* • *lacinemathequedetoulouse.com* • Pour découvrir ou redécouvrir des films rares et souvent oubliés. Rencontres et débats. On rappelle qu'après celle de Paris c'est la plus importante cinémathèque de France.

En mars-avril

– **Ciné Latino :** ● *cinelatino.com.fr* ● Durant 1 semaine, des rencontres qui visent à promouvoir le cinéma latino-américain, en proposant documentaires, courts et longs métrages. Également des débats, rencontres et expositions dans différents lieux de Toulouse.
– **Le Printemps du rire :** ● *printempsdurire.com* ● Spectacles en salle, cafés-théâtres, one-(wo)man shows, pour les petits et pour les grands, expos.
– **Le Carnaval de Toulouse :** ● *carnavaldetoulouse.fr* ● *Infos à l'office de tourisme.* Récemment relancé, avec une première édition en 2012, le carnaval a repris du service avec vigueur. Il se termine par un M. Carnaval qu'on fait brûler.

En mai-juin

– **Le Forom des langues du monde :** *un w-e en mai. Infos sur le site* ● *arnaud-bernard.net* ● Le samedi a lieu la Capitade : conteurs, chanteurs, musiciens, slameurs, conférenciers et poètes investissent la place du Capitole et déclament dans une grande variété de langues. Le dimanche, le Forom, sur la place du Capitole toujours, nous invite à découvrir près de 120 langues du monde, grâce à de nombreuses animations : chants et danses, jeux traditionnels, contes, expositions, ateliers d'initiation aux langues, et surtout plein de communautés linguistiques de Toulouse qui installent de petits stands pour promouvoir leur langue, leur culture (notamment l'artisanat)... Un événement cosmopolite !
– **Toulouse en piste :** *fin mai. Infos sur* ● *toulouse.fr* ● Depuis 2009, une grande parade en ville, qui défile avec gaieté. Entre le théâtre de rue et le nouveau cirque.
– **Le festival international d'Art de Toulouse :** *pdt 3 sem fin mai-fin juin. Voir plus haut.*

En juin-juillet

– **Le Marathon des mots :** *pdt 4 j. Tte la programmation sur* ● *lemarathondesmots.com* ● Créé en 2005 à l'initiative d'Olivier Poivre d'Arvor, le Marathon est déjà un rendez-vous incontournable pour les amoureux des mots. Plus de 200 lectures, spectacles et performances (en majorité gratuits) animent la Ville Rose.
– **¡ Rio Loco ! :** *4 j. mi-juin.* ● *rio-loco.org* ● Un festival de choc qui fait bouger toute la ville : musique, expositions, théâtre. Nombreux concerts en plein air, en bord de Garonne, sur la prairie des Filtres. À chaque édition, une culture musicale différente est à l'honneur : Maghreb, Afrique du Sud, Mexique, pays lusophones, Antilles...
– **Les Siestes électroniques :** ● *les-siestes-electroniques.com* ● Durant 4 jours, toutes les musiques nouvelles et électroniques. Les sonorités les plus aventureuses s'expriment dans plusieurs lieux ouverts de la ville (parcs, places, espaces publics...).
– **Passe ton Bach d'abord :** *3 j. sur un w-e.* Découverte de nombreux lieux patrimoniaux et musées où la musique baroque en général et celle de Bach en particulier est mise en valeur. Toutes les heures, 30 mn de musique sont jouées dans chaque lieu. Une sorte de marathon musical de qualité. Les thèmes musicaux sont revisités par le biais du hip-hop, du tango, des danses traditionnelles ou contemporaines.
– **Festival Tangopostale :** *1 sem fin juin-début juil dans différents lieux (au bord de la Garonne, pl. Arnaud-Bernard, auditorium Saint-Pierre-des-Cuisines, pl. du Capitole...).* ● *tangopostale.com* ● Trait d'union entre l'Argentine et Toulouse, le festival met en relation les pionniers de l'Aéropostale et du tango. Concerts, bals et milongas.

En juillet-août

– **Festival Ravensare :** *4-5 j. en juil, dans les jardins Raymond-VI essentiellement. Rens auprès de l'association Le Trait Bleu, au ☎ 05-61-25-78-42 et sur*

• *letraitbleu.com* • Consacré aux nouveaux visages de la scène émergente (danse, musique, arts plastiques).
– ***Toulouse plage :*** *de mi-juil à mi-août.* Comme toute grande ville qui se respecte, Toulouse fabrique sa plage l'été. Sur quatre sites au bord de la Garonne (prairies des Filtres, Bazacle, port de la Daurade et quai de l'Exil). Activités de loisirs, spectacles, ateliers, pêche, canoë, aviron... Buvette et concert.
– ***Toulouse d'été :*** *de mi-juil à mi-août. Infos au ☎ 05-62-27-60-71 et sur • toulousedete.org* • Manifestations musicales organisées tout l'été à l'initiative de la mairie. On y présente toutes les formes de musique. Plusieurs rendez-vous par semaine dans différents lieux emblématiques.

En septembre

– ***Le MAP :*** *pdt tt le mois de sept. • map-photo.fr* • Festival de photo amateur de Toulouse. Expos, débats, rencontres. Des photos sur des thèmes choisis, présentées aussi bien dans les espaces publics que dans des lieux clos mais accessibles à tous.
– ***Festival international Piano aux Jacobins :*** *pdt 3 sem en sept, notamment dans le cadre magnifique et romantique du cloître et de la salle capitulaire des Jacobins. Rens : ☎ 0826-30-36-36 et sur • pianojacobins.com • 3 à 7 concerts/sem.* Ne pas manquer de réserver assez tôt. D'abord pour avoir une place, ensuite pour obtenir une bonne place !
– ***Manifesto :*** *3 sem en sept. • festival-manifesto.org* • Festival de photographies présentant les talents émergents. Des photographes connus et reconnus exposent leurs travaux et mettent en avant les nouveaux noms de la photographie. Une manière de mettre en avant l'histoire qui lie la ville à cet art. Expos au port Viguerie notamment.

En septembre-octobre

– ***Festoval :*** *attention, peut avoir lieu à une autre période, selon le calendrier sportif. Infos sur le site • toulouse.fr* • Rencontres sportives et culturelles de différents pays liés par l'amour du rugby. Concerts, matchs, rencontres...
– ***Festival Cinespaña :*** *pdt env 10 j., fin sept-début oct. Rens : ☎ 05-61-12-67-47 et sur • cinespagnol.com* • Révèle, s'il en était encore besoin, les liens puissants qui unissent Toulouse et l'Espagne, sur le plan tant historique que culturel. L'occasion de découvrir les futurs Almodóvar et Victoria Abril. Projections, entre autres, à la cinémathèque de Toulouse.
– ***Festival Occitania :*** *pdt 4-5 sem fin sept-fin oct. Rens : ☎ 05-61-11-24-87 et sur • festivaloccitania.com* • L'enjeu de ce festival est d'établir des liens entre la culture occitane et les cultures du monde.

En octobre

– ***La Novela, festival des savoirs partagés :*** *pdt tt le mois d'oct. • novela.toulouse.fr* • Toulouse, ville de la connaissance, s'exprime lors de ce festival en abordant les savoirs autrement. On y associe les sciences, l'esthétique, le plaisir de la découverte et de la mise en relation avec l'autre. Rencontres de vulgarisation dans des lieux publics par des scientifiques (les colporteurs des savoirs, tout un programme !). Conférences et débats ouverts à tous.
– ***Festival international Toulouse les Orgues :*** *pdt 2 sem en oct. Rens : ☎ 05-61-33-76-80 et sur • toulouse-les-orgues.org* • Concerts d'orgue et de chant, œuvres classiques interprétées dans des lieux magnifiques comme la basilique Saint-Sernin, les églises de la Dalbade, de Saint-Pierre-des-Chartreux ou Saint-Pierre-des-Cuisines... bref, dans tous les lieux où il y a des orgues, et Dieu sait qu'ils sont en nombre.

En octobre-novembre

– ***Festival Danses et continents noirs :*** *env 3 sem de fin oct à mi-nov. Rens : ☎ 05-62-30-69-10 et sur • danses-et-continents-noirs.com* • Spectacles des plus grands chorégraphes noirs contemporains. On célèbre la civilisation, l'histoire et la culture du continent noir.

En novembre

– ***Festival Séquence court-métrage :*** *une quinzaine de j. en nov, dans divers lieux à Toulouse et en région Midi-Pyrénées. Rens : ☎ 05-61-62-92-46 et sur • sequence-court.com •* Projections thématiques qui varient chaque année. Présélection durant l'année avec vote du public, puis festival et finale.

DANS LES ENVIRONS DE TOULOUSE

Aeroscopia : *rue Roger-Béteille, à* ***Blagnac*** *(31700). • aeroscopia-blagnac.fr • En voiture, par le périphérique, prendre la direction de Blagnac-Aéroport, puis sortie n° 4 « Secteur Aéroportuaire Nord » ; suivre la D 902 Beauzelle-Seilh, puis prendre la sortie n° 902.3 « ZAC Aéroconstellation » ; au 1er rond-point à gauche, puis 1re à droite ; l'entrée se trouve au bout de l'allée André-Turcat. En transports en commun : M Arènes, puis T Beauzelle (ligne 1). De là, compter env 15 mn de marche jusqu'au site. Tlj 9h30-18h (19h vac scol). Entrée : 11,50 € ; réduc ; gratuit moins de 6 ans ; supplément de 3,50 € pour une visite commentée. Audioguide : 3 €. Billet Aeroscopia et visite Airbus : près de 23 € (env 19 € en tarif réduit).* Comme il se doit, Toulouse a désormais un vrai espace muséographique récent, entièrement dédié à l'histoire et à la culture aéronautiques. Une vaste nef d'acier, moderne et lumineuse, rend hommage à ce rêve fou, à cette fabuleuse aventure humaine qui a conduit, pas à pas, à la conquête des airs. Il y a eu du boulot pour aboutir à l'A380 ! En début de visite, on embarque dans le *Super Guppy,* un avion cargo particulièrement impressionnant qui a été utilisé pour transporter les pièces d'Airbus à travers l'Europe. À l'intérieur, projection d'un film sur l'histoire de l'aviation à Toulouse. Ensuite, on déambule, en hauteur, sur une passerelle qui court le long du hall et qui permet d'avoir un coup d'œil sur plusieurs avions de légende (Caravelle sur le tarmac extérieur, Concorde, Airbus A300B). Également une vingtaine d'avions civils et militaires restaurés. Une grande fresque d'une cinquantaine de mètres retrace les principales étapes de l'aviation depuis Clément Ader, véritable pionnier, jusqu'à nos jours (panneaux explicatifs, écrans vidéo et nombreuses maquettes). Au rez-de-chaussée, on peut découvrir les coulisses d'un vol, expérimenter les grands principes aéronautiques, imaginer l'avion du futur et même découvrir l'archéologie aéronautique. C'est à la fois un lieu de mémoire, d'éducation et un espace ludique, pédagogique et interactif. Une visite pour partager et vivre une part de ce fabuleux rêve humain.

AVIS AUX AVIONS !

Que signifie donc le mot « avion » ? Selon l'Académie, c'est l'union des mots latins avis (oiseau) et actio (animé). Pour d'autres, c'est un acronyme inventé par Clément Ader : Appareil Volant Imitant l'Oiseau Naturel. Choisissez votre version.

Les circuits de visite Airbus (Let's Visit Airbus) : *rue Roger-Béteille, à* ***Blagnac*** *(31700). ☎ 05-34-39-42-00. • manatour.fr • (sur rdv). Pour*

LES AVIONS PAR LA QUEUE

Durant la visite chez Airbus, on s'aperçoit que sur les chaînes d'assemblage, seules les queues des avions sont déjà peintes aux couleurs des compagnies. Pourquoi ? Tout simplement parce que celles-ci sont tellement hautes qu'on les ripoline avant l'assemblage, afin de réduire les frais d'échafaudage. Une vraie économie d'échelle !

s'y rendre, voir Aeroscopia ci-dessus. Résa préalable obligatoire et pièce d'identité indispensable ; possibilité de réserver sur le site internet. Entrée : 15,50 € ; réduc ; gratuit moins de 6 ans. Possibilité de combiner plusieurs circuits dans la même journée et de bénéficier de 10 % de réduc. Les circuits durent 1h30. Visites guidées tte l'année, pdt les vac scol, tlj sf dim et j. fériés. Possibilité de visite guidée spéciale enfants, se renseigner. Dernier détail : photos interdites.
On a le droit de trouver les circuits un peu chers, mais c'est une exclusivité que de pouvoir visiter une usine d'aéronefs. Et c'est tout de même le plus grand site aéronautique d'Europe, ne l'oublions pas ! Avant d'entamer votre visite, quelques infos : sur le site de Jean-Luc Lagardère, on assemble presque trois avions par mois. En 2014, l'Airbus A380 enregistrait plus de 300 commandes fermes. À Toulouse, quatre familles d'avions voient le jour : l'A380, l'A330, l'A320 et l'A350. Airbus y emploie près de 20 000 personnes et dispose d'un réseau de quelque 1 500 fournisseurs dans plus de 20 pays. Enfin, rappelons que la France n'est pas seule dans l'aventure Airbus. Trois autres pays participent à cette épopée aéronautique : l'Allemagne, l'Espagne et le Royaume-Uni.
Le site propose plusieurs visites. Un des circuits débute en salle de télémesure puis un bus vous conduira sur le site d'assemblage du « géant des airs » que vous pourrez observer à loisir. On est alors au sommet d'un hangar haut de 46 m. Impressionnant ! Possibilité aussi de faire un *Circuit panoramique* de 25 km en autocar, commenté, sur les différents sites d'Airbus... soit 700 ha ! Il existe aussi un circuit *Visite verte,* pour tout savoir sur les applications concrètes mises en place par Airbus en faveur du développement durable.
Également une boutique de souvenirs, avec bien sûr des maquettes d'avions, etc.

Le musée des Ailes anciennes : *4, rue Roger-Béteille, à* ***Blagnac*** *(31700).* ☎ *05-61-21-70-01.* • *aatlse.org* • *En face d'Aeroscopia. Visites guidées sam à 9h30 et 10h30 ; durée : 1-2h. Visites non guidées mer et sam ap-m 14h-17h30. Entrée : 5 € ; gratuit moins de 8 ans.* Cette association de bénévoles récupère d'anciens avions pour les retaper. Visite de l'atelier où on leur fait subir un petit (ou grand !) lifting. À l'extérieur, une quarantaine d'engins, dont la Caravelle qui fut, un temps, le joujou privé de l'empereur Bokassa !

AU FIL DU CANAL DU MIDI À VÉLO

C'est l'occasion de profiter de l'admirable ingéniosité de son concepteur et réalisateur, Pierre-Paul de Riquet.

Le canal du Midi à vélo, de Toulouse à Port-Lauragais : sur près de 49 km, le tronçon du canal du Midi qui relie Toulouse à Port-Lauragais constitue une superbe échappée réalisable, en partie ou dans sa totalité, à vélo, à pied ou à rollers. Un large chemin de halage de 3 m permet de pénétrer la campagne du Lauragais après avoir traversé la banlieue toulousaine. La balade rend hommage à Pierre-Paul de Riquet, qui construisit cet incroyable ouvrage d'art au milieu du XVIIe s. Long de 240 km (parcours intégral), il fut au départ réalisé pour transporter les marchandises, notamment le sel et le blé. Il faut rappeler que Riquet fut le superviseur de l'impôt sur le sel et du transport de celui-ci. Il avait donc tout intérêt à ce que l'acheminement soit rapide. Le canal, inscrit au Patrimoine mondial de l'humanité par l'Unesco en 1996, cessa de transporter des denrées et matériaux dans les années 1970 pour entamer une nouvelle vie liée au tourisme et à la découverte tranquille des beautés de la région. Entre Toulouse et Port-Lauragais, les platanes font encore de l'ombre sur ce chemin tranquille que l'on peut emprunter dans un sens comme dans l'autre. Malheureusement, ils sont gravement malades et même menacés de disparition à cause du chancre coloré, un champignon microscopique qui bloque la circulation de la sève. Seule solution pour tenter d'endiguer le fléau : abattre les arbres ! Plusieurs tronçons,

notamment dans les départements de l'Aude et de l'Hérault, sont aujourd'hui totalement déplumés. L'espérance du maintien des platanes et de leurs majestueuses voûtes feuillues le long du canal du Midi semble désormais bien limitée... Douze écluses rythment le parcours. Il n'est pas rare de voir le paisible passage d'une péniche ou d'un bateau de plaisance sur ce canal historique. Dans la campagne, la culture des céréales environne la silhouette des villages agricoles.
Notre parcours, qui débute du centre de Toulouse pour aboutir à Port-Lauragais, est ponctué de petites étapes sympas qui vous permettront de découvrir quelques villages, les beaux clochers-murs du Lauragais, au rythme de la petite reine.

Infos pratiques

- ***Locations de vélos à Toulouse :*** voir la rubrique « Comment se déplacer en ville ? ».
- ***Carte du parcours :*** l'office de tourisme de Toulouse délivre une carte *La Haute-Garonne à vélo au fil de l'eau* ou celle des *Voies vertes* qui indiquent toutes les étapes du circuit, les distances et les durées moyennes.
- ***Les gares sur le parcours :*** outre la gare de Toulouse (d'où l'on part), on peut faire halte aux gares suivantes : gare de ***Montlaur*** (à proximité de l'écluse de Montgiscard), gare de ***Villefranche-de-Lauragais*** (à proximité d'Ayguesvives) et enfin gare d'***Avignonet-Lauragais*** (non loin de Port-Lauragais). À chacune de ces gares, il est possible de reprendre un TER dans lequel on peut mettre les vélos pour revenir à son point de départ. Il est évidemment possible, depuis Toulouse, si vous désirez éviter la partie la plus urbanisée (en début de parcours), de prendre un TER (avec les vélos) jusqu'à la gare de Montlaur et de débuter le circuit à Montgiscard. Bref, toutes les combinaisons sont envisageables. Une précision tout de même : bien vérifier les horaires de passage des TER, il n'y en a pas tant que ça.

➢ ***Le parcours :*** départ de la gare de Toulouse par le chemin de halage.
- La première écluse est celle de ***Castanet,*** où le *Café de l'Écluse de Castanet* vous tend les bras pour une première halte. C'est également un salon de thé. Puis on atteint rapidement l'écluse de Vic. Ce tronçon se révèle assez urbain, traversant des banlieues pas si moroses.
- Le parcours devient ensuite plus verdoyant jusqu'à l'***écluse de Montgiscard*** (avec la gare de Montlaur non loin).
- ***Entre Montgiscard et l'écluse de Gardouch,*** on traverse sans doute la partie la plus champêtre et tout simplement la plus belle. Au début de ce tronçon, on pourra rendre hommage au très beau clocher-mur du village d'Ayguesvives (non loin de l'écluse du même nom).
- ***De l'écluse de Gardouch à Port-Lauragais :*** cette partie, si elle suit par intermittence le tracé de l'autoroute, reste bucolique et agréable. À Port-Lauragais, pas de gare. Il faudra aller la chercher à Avignonet-Lauragais (à environ 1 km). Avant cela, allez donc faire un tour sur le petit port.

LE FRONTONNAIS ET SES ENVIRONS

Région viticole à 20 km au nord de Toulouse, le Frontonnais produit une excellente AOP (Appellation d'origine protégée, ancienne AOC), le fronton, un vin au bouquet riche et au caractère bien trempé. C'est vrai qu'on est au pays du rugby, ne l'oublions pas ! Et pourtant, ce terroir offre un paysage tout en douceur, tout en discrétion, avec des vignes qui se lovent sans faire de bruit au creux des vallons, qui s'étirent presque secrètement au pied des bosquets. Pour découvrir ce vignoble, rien de mieux que de filer sur la route

des vins et de partir à la rencontre des vignerons fiers de cultiver un cépage que l'on ne rencontre nulle part ailleurs.
Pour compléter cette visite du nord du département, cap vers Grenade et la vallée de la Save. Plus loin, vers le Gers, une balade aromatique à la découverte de l'ail violet au pays de Cadours vous attend. Ces deux petites régions limitrophes du Frontonnais et du Pays toulousain recèlent quelques petits coins bucoliques et des adresses à enchanter les gourmands avides de nature...

LES VINS DU FRONTON

À cheval sur les départements de la Haute-Garonne et de Tarn-et-Garonne, le vignoble s'étend sur 2 400 ha et une vingtaine de communes. Ce sont les Romains qui plantèrent les premiers ceps dans le coin. Mais il faudra attendre le XIIe s pour que les chevaliers de Saint-Jean-de-Jérusalem ramènent un cépage de Chypre, parfaitement adapté à la région : le mavro, qui, plus tard, deviendra la négrette. C'est à partir de ce cépage très rare (quelques pieds ont été repérés en Vendée...) qu'est réalisé le fronton. La négrette doit être en effet majoritaire et représenter au moins 40 % dans l'encépagement. Le reste se compose de syrah, de cabernet franc, de cabernet sauvignon ou de gamay. Les rouges (près de 70 % de la production), aux arômes de violette, cassis, mûre, framboise, réglisse et poivre, gagnent rapidement maturité et plénitude, et se boivent jeunes (et à 14 °C). Certains apprécient même le « vin de printemps », qui se consomme au mois de mars (suivant la vendange). Nettement moins nombreux, les vins rouges de garde, plus charpentés, vieillissent bien, se boivent dans les 4 ou 5 ans (température idéale : 18 °C) et accompagnent fort bien plats régionaux, volailles et gibiers. Rosés vifs et fruités (30 % de la production) se boivent jeunes et accompagnent parfaitement viandes blanches et poissons. Et pour finir, bonne nouvelle, ces vins sont tout à fait abordables (environ 5-8 € la bouteille).
Le fronton, c'est près de 170 producteurs, une quarantaine de domaines et une coopérative. Bien entendu, impossible de tous les citer ! On a sélectionné trois domaines (voir « Adresses et info utiles » à Fronton), reconnus pour leur sérieux, leur passion du terroir et de la vigne, la qualité de leurs vins, sans oublier leur sens de l'accueil.

FRONTON (31620) 5 700 hab. *Carte Haute-Garonne (Nord), B1*

La petite capitale du Fronton égrène paisiblement les jours qui passent au rythme des vendanges. Ne pas manquer la fête « Fronton, saveurs et senteurs », le week-end suivant le 15 août. Dégustation de vins et produits locaux, concerts.
Au cœur du village, une petite *église* du XIIe s, remaniée au XVIe s, grandement restaurée au XIXe s. À l'intérieur, beau retable du XVIIe s et cuve baptismale sculptée du XVIe s.

Adresses et info utiles

Office de tourisme : *à la Maison des vins (voir ci-dessous). ☎ 05-61-74-80-69. • ot-vignobledefronton.sitew.com • Tlj sf dim (ouv le mat de mi-juin à mi-sept) et lun.*
■ ***Maison des vins de Fronton :*** *château de Capdeville, 140, allée du Château. ☎ 05-61-82-46-33. • vins-de-fronton.com • Tte l'année, tlj sf dim-lun.* Espace dégustation-vente présentant 3 cuvées par vigneron indépendant. Renseignements sur la route des Vins.
■ ***Château La Colombière :*** *190,*

route de Vacquiers, 31620 ***Villaudric.*** *☎ 05-61-82-44-05. • chateaulacolombiere.com • Depuis Villaudric, prendre la D 63 en direction de Toulouse ; 100 m après le panneau de sortie du village, bifurquer à gauche, puis 300 m plus loin sur la droite (fléché). Lun-ven 9h30-12h30, 14h-18h30 ; sam, sur résa.* C'est par passion de la terre et de l'œnologie que Diane a racheté le domaine familial en 2005. Avec Philippe, son mari et ancien juriste, elle a fait le choix de la biodynamie. Parmi les vins du domaine, le Vin gris, un rosé fringuant et fruité, et le Coste rouge, puissant et généreux en bouche, méritent une mention particulière.

■ ***Château Plaisance :*** *pl. de la Mairie, 31340* ***Vacquiers.*** *☎ 05-61-84-97-41. • chateau-plaisance.fr • Mer-sam 9h-12h, 15h-19h.* Marc Penayayre a repris l'exploitation familiale et s'est converti à l'agriculture bio. Depuis le début des années 2000, sur une trentaine d'hectares, cet amoureux du terroir produit une gamme de vins rouges, blancs et rosés en s'appuyant sur des techniques douces comme l'homéopathie, l'aromathérapie ou le sarclage. La qualité des vins du domaine est aujourd'hui largement reconnue.

■ ***Château Flotis :*** *1013, chemin de Flotis, 31620* ***Castelnau-d'Estrétefonds.*** *☎ 05-62-79-03-94. • chateau-flotis.com • À env 3,5 km de Castelnau ; prendre la D 29 en direction de Fronton, puis, à 1,5 km, bifurquer à droite en direction de Bouloc, c'est 2 km plus loin. Lun-ven 14h-18h ; sinon sur rdv.* Katia, Myriam et Cathy, 3 femmes pour qui le bonheur est dans la vigne. En 2004, elles se sont associées pour acheter le domaine de Flotis alors quasiment abandonné. Aujourd'hui, elles tirent le meilleur parti des 30 ha du vignoble pour produire un vin qui joue la carte de l'élégance et de la féminité. Lors de la vinification, les phénomènes naturels sont privilégiés. Une référence dans le Frontonnais, un défi relevé.

■ ***Cave coopérative de Fronton :*** *175, av. de la Dourdenne. ☎ 05-62-79-97-74. Tlj sf dim 9h-12h30, 14h-19h (18h30 en hiver).*

– ***Festival Musique en vigne :*** *1re quinzaine de juil, sur l'ensemble du Frontonnais. Rens à l'office de tourisme de Fronton : ☎ 05-61-74-80-69.* Concerts (payants) de musique classique organisés dans de superbes cadres (églises, domaines viticoles, chais, etc.).

Où dormir dans les environs ?

Chambres d'hôtes Domaine de Saint-Guilhem : *chez Philippe et Esmeralda Laduguie, 1619, chemin de Saint-Guilhem, 31620* ***Castelnau-d'Estrétefonds.*** *☎ 05-61-82-12-09. 📱 06-85-20-54-18. • philippe.laduguie@orange.fr • domainesaintguilhem.com • À 5 km au sud-ouest de Fronton par la D 4 vers Toulouse et la D 29. À 2,5 km du village (fléché). Compter 56-62 € pour 2. Tarifs dégressifs à partir de la 3e nuit.* Dans un domaine viticole réputé, on loge au-dessus des bouteilles (!). 4 chambres lumineuses et très calmes (pour 2 à 4 personnes), de classe et de grand charme, chacune avec cheminée et sanitaires privatifs. Toutes disposent d'une salle de bains. Séjour et salon sont installés dans l'ancienne chapelle restaurée. Au programme : balade dans les bois et plongeon dans la piscine aux beaux jours.

VILLEMUR-SUR-TARN

(31330) 5 690 hab. *Carte Haute-Garonne (Nord), B1*

Petite ville médiévale qui a conservé sa tour de défense (XIIe s), dernière trace d'architecture wisigothique des fortifications détruites

en 1631. Dominant le Tarn, la tour n'est accessible que lors d'expositions temporaires. Au centre, ne pas manquer les greniers du Roy (XVIIe s), dont la cour intérieure arbore avec fierté une remarquable façade de brique et de colombage. L'église Saint-Michel abrite les fresques du peintre toulousain Bernard Bénézet.

UN PEINTRE DE MAUVAIS POIL

Dans les années 1860, Bernard Bénézet, artiste toulousain en vogue à l'époque, réalisa les peintures du chœur de l'église Saint-Michel et se fit un plaisir de représenter certains habitants de Villemur. Mais peu de temps après, le curé de la paroisse installa un ciborium au-dessus du maître-autel, cachant ainsi une partie des peintures. Profondément vexé, Bernard Bénézet décida alors de reprendre son œuvre et de peindre, par-dessus, des personnages à l'allure bien peu flatteuse, et d'ajouter même une barbe au curé et à ses deux vicaires !

Adresse utile

Office de tourisme : *1, rue de la République. ☎ 05-34-27-97-40. • ot-villemur.fr • De mi-juin à mi-sept, tlj sf dim ap-m ; le reste de l'année, tlj sf dim-lun et jeu. Congés : janv.* Cartoguide gratuit avec 99 km de randonnées.

Où dormir ? Où manger dans les environs ?

De bon marché à prix moyens

La Cour de Récré : *15, pl. de la République, 31340* **Mirepoix-sur-Tarn.** *☎ 05-61-09-94-90. ♿ À env 8 km de Villemur par la D 22. Résa conseillée. Ouv le midi lun-ven, plus le soir ven-sam (et jeu soir et dim midi avr-sept). Congés : de mi-août à début sept. Le midi en sem, menu 12 € ; le soir, menus-carte 22-28 €. Café offert sur présentation de ce guide.* Retour à l'école, en classe ou en terrasse sous le préau. Petit coup de cœur pour ce cadre studieux joliment relooké, cette cuisine fraîche et goûteuse qui propose quelques belles escapades culinaires au-delà de l'horizon purement régional. Les gourmands garderont une place pour les desserts, particulièrement réussis. Excellent accueil.

La Promenade : *35, allée de la Promenade, 31660* **Buzet-sur-Tarn.** *☎ 05-61-84-16-64. ♿ À 17 km de Villemur, par la D 630 (direction Castres). Fermé le soir lun-mar. Congés : 1 sem pdt les fêtes de fin d'année. Menus 12,80 € le midi en sem (¼ vin compris), 23 € le soir. Apéritif maison offert sur présentation de ce guide.* Au centre du petit (et joli) village, une promenade jusqu'au Tarn et une escale à une table correcte, simple et sympa avec sa petite terrasse ombragée par un platane. L'endroit est connu des ouvriers du coin qui viennent profiter du buffet d'entrées et de déserts proposé au menu du midi.

De prix moyens à chic

La Métairie : *30, route de la Forêt, 31380* **Paulhac.** *☎ 05-61-99-64-59. • metairie.paulhac@orange.fr • ♿ À env 20 km de Villemur par la D 630 (direction Castres), puis suivre Montjoire (D 15E). Fermé sam midi, dim soir, lun tte la journée et mar soir (plus mer soir en hiver). Congés : 3 sem de mi-août à début sept et vac scol de Noël. Résa conseillée le w-e. Le midi en sem, formule et menu 12-14,90 € ; autres menus 27-37 € ; carte 30-35 €.* N'hésitez pas à prendre la clé des champs pour vous attabler dans ce resto installé au sein d'une ancienne ferme joliment retapée. On a aimé son cadre de caractère (murs en terre, sol recouvert de briques anciennes, vénérables poutres, vieille cheminée) et le charme bucolique de son jardin. Sa cuisine d'inspiration régionale, soignée, goûteuse et généreuse, est séduisante. Le midi, pas mal de repas d'affaires. En soirée, l'adresse est très bien pour un repas en famille ou en tête à tête.

Auberge du Flambadou : *820, chemin d'Ayrolles, 31340* ***Villematier.*** *☎ 05-61-09-40-72. • bienvenue@aubergeduflambadou.com • aubergeduflambadou.com • À 4 km de Villemur ; prendre direction Toulouse, puis direction Castres (D 630) ; fléché sur la droite. Tlj sf le soir dim-lun. Compter 65-75 € pour 2, 110-130 € pour 4. Formules déj en sem 11,50-13,90 € ; menus 23,60-46,30 € et carte. Kir offert sur présentation de ce guide.* Isolée en pleine nature, cette ancienne ferme (où l'on peut loger et profiter de la piscine dans un cadre champêtre) propose, en terrasse ou dans la salle aux tons pastel, une cuisine traditionnelle haute en saveurs, variant en fonction des saisons. Une cuisine « fraîcheur » qui fait la part belle au poisson et dont la réputation n'est plus à faire.

DANS LES ENVIRONS DE VILLEMUR

De ***Villemur-sur-Tarn*** à ***Buzet-sur-Tarn,*** en passant par ***Mirepoix-sur-Tarn,*** préférez la petite D 22a pour profiter de belles plongées sur le Tarn. Admirez au passage les ponts magnifiques qui l'enjambent.

La forêt de Buzet : très belle forêt qui s'étend sur près de 1 120 ha, véritable poumon vert à proximité de l'agglomération toulousaine. Près de 450 ha appartiennent au conseil général de la Haute-Garonne. C'est avant tout une forêt de chênes (chênes sessiles, rouvres, pédonculés et pubescents) auxquels s'ajoutent, selon la nature du sol, des charmes, des frênes, des châtaigniers, des landes à callune ou à bruyère cendrée. Au gré des balades, il n'est pas rare d'observer des chevreuils. Les sangliers et les cerfs sont plus discrets. Bien entendu, le massif forestier compte de nombreux parcours balisés pour les randonnées équestres, pédestres, sentiers pour le VTT, parcours sportifs. Également un parcours de course d'orientation et un sentier de découverte jalonnés de panneaux d'interprétation sur la faune, la flore, l'histoire du massif forestier et sa gestion par l'Office national des forêts.

➢ ***La voie verte de Villemur-sur-Tarn à La Magdelaine-sur-Tarn :*** près de 8 km aménagés le long d'une ancienne voie de chemin de fer. Réservée aux piétons et aux cyclistes.

LA VALLÉE DE LA SAVE

Carte Haute-Garonne (Nord), B1-2

Au nord-ouest de Toulouse. La petite rivière Save traverse le département du sud au nord avant de venir se jeter dans la Garonne, non loin de Grenade. Ponctué de sympathiques villages, tout le secteur offre de riches terres céréalières et maraîchères. Les amateurs de nature seront comblés par la variété des sentiers de randonnée pédestre, équestre ou à VTT.

GRENADE-SUR-GARONNE *(31330)*

Créée en 1290, la bastide de Grenade conserve le bel agencement de son plan en damier. Au détour des rues, elle dévoile son riche passé avec sa vieille halle couverte, ses maisons à pans de bois, ses hôtels particuliers du XVIIIe s et ses pigeonniers. C'est dans cette petite bourgade qu'est né, en 1921, Jean Dieuzaide, photographe connu notamment pour ses clichés de Salvador Dalí et fondateur de la galerie du Château d'Eau à Toulouse.

Adresse et info utiles

Office de tourisme Save et Garonne : *38, rue Victor-Hugo. ☎ 05-61-82-93-85. • tourisme-grenade.fr • Dans le centre-ville, face à la vieille halle. Tlj sf dim (ouv dim ap-m juin-sept).* En saison, visites guidées à thème *(4 € ; réduc enfants)* et visites théâtralisées de la bastide *(5 € ; réduc enfants).* Entre autres docs, un circuit pour partir à la découverte des plus jolis pigeonniers du pays de Save et Garonne. Carte des sentiers pédestres balisés. Accueil attentionné.

– **Marché :** *sam mat, sous la halle.* Un des plus grands de la région. Nombreux producteurs locaux.

Où dormir ? Où manger ?

De bon marché à prix moyens

Le Grenadin : *85, rue de la République. ☎ 05-61-82-60-40. • ylaroche@hotmail.fr • Tlj sf sam midi et dim. Le midi en sem, formule et menu 12-13,50 € ; carte 25-30 €.* Sous la halle de Grenade, une terrasse des plus agréable ! On est aux premières loges pour en admirer la magnifique charpente. Le bistrot ne paie pas de mine mais s'avère, au final, une vraie bonne surprise. Le petit menu du midi est vraiment attractif et les grosses salades sont très appétissantes, mais c'est l'excellentissime magret qui nous a régalés. Fondant, cuit bleu pour les amateurs et accompagné de délicieuses frites. Un vrai bon plan donc, surtout aux beaux jours.

La Croisée des Saveurs : *54, rue de la République. ☎ 05-61-82-84-70. • croiseedessaveurs@wanadoo.fr • ♿ À env 150 m de la halle. Fermé dim soir, lun (tte l'année) et mer soir hors saison. Résa conseillée. Formule déj en sem 13,50 € ; menus 18 € (midi en sem), puis 24-37 € ; carte env 35 €. Apéritif maison offert sur présentation de ce guide.* Dans une salle à la déco fraîche ou au sein d'une courette aux beaux jours, on déguste une cuisine qui jongle adroitement entre tradition et originalité. Le chef, aussi à l'aise avec les viandes que les poissons, joue, ici et là, avec des saveurs exotiques. Des plats joliment présentés, un accueil aimable et une belle carte des vins (plus de 60 références) assurent le reste.

Chic

Villa Léopoldine : *29, rue Gambetta. ☎ 05-62-79-45-13. • resa@villaleopoldine.com • villaleopoldine.com • Doubles 75-99 € selon période. Un petit déj par chambre et par nuit offert sur présentation de ce guide.* Une merveille de petit hôtel de charme dans une somptueuse demeure Belle Époque. 5 chambres spacieuses et décorées avec goût. Confort optimal : vastes salles de bains (en marbre brut), dressing, clim, TV à écran plat, plateau de courtoisie, peignoirs... L'une des chambres possède sa terrasse privée, les autres devront se contenter du petit jardin de ville où sont servis les petits déj. Excellentes prestations et rapport qualité-prix remarquable.

Où dormir ? Où manger dans les environs ?

Hôtel-restaurant Le Ratelier : *2075, chemin du Ratelier, lieu-dit Hounedis, 31530* ***Montaigut-sur-Save.*** *☎ 05-61-85-43-36. • leratelier@wanadoo.fr • leratelier.fr • Accès par la D 17 depuis Grenade, puis direction forêt de Bouconne (fléché sur la gauche). Ouv tte l'année ; resto fermé* *mar (tte l'année) et dim soir hors saison (sf pour les clients de l'hôtel). Double 62 €. Menus 17,50 € (sf dim et j. fériés), puis 22,50-33 €.* Ancienne ferme en bordure de la forêt, au cadre rustique. Chambres correctes et spacieuses aux noms d'artistes (« Dufy » donne sur la campagne et la piscine). L'assiette se révèle semi-gastronomique pour une belle cuisine régionale à déguster sur la terrasse fleurie. Bon rapport qualité-prix.

Le Domaine de Peyrolade : *4, chemin des Châteaux, 31700* ***Daux.*** *☎ 05-34-52-08-46. • contact@domainedepeyrolade.com • domainedepeyrolade.com • Ouv tte l'année. Compter 88 € pour 2. Réduc de 10 % sur le prix de la chambre à partir de 2 nuits consécutives sur présentation de ce guide.* Dans les dépendances du château de Daux (qui appartient aux grands-parents du jeune couple), une maison familiale transformée en maison d'hôtes. 5 chambres avec TV (et 3 gîtes) à la déco très étudiée. 5 thèmes, traités non sans humour : la « Camina Romana », qui fait référence à l'histoire antique du pays ; l'« Ovalie », qui célèbre le rugby ; « Au pays de Cocagne », qui rêve ses nuits en bleu pastel ; la plus folle, « Vol de nuit », qui a été décorée avec l'aide de personnel d'Air France et d'Airbus ! La plus belle, la plus classique aussi, avec son lit à baldaquin, rend hommage aux capitouls. Beaucoup d'espaces communs avec bibliothèque, piano, piscine intérieure chauffée, jacuzzi, salle de fitness. Un « produit » bien marketé, mais au final, une ambiance décontractée, sympa et conviviale.

À voir

L'ancien couvent des Ursulines : *56, rue Roquemaurel. ☎ 05-61-82-61-51 (ou à l'office de tourisme). Avr-oct, visites guidées sur résa à partir de 5 pers. Tarif : 5 € ; réduc.* Créé en 1626 par les ursulines de Toulouse, il assura l'instruction chrétienne des jeunes filles pendant plus de 150 ans ! Belles peintures et fresques du XVIIe s. Vue panoramique sur les toits de la bastide depuis les étages supérieurs.

La halle : *au cœur de la cité.* Datant du XIVe s et restaurée, c'est l'une des plus vastes et des plus anciennes halles de France. Sous la charpente, les anciennes salles communes. La mairie médiévale en somme.

L'église Notre-Dame : elle date du XIVe s. Coiffée d'un clocher octogonal typiquement toulousain (en brique), elle abrite un riche mobilier baroque et des tableaux des peintres Despax et Rivalz (XVIIe et XVIIIe s). Orgue de 1857 signé Cavaillé-Coll et Magen.

Manifestations

– ***Guitar'en Save :*** *1 w-e fin mai-début juin. • guitarensave.fr •* Se déroule sur plusieurs communes de la vallée de la Save.
– ***Wassan'Africa :*** *1 w-e début juil, à* ***Launac.*** *• wassanafrica.com •* Festival africain : expos, concerts, stages de danse.

À voir dans les environs

Le labyrinthe et le château de Merville : *31330* ***Merville.*** *☎ 05-61-85-32-34. • labyrinthedemerville.com • À 7 km au sud de Grenade par la D 2 (fléché). Mai-oct, 10h30-19h30 (fermeture de la billetterie à 18h) : tlj en juil-août, les w-e et j. fériés mai-juin et sept-oct. Entrée du labyrinthe : 9,50 € ; 4-12 ans 7,50 € ; gratuit moins de 4 ans. Ajouter 3,70 € (réduc) pour la visite guidée du château en petit comité (ttes les heures 14h-18h). Compter une grosse ½ journée pour profiter du labyrinthe, du parc et du château.*

L'architecture et l'art des jardins au XVIIIe s dans un cadre somptueux. Ce qui leur a valu d'être classés « Jardin remarquable ». Merville « émerveille » après la restauration entreprise (et brillamment réussie) par les descendants directs de son fondateur, le marquis de Chalvet. Le jardin de buis de 5 ha ponctué de salons de verdure débouche sur un ***labyrinthe*** secret, théâtre de quatre jardins ensorcelants, ludiques et interactifs. Jeu de piste thématique avec énigmes, indices, pièges, impasses et... fausses pistes. Un véritable enchantement pour les enfants... et les plus grands ! En plus du jardin de buis, un parc arboré de 30 ha.
Mais finalement, la merveille de Merville est peut-être son joli château en brique rose. Son orientation plein est a permis une rare conservation de sa décoration intérieure, typiquement XVIIIe s. Cinq pièces en enfilade, d'une beauté à couper le souffle ! Magnifiques verdures flamandes, représentant, entre autres, la guerre de Troie. Sans oublier 18 panneaux peints sur bois, 18 chinoiseries aux couleurs chatoyantes. Splendide ! Les amateurs ne seront pas déçus. Les autres trouveront sans doute le prix un peu indigeste (il faut obligatoirement payer l'entrée au labyrinthe pour visiter le château).
|●| *Taverne* sur place... genre cafétéria. Terrasse. Également une aire de pique-nique.

Le Ramier de Bigorre : *31330* ***Merville.*** *☎ 05-34-31-97-32. • naturemp.org • À 7 km de Grenade-sur-Garonne ; prendre la D 2 en direction de Toulouse, puis fléché sur la gauche. Accès libre, et possibilité de visite guidée (payante) sur résa.* Espace de nature préservée, situé dans un méandre de la Garonne. La forêt y a des allures de jungle, avec ses lianes et sa végétation luxuriante. On peut s'y balader au fil du sentier d'interprétation ou bien profiter de la visite guidée qui vous sensibilisera à l'écologie de cette zone humide. Aire de pique-nique.

La forêt de Bouconne : *accès par les N 124 et D 42 de Toulouse via Léguevin, ou à 15 km au sud de Grenade par la D 17.* Poumon vert des Toulousains en mal d'oxygène, elle offre des kilomètres de promenades à pied (GR 653), à cheval et à VTT. Base de loisirs avec minigolf, piscine d'été et courts de tennis. En profiter pour passer par ***Daux*** (clocher classé du XIVe s), ***Montaigut-sur-Save*** pour visiter la ***chapelle Notre-Dame-d'Alet*** du XVIIe s *(visite guidée sur rdv au ☎ 05-61-82-93-85 ; 4 €)* et ***Launac*** (tour du château du XIIe s, halle du XIXe s et parc municipal orné de cèdres centenaires).

Animaparc : *31330* ***Le Burgaud.*** *☎ 05-62-79-37-01. • animaparc.fr • Accès par la D 3 de Grenade vers Beaumont, jusqu'à Aucamville ; fléché depuis le village du Burgaud. Avr-sept, mer, w-e, j. fériés et vac scol 10h30 (13h30 mer hors vac scol)-19h. Entrée : 11,60 € ; enfants (à partir de 2 ans) 10,80 €.* À la fois parc animalier (l'approche pédagogique en sus) et parc de loisirs en forêt avec *splash park,* structures gonflables, tyrolienne, parcours acrobatique, manèges, etc. Un bon compromis pour satisfaire amoureux des animaux et amateurs de sport en famille. Bon encadrement.

LE PAYS DE CADOURS

Carte Haute-Garonne (Nord), A1

En pays de Gascogne toulousaine, au nord-ouest de la métropole du pastel, au pays de Cadours et de ses coteaux, on fait toute une histoire de l'ail violet. Une singularité propre au terroir qui confère une saveur prononcée à ces belles gousses striées et renommées. Le pays recèle de petits trésors de patrimoine, tantôt discrets, tantôt plus imposants comme le château de Laréole.

Adresse et info utiles

Syndicat d'initiative du pays de Cadours : *28, av. Raymond-Sommer, 31480* ***Cadours.*** *☎ 05-62-13-74-00. • cadours.com • Juil-août, tlj sf mar mat, jeu et dim ; sept-juin, ouv slt mer, ven ap-m et sam mat.* Liste des hébergements et des chambres d'hôtes.
– **Marché :** *mer mat.*

Où dormir ? Où manger dans le coin ?

Camping

Camping Namasté : *31480* ***Puysségur.*** *☎ 05-61-85-77-84. 06-73-85-79-76. • camping.namaste@free.fr • camping.namaste.free.fr • À 300 m du village. Ouv mai-sept. Prix tente 18-24 € selon saison ; loc chalets et mobile homes 300-730 €/sem. 60 empl. CB refusées. Réduc de 5 % hors saison sur le camping sur présentation de ce guide.* Au cœur d'une chênaie, un ravissant camping à l'atmosphère familiale et bucolique, qui allie nature et culture (parcours botanique et photographique, petite salle de ciné). Piscine et pataugeoire, jeux pour les enfants, parcours de santé. Snack-bar. Le tout au calme. Très bon accueil.

De bon marché à prix moyens

Bar-restaurant Chez Anny : *rue principale, 31480* ***Cox.*** *☎ 05-61-85-62-67. Tlj sf le soir lun-mer. Résa conseillée en sem et quasi obligatoire le w-e. Menus 13 € (midi en sem), 15 € (dim ; vin compris), puis 22-28,50 €.* Une adresse comme on les aime au centre de ce minuscule village. Du bon, du simple et du (très) copieux. Coup de cœur pour ce bar-tabac-resto qui fait le plein à chaque service. Anny a de la personnalité, sa cuisine aussi ! Service spontané pour une table conviviale. Alors profitons-en vite avant qu'Anny ne prenne une retraite bien méritée.

Chic

Chambres d'hôtes Château de Séguenville : *chez Marie Lareng, 31480* ***Cabanac-Séguenville.*** *☎ 05-62-13-42-67. • info@chateau-de-seguenville.com • chateau-de-seguenville.com • De Cadours, direction Cox, puis D 1 vers Séguenville (fléché). À côté de la chapelle, face au moulin de Brignemont. Congés : de mi-déc à mi-janv. Compter 120-130 € pour 2 selon taille. Table d'hôtes 30 €. CB acceptées.* 4 chambres et une suite familiale de caractère au confort moderne irréprochable, dans le cadre historique du château, perché sur un promontoire. Luxe, calme et volupté pour un séjour dans un décor de style. Table d'hôtes de produits régionaux préparés par la maîtresse de maison. Piscine en plein air et très beau parc.

À voir. À faire dans le coin

Le château de Laréole : *31480* ***Laréole.*** *☎ 05-61-06-33-58. À 3 km de Cadours par la D 29. Juil-août, tlj sf lun 10h-19h ; mai-juin, mer, w-e et j. fériés 10h-18h ; sept, w-e 10h-18h. GRATUIT. Possibilité de visites guidées gratuites. En période estivale, animations diverses (gratuites) proposées le w-e, et salon de thé dans les communs du XIXe s.* Édifié au XVIe s par le fils d'un riche négociant de pastel, le château offre une élégante silhouette de brique et de pierre qui s'élève sur la butte de Laréole. Admirablement restauré par le conseil général de Haute-Garonne, ce fleuron représentatif de l'architecture Renaissance du XVIe s impose son harmonie malgré son aspect massif. L'ensemble du 1er étage accueille aujourd'hui des expositions temporaires d'art contemporain. Dans l'une des tours (l'ancien cabinet de travail), ne manquez pas les fresques du XVIIe s qui ont été mises au jour. Autour du château, un magnifique parc aménagé sur le principe des jardins à la française, tels qu'on les connaissait au XVIIIe s.

La Maison du potier : *31480* **Cox.** *☎ 05-62-13-70-31. • museecox.com • À 6 km de Cadours par la D 29, puis la D 41. À la sortie du village, direction Puysségur. Juil-août, tlj 14h30-18h30 ; mai-juin et sept-oct, w-e et j. fériés 14h30-18h30. Entrée : 2 € ; gratuit moins de 12 ans et pers à mobilité réduite.* Aménagé dans l'ancien atelier d'un potier, ce musée rend hommage à une activité qui a marqué l'histoire du village durant près de 500 ans. À la fin du XVIIe s, le village comptait 126 potiers ! Nombreuses poteries, bien entendu. Mais on peut aussi admirer l'ancien four classé et resté à l'identique.

Le moulin de Brignemont : *31480* **Brignemont.** *06-86-85-36-59. • moulindebrignemont.com • De mi-juil à fin août, tlj 15h-19h ; juin et sept, dim et j. fériés 15h-19h. Entrée : 3 € ; réduc enfants.* Moulin à vent du XVIIIe s, classé Monument historique, il a été entièrement restauré par son actuel propriétaire, qui en a fait sa passion. Depuis 1996, le moulin tourne au gré du vent, moud le blé et produit une farine à l'ancienne, comme autrefois... Pédagogique, instructif et hors du temps.

LE LAURAGAIS

À une trentaine de kilomètres à l'est de Toulouse, c'est le célèbre « pays de cocagne », où poussait le pastel.
Terre de collines à perte de vue, transition entre l'Aquitaine et le Languedoc, c'est un paysage assez homogène parfois balayé par l'autan, un vent souvent fort, très sec et venant du sud-est de la Montagne noire.
Vous rencontrerez ici beaucoup d'églises fortifiées. Elles vous rappelleront que la région fut la voie de passage de nombreuses invasions. Enfin, en Lauragais, on a conservé pas mal de traditions (comme le « gâteau fleuri ») et on cultive un doux art de vivre, à l'image de ces terres vallonnées, quand l'autan fait sa sieste... sans faire tourner les ailes des anciens moulins.

UNE GUERRE DE RELIGION CACHÉE

La culture du pastel, tenue par les protestants, enrichit les alentours de Toulouse et d'Albi. Au XVIIIe s, cette plante fut détrônée par l'indigo, provenant d'un arbuste des Antilles bien moins cher à produire que le pastel. Cette guerre économique fut d'autant plus violente que les planteurs des îles étaient catholiques.

AUTERIVE (31190) 9 200 hab. *Carte Haute-Garonne (Nord), B3*

Ville du Pays toulousain à une trentaine de kilomètres au sud de Toulouse, en bordure de la D 820. La bouillonnante Ariège coupe le village en deux, pour se jeter plus loin dans la Garonne, et donc dans les bras de la Ville Rose... Quelques édifices en brique et des maisons anciennes, surtout dans le centre historique, une église classée et un petit musée des Vieux Outils.

Adresse utile

Office de tourisme : *esplanade de la Madeleine. ☎ 05-61-50-28-71. • tourisme-auterive.com • Juil-août, tlj ; le reste de l'année, tlj sf mer, sam (slt sam ap-m mai-juin et sept) et dim.*

À voir

Le musée des Vieux Outils : *rue Camille-Pelletan. ☎ 05-61-50-96-88. Juil-août, tlj 14h-19h ; le reste de l'année, slt sam 14h30-18h. GRATUIT.*

NAILLOUX

(31560) 3 170 hab. *Carte Haute-Garonne (Nord), C3*

Des 500 moulins à vent que comptait le département au début du XXe s ne subsistent aujourd'hui qu'une poignée de farine (!) et quelques vestiges à Nailloux (accès de Toulouse par l'A 61, sortie no 20), Saint-Félix, Montgeard, Montbrun, Montesquieu, Caignac ou Calmont. Ils ont repris leur lent travail, au rythme du vent... et de la sieste.

Où dormir ? Où manger ?

Auberge du Pastel : *à env 2 km du village par la route de Villefranche. ☎ 05-61-81-46-61. • aubergedupastel31@gmail.com • hotel-restaurant-pastel.com • Resto tlj sf lun (hors saison) et le soir des dim et j. fériés. Doubles 62-68 € selon période ; familiales 70-80 €. Menus 15 € (midi sf dim), puis 25-35 € et carte. Apéritif offert sur présentation de ce guide.* Hôtel dans un bâtiment récent, genre motel de campagne. Se distingue par sa terrasse, sa piscine couverte, et surtout par sa vue panoramique sur le lac de Thésauque et les Pyrénées. Une cinquantaine de chambres standard à la déco dépouillée, avec douche ou bains et w-c (une vingtaine avec clim). Salle de sport. Cuisine régionale correcte avec quelques bons plats du terroir lauragais, servis dans une grande salle à manger.

À voir. À faire

Le moulin à six ailes : *chemin du Gril. ☎ 05-34-66-97-98. À 3,5 km de Nailloux, en direction de Saint-Léon. Pdt les vac scol de Pâques, de l'été et de la Toussaint, lun-ven (sf j. fériés) l'ap-m lors des visites guidées (se renseigner). Entrée : 3,50 € ; 6-12 ans 2 €. Visite accompagnée pédagogique, ateliers pour enfants sur résa et expo.* Il était une fois au pays de Nailloux... il fallait six ailes pour moudre le grain dans ce beau « moulin rouge ». Quand le vent d'autan faisait la sieste ? Non, à cause d'un voisin un peu borné qui rehaussait progressivement la façade de la bâtisse en vis-à-vis du moulin (!). Aujourd'hui, ce moulin fonctionne de manière traditionnelle et s'anime comme avant au vent d'autan.

– ***Le lac de la Thésauque :*** *à env 2 km du village, en direction de Villefranche-de-Lauragais.* Pour s'offrir un bol d'air, se baigner ou faire un tour du lac (promenade pédestre). Petite base de loisirs.

DANS LES ENVIRONS DE NAILLOUX

MONTBRUN-LAURAGAIS (31450)

Le moulin à vent : *dans le village de Montbrun-Lauragais, à env 15 km au nord-ouest de Nailloux. ☎ 05-61-81-91-77 (mairie). • montbrun-lauragais.fr • De mai à mi-juil et sept, ouv certains dim ; de mi-juil à fin août, jeu 16h30-19h, dim 15h-19h. Visite commentée : 2 € ; réduc ; gratuit moins de 6 ans.* Au sommet d'une colline, un joli moulin du XVIIe s, dont le mécanisme (à deux paires de meules) a été restauré. Fabrication de farine au gré du vent...

MONTGEARD (31560)

Superbe ***église*** du XVIe s. Clocher remarquable. Donjon massif aux formes presque élégantes (mâchicoulis artistiques, gargouilles), surmonté d'un campanile à trois étages d'arcades. À l'intérieur, voûtes richement ornées, nervures (on dit aussi « liernes ») et très beau mobilier. Retable du XVIIIe s, joli bénitier du XVIe s en marbre et, surtout, quatre albâtres Renaissance finement sculptés. Dans le village encore, vieilles demeures, moulins et ***château*** du XVIe s.

VILLEFRANCHE-DE-LAURAGAIS

(31290) 4 140 hab. *Carte Haute-Garonne (Nord), C3*

Petite bourgade qui ronronne tout doucement, où l'on passe sans forcément séjourner. Dans la rue principale, découvrez une église intéressante édifiée en 1271 par Alphonse de Poitiers, fondateur de cette bastide et frère de Saint Louis. Clocher de style gothique toulousain. À côté, élégante halle aux hautes arcades.

Adresse et info utiles

Syndicat d'initiative : *sq. du Général-de-Gaulle. ☎ 05-61-27-20-94. • otvillefranche31.fr • Tlj sf dim.*
– **Marché :** *ven mat.*

Où dormir ? Où manger ?

Hôtel de France : *106, rue de la République. ☎ 05-61-81-61-31. • hoteldefrancevillefranche31@wanadoo.fr • hotel-de-france-villefranche.com • Resto fermé dim soir. Double 45 € ; familiale (3 pers) 57 €. Menus 13,50 € (midi sf dim), puis 18-34 €.* Cuisine dans la plus pure tradition régionale avec, en vedette, le célèbre cassoulet dont Villefranche-de-Lauragais est l'une des capitales. À déguster en salle (pas de terrasse). Chambres simples mises aux normes et rafraîchies par les nouveaux propriétaires.

Où dormir dans les environs ?

Chambres d'hôtes La Pradasse : *chez Christine Antoine, 39, chemin de Toulouse, 31450* ***Ayguesvives.*** *☎ 05-61-81-55-96. • contact@lapradasse.com • lapradasse.com • À 12 km au nord-ouest de Villefranche-de-Lauragais. Accès par la D 16 vers Gardouch et Ayguesvives ; 1 km après la sortie du village, par la D 813,* *fléché env 500 m plus loin, sur la gauche. Résa conseillée. Compter 109-119 € pour 2 selon saison.* Adresse de caractère, classée « 3 épis » et « Art de vivre »... Les labels ne suffisent pas ! LE havre de paix tout en harmonie, dans un style contemporain qui intègre l'architecture en brique de l'ancienne ferme lauragaise, entre fer, verre... et vert ! Les 5 chambres climatisées, spacieuses, personnalisées, à la déco soignée, c'est déjà tout un « film ». On a un faible pour « La Dolce Vita » et « Le Patient anglais ». Sans oublier la roulotte (pour 2 personnes) et le très beau jardin où buller en été. Grande piscine. L'adresse régionale incontournable, avec un accueil au diapason du cadre. Superbe !

DANS LES ENVIRONS DE VILLEFRANCHE-DE-LAURAGAIS

PORT-LAURAGAIS

À 9 km de Villefranche-de-Lauragais. Suivre la D 813 jusqu'à Avignonet-Lauragais, puis fléché (on peut aussi y accéder par l'autoroute reliant Toulouse à Carcassonne). Une fois n'est pas coutume, on vous propose une halte sur un parking d'autoroute, mais on a de bonnes raisons. Il s'agit en fait, comme son nom l'indique, d'un petit port construit sur une presqu'île dans un bassin du canal du Midi.

À la Maison de la Haute-Garonne, maison de tourisme, petite ***expo*** sur l'histoire du canal du Midi *(☎ 05-61-81-41-03 ; mai-sept, tlj 9h-18h – 19h juil-août ; fermé en hiver ; GRATUIT).* Également des produits du terroir.

Pour compléter la visite, possibilité de faire des ***promenades en bateau sur le canal*** à partir de Port-Lauragais *(avr-sept ; plusieurs formules de 30 mn à 2h30 ; rens et résas : ☎ 04-68-60-15-98, 06-88-12-92-24 ; départ également depuis l'écluse de Renneville sur la péniche* Le Surcouf, *☎ 05-61-60-31-65, ● lescroisieresendouce.com ●).*

➢ Port-Lauragais est également le point d'arrivée (ou de départ, c'est selon) de la ***piste cyclable*** qui permet de longer le canal sur une quarantaine de kilomètres à partir de Toulouse. Dans le département de l'Aude, celle-ci se poursuit en chemin de halage, mais elle reste praticable à vélo. La piste cyclable est agréablement ombragée par de beaux platanes (malheureusement, elle joue parfois à touche-touche avec l'autoroute). Les moins courageux pourront y accéder en différents endroits tout au long du parcours par les départementales qui enjambent le canal. Plusieurs villages charmants jalonnent l'itinéraire : ***Montgiscard, Ayguesvives, Montesquieu-Lauragais...*** autant de petites étapes sympas qui vous permettront de découvrir le Lauragais au rythme de la petite reine.

MONTMAUR *(11320)*

À quelques kilomètres de Port-Lauragais. Petite incursion dans l'Aude pour un fier château sur sa colline, bel exemple d'architecture militaire du XVe s. Grosses tours et donjon écrasant les quelques demeures du village. Jolies fenêtres à meneaux et point de vue sympa sur les alentours.

SAINT-FÉLIX-LAURAGAIS

(31540) 1 320 hab. *Carte Haute-Garonne (Nord), C3*

Un de nos villages préférés dans la région, situé sur la D 2. Vu sa situation perchée, les Romains y avaient installé un camp. Les cathares tinrent leur

premier concile en 1167 au sein du château primitif. Montfort prit la ville et détruisit le château en 1211. Adorable place centrale, avec une belle halle du XIIIe s surmontée d'un beffroi, symbolisant la bastide, la « ville nouvelle ». Autour, quelques demeures à colombages et en encorbellement. C'est aussi le village natal de Déodat de Séverac, compositeur français de la fin du XIXe s-début du XXe s, qui nous laissa notamment la fameuse berceuse *Ma poupée chérie.* Ah bon, vous ne connaissez pas ?

Adresse utile

i ***Office de tourisme :*** *pl. Guillaume-de-Nogaret ; dans le château en juil-août. ☎ 05-62-18-96-99. • auxsourcesducanaldumidi.com • Tlj en été.* Expos sur place. En saison, visites guidées du village et du château sur réservation *(tarif : respectivement 4 et 5 €).*

Où dormir ? Où manger ?

Auberge du Poids Public : *route de Toulouse. ☎ 05-62-18-85-00. • poidspublic@wanadoo.fr • auberge-du-poids-public.fr • À l'entrée du village. Resto fermé dim soir sf juil-août. Congés : janv. Doubles 65-106 € selon confort et période ; petit déj 11,50 € (petit déj express au bar 6 €). Formule déj en sem 26 € ; menus 46-76 € et carte. Garage payant. Réduc de 10 % sur le prix de la chambre sept-mai pour les clients ayant pris un repas sur présentation de ce guide.* Agréables petits salons et grande salle à manger au décor distingué, avec vue panoramique sur la campagne. Atmosphère inévitablement chic, mais ce n'est pas un défaut. Produits de qualité au service d'une cuisine inventive : foie gras d'oie ou de canard, gigotin d'agneau de lait des Pyrénées, pigeonneau du Lauragais... La gamme des vins est suffisamment large pour que tout le monde y trouve son compte. À signaler pour les végétariens, un menu « Tout légumes ». Terrasse agréable en saison. Vous tenez là l'une des meilleures tables du département. Une très, très belle étape.

LE LAURAGAIS

À voir

L'église : *dans la rue principale.* Ancienne collégiale du XIVe s, dédiée à saint Félix. L'intérieur se démarque par le beau buffet d'orgue du XVIIIe s, le plafond polychrome à caissons en trompe l'œil et une intéressante chaire baroque. Une grille en fer forgé ferme le chœur dont le plafond gothique est orné de belles nervures saillantes. À droite de l'église, la Commanderie, jolie ***maison gothique*** avec fenêtre à meneaux. Construite en 1300, c'est la plus ancienne maison de la bastide. Fronton triangulaire peint en trompe l'œil.

Se balader côté vallée, au bout du village. Vestiges significatifs des ***remparts*** (du XVIIIe s) avec une tour ronde surmontée d'une table d'orientation qui permet de jeter son regard sur sept départements grâce à un sacré point de vue. Agréable esplanade pour goûter au panorama, dans la douceur des soirées lauragaises.

Importants vestiges du ***château*** des XIIIe-XIVe s, construit dans un style roman tardif, typiquement toulousain. *Se visite l'été, lors des Journées du patrimoine et lors de différentes manifestations ; sinon, tte l'année, sur résa pour les groupes.*

Fête et manifestations

– ***Festival Déodat de Séverac :*** *de mi-juil à mi-août. Rens auprès de la Maison de Déodat de Séverac : ☎ 05-61-83-01-83.* Concerts de musique classique.

- *Festival Théâtre :* *1 w-e fin juin.*
- *Fête de la Cocagne :* *en août.* Défilé médiéval, son et lumières.

DANS LES ENVIRONS DE SAINT-FÉLIX-LAURAGAIS

SAINT-JULIA *(31540)*

Vieux village avec quelques vestiges de remparts (porte de Sers). L'église possède un émouvant clocher-mur, campanile complètement usé, avec la plus ancienne cloche du département (1396). Possibilité de visite guidée du village en été *(rens à l'office de tourisme de Saint-Félix-Lauraguais ou de Revel).*

Où manger ?

Auberge de Saint-Julia : *rue du Vinaigre. ☎ 05-61-83-04-79. • aubergedesaintjulia@gmail.com • Ouv le midi mer-dim et le soir jeu-sam. Congés : quelques sem en fév et 2-3 sem fin sept-oct. Le midi (sf dim), menu 15 € et carte ; le soir et dim midi, menus-carte 30-37 €.* Voici une belle auberge de village qui constitue une adresse idéale pour le déjeuner. Le menu du jour (café compris) offre une cuisine maison soignée et copieuse. En saison, lorsque le temps le permet, la terrasse est particulièrement agréable. Accueil aimable.

REVEL (31250) 9 350 hab. *Carte Haute-Garonne (Nord), D3*

Aux confins du département, ancienne bastide royale construite par Philippe VI de Valois en 1342. Une curiosité : dans la charte de fondation, parmi les 89 articles, l'un d'eux fixait très exactement la dimension des maisons. La ville devient cité du meuble d'art avec l'arrivée d'Alexandre Monoury en 1888. Compagnon marqueteur versaillais, il décide de s'installer à Revel et se spécialise alors dans la fabrication de meubles d'art. Dans les années 1960, au plus fort de son activité, la ville compte près de 600 ébénistes pour seulement 6 000 habitants. Aujourd'hui, quelques ateliers subsistent encore… et le lycée du meuble d'art ainsi que le centre de formation spécialisé *(IMARA)* préparent la relève.

Jolie place centrale avec arcades (*garlandas,* en occitan, dont on peut voir au musée de magnifiques maquettes), autour de laquelle s'agencent demeures à couvert avec piliers en bois et demeures en pierre, signe que la région s'était fortement enrichie avec le pastel. Belle halle en bois du XIVe s avec une forêt de piliers séculaires, une charpente remarquablement conservée, un toit couvert de milliers de tuiles roses et surmonté d'un beffroi (siège de l'office de tourisme). Donnant sur la place, la rue Victor-Hugo propose, au nº 4, une maison à double encorbellement.

Adresse et infos utiles

Office de tourisme : *pl. Philippe-VI-de-Valois, dans le beffroi de la halle. ☎ 05-34-66-67-68. • auxsourcesducanaldumidi.com • Tlj sf dim ap-m en été ; fermé lun hors saison. Point info à* ***Saint-Ferréol,*** *sur le parking de l'av. de la Plage ; tlj en été slt.* Accueil attentionné.

Bus : depuis Toulouse, n°s 56 et 57.

– ***Marché :*** *sam mat.* Classé parmi les 100 plus beaux marchés de France.

Où dormir ? Où manger ?

Camping

Camping municipal du Moulin du Roy : *av. de Sorèze. ☎ 05-61-83-32-47. • camping-moulin-du-roy@mairie-revel.fr • mairie-revel.fr • À env 1 km du centre-ville en direction de Sorèze. Ouv début juin-début sept. Prix tente en hte saison 11,80 € ; loc caravanes env 103 €/sem (avec électricité). CB refusées. 50 empl.* Camping avec des sanitaires impeccables mais moyennement ombragé. Éviter si possible les emplacements juste en bord de route. Coin barbecue avec épis de maïs fournis pour allumer le feu ! Piscine.

De bon marché à prix moyens

Hôtel du Midi : *34, bd Gambetta. ☎ 05-61-83-50-50. • contact@hotelrestaurantdumidi.com • hotelrestaurantdumidi.com • Resto fermé dim soir et lun midi (sf j. fériés) oct-juin. Congés : de mi-nov à mi-déc. Doubles 53-75 €. Menus 12-17 € (midi en sem), puis 25-50 €. Parking gratuit. Apéritif maison offert sur présentation de ce guide.* Voici un agréable établissement offrant des chambres pimpantes et toutes différentes (les plus chères donnent sur le jardin, les autres sur la rue mais avec un bon double vitrage). Salle à manger au décor chic décontracté, pour une cuisine gourmande de bonne facture, appréciée dans la région. Et toujours des p'tits vins à prix modérés. L'été, on mange dans le jardin ombragé. Très bon accueil.

La Commanderie : *7, rue du Taur. ☎ 05-34-66-11-24. • hotelcommanderie@orange.fr • hotel-commanderie.pagesperso-orange.fr • Double 58 € ; familiale (4 pers) 75 €.* Ce bâtiment d'âge vénérable (datant de 1545 environ) fut tour à tour teinturerie de pastel, temple protestant, école catholique... C'est aujourd'hui un hôtel entièrement rénové, au confort 3 étoiles. Chambres fraîches et confortables. Un bon rapport qualité-prix. Fait aussi restaurant.

LE LAURAGAIS

À voir

Le beffroi de la halle : *s'adresser à l'office de tourisme, au rdc du beffroi. En été, visite lun, mer et ven-sam à 11h ; le reste de l'année, slt sam. Entrée : 1,50 € ; gratuit jusqu'à 12 ans.* Découvrir la charpente de cet édifice du XIVe s (restauré au XIXe), visiter l'exposition sur la ville au 2e étage, mais surtout apprécier la vue panoramique sur Revel, la Montagne noire et le Lauragais.

Le musée du Bois et de la Marqueterie : *13, rue Jean-Moulin. ☎ 05-61-81-72-10. • museedubois.com • Tlj sf dim 10h30-12h30, 14h-19h. Entrée : 5 € ; réduc ; 4 € sur présentation de ce guide ; gratuit moins de 12 ans. Ateliers pédagogiques pour les enfants : marqueterie, modelage, land art...* Un bel espace muséographique qui présente toute la filière bois, de l'exploitation forestière au métier d'art. Près de 2 500 m^2 d'exposition sur les vieux métiers du bois et leurs outils, nombreux automates, xylothèque (recensant toutes les essences) et marqueterie, auditorium avec projection de films sur les artisans. Également des expos temporaires d'œuvres d'art. Boutique.

DANS LES ENVIRONS DE REVEL

L'Explorarôme : *à* **Montégut-Lauragais** *(31540). ☎ 05-62-18-53-00. À 7 km de Revel par la D 1, direction Caraman ; au panneau d'entrée de Montégut, 1re ruelle à gauche (lieu-dit Le Tapissier). Visites commentées pdt les vac scol de*

printemps et d'été, dim, mar et jeu à 15h, sur résa slt ; entrée : 9 €, 13-17 ans 7 €, enfants 5,50 €. Le reste de l'année, possibilité de se joindre à un groupe déjà constitué (sur résa). Compter 2h de visite.
Un peu cher, mais vous ne le regretterez pas, parce que ce musée des odeurs est tout simplement génial ! Installé dans une maison à la campagne, c'est une sorte de musée-laboratoire monté par un « sculpteur d'arômes » professionnel et sa fine équipe, comme on en trouve dans l'industrie de la parfumerie. Tout commence par un atelier de discussion convivial où l'on vous explique comment marche un nez (!)... On visite ensuite le laboratoire, où l'on apprend que l'on peut transformer une molécule dégageant une odeur particulière en une autre à l'odeur totalement différente ! C'est assez incroyable...
Mais le clou du spectacle, c'est sans doute la créativité de ces « scénographes des odeurs » qui ont travaillé (entre autres) pour Royal de Luxe, le théâtre du Châtelet, le Futuroscope et la Cité des sciences, excusez du peu ! On veut parler de ces petites expos super originales, interactives et tournantes... Également un jardin aux 450 plantes odorantes, que ne renierait pas un certain Charles Trenet tant il paraît soudain extraordinaire avec quelques commentaires... On y découvre des plantes dont on ne soupçonnait même pas l'existence, telles que la *rue* (bonne odeur de noix de coco râpée), la *plante bitumineuse* (comme son nom l'indique !) et celles qui sentent la cacahuète, l'hôpital, etc. Sans oublier une serre aux senteurs exotiques. Bref, on veut juste vous mettre un peu de ce bon fumet sous le nez pour vous attirer hors des sentiers parfois battus du tourisme culturel... Vous découvrirez non pas un musée de plus, mais un univers à part entière qui sommeillait dans votre nez sans que vous vous en doutiez.

SAINT-FERRÉOL

(31250) 50 hab. *Carte Haute-Garonne (Nord), D3*

À environ 3 km de Revel par la D 629. C'est là que Claude Chabrol tourna les extérieurs de *L'Enfer,* avec Emmanuelle Béart et François Cluzet. Plus récemment, André Téchiné choisit également le coin pour son film *Les Égarés,* avec la même Emmanuelle.
Le réservoir de Saint-Ferréol est le plus ancien d'Europe. Il fut construit de 1667 à 1672 pour réguler le débit d'alimentation du canal du Midi grâce à une digue de 780 m de long retenant les eaux du Laudot. C'est le premier ouvrage de cette nature entrepris en France, et peut-être même dans le monde... Aujourd'hui, le lac de Saint-Ferréol, classé (ainsi que son système d'alimentation) au Patrimoine mondial de l'Unesco et situé dans un cadre verdoyant et boisé, constitue un lieu de villégiature pour les Toulousains en week-end. Plage, sports nautiques, tennis, vélo, équitation, bref un endroit bien agréable. Également une balade sympa autour du lac.

Où dormir ? Où manger ?

Campings

⛺ ***Camping d'En Salvan :*** *lac de Saint-Ferréol,* ***Vaudreuille.*** *☎ 05-61-83-55-95. • campingensalvan@orange.fr • campingensalvan.com • ♿ À 4 km au sud-ouest de Saint-Ferréol par la D 79D, au début de la route vers Vaudreuille, à droite. Ouv avr-fin oct. Prix tente 14,60-17 € selon saison ; loc mobile homes et chalets 160-590 €/sem selon saison. 147 empl.* Ombragé et de bon confort. Tennis, volley et ping-pong à proximité. Le lac et la base de loisirs sont proches également. Piscine.

⛺ ***Camping Las Prades :*** *chemin Las*

*Prades, **Vaudreuille.** ☎ 05-61-83-43-20. • stephen.teste@gmail.com • ♿ Après la bifurcation de Vaudreuille, sur la gauche. Ouv avr-oct. Prix tente 9,85-11,35 € selon saison ; hébergements locatifs 250-500 €/sem selon saison. CB refusées. 76 empl.* Assez intime. La partie en hauteur est moins agréable, mais l'accueil est aussi bon. Confortable. Piscine.

De bon marché à prix moyens

🏠 🍽 ***Hôtellerie du Lac :*** *22, av. Pierre-Paul-de-Riquet. ☎ 05-62-18-70-80. • contact@hotellerie-du-lac.com • hotellerie-du-lac.com • ♿ Resto fermé dim soir et ven soir hors saison. Congés : vac scol de Noël. Double 69 € ; quadruple 89 €. Formule déj (sf dim et j. fériés) 15 € ; menus 18-46 €.* 📶 À l'écart de la route, un établissement réputé avec un certain raffinement. Chambres confortables à la déco étudiée, certaines avec vue sur le lac. Salle à manger, salon et bar cossus. On s'y sent bien. Produits frais et de saison pour une cuisine classique et soignée. Piscine chauffée (de mi-juin à mi-septembre), sauna, belle verrière au charme rétro, et terrasse face à un jardin.

🍽 ***La Renaissance :*** *lac de Saint-Ferréol. ☎ 05-61-83-51-50. • contact@hotellarenaissance.fr • Tlj sf lun ou mar ; horaires larges. Congés : de mi-nov à mi-mars. Résa recommandée. Menus 15,50-32,50 € et carte.* À 30 m du lac mais sans vue. Une adresse prisée par les locaux car régulière et proposant une cuisine correcte à prix honnête. Carte variée (un peu trop peut-être). Grande terrasse. Bon accueil.

Où dormir ? Où manger dans les environs ?

LE LAURAGAIS

⛺ ***Camping à la ferme :*** *la ferme de Rhodes, à **Verdun-en-Lauragais** (11400). ☎ 04-68-94-95-96. • info@aubergeduboutdumonde.fr • leboutdumonde.fr • ♿ À 15 km de Revel et de Saint-Ferréol. Prendre la route des Cammazes ; env 2 km après Les Cammazes, bifurquer à droite, direction Verdun-en-Lauragais ; suivre les panneaux « Bout du Monde » sur au moins 3 km. Ouv fin mars-fin sept. Compter 18-41 € pour camper selon emplacement et saison ; mobile homes (relookés « cottages » pour 2-6 pers) 39-159 €/nuit selon saison (2 ou 7 nuits min selon saison) ; yourtes (2-4 pers) 35-110 € selon saison.* Dans un cadre superbe (120 ha entre bois, landes et pâturages), un beau camping insolite et écolabellisé, avec 2 piscines (dont une naturelle), tennis et lac de pêche. Poney et ferme pédagogique pour les enfants. Activités du style cueillette, ateliers de peinture ou équitation. Ambiance « club », assez bobo. Idéal en famille.

🍽 Au même endroit (mêmes coordonnées), ***Le Bout du Monde.*** *Auberge ouv en saison (de préférence sur résa) le soir jeu-sam, plus le midi des dim et j. fériés ; fermé jeu soir en hiver. Congés : fêtes de fin d'année. Formule 18 € (sf dim et j. fériés), puis menus 24-44 €.* Quelle adresse ! La route pour y aller est déjà tout un poème. C'est vraiment au bout du monde que vivent les dignes héritiers de Pantagruel. Interdit à celle ou celui qui picore ou qui est au régime. Magnifique salle à manger à l'ancienne, avec cheminée et miches de pain géantes. Au programme, navarin d'agneau, canette à la broche, pintade farcie aux champignons et écrevisses flambées, on en passe et des meilleurs ! Le tout arrosé d'un petit vin de pays de derrière les fagots. Des patrons aux petits soins, des cuisinières sympas et rieuses, que demander de plus ? Un bar à vins, une épicerie ? Qu'à cela ne tienne !

À voir. À faire

– 👨‍👧 ***Base de loisirs :*** nombreuses activités proposées. Minigolf, tennis, aéro-trampo, VTT, parcours acrobatique dans les arbres, escalade, kayak, planche à voile, équitation... et plein d'autres choses (attention, résa nécessaire pour certaines activités). Stages également possibles. *Rens au club nautique de Saint-Ferréol, 06-63-16-54-02. En été, tlj 10h-19h ; possibilité de pratiquer certaines activités au printemps et en automne : se renseigner.*

Le musée et les jardins du Canal du Midi : *bd Pierre-Paul-de-Riquet. ☎ 05-61-80-57-57. • museecanaldumidi31.blogspot.fr • Juil-août, tlj 10h30-18h30 ; mars-juin et sept-oct, tlj sf lun 10h30-12h30, 14h (13h30 juin et sept)-18h ; nov-déc, w-e et tlj sf lun pdt les vac scol 14h-17h. Fermé janv-fév sf vac scol. Entrée : 5 € ; réduc ; gratuit moins de 12 ans ; forfait famille.* Inauguré en juin 2008, le musée se situe sur le barrage de Saint-Ferréol et retrace la fabuleuse histoire du canal du Midi, l'incroyable audace et l'admirable ingéniosité de son concepteur et réalisateur, Pierre-Paul de Riquet. Secrètement motivé par le désir que sa famille retrouve un titre de noblesse alors déchu, et âgé de 57 ans (l'espérance de vie était de 40 ans à l'époque !), Pierre-Paul de Riquet entreprend une véritable course contre la montre, surmonte des montagnes, inaugure un système de sécurité sociale avant-gardiste pour les 12 000 ouvriers qui travailleront sur le chantier (ce n'est que 250 ans plus tard, avec le Front populaire, que seront généralisées de telles conquêtes sociales en France !). Sa fortune y passe et il meurt ruiné, alors qu'il ne restait plus que 3 km de canal à creuser ! Un beau musée à ne pas manquer, avec documents d'archives, panneaux interactifs, iconographie baroque, maquettes, auditorium, parcours-jeux pour parents et enfants, et un « parcours spectacle » tout à fait réussi. Après la visite, allez vous balader dans les jardins avec jet d'eau et cascades. Au XIXe s, en été, les Toulousains en goguette venaient y prendre le frais.

Manifestation

– ***Pyroféerie :*** *feu d'artifice le 2e ven d'août.* Féerie en reflet sur les eaux du lac.

LOUBENS-LAURAGAIS

(31460) 430 hab. *Carte Haute-Garonne (Nord), C2*

Très joli village accessible par la D 826, doté de quelques maisons à colombages et d'un beau château Renaissance entouré d'un parc.

Où dormir dans les environs ?

Camping municipal de l'Orme Blanc : *au lac de l'Orme-Blanc, 31460* ***Caraman.*** *☎ 05-62-18-96-64 ou 05-62-18-81-60 (mairie). • mairie.caraman@wanadoo.fr • Au bord du lac, à env 2 km du village par la D 11 (direction Villefranche-de-Lauragais, puis fléché). Ouv juil-août. Prix tente en hte saison 9 €. CB refusées. 31 empl.* En bordure du lac communal et dans un petit bois, au calme parfait. Plage surveillée. Pêche.

À voir

Le château : *☎ 05-61-83-12-08. • chateaudeloubens.com • Ouv tte l'année pour les groupes sur rdv slt. Entrée : 5 € ; réduc.* Beau château fort remanié à la Renaissance. À voir, le parc, une quinzaine d'appartements meublés (grands salons, salle des gardes, cuisine, chambre du capitoul, bibliothèque...), des greniers à grains et des offices souterrains.

VERFEIL

(31590) 3 220 hab. *Carte Haute-Garonne (Nord), C2*

Au nord-est du Pays toulousain, vers Lavaur (sur la D 112). Il s'y passa, en 1145, un événement légendaire : en pleine hérésie cathare, saint Bernard jeta un anathème sur le village : « Verfeil, cité de la verte feuille, que Dieu te dessèche ! » Cette malédiction dura 7 ans et le premier arbre à repousser fut un figuier, devenu l'emblème de Verfeil.
Château du XIIIe s aux vestiges imposants, les trois portes protégeant la ville. Le village médiéval garde, par ailleurs, le souvenir de la comtesse de Ségur, qui y venait en vacances – vous vous souvenez, les fameux ouvrages de la Bibliothèque rose et *Les Malheurs de Sophie* ? Ses petites-filles Camille et Madeleine, héroïnes des *Petites Filles modèles,* reposent au cimetière de Saint-Sernin-des-Rais (à 2 km de Verfeil, direction Lavaur). Un musée leur est notamment consacré.

Adresse utile

i *Office de tourisme :* *Grand-Faubourg. ☎ 05-61-35-88-84. Tte l'année ; juil-août, tlj sf dim mat.* Dans l'espace d'art du Puits, expos artisanales. Également la galerie d'art du Figuier. Dépliant sur les randos du coin.

À voir. À faire

Le musée du Pays verfeillois : *☎ 05-61-35-88-84. Passer d'abord à l'office de tourisme. Entrée : 2,50 € ; gratuit moins de 12 ans.* Petit musée consacré à la vie locale d'autrefois et aux Petites Filles modèles de la comtesse de Ségur.

➢ ***Randonnées :*** plusieurs balades dans les environs, notamment celles vers les lacs du Laragou (pêche, aviron, voile et modélisme naval) et de la Balerme. Coin pique-nique.

DANS LES ENVIRONS DE VERFEIL

Le château de Bonrepos : *31590* ***Bonrepos-Riquet.*** *☎ 05-67-16-16-18. • bonrepos-riquet.fr • Juil-août, visite guidée lun-sam et j. fériés à 15h, dim à 15h et 16h (durée : 2h) ; juin, sam-dim et j. fériés à 15h ; mai et sept, dim et j. fériés à 15h. Tarif : 7 € ; réduc ; gratuit moins de 12 ans. Mi-juin, pdt 1 w-e, ont lieu les Festivités de Riquet : le Tout-Bonrepos-Riquet et les villages alentour se déguisent pour festoyer dans le parc du château. Le 1er w-e de nov, on y organise Les Journées des plantes, un grand marché aux plantes avec de nombreux producteurs et artisans (entrée : 3 €, gratuit moins de 12 ans).* Demeure de Pierre-Paul de Riquet, le concepteur et réalisateur du fameux canal du Midi, au XVIIe s. C'est dans le parc de ce château (également du XVIIe s) qu'il expérimenta, grandeur nature, le système hydraulique du futur canal. Le château fut reconstruit par la famille Riquet pour en faire une demeure familiale et un lieu d'expérimentation. Il faut dire que les Riquet étaient l'une des familles les plus puissantes de la région. Le château fut habité jusqu'en 2007. Le canal devait en fait longer le château, mais son tracé fut finalement déplacé pour passer par Toulouse. Autant le savoir, le château est vide et relativement abîmé. Mais c'est la visite guidée qui est intéressante ici, car, outre les pièces que l'on visite rapidement, c'est surtout la genèse de l'épopée du canal que l'on vous narre et qui est d'un grand intérêt. Après l'intérieur du château, du parc et de l'orangerie, on se dirige vers le ***vallon de Garenne,*** zone de chasse et de pêche, où Riquet installa sur 24 ha une succession de bassins où étaient captées les eaux de ruissellement des vallons environnants. C'est donc ici qu'il mettra en pratique, sous le contrôle des ingénieurs du roi, toutes ses hypothèses les plus ambitieuses. On y verra le bassin-canal long de 250 m et ce qu'il reste de la fameuse « machine hydraulique ». Puis passage à la ***glacière,*** ancien lieu de stockage des blocs de glace pour l'alimentation du château en eau.

LE VOLVESTRE

Au sud de Toulouse, cette région de collines arrosée par la Garonne était autrefois le lieu de passage des pèlerins en route pour Saint-Jacques-de-Compostelle. Moins touristique que le Lauragais, le Volvestre réserve cependant quelques sites de charme qui peuvent constituer une agréable promenade le long du fleuve. Et puis, en route, découvrez le petit pays de Savès qui, faute de reconnaissance officielle, se trouve écartelé entre le Pays toulousain, le Volvestre, un tout petit bout du Comminges et le Gers. Décidément, quel découpage !

RIEUMES (31370) 3 410 hab. *Carte Haute-Garonne (Nord), A3*

Chef-lieu de canton à 40 km au sud-ouest de Toulouse, point de rencontre des coteaux de Gascogne et de la vallée de la Garonne, Rieumes devint, au XIIe s, une place forte des comtes de Comminges, puis une bastide. Jean de Mansencal, notable toulousain propriétaire d'un hôtel particulier à Toulouse, s'y fit construire un château et y jugea Arnaud Duthil, dit Pansette, plus connu sous le nom du « faux » Martin Guerre, originaire de Sajas, ténébreuse affaire dont on retrouve la trace dans toute la région... Réputée pour ses foires au Second Empire, la ville possède deux halles assez bien préservées. Enfin, elle a donné une vingtaine d'internationaux à l'équipe de France de rugby, comme Guy Laporte et les frères Viviès, et plus récemment Lionel Mazars.

Adresse et info utiles dans le coin

Office de tourisme Savès 31 : *2, pl. du Marché-à-la-Volaille. ☎ 05-82-95-07-01. • tourisme-saves31.fr • En été, tlj ; le reste de l'année, mar-ven.* Bonnes infos et documentation sur les randonnées du coin. Accueil très sympathique.

– ***Marchés traditionnels :*** *jeu mat. Et dim mat à* ***Bérat*** *et* ***Sainte-Foy-de-Peyrolières.***

Où dormir ? Où manger ?

Camping

Camping de la Forêt – Le Poul'Art : *140, av. de la Forêt. ☎ 05-34-48-98-62. 06-09-95-74-31. • contact@le-poulart.fr • le-poulart.fr • À 1,5 km de Rieumes, en direction de L'Isle-en-Dodon. Congés : de mi-janv à mi-mars. Prix tente en hte saison 13 € ; un gîte de 17 lits,*

2 gîtes de 6 lits, 20 €/nuit ; mobile homes 222-475 €/sem ; caravanes à partir de 111 €/sem. Possibilité de loc à la nuit. CB refusées. 25 empl. Réduc de 5 % sur présentation de ce guide. Modeste camping avec des emplacements ombragés par des arbres fruitiers, aux abords d'une ancienne ferme. Propose de nombreux stages variés (yoga, danse, massage, etc.). Pour les sportifs, le GR 86 passe à proximité, et le parc de loisirs *Tépacap* n'est qu'à 500 m ! Des gîtes limitrophes si vous vous déplacez en bande.

De prix moyens à chic

Auberge Les Palmiers : *13, pl. du Foirail. ☎ 05-61-91-81-01. • aubergelespalmiers@yahoo.fr • auberge-lespalmiers.com • Resto fermé dim soir et lun (ouv lun soir pour les clients de l'hôtel). Congés : 2 sem fin août-début sept et pdt les fêtes de fin d'année. Double 70 €. Formules et menus 13-16 € le midi en sem, 25 € (29 € dim)-35 € le soir ; carte 45-50 €. Café offert sur présentation de ce guide.* Agréables chambres restaurées qui allient le charme de l'ancien au confort du moderne. Déco soignée et très réussie. Côté restauration, une cuisine d'inspiration régionale bien amenée, qui fait une large part au poisson et aux desserts maison. Derrière, une cour (avec, bien sûr, des palmiers) calme et très agréable où l'on se détend avec grand plaisir autour de la piscine. Accueil et service excellents.

Où boire un verre ? Où sortir à Rieumes et dans les environs ?

Café du Commerce : *28, allées de la Libération, à Rieumes. ☎ 05-61-91-80-53. Fermé lun.* Vieux café sympa avec une jolie façade rétro. À l'intérieur, quelques retraités jouent à la belote, et sur les murs, des affiches du Stade toulousain, de corrida et de groupes de rock. 3 ou 4 fois par mois (sauf en été), de petites formations, en fonction des coups de cœur du patron, viennent se faire les dents sur la scène.

La Maison de la Terre : *à Poucharramet (31370). ☎ 05-62-20-01-76. • contact@lamaisondelaterre.fr • lamaisondelaterre.fr • Jeu-sam 14h-19h ; bistrot ouv ven 17h-23h et les soirs de manifestation. Congés : sept.* Organise des concerts, expositions, conférences, journées à thème, etc. L'occasion de jeter un œil au joli village de Poucharramet...

À voir. À faire

Les halles : sur la place d'Armes, belle *halle aux marchands* ovoïde de 1829 et, place de la Poste, ancienne *halle au blé* de 1870.

Les maisons bourgeoises à décors « de terre cuite » : avec la brique, c'est le beau matériau du très joli *hôtel du Midi* construit en 1862, à côté de la sympathique petite mairie (notez aussi l'antique façade du tailleur Bouffartigues entre les deux, qui abrite l'office de tourisme) ; puis, la *maison Nabonne* de 1875, non loin de l'auberge *Les Palmiers,* est notre coup de cœur architectural de Rieumes. Superbe avec sa brique, sa grille et ses très exotiques palmiers (c'est fou comme ça pousse bien dans la région !).

Quelques ***maisons à colombages*** des XVe et XVIe s, restaurées.

L'église Saint-Gilles : la nef fut reconstruite en 1525 et la chapelle date du XVIe s. Angelots en cul-de-lampe, cuve baptismale en pierre, statues de Pierre et Gilles (XVIIe s), chaire du XVIIIe s et orgue Cavaillé-Coll du XIXe s.

La chapelle de l'Ormette : *un peu en dehors de Rieumes, sur la route de Saint-Lys.* Intéressante pour son intérieur assez chargé. Malheureusement, souvent fermée...

➢ ***Randonnées :*** une petite dizaine de circuits pédestres à faire en boucle et balisés au départ de Rieumes (près de 120 km !) ; notamment le circuit de Martin Guerre, celui des Moulins, du tour du lac de Savères, etc. Brochure disponible (gratuitement) auprès de l'office de tourisme.

– ***Le parc de loisirs Tépacap :*** *à 2 km de Rieumes, sur la D 3 en direction de L'Isle-en-Dodon. ☎ 05-62-14-71-61. • tepacap.fr • Ouv de mi-mars à mi-nov : juin-août, tlj 10h-19h ; sinon, mer-dim 10h-18h. Fermeture jeux et billetterie 12h30-13h30. Entrée : 7-26 € selon activités et formule choisie ; réduc ; également des forfaits ; tarif réduit accordé sur présentation de ce guide.* Un parc de loisirs pour s'offrir toute une journée de détente en famille ou entre amis. Quinze parcours dans les arbres, un Monde obscur, des toboggans, une tyrolienne de 150 m et des jeux d'adresse. Également du *paintball* (à partir de 18 ans). Espace éveil à partir de 2 ans.

Pour ceux qui voudraient pousser l'expérience jusqu'au bout, possibilité d'hébergement dans une cabane dans les arbres *(• macabanedanslesarbres.fr •)*, en tipis, snack, aire de pique-nique...

Manifestation

– ***Corrida de Rieumes :*** *fin juin. Rens auprès du Club taurin de Rieumes : ☎ 05-62-14-66-13.* Danses sévillanes, spectacle équestre et spectacle taurin.

DANS LES ENVIRONS DE RIEUMES

Le musée Cap Al Campestre : *29, chemin Français, 31600* ***Lherm.*** *☎ 05-61-51-14-56. • museecapalcampestre.fr • À 4 km de Lherm, à l'est de Rieumes par la D 43 (fléché). Tte l'année, tlj 9h30-17h30 ; sur résa pour les groupes. Entrée : 7 € ; enfants 3 €.*
À ne pas manquer ! Loin des musées traditionnels (et pourtant la tradition est vraiment le thème de celui-ci !), ce musée présente près de 40 métiers sur environ 2 ha d'exposition ! On découvre une invraisemblable collection hétéroclite organisée par thèmes, dans des pavillons ou en plein air, et amassée depuis plus de 30 ans par un ancien maçon ! Résultat : 15 000 élèves par an défilent ici en se nourrissant de la vie de leurs aïeux. Divers ateliers sont ouverts au public : tressage de cordes, vendanges, fabrication de pain, de jus de pomme...
En vrac, comme un inventaire à la Prévert, machines d'imprimerie, cabines téléphoniques, machines agricoles, foudres et cuves à vin, outils en tout genre, le dernier tramway de Toulouse, la dernière lunette du télégraphe de Chappe en Europe, la calèche de Clément Ader, et des salles à thème comme l'école, la salle de bains de nos arrière-grands-parents, une salle pour la radio, la photo et le ciné, en passant par les noms et les connaissances sur les... araignées dans le monde (qu'un musée toulousain a même essayé de leur piquer !). Le clou du spectacle reste sans doute cette *camera obscura* à taille humaine, faite entièrement « à la main », ou « Comment rentrer à l'intérieur d'un appareil photo géant entre la fenêtre d'impression et une pellicule fictive... ». Impressionnant (c'est le cas de le dire !). N'hésitez pas à demander des infos en passant, la famille Ferasin se fera un plaisir de vous répondre.

Sabonnères *(31370) : à 10 km au nord-ouest de Rieumes par la D 28 et la D 58.* Joli village avec une adorable église du XVIe s entourée d'agréables maisons et de petits jardins en pente qui descendent jusqu'à de superbes douves médiévales. À l'entrée du village, un antique caboulot de campagne à l'abandon. En redescendant de l'église, partir à droite et, après le petit pont, toujours à droite, prendre le chemin jusqu'à la mare. Derrière, étonnante fontaine oratoire avec une représentation de saint Germain, « souvenir de la mission de 1880 laissé par Mathieu Lamarque ».

Un peu plus loin, le clocher de ***Beaufort,*** sur la route de Rieumes, mérite lui aussi un coup d'œil.

***Sajas** (31370) : à 10 km au sud-ouest de Rieumes par la D 3.* À signaler pour le joli clocher-mur de l'église du XIIIe s, mais c'est surtout le village natal d'Arnaud Duthil, surnommé Pansette, alias le « faux » Martin Guerre (interprété par Depardieu au cinéma).

CARBONNE (31390) 5 185 hab. *Carte Haute-Garonne (Nord), B3*

Située au confluent de la Garonne et de l'Arize, cette bastide fut fondée en 1256. Incendiée à diverses reprises, elle sera totalement détruite par le Prince Noir en 1350, puis reconstruite quelques années après sous la forme d'une forteresse dont les remparts sont encore visibles. Elle sera rattachée à la couronne de France en 1724. Jusqu'au milieu du XIXe s, son port en fit le lieu obligatoire de transit pour le commerce depuis les Pyrénées. Aujourd'hui, Carbonne, bourgade commerçante, préfigure la banlieue de Toulouse.

Adresse et infos utiles

***Office de tourisme** : 32 ter, pl. de la République. ☎ 05-61-87-59-03. • tourisme-volvestre.fr • Tlj sf dim-lun et jeu ap-m.* Propose des visites accompagnées gratuites, sur réservation.

– ***Marchés** : **traditionnel** jeu mat et **du terroir** sam mat.*

– ***Fête de la Saint-Laurent** : un w-e autour du 10 août.* Grande fête.

Où manger ?

***Mille et une Saveurs** : 23, rue Jean-Jaurès. ☎ 05-61-97-61-51. • milleetunesaveurs@voila.fr • Ouv le midi mar-dim, plus le soir jeu-sam. Le midi en sem, formule et menu 12,50-15 € ; autres menus 22-26 €. Apéritif maison offert sur présentation de ce guide.* Une déco ensoleillée, un poil tape-à-l'œil, pour une cuisine honnête qui change au gré des saisons et de l'humeur du chef. Le magret de canard aux morilles figure régulièrement sur la carte. Terrasse en bord de rue. L'une des tables qui sortent du lot à Carbonne.

À voir. À faire

***L'église Saint-Laurent** : sur les bords de la Garonne. Ouv pour les cérémonies et dim pour la messe, plus ts les ap-m juil-août.* Portail ogival du XIVe s. Orgue classé, avec mécanisme en cuir et bois d'origine.

***Le musée André-Abbal** : 10, rue du Sculpteur-Abbal. ☎ 05-61-87-58-14. • museeabbal.free.fr • Juin-sept, tlj sf mar 10h-12h, 15h-18h ; le reste de l'année, le w-e slt 15h-18h (ou en sem sur résa). Entrée : 3,50 € ; gratuit moins de 18 ans.* André Abbal (1876-1953) est né dans une famille de tailleurs de pierre à Moissac. Son grand-père et son père étaient venus dans ce village du département de Tarn-et-Garonne, sur demande de Viollet-le-Duc, pour restaurer le célèbre cloître et l'abbatiale. En réaction contre l'enseignement des beaux-arts qui préconisait à l'époque la technique du modelage préalable, André Abbal s'est fait l'apôtre de « la taille directe ». Une partie de ses œuvres (sculptures et dessins) ont été rassemblées dans son ancien atelier, aujourd'hui transformé en musée par sa fille. Quelques œuvres sont également exposées dans le jardin du musée, où repose l'artiste.

➢ ***Balade au fil de l'eau ou au fil du temps :*** sympathiques sentiers autour de Carbonne (8 km) pour découvrir la ville côté eau. Quelques beaux points de vue. Topoguides à l'office de tourisme.

DANS LES ENVIRONS DE CARBONNE

SAINT-SULPICE-SUR-LÈZE *(31410)*

Plus à l'est, sur la D 622, ne manquez pas cette bastide fondée en 1257, pour sa belle place de la Mairie bordée d'arcades et de maisons à colombages. Également une jolie église du XVe s, flanquée d'un clocher-porche octogonal. Jetez un coup d'œil sur le moulin de Pesquiès, à la sortie du village, vers Auterive.

NOÉ *(31410)*

À 8 km au nord de Carbonne. Rien de particulier, si ce n'est que cette petite ville tranquille eut pour maire un personnage haut en couleur, Jean-Baptiste Doumeng, enfant du pays, P.-D.G. d'Interagra, surnommé pour son appartenance au PCF « le Milliardaire rouge ». Dans sa commune, on préférait l'appeler « le Patriarche ».

Où dormir ? Où manger ?

Hôtel L'Arche de Noé : *2, pl. de la Bascule. ☎ 05-61-87-40-12. • hotelarchenoe@aol.com • (resto slt). Hôtel ouv tte l'année ; resto fermé fêtes de fin d'année-début janv. Repas le soir slt (priorité donnée aux résidents) sf dim. Doubles 69-74 € ; familiale 84 €. Menu 28 €.* Salle à manger à la déco classique et cour intérieure fleurie et agréable, dans laquelle on peut manger en été. Honnête cuisine traditionnelle et carte variant selon les saisons. Pour une étape sur la route des vacances (l'autoroute est à l'entrée de la ville), quelques chambres de bon confort, décorées à l'ancienne (avec tapisseries à fleurs) ; certaines, comme la nº 41, plus spacieuses et plus gaies que d'autres.

RIEUX-VOLVESTRE

(31310) 2 630 hab. *Carte Haute-Garonne (Nord), B3-4*

On a eu un coup de foudre pour ce village encerclé par une boucle de l'Arize et présentant une remarquable homogénéité. Et possédant, aussi incroyable que cela puisse paraître, une véritable cathédrale !

Adresse utile

Office de tourisme : *9, rue de l'Évêché. ☎ 05-61-87-63-33. • mairie-rieux-volvestre.fr • Tte l'année : juil-août, tlj ; mai-juin et* *sept, mar-ven et sam ap-m ; oct-avr, mar-sam slt l'ap-m.* Accueil enthousiaste. Expos artistiques à l'étage. Sur résa (minimum 4 personnes), visites commentées toute l'année de la cathédrale, du trésor épiscopal et du musée de Papogay, que l'on vous recommande vivement *(à 15h30 ; tarif : 5 €, gratuit moins de 12 ans).* Circuit disponible avec 9 étapes matérialisées par de jolies plaques de céramique émaillée... suivez l'artiste ! Jeux de piste avec fiches énigmes pour enfants de 4 à 12 ans.

Où dormir ? Où manger à Rieux et dans les environs ?

Camping

Camping du Plan d'Eau : *au plan d'eau de **Rieux-Loude.** ☎ 05-61-97-24-59 (résas : ☎ 05-61-87-98-83). • contact@camping-rieux.eu • camping-rieux.eu • ♿ À 2,5 km du village ; prendre la direction de Carbonne, puis fléché. Ouv avr-fin oct (loc tte l'année). Prix : 16-18 € selon saison ; mobile homes et chalets 200-500 €/sem. Possibilité de loc à la nuit. CB refusées. 52 empl. (chalet). Réduc de 10 % sur présentation de ce guide.* En bordure de Garonne et au cœur d'une forêt de chênes, donc bien ombragé. Club de voile.

De bon marché à prix moyens

Le Resto de la Halle : *☎ 05-61-87-62-81. Ouv le midi tlj sf mer, plus le soir ven-sam. Congés : 2 sem août-sept et 2de quinzaine de déc. Menus 14 € (midi), puis 19-30 €. Apéritif maison offert sur présentation de ce guide.* Resto de terroir (cassoulet, tête de veau, etc.) avec une belle terrasse sous la halle du XVe s.

LE VOLVESTRE

À voir

Dans l'enceinte de l'office de tourisme, petit ***musée du Papogay*** *(GRATUIT)*, du nom de la fête la plus célèbre de la ville (lire plus loin). Costumes traditionnels, photos anciennes et récentes de la fête, nombreuses flèches (noter qu'elles ont toutes une couleur différente, afin que chaque archer puisse facilement les identifier au sol), maquette du Papogay, etc. Également un album photo du tournage du film *Le Retour de Martin Guerre* (avec Gérard Depardieu et Nathalie Baye). On y trouve aussi un petit ***musée lapidaire*** avec des vestiges du cloître des Dominicains.

Le village : un ravissement ! Un pont médiéval, des demeures anciennes et une *cathédrale* plutôt surprenante et imposante (Rieux fut évêché pendant cinq siècles !). Avec son chemin de ronde, celle-ci faisait partie du dispositif défensif du village. L'ancien chevet plat de l'église, à contreforts massifs, tombe à pic dans la rivière. Magnifique clocher octogonal de type toulousain (XIVe-XVIIe s) : les trois derniers étages, avec leurs caractéristiques fenêtres en mitre, sont la copie du clocher des Jacobins à Toulouse. La sacristie renferme des vêtements liturgiques et surtout un magnifique trésor, dont un remarquable buste-reliquaire en argent de saint Cizi, de 1672 *(rens auprès de l'office de tourisme pour la visite).*
À l'extrémité est de la ville, le *pont de Lajous* (XVe s) relie Rieux à la « casterette » où se trouvait le château féodal, détruit au XVIe s et sur l'emplacement duquel se situe actuellement le cimetière. Belle vue sur l'ensemble du bourg.
N'hésitez pas à flâner dans Rieux pour admirer les demeures médiévales à pans de bois. Face à l'entrée de la cathédrale (au no 5), notez la remarquable maison à pans de bois des XIVe et XVe s, qui fut la première demeure des évêques (d'où la présence de blasons).

Fête

– ***Fête du Papogay :*** *le 1er dim de mai. • papogay.fr •* Prononcer au choix « papeugeai » ou « papogaille » (sa forme occitane). Signifie « perroquet » – d'ailleurs, la prononciation occitane n'est pas sans rappeler Papageno, le célèbre oiseleur de *La Flûte enchantée* de Mozart. Selon une tradition qui remonte au XVIe s, chaque année, des archers habillés en costumes du Moyen Âge parcourent la cité jusqu'au champ de tir afin d'abattre l'oiseau du diable, représenté par un oiseau de bois au sommet d'un mât de 45 m. C'est une fête unique en son genre en France. Lors de la séance de tir du dimanche après-midi, une centaine d'archers décochent leurs flèches en même temps. Spectaculaire ! Le vainqueur est sacré « roi du Papogay » pour une année, sans contestation possible.

DANS LES ENVIRONS DE RIEUX-VOLVESTRE

L'Archéosite gaulois : *à 5 km à l'ouest de Rieux ou sortie n° 25 depuis l'A 64, puis D 25 direction Saint-Julien (bien fléché). ☎ 05-61-87-16-38. • archeosite-gaulois.asso.fr • Juil-août, tlj 10h-19h ; avr-juin et sept-11 nov, 14h-18h mer, dim, j. fériés et tlj pdt les vac scol de printemps et de la Toussaint zone A. Possibilité de visite guidée à 15h30 (juil-août : 3 € ; gratuit le reste de l'année). Entrée : 14-16 € selon saison ; 5-14 ans 10,50-12,50 €. Petits questionnaires ludiques (sous forme de B.D.) pour les enfants.* Sur 9 ha, reconstitution d'un village gaulois avec ses fortifications et ses maisons en bordure de la Garonne, fondé sur de vraies recherches historiques, même si, à priori, on n'a retrouvé aucune trace de l'existence d'un tel village sur place. Rien à voir avec le parc d'attractions d'un certain Astérix ! Au cours d'une agréable balade qui nous plonge dans l'univers gaulois, on découvre la vie quotidienne et les savoir-faire de nos ancêtres qui, tenez-vous bien, travaillent sous vos yeux : ateliers de tissage avec démonstrations, orfèvrerie, poterie, frappe de la monnaie, etc. Et l'aspect religieux n'est pas oublié. Également une expo temporaire. Pour un voyage ludique et éducatif dans le temps. Vraiment intéressant. Compter une bonne journée en famille.

SAINT-ÉLIX-LE-CHÂTEAU (31430)

Joli ***château Renaissance*** (à 8 km à l'est du Fousseret) datant du XVIe s et entièrement restauré au début du XXe s, entouré d'un parc. Le marquis de Montespan (mari résigné de la marquise) vivait ici. En le voyant, on a pensé au château de Moulinsart. Vous savez, un certain Tintin... *Jours de visite variables (rens à l'office de tourisme, juste à côté du château : ☎ 05-61-87-94-40). Entrée : 8 € ; 10-18 ans 6 €.*

Manifestation

– ***Expo-vente de végétaux rares :*** *le 4e w-e d'oct. Entrée : 5 € ; réduc ; gratuit moins de 10 ans.* Une des plus belles expos botaniques de France avec près de 60 exposants venus présenter des plantes du monde entier, des variétés anciennes, des végétaux d'exception, etc. Quelques stands sont réservés à l'artisanat d'art conçu à partir de matières végétales. La fête se déroule dans l'enceinte du pigeonnier du château, édifié au XVIIIe s par le marquis de Montespan.

MONTESQUIEU-VOLVESTRE

(31310) 3 110 hab. *Carte Haute-Garonne (Nord), B4*

Ancienne bastide située dans une boucle de l'Arize, créée au XIIIe s par le comte de Toulouse Raymond VII. Le tracé des rues en damier, les maisons

à colombages et en brique rose du XVIIe au XIXe s en font une étape très agréable sur la route de Saint-Jacques-de-Compostelle (ancien hospice Saint-Jacques et confrérie). Ravissante petite place à couverts avec halle remaniée, à l'ombre de laquelle il fait bon s'asseoir pour admirer l'église Saint-Victor. Ici, tout nous parle du passé et fait le charme du présent.

Adresse et info utiles

Office de tourisme : *20, pl. de la Halle. ☎ 05-61-90-19-55. • tourisme-volvestre.fr • Tlj sf dim.* Très bon accueil. Petites expos à l'étage.

– ***Marchés :*** *mar mat.* ***Marché fermier*** *sam mat.* ***Grand marché*** *3e mar du mois.*

Où dormir ?

Chambres d'hôtes La Halte du Temps : *chez Marie-Andrée et Dominique Garcin, 72, rue Mage. ☎ 05-61-97-56-10. • lahaltedutemps@free.fr • lahaltedutemps.com • À deux pas de la halle. Ouv tte l'année. Compter 78 € pour 2. Table d'hôtes sur résa 25 €, tt compris.* Dans la superbe demeure XVIIe s du marquis de La Loubère, ancien seigneur de Montesquieu. Ne cherchez plus l'adresse de charme, vous l'avez trouvée. Tout est beau, du superbe escalier Louis XIII qui mène aux chambres, toutes différentes et pleines de raffinement, à la cheminée imposante de la pièce commune... Superbe jardin avec piscine, salle de relaxation et spa. Marie-Andrée et Dominique reçoivent avec passion et, en plus, donnent les meilleurs conseils sur la région. Quelques soirées organisées : contes au coin du feu en hiver, concerts en été, etc. Propose aussi des cours de cuisine et des week-ends cocooning. Une belle adresse.

Où dormir dans les environs ?

Chambres d'hôtes Namasté : *chez Marie et Nicolas Belviso, lieu-dit Primoulas, 31310* ***Latour.*** *☎ 05-61-97-46-87. • mpbelviso@wanadoo.fr • primoulas.com • Accès de Montesquieu par la D 40 (10 km en tt ; fléché depuis Latour). Double 60 €. Table d'hôtes 20 €.* Les accros de nature, de calme et de produits bio seront comblés. Entre 2 trekkings (au Népal ou ailleurs), Marie vous fera goûter une cuisine de terroir qui cadre avec la « philosophie » des lieux (12 ha de culture bio). 5 chambres campagnardes confortables, dont certaines donnent sur le jardin, d'autres sur les Pyrénées. Cuisine à disposition. Piscine à débordement, salle de jeux (ping-pong, baby-foot, billard), boulodrome... Beau panorama sur les Pyrénées. La salle à manger (franchement kitsch) contribue à la convivialité.

À voir

L'église Saint-Victor : de style gothique méridional, classée Monument historique. Cet imposant édifice de brique disproportionné par rapport au village prend des teintes flamboyantes au coucher du soleil. L'église est dotée d'une façade fortifiée, flanquée d'une tour crénelée et d'un clocher polygonal à 16 pans, avec ouverture soulignée par des colonnettes. Sur l'ancien pignon, une rosace encadrée de deux échauguettes. Portail Renaissance. À l'intérieur, une *Mise au tombeau* (sculpture du XVe s), une *Déposition de Croix,* tableau de Girodet (1767-1824), peintre préféré de Chateaubriand qui fut exposé à New York, au Grand Palais et au Louvre en 2006. Possibilité de visiter la crypte mise au jour en 1983 ainsi que la salle du trésor contenant vêtements sacerdotaux, bustes reliquaires (reliques de saint Jacques et d'autres saints), etc., ainsi qu'une belle *Adoration des bergers et des mages* du XVIe s *(visite réservée aux groupes de min 5 pers, mais il est parfois possible de profiter de l'occasion ; rens à l'office de tourisme).*

Le moulin de Barrau : *à l'entrée du village en venant de Rieux-Volvestre, face au cimetière. ☎ 05-61-90-40-16. Ouv à l'occasion des Journées du patrimoine (3e w-e de sept).* C'est le seul moulin à grains hydraulique encore en activité sur le cours de la rivière Arize.

Fête et manifestations

– ***Journée des moulins :*** *1 j. autour de la mi-juin.*
– ***L'Île au théâtre :*** *le dernier w-e de juin. • lileautheatre.fr •*
– ***Festival du Film britannique :*** *pdt un w-e d'août. • britishfilms-montesquieu.co.uk •*
– ***Fête de Saint-Victor :*** *pdt 5 j. autour du dernier w-e d'août.* Grande fête populaire. Bal populaire et musique tous les soirs, tournoi de rugby « touché » (équipes de quatre personnes déguisées), repas de cassoulet, concours de pêche, feux d'artifice...

DANS LES ENVIRONS DE MONTESQUIEU-VOLVESTRE

Le Balcon des Étoiles : *à **Latrape** (31310), à 8 km de Montesquieu (et 9 km de Rieux). ☎ 05-61-97-09-62. • les-pleiades.asso.fr •* Un observatoire tenu par des passionnés d'astronomie qui proposent un programme d'activités variées : planétarium, soirées d'observation à travers de puissants télescopes, soirées astro-repas, stages « Petite Ourse » pour les 9-13 ans, balade nocturne à faire les soirs de pleine lune, etc.

LE PAYS DE COMMINGES-PYRÉNÉES

Le curieux charcutage des départements en 1790 a nanti la Haute-Garonne d'une petite tranche de Pyrénées. Bien lui en a pris car il s'agit incontestablement des plus beaux paysages de ce département. Nous allons faire un séjour dans le grand « pays de Comminges », qui en englobe tout le sud. Des coteaux de Gascogne (de L'Isle-en-Dodon et Aurignac à Boulogne-sur-Gesse) au Piémont pyrénéen (Montréjeau, Saint-Bertrand-de-Comminges, Aspet, vallée de l'Aurignac...), jusqu'aux Pyrénées centrales, de la vallée frontalière de Saint-Béat au « pays de Luchon ».

MARTRES-TOLOSANE

(31220) 2 225 hab. *Carte Haute-Garonne (Sud), B1*

À deux pas de la Garonne, entre Comminges et Volvestre, ce village en rond qui semble sommeiller a quelques atouts pour séduire le temps d'une halte. Sa faïencerie d'abord, son église, et un riche passé gallo-romain pour couronner le tout.

Adresse utile

Office de tourisme : *pl. Henri-Dulion. ☎ 05-61-98-66-41. • tourisme-martres-tolosane.fr • 15 juin-15 sept, tlj ; le reste de l'année, mar-sam (fermé sam déc-fév).*

Où dormir ? Où manger ?

Camping

Camping Le Moulin : *au lieu-dit Le Moulin. ☎ 05-61-98-86-40. • info@campinglemoulin.com • campinglemoulin.com • À 1,5 km de Martres-Tolosane. Ouv avr-sept (5 janv-5 nov pour les loc). Compter 14,90-23,90 € pour 2 selon saison ; loc de mobile homes et chalets, tentes et roulottes 231-952 €/sem. 99 empl. Frais de résa offerts sur présentation de ce guide.* Dans un domaine de charme du XVIIe s (12 ha), classé « Site et Paysage de France » et premier « Pré vert » du département, au bord de la Garonne. Vraiment confortable. Emplacements ombragés pour la plupart. Sanitaires impeccables. Location de vélos. Possibilité de massages. Piscine.

De prix moyens à chic

Hôtel-restaurant Castet : *44, av. de la Gare. ☎ 05-61-98-80-20. • hotelcastet@wanadoo.fr • hotelcastet.fr • Face à la gare. Resto fermé lun et le soir des dim et j. fériés, plus mer soir hors saison. Doubles 60-70 €. Menus 19 € (midi sf dim), puis 31-45 €. Apéritif maison offert sur présentation de ce guide.* Côté cadre, l'hôtel a complètement relooké sa salle à manger dans un esprit sobre et contemporain. Parti pris réussi ! Les chambres sont au diapason. On a également été séduits par la chouette terrasse ombragée aux beaux jours. Dans les assiettes, une cuisine à base de produits du terroir finement préparés et qui varie au gré des saisons. Piscine pour les clients de l'hôtel. Une adresse à la réputation solide.

Où dormir ? Où manger dans les environs ?

De prix moyens à chic

Hôtel du Lac : *7, promenade du Lac, 31360* ***Boussens.*** *☎ 05-61-90-01-85. • contact@hotelrestaurantdulac.com • hotelrestaurantdulac.com • Au bord du lac de retenue de la Garonne, à 5 km au sud de Martres-Tolosane par la D 817 ou l'A 64 (sortie n° 21). Resto fermé dim soir, lun midi et ven. Congés : 2 sem en fév-mars et 2 sem en nov. Doubles 60-67 € selon confort. Formule en sem 16 € ; menus 22 € (en sem), puis 32-45 € ; carte 40-60 €.* Ce triste édifice moderne se révèle une étape de choix sur la route des vacances. Les parties communes ont un côté bonbonnière plutôt (très) kitsch. Même si la vue se termine sur l'autoroute, on apprécie les chambres avec balcon, qui s'ouvrent sur le lac. Les plus anciennes sont soignées, mêlant meubles en rotin et couleurs pastel ou plus chaudes. Les plus « récentes » ont été relookées au goût du jour, avec de superbes salles de bains. Agréable jardin et belles terrasses « vertes ». La table du chef Hubert annonce une interprétation fine et gourmande du terroir... Excellent accueil. Une adresse très prisée.

Les Robinsonades : *Tersac, 31310* ***Saint-Christaud.*** *☎ 05-61-87-48-23. • contact@lesrobinsonades.com • lesrobinsonades.com • À 8,5 km de Martres. Ne pas s'occuper du tt de Saint-Christaud (fort joli village au demeurant), mais depuis l'autoroute et Cazères suivre la direction de Sainte-Croix-Volvestre, puis celle de la base nautique et la route de Gensac ; c'est fléché. Compter 60-130 € pour 2 en cabane selon période ; 35-65 € pour 2 en tente suspendue*

LE PAYS DE COMMINGES-PYRÉNÉES

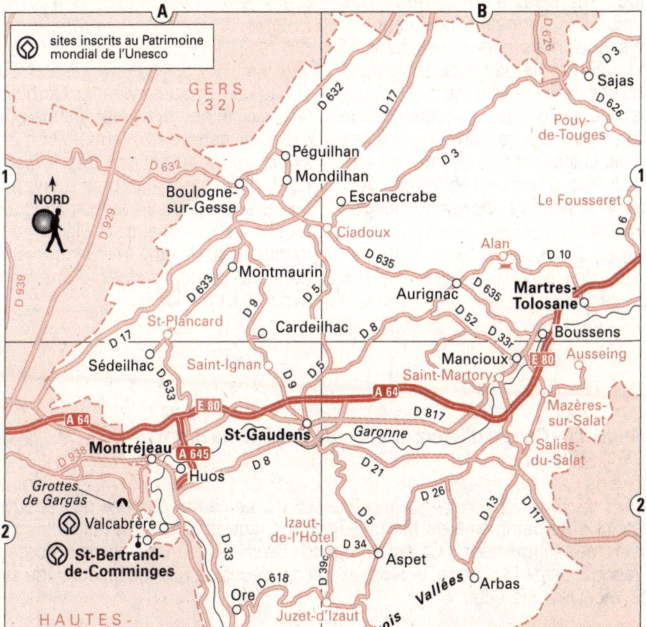

LA HAUTE-GARONNE (SUD)

(Plum'Arbres), *45-90 € en cocoon ; petit déj compris. Tarifs dégressifs dès la 2e nuit.* Site isolé et magnifique, en bord de Garonne, dans le parc d'un château du XIIe s en cours de restauration. Pour tous ceux qui ont toujours rêvé de côtoyer les cimes et de dormir au plus près de la nature, dans un vrai nid douillet, 2 cabanes et 2 tentes suspendues. La plus belle, la *Cabane des lutins,* peut accueillir jusqu'à 5 personnes. Le confort est simple (mais avec néanmoins toilettes sèches, lavabo, électricité et chauffage) et l'ensemble dégage un charme fou, quasi féerique. Les tentes *Plum'Arbres,* dotées d'un unique matelas, s'équilibrent sous le poids des dormeurs. Une véritable chrysalide, mais mieux vaut avoir le pied marin et ne pas avoir le vertige ! Dans une petite maison de paille et torchis, une petite cuisine équipée et une salle de bains à se partager. Soirées contes, stages artistiques, ateliers artisanaux, etc. proposés régulièrement.

Villa Noue, auberge de village : *chez Sue et Cornélius O'Grady, route d'Auzas, 31360* ***Mancioux.*** *☎ 05-61-97-60-14. • sue.o-grady@orange.fr • aubergefrancais.com • À 7 km au sud de Martres-Tolosane par la D 817 ; à droite après l'église, direction Auzas. Congés : 1 sem pour les fêtes de fin d'année. Double 68 €. Menus 20 € le midi en sem, 27,50 € le soir.* Sue (à l'accueil et au service) et Cornélius (en cuisine) ont quitté leur Irlande pour restaurer cette vieille ferme. Un *home sweet home* au charme très *British*... pardon, *Irish* ! 4 chambres cosy, rustiques et modernes à la fois, avec une touche de romantisme. Cuisine gourmande et goûteuse, tendance gastronomique, accompagnée d'une carte des vins à prix doux.

À voir

Angonia – Centre d'interprétation du patrimoine martrais : *dans les locaux de l'office de tourisme. De mi-juin à mi-sept, tlj 9h30-12h30, 13h30-18h30 ; de mars à mi-juin et de mi-sept à nov, tlj sf dim-lun jusqu'à 17h30 ; le reste de l'année, mêmes horaires mais fermé sam-lun. GRATUIT.* Le centre propose de découvrir l'histoire et le patrimoine de Martres-Tolosane, autrefois appelée Angonia : villa gallo-romaine impériale de Chiragan, légende de saint Vidian, histoire et processus de fabrication de la faïence. Vidéos, expos de pièces de faïence uniques, de statues, etc. Quiz interactif.

Les faïenceries d'art : *rens auprès de l'office de tourisme (☎ 05-61-98-66-41).* L'activité de la faïence remonte au XVIIIe s à Martres-Tolosane. On compte encore aujourd'hui six faïenceries dans le village, qu'il est possible de visiter. Mais qu'est-ce qui différencie la faïence de la porcelaine, de la poterie et de la céramique ? La porcelaine ancienne (ou *dure*) est fabriquée à base de feldspath, de quartz et de kaolin (roche argileuse blanche d'origine chinoise) inaltérable à l'acier. La poterie, elle, est constituée de terre cuite ou de grès, façonnée par modelage, moulage ou tournage, dans un composé argileux. La faïence est une forme de poterie mais à base d'argile rouge très malléable, recouverte d'un glaçage à base d'étain qui lui donne son aspect vitrifié particulier. Pour finir, la céramique désigne tous les objets à base de terre cuite et de faïence. La spécialité de Martres, c'est la technique du grand feu, c'est-à-dire une seconde cuisson simultanée de l'émail et du motif dessiné à main levée (sans droit à l'erreur !), à l'aide d'un pinceau en poils de vache. Les couleurs ne sont pas faciles à obtenir, car elles doivent résister à la cuisson. Ce sont des oxydes métalliques, dont le plus difficile à réaliser reste le rouge, à base de fer. Les décors sont composés selon trois motifs principaux : le vieux Martres (petit bouquet de trois fleurs), l'oiseau traditionnel de Martres et les grotesques.

À CAISSES DÉFAILLANTES, FAÏENCES VAILLANTES

Louis XIV a involontairement participé au développement de la faïence en obligeant les nobles à fondre leur vaisselle en argent et en étain pour financer ses guerres ! Ceux-ci se tournèrent alors vers la faïence, moins chère, histoire de continuer à manger dans des assiettes...

L'église : datant du XIIIe s, elle fut construite sur le site d'une ancienne basilique funéraire du Ve s. On y a découvert 32 sarcophages, entiers ou des fragments, dont deux sont aujourd'hui visibles dans l'église. À l'intérieur, voir aussi la chapelle et les reliques de saint Vidian, martyr chrétien, victime des Sarrasins. Une fête lui est consacrée (voir ci-dessous). Le nom de Martres vient d'ailleurs de « martyr », et Tolosane de la proximité de Toulouse.

Fête et manifestations

- ***Foire de printemps :*** *le dernier dim d'avr.* Stands d'artisanat, brocanteurs et vide-greniers.
- ***Fête de la Trinité :*** *le dim après la Pentecôte.* Une journée dédiée à saint Vidian, le saint patron de Martres-Tolosane. Procession et reconstitution historique de la bataille entre chrétiens et Sarrasins.
- ***Salon des arts et du feu :*** *le w-e de la Toussaint.* Artisanat sur le thème de l'eau, de la terre et du feu. La plus grande manifestation de Martres.

DANS LES ENVIRONS DE MARTRES-TOLOSANE

Palaminy : ancienne bastide toujours protégée par son rempart construit vers 1260 par Raymond IV, comte de Toulouse. Carrefour stratégique le long des voies de communication (et aujourd'hui de l'autoroute), elle fut longtemps convoitée par les comtes de Comminges et de Foix. À voir, en passant, la porte fortifiée, le château (privé, classé), le clocher et quelques belles demeures. Ainsi qu'un ouvrage hydraulique à l'entrée de la ville, moderne mais non moins impressionnant.

- ***Le lac de Saint-Vidian :*** *à env 4 km de Martres.* Pêche, jeux pour les enfants, pique-nique, etc.

LES COLLINES DU COMMINGES

La montagne, c'est comme la mer : on peut l'aimer autant de près que de loin. De ce bel arrière-pays de collines, on profite d'un des plus sympathiques horizons qui soient sur la chaîne des Pyrénées. Voilà un canton presque oublié, aux paysages intacts : jolies routes de campagne bordées de platanes, villages en dehors du temps inondés de lumière, où les maisons cachent des jardins plantés de palmiers, où des gens réjouis vous adressent la parole spontanément.
Un balcon sur les Pyrénées en somme, avec notamment une curiosité, la villa gallo-romaine de Montmaurin, et des villages perchés, Aurignac et Mondilhan, qui nous ont bien plu.

AURIGNAC (31420)

Village admirablement perché sur une des plus hautes buttes des Petites Pyrénées. Ses rues bordées de maisons médiévales et Renaissance incitent à la flânerie. Cette séduction n'est pas nouvelle, puisque le site d'Aurignac était déjà apprécié de l'homme préhistorique. Il a d'ailleurs donné son nom à une époque du Paléolithique, la période aurignacienne, marquée notamment par le développement de l'art figuratif. Les nombreux objets trouvés à Aurignac datent d'environ 30 000 ans av. J.-C.

Adresse utile

Office de tourisme : *av. de Boulogne. ☎ 05-61-98-70-06. • tourisme-aurignac.com • Près de la mairie. Tte l'année, tlj sf lun mat, plus l'ap-m sam-dim hors saison.* Topoguides sur les sentiers de rando. Sur place, boutique *Arts et Saveurs* et espace galerie.

Où dormir ?

Camping Les Petites Pyrénées : *route de Boussens. ☎ 05-61-87-06-91. 06-25-99-59-13. • camping-aurignac@live.fr • camping-petites-pyrenees.com • À 1 km du village. Ouv avr-oct. Prix tente en hte saison 15,50 € ; loc de mobile homes 250-375 €/sem selon saison ; caravanes 140-200 €/sem. CB refusées. 37 empl.* Cadre calme, en lisière de forêt, spacieux et vert (certains emplacements très bien ombragés). Sanitaires corrects. Piscine (chauffée et gratuite) et stade à côté. Pétanque, tennis, foot, ping-pong, etc.

À voir

L'office de tourisme procure une petite brochure détaillée sur le vieux village et le patrimoine du canton. Au cours d'une ***balade dans Aurignac,*** ne manquez pas l'entrée du *porche de l'église,* agrémenté de colonnes torsadées absolument superbes. Ce type de colonnes est extrêmement rare, puisqu'on n'en trouverait que dans cinq endroits au monde (église Saint-Séverin à Paris, dans les Deux-Sèvres, en Espagne...), mais toutes postérieures à celles-ci ! Vous êtes donc devant un chef-d'œuvre. Même les chapiteaux des colonnes sont originaux : vus de la rue, ils sont hexagonaux, et vus du porche, carrés. C'est de l'art roman du XIIe s, mais l'admirable grand portail est du XVe s. *Vierge à l'Enfant* du XVIIe s, *Christ attendant la mort* du XVe s et huit supports de statues (manquantes ou volées, ce qui revient au même) tout à fait pittoresques : *Homme barbu sortant de la gueule d'un monstre,* la *Trinité aux trois visages...* Magnifique !

Le château comtal : *juin-sept, tlj sf mar 11h-13h, 15h-18h ; le reste de l'année, s'adresser à l'office de tourisme. Entrée : 2 € ; réduc.* Dans son donjon, on trouve un diaporama reconstituant des scènes de la vie quotidienne, des panneaux d'interprétations sur le patrimoine ainsi qu'une table d'orientation sur toute la chaîne des Pyrénées.

BOULOGNE-SUR-GESSE *(31350)*

La petite capitale de ce canton des pré-Pyrénées est située au sommet d'une colline, à 30 km au nord de Saint-Gaudens. Ancienne bastide fondée au XIIIe s par les moines cisterciens de l'abbaye de Nizors, c'est aujourd'hui un gros bourg ordonné autour de l'église Notre-Dame-de-l'Assomption (XIVe s) et de l'ancienne halle à arcades.

Adresse utile

Office de tourisme : *pl. de la Mairie. ☎ 05-61-88-13-19. • tourisme boulonnais.com • Juil-août, tlj sf dim ap-m ; le reste de l'année, fermé dim-lun.* Infos notamment sur les randos dans le coin.

Où manger dans les environs ?

Auberge Champêtre : *en bordure de la D 17 (route de Toulouse), 31350* **Escanecrabe.** *☎ 05-61-88-22-71. • olivier.dougnac@orange.fr • Tlj sf mar soir et mer. Congés : dernière sem de sept. Menus 13,50 € (midi en sem), puis 19,50-35 €. Dîner dansant ou repas concert (ambiance jazz) le 1er sam du mois.* Un routier dans un cadre fleuri, un rien kitsch, et une terrasse pleine d'habitués ! Menu ouvrier en semaine (soupe, entrée, grillade, salade, dessert et café). Sinon, menus plus gastronomiques : foie gras frais aux pommes, confit garni ou côte de bœuf à l'os. Honnête cuisine, sans surprise. 4 chambres dans une maison à proximité *(double 50 €, petit déj compris).*

À voir. À faire

L'église Notre-Dame-de-l'Assomption : *au cœur du village.* Elle date du XIVe s et abrite de superbes médaillons représentant la vie et le martyre de sainte Catherine d'Alexandrie, mais aussi la Nativité, l'Annonciation ou, plus rare, saint Nicolas et les trois jeunes filles. Également un très bel orgue ouvragé. Le clocher-porche et la chaire sont classés Monuments historiques.

– ***Le lac de Boulogne :*** dominé par un viaduc à huit arches où passait la ligne ferroviaire reliant Boulogne-Toulouse, en service de 1901 à 1949. Le chemin de randonnée PR 1A longe la voie ferrée *(rens à l'office de tourisme).* Sur place, centre nautique avec piscine chauffée et toboggan aquatique *(ouv fin juin-fin août).* Lieu propice aux pique-niques ou à la pêche. Parc ombragé et jeux pour enfants, histoire de faire la sieste tranquillou pendant que les gamins s'ébattent !

– ***Le lac de la Gimone :*** une partie des abords du lac sont répertoriés en zone Natura 2000 en raison de leur intérêt écologique. Sentier de randonnée balisé (fiche technique disponible à l'office de tourisme).

MONDILHAN *(31350)*

À 9 km au nord-est de Boulogne-sur-Gesse, un village perché sur une colline (avec table d'orientation) dominant toute la région. Notre coup de cœur pour la vue lointaine sur la chaîne des Pyrénées. En été, après l'orage, c'est encore mieux.

PÉGUILHAN *(31350)*

Un peu plus loin, à 2 km de Mondilhan. On est toujours sur la crête de la colline, et dans la vallée coulent la Gesse et la Save. Belles perspectives sur les Pyrénées, à condition que la brume ne s'en mêle pas. Vous remarquerez ces quatre statues de saints encadrant la route 50 m avant le ***château*** et conférant à l'endroit un certain mystère, surtout par temps de brume... Sachez qu'à la fin du XIXe s le châtelain eut une prise de bec avec le maire. Il décida de couper l'unique chemin communal qui passait par sa propriété. La commune entreprit alors de construire une autre route, les statues se trouvant écartées et disposées comme un « portique spirituel », encadrant la nouvelle route... Vous remarquerez aussi que, contrairement à l'habitude, il faut descendre les marches pour entrer dans l'église, car la route a non seulement été construite en surplomb de celle-ci, mais aussi dans son dos. À l'époque, l'entrée de l'église se trouvait en effet de l'autre côté, puisqu'elle appartenait, bien sûr, au châtelain...

Où manger ?

Ferme-auberge de Péguilhan : *famille Castex. ☎ 05-61-88-75-78. • aubergedepeguilhan@orange.fr • ♿ À 500 m du village. Tlj sf mer et sam ; sur résa slt. Congés : 2de quinzaine d'oct. Menus 12,50 € (midi en sem), puis 17-26,50 €. CB refusées.* Grande salle de resto avec terrasse et une vue sur les collines pour une honnête cuisine de terroir (certains produits sont issus de l'agriculture biologique).

LA VILLA GALLO-ROMAINE DE MONTMAURIN

À 10 km au sud de Boulogne-sur-Gesse. ☎ 05-61-88-74-73. • montmaurin.monuments-nationaux.fr • Mai-août, tlj 9h30-12h, 14h-18h ; sept-avr, tlj sf lun jusqu'à 17h. Entrée : 3 € ; réduc ; gratuit moins de 26 ans, demandeurs d'emploi, pers à mobilité réduite et pour ts le 1er dim du mois (oct-avr). Visite libre ou guidée (sur résa). L'endroit plaira avant tout aux passionnés d'histoire gallo-romaine car, bien sûr, il s'agit de (belles) ruines. Cette villa serait l'une des plus vastes et des plus luxueuses de ce type en France, et l'une des rares dont on devine parfaitement les contours et l'opulence passés. Encore plus rare, plusieurs pans de mur ont conservé leur parement en marbre gris (de Saint-Béat). Pas forcément spectaculaire mais très émouvant ! Nul ne sait qui en fut l'heureux propriétaire, si ce n'est qu'il devait avoir quelques relations et beaucoup d'argent en ce milieu du Ier s, sous le règne de Claude ou de Néron... La résidence seigneuriale (qui comptait plus de 200 pièces d'habitation !), les communs et les ateliers étaient répartis sur un site de 18 ha. Vers 375-380, cour d'honneur, jardins, aile thermale et pièces d'habitation ne résistèrent pas à un incendie. Par la suite, une partie des pierres disparut. Il y en a sûrement pas mal dans la région ou sous le bitume des routes alentour...

Pour poursuivre la visite, on peut se rendre au ***Musée préhistorique et gallo-romain,*** dans le village de Montmaurin *(☎ 05-61-88-17-18 ; sur rdv slt ; entrée symbolique).* Y sont exposées les découvertes de la villa et des sites préhistoriques des gorges de la Save et de la Saygouade comme une mandibule humaine datant de 200 000 ans ou une reproduction de la célébrissime *Vénus de Lespugue,* trouvée non loin de là (et dont l'original est exposé au musée de la Préhistoire de Saint-Germain-en-Laye). Preuve que la vallée de la Save est un site archéologique majeur depuis la préhistoire.

LES GORGES DE LA SAVE

De Montmaurin, avt de rejoindre la D 17, suivre les panneaux « Gorges de la Save » par la D 9 jusqu'à Lespugue (qui abrite les vestiges d'un château du XIIIe s). Ce ne sont pas les gorges du Verdon, mais elles offrent un bol de fraîcheur dans un environnement sauvage et préservé.

L'ARBORETUM DE CARDEILHAC

À 20 km au sud de Boulogne-sur-Gesse par la D 633 et Larroque (fléché). ☎ 05-61-88-90-69. • cc-boulonnais.fr • Maison de l'arboretum ouv mai-oct, mar-sam 10h-17h ; site forestier en accès libre tte l'année. Bordé par l'ancienne voie romaine Toulouse-Tarbes. L'arboretum de Cardeilhac (fondé en 1913) compte une centaine d'espèces sur 1 000 ha de forêt. Sentier d'interprétation ou sentier des plantes, pour un parcours de 2,8 km (compter 1h), aidé du petit guide prêté par la Maison de l'arboretum, le temps de la visite. Promenade nature très sympa. Sentiers balisés sur 35 km, à pied, à VTT ou à cheval. Expos, animations, ateliers.

SAINT-GAUDENS

(31800) 11 190 hab. *Carte Haute-Garonne (Sud), A2*

Sous-préfecture, ville commerçante et industrielle, où l'on peut faire une halte pour voir la collégiale Saint-Pierre.

Adresses et infos utiles

Office de tourisme : *2, rue Thiers. ☎ 05-61-94-77-61. • tourisme-stgaudens.com • Tlj sf dim.* Dispose notamment d'une brochure gratuite sur les 2 itinéraires balisés qui sillonnent la ville, d'un livret pour découvrir le patrimoine de manière ludique (jeux de piste), d'un livret (payant) sur les balades pédestres autour de Saint-Gaudens, etc. Expos photo et boutique de produits locaux. Bon accueil.

Transports : en *TER*, sur la ligne Toulouse-Tarbes. Bien desservi. Pour Luchon, se rendre à Montréjeau, puis correspondance. Bus pour les principales villes du coin (sauf Saint-Bertrand-de-Comminges). Se renseigner à l'office de tourisme et sur *• ter-sncf.com • haute-garonne.fr/bus.asp •*

@ **Internet : Cyber Base,** *1, pl. du Maréchal-Juin. ☎ 05-61-94-66-45. Fermé le mat (sf mer-jeu) et dim. Les touristes de passage sont dispensés de cotisation à la* ***MJC.*** *Accès wifi gratuit à l'****office de tourisme.***

– **Marché :** *jeu mat. Sinon, petit marché de producteurs sam mat.*

Où dormir ? Où manger ?

De bon marché à prix moyens

Auberge de jeunesse Le Vénasque : *3, rue de la Résidence. ☎ 05-61-94-72-72. • residencelevenasque@sfr.fr • Un poil excentré : bus (ligne jaune) depuis le centre-ville. Ouv tte l'année. Accueil en sem 9h-12h30, 14h-22h ; le w-e 18h-22h. Résa conseillée. Nuitée 17,20 €/pers ; petit déj 2,20 € (sf w-e et j. fériés). Repas 8,20 € sf w-e. CB refusées.* C'est aussi un foyer de jeunes travailleurs. Dans un bâtiment sans charme mais restauré, chambres de 1 à 3 lits, toutes avec sanitaires privés. Certaines exposées plein sud et avec vue sur les Pyrénées. Cafétéria (self-service où l'on mange bien pour pas cher).

Restaurant de l'Abattoir : *bd Leconte-de-Lisle. ☎ 05-61-89-70-29. • jcrouges@free.fr • À env 2 km du centre-ville. Prendre le bd Gambetta jusqu'à la gare SNCF, puis continuer tt droit en direction des abattoirs ; c'est juste en face. Ouv le midi lun-sam, plus le soir jeu-sam. Congés : 15 j. en août et pour les fêtes de fin d'année. Menus env 14,50 € (midi en sem), puis 17-27 € ; carte 30-35 €. Apéritif maison offert sur présentation de ce guide.* Impossible de déguster ailleurs des viandes aussi goûteuses que chez Jean-Christophe Rougès. La viande est achetée juste en face, avant d'être servie dans la grande salle et dévorée goulûment, le midi, par une ribambelle de maquignons que l'on ne peut tromper sur la qualité des plats. Terrasse face aux pâturages à la belle saison. Spécialités de tripes et abats, oreilles de porc, pieds de veau, etc. En revanche, les accompagnements pêchent parfois un peu.

De prix moyens à chic

Hôtel du Commerce : *2, av. de Boulogne. ☎ 05-62-00-97-00. • hotel.commerce@wanadoo.fr • commerce31.com • Congés : pour les fêtes de fin* *d'année. Doubles 59-67 € selon confort et saison ; familiale 90 €. Menus 21,50 € (sf dim)-23 € ; carte env 35 €. Garage privé payant. Accès gratuit au spa sur présentation de ce guide.* À 3 mn de la collégiale, un bâtiment moderne sans grâce mais un hôtel familial et agréable ; une adresse traditionnelle et solide. Chambres parfaitement tenues, fonctionnelles et au mobilier des plus classique. Toutes disposent de la clim. Les moins chères ne sont pas bien grandes mais feront parfaitement l'affaire. Cuisine correcte, d'inspiration régionale. Petit déj avec produits du terroir. Spa. Excellent accueil.

La Maison de l'Esplanade : *8, pl. du Mas-Saint-Pierre. ☎ 05-61-89-15-90. • maisondelesplanade@gmail.com • maisonlesplanade.fr • Congés : 1re quinzaine de nov. Compter 84 € pour 2 ; suite 135 € pour 3.* À l'ombre de la collégiale, une belle maison de ville (3 étages desservis par un ascenseur) offrant 5 chambres, à mi-chemin entre le mini-hôtel et la maison d'hôtes. Très belles chambres décorées avec goût et soin, dans l'air du temps, avec de beaux matériaux, de beaux coloris. Salles de douches superbes. Le petit déj se prend en terrasse avec vue sur les Pyrénées (et l'usine de cellulose !). Adresse « fumeurs », et ce, dès le matin... Une jolie étape de charme pour les festivaliers. Accueil très pro.

À voir

La collégiale Saint-Pierre : beau gros clocher carré de style roman. Sur la façade nord, portail de style gothique flamboyant. Cloître roman reconstitué. À l'intérieur, stalles du XVIIe s, et surtout de très beaux chapiteaux historiés ou à feuillage et entrelacs dans le chœur datés du XIe s (sur le pilier droit, intéressant *Adam et Ève*). Tapisseries de la manufacture royale d'Aubusson et orgue du XVIe s. La collégiale accueille certains concerts du festival du Comminges.

Manifestations

– ***Jazz en Comminges :*** *5 j. autour du w-e de l'Ascension. • jazzencomminges.com •*
– ***Festival du Comminges :*** *en juil-août.* Voir plus loin dans la section consacrée à Saint-Bertrand-de-Comminges.

MONTRÉJEAU

(31210) 2 800 hab. *Carte Haute-Garonne (Sud), A2*

Bastide royale fondée au XIIIe s, Montréjeau, le « mont du roi » (*mons regalis*, en latin), définit dès l'origine le fonctionnement et la réglementation de la ville. La charte des coutumes ainsi « concédée » aux habitants se trouve confirmée par les Charles (VII et VIII) qui se succèdent au trône. Montréjeau traverse donc les âges, mais sa plus longue tradition reste peut-être le festival Folkolor (à ne pas manquer si vous êtes dans la région autour du 15 août).

Adresse utile

Office de tourisme : *hôtel de Lassus, 6, rue Barry. ☎ 05-62-00-79-55. • tourisme.montrejeau.ccnrv@gmail.com • Tte l'année, lun-ven, plus sam de mi-juin à mi-sept.* Plan de découverte de la ville gratuit. En été, propose une visite guidée gratuite de Montréjeau le mercredi matin sur réservation.

Où dormir dans les environs ?

Gîte d'étape Le Pigeon Voyageur : *chez Marc Lubin, 1, rue de la Grotte, 31210* ***Huos.*** *☎ 05-61-95-68-01. • lepigeonvoyageur@aliceadsl.fr • gite.pigeon.voyageur.free.fr • À 4 km à l'est de Montréjeau (D 34). Au centre du village, en face de la grotte. Ouv tte l'année. Compter 12 € la nuitée. Couvertures fournies mais pas les draps. Réduc de 10 % à partir de 2 nuits consécutives sur présentation de ce guide.* Gîte de 15 places (2 dortoirs) avec salle de bains commune. En gestion libre seulement (cuisine équipée).

Chambres d'hôtes Au Cœur du Bois : *Le Moulin, 31580* ***Sédeilhac.*** *☎ 05-61-88-98-51. • laurence.bernier@yahoo.fr • au-coeurdubois.fr • À env 11 km de Montréjeau ; suivre la direction Franqueville ; après le village, direction Boudrac sur 1 km, puis tourner à droite. Dans le village. Congés : janv-fév. Compter 56-58 € pour 2 ; suites (3-4 pers) 86-98 €. Nuitée en roulotte (2 adultes et 2 enfants) 86 € ; 160 € le w-e (2 nuits). Table d'hôtes 20 €.* Une ancienne ferme qui abrite 4 chambres spacieuses. La « Zen » et l'« Orientale », toutes 2 dotées d'une petite chambre attenante, sont idéales en famille. Encore mieux, à l'écart et près d'un petit cours d'eau, une roulotte équipée d'une cuisine et d'une salle de bains. Paisible jardin ombragé avec hamacs pour faire la sieste ou prendre le frais le soir. Pour compléter le tout, Jean et Laurence proposent des stages de tournage sur bois dans leur propre atelier, juste à côté. Vous y serez parfaitement reçu.

Manifestations

– **Marché à l'ancienne :** *le dernier lun de juil.* Défilé avec d'anciens matériels, bœufs et chevaux... Clôturé par un repas à l'ancienne *(payant).*
– **Folkolor :** *4 j. autour du 15 août. Rens à l'office de tourisme ou sur • festivalmontrejeau.jimdo.com •* Cet événement mondial attire des centaines de participants, et la ville s'anime au rythme des folklores des cinq continents. Chaque année, diverses nations, près de 400 artistes et de nombreux concerts gratuits.

SAINT-BERTRAND-DE-COMMINGES

(31510) 250 hab. *Carte Haute-Garonne (Sud), A2*

On le dit tout net : c'est le plus haut lieu d'art et d'histoire des Pyrénées centrales. Saint-Bertrand-de-Comminges est aux Pyrénées ce que Le Mont-Saint-Michel est à la Manche ou Conques à l'Aveyron, ce n'est pas peu dire ! Il faut saisir dans la même perspective le superbe chevet de l'église romane de Valcabrère et l'orgueilleuse cathédrale gothique sur son promontoire pour connaître un moment d'émotion rare... L'ensemble est inscrit au Patrimoine mondial de l'humanité par l'Unesco dans le cadre du classement des chemins de Compostelle.

UN PEU D'HISTOIRE

C'est au Ier s av. J.-C. que Pompée, au retour des conquêtes militaires en Espagne, aurait créé la ville de *Lugdunum,* qui devint le chef-lieu de la cité des Convènes sous Tibère. En fait, il n'y a pas de preuve archéologique de sa fondation par Pompée. Ce qui est sûr, c'est que les fouilles ont prouvé l'importance de la ville romaine. Ce fut l'une des plus puissantes de la région : elle s'étendait sur 30 ha et abritait de 5 000 à 10 000 âmes ! En 410, lorsque les Wisigoths firent de Toulouse leur capitale, ils annexèrent naturellement Lugdunum ; puis les Francs leur succédèrent. En 585, la ville – nommée alors *Convenae* (à l'origine du nom de Comminges) – fut un enjeu important lors de la guerre entre Francs et Burgondes. Au XIe s, la ville retrouva un second souffle grâce à Bertrand de L'Isle, évêque de la région, cousin du futur Raimond IV de Toulouse. Cet évêque, ardent activiste religieux, entreprit la reconstruction de la cathédrale avec son cloître. Dans le même temps s'élevait dans la plaine la *basilique romane de Valcabrère*. Au XIIIe s, Bertrand de L'Isle fut canonisé, et la ville reçut le nom de Saint-Bertrand-de-Comminges. L'hérésie cathare eut peu d'influence dans la région. En 1305, l'évêque du diocèse, Bertrand de Got, fut élu pape et il fut le premier à siéger à Avignon sous le nom de Clément V. Le pèlerinage à Saint-Bertrand prenant de l'ampleur, on commença la construction d'une cathédrale gothique, achevée en 1352. Au XVe s, le Comminges fut définitivement intégré à la couronne de France. En 1586, au moment des guerres de Religion, les huguenots pillèrent la cathédrale et volèrent les reliques (restituées un peu plus tard). Lorsque Louis XIII tenta de transférer le diocèse à Saint-Gaudens, en 1642, il dut renoncer devant l'opposition unanime de la population. En 1793, Saint-Bertrand changea son nom en *Hauteville*. Au début du XXe s débutèrent les fouilles archéologiques qui permirent la découverte de la ville romaine.

Adresse et info utiles

Centre culturel touristique départemental : *les Olivétains ; sur le parvis de la cathédrale. ☎ 05-61-95-44-44. • olivetains@wanadoo.fr • tourisme.haute-garonne.fr • Nov-avr, tlj sf lun 10h-17h ; mai-oct, tlj 10h-18h (19h juil-août). Congés : janv.* Accueil et infos touristiques, documentation sur les balades et randonnées d'une journée. Visites guidées du site pour les groupes sur réservation. Librairie. De juin à septembre, expos temporaires d'art contemporain *(entrée libre)*. Dans la chapelle des Olivétains, présentation du trophée augustéen découvert en 1926 sur le site antique. Édifié entre 16 et 13 avant notre ère, lors de la naissance de l'Aquitaine, c'est une commande officielle de l'empereur Auguste qui témoigne d'un moment important de l'histoire des Gaules.

– **Stationnement :** de mi-juillet à fin août, stationnement obligatoire sur le parking situé à 200-300 m au pied du village. L'accès au village se fait alors à pied ou en petit train *(payant)*.

Où dormir ? Où manger ?

Camping

Camping Es Pibous : *chemin de Saint-Just. ☎ 05-61-88-31-42. • es-pibous@wanadoo.fr • es-pibous.fr • À 1,5 km de Saint-Bertrand. Ouv avr-oct. Compter 12,40-13,85 € selon saison ; loc de chalets et bungalows 385 €/sem.* 80 emplacements bien ombragés et de taille raisonnable. Ambiance familiale mais entretien pas toujours au top en saison. Piscine.

De bon marché à prix moyens

L'Oppidum : *rue de la Poste. ☎ 05-61-88-33-50. Fax : 05-61-95-94-04. À deux pas de la cathédrale. Ouv mars-oct. Doubles 55-65 € selon taille.* Petit hôtel proposant des chambres plutôt agréables mais assez étroites, car cette ancienne bâtisse est vraiment tarabiscotée. Certaines d'entre elles sont mansardées, d'autres (les familiales) plus spacieuses, ou encore avec vue sur la cathédrale. Fait aussi resto (le seul ouvert hors saison).

Hôtel du Comminges : *pl. de la Basilique. ☎ 05-61-88-31-43. • hotelducomminges.fr • En face de la cathédrale. Ouv de mai à mi-oct. Doubles 59-69 € selon confort ; familiale (4 pers) 87 €.* Vieille maison de famille restée dans son jus. Chambres calmes, possédant un charme désuet auquel on est sensible ou pas (anciennes tapisseries à fleurs, ameublement d'autrefois). Les plus onéreuses sont vraiment spacieuses.

Restaurant Chez Simone : *rue du Musée. ☎ 05-61-94-91-05. Dans une petite rue proche de la cathédrale. Juil-août, tlj ; hors saison, slt le midi sf mer. Congés : déc-mars. Assiettes 12-14 € ; menu 18 € (21 € dim et j. fériés). CB refusées.* La vue sur la vallée depuis la terrasse ombragée vaut le détour. Et l'intérieur, style auberge de campagne avec des murs en pierre, est sympa. Mais côté restauration, on dira que c'est... correct. Le dimanche (ou sur commande), spécialité de la maison : la poule farcie. Service efficace, souriant, parfois expéditif. Une adresse bien pratique où se retrouvent ouvriers et touristes.

La Vieille Auberge : *ville basse. ☎ 05-61-88-36-60. • serge.prey@orange.fr • Ouv le midi tlj tte l'année, plus le soir en hte saison. Congés : 2de quinzaine de nov. Menus 17,50-32 € et carte. CB refusées. Apéritif maison offert sur présentation de ce guide.* Au pied de la colline, un peu excentré, l'un des rares restos de Saint-Bertrand. On devra donc s'en contenter ! Cuisine et décor on ne peut plus traditionnels. Si le petit menu avec confit de canard s'avère une bonne affaire, c'est beaucoup moins évident dès lors que l'on monte en gamme. Cette vieille auberge a su cultiver son côté franchouillard et campagnard... Félicitons-nous et restons simples ! Et soyons heureux, en terrasse, à côté de la fontaine glougloutante.

Où dormir dans les environs ?

L'Oreiller d'Hadrien : *31510 Ore. ☎ 05-62-00-13-03. • oreiller31@gmail.com • oreiller31.com • À env 9 km au sud-est de Saint-Bertrand. Dans le village. Ouv de mi-avr à mi-oct. Compter 70 € pour 2, 85 € pour 3. Table d'hôtes 22 €, tt compris.* Anita et Ronald ont longtemps séjourné à l'étranger (Italie, Indonésie, Thaïlande, Singapour...) avant de se poser ici, et d'aménager 4 magnifiques chambres spacieuses dans une maison de maître entièrement restaurée. Beaux parquets, meubles anciens ou asiatiques et remarquable bouddha dans le salon. Accueil charmant. Là encore, un très bon rapport qualité-prix.

À voir

On pénètre encore à Saint-Bertrand-de-Comminges par l'une des trois portes médiévales. La *porte Majou* a servi de prison au XVIIIe s. Sur la *porte Cabirole,* une curiosité : le tarif des taxes sur le poisson au XVIIe s, gravé dans la pierre.

La cathédrale Sainte-Marie : *rens au ☎ 05-61-89-04-91. Oct-avr, ouv 10h-12h, 14h-17h (18h vac scol de fév-mars, avr et oct) ; mai, 9h-18h ; juin-sept, 9h-19h. Pas de visite dim mat et j. de fête. Entrée payante (audioguide compris) pour la visite des stalles, du trésor et du cloître : 4 € ; réduc.*
Édifiée au XIe s en style roman. Au début du XIVe s, devant le succès du pèlerinage, elle est agrandie dans le style gothique. Du XIIe s subsistent l'imposant clocher de 33 m, le portail et une galerie du cloître. Beau tympan sur lequel on peut admirer les 12 apôtres et, au-dessus, l'*Adoration des Mages,* où figure l'évêque Bertrand (qui sera plus tard canonisé). Chapiteaux avec, à droite, des animaux fantastiques et, à gauche, le supplice de l'avare aux Enfers. Sur le clocher fortifié, deux

réemplois romains (un masque de tragédie et une incrustation funéraire). Chœur et chapelles rayonnantes du XIVe s. Quatorze énormes contreforts rythment l'édifice.
– ***L'orgue :*** tout simplement fantastique avec ses 2 600 tuyaux (!), ses 16 m de haut et 10 m de large ! Et pourtant quasiment « aérien » sur ses colonnes corinthiennes. Qui plus est, c'est un buffet d'orgue en angle, très rare, de style Renaissance et merveilleusement sculpté. Un des plus beaux orgues du monde, à la sonorité sans pareille. La *chaire* du XVIe s s'y intègre de belle façon. Sommet d'un art qu'on qualifierait volontiers de voluptueux !
– Au centre, le ***jubé*** ferme le chœur et séparait les clercs des laïcs. Formé de bas-reliefs, sa valeur est inestimable car c'est l'un des derniers jubés qui nous soient parvenus complets et intacts. Beau *Saint Sébastien* polychrome et charmante *Vierge à l'Enfant.* En face de l'orgue, à droite du jubé, l'autel de paroisse. Au-dessus de ce dernier est accroché un crocodile empaillé, classé Monument historique !
– ***La chapelle Notre-Dame :*** la première à gauche de la nef. Elle contient le beau *gisant* d'un évêque sous son dais (Hugues de Castillon), avec lion et chien à ses pieds. Petits anges superbement exécutés de chaque côté du visage. En dessous, le marbre noir, *parade mortuaire* d'un étonnant réalisme.

LE DRAGON DE SAINT-BERTRAND-DE-COMMINGES

La légende rapporte que le brave saint Bertrand terrassa le monstre qui dévorait (dans la Garonne !) les jeunes filles avant leur mariage. D'ailleurs, on aperçoit toujours sa carcasse accrochée à l'intérieur de la cathédrale. À y regarder de près, l'animal ressemble furieusement à un crocodile (il s'agit en fait d'un ex-voto ramené de Terre sainte par un pèlerin). À l'époque, la frayeur jouait parfaitement : inutile de préciser qu'on ne rencontrait pas souvent de sauriens dans la région...

– ***Le mausolée de saint Bertrand :*** au fond du chœur. Exécuté au XVe s. Au-dessus, un retable agrémenté de belles peintures de style naïf contant la vie du saint. Il ne subsiste que trois *vitraux* du XVIe s, mais quelles couleurs flamboyantes !
On vous le rappelle, la suite de la visite est payante.
– ***Le cloître :*** la plus ancienne galerie présente de beaux chapiteaux historiés. Au milieu, sculpté dans une colonne romaine, le *pilier des quatre évangélistes.* C'est le seul cloître existant en Haute-Garonne de forme irrégulière, sans doute à cause de la petitesse du terrain et des réaménagements de l'époque gothique. D'ici, on voit bien le clocher-tour, recouvert d'un *hourd,* c'est-à-dire un bardage en bois. Mais c'est du parvis face à la cathédrale qu'on le voit le mieux. C'est aussi l'un des rares cloîtres en France à posséder un côté (ici, celui s'appuyant contre le rempart) ouvert sur la campagne. Magnifique point de vue et délicieuse atmosphère des lieux, avec le son des cloches au cou des vaches broutant à la ronde, invisibles... Auparavant, le cloître était presque clos (il n'y avait que deux petites fenêtres romanes) ; l'ouverture date du XIXe s.
– ***Le chœur :*** entièrement fermé, véritable église dans l'église. On y découvre, ébahi, la splendeur des 66 *stalles* des chanoines, plus celles à baldaquin des évêques. Elles furent exécutées vers 1523 et il fallut 14 ans pour les achever. Si l'ensemble dégage une harmonieuse homogénéité, on s'aperçoit vite de l'extraordinaire et luxuriante fantaisie des sculptures et des thèmes. Pêle-mêle, vertus, papes, docteurs de l'Église, archevêques, prophètes... Tout au fond, discret, ne manquez pas le sublime *arbre de Jessé,* véritable dentelle de bois sculpté en 3D.
– ***Le trésor :*** accès par les escaliers en face de l'entrée du chœur. Vieux vêtements liturgiques, orfèvrerie religieuse, chapes médiévales (du XIVe s) très rares, tissus très anciens dans un état de conservation étonnant.

Balade dans la haute ville et dans le village : en redescendant la rue principale, belles demeures anciennes, dont un bel édifice du XVIe s avec fenêtre sculptée et colombages à remplage de brique, etc. Plus bas, la *maison Bridaut,* du XVe s, avec une élégante tour hexagonale à poivrière. La ***balade dans le village bas, au pied de la colline,*** révèle une architecture rurale très intéressante, notamment celle des *granges* et des *fenils*, présentant une construction de charpente avec poutre porteuse en demi-cercle. Noter aussi l'utilisation des claies de lattes de bois entrecroisées.

Les Olivétains 2 : *dans la ville haute. ☎ 05-61-88-55-00. Mai-sept, tlj sf lun 10h-17h (18h w-e ; 19h juil-août). GRATUIT.* Ce bâtiment du XVIIIe s, classé Monument historique, a tour à tour servi de gendarmerie, de sanatorium et d'hôpital militaire. Restauré, c'est aujourd'hui un lieu d'exposition de collections archéologiques.

La ville antique : au pied du promontoire, route de Valcabrère, s'étend l'ancienne ville gallo-romaine dont on a retrouvé de nombreuses fondations. *Visite libre ; pour les groupes, contacter les Olivétains (voir « Adresse et info utiles »).*
Une grande partie de la ville antique a été dégagée, notamment le marché du Ier s, la première construction découverte en 1913. À côté, un petit sanctuaire circulaire, carrefour de fondation de la ville. Les thermes, au nombre de trois (deux seulement sont visibles), présentent un plan permettant logiquement la circulation des clients des pièces les plus chaudes jusqu'à la piscine à ciel ouvert. Les *thermes du Nord* sont les plus intéressants.
Le théâtre, du IIe s apr. J.-C., a été récemment restauré (il se situe dans la pente de la colline où se trouve l'actuelle cathédrale). Quant à la *basilique chrétienne* primitive, elle aurait été construite du IVe au VIe s.

La basilique Saint-Just de Valcabrère : *à un coup d'aile de Saint-Bertrand (2 km env). ☎ 05-61-95-49-06. Juin-sept, tlj 9h30-19h ; le reste de l'année, se renseigner. Entrée : 2,50 € ; gratuit jusqu'à 10 ans. Visite libre avec audioguide très bien fait (inclus dans le prix).* Merveilleuse basilique romane en pleine campagne préservant les reliques de saint Just et saint Pasteur. Un chevet original aux proportions quasi parfaites (abside carrée d'où rayonnent les absidioles polygonales). Imposant et austère clocher. On retrouve pas mal d'éléments de réemploi gallo-romains dans la construction, notamment dans les absidioles (colonnes, frises, blocs cannelés). Portail de style roman avec de remarquables chapiteaux historiés. Également les vestiges d'un petit cloître.

Manifestation

– ***Festival du Comminges :*** *en juil-août. Infos et résas : ☎ 05-61-88-32-00. • festival-du-comminges.com •* Un des plus prestigieux festivals de musique classique d'Europe. Une vingtaine de concerts donnés dans le cadre extraordinaire de la cathédrale de Saint-Bertrand, de la basilique Saint-Just de Valcabrère ou de la collégiale de Saint-Gaudens (mais aussi parfois à Montréjeau ou à l'église de Martres-Tolosane). L'orgue est évidemment à l'honneur, mais pas seulement. Le festival, initié en 1975 par André Malraux, accueille les plus grands artistes du moment.

DANS LES ENVIRONS DE SAINT-BERTRAND-DE-COMMINGES

Pyrénées Hô : *à **Cierp-Gaud** (31440). ☎ 05-61-94-08-36. • pyrenees-ho.com • Au bord de la D 125, juste avt Cierp-Gaud, sur la droite en venant de Montréjeau. De mi-avr à début nov, dim et tlj pdt les vac scol 10h-18h (juil-août, tlj 10h-19h). Entrée : 6-29 € selon formule choisie ; réduc moins de 12 ans ; forfait famille.* Parc d'aventures proposant plus de 140 jeux dans les arbres et les rochers,

parcours souterrain, sentier à parcourir pieds nus, labyrinthes, etc. Le tout sur un site naturel sympa d'une quinzaine d'hectares. Aires de pique-nique et barbecue. Également diverses activités hors du parc (sur résa) : canyoning, via ferrata et escalade.
Possibilité de dormir sous un tipi, dans une cabane ou dans un hamac à la belle étoile !

La vallée de la Barousse : *par la D 925.* Très peu touristique, donc encore sauvage. Voir plus loin le chapitre « Les Hautes-Pyrénées (La Bigorre) ».

LES TROIS VALLÉES

(31160) *Carte Haute-Garonne (Sud), A-B2-3*

Un premier col mythique avec le col de Portet-d'Aspet, célébré par le Tour de France. Ensuite, à chaque vallée son sommet ! D'est en ouest, la vallée du Job et le pic du Gar (1 785 m), la vallée de l'Aspet et l'emblématique pic du Cagire (1 912 m), et la vallée de l'Arbas, dominée par le pic de Paloumère (1 608 m). Sous bien des « aspects » différents, cet univers est dédié à la nature, aux sports de plein air et d'air (parapente)... et, depuis des millénaires, à la spéléologie, avec le plus long réseau de grottes de France. Au pays de l'ours (si !), l'homme entre en contact avec des sites vierges, à préserver !

ASPET *(31160)*

Adresse et info utiles

Office de tourisme d'Aspet – Maison des Trois Vallées : *rue Armand-Latour. ☎ 05-61-94-86-51. • tourisme-aspet.com • Tte l'année, tlj sf dim-lun.*

– ***Marchés :*** *mer mat et sam mat.*

Où dormir dans les environs ?

Campings

Camping municipal Le Cagire : ***Sarradère.*** *☎ 05-61-88-51-55. • camping.aspet@wanadoo.fr • À 1,5 km d'Aspet, en direction de Sengouagnet. Ouv de mi-avr à fin sept. Prix tente en hte saison 8,60 €. CB refusées. 42 empl.* Situé en contrebas du village, calme, verdoyant et bien ombragé, au bord du Ger (et non du Gers !). Piscine découverte et sports nautiques à 100 m.

La Ferme d'Oulan Bât : *route de Planque, 31160* ***Arbas.*** *☎ 05-61-97-21-13. 06-68-97-11-96. • lafermedoulanbat@hotmail.fr • lafermedoulanbat.fr • Depuis le village d'Arbas, suivre la route des Planques, jusqu'à la dernière ferme sur la droite. Congés : janv. Yourtes 50-60 €/nuit ou 270-630 €/sem. Table d'hôtes sur demande 16 €. CB refusées.* 3 yourtes traditionnelles pour 2 à 6 personnes installées à flanc de montagne. Les amateurs de calme et de grands espaces seront aux anges. Les familles aussi ! Les propriétaires, éleveurs d'ânes bâtés, proposent des randonnées et des formules « bivouac ». Les yourtes offrent un confort tout à fait satisfaisant (frigo, réchaud, micro-ondes). Bloc sanitaire chauffé (et flambant neuf).

Prix moyens

Le Solayan : *hameau de Souleignan, 31160* **Coulédoux.** *☎ 05-61-88-57-68. • sierrao@wanadoo.fr • solayan-nature.com • À env 15 km d'Aspet ; prendre la direction du col de Portet-d'Aspet, puis station de ski du Mourtis ; fléché ensuite. Ouv tte l'année (fermé mar-jeu hors saison). Compter 70 €/pers en ½ pens ; tarifs dégressifs. CB refusées. Apéritif maison offert sur présentation de ce guide.* Perché à 1 100 m d'altitude, face à la vallée, un écogîte (chauffage solaire et au bois, peinture à la chaux) qui compte 8 chambres de 3 à 5 lits bénéficiant de salles de bains privées et d'une déco soignée. Piscine intérieure avec grande baie vitrée pour contempler le paysage, sauna, spa, billard, bibliothèque, cave à vin, etc. Prêt de VTT, raquettes et luges. Tout y est, ou presque !

Où manger ? Où boire un verre ?

Restaurant Les Trois Vallées : *pl. Joseph-Ruau. ☎ 05-61-88-45-87. • sarlrestaurant.les.3.vallees@wanadoo.fr • Au centre du village. Fermé dim soir et lun tte l'année, plus ts les soirs sf ven-sam hors saison. Congés : 1 sem en juin et 1 sem pour les fêtes de fin d'année. Menus 18,50 € (midi sf dim), puis 24-29 € et carte.* Cadre standard et agréable terrasse sur la place. Plats classiques et joliment présentés. Cuisine de marché avec une petite spécialité pour les poissons.

Pour boire un verre, on lui préfère l'adorable terrasse du ***Café Français.***

À voir. À faire dans les environs

La vallée des Ours : *à* ***Arbas,*** *à env 12 km d'Aspet. En juil-août, possibilité de visite accompagnée 3-4 fois/mois : rens à l'association Pays de l'Ours-Adet, à Arbas, ☎ 05-61-97-48-44. • paysdelours.com • Compter env 2h30. Accès libre.* Un sentier d'interprétation que l'on peut parcourir librement en famille, sur les traces des lâchers des plantigrades en mai 2006, pour découvrir la vie de l'ours dans les Pyrénées. Départ depuis le parking de la vallée de Planque, au bout de la route goudronnée. Pas de panneau explicatif le long du sentier, se procurer le petit guide gratuit, très bien fait, et disponible dans les offices de tourisme d'Arbas, d'Aspet et de Salies-du-Salat. L'association propose également des sorties à la découverte des traces d'animaux (gratuit et les enfants repartent avec les moulages !), des randos d'une journée à la rencontre des bergers dans les estives *(compter 11 € ; 5 € moins de 10 ans).*

➢ ***Activités nature :*** au départ d'*Aspet,* du petit village d'*Arbas* ou de *Sengouagnet,* à découvrir à pied (près de 250 km !), à VTT (une quinzaine de parcours labellisés par la fédération Espace-VTT), à cheval, en parapente, sur terre et sous la terre, dans l'air et dans l'eau ! Fiches randonnées pratiques, avec cartes pour VTT et rando. En vente (prix symbolique) à l'office de tourisme d'Aspet (voir « Adresse et info utiles ») ou aux syndicats d'initiative de la vallée d'Arbas *(☎ 05-61-90-62-05)* et d'Encausse-les-Thermes *(☎ 09-77-54-15-30).*

LES VALLÉES DE SAINT-BÉAT

(31440) *Carte Haute-Garonne (Sud), A-B3*

Par la N 125. Voie d'accès vers l'Espagne pour les gens du coin. La circulation y est donc nettement moins fluide que la Garonne, qui, torrent encore

bouillonnant, fait son entrée en France par cette vallée. Quittez donc la route principale pour grimper jusqu'à d'adorables villages de montagne comme Argut-Dessous, Melles ou Burgalays. C'est là qu'ont été relâchés (après moult rebondissements) quatre ours originaires de Slovénie. Mais, soyons francs, il y a peu de chances que vous en aperceviez, même si une débauche de panneaux annonce « Le pays de l'Ours ». Saint-Béat, ancienne « Ville royale », possède également un patrimoine d'art sacré bien mis en valeur, autour de sa célèbre carrière de marbre.

SAINT-BÉAT *(31440)*

Adresse utile

Office de tourisme du canton de Saint-Béat : *av. de la Gerle. ☎ 05-61-79-45-98. • lesvalleesdesaintbeat.fr • Au pont sur la Garonne. Tlj en principe, sf dim-lun hors saison.* Accueil charmant, infos sur les randos.

Où dormir ? Où manger dans les environs ?

Auberge du Crabère : *31440 Melles. 06-52-07-36-24. • crabere@free.fr • Resto tlj en été, sinon fermé mar. Dortoir (2 lits) 18 €/pers ; double 45 € ; familiale (4 pers) 65 €. Menu 14 € (midi en sem), sinon plats à l'ardoise ; repas 20-22 €. Digestif maison offert sur présentation de ce guide.* Melles se situe au cœur du pays de l'Ours. C'est un village calme et préservé, typique des Pyrénées. Étroit, abrupt et à flanc de montagne, il est bien difficile de s'y garer, mais c'est ce qui fait son charme. Pour info, le Crabère est un des sommets qui dominent la vallée. L'auberge a été reprise par un jeune couple adorable. La table y est simple, bonne et savoureuse. Pour ceux qui désireraient prolonger le plaisir, 2 jolies chambres à l'étage, l'une pour 2 personnes et l'autre pour 4.

À voir

Le patrimoine d'art sacré : la mairie propose des visites de patrimoine *(☎ 05-61-79-40-05 ; tarif : 4 €).* Devant tant de richesses, on reste tout simplement... béat d'admiration.
– Tout d'abord, l'***église romane du XIIe s*** *(visite libre ou guidée).* À l'extérieur, beau tympan qui servit de modèle à de nombreuses églises de la région. À l'intérieur, chaire du XVIIIe s, bustes et châsses-reliquaires de saint Béat, saint Privat et saint Jacques de Compostelle (14 saints ici !). Pietà des XVIe et XVIIe s en bois polychrome.
– Ne manquez pas le clou de la visite, le ***musée du Trésor*** *(visite guidée obligatoire)* dans la sacristie du XIXe s, restaurée à l'identique. Les moines bénédictins envoyés par Charlemagne enrichirent le village et la région, protégée par un traité entre la France et l'Espagne pendant cinq siècles. D'où la richesse du trésor. D'où aussi son surnom de « Clef de France ».

En surplomb du village, ***château*** datant du XIIe s *(accès libre).* Chemin de ronde, donjon, logis seigneurial et remparts. Fut agrandi sous Henri IV et habité jusqu'au XVIe s. Beau point de vue sur le village. *Maison consulaire,* dite « Roxane », Edmond Rostand y ayant sans doute puisé une partie de son inspiration pour la scène du balcon dans *Cyrano de Bergerac.*

Le Centre international de recherche de la pierre, des arts et de la culture *(CIRPAC) : rue de la Tignerie. 06-30-09-96-50. • st-beat.fr • Horaires d'ouverture*

LE PAYS DE COMMINGES-PYRÉNÉES

variables selon expos. GRATUIT. Résidence d'artistes (artistes plasticiens, architectes, designers et praticiens de la pierre) qui propose des expos temporaires, des ateliers d'initiation et de démonstration, des conférences, etc.

Possibilité de visite guidée sur rendez-vous auprès de l'office de tourisme (20 personnes minimum) de la ***carrière de marbre de l'époque romaine.*** Ce n'est pas celle, industrielle, que l'on aperçoit du château ! Le marbre de Saint-Béat est d'une qualité remarquable, et on le retrouve dans toute la région (villa gallo-romaine de Montmaurin). Et même plus loin, jusque sur le parvis de la Défense et les parois de l'Opéra-Bastille à Paris.

À voir dans les environs

« À fleur de montagne », le jardin botanique pyrénéen : *à* ***Melles*** *(31440). 06-14-87-10-05 ou 06-30-88-38-16. • afleurdemontagne.over-blog.com • Ouv de mi-avr à fin oct ; visite libre tlj. Tarif : 2 € ; gratuit moins de 12 ans.* Ce petit jardin, cultivé à flanc de montagne, présente la flore du massif. Parterres, sous-bois, carré des simples et aromatiques, rocailles, etc., traversés par un ru. Surtout intéressant lors de la floraison, d'avril à juin.

➢ Pour rejoindre Luchon depuis Saint-Béat ou Melles, possibilité de couper par l'Espagne et d'emprunter le val d'Aran. En route, grimper jusqu'au magnifique village de ***Bausen.*** Restauré et on ne peut plus pittoresque avec ses maisons en pierre et son paysage préservé... À quelques kilomètres de là, le village de Les (à ne pas confondre avec Lez, côté français), village espagnol (plutôt moche) situé à la frontière, où l'on fera un petit stop pour faire le plein d'essence, de cigarettes et de produits hispaniques... Plusieurs *ventas* alignées les unes à côté des autres. Puis direction Luchon par la forêt !

Manifestation

– ***Festival de la Sculpture et du Marbre :*** *en juil. Rens auprès de l'office de tourisme (☎ 05-61-79-45-98). • marbre-et-arts.fr •* Expos de sculptures contemporaines, ateliers et stages de sculpture. Les artistes exposent et sculptent en public.

LUCHON ET LE PAYS DE LUCHON

(31110) 2 585 hab. *Carte Haute-Garonne (Sud), A3*

Luchon, qui a perdu à l'usage son « Bagnères-de », est la cinquième station thermale de France et la première des Pyrénées. Elle est située dans un splendide amphithéâtre naturel. L'empereur romain Tibère en appréciait déjà les eaux et le cadre. Au XIXe s, Luchon connut une grande vogue et reçut maints prestigieux visiteurs : Flaubert, Lamartine, Alexandre Dumas, Alphonse Daudet, Napoléon III, le prince impérial, Bismarck, Hortense Schneider, Mata Hari. Ce succès contribua à son urbanisation, surtout à l'époque du Second Empire.
Aujourd'hui Luchon ne traîne pas, comme d'autres villes thermales pyrénéennes, une image vieillotte et démodée. D'importants investissements ont été réalisés pour dynamiser le thermalisme, en développant des cures courtes, novatrices et moins onéreuses. La cure « Liberté » fait un tabac... pour tenter de sevrer les accros à la cigarette (!). L'accent est mis également

sur les nombreux sports qu'offre la région : ski, bien sûr, mais aussi rafting, vol à voile, parapente, randonnée, etc.
Côté gastronomie, quelques goûteuses spécialités locales : d'abord le *peteram* (tripes de mouton en ragoût, à l'origine plat des bûcherons, un peu relevées) ; ensuite, la *pistache* (ragoût de haricots secs ; plat des pauvres, des paysans), le cassoulet local, onctueux et parfumé, assez différent de celui que l'on connaît habituellement.

Adresses et infos utiles

Office de tourisme : *18, allées d'Étigny, BP 29. ☎ 05-61-79-21-21. • luchon.com • Tlj, sf dim en nov.* Très compétent. Excellente documentation.

Poste : *angle allées d'Étigny et av. Gallieni.*

Gare SNCF : *av. de Toulouse. Rens : ☎ 36-35 (0,34 €/mn).* 2 trains quotidiens pour Toulouse. Sinon, près de 5 bus *TER* jusqu'à Montréjeau.

@ ***Internet :*** *plusieurs « cyberespaces » en ville. Accès wifi gratuit à l'office de tourisme.*

Bureau des guides : *66, allées d'Étigny. ☎ 05-61-89-56-08. • bureau-guides-luchon.com •* Propose randos et balades pour petits et grands, confirmés et débutants, ainsi que différentes activités sportives (escalade, canyoning, parcours acrobatique dans les arbres, etc.). Très compétents.

– ***Marché :*** *ts les mat avr-oct ; mer et sam hors saison.* Dans une jolie halle de la fin du XIXᵉ s, style Baltard.

Où dormir ? Où manger ?

Camping

Camping Chantecler : *av. de Venasque. ☎ 05-61-88-15-33. 06-01-73-31-01. • contact@campingchanteclerluchon.fr • campingchanteclerluchon.fr • À la sortie de Luchon, en direction de Superbagnères. Ouv avr-oct. Prix tente 11,60-14,60 € selon saison ; pas de mobile homes mais des bungalows toilés 225-330 €/sem. CB refusées. 60 empl.* Adorable camping niché en creux de vallée, au bord de la Pique, boisé et fleuri. Équipements limités, mais c'est aussi ce qui fait son charme. Accueil adorable, atmosphère tranquille et familiale.

De bon marché à prix moyens

Hôtel Le Floréal : *11, av. Jean-Boularan. ☎ 05-61-88-37-52. • hotelleflo real@orange.fr • hotelfloreal.fr • À deux pas du centre. Congés : nov. Double 64 € ; familiale 77 €.* Un établissement à la douce atmosphère, proposant d'agréables chambres restaurées avec goût et plutôt douillettes. Salle des petits déj vêtue de pierre. L'un des bons rapports qualité-prix de Luchon. Fait également salon de thé.

Hôtel des Deux Nations : *5, rue Victor-Hugo. ☎ 05-61-79-01-71. • info@hotel-des2nations.com • hotel-des2nations.com • En plein centre-ville, dans une rue semi-piétonne. Doubles 38-55 € ; familiales (3-4 pers) 66-76 €. Menus 14,50-19 € ; carte env 25 €. Apéritif maison offert sur présentation de ce guide.* Petit hôtel familial depuis 5 générations, avec des chambres standard, certaines un peu vieillissantes tout de même. Bonne cuisine familiale traditionnelle (garbure, truite à la luchonnaise) dans une salle à la déco du genre conventionnel. Souvent complet, même si l'accueil pourrait être plus doux...

Nombreux ***restos*** le long des allées d'Étigny, proposant de bons petits menus, dont ***Les Caprices d'Étigny,*** au nº 30 bis. *☎ 05-61-94-31-05. Tlj sf lun (plus jeu soir et dim soir hors saison). Congés : 1 sem fin juin et de mi-nov à début déc. Formules déj 11,90-14 € ; menus 20-32 €. Café offert sur* *présentation de ce guide.* Spécialité de truites du pays d'Oô. À déguster près de la cheminée en hiver et sous la véranda aux beaux jours.

Le Baluchon : *12, av. du Maréchal-Foch. ☎ 05-61-88-91-28. • restaurant-baluchon@orange.fr • Non loin de la gare. Tlj sf lun soir et mar, plus dim soir hors saison. Congés : juin et sept. Menu unique le midi (sf dim) 15 € ; le soir, formule et menus 24-32 € ; carte env 40 €. Café offert sur présentation de ce guide.* Après avoir travaillé quelques années dans une bonne adresse de la région, le jeune chef qui officie derrière les fourneaux a posé son baluchon et s'est mis à son compte. Bonne idée ! Il concocte une cuisine de nos jours à base de produits de saison, en signant chaque préparation d'une petite touche personnelle réussie. Le cadre joue dans un registre contemporain, sobre et plaisant. Petite terrasse.

De prix moyens à chic

Hôtel d'Étigny : *à proximité des thermes. ☎ 05-61-79-01-42. • etigny@aol.com • hotel-etigny.com • Face au parc des Quinconces, à quelques pas du centre. Ouv mai-fin oct. Doubles 60-80 € ; familiales 75-95 €. Formule déj en sem 16 € ; menus 22-54 €. Parking et garage payants. Café offert sur présentation de ce guide.* Le charme feutré et confortable d'un ancien hôtel particulier du XIXe s. La tradition de l'art de recevoir, dans les salons, le jardin ou la grande salle à manger. Les chambres sont en harmonie avec les lieux, de la plus simple à la suite luxueuse. Certaines ouvrent sur le jardin, au calme. Cuisine type gastronomique. Service attentionné, stylé et efficace.

Très chic

L'Heptameron des Gourmets : *3, bd Charles-de-Gaulle. ☎ 05-61-79-78-55. • contact@heptamerondesgourmets.com • Ouv ts les soirs sur résa slt (24h à l'avance). Congés : de nov à mi-déc. Menu unique (et surprise) 60 €. Café offert sur présentation de ce guide.* Le resto tire son nom d'un imposant ouvrage culinaire auquel le poète Apollinaire a participé. Il faut dire que le chef a 2 passions : la cuisine et la littérature gastronomique (il possède près de 2 000 ouvrages et en a écrit un lui-même !). Après avoir tenu dans Luchon un grand hôtel-resto, monsieur et madame ont eu envie de se recentrer et de ne plus cuisiner que pour quelques rares privilégiés qu'ils accueillent dans leur maison, dans leur salon. 5 tables seulement, autant dire que la réservation s'impose ! Endroit unique et merveilleux (et quand même très cher !). Pour apprécier cette soirée, il faut se laisser porter, se laisser choyer dans leur écrin « cocotte Belle Époque » (avec pop-folk et Beatles en fond sonore pour le côté décalé). Nappes fleuries, verrerie colorée et vaisselle dépareillée : les tables sont magnifiques, très *British,* très kitsch aussi... Cuisine de saison avec produits du terroir luchonnais et du potager. Le chef improvise chaque jour 7 plats à la fois simples et délicieux. Un mélange de cuisine bourgeoise et créative, contemporaine et intemporelle. Idéal pour un tête-à-tête en amoureux.

Où dormir ? Où manger dans les environs ?

Campings

Camping Les Frênes : *Le Plan (au village), 31110 **Garin.** ☎ 05-61-79-88-44. 06-87-40-31-28. • contact@chalets-luchon-peyragudes.com • chalets-luchon-peyragudes.com • À 8 km de Luchon, sur la route du col de Peyresourde ; prendre à droite vers Billière, c'est à 150 m sur la gauche. Ouv avr-oct (loc tte l'année). Compter 15 € pour 2 en tente ; loc de chalets 202-659 €/sem selon saison et capacité (6-8 pers) ; loc de caravane 105 €/sem. CB refusées. 27 empl.* Petit camping de randonneurs à 1 100 m d'altitude, très agréable et assez ombragé. Sanitaires bien entretenus. Beaux chalets, bien séparés de la partie réservée au camping traditionnel. Excellent accueil dans un coin au calme parfait. Circuits VTT alentour, pêche et balades à pied. Petite épicerie et laverie à 100 m.

Domaine Arôme-Vanille : *route de Subercarrère, 31110* ***Montauban-de-Luchon.*** *☎ 05-61-79-00-38. • aromevanille@orange.fr • camping-aromevanille.com • ♿ À env 1,5 km de Luchon. Congés : nov. Prix tente 12,50-15,50 € selon saison ; hébergements locatifs 319-539 €/sem. 197 empl.* Agréable camping verdoyant, ombragé et à l'atmosphère familiale. En prime, un bon resto sur place ! Location de vélos, aire de jeux et animations pour les enfants en été. Très bon accueil.

De bon marché à prix moyens

L'Hospice de France : *31110* ***Bagnères-de-Luchon.*** *☎ 05-61-79-32-47. 📱 06-88-32-40-64. • yohan.faussurier@hotmail.fr • hospicedefrance.com • ♿ À 12 km de Luchon, sur la route de Superbagnères (bien fléché). Ouv 15 avr-11 nov, tant que la route reste carrossable ; avec la neige, ça se complique ! Nuit en dortoir (6-10 lits) 18,50-19,50 €/pers ; doubles 50-54 €. Possibilité de ½ pens. Assiettes 11-15 € ; dîner 19 €. CB refusées. Café offert pour un repas consommé sur présentation de ce guide.* À 1 385 m d'altitude, au départ de nombreux sentiers de randonnées. Voici l'ancien lieu de passage dans la montagne entre Toulouse et Saragosse. Une petite cabane accueillait déjà au XVIIe s les voyageurs, les marchands, les caravanes... La petite cabane se fit gros logis, puis le site (magnifique) vit débarquer les premiers touristes au début du XXe s. Ce fut également un haut lieu de la Résistance et de la lutte contre le franquisme. C'est aujourd'hui un véritable paradis pour les randonneurs et les familles. Le soir, une table d'hôtes (à 19h pétantes !) est proposée aux résidents, avec plats de montagne et produits du terroir. Le midi, le resto pratique au contraire des horaires larges et est ouvert à tous. Petites chambres simples mais coquettes et confortables (excellente literie) ; quelques suites familiales. Pas de télé, mais avec un tel spectacle aux fenêtres (vue époustouflante sur les montagnes), on s'en passe très bien ! L'ensemble a été entièrement rénové. Super accueil, souriant, jeune ; atmosphère détendue, familiale. Musée attenant qui raconte l'histoire de l'hospice (laïc) dont il existe le pendant côté espagnol. En hiver (si la mairie le veut bien), *L'Hospice* réintègre les locaux historiques (plus faciles à chauffer) et perpétue la tradition d'hospitalité au coin du feu...

Chambres d'hôtes Le Poujastou : *rue du Sabotier, 31110* ***Juzet-de-Luchon.*** *☎ 05-61-94-32-88. 📱 06-88-30-00-20. • info@lepoujastou.com • lepoujastou.com • À env 2,5 km de Luchon ; juste derrière l'église. Congés : nov. Compter 62 € pour 2, 71-91 € pour 3-4. Table d'hôtes 20 €.* 5 chambres (2 mansardées), aux jolies peintures à la chaux. Déco sobre, un brin rustique. L'atmosphère est douce et sereine. Agréable salle à manger pour partager le dîner (à base de produits bio) avec Élodie et Thierry. Petit jardin idéal pour une délicieuse sieste. Si vous voulez faire de la rando, Thierry, qui est guide de montagne, vous donnera de précieux conseils.

Chambres d'hôtes Papilio : *route de Subercarrère, 31110* ***Montauban-de-Luchon.*** *☎ 05-61-89-29-82. 📱 06-99-27-22-65. • rolfemarni@hotmail.com • papilio-luchon.com • À env 2 km de Luchon ; bifurquer à gauche devant l'église de Montauban ; 1 km plus loin, indiqué sur la droite, juste avt le panneau de Juzet. Ouv tte l'année. Compter 60 € pour 2, 76 € pour 3. Table d'hôtes 22 €, vin compris.* Dans leur maison pyrénéenne bordée d'un grand jardin, Rolfe et Hermione ont aménagé 4 chambres. Avec une déco inspirée par les multiples voyages de ce couple anglo-australien, elles sont aussi charmantes les unes que les autres. Accueil souriant. Spécial familles : balançoires, chambres communicantes.

La Ferme d'Espiau : *au village de* ***Billière*** *(31110). ☎ 05-61-79-69-69. • restaurant-luchon.com • À 8,5 km de Luchon, sur la route du col de Peyresourde ; prendre la route à droite vers Billière. Fermé lun tte l'année et mar (et parfois mer) en basse* *saison. Congés : 1 sem en avr, 1 sem en juin et de mi-nov à mi-déc. Double 52 € ; triple 72 €. Menus 20-38 € ; carte 40-45 €. Digestif maison offert sur présentation de ce guide.* Une adresse chaleureuse dans un corps de ferme de 1728. Décoration montagnarde réussie, avec une touche d'humour et de tendresse. 3 jolies petites salles, dont 2 accessibles par la « porte des Nains » (très basse !), mais surtout une belle cuisine avec sa cheminée reconvertie en fourneaux, ouverte à tous les regards. Quelques tables sur la belle terrasse panoramique. Une cuisine familiale, et de bonnes grillades au feu de bois, foie gras maison... Ambiance bon enfant, avec toujours une pincée de bonne humeur. Très jolies chambres à la déco ton sur ton et aux douches riquiqui. Éviter celles accolées aux sanitaires communs, un peu bruyantes... Certaines disposent d'un balcon avec vue imprenable sur les Pyrénées.

Les Hauts Pâturages : *à* **Artigue** *(31110). ☎ 05-61-79-10-47. À 11 km de Luchon. Prendre la direction Juzet, Sode puis Artigue. Avr-sept, tlj sf lun (hors j. fériés), plus mar hors saison. Résa conseillée. Formule 10 € (sf dim et j. fériés) ; menus 16,50-32,50 €. Digestif offert sur présentation de ce guide.* Perché au sommet d'un versant, voilà un petit resto qui bénéficie d'un cadre superbe et d'une vue imprenable sur les Pyrénées ! Franche cuisine campagnarde au four à bois, qui viendra à bout des faims les plus tenaces. Atmosphère conviviale, accueil sans fausse note, et des prix plus que raisonnables. Terrasse pour profiter de la vue lorsqu'il fait beau.

Auberge Les Spijeoles : *à* **Oô** *(31110). ☎ 05-61-79-06-05. • auberge.lesspijeoles@wanadoo.fr • ♿ Fermé dim soir et lun hors saison. Congés : 1 sem fin juin et vac scol de la Toussaint. Menus 16-20 €. Apéritif maison offert sur présentation de ce guide.* On adore ce bistrot de village au cadre sans importance. S'y retrouvent sans chichis ouvriers, commerciaux et touristes, tous ravis du bon rapport qualité-prix et de la copieuse cuisine traditionnelle. Au menu, truite d'Oô, confit de canard, *peteram* (voire parfois *pistache*) ou plat du jour... avec entrée, charcuterie, fromage et dessert ! Terrasse en été, feu de cheminée en hiver. Simple et sympa.

À voir. À faire

Le musée du Pays de Luchon : *18, allées d'Étigny (au-dessus de l'office de tourisme). ☎ 05-61-79-29-87. Tlj sf j. fériés 9h-12h, 15h-18h. Entrée : 2,50 € ; réduc ; billet valable également pour le Musée aéronautique.* Installé dans un édifice du XVIIIe s. Pour découvrir l'histoire et les traditions du Luchonnais. Belles gravures, vieux matériel de montagne, amusante galerie de personnalités qui firent la gloire de Luchon. Au 2e étage, quelques animaux empaillés de la région et vieux outils ruraux.

Le Musée aéronautique : *situé à l'aérodrome, rue Albert-Camus, à droite après la gendarmerie. ☎ 05-61-79-29-87. Avr-oct, mar, jeu et sam 15h-18h ; le reste de l'année, visite sur rdv pour les groupes. Entrée : 2,50 € ; billet valable également pour le musée du Pays de Luchon.* Ce musée retrace l'histoire de l'aéronautique dans les Pyrénées. Une curiosité : un simulateur de vol anglais Air Trainer L.T.P., pour se familiariser avec les premiers avions à réaction.

L'Hospice de France : *sur la route de Superbagnères.* *Voir « Où dormir ? Où manger dans les environs ? ».* Belles randonnées au départ de l'hospice.

Le musée du Grand Hôtel et du Train à crémaillère : Grand Hôtel, *Village-club du Soleil, à* **Superbagnères.** *☎ 05-61-79-90-00. De début juin à mi-sept, mer et sam-dim 14h-17h ; en saison d'hiver, lun et mer 9h-12h, ven 14h-17h. Fermé hors saison. Entrée : 2,50 € ; réduc.* Nouveau musée consacré à l'histoire de la station et de Superbagnères.

– ***Thermalisme :*** recommandé pour les traitements ORL, des voies respiratoires et des rhumatismes. Si les matinées sont réservées aux curistes, les après-midi sont consacrés aux « cures » de remise en forme et de bien-être *(lun-sam 15h-19h30, dim 10h-17h ; rens : ☎ 05-61-79-22-97 ; • luchon-bien-etre.fr •).* Une journée n'aura pas raison de votre budget et pourra contribuer à améliorer le « rythme » des vacances. Plusieurs formules abordables, à commencer par la basique comprenant l'accès au « vaporarium » (une grotte-hammam naturelle à température comprise entre 38 et 42 °C !) et à la piscine-détente. Avec des soins en plus, compter 27-83 € (résa obligatoire).

– ***Survol de Luchon et de la chaîne des Pyrénées :*** *aéroclub de Luchon, à l'aérodrome. ☎ 05-61-79-00-48. • aeroluchon.com • À partir de 50 €/pers (sur la base de 2 pers) pour un vol d'initiation de 30 mn env.*

DANS LES ENVIRONS DE LUCHON

À voir

À priori, le seul moyen d'admirer l'intérieur des églises romanes du coin est de passer par les visites organisées de la bibliothèque de Luchon *(☎ 05-61-79-04-12),* une fois par mois *(avr-oct),* ou d'aller à la messe certains dimanches matin ! Mais tentez tout de même votre chance, elles sont parfois ouvertes.

👫 ***L'église romane de Saint-Aventin*** *(31110) : à 5 km de Luchon, sur la route de Peyresourde. Clé à retirer à la mairie en échange d'une pièce d'identité.* La plus belle de la région, édifiée au XIIe s. Un petit chef-d'œuvre d'équilibre. Accès à pied par une rampe (laisser le véhicule garé en bas). Curieusement, elle présente deux clochers carrés. Monter sur le petit chemin derrière le cimetière pour admirer le jeu des lignes de tous les toits de l'église et l'harmonieuse perspective absides et clochers.

👫👤 ***L'église de Cazeaux*** *(31110) :* elle renferme des fresques de la seconde moitié du XVe s. Tout simplement sublimes ! Sur les murs et sur la voûte, on retrouve pêle-mêle, sous forme de B.D., les grands thèmes bibliques : l'Annonciation, le combat de saint Michel contre le Dragon, le Jugement dernier, un Christ en majesté, la Création, Adam et Ève chassés du Paradis, saint Christophe portant le Christ, les 12 apôtres et les 12 vierges... On trouve toutes les explications à disposition à gauche en entrant. On n'en revient toujours pas qu'une si petite église (aussi isolée) puisse contenir un tel trésor !

👤 ***La chapelle de Saint-Pé*** *(« Pierre », en gascon) : juste à la sortie de* ***Garin,*** *vers Peyresourde, sur une petite butte, à gauche de la route.* Adorable chapelle romane visible de l'extérieur.

👫👤 ***Le bourg et la vallée d'Oô :*** séduisante promenade vers le lac à faire en famille. En juillet-août, deux bus par jour relient Luchon (départ devant l'office de tourisme) aux granges d'Astau. Sinon, accès en voiture jusqu'aux *granges d'Astau* (sur place, auberges, gîte d'étape, jolie cascade et coin à pêche), puis une petite heure de marche jusqu'au *lac d'Oô* (refuge). De là, si l'on a le courage, montée possible en 1h30 jusqu'à *Espingo* (refuge). Si l'on est très courageux, 2h de plus jusqu'au *lac du Portillon* (refuge).

🧺 👫 ***Pesca d'Oô :*** *Le Tric, 31110* ***Oô.*** *☎ 05-61-79-79-00.* Ah qu'elles sont bonnes les truites de la pisciculture d'Oô ! On les trouve sur les meilleures tables de la région (à commencer par l'auberge du village). Biologiques et élevées en eau vive de montagne, leur chair est ferme et goûteuse (et blanche !). Jamais forcées, elles mettent 2 ans pour atteindre leur taille « portion » quand, dans certains élevages, il ne leur faut que 2 mois. Incomparable !

On peut venir visiter l'élevage, et acheter du poisson frais ou transformé (et notamment fumé). Les enfants peuvent même venir taquiner le poisson. Accueil passionné.

L'arboretum Henri-Gaussen : *à 11 km de Luchon, sur la route de Superbagnères. Accès libre.* Sur 2 ha, près de 200 espèces de conifères provenant du monde entier.

À faire

➢ **Balades à pied et à VTT :** Luchon décline la nature au rythme de la montagne, en été comme en hiver... Propositions de circuits à pied disponibles gratuitement à l'office de tourisme. Ils se comptent par dizaines, au départ de la ville, de la vallée et des vallées environnantes. Certains sont un peu moins fréquentés et superbes. Pour les amateurs de VTT, 270 km de chemins balisés (documentation disponible à l'office de tourisme), dont 70 km au départ de Superbagnères. La télécabine peut vous y monter ; cela évite le plus pénible sur 1 200 m de dénivelée ! À tester également, l'Arapaho, sorte de trottinette tout-terrain. Contacter l'office de tourisme et le bureau des guides (voir « Adresses et infos utiles »), tant les offres sont nombreuses.

– **Canoë-kayak :** *à la base de plein air d'**Antignac,** à 4 km de Luchon. ☎ 05-61-79-19-20. • base-antignac.com • Ouv tte l'année.* Pour tous les niveaux : de la balade d'initiation aux descentes sportives. Excellent encadrement et matériel fourni (combinaisons, gilets, casques, etc.). Seul impératif : savoir nager ! Canoë-kayak gonflable ou traditionnel, mais aussi hydrospeed, balade en raft. Week-end ou journée tonique sur la rivière Noguera Pallaresa, dans des paysages superbes. Une annexe sur la base de Fronsac.

LE TARN-ET-GARONNE

ABC DU TARN-ET-GARONNE

- *Population :* 244 545 hab.
- *Densité :* 65,80 hab./km^2.
- *Superficie :* 3 718 km^2.
- *Préfecture :* Montauban (56 535 hab.).
- *Sous-préfecture :* Castelsarrasin (13 055 hab.).
- *Principaux secteurs d'activité :* près de 74 % de la population travaille dans le secteur des services, 10,5 % dans l'industrie, 8,3 % dans la construction et 7,3 % dans le domaine agricole ; les fruits (chasselas, pommes, prunes, melons), la vigne ou encore l'ail sont particulièrement réputés.
- *Signes particuliers :* la nature préservée fera le bonheur des randonneurs et des sportifs ; le relief escarpé et les rivières sont propices à la pratique des sports en eaux vives. En saison, l'importante production fruitière permet de faire le plein de vitamines ! Dans un autre registre, une multitude de pigeonniers agrémentent le paysage. L'élevage du pigeon était autrefois très répandu car l'engrais tiré de la colombine rendait la terre très fertile...
- *Infos insolites :* le département de Tarn-et-Garonne compte un pigeonnier (tous types confondus) au kilomètre carré ! C'est le plus jeune département de France (créé en 1808).

Curieux département, qui ne bénéficie pas comme ses voisins d'un autre nom sentant bon la vieille province comme Périgord pour la Dordogne, Quercy pour le Lot, Gascogne pour le Gers ou Rouergue pour l'Aveyron. Qui plus est, il doit son existence à l'opportunisme et à la finesse du maire de Montauban, qui sut flatter la mégalomanie de l'Empereur, un beau jour de 1808, pour obtenir la création du département. En effet, lors du découpage de 1790, on avait tout simplement oublié que Montauban était une ville importante et qu'elle méritait quand même un peu de territoire autour ! L'administration napoléonienne prit donc un gros morceau de Lot, une part de Lot-et-Garonne et de Gers, un bout de Tarn, une tranche d'Aveyron, saupoudrés d'un zeste de Haute-Garonne... et créa le département de Tarn-et-Garonne. Cocktail remarquablement dosé, d'ailleurs, et qui en fait la qualité principale.

Grande variété des paysages et grande richesse des sites (Moissac, Montauban, Auvillar, Lauzerte, Bruniquel) permettant de passer du causse rugueux quercynois aux vallées profondes de l'Aveyron, des larges plaines alluviales du centre aux collines et terrasses de la Lomagne. Ajoutez à cela trois grands cours d'eau (Garonne, Tarn et Aveyron) et quelques petits affluents, dont le Merdaillon, plus le canal latéral à la Garonne, qui arrosent cette terre de bienheureux contrastes, et vous obtiendrez un climat doux et accueillant. Sa vocation agricole coule donc de source. Nul ne sera étonné qu'on y déguste le chasselas de Moissac, meilleur raisin AOC de France, et que moult autres fruits savoureux – kiwi, nectarine, melon, pomme, etc. – y trouvent un terreau favorable. Le Tarn-et-Garonne est appelé aussi « le plus beau verger du Sud-Ouest ».

Le département est également la patrie des pigeonniers (ou colombiers), dont les architectures pittoresques baliseront votre parcours. Pourquoi autant ? Le pigeon était autrefois d'un apport substantiel. Sa fiente, qui répond au doux nom de « colombine », était considérée, du Moyen Âge au XIXe s, comme un des meilleurs engrais. Tous les châteaux possédaient plusieurs pigeonniers ; et après 1789, pratiquement toutes les fermes. Certains pigeonniers pouvaient accueillir plus de 2 000 volatiles. Il en existe de toutes sortes : en forme de tour, construits sur des arcades, hexagonaux, ronds, carrés, etc. Les plus beaux se situent à Montauban, Lauzerte, Beaumont-de-Lomagne, Montech, Saint-Sardos...

Adresses et infos utiles

i ***Agence de développement touristique de Tarn-et-Garonne*** *(hors plan couleur Montauban par B3,* ***2****)* **:** *Hôtel du Département, 100, bd Hubert-Gouze, BP 534, 82005* ***Montauban*** *Cedex. ☎ 05-63-21-79-65. • tourisme-tarnetgaronne.fr • Lun-ven 9h-12h, 14h-18h.* Écrire ou téléphoner à ***Loisirs Accueil*** *(service de résa : ☎ 05-63-21-79-61)* pour tout renseignement particulier concernant les chambres d'hôtes, campings, stages, randonnées, activités sportives ou culturelles. Excellentes brochures avec propositions d'itinéraires et nombreuses suggestions de visites si vous réservez auprès de ce service.

■ ***Association des Gîtes de France :*** *Hôtel du Département, 100, bd Hubert-Gouze, 82005* ***Montauban*** *Cedex. ☎ 05-63-03-84-06. Service de résa :* ***Gîtes de France résa,*** *☎ 05-65-75-55-66. • gites-de-france-tarn-et-garonne.com •*

■ ***Comité départemental de la randonnée pédestre :*** *5, sente du Calvaire, 82200* ***Moissac.*** *☎ 05-63-04-73-25. • cdrp82@wanadoo.fr • tarn-et-garonne.jimdo.com •* Adresse précieuse quand on sait que le département est traversé par le GR 65.

■ ***Comité départemental de cyclotourisme :*** *160, av. Marceau-Hamecher, 82000* ***Montauban.*** *• cd82ffc.over-blog.com •*

■ ***Voies navigables de France :*** *pour le tourisme fluvial, ☎ 05-61-36-24-24 (à Toulouse).* ***Le Boat :*** *☎ 05-63-20-55-24.* Location de bateaux sans permis, au départ de Montauban.

■ ***ADDA 82 :*** *Hôtel du Département, 100, bd Hubert-Gouze, 82000* ***Montauban.*** *☎ 05-63-91-83-96. • adda82.fr •* Édite le guide *Sortir en Tarn-et-Garonne,* mensuel gratuit qui recense toutes les activités culturelles du moment : théâtre, festivals, concerts, expos, etc., ainsi que, de juillet à septembre, *Le Guide de l'été.* On les trouve dans les offices de tourisme, chez les partenaires, et en téléchargement sur le site internet.

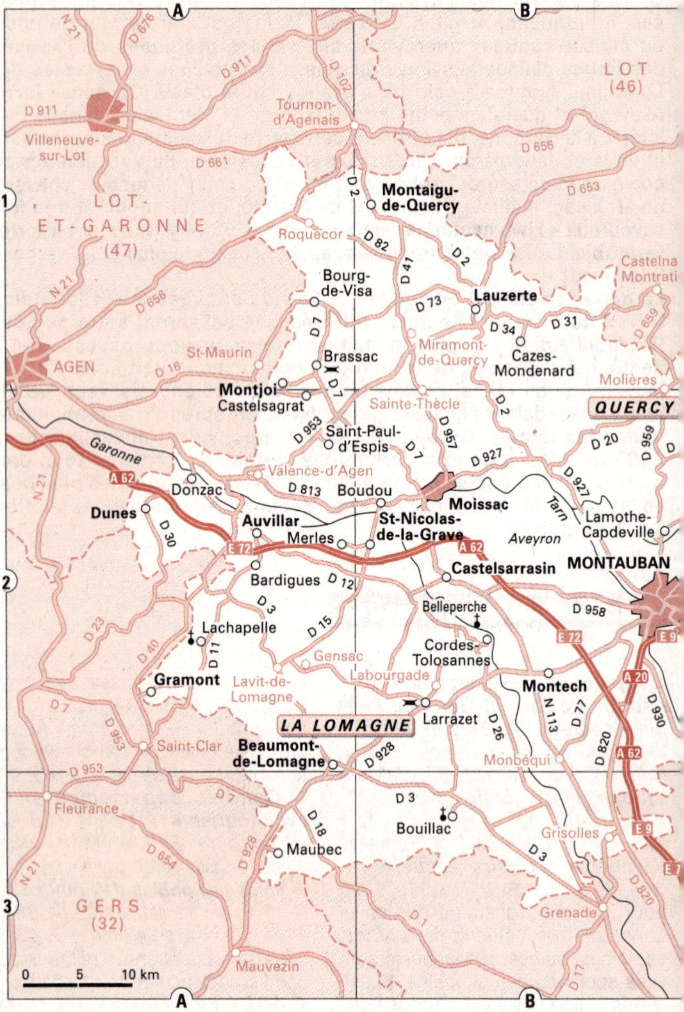

– ***Le Big Bang des arts :*** *de mi-mars à mi-avr.* Grand festival entièrement consacré au jeune public. De nombreux spectacles se déroulent au printemps et à l'automne à travers tout le département : théâtre, concerts, cirque, marionnettes, chansons... Renseignements auprès de l'*ADDA 82* (voir ci-avant) ou des offices de tourisme.

– ***Les Châteaux chantants :*** *un w-e en sept (Journées du patrimoine).*

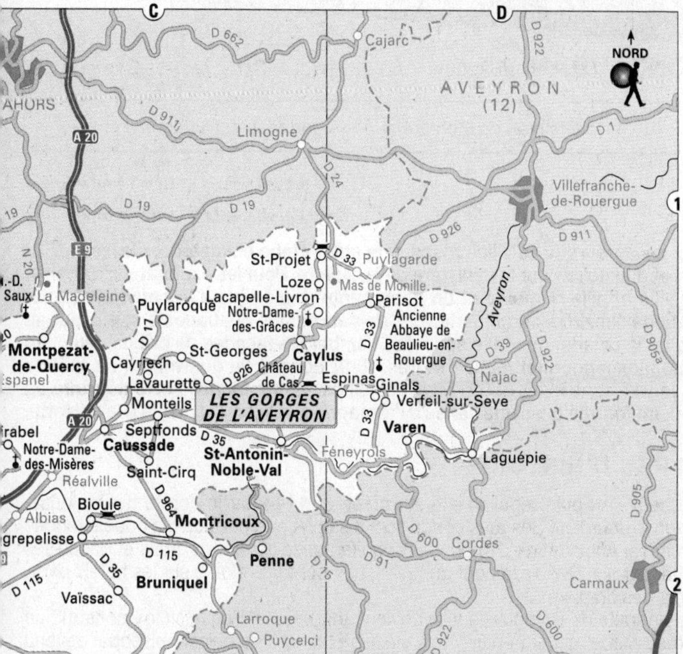

Une dizaine de concerts gratuits dans des lieux patrimoniaux. Renseignements auprès de l'*ADDA 82* (voir plus haut).

– ***La voie verte du canal latéral à la Garonne :*** praticable à vélo, elle longe le chemin de halage sur l'ensemble du département et permet de rejoindre Toulouse et Valence-d'Agen, soit une balade de près de 80 km sous la frondaison des platanes.

MONTAUBAN (82000) 56 535 hab. *Carte Tarn-et-Garonne, B2*

Pour le plan de Montauban, se reporter au cahier couleur.

« **On ne devrait jamais quitter Montauban.** »
Michel Audiard, *Les Tontons flingueurs*.

Pour les amoureux de villes roses, une autre étape obligatoire, classée « Ville d'art et d'histoire » par le ministère de la Culture. Pour les explorateurs urbains, une ville à taille humaine et un beau centre historique à découvrir. Vivante, pleine de clins d'œil architecturaux, de panoramas poétiques à saisir tout au long de la balade, quand le soleil fait flamber les façades de brique. Avec, en prime, l'exceptionnel musée Ingres. Petit conseil de gourmand, ne quittez pas la ville sans avoir goûté ses spécialités, le *montauriol,* sorte de truffe au chocolat fourrée avec une cerise à l'armagnac, et le *boulet,* truffé à la noisette.

UN PEU D'HISTOIRE

Ville neuve au plan régulier, elle est créée en 1144 par le comte de Toulouse, Alphonse Jourdain. Ses rues conduisent à sa place trapézoïdale à double rangée d'arcades. Afin d'attirer de nouveaux habitants, de nombreux droits et franchises sont accordés. Depuis le pont du XIVe s, une belle vue s'offre sur les hôtels particuliers des drapiers.

Lors du traité de Brétigny, la ville devient anglaise. Le Prince Noir y construit un château sur lequel est édifié, trois siècles plus tard, le palais épiscopal devenu musée Ingres. Depuis les ports, eau-de-vie, vin, minot et draps partent en gabarre sur le Tarn vers Bordeaux.

Au XVIe s, le calvinisme trouve un écho favorable dans la classe des commerçants et négociants. Au point que, en 1561, les protestants, majoritaires dans la ville, pillent et brûlent toutes les églises à l'exception de Saint-Jacques, transformée en bastion. Les remparts sont renforcés et des fortifications édifiées. Lors de la première guerre de Religion, l'armée de Monluc échoue à deux reprises à soumettre les huguenots. Soutenue par Henri de Navarre, qui y séjourne à plusieurs reprises, Montauban devient, au début du XVIIe s, l'une des quatre places de sûreté protestante et se dote d'une académie protestante. Elle est assiégée par les troupes de Louis XIII et résiste héroïquement pendant près de 3 mois.

En 1629, après la chute de La Rochelle, Richelieu rétablit le culte catholique. Louis XIV confirme l'autorité de la religion catholique en ordonnant la construction d'une cathédrale placée sous le vocable de la Vierge et à la façade de pierre.

À la veille de la Révolution française, Montauban est la troisième ville du Sud-Ouest. Le tissage de la laine et de la soie emploient 7 000 ouvriers. Pourtant, en 1790, lors de la création des départements, la ville n'est que sous-préfecture du Lot ! En 1808, Napoléon répare cette injustice et fait de Montauban une préfecture à la tête d'un nouveau département : celui de Tarn-et-Garonne.

« FAIRE LES 400 COUPS » !

En 1621, Louis XIII décida de soumettre Montauban, grande ville protestante. On raconte que pour effrayer la population, le roi fit tirer 400 coups de canon, simultanément. Les Montalbanais ne se rendirent pas et auraient même répondu à l'assaut en faisant bombance ! Cet épisode est à l'origine de la célèbre expression qui signifie toujours faire la fête.

Aujourd'hui, sa situation de carrefour routier et ferroviaire, l'implantation de petites entreprises, sa politique culturelle, un certain dynamisme et ses atouts touristiques en font une ville agréable à vivre.

Arriver – Quitter

Gare SNCF *(hors plan couleur par A2)* **:** *rens au ☎ 36-35 (0,34 €/mn).* Trains pour Toulouse, Agen, Bordeaux, Carcassonne, Foix, Narbonne, Montpellier, Marseille, Nîmes, Nantes, Lorient, Quimper, Brest... Pour Paris : 4-5 TGV/j.

Bus : liaisons pour Toulouse *(compagnie Courriers de la Garonne, ☎ 05-62-72-37-23 ; départs de la gare ferroviaire et de la pl. Prax-Paris),* Caussade *(compagnie Jardel, ☎ 05-63-22-55-00 ; départs de la gare ferroviaire et de la pl. Prax-Paris),* Caylus, Villefranche-de-Rouergue et Rodez *(compagnie Ruban Bleu, ☎ 05-65-73-86-06 ; départs de la pl. Alexandre-Ier),* Nègrepelisse, Bruniquel et Saint-Antonin-Noble-Val *(compagnie Gau, ☎ 05-63-30-44-45 ; pas de bus en août ; départs depuis le lycée La Fobio),* Albi et Auch *(bus SNCF ; départs de la gare ferroviaire).* Pas de bus pour Lauzerte.

Adresses et info utiles

Office de tourisme *(plan couleur B2,* ***1****)* **:** *4, rue du Collège (dans l'ancien collège). ☎ 05-63-63-60-60. • montauban-tourisme.com • Juil-août, tlj sf l'ap-m des dim et j. fériés ; sinon, fermé dim et j. fériés.* En saison, visites guidées thématiques *(gratuites ou payantes ; tarif : 5,10 €, réduc).* Mise à disposition de cartes concernant une vingtaine de sentiers de petite randonnée.

@ Accès Internet : *accès gratuit à l'****office de tourisme.*** *Accès gratuit également à la* ***médiathèque*** *(hors plan couleur par B2,* ***3****), 2, rue Jean-Carmet. ☎ 05-63-91-88-00. • mediatheque-montauban.com • Bus ligne A depuis la pl. Prax-Paris, arrêt Médiathèque. Mar et ven 12h-18h ; mer et sam 10h-18h ; jeu 12h-20h.*

Mon Beecycle : *☎ 05-63-63-52-52. • montm.com/monbeecycle •* Service de location de vélos à la demi-journée, à la journée *(compter respectivement 2 et 3 €)* et au week-end. Une dizaine de vélo-stations reparties en ville. Caution demandée.

Location de voitures : ***Hertz,*** *2 bis, av. Aristide-Briand ; ☎ 05-63-66-60-73.* ***Avis,*** *23, av. Mayenne ; ☎ 05-63-20-45-73.* ***Europcar,*** *21, rue Salengro ; ☎ 05-63-20-29-00.*

Taxis : ***Taxi Montalbanais,*** *☎ 05-63-66-99-99 ;* ***Sud-Ouest Taxis,*** *06-09-34-38-29.*

– **Marchés :** *mer mat, pl. Lalaque (hors plan couleur par A2) ; sam, allée du Consul-Dupuy (plan couleur B2-3), avec près de 200 producteurs du département.* ***Producteurs bio*** *jeu 16h-20h, pl. du Griffoul.*

Où dormir ?

De prix moyens à plus chic

Hôtel du Commerce *(plan couleur B2,* ***10****)* **:** *9, pl. Franklin-Roosevelt. ☎ 05-63-66-31-32. • info@hotel-commerce-montauban.com • hotel-commerce-montauban.com • Congés : fêtes de fin d'année. Doubles 63-82 € selon confort. Parking payant face à l'hôtel. W-e hors saison, un petit déj par chambre et par nuit offert sur présentation de ce guide.* Avec son adorable façade, cet hôtel situé en plein centre de Montauban a une apparence charmante. Les chambres, qui arborent des couleurs gaies, offrent 2 tailles de lits ; certaines chambres avec lit en 140 sont assez petites. Quelques-unes bénéficient de la clim. Dommage que l'entretien des chambres ne soit pas toujours au cordeau.

Chambres d'hôtes Le Boudoir du Faubourg *(plan couleur B2, **11**)* **:** *119, fg Lacapelle. ☎ 05-63-66-30-56. 06-09-39-89-93. • pierrette.vernejoux@bbox.fr • leboudoirdufaubourg.com • Accueil à partir de 17h30. Doubles 80-92 € selon saison et confort ; également 2 beaux apparts à partir de 2-3 nuits, pour 2-4 pers.* Dans un ancien hôtel particulier du XVIIIe s, Pierrette et Alain proposent 3 chambres. Toutes très confortables (lits en 160, clim, salle de bains), elles distillent une atmosphère cosy et romantique (meubles lasurés, dominance de teintes beige, marron clair et gris). Petit détail qui a son importance : les chambres donnent à l'arrière, sur un patio (calme assuré !). Un vrai petit boudoir de charme, à deux pas du centre-ville.

Hôtel Mercure *(plan couleur B2, **12**)* **:** *12, rue Notre-Dame. ☎ 05-63-63-17-23. • h2183@accor.com • mercure.com • En plein centre. Ouv tte l'année. Double 110 € ; petit déj 14 €. Réduc de 10 % sur le prix de la chambre sur présentation de ce guide.* On n'a pas l'habitude de vous proposer des hôtels de chaîne, mais il nous arrive de faire des exceptions. Ce *Mercure* est un très bel hôtel. Évidemment, il est plus cher que les autres, mais c'est amplement justifié. Les chambres sont spacieuses et contemporaines, et les salles de bains impeccables ; elles sont toutes au même prix quel que soit l'élément de confort que vous privilégiez : taille du lit ou de la chambre, douche ou bains...

Où dormir dans les environs ?

Le Clos de Saint-Amour : *1197, chemin de Ruffe, 82000* ***Montauban.*** *☎ 05-63-93-33-78. 06-67-16-89-02. • leclosdesaintamour@hotmail.fr • leclosdesaintamour.com • À 5 km du centre-ville. Ouv tte l'année. Doubles 60-85 € selon taille et saison.* 3 belles chambres à l'accès indépendant, sous les toits d'une ancienne grange. Elles ont été aménagées avec goût (jonc de mer ou moquette au sol, belles tapisseries ; ci et là subsistent des pans de murs en terre). Notez que dans l'une des chambres, le coin sanitaire est séparé de la pièce par un simple rideau. Jardin fleuri avec différents endroits pour se poser. Piscine et calme. N'ayez pas peur des chiens, ils ne sont pas méchants... Un bon rapport qualité-prix.

Chambres d'hôtes Le Mas des Anges : *1623, route de Verlhac-Tescou, 82000* ***Montauban.*** *☎ 05-63-24-27-05. 06-76-30-86-36. • info@lemasdesanges.com • lemasdesanges.com • À 7 km à l'est de Montauban ; prendre la route d'Albi (la D 999 ; depuis l'A 20, sortie no 63) ; 2 km plus loin, au rond-point, suivre la D 92, puis fléché. Ouv tte l'année. Double 80 € (75 € à partir de la 2e nuit).* Après avoir passé près de 30 ans en Afrique et en Amérique du Sud, Sophie et Juan se sont posés dans cette ferme, loin de leur Belgique natale. Juan exploite 4 ha de vignes, Sophie s'occupe de l'accueil des hôtes. 3 belles chambres, la « Latine », l'« Africaine » et la « Marine », toutes avec accès indépendant. 2 d'entre elles disposent d'une douche balnéo. Vaste jardin et piscine. Une bonne adresse qui a un petit goût de paradis.

Chambres d'hôtes La Maison de Manon : *122, chemin de Cadillac, 82130* ***Lamothe-Capdeville.*** *☎ 05-63-31-36-29. 06-14-78-63-43. • manon.pico@wanadoo.fr • lamaisondemanon.com • À 8 km au nord de Montauban en direction de Molières. Traverser Lamothe et, au rond-point, suivre la route qui monte sur la gauche ; ensuite, c'est fléché. Double 85 €.* 3 chambres à l'accès indépendant et avec terrasse, dont 2 familiales (mezzanine), recréant chacune l'atmosphère d'une ville dont l'évocation seule est une invitation au voyage : Venise, Asmara et Madras. Pour cette dernière, la déco remonte au voyage en Inde de Manon et Robert dans les années 1970 ! Clim et TV dans les chambres. Littérature, sport, musique... les centres d'intérêt de vos hôtes ne manquent pas (Robert est d'ailleurs écrivain). La maison moderne, isolée en pleine nature, est en surplomb sur la colline, et la vue, du coup, bien jolie sur les environs. Pas de table d'hôtes, mais de quoi préparer ses repas. Piscine. Accueil délicieusement charmant.

Où manger ?

De bon marché à prix moyens

Namasthé *(plan couleur B2, **20**) : 56, rue de la République. ☎ 05-63-66-37-71. Ouv le midi slt lun-sam. Repas 16-18 €.* À l'origine, il s'agissait d'un salon de thé. Mais face au talent du cuistot, c'est devenu, peu à peu, plutôt un resto. Chaque jour, le tableau noir propose quelques assiettes et plats végétariens qui varient au gré des produits du moment et de l'inspiration du chef. Le tout est souvent original, toujours frais, goûteux, servi avec décontraction et amabilité. Déco sobre et actuelle. Petit patio secret, adossé à la sacristie de l'église Saint-Jacques. Une adresse tenue par des hommes, très appréciée des femmes.

Les Délices Gascons *(plan couleur B2, **21**) : 7, rue des Carmes. ☎ 05-63-20-35-07. • beatrice.encausse@orange.fr • Ouv le midi slt mar-sam, le soir sur résa. Formule et menu 13,50-16,50 €. Apéritif maison offert sur présentation de ce guide.* Un restaurant-salon de thé qui joue également la carte de l'épicerie fine. Cadre sobre, un poil rétro, avec cheminée dans la salle du fond. Quelques tables posées en terrasse, au bord de la rue piétonne, dès que le temps le permet. Sur le tableau noir accroché au mur, salades fraîches en saison et plats du jour se disputent le haut de l'affiche. Dans les assiettes, de bons produits de la région, dont la plupart sont en vente sur place.

Le Ventadour *(plan couleur A2, **22**) : 23, quai Villebourbon. ☎ 05-63-63-34-58. • le.ventadour82@orange.fr • Sur les quais, de l'autre côté du Tarn, en face du musée Ingres. En arrivant sur le quai, on voit la marque de la spectaculaire crue de 1830. Ouv le midi slt lun-ven. Congés : 3 sem en août. Formule et menu du jour 13,90-15,90 €, puis menu 28 € et carte.* Ce resto a du succès auprès des Montalbanais... et pour cause : la salle voûtée en brique semble avoir servi de décor au feuilleton de Gaston Phébus, et elle possède l'avantage de rester fraîche quand il fait chaud dehors (en plus il y a la clim). Revers de la médaille, il n'y a pas de terrasse. La formule et le menu du jour offrent un rapport qualité-prix très honnête et le service est sans reproche.

De prix moyens à chic

La Maison *(hors plan couleur par B2, **26**) : 73, av. Gambetta. ☎ 05-63-63-42-15. ♿ À env 10 mn à pied de l'office de tourisme. Tlj sf dim, lun soir, mar soir et sam midi. Le midi en sem, menu 23 € ; le soir, menus-carte 25-30 €.* Bonne cuisine à base de produits frais et de qualité. Les suggestions écrites sur un petit tableau noir changent régulièrement, mais la carte propose souvent des grillades appréciées des amateurs de viande (entrecôte XXL) et des burgers revisités de manière personnelle (burger au foie gras). Il y a des saveurs, de l'originalité, c'est bien fait. Gardez une petite place pour les desserts, méritants. On regrettera une addition un peu musclée le midi.

Au Fil de l'Eau *(plan couleur A2, **23**) : 14, quai du Docteur-Lafforgue. ☎ 05-63-66-11-85. • aufildeleau82@wanadoo.fr • ♿ Tlj sf dim-lun. Congés : 1 sem en juil. Formule déj en sem 18 € ; menus 37-58 € et carte.* Une des bonnes tables de Montauban, sur les bords du Tarn. Cadre à la tonalité contemporaine, sobre, élégant et égayé par quelques touches de couleurs chatoyantes. Au raffinement de la cuisine, ajoutez un service efficace, et vous aurez compris qu'un détour par le *Fil de l'Eau* s'impose. Dommage qu'il n'y ait pas de terrasse sur le Tarn malgré la proximité de la berge.

Les Saveurs d'Ingres *(plan couleur B2, **24**) : 11, rue de l'Hôtel-de-Ville. ☎ 05-63-91-26-42. Tlj sf dim-lun. Résa conseillée. Menu 27 € (midi sf j. fériés) ; menus-carte 35-51 €.* La ville des 400 coups abrite une adresse haute en goûts et en couleur. Après avoir fait ses classes aux côtés de Dutournier et Gagnaire, le chef Cyril Passerand a choisi de regagner son pays. La façade évoque plus une galerie d'art contemporain que la table d'un grand chef. Pourtant, c'est bien une cuisine créative qui s'offre à nos papilles dans cet agréable espace voûté. Le chef travaille avec brio poissons et coquillages, ce qui n'empêche pas d'intéressantes associations terre-mer et chaque mois un menu à thème autour d'un produit... Du très bon et très beau, accompagné d'une solide carte des vins.

Où manger des tapas ?

Les Baletis *(plan couleur B2, **25**) : 3, rue Princesse. ☎ 05-63-92-13-38. • aioliwood13@yahoo.fr • À deux pas de la pl. Nationale. Tlj sf dim-lun. Compter env 15 € le midi, env 25 € le soir.* Lionel a la trempe de ceux qui multiplient les expériences avec une soif insatiable. Il aurait pu rester maître de salle chez Ducasse, diriger un grand établissement à Agadir. Il a souhaité monter un bar à vins et à tapas, avec force et conviction. Dans son bistrot rustique à la déco étudiée (et réussie), il s'amuse à préparer des petits plats cuisinés le midi, des tapas « gastronomiques » le soir, parfumés aux saveurs et aux ingrédients d'ailleurs. C'est goûteux, original. Et côté vins, Lionel en connaît un rayon. Profitons-en vite, avant que le chant des sirènes ne l'appelle certainement, un jour, vers d'autres cieux...

Où manger ? Où acheter une douceur ?

Pâtissier-chocolatier Alexandres : *2, rue du Docteur-Lacaze (plan couleur B2, **30**), et 117, fg Lacapelle (plan couleur B3, **30**). ☎ 05-63-20-60-77. • jethaly@bbox.fr • Mar-jeu 9h-12h30, 15h-19h30 ; ven-sam 9h-19h30 ; dim et j. fériés 9h-12h30. À emporter slt.* Une pâtisserie dont la réputation n'est plus à faire. C'est bon et ça se sait. D'ailleurs, le plaisir est d'abord visuel, tant la présentation, les couleurs et la variété des pâtisseries émoustillent les sens. L'étape suivante, vous la devinez : on met notre bonne conscience en veilleuse, on commande, on déguste. Et on se dit qu'assurément on reviendra !

Maison Mauranes *(plan couleur A3, **31**) : 57, Grand-Rue-Sapiac. ☎ 05-63-63-08-87. Tlj sf dim ap-m et lun 6h-13h, 15h30-20h.* Une boulangerie-pâtisserie qui existe depuis près de 50 ans. On y vient pour sa spécialité qui a fait la réputation de la maison : la *mountalbane,* une sorte de massepain aux arômes de fleur d'oranger, de vanille et de rhum. Parfait à l'heure du thé. Le *Jacquou,* un petit sablé fourré de pruneaux, de noix et de raisins, n'est pas mal non plus.

Où boire un verre ? Où écouter de la musique ?

Les bars de la place Nationale *(plan couleur B2, **40**) :* plusieurs bars étalent leurs terrasses sous les arcades et sur la place piétonne. Idéal pour contempler le cœur historique de la ville, sans le moindre bruit de circulation automobile.

Le Café Flamand *(plan couleur B2, **41**) : 8, rue de la République. ☎ 05-63-66-12-20. • contact@cafeflamand.com • À l'angle de la rue piétonne et de la rue Soubirou-Bas. Tlj sf dim, jusqu'à 2h.* La maison de la bière : près de 80 variétés différentes, des belges, des allemandes, des anglaises, des irlandaises, etc. Ça chauffe après quelques mousses... Propose des concerts de temps en temps. Petite carte de salades, grillades, plats du jour, tapas, sur place ou à emporter... Une petite institution à Montauban et un des rares endroits animés le soir.

Lulu la Nantaise *(plan couleur B2,* ***42****)* **:** *46, rue de la République. ☎ 05-63-63-00-99. • lululanantaise@sfr.fr • Tlj sf dim-lun et j. fériés jusqu'à 20h (plus tard ven). Congés : 1 sem mi-août. Petite restauration (formules déj 13-15,50 €). Café offert pour un repas pris sur présentation de ce guide.* Un bar-resto tout en longueur, avec mur en brique, banquettes en skaï et quelques clins d'œil aux *Tontons flingueurs...* Ambiance conviviale et festive, surtout lors des apéros du vendredi (DJ, soirées à thème...). Terrasse géniale aux beaux jours.

Le Port *(hors plan couleur par A2,* ***43****)* **:** *Port-Canal. 06-10-49-12-73. • leportmontauban@hotmail.fr • À 2,5 km du centre-ville. Prendre la direction d'Agen ; env 800 m après avoir traversé le Tarn, bifurquer à gauche (sous le pont de la voie ferrée ; ensuite fléché). Avr-sept, tlj 11h-minuit (2h sam).* Au bord de l'écluse, une guinguette moderne avec une terrasse bordée d'une plage de sable et coiffée d'une grande voile blanche. Assiettes de charcuterie et de fromage pour grignoter. Beaucoup de monde le week-end. Clientèle montalbanaise plutôt branchée.

Voir aussi **Les Baletis** *(plan couleur B2,* ***25****)* dans « Où manger des tapas ? », plus haut, qui est également un bar à vins.

À voir

Possibilité de garer gratuitement son véhicule en contrebas du musée Ingres, mais attention, côté berges du Tarn seulement. Sinon, se garer dans le centre n'est pas toujours simple. De toute façon, à Montauban, tout se fait à pied.

Une balade dans Montauban est immanquablement ponctuée de haltes devant les 10 sculptures de Bourdelle, natif de la ville, qui jalonnent le centre historique. Parmi les œuvres à découvrir, *Le Centaure mourant,* face à l'entrée du musée Ingres ; le monument aux morts de 1870, à côté du musée Ingres ; *La Victoire,* dans la cour du musée Ingres ; autoportrait, dans le square Picquart ; *Sapho,* sur la place du Théâtre ; *Pénélope,* devant l'office de tourisme ; le monument aux morts 1914-1918, sur le cours Foucault ; le buste d'Auguste Quercy, dans le Jardin des plantes. Avant d'arpenter les rues, demander la brochure gratuite *Laissez-vous conter Montauban* à l'office de tourisme.

La place Nationale *(plan couleur B2)* **:** imaginée dès la construction de la ville en 1144. Centre de la vie sociale et politique. On y lisait les déclarations et édits, on y exposait au pilori les fraudeurs et on y pendait les malandrins. À la suite d'incendies, en 1614 et 1649 (les couverts étaient en bois), des architectes toulousains reconstruisirent la place. L'harmonie des façades, les doubles galeries des couverts, l'utilisation de la brique, belle matière flamboyant au soleil, et les élégants portiques d'angle en font l'une des plus belles places qu'on connaisse. Au nº 4, la croix en bois rappelle l'emplacement du pilori. Noter les grandes, moyennes et petites arcades, qui donnent un séduisant rythme à l'ensemble. Cadran solaire au nº 10.

La rue de la Comédie *(plan couleur B1-2)* **:** quelques édifices intéressants. Au nº 6, l'*hôtel Dariat* des XVIe et XVIIIe s, remanié au XIXe (Henri IV et la reine Margot y séjournèrent) ; au nº 8, *hôtel de Constans* (c'est là qu'habitait la p'tite amie du bel Henri, et c'était aussi la résidence de l'architecte Léopold Gardelle) ; au nº 14, ancienne *manufacture drapière,* du XVIIIe s.

La place Lefranc-de-Pompignan *(plan couleur B1)* **:** on y trouve le théâtre présentant encore, sur un côté, sa façade néoclassique du milieu du XIXe s. Vue pittoresque, depuis le pont des Consuls, sur le vallon de la Mandoune.

Y coulait auparavant un affluent du Tarn. Vestiges d'éléments fortifiés de la vieille ville sur les côtés.
Lefranc de Pompignan était un grand magistrat qui quitta sa ville natale en 1745, pour briller à Paris comme poète. « Les vers de Pompignan sont sacrés, disait Voltaire, car personne n'y touche. » Le poète n'aimait pas les philosophes, et son discours de réception à l'Académie française, en 1760, dirigé contre eux, fit scandale. Accablé de pamphlets, il trouva refuge dans son Sud-Ouest d'origine.

L'église Saint-Jacques *(plan couleur B2)* **:** *pl. Victor-Hugo.* Édifiée au XIIIe s, elle rappelle que les pèlerins passaient par Montauban pour se rendre au tombeau de l'apôtre à Compostelle. Beau clocher octogonal de type toulousain s'appuyant sur une tour carrée à mâchicoulis plus ancienne. Le style des baies marque la transition du roman au gothique (aux derniers étages, arches en mitre). On retrouve une telle évolution à Saint-Sernin de Toulouse. On peut y observer encore les traces des boulets du siège mené par Louis XIII en 1621 contre les protestants. L'intérieur est formé d'une nef unique, assez ample, entourée de chapelles et terminée par une abside à sept pans datant du XVe s et remplaçant le chevet plat du XIIIe s. Splendide chaire en bois sculpté de style baroque (1675).

Le Pont-Vieux *(plan couleur A2)* **:** date de 1304-1335. Profitant du passage de Philippe le Bel dans la région, les autorités municipales lui réclamèrent des subventions pour sa construction (on n'a rien inventé !). Le monarque céda également une bonne partie d'une forêt à la ville sachant que plusieurs dizaines de milliers d'arbres étaient nécessaires à la cuisson des briques ! Un chantier qui durera 25 ans. Chef-d'œuvre sur le plan technique, puisqu'il fallut résoudre le problème des violentes crues du Tarn et construire un pont d'une longueur exceptionnelle pour l'époque (205 m). Les architectes choisirent pour la première fois à cette occasion la technique du tablier à plat (au lieu du traditionnel dos-d'âne). Les sept grandes arches ogivales en brique reposent sur des becs en pierre de taille pour mieux casser le courant. Autre technique assez élaborée, l'ouverture en arc brisé dans chacune des piles pour éviter l'accumulation et la poussée des eaux au moment des crues. Une grande réussite des architectes, car le pont résista aux épouvantables crises de colère du Tarn, en 1441, 1766 et 1930. Trois tours défensives (aux extrémités et au milieu), qui lui donnaient un petit air de pont Valentré (à Cahors), furent démolies au fil des siècles. Sur la pile du milieu, il y eut autrefois une cage en fer qui servait à immerger les blasphémateurs trois fois dans l'eau, suivant la coutume.
À côté de l'entrée du pont, monument aux morts de 1870 par Bourdelle. Une de ses premières grandes œuvres (1902), où l'on sent l'influence de Rodin. De l'autre côté du pont, panorama unique sur le palais des Évêques, le clocher de l'église Saint-Jacques, les grandes façades classiques des édifices du XVIIIe s.

Le musée Ingres *(plan couleur A-B2)* **:** *à côté du Pont-Vieux. ☎ 05-63-22-12-91. Nov-mars, tlj sf dim mat et lun 10h-12h, 14h-18h ; avr-juin et oct, tlj sf lun ; juil-sept, tlj en continu (sf 14 juil). Fermé 1er janv, 1er mai, 1er nov et 25 déc. Entrée : 5,20 € (7,20 € avec expo) ; réduc ; gratuit enfants et étudiants. Audioguide : 1 €.*
Le musée Ingres occupe l'ancien palais épiscopal édifié en 1664 par l'architecte qui réalisa la deuxième tranche de la place Nationale. Bien national en 1791, mairie jusqu'en 1905 (avec un musée depuis 1828).

« VIOLON D'INGRES »

Dominique Ingres, peintre de métier, était aussi un violoniste de talent. Pratiquant l'instrument depuis son plus jeune âge, il fut d'ailleurs, durant un temps, deuxième violon à l'orchestre du Capitole de Toulouse. C'est de cette passion qu'est née la fameuse expression !

Ingres, né à Montauban en 1780, étudia l'art à Toulouse, puis monta à Paris travailler dans l'atelier du peintre David. Il obtint le Grand Prix de Rome en 1801, puis réalisa des portraits de Bonaparte. Il voyagea en Italie et y étudia les œuvres du Quattrocento, en particulier Raphaël. Nommé professeur aux Beaux-Arts à Paris, il apparaît à la mort de David comme le chef de l'école classique. Il mourut en 1867, couvert d'honneurs, et laissa une œuvre réputée très académique, d'où émergent néanmoins quelques toiles sublimes dans la qualité du dessin. On l'opposa, bien sûr, à un Delacroix novateur et audacieux. Picasso et Matisse eurent pourtant leur période « ingresque », qui leur permit de consolider formes et dessins. À sa mort, Ingres légua à sa ville natale 4 000 dessins, en plus de ses nombreuses toiles, ainsi que sa collection personnelle d'œuvres d'art.

Dernier sous-sol : salle dite « du Prince Noir »
Importante construction du point de vue architectural, puisqu'il s'agit de la salle d'armes du château du célèbre Prince Noir (prince de Galles, fils du roi Édouard III d'Angleterre), du temps de l'occupation anglaise. Commencés en 1363, les travaux en restèrent au niveau du rez-de-chaussée en raison du retour des Français. Salle immense donc, qui témoignait des ambitions de l'architecture. Croisées d'ogives remarquables avec, sur les clés de voûte, les armoiries du Prince Noir (seul exemple en France). Cette salle abrite une intéressante collection lapidaire : grandes cheminées sculptées, cloches, pierres gravées, cuve baptismale et, surtout, un rarissime et authentique *banc de question* du XVIe s (brrr !). Puis collections archéologiques, objets gallo-romains, jolis petits bronzes.

1er sous-sol
À l'entrée, noter la superbe porte montalbanaise du XVIIe s. Très belles salles aux voûtes basses, faisant partie de la construction du palais des Évêques. Tout au fond, four banal, carreaux façon Delft du XVIIIe s, verrerie de Grésigne, pots à pharmacie anciens, faïences, etc. Puis salle pour expos temporaires.

Rez-de-chaussée
Salle Bourdelle (né également à Montauban, dans une maison située presque en face du musée, en 1861). On y trouve une soixantaine de sculptures. Bustes d'Ingres, de James Frazer, d'Émile Pouvillon, de Rodin, de Rembrandt. Également *Femme sculpteur,* les bas-reliefs du théâtre des Champs-Élysées à Paris et, surtout, le célèbre plâtre de l'*Héraclès archer* qui, de cahier de classe en cahier de classe, marqua notre enfance scolaire. Quelques toiles d'Armand Cambon et de Marcel Lenoir. Un buste sculpté par Camille Claudel.

1er étage
Consacré à l'œuvre d'Ingres, aux autres peintres de son époque et, en particulier, aux influences de la Renaissance italienne et de l'Antiquité. À droite s'ouvre la salle illustrant les rapports d'Ingres avec l'Italie, son pays de prédilection.
Il serait fastidieux de tout décrire, mais parlons un peu des œuvres les plus remarquables. *Jésus remettant les clés du Paradis* montre l'influence de Raphaël sur Ingres. Remarquez le grand équilibre et la symétrie parfaite de la composition. Également le très curieux *Songe d'Ossian,* comble du romantisme !
Dans la salle des portraits et des études, encore des chefs-d'œuvre prouvant le talent de portraitiste de l'artiste : le *Portrait de Mme Gonse* ou celui de *Gilibert,* un ami montalbanais, d'une grande légèreté d'exécution. Au fond, *Jésus parmi les docteurs,* achevé à l'âge de 82 ans (il aura mis 20 ans à le peindre !).
Vous verrez d'autres œuvres du XIXe s, comme le beau *Vase à la console* de Delacroix, ou encore une *Étude pour « Le Radeau de la Méduse »* de Géricault.
Dans le salon Ingres, divers souvenirs personnels, dont le fameux violon, posé près de la partition du *Don Juan* de Mozart et de la couronne de laurier d'or.
Également au 1er étage, expositions temporaires de dessins d'Ingres. La richesse du musée (un fonds de 4 000 dessins) permet de les changer tous les 4 mois.

2e étage
Passer par la cour du bâtiment pour y accéder. Première salle consacrée à la collection personnelle d'Ingres. Dans les autres salles, quelques primitifs religieux, écoles française, italienne et flamande. Têtes intéressantes de Jordaens (faune, étude d'homme), *Silène et les Quatre Saisons*, etc.

MONA LISA SE FAIT LA BELLE

En 1940, face à l'invasion allemande, les musées de la capitale durent mettre les grands chefs-d'œuvre à l'abri afin qu'ils ne soient pas dérobés par l'ennemi. Plusieurs milliers de tableaux prirent la route du Sud, avec une halte à Chambord. La Joconde *fit partie du voyage. C'est au musée Ingres qu'elle trouva refuge jusqu'à l'automne 1942, date à laquelle elle reprit son périple face à l'avancée des Allemands en zone libre.*

Le musée d'Histoire naturelle *(plan couleur B2)* **:** *2, pl. Antoine-Bourdelle ; en face du musée Ingres. ☎ 05-63-22-13-85. Tlj sf dim mat, lun et j. fériés 10h-12h, 14h-18h. Entrée : 3,10 € ; gratuit enfants et étudiants.* Abrite une belle collection ornithologique, ainsi qu'une section de zoologie, de minéralogie, etc. En tout, près de 1 500 oiseaux naturalisés sont exposés. Et si vous y regardez de plus près, vous verrez qu'on peut distinguer une naturalisation du XIXe s d'une naturalisation récente : à l'époque, les naturalistes et taxidermistes qui récupéraient un animal du bout du monde ne l'avaient jamais vu se comporter dans son environnement ; on plantait alors l'oiseau (par exemple) un peu raide sur un perchoir ; aujourd'hui, le même oiseau est figé dans une attitude de mouvement et un « décor » qui lui sont propres. On y trouve surtout de nombreux fossiles du Quercy uniques au monde, notamment de primates vieux de 15 à 65 millions d'années. Ils proviennent des phosphatières de la région. Leur bonne conservation est telle qu'on distingue parfois l'émail de leurs dents ! Ne pas manquer la météorite tombée en mai 1864, à Orgueil, un petit village à 15 km au sud de Montauban. C'est une pièce unique sur le plan scientifique car elle a la même constitution que le soleil (une fois retirés l'hélium et l'hydrogène).

La cathédrale Notre-Dame *(plan couleur B2)* **:** édifiée de 1692 à 1739. C'est l'une des très rares cathédrales de style classique, bâtie en pierre blanche et non en brique comme les autres monuments de la ville. Construite en partie par Jules Hardouin-Mansart, un des architectes du Roi-Soleil, elle est un symbole de la Contre-Réforme, tout à la gloire de Louis XIV. On dit qu'elle ressemble d'ailleurs à celle de Versailles. La façade est encadrée par deux clochers surmontés à l'origine de deux bulbes qui ont été détruits. Impressionnant portail central (le plus haut d'Europe, plus haut encore que Saint-Pierre de Rome !). Au-dessus de l'entablement, quatre grandes statues représentant les évangélistes. Les originaux sont à l'intérieur. La place d'où l'on découvre la cathédrale a malheureusement été transformée en... parking.
L'intérieur présente une certaine unité mais reste assez froid (le classique n'a jamais été bien joyeux !). Grande ampleur (voûte en berceau à 25 m). Sur la coupole, à la croisée du transept, on trouve quatre pendentifs sculptés personnifiant les vertus cardinales (la prudence, la tempérance, la justice, la force). Le seul vrai point d'intérêt réside dans le tableau du transept, *Le Vœu de Louis XIII* (la consécration de la France à la Vierge), réalisé par Ingres de 1820 à 1824 à Florence. Œuvre très classique dans sa construction, style et personnages figés. Seule la Vierge, très raphaélique, présente une touche gracieuse. Mobilier manquant d'éclat, baldaquin très chargé dans le chœur, lutrin en bois soutenu par des faunes, buffet d'orgue en noyer adossé à la façade. Surprenantes peintures murales en trompe l'œil du XVIIIe s. Reste la très belle *Mise au tombeau* que l'on peut admirer à l'entrée, beaucoup plus contemporaine, puisqu'on la doit à Marcel Lenoir (1925). Pour plus de détails sur le grand peintre montalbanais, voir plus bas à Montricoux le musée qui lui est consacré.

Au nº 43 de la ***rue de la République,*** ne pas manquer cet élégant *hôtel* du XVIe s. Il propose un portail splendide, avec décor en spirale (portail retors). Jeter également un œil sur le magasin à côté pour admirer ses remarquables voûtes d'ogives.

À voir encore. À faire

Coup de chance pour Montauban, les édiles de la ville aux XVIIIe et XIXe s se préoccupèrent beaucoup d'urbanisme, et ils le firent de façon intelligente, en multipliant les espaces verts. Ce qui rend, bien entendu, les balades très agréables.

Le cours Foucault *(plan couleur A1) : au nord de la ville, sur l'esplanade qui surplombe le Tarn.* Il fut créé en 1679 par l'intendant Nicolas Foucault. Très belle vue sur la vieille ville et le Pont-Vieux. On y trouve une œuvre de Bourdelle, le monument aux morts de 1914-1918.

Sympathique promenade dans le ***Jardin des plantes*** *(plan couleur B3),* qui couvre 3 ha, de part et d'autre du Tescou, ainsi que dans le jardin de simples aménagé dans l'esprit médiéval dans l'enceinte du couvent des Carmes. *Faubourg du Moustier,* encore quelques hôtels particuliers du XVIIIe s.

La roseraie François-Mitterrand *(hors plan couleur par B2) : jardin public sur le bd Édouard-Herriot.* Montauban est une ville rose et la ville des roses ! Près de 1 100 espèces de roses de type moderne sur 3 ha.

➢ Balade sur les berges du canal de Montech, bras du ***canal latéral à la Garonne*** *(hors plan couleur par A2),* à 2,5 km au sud-ouest du centre-ville.

➢ ***Balade en bateau*** *(hors plan couleur par A2) : Port Canal, 125, rue des Oules. ☎ 05-63-66-78-60. • portcanal@ville-montauban.fr • À 2,5 km du centre-ville ; prendre la direction d'Agen ; env 800 m après avoir traversé le Tarn, bifurquer à gauche (sous le pont de la voie ferrée ; ensuite fléché). Juil-août, 4 départs/sem selon météo ; juin et sept, slt le w-e. Tarifs : 12 € l'A/R jusqu'à Corbarieu (½ tarif pour Bressols) ; petit supplément pour les vélos ; réduc.* Croisière de 2h sur le canal de Montech. Location également de bateaux électriques.

➢ Pistes pour piétons et vélos situées en ville, au bord du Tarn et du Tescou. Parmi elles, la promenade des Montalbanais, communément appelée la ***coulée verte.*** Renseignements à l'office de tourisme.

Fêtes et manifestations

– ***Marathon de Montauban :*** *le 1er w-e d'avr.* Au programme : marathon, semi-marathon, marathon en relais, 10 km, marches. Différentes animations.
– ***Festival Alors chante :*** *en mai ; débute le mar avt le jeudi de l'Ascension et dure jusqu'au w-e. Rens à l'association Chants libres, ☎ 05-63-63-66-77. • alorschante.com •* Festival de chanson avec artistes de renom. La programmation est aussi riche de nouveaux talents de la chanson française.
– ***Les Rendez-vous de l'été :*** *juin-août, le jeu soir.* Près d'une soixantaine de spectacles gratuits en plein air (danse, théâtre, concerts, cinéma) jalonnent la saison estivale.
– ***Festival de Jazz :*** *en juil. • jazzmontauban.com •* Créé il y a une trentaine d'années sur l'initiative d'Hugues Panassié, grand amateur de jazz de l'après-guerre. À noter que ce festival se prolonge en août dans les villages alentour.
– ***Fête du Goût et des Saveurs :*** *le dernier dim de juil, à La Ferme du Ramier (à 4 km de Montauban, par la D 115, en direction de Nègrepelisse).* Grand marché animé avec moult productions locales. Après vous être essayé à la traite à la main, dégustez les produits exposés autour d'un pique-nique géant.

– ***Festival Danse en places :*** *1 sem en juil.* Création chorégraphique alliant traditions classique et contemporaine.
– ***Bienvenue à la campagne :*** *le 3e w-e d'août. À 4 km de Montauban par la D 959 en direction de Castelsarrasin.* Un rendez-vous en plein air dédié au monde agricole. Battage et labour à l'ancienne, matériel agricole, concours bovins et équins, différentes animations, restauration (bœuf à la broche).
– ***Fête des 400 Coups :*** *le 2e w-e de sept.* Au programme : *bandas,* corso, fête foraine, bodegas, animations musicales, feu d'artifice...
– ***Festival international de Magie et de Grandes Illusions :*** *1 w-e à la mi-oct.* • *montauban-magie.com* •
– ***Lettres d'automne :*** *10 j. en nov.* • *confluences.org* • Rencontres littéraires autour de différentes œuvres et en compagnie de leurs auteurs.

LA LOMAGNE

Voici un itinéraire pour ceux qui ont tout leur temps. La Lomagne est une entité géographique et historique qui s'étend au sud-ouest de Montauban, à cheval sur les départements du Gers et de Tarn-et-Garonne. Elle dépendait autrefois du duché de Gascogne. Ses paysages vallonnés tranchent avec la platitude du relief montalbanais. C'est le pays de l'ail blanc qui, rapporté des contrées lointaines par les croisés, a trouvé ici, dans le sol argileux et le climat ensoleillé, toutes les conditions propices à sa culture. Et plus que le pays des églises romanes et des beaux pigeonniers, c'est le pays des bastides perchées sur les collines et des châteaux. On en a recensé plus de 150 dans toute la Lomagne ! L'un de ces châteaux s'élève à Gramont, à la limite du département, et c'est sans doute le plus beau.

MONTECH (82700) 5 790 hab. *Carte Tarn-et-Garonne, B2*

Sur la D 928 (en direction de Beaumont-de-Lomagne). Quelques vieilles demeures en brique et à colombages. *Église Notre-Dame-de-la-Visitation* (XVe s), de style gothique méridional. Très beau clocher de type toulousain, haut de 54 m. À l'intérieur, Vierge en marbre (XVIIIe s) et christ germanique en bois assez réaliste (XIVe s). À l'intérieur, un orgue avec partie instrumentale reconnu Monument historique en 1992.
À 2 km, la célèbre *pente d'eau* qui, par un système motorisé hors du commun, évite aux péniches de passer les cinq écluses successives de Montech : elles s'engagent dans le canal et sont poussées jusqu'en haut. Le gain de temps pour franchir l'obstacle est très appréciable. Actuellement en restauration, elle devrait être remise en service à l'horizon 2016 (se renseigner à l'office de tourisme).
La *forêt d'Agre,* au sud-est de Montech, est la plus grande du département (3 km sur 6 km). On y trouve quelques sentiers de randonnée et un parcours d'aventure dans les arbres *(Agrip Aventure),* avec quatre niveaux différents.

Adresses et infos utiles

ℹ @ ***Office de tourisme intercommunal Garonne et Canal :*** *port de plaisance, rue de l'Usine.* ☎ *05-63-64-16-32.* • *cc-garonne-canal.fr* • *Tte l'année : oct-avr, tlj 9h-12h30, 14h-19h ; le reste de* *l'année, tlj sf sam ap-m, dim et lun mat.* Propose un petit guide *(gratuit)* pour visiter la ville et les environs, et des fiches techniques sur les randonnées pédestres et cyclistes *(2 €).*

Bus : bus pour Auch et Montauban avec *Véolia Transport (☎ 05-62-72-37-23).* Sinon bus pour Castelsarrasin en période scolaire avec *Autocars Barrière (☎ 05-63-93-34-34).*

@ ***Internet :*** *à la médiathèque, 1, pl. de la Mairie. ☎ 05-63-64-89-89. Tlj sf ven ap-m, sam ap-m et dim-lun. Accès gratuit.*

– ***Marchés :*** *mar mat, pl. Jean-Jaurès ;* ***marché fermier*** *dim mat, sous la halle couverte.*

À voir

La distillerie artisanale : *28, chemin du Tour-de-Ronde. ☎ 05-63-64-72-21. • distillerie.delpont.free.fr • Prendre la rue Vessières qui part à droite de la halle Jean-Jaurès (au bout de l'esplanade de l'office de tourisme), puis suivre le panneau « Pente d'eau » ; c'est au niveau des grandes cheminées en brique.* Jean Delpont est un des derniers distillateurs du coin. Il a son repaire dans un immense hangar d'une usine désaffectée. On nage en plein XIXe s ! On peut le voir travailler d'octobre à avril en général, mais l'appeler pour s'assurer qu'il est bien là. Quelques bonnes bouteilles à rapporter évidemment, liqueurs ou eaux-de-vie : prune, poire, coing, figue... Espérons qu'il trouvera quelqu'un pour assurer la relève quand il décidera de se reposer un peu !

Manifestations

– ***Foire de printemps :*** *le 1er mai.* Floralies et exposants très variés.
– ***Grand concours de pétanque :*** *5-6 j. à la mi-août.*
– ***Marché nocturne :*** *en principe, le dernier w-e d'août.* Ambiance festive, produits gourmands, vins, artisanat...

BEAUMONT-DE-LOMAGNE

(82500) 3 885 hab. *Carte Tarn-et-Garonne, A2*

Ancienne bastide, Beaumont-de-Lomagne est aujourd'hui la capitale de l'ail et une paisible bourgade commerçante. Patrie de Pierre de Fermat (1601-1665), célèbre mathématicien à qui l'on doit le calcul différentiel (encore merci !) et qui partagea avec Pascal la découverte du calcul des probabilités.

Adresse et infos utiles

Office de tourisme : *3, rue Pierre-de-Fermat. ☎ 05-63-02-42-32. • tourisme-en-lomagne.com • En été, tlj sf l'ap-m des dim et j. fériés ; le reste de l'année, fermé le mat, sam ap-m et dim.* Installé dans la maison natale de Pierre de Fermat. Accueillant et compétent. Propose des circuits touristiques en Lomagne, suivant différents thèmes (architecture, gastronomie, mathématiques...).

Cars : *avec* ***Véolia Transport.*** *☎ 05-62-72-37-23.* 2 bus/j. sf dim pour Montauban et Toulouse. Également des bus pour Auch lun et ven en période scolaire slt.

– ***Marché :*** *sam mat.*

Où dormir ? Où manger ?

Camping et gîte

Village de loisirs Le Lomagnol : *av. du Lac. ☎ 05-63-26-12-00. • villagedeloisirslelomagnol@wanadoo.fr • villagelelomagnol.fr • ♿ À 800 m du village. Ouv Pâques-oct (tte l'année pour les loc). En tente, compter 6,30-14,10 € pour 2 selon saison ; hébergements locatifs (4-6 pers) 210-499 €/sem selon saison. 100 empl. (payant).* Un camping en bordure de lac, bien tenu et offrant un excellent confort pour un prix très raisonnable. Bon équipement (sauna, jacuzzi). Location de vélos. Commerces à proximité. Piscine municipale *(juil-août)* avec accès gratuit pour les résidents du village de loisirs.

De prix moyens à plus chic

Hôtel Le Commerce : *58, rue du Maréchal-Foch. ☎ 05-63-02-31-02. • hotelrest.lecommerce@wanadoo.fr • hotellecommerce.com • ♿ Resto réservé aux résidents, ouv slt le soir sf dim et j. fériés. Doubles avec douche ou bains 53-58 € ; familiale 65 €. Menu 19 €.* À deux pas de la place centrale, un hôtel traditionnel aux chambres standardisées et à la déco minimaliste. Literie neuve. Fera l'affaire pour une nuit.

La Maison des Lumières et Restaurant Le Bec : *38, rue de la Font. ☎ 05-81-98-15-20. • info@maisondeslumieres.com • maisondeslumieres.com • ♿ (resto slt). Resto fermé dim soir et lun. Doubles 69-99 € selon confort et saison ; suite 139-149 €. Menus 18 € (midi en sem), puis 24-38 € ; carte 35-40 €.* Dans cette magnifique demeure du XVIIIe s, Maurice et Sylviane ont ouvert une nouvelle page de leur vie, en mobilisant leurs talents et leur âme. La *Maison des Lumières,* c'est un peu leur parcours, et des parfums d'Asie ramenés dans leurs bagages après plusieurs années passées en Inde et au Kazakhstan. Maurice invente une cuisine voyageuse qui allie produits du terroir et saveurs d'ailleurs, à l'image de cette savoureuse entrecôte façon asiatique. La carte des vins (et la cave au sous-sol) propose une centaine de références ! À l'étage, 6 superbes chambres dont une suite, très confortables, restaurées dans l'esprit des lieux. Elles évoquent toutes un endroit où Maurice et Sylviane ont vécu. Et si un objet vous plaît, vous pouvez l'acheter. Une adresse authentique, gérée avec professionnalisme et décontraction, pour un retour gagnant.

Le Petit Château d'Argoumbat : *au lieu-dit Argoumbat. ☎ 05-63-64-66-81. • info@argoumbat.com • argoumbat.com • ♿ À env 3,5 km de Beaumont par la D 61, bifurquer à gauche (C 9) en direction d'Esparac ; fléché sur la droite 800 m plus loin. Doubles 95-163 € selon standing et saison. Table d'hôtes 35 €.* Un château du XVIIIe s, niché au cœur de la Lomagne, sur une propriété de 40 ha. 5 belles chambres restaurées dans un esprit écolo, sobre et naturel (les matériaux respectueux de l'environnement ont été privilégiés). Elles ont toutes un accès direct sur le jardin. À l'écart du bâtiment, piscine naturelle (l'épuration de l'eau se fait par des végétaux). À la table, un maximum de produits bio. Agréable terrasse pour les soirs d'été. Une adresse de charme.

À voir. À faire

Se procurer les fascicules *La Chasse au théorème* et *Promenons-nous avec Pierre de Fermat* (pour enfants), qui permettent de découvrir le village de manière ludique. En vente à l'office de tourisme *(1-2 €).*

Très vaste **halle** en bois du XIVe s. Couverts (arcades) en pierre sur deux côtés de la place. Observez le sol : il s'agit d'une calade restaurée en galets (près de 370 000 !) de différentes couleurs. C'est le dernier vestige de ce type de revêtement traditionnel dans la région. En face de la halle, la mairie abritée dans l'ancien hôtel Toureil du XVIIe s. Statue de Pierre de Fermat inaugurée en 2014 et refaite à l'identique (l'originale, en bronze, avait été fondue par les Allemands pendant la Seconde Guerre mondiale).

L'église : elle date du XIIIe s. Allure massive des églises fortifiées. Aspect sévère, mais atténué par l'élégant clocher de style toulousain (XIVe s).

Petite balade architecturale : rue du Presbytère (sur le côté de l'église), rangée homogène de *demeures médiévales.* Au no 35 de la rue de l'Église (angle rue Camille-Carie), *hôtel des seigneurs d'Argombat* (XVe s), avec superbe encorbellement. Rue Nationale, au no 18, bel hôtel du XVIIe s en brique, avec de beaux reliefs. Au no 1, *hôtel Pierre-Long,* élégante construction de brique là aussi.

La maison Fermat : *mêmes coordonnées et horaires que l'office de tourisme. GRATUIT.* C'est la maison natale du célèbre mathématicien. Dans la tour du XVe s, exposition sur la vie et l'œuvre de Fermat, et sur les savants de l'époque. Également des jeux et des énigmes à résoudre. Depuis la terrasse de la tour, belle vue sur les toits du village. En juillet-août, organise « L'Été chez Fermat » : animations autour des mathématiques, d'énigmes et de casse-tête *(rens et résas au ☎ 05-63-26-52-30 ; • fermat-science.com • ; tarif : 3 €).*

– **Lac** (de 30 ha) aménagé pour les activités nautiques (voile, canoë-kayak, etc.). *Rens : ☎ 05-63-26-12-00. • village-de-loisirs.com •* Tennis, minigolf, terrain de pétanque, piscine, sauna, jeux de plage, aire de pique-nique...

Fête et manifestation

– **Fête de l'Ail :** *le 3e dim de juil.* Démonstrations et concours de tourin (soupe à l'ail).
– **Foire-expo :** *le 2e w-e de sept.* Concours de l'ail (créations artistiques) et championnat des tresseurs d'ail.

DANS LES ENVIRONS DE BEAUMONT-DE-LOMAGNE

Maubec (82500) : *à 11 km au sud de Beaumont par la D 928.* Dominant la Gimone, joli petit bourg du XIIe s, dont il reste les *remparts,* sur lesquels on peut se promener, et l'*église Saint-Orens* (XVe s), remarquable par son porche monumental précédé de deux contreforts. Intérieur constitué d'une large nef et d'un chœur pentagonal. Admirer les décors sculptés aux motifs variés sur les culots supportant les retombées de la voûte.

Le Moulin de Maubec : *à env 1 km du village. ☎ 05-63-65-62-17. Tlj sf lun-mer. Menus 13 € (midi en sem), puis 24-45 €. Café offert sur présentation de ce guide.* Un ancien moulin converti en restaurant, idéal pour se sustenter lors d'une escapade champêtre. Le cadre est plaisant, l'accueil souriant et le choix large (pas moins de 5 menus !). Cuisine de tradition. Dommage qu'il n'y ait pas de terrasse pour profiter des beaux jours.

LA LOMAGNE

L'église de Bouillac (82600) : *à 13 km au sud-est de Beaumont par la D 3.* L'église du XVIIe s est fort belle avec son clocher-mur triangulaire à contrefort (c'est la seule partie à avoir résisté aux guerres de Religion). Mais elle abrite surtout une véritable merveille : les *châsses de l'abbaye de Grandselve,* deuxième trésor d'orfèvrerie de la région Midi-Pyrénées après celui de Conques. Se rendre dans la chapelle près du chœur (minuterie). Derrière une glace, on découvre cet admirable trésor, rescapé du sac de l'abbaye cistercienne de Grandselve à la Révolution – abbaye fondée au

XIIe s et qui se dressait à quelques encablures du village. Châsses du XIIIe s, en bois recouvert de cuivre doré, richement décorées de pierres précieuses. Elles représentent des églises en miniature dont il faut saisir tous les détails. La plus belle pièce, et certainement la plus ancienne, est la *châsse de la Crucifixion.* Remarquer sur le clocher les styles différents des fenêtres des premier et deuxième niveaux. Les arcatures sont décorées de deux figures d'abbés accompagnant deux évangélistes et deux apôtres. L'un des trois reliquaires, en vermeil et de forme cylindrique, présente une belle ornementation filigranée. Dans les petites fenêtres, figures de saints. Ce fut un cadeau du frère de Saint Louis. Un autre a une forme curieuse de disque. Ils renferment un morceau de la Vraie Croix et une épine de la Couronne du Christ.

LARRAZET *(82500 ; 645 hab.)*

Situé entre Beaumont-de-Lomagne et Castelsarrasin. On y trouve un beau château datant du XVIe s et l'église Sainte-Marie-Madeleine.

L'église Sainte-Marie-Madeleine : *clés disponibles à la mairie (lun-mar et jeu-ven 8h-12h), mais très souvent ouverte.* Construite en 1500 en pierre de taille, matériau très rarement utilisé dans la région. Clocher octogonal orné de galeries ajourées. À l'intérieur, très grand retable baroque en stuc du XVIIe s. Décor exubérant de colonnes torsadées couvertes de pampres et d'angelots ludiques. Saint Pierre est reconnaissable à son trousseau de clés.

Le château : *6, rue Cacel. ☎ 05-63-20-76-50. Juil-août, ouv ven-lun ; sept, w-e slt. Visite guidée ttes les heures 14h-18h. Entrée : 5 € ; gratuit moins de 8 ans.* Construit à la fin du XVe s, c'est l'un des derniers châteaux du Moyen Âge. D'architecture moins austère que les châteaux féodaux à vocation purement défensive, les façades sont de style gothique flamboyant. À l'intérieur, salles et cheminées Renaissance, escalier monumental.

GRAMONT (82120) 155 hab. *Carte Tarn-et-Garonne, A2*

À la limite ouest du département de Tarn-et-Garonne, dominant la vallée de l'Arrats, ce village se réduit presque exclusivement à son château (son orgueil) et à son église. Pourtant, c'est le genre d'endroit où l'on passe facilement une journée entière... Car le village possède aussi une bonne table et un joli musée du Miel.

Où manger ?

Auberge Le Petit Feuillant : *au village, à côté du château. ☎ 05-63-94-00-08. • petit-feuillant@wanadoo.fr • Tlj sf dim soir (plus mer hors saison). Congés : fév et nov. Résa indispensable. Formule déj en sem 15 € ; menus 18 € (sf dim), puis 27-37 € ; menu cassoulet 25 €, menu poule farcie 30 €, à commander 24h à l'avance. Visite au musée du Vigneron offerte sur présentation de ce guide.* Intérieur aux murs en pierre ornés d'anciens outils agraires. Accueil plaisant et très bonne cuisine de terroir. Terrasse devant le château. Il s'agit d'une petite institution dans le coin.

À voir

Le château : *☎ 05-63-94-05-26. Fév-mars et nov, tlj sf lun 14h-17h30 ; avr-oct, tlj sf lun (tlj juil-août) 10h-12h30, 14h-17h30 (18h mai-juin et 18h30* *juil-août) ; déc-janv, sur résa. Fermé 1er janv, 1er mai, 1er et 11 nov, et 25 déc. Visites guidées ; dernier départ 45 mn avt la fermeture. Les visites s'enchaînent selon les arrivées et durent env 1h. Entrée : 5,50 € ; gratuit moins de 26 ans.* Le château a été construit par étapes successives, au rythme des changements de propriétaires et de fonctions. Ce fut d'abord un donjon, qui a traversé les époques depuis le XIIe s jusqu'à nos jours. Puis, au XIIIe s, sa construction se poursuivit pour en faire un véritable château fort. Au XVIe s, un corps de logis dans le goût italien fut ajouté, et il devint alors une véritable demeure seigneuriale. Toute la visite est axée sur la vie quotidienne de cette époque, âge d'or du château de Gramont. Un des plus beaux châteaux du département.

Le musée du Miel : *dans le village. ☎ 05-63-94-00-20. • musee-du-miel.com • ♿ Juin-sept, tlj sf mer 10h-12h (dernière visite à 11h), 14h-19h (dernière visite à 18h) ; mai, w-e et j. fériés, 10h-12h, 15h-18h ; le reste de l'année, pour les groupes slt, sur résa. Entrée : 4 € ; 7-11 ans 3 €.* Chantal et Émile sont apiculteurs, et leur passion les entraîne sur les routes du monde à la recherche d'objets liés à l'apiculture. Ils ont accumulé près de 1 000 ruches et objets divers : ruches indonésiennes en fougères arborescentes, africaines, marocaines, ruche de Lomagne du XIXe s fabriquée en bouse de vache (!), ou encore surprenantes ruches d'apparat provenant d'Allemagne. Salle vidéo. Atelier de fabrication de confiseries qui fonctionne l'hiver. Organise la fête du Miel, en septembre les années impaires, le dimanche des Journées du patrimoine.

À L'OUEST DE MONTAUBAN

Autour de Castelsarrasin et de Moissac, c'est à nouveau la plaine. Elle est cernée, au nord, vers Bourg-de-Visa et Lauzerte, par les coteaux du Quercy et, au sud, par les doux vallons de la Lomagne.

CASTELSARRASIN

(82100) 13 055 hab. *Carte Tarn-et-Garonne, B2*

Sous-préfecture du département de Tarn-et-Garonne. Ville qui, en raison de sa position stratégique, connut toutes les grandes périodes de l'histoire du Sud-Ouest : croisade des albigeois, guerre de Cent Ans, guerres de Religion (elle fut catholique contre Montauban, la protestante). Mais il reste peu de vestiges du passé. Elle a perdu son château et ses remparts et possède peu de demeures anciennes. Aujourd'hui, la vie s'y écoule doucement, si doucement d'ailleurs qu'après 20h inutile de penser à prendre un verre : tous les bars ferment leurs portes, même en été ! Pour être complet, sachez que c'est à Castelsarrasin qu'est né Pierre Perret.

UN PEU D'HISTOIRE

Plus que toute autre ville de la région, Castelsarrasin adhéra à la Révolution française. La ville se rebaptisa Montsarrasin et distribua généreusement de nouveaux noms aux rues pour démontrer son zèle révolutionnaire et ses choix civiques et idéologiques. Ainsi fleurirent les rues Sagesse, Tempérance, Probité, Amitié, Constance, Modération, Prudence, Liberté, Égalité, etc. La rue de la Tolérance débouchait naturellement sur la place de la Raison. En 1812, une municipalité réactionnaire décida de supprimer tous ces symboles du désordre républicain. En 1876 pourtant, Pierre Flamens, exilé par Napoléon III, ancien compagnon de Victor Hugo à Jersey, fut élu maire de Castelsarrasin. Il rendit évidemment les anciens noms de la Révolution à la ville. La vengeance est toujours un plat qui se mange froid !

Adresses et infos utiles

Office de tourisme : *à la capitainerie, allée de Verdun. ☎ 05-63-32-01-39. • ville-castelsarrasin.fr • Mai-sept, tlj sf dim ; le reste de l'année, slt en sem.* Au rez-de-chaussée, vous trouverez douche, lave-linge et sèche-linge.

@ **Internet :** *PIJ – Cyber Base, 1, rue du Collège. ☎ 05-63-95-11-27. Tlj sf sam ap-m, dim et lun mat. Accès gratuit.*

Gare SNCF : *rens au ☎ 36-35 (0,34 €/mn).* Trains pour Toulouse, Montauban, Agen...

– **Marché :** *grand marché jeu mat.*

– **Marché au gras et à la volaille :** *jeu mat nov-avr, avec concours et animations.*

– **Marchés nocturnes :** *les 1ers ven de juil-août.*

Où dormir ? Où manger ?

De bon marché à prix moyens

Hôtel Marceillac : *54, rue de l'Égalité. ☎ 05-63-32-30-10. • info@hotelmarceillac.com • hotelmarceillac.com • Dans une rue donnant sur la pl. de la Liberté. Congés : 2e sem de janv. Doubles 62-75 € selon confort ; familiales 74-90 €. Parking payant. Garage gratuit sur présentation de ce guide.* Agréable surprise dès que l'on a poussé la porte de cet hôtel, apparemment banal, construit au début du XXe s, tenu depuis par la même famille et inscrit à l'inventaire des Monuments historiques. Les chambres sont organisées le long d'une mezzanine qui donne sur un atrium. L'architecture aérée, de style Art nouveau, et les couleurs claires des murs lui confèrent l'aspect d'un établissement de ville thermale. Les chambres ont tout autant de charme que le reste, avec leur mobilier ancien bien conservé, et pour certaines, des tissus Laura Ashley. On aime bien la chambre n° 7, qui donne dans la cour fleurie, avec son petit balcon. Accueil absolument charmant. Local à vélos.

Restaurant Le Saint-Louis : *1, pl. Omer-Sarraut. ☎ 05-63-32-53-50. • laville.olivier@wanadoo.fr • Tlj sf dim soir, lun et mar soir. Menus 14 € (midi en sem), puis 19-32 €. Café offert sur présentation de ce guide.* Petit resto sans prétention, offrant un cadre relooké dans un esprit moderne (tons gris, beiges et violets), un bon rapport qualité-prix, et que l'on est bien content de trouver (il n'y a franchement pas grand-chose à se mettre sous la dent à Castelsarrasin). Cuisine régionale qui se défend correctement. Terrasse.

Où dormir dans le coin ?

Chambres d'hôtes Les Dantous : *chez Rosine et Jason Fung, lieu-dit Dantous Sud, 82100* ***Castelsarrasin.*** *☎ 05-63-32-26-95. • rosiquah@hotmail.fr • gitelesdantous.com • À 3,5 km de Castelsarrasin par la D 813 en direction de Toulouse (fléché sur la gauche). Double 48 € ; familiales (3-4 pers) 60-70 €. Réduc de 10 % sur le prix de la chambre à partir de la 3e nuit sur présentation de ce guide.* 5 chambres, dont 2 familiales, certaines avec une petite terrasse, d'autres mansardées. Rentré de Singapour il y a quelques années, ce couple accueillant a choisi le département de Tarn-et-Garonne pour poser ses valises, où Rosine avait des racines. Ils ont repris cette ancienne ferme qui avait depuis longtemps vocation à accueillir des hôtes. Coin salon avec TV, salle de jeux (table de ping-pong, babyfoot, etc.), cuisine à disposition, piscine et jardin. Chambres simples avec tapisserie au parfum des années 1970. Le canal latéral à la Garonne et la piste cyclable qui le longe ne sont qu'à une centaine de mètres. Un bon camp de base à prix très sages pour rayonner dans la région.

À voir. À faire

L'église Saint-Sauveur : *pl. de la Garonne.* Reconstruite en 1254, l'église abrite les reliques du patron de la ville, saint Alpinien. Architecture annonçant le gothique méridional. Puissante tour octogonale à deux étages. Portail latéral flamboyant. À l'intérieur, remarquable mobilier baroque du XVIIe s, provenant de l'ancienne abbaye de Belleperche pour l'essentiel. Notamment les boiseries, chefs-d'œuvre de ciselage. Buffet d'orgue, bas-reliefs à la tribune, stalles, panneaux sculptés de la chaire et de la porte de la sacristie présentent une foule de superbes détails. À l'entrée du chœur, belles sirènes formant consoles. Maître-autel en marbre polychrome.

Petite promenade architecturale à la recherche de quelques édifices remarquables. *Place de la Liberté,* maison du XVIe s classée aux Monuments historiques, avec belles fenêtres à meneaux. Au *6, pl. Lamothe-Cadillac,* demeure du célèbre fondateur de Detroit, Antoine Laumet, chevalier de Lamothe-Cadillac (1658-1730). De retour en 1722 de ce qui allait devenir quelques décennies plus tard les États-Unis, il finit sa vie à Castelsarrasin, qu'il gouverna pendant 2 ans. Pour en savoir plus sur les péripéties de cet aventurier, allez voir le musée qui lui est consacré, à Saint-Nicolas-de-la-Grave, sa ville natale. Rue Paul-Descazeaux, *église Saint-Jean.* Reconstruite en 1560 en brique, style gothique. Dans la rue du Commandant-Chatignières, à côté, *maison natale de l'abbé Jean-Martin de Prades* (1724-1782). Belle porte du XVIIIe s. Cet abbé fut l'ami de Diderot et de d'Alembert et participa à la rédaction de la célèbre *Encyclopédie.*

➢ ***Le canal :*** balade sympa et ombragée sur le bord du canal latéral à la Garonne (au bout de la rue de la République). Un petit port a été aménagé, faisant finalement de Castelsarrasin une halte agréable, au moins pour les marins d'eau douce...

DANS LES ENVIRONS DE CASTELSARRASIN

CORDES-TOLOSANNES (82700)

Où manger ?

Auberge Saint-Antoine : *point de vue (en haut du village, donc).* ☎ *05-63-95-64-64.* • *dinardo@club-internet.fr* • *Tlj sf dim soir et lun. Congés : 1re sem de juil et 1re sem de sept. Menus 13 € (midi en sem), puis 20-28 €. Apéritif maison offert sur présentation de ce guide.* Le cadre, classique, n'est pas spécialement intéressant, si ce n'est qu'on a une jolie vue sur la campagne environnante. L'intérêt est dans l'assiette, avec une cuisine à base de bons produits régionaux. Un bon rapport qualité-prix.

À voir dans les environs

L'ancienne abbaye de Belleperche – Musée des Arts de la table : *à 6 km au sud de Castelsarrasin par la D 813 en direction de Toulouse jusqu'à Saint-Porquier, puis fléché.* ☎ *05-63-95-62-75.* • *musee-arts-de-la-table.fr* • *Mai-sept, mar-sam 10h-12h, 14h-18h ; dim 14h-18h. Oct-avr, tlj 14h-18h. GRATUIT. L'abbaye est toujours en cours de restauration, mais on peut la visiter. Possibilité de visite guidée.*

L'histoire de l'abbaye de Belleperche débute au XIIe s, où elle fut l'une des trois plus riches abbayes cisterciennes du sud de la France. Déjà bien affaiblie par la guerre de Cent Ans, elle fut incendiée durant les guerres de Religion et perdit son église abbatiale après la Révolution (mobilier à l'église Saint-Sauveur de Castelsarrasin). À partir du XVIIe s, le monastère se tourna vers l'hôtellerie, ce qui explique la richesse des décors que l'on peut encore admirer dans les parties plus récentes des bâtiments, désormais restaurées. Mais ce qui marque le plus les esprits, c'est l'incroyable situation de l'abbaye, suspendue au-dessus de la Garonne sur d'énormes murs de soutènement vieux de huit siècles.

Le vaste grenier voûté du XVIIIe s abrite une intéressante expo consacrée à l'histoire de l'art de la table, depuis le Moyen Âge jusqu'à nos jours. La collection rassemble près de 1 000 objets, dont certains sont particulièrement remarquables et rares, comme cette cruche en étain du XVe s (on n'en connaît que deux en France). Également des salles contenant des objets lapidaires et du mobilier. Admirer aussi le réfectoire, le grand salon, les salles de réception, le cloître et le « passage », seule pièce intacte du monastère médiéval. Mais il ne faut pas rater le 1er étage, qui servit d'hôtellerie. Les murs du couloir sont recouverts d'émouvants graffitis laissés par les hôtes de passage. Le plus ancien date de février 1756. Voir ceux d'Alceste Orliac et de Clémence Bringou, les deux amants de Belleperche, qui vécurent une véritable idylle avant que le venin de la trahison n'amène Alceste à connaître une fin tragique en ces mêmes lieux... Remarquable exposition sur le grès chinois (et le thé) du XVIe s à nos jours. Certaines théières en grès de Yixing, des pièces très rares, portent la signature de Shi Dabin. Également des expos temporaires.

DU RIFIFI À L'ABBAYE

Au printemps 1915, les Allemands occupaient l'est du pays. Une partie de la population française fut évacuée et 230 prostituées trouvèrent refuge en Tarn-et-Garonne. Le préfet réquisitionna alors l'abbaye de Belleperche pour maintenir à l'écart ce groupe de femmes jugé embarrassant. Déjouant la surveillance des religieuses, certaines d'entre elles s'échappèrent pour rejoindre Montauban. Ramenées à l'abbaye, « les filles de Belleperche » trompèrent alors l'ennui en recevant la visite de jeunes soldats. Les rencontres avaient probablement lieu à l'extérieur des murs...

MOISSAC (82200) 12 365 hab. *Carte Tarn-et-Garonne, B2*

À moins de 10 km au nord de Castelsarrasin, petite cité entre plaines et coteaux, célèbre pour son abbaye et son portail sculpté (sommet de l'art roman), et surtout pour son cloître considéré comme le plus beau du monde (rien que ça !)... L'ensemble est classé au Patrimoine mondial de l'Unesco. Moissac mérite bien le label « Grand Site de Midi-Pyrénées » !

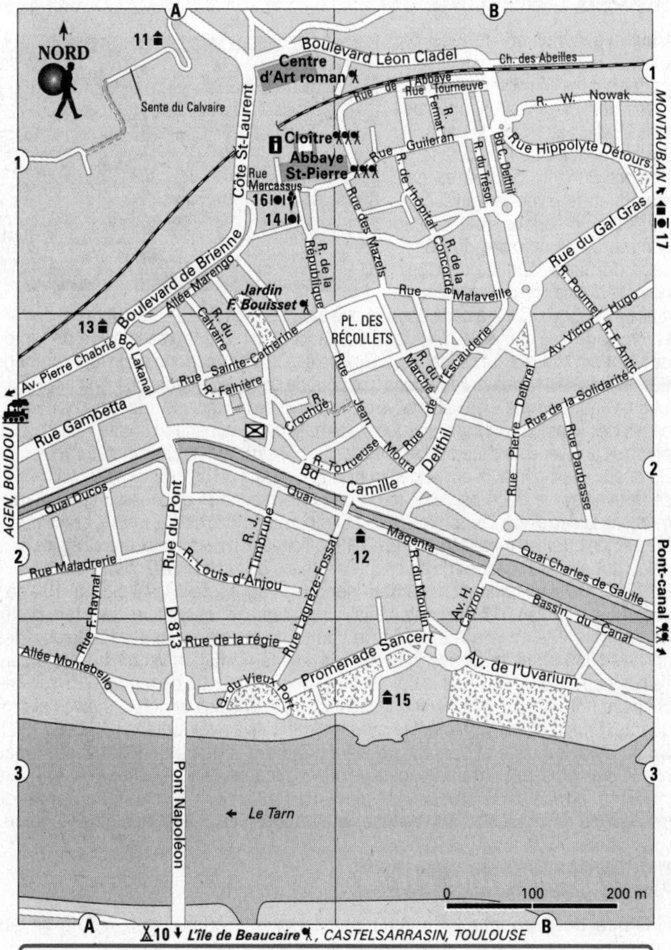

MOISSAC

■ **Adresse utile**

- Office de tourisme

Où dormir ? Où manger ? Où déguster une glace ?

- **10** Camping de l'île du Bidounet
- **11** L'Ancien Carmel
- **12** La Maison du Pont-Saint-Jacques
- **13** Hôtel Le Luxembourg
- **14** Le Fromage rit
- **15** Le Moulin de Moissac
- **16** Restaurant-salon de thé Le Florentin et Le Bistrot Gourmand
- **17** Hôtel des Crêtes de Pignols

UN PEU D'HISTOIRE

L'abbaye aurait été fondée par Clovis à la suite d'une victoire remportée sur les Wisigoths en 506. La première abbaye subit quelques vicissitudes : attaques de Sarrasins (notamment après leur défaite de Poitiers en 732), de pirates normands et de divers envahisseurs. Au XIIe s, le choix de Moissac comme étape officielle du pèlerinage de Saint-Jacques-de-Compostelle donna une nouvelle importance à l'abbaye. C'est à cette époque que furent édifiés les célèbres cloître et portail. La croisade des albigeois n'épargna pas la ville. En 1212, après le siège de Simon de Montfort, Moissac fut saccagée. La guerre de Cent Ans apporta à son tour son lot de désolation. Puis l'abbaye entra dans une période de lente décadence jusqu'à la Révolution. Vendu comme Bien national, le cloître servit de fabrique de salpêtre. Les personnages des chapiteaux furent presque systématiquement martelés. Enfin, vers 1850 se produisit un événement incroyable : pendant la construction du chemin de fer Toulouse-Bordeaux, les ingénieurs envisagèrent ni plus ni moins de démolir le cloître parce qu'il se trouvait sur le tracé prévu ! À force de protestations et de pressions, au dernier moment, la décision fut reportée. La voie contourna donc le cloître, mais le grand réfectoire et les cuisines y passèrent... En 2013, à l'occasion de travaux entre l'église et le palais abbatial, les vestiges d'une chapelle romane du XIIe s ont été mis au jour.

UNE ABBAYE À LA POINTE

Selon la légende, Clovis lança son javelot du haut d'une colline pour déterminer l'endroit précis où serait construite l'abbaye de Moissac. Pas de chance, le javelot se planta dans un marais ! Du coup, on dut recourir aux pilotis pour asseoir l'édifice. Clovis aurait dû demander trois essais !

En 1930, Moissac connut une terrible inondation qui coûta la vie à plus de 100 personnes et détruisit 617 maisons. Voilà qui explique, d'un côté, le caractère plutôt banal de la ville en elle-même, et de l'autre, le grand nombre de maisons des années 1930 (dont le joli *uvarium,* au bord du Tarn, où l'on venait faire une cure de raisins). Aujourd'hui, tout le coin est un important centre de production fruitière, cultivant notamment le fameux chasselas, aux grains fins et dorés, suaves et croquants. Fruit d'exception, c'est le premier fruit frais à avoir obtenu l'AOC en 1971. Comme quoi, qualité et quantité peuvent parfois aller de pair, car Moissac a beau être le plus gros producteur français de raisin de table, chaque grappe est toujours cueillie à la main... Se procurer à l'office de tourisme la brochure *Le Carnet de découverte* du chasselas qui recense, entre autres, les chasselatiers de la région.

Adresse et infos utiles

Office de tourisme *(plan A1) : 6, pl. Durand-de-Bredon. ☎ 05-63-04-01-85. • tourisme.moissac.fr • Juste à côté de l'abbatiale. Tte l'année, tlj : juil-août, 9h-19h ; sept, 9h-18h ; le reste de l'année, horaires réduits.* Pour les enfants de 6 à 12 ans, petit guide de visite (gratuit) sur l'ensemble abbatial, pour une découverte pédagogique et ludique. Propose également 3 circuits thématiques dans la ville.

Gare SNCF *(hors plan par A2) : rens au ☎ 36-35 (0,34 €/mn).* Sur la ligne Toulouse-Bordeaux. Trains quotidiens pour Agen, Montauban...

– ***Marchés :*** ***couvert*** *(pl. des Récollets ; plan B1-2) ts les mat sf lun ;* ***grand marché*** *sam et dim mat.*

Où dormir ? Où manger ? Où déguster une glace ?

Camping et gîte d'étape

Camping de l'île du Bidounet *(hors plan par A3,* ***10****) : au lieu-dit Saint-Benoît. ☎ 05-63-32-52-52. • info@camping-moissac.com • camping-moissac.com • Fléché au niveau* *du rond-point principal à l'entrée de Moissac, en venant de Castelsarrasin. Ouv avr-sept. Compter 12,50-18,50 € pour 2 en tente selon saison ; bungalows 4-5 pers 200-350 €/sem. 100 empl.* Camping idéalement situé sur une île du Tarn, verdoyante, bien ombragée et à laquelle on accède par un ancien moulin. Tous les loisirs aquatiques : ski nautique, aviron... Également un club enfants. Le GR 65 passe dans le coin. Piscine.

L'Ancien Carmel *(Centre international d'accueil et de séjour de Moissac ; plan A1,* ***11****) : 5, sente du Calvaire. ☎ 05-63-04-62-21. • accueil.cafmoissac@wanadoo.fr • gitecarmel-moissac.fr • Ouv tte l'année. Nuitée 14,90 €/pers ; double avec sanitaires privés 21,40 €/pers ; loc de drap du dessus 2 € ; petit déj 5,30 €. Repas 13,50 €. Réduc de 10 % sur le prix de la nuitée oct-mars sur présentation de ce guide.* Installé dans un petit couvent du XIXe s, à 5 mn à pied du célèbre cloître, un gîte de près de 70 places, en chambres de 2 à 7 lits. Sanitaires communs pour la plupart d'entre elles. Réservé en priorité aux pèlerins et randonneurs non véhiculés, ainsi qu'aux groupes de sportifs (également aux groupes scolaires). La sente qu'il faut emprunter pour y accéder finira d'achever vos mollets ! Mais la vue qui vous attend là-haut récompensera cet ultime effort... Au milieu du cloître, un jardin. Possibilité de repas, sinon cuisine à disposition.

Bon marché

Le Fromage rit *(plan A1,* ***14****) : 4, pl. Roger-Delthil. ☎ 09-67-47-28-42. Tlj sf dim soir et lun-mar. Résa conseillée. Formule 12 € en sem ; menu 15 €.* Un petit resto monté par un ancien ingénieur à la retraite qui a longtemps travaillé à l'étranger. Il en a gardé un goût pour les saveurs exotiques et un intérêt certain pour la cuisine. Histoire d'occuper sa nouvelle vie, ce jeune retraité a ouvert un petit resto dans lequel il s'amuse au quotidien, sans se prendre la tête. Le choix est limité, mais c'est pour mieux travailler les produits frais. Terrasse face au porche de l'abbatiale, au bord d'une place piétonne. Très bon rapport qualité-prix, et ça se sait.

Prix moyens

La Maison du Pont-Saint-Jacques *(plan B2,* ***12****) : 20, quai Magenta. ☎ 05-81-78-12-09. 06-11-09-73-53. • info@chambresdhotesmoissac.fr • chambresdhotesmoissac.fr • Double 65 € ; réduc de 10 % sur l'ensemble du séjour à partir de 3 nuits.* Christine et Michel ont quitté Aix-en-Provence pour ouvrir des chambres d'hôtes dans leur nouvelle ville d'adoption. C'est avec cœur qu'ils ont restauré une ancienne demeure de négociant, située au bord du canal latéral à la Garonne et à 10 mn à pied du cloître. 5 chambres spacieuses et parquetées, aux teintes douces, aux poutres justes décapées et agrémentées de vieux meubles chinés. C'est sobre. Jardin à l'arrière pour prendre le petit déj en été. Cuisine à disposition. Et si vous savez jouer quelques notes de piano, celui du salon vous attend. Bel accueil.

Hôtel Le Luxembourg *(plan A2,* ***13****) : 2, av. Pierre-Chabrié. ☎ 05-63-04-00-27. • le-luxembourg@wanadoo.fr • hoteluxembourg82.com • Resto fermé le w-e. Doubles (1 ou 2 lits) 55-61 €. Pas de clim. Garage payant.* Petit hôtel familial bien tenu et fonctionnel, fondé en 1883. Les chambres, à la déco formatée, sont rénovées à tour de rôle par les nouveaux propriétaires. L'hôtel est situé entre la voie ferrée et la route, mais l'ensemble est bien insonorisé (double vitrage). Fait aussi resto.

De prix moyens à chic

Le Moulin de Moissac *(plan B3,* ***15****) : 1, promenade Sancert. ☎ 05-63-32-88-88. • hotel@lemoulindemoissac.com • lemoulindemoissac.com • Doubles à partir de 105 € ; suites plus chères ; petit déj 14 €.* Hôtel de charme qui élance sa silhouette au bord du Tarn. Il propose une trentaine de chambres de standing et au confort sans faille. La plupart d'entre elles offrent un bien beau panorama. Spa avec sauna, hammam, jacuzzi. Le resto, chic lui aussi, bénéficie d'une bonne réputation.

Restaurant-salon de thé Le Florentin *(plan A1, **16**) : 8, pl. Roger-Delthil. ☎ 05-63-04-19-18. Avr-fin oct, tlj (service continu en été). Menus 17-19 € (midi sf dim), puis 23-56 € et carte. Apéritif maison offert sur présentation de ce guide.* Avec sa terrasse qui s'étale au pied de l'abbatiale, on ne peut envier meilleure situation à Moissac ! Les produits frais du terroir, joliment travaillés, sont à la fête (magret de canard, agneau du Quercy, foie gras maison avec sa confiture de chasselas, etc.). C'est aussi une bonne adresse pour déguster des glaces artisanales, dont un sorbet au chasselas préparé par un artisan réputé ! Addition un peu salée néanmoins. Juste à côté, les mêmes propriétaires ont ouvert **Le Bistrot Gourmand** *(formule 15 € sf w-e et j. fériés ; carte 20-25 €).* Cuisine un peu plus traditionnelle, un peu moins recherchée, mais toujours de qualité et à des prix un peu plus tassés.

Où dormir ? Où manger dans les environs ?

Prix moyens

Hôtel des Crêtes de Pignols *(hors plan par B1, **17**) : 1167, chemin de Lacapelette, 82200 **Moissac.** ☎ 05-63-04-04-04. • hotel@cretesdepignols.com • cretesdepignols.com • De Moissac, prendre la D 927 en direction de Lafrançaise ; à 3,5 km, tourner à gauche par la C 23 (juste avt le centre commercial* Intermarché *; fléché). Resto ouv le soir, sf dim en basse saison. Congés : de mi-déc à début janv. Double 59 €. Menus 21-30 €. Apéritif maison offert au resto sur présentation de ce guide.* Petit hôtel familial d'une dizaine de chambres avec TV, qui a l'avantage de se trouver sur une crête offrant un beau panorama sur les collines du Quercy. Piscine pour faire trempette aux beaux jours. Chambres simples mais mignonettes et bien tenues. Cuisine de tradition pour ceux qui n'auraient pas le courage d'aller en ville pour se restaurer. Accueil souriant.

Chambres d'hôtes Pugnal : *Pugnal, 82200 **Boudou.** ☎ 09-63-01-40-21. • jennysmither@wanadoo.fr • pugnal.com • À 8 km de Moissac et à 1 km de Boudou par la route du Belvédère. Doubles avec ou sans sdb 50-70 €. Table d'hôtes 18 €.* Jenny et son mari, un couple d'Anglais, proposent 5 chambres (dont une familiale pour 4 personnes) dans leur belle demeure entourée d'une nature préservée. La maison a été restaurée en privilégiant authenticité et sobriété. Parquet ou anciennes tomettes, portes d'origine décapées, teintes douces et discrets tableaux contemporains pour égayer le tout. Piscine. Le chemin de Saint-Jacques-de-Compostelle passe à 150 m de la maison. Une halte calme et plaisante.

De chic à beaucoup plus chic

Chambres d'hôtes Le Lodge de la Madeleine : *La Madeleine-Haute, 82200 **Moissac.** ☎ 05-63-04-24-43. 06-82-29-37-47. • maitedevineau@yahoo.fr • lelodgedelamadeleine.com • À 3 km de Moissac (en direction de Valence-d'Agen), bifurquer à droite (direction Boudou), puis prendre la route qui part tt de suite sur la gauche (fléché) ; c'est à 2 km. Ouv tte l'année. Doubles 90-115 € selon saison. Tarif spécial pèlerins : 60 €/pers en ½ pens. Table d'hôtes sur résa 29 €, tt compris.* Une ancienne ferme posée en pleine nature qui propose 3 chambres, dont une est aménagée dans l'ancien pigeonnier. Le lieu et la déco dégagent une atmosphère teintée de romantisme. Plusieurs terrasses pour se poser et se reposer. Jacuzzi. Labellisé « Accueil vélo ». La sympathique propriétaire peut aller chercher les pèlerins à l'abbatiale. Un endroit retiré, au charme certain, qui respire le calme. Idéal pour décompresser.

Le Manoir Saint-Jean : *Saint-Jean-de-Cornac, 82400*

Saint-Paul-d'Espis. ☎ 05-63-05-02-34. • info@manoirsaintjean.com • manoirsaintjean.com • ♿ À 9 km au nord-ouest de Moissac et à 12 km de la sortie de l'A 62 Bordeaux-Toulouse. Resto fermé dim soir et lun d'oct à mi-juin. Congés : des vac de Noël à mi-janv. Double 110-140 € selon saison ; suites 160-200 € ; petits déj 13-18 €. Menus 38-75 € ; pas de carte ; au bistrot (slt l'été le midi sf dim), assiettes gourmandes 15-25 €. 📶 *Le Manoir Saint-Jean* est avant tout une grande et belle villa de style palladien installée dans un vaste parc arboré, décorée avec passion par une antiquaire – charmante – amoureuse de sa région. C'est dire le soin exceptionnel apporté à chacune des chambres (une double et 9 suites), toutes différentes, en illustration d'un thème particulier : « Venise », « Explorateur », « Romantique », « Ingres », « Provence », « Art déco », « Asie »... Un vrai régal pour les amateurs de belles choses, qui se complairont dans une délicieuse atmosphère de confort voluptueux et douillet. Salle de resto (cuisine de marché) à la chaude peinture ocre agrémentée d'un magnifique trompe-l'œil. Aux beaux jours, le petit déj peut être pris sur la terrasse, qui domine une belle piscine. Très bel accueil.

À voir

🎯 ★★★ *L'église abbatiale Saint-Pierre* *(plan A-B1)* **:** *tlj, tte l'année.* L'édifice résulte de plusieurs phases de construction. Une première église romane, dont il ne reste plus aujourd'hui que le clocher-porche, succéda au XIe s à une église mérovingienne. Un siècle plus tard, une nouvelle église romane beaucoup plus grande (le portail date de cette époque) vit le jour. Au XVe s, des travées de style gothique méridional et le chœur polygonal vinrent remplacer la nef romane. Ce manque d'unité n'a aucune importance, tant on est subjugué par le portail et le cloître... De l'extérieur, on distingue très nettement l'usage successif de la pierre (quand il y avait de l'argent dans les caisses...), puis de la brique (quand il n'y en avait plus !).

– ***Le portail :*** l'un des plus célèbres du monde, s'insérant dans un clocher-porche fortifié. Le *tympan* servit de modèle à toutes les églises du Midi. Il illustre un passage du chapitre IV de l'*Apocalypse selon saint Jean.* Au centre, Christ en majesté, entouré des symboles des quatre évangélistes. Regard de père sévère, tandis que les 24 vieillards de l'Apocalypse, à ses pieds, lèvent tous les yeux vers lui, de sorte que les regards des fidèles convergent inexorablement vers le centre. Ils semblent comme aspirés par le charisme du Christ. De part et d'autre du Christ, deux anges tiennent un rouleau de parchemin. Visages complètement extatiques. Jamais art ne fut aussi bien maîtrisé ! Un exploit que d'avoir réussi à exprimer en même temps cette impression d'unité et tant de nuances dans les attitudes ! Noter la position des mains, des jambes. Aucune n'est identique. Rien de figé, beaucoup de vivacité ! Remarquable travail des rosaces en dessous. À l'origine, l'ensemble était peint. Le *trumeau* (la colonne du milieu) est un chef-d'œuvre. Trois couples de lions s'élancent vers le ciel. Sur le côté droit, admirable Jérémie au visage très doux, les yeux dans le vague, voire l'air absent ou un peu désabusé. De l'autre côté, saint Paul. De part et d'autre du portail, un saint Pierre tordu au beau drapé et Isaïe. Sur le côté droit du porche, bas-reliefs déroulant des séquences de la vie de la Vierge : l'Annonciation, la Visitation, les Rois mages, la fuite en Égypte, etc. Sur le côté gauche, la scène se lit de droite à gauche. On y distingue le riche et sa femme. À leurs pieds, Lazare couvert de plaies et léché par les chiens. Un ange emporte son âme au ciel. En dessous, entre les colonnes, les vices et péchés punis par d'ignobles monstres. Panneaux très abîmés, mais on peut deviner une pécheresse nue assaillie par les serpents.

– ***Le narthex :*** imposante salle carrée. Deux énormes arches s'entrecroisent sans clé de voûte. Détailler les superbes chapiteaux romans. Des compositions de feuillages finissent par dessiner des gueules d'animaux. Un autre présente Samson, en mouvement, terrassant le lion.

– ***L'intérieur :*** nef d'une vaste ampleur, reconstruite au XVᵉ s. On a retrouvé les peintures murales d'origine, à motifs géométriques, dans une chapelle, et elles ont été restituées à l'ensemble de l'édifice, lors de sa restauration en 1963. Magnifique mobilier. À droite dans la première chapelle, *statue de saint Roch,* du XVIIIᵉ s, et coffre en bois doré. Dans la deuxième, belle pietà en pierre polychrome, de 1476. Visage à l'expression enfantine. De part et d'autre de la statue, les donateurs en miniature. Chapelle suivante, *Fuite en Égypte.* Juste à côté, sur la gauche de la chapelle, rare Christ roman en bois polychrome. En face, grandes orgues (un Cavaillé-Coll de 1863, les amateurs apprécieront). Buffet portant les armes du cardinal Mazarin. Dans la sixième chapelle (toujours à droite), *Christ en Croix entre la Vierge et saint Jean* en bois doré (XVIIᵉ s). Dans la dernière chapelle, le chef-d'œuvre de l'église, une belle *Mise au tombeau* polychrome, du XVᵉ s, à sept personnages. Stalles du XVIIᵉ s. Clôture du chœur et retable en pierre de la Renaissance. À gauche du chœur, on aperçoit les bases de l'ancienne abside au travers des ouvertures de la porte. C'est tout ce qu'il reste du sanctuaire mérovingien.
– En face de l'entrée de l'église, deux bancs étonnants de l'artiste Toutain, *Les Tricoteuses.*

Le cloître (plan A1) : *entrée et billetterie à l'office de tourisme ; mêmes horaires que celui-ci.* ♿ *Entrée : 5 € ; réduc. En juil-août, possibilité de visites guidées, que l'on vous recommande, tlj (2,50 €), et visite du cloître illuminé mer 21h-23h ; le reste de l'année, visite guidée dim à 14h30. Audioguide : 2,50 €. Tte l'année, expo à thème dans une salle du cloître, toujours en rapport avec l'art roman.*
Un conseil : arrivez donc le premier à l'ouverture, pour l'avoir à vous tout seul. Vous découvrirez en toute quiétude ces 76 magnifiques chapiteaux surmontant des colonnes de marbre simples ou géminées. Le marbre ayant été récupéré sur un site gallo-romain, les colonnes n'ont pas été façonnées sur mesure, et on distingue parfois les irrégularités de l'une à l'autre. Pour la sculpture, on atteint la perfection de l'art roman. Finesse du modelé, jeux d'ombres et de lumière. Remarquez les marbres de différentes couleurs. Aux angles et au milieu des côtés, ce ne sont pas des colonnes mais des piliers couverts de plaques en marbre provenant d'anciens sarcophages. Les arches légèrement brisées indiquent qu'elles furent reconstruites après un incendie au XIIIᵉ s, mais les chapiteaux datent tous de la fin du XIᵉ s. Quarante-six d'entre eux racontent des scènes bibliques ou de la vie des saints (les bénédictins pouvaient représenter des visages dans leurs églises, contrairement à l'ordre cistercien, qui considérait que ces représentations détournaient les moines de la prière). À lire dans toute la richesse de leurs détails. Des motifs végétaux ou floraux, un bestiaire plus ou moins fantastique d'oiseaux, serpents, griffons et dragons effrayants viennent s'y immiscer de temps à autre. Les sculptures des chapiteaux sont très bien conservées, grâce aux couches picturales qui recouvraient le calcaire, et que l'on distingue encore par endroits.
Il est impossible de tout décrire, cependant voici un best of de nos chapiteaux préférés et leur emplacement. Commençons par la *galerie sud.* Sur la première colonne, le martyre de saint Jean-Baptiste. Sur la cinquième colonne, l'histoire du roi Nabuchodonosor (un thème assez rare). Sur la deuxième colonne après le pilier central, les quatre évangélistes sont représentés sous leur forme allégorique (saint Matthieu en homme ailé, saint Marc en lion, saint Luc en taureau et saint Jean en aigle). Dans la *galerie est,* sur la deuxième colonne, les martyres de saint Pierre, crucifié la tête en bas, et de saint Paul, décapité. Saint Pierre étant crucifié la tête en bas, les révolutionnaires qui ont hâtivement dégradé les visages représentés sur les chapiteaux ont surtout abîmé... ses pieds. Voyez aussi le vêtement qui protège très efficacement sa pudeur : il a été crucifié nu, mais l'église a demandé aux sculpteurs de le revêtir d'une étoffe, qui reste bien en place alors que le malheureux a la tête en bas ! Sur la deuxième colonne, également après le pilier central, magnifiques noces de Cana, où Jésus accomplit son premier miracle en changeant l'eau en vin. Dans la *galerie nord,* sur la septième colonne après le pilier

central, le partage du manteau. Dans la *galerie ouest*, sur la quatrième colonne, Daniel dans la fosse aux lions et, sur le côté opposé, l'annonce aux bergers de la naissance de Jésus.
Petite *chapelle Saint-Ferréol* avec de belles voûtes d'ogives en brique du XIIIe s. Elle abrite une salle de présentation du tympan. À l'entrée, vestiges de fresques du XVe s (infirmes avec leurs béquilles). Ne pas manquer la porte menant au clocher de l'abbatiale, près de l'entrée. Par un étroit escalier aux marches raides, on parvient à la *salle Haute*, juste au-dessus du narthex. Superbe architecture romane d'une grande pureté. En particulier les 12 énormes nervures de la coupole jaillissant d'un oculus. Remarquable appareillage de pierre.

🏛 ***Le centre d'Art roman*** *(plan A1)* **:** *bd Léon-Cladel, à deux pas du cloître.* ☎ *05-63-05-08-05. Lun-ven 10h-12h, 14h-17h ; sur résa.* Centre de recherche et de documentation sur l'art roman et l'enluminure. Possibilité de consulter des reproductions d'enluminures faites à Moissac.

🏛 ***Le jardin Firmin-Bouisset*** *(plan A1-2)* **:** *rue Sainte-Catherine.* Sur le mur, *La Petite Fille du chocolat Menier et le Petit Écolier de Lu*, une fresque qui représente les célèbres affiches de Firmin Bouisset, l'affichiste né à Moissac en 1859.

ENFANTIN

À la fin des années 1890, Firmin Bouisset, l'enfant du pays, devait créer une affiche publicitaire pour le chocolat Menier. C'est alors qu'il eut une idée simple : prendre sa fille Yvonne, âgée de 9 ans, comme modèle. Devant le succès, peu de temps après, il choisit son fils Jacques pour représenter un petit écolier qui grignote un biscuit Lu. Une idée efficace et révolutionnaire. Non seulement ces affiches sont aujourd'hui connues de tous, mais elles ont fait entrer définitivement les enfants dans le monde de la pub...

🏛🏛 ***Le pont-canal*** *(hors plan par B3)* **:** un des ponts-canaux les plus longs de France (356 m), surtout remarquable par sa belle architecture alliant brique et pierre. Il permet au canal latéral à la Garonne, qui relie Bordeaux à Toulouse, de franchir le Tarn. Pendant la grande crue de 1930, le pont de chemin de fer étant parti avec les flots, il fallut trouver une solution d'urgence pour permettre au train de franchir le Tarn pendant plusieurs mois... On posa tout simplement les rails sur un des trottoirs du pont-canal. Rien que d'y penser, ça donne le vertige !

🏛 ***L'île de Beaucaire*** *(hors plan par A3)* **:** *près du camping de l'île du Bidounet.* Promenade libre dans cet espace naturel, jalonné de panneaux explicatifs sur la faune et la flore des bords du Tarn. Lieu de pique-nique agréable.

Fêtes et manifestations

Été culturel particulièrement riche : concerts multiples, café-théâtre...
– ***Fête des Marins :*** *à la Pentecôte.* Belle fête traditionnelle autour de la batellerie traditionnelle sur le Tarn, hommage aux bateliers disparus.
– ***Festival de la Voix :*** *le dernier w-e de juin ou le 1er w-e de juil. Rens sur • moissac-culture.fr •* Rencontres musicales, concerts (palette très large, negro spirituals...) dans le cloître ou à proximité.
– ***Concerts de musique classique :*** *en juil-août, dans le cloître et dans l'abbatiale. Rens : Adiam,* ☎ *05-63-04-06-81 ; DAC,* ☎ *05-63-05-08-00 ; et Organum,* ☎ *05-63-05-16-73.* Le samedi soir, en été, concerts gratuits sur le parvis de l'abbatiale.
– **Fête des Fruits (années impaires) et fête du Chasselas (ts les ans) :** *le 3e w-e de sept.*

DANS LES ENVIRONS DE MOISSAC

Le point de vue de Boudou : *à 7 km de Moissac ; prendre la route de Valence-d'Agen, puis à 3 km, fléché sur la droite.* Une des plus belles vues sur le confluent du Tarn et de la Garonne, et sur les méandres de cette dernière. On peut y aller à pied par le GR 65 ; compter 1h30 (aller simple) de marche (ça grimpe dur par endroits).

SAINT-NICOLAS-DE-LA-GRAVE

(82210) 2 140 hab. *Carte Tarn-et-Garonne, B2*

Situé entre Castelsarrasin et Moissac, au confluent du Tarn et de la Garonne. Saint-Nicolas-de-la-Grave est surtout connu pour être le village natal du chevalier de Lamothe-Cadillac. Dans le bourg, *château des abbés de Moissac,* du XIVe s, où séjourna Richard Cœur de Lion et dont il ne reste plus, d'époque, que les quatre tours massives et le corps de logis. *Église* du XIIIe s presque entièrement reconstruite au XVIe s à la suite des guerres de Religion. Clocher-porche de style toulousain. À l'extérieur du village, sur la route de Caumont, passez voir l'*église* en terre crue du Moutet qui date du XIIIe s *(en été, mar et sam 15h-18h ; le reste de l'année, se renseigner auprès de l'office de tourisme).*

Adresse utile

Office de tourisme : *pl. du Château.* ☎ *05-63-94-82-81. Tte l'année : juil-août, tlj ; sept-mars, tlj sf dim ; avr-juin, l'ap-m slt en sem.*

Où dormir ?

Camping du Plan d'Eau : *2466, av. du Plan-d'Eau ; à la base de plein air et de loisirs du Tarn et de la Garonne.* ☎ *05-63-95-50-00. • contact@basedeloisirs82.com • tourisme82.com • À 2,5 km de Saint-Nicolas-de-la-Grave par la D 15. Ouv 15 juin-15 sept. Compter 11 € pour 2 en hte saison. CB refusées. 42 empl.* Petite structure sans séparation végétale entre les emplacements mais parfaitement ombragée. Piscine à la base de loisirs.

À voir. À faire

Le musée Lamothe-Cadillac : *rue Lamothe-Cadillac ; à env 50 m de la pl. de la Halle.* ☎ *05-63-94-37-23. Juil-août, tlj 15h-18h30, plus lun 10h-12h30 ; le reste de l'année, s'adresser à l'office de tourisme. GRATUIT.* Aménagé dans une maison du XIXe s, le musée rend hommage à Antoine de Laumet, seigneur de Lamothe-Cadillac, né à Saint-Nicolas-de-la-Grave en 1658. L'enfant du pays partit faire fortune au Canada et, en 1701, dirigea la construction d'un centre de colonisation à Detroit afin de concurrencer le commerce anglais et de créer des courants d'échanges avec la Louisiane par le Mississippi. Ainsi naquit la future capitale de l'automobile. En 1713, il devint gouverneur de Louisiane, puis il vint finir ses jours à Castelsarrasin comme gouverneur de la ville. *General Motors* honora le fondateur de Detroit en donnant son nom à sa voiture la plus prestigieuse. Le musée et sa borne multimédia présentent une rétrospective de la vie de l'explorateur et un historique de ses travaux au Canada et en Louisiane. La reconstitution d'une chambre et d'une cuisine du XVIIe s complète la visite.

– **Base nautique et de loisirs :** *rens au ☎ 05-63-95-50-00. Ouv tte l'année ; activités selon saison.* Le plan d'eau (jonction du Tarn et de la Garonne) représente une surface de quelque 400 ha ! École de voile, location de bateaux, canoës, kayaks, VTT. Piscine. Si la base de loisirs loue son matériel, le *CVTG (club de voile ; ☎ 05-63-29-20-55),* en revanche, prête ses bateaux – à condition que vous sachiez vous en servir, bien sûr.

ÇA ROULE POUR CADILLAC !

Contrairement à ce que l'on pourrait penser, la commune de Cadillac, en Gironde, n'a pas de rapport direct avec la célèbre automobile. Le nom de la voiture est lié au seigneur de Lamothe-Cadillac. La commune a eu, en revanche, le sens du marketing puisqu'elle a réussi à attirer chez elle General Motors, *le constructeur de la Cadillac, pour des campagnes publicitaires !*

Manifestation

– ***Foire aux plantes :*** *le dernier dim de mai.*

AUVILLAR

(82340) 955 hab. *Carte Tarn-et-Garonne, A2*

Dominant la Garonne, Auvillar est l'une des plus pittoresques bourgades du département. Passé l'imposante tour-porche, dite « tour de l'Horloge », on débouche sur la place de la Halle. Tout baigne dans une tonalité de rouge. L'endroit a beaucoup de caractère. Une étape incontournable dans le département de Tarn-et-Garonne, notre coup de cœur.

UN PEU D'HISTOIRE

On ne sait pas exactement de quand date la ville, mais des fouilles font remonter ses origines au temps des Romains. Elle s'appelait alors *Alta Villa* (la « maison haute »). Dès le Moyen Âge, le destin d'Auvillar fut étroitement lié à celui de la région, sûrement en raison de sa position surélevée, qui en faisait un bon point d'observation et un lieu de refuge idéal. Simple bourgade de pêcheurs au Xe s, elle devint, un siècle plus tard, une vicomté distincte de celle de Lomagne, qui la jouxte pourtant. Saxet, vicomte d'Auvillar au XIIe s, promulgua des « coutumes », c'est-à-dire des lois territoriales instituant, par exemple, un péage pour les marchandises traversant le port. Au XIVe s, elle lutta pendant la guerre de Cent Ans contre l'armée anglaise dirigée par le fameux Prince Noir, fils du roi Édouard III, avant d'être libérée par le pieux Du Guesclin en 1370. L'une des fiertés d'Auvillar est d'avoir reçu Henri de Navarre, futur roi de France, à déjeuner en compagnie de sa femme Marguerite de Valois (la reine Margot) et de sa longue suite... et pas pour une simple poule au pot.

Adresse et info utiles

Office de tourisme : *pl. de la Halle. ☎ 05-63-39-89-82. • auvillar.fr • Tte l'année : d'avr à mi-oct, tlj ; sinon, fermé lun et ts les mat.* Boutique des produits du terroir.

– ***Marché fermier :*** *dim mat.*

Où manger ?

Le Baladin : *5, pl. de la Halle. ☎ 05-63-29-20-32. Tlj sf lun et mar midi. Le midi en sem, formule et menu 12,50-15 € ; sinon, carte 20-25 €.* Déco fantaisiste et pleine d'humour dans cette vieille maison de village à la belle patine. N'ayez crainte, les tables, les chaises, le billard et le piano (sic !) accrochés au plafond tiennent bon ! Dans les assiettes, rien de renversant, mais une cuisine de région qui se défend correctement. Pas mal de grillades, des crêpes également. Terrasse au bord d'un jardin.

Où dormir ? Où manger dans les environs ?

Chambres d'hôtes Domaine du Peyronnet : *chez Sophie de l'Hamaide, 82210 **Merles.** ☎ 05-63-95-34-40. 06-19-92-08-54. • sophie.de-l-hamaide@orange.fr • domaine-peyronnet.com • Entre Auvillar (8 km) et Moissac ; à 1 km de Merles (fléché depuis le village). Double 65 €.* Au sein d'une ancienne ferme entourée de 3 ha de prairies, une maison d'hôtes indépendante qui dispose de 3 chambres joliment restaurées (murs en pierre ou en terre, jonc de mer ou parquet) et confortables. Pas de clim, mais l'épaisseur des murs assure une fraîcheur appréciable lors des grosses chaleurs. Cuisine à disposition, vaste salon. Piscine à l'écart et beaucoup de calme tout autour. Accueil très sympathique.

Auberge de Bardigues : *à **Bardigues** (82340), à 4 km au sud d'Auvillar par la D 11. ☎ 05-63-39-05-58. • info@aubergedebardigues.com • Tlj sf dim soir, lun et mer soir. Formule et menu (sf sam soir, dim midi et j. fériés) 15-19 € ; menus 30-53 € et carte. Apéritif maison offert sur présentation de ce guide.* Voilà le genre de petite adresse qu'on est content d'avoir dénichée ! Camille et Cyril, 2 routards, se sont installés dans ce minuscule et charmant village. Ils ont aménagé une salle lumineuse (grandes baies vitrées) à la tonalité contemporaine, sans oublier une terrasse ombragée pour la belle saison. Ici, pas d'esbroufe, mais une cuisine spontanée, pleine de fraîcheur et de saveurs, au diapason avec son époque. Les produits régionaux sont joliment mis en scène. En prime, le vin est à prix sages. Une adresse qui fait l'unanimité.

À voir

L'église Saint-Pierre : du XIIe s (chapelle de gauche, partie romane). Elle fut agrandie au XIVe s avec l'implantation d'un prieuré bénédictin. Les destructions dues à la guerre de Cent Ans et aux guerres de Religion nécessitèrent des travaux de restauration au XVe s (chœur et chapelle de droite) et au XVIIe s (nefs). Le clocher du XVIe s, détruit en grande partie pendant la Révolution, fut restauré au XIXe s, ainsi que la façade ouest. À l'intérieur, arc du chœur datant du XVe s (avec colonnes et chapiteaux du XIIe s). Chaire et retable restauré du XVIIe s.

La place de la Halle : petite place triangulaire, pleine de charme, entourée de demeures des XVIIe et XVIIIe s à arcades, à croisillons et à remplage de brique. Curieuse halle circulaire à la belle charpente en bois reposant sur des piliers en pierre. Regardez bien les inscriptions au niveau des arcades : on peut lire le nom de plusieurs céréales, ainsi que « méteil », qui correspond à une proportion de blé et de seigle en parts égales dans un volume de céréales, et « champart », qui indique un mélange de seigle, orge et blé. Ces mesures étaient notamment utiles pour le paiement de l'impôt seigneurial. Anciennes mesures à grains en pierre du Moyen Âge, mesures du XIXe s en fer. Devant la mairie, une ancre de belle taille, forgée en 1630 et draguée au fond de la Garonne en 1959. Elle provient d'un ancien moulin à nef (moulin monté sur deux bateaux « accouplés » dont le mécanisme est entraîné par une roue à aubes), nombreux au XIXe s. Au bord de la place, deux galeries d'art contemporain : *Arts'Kad* (• artskad.com •) et *Bleu Réglisse – Espace Toutain* (• bleu-reglisse.com •).

La place du Château : *derrière l'office de tourisme.* Elle offre un point de vue imprenable sur la vallée de la Garonne. Sur la gauche s'élèvent les tours de refroidissement de la centrale nucléaire de Golfech...

Le musée du Vieil Auvillar : *rue du Château ; à 20 m de l'office de tourisme. ☎ 05-63-39-89-82 (office de tourisme). Avr-sept, tlj sf mar 14h30-18h30 ; le reste de l'année, slt w-e jusqu'à 17h30 (déc-janv, slt sur rdv). Entrée : 2,50 € ; gratuit moins de 12 ans ; donne accès également au musée de la Batellerie.* Art et traditions populaires : pièces de monnaie, lampes anciennes, ferronnerie, outils d'artisans. Belle collection de faïences locales des XVIIIe et XIXe s. Les faïenceries d'Auvillar furent créées au XVIIe s sous l'impulsion de Colbert, qui désirait contrer l'importance des monopoles italiens et hollandais. Elles ont acquis au cours des années une réputation de qualité.

La tour de l'Horloge – Musée de la Batellerie : *mêmes horaires et tarif que le musée du Vieil Auvillar.* Dans la tour de l'Horloge, petit historique de la batellerie, cette glorieuse activité et véritable nerf de l'économie qui assura la fortune d'Auvillar pendant plusieurs siècles. À la grande époque, Auvillar comptait plus de 3 000 habitants... jusqu'à la terrible concurrence du train, de la route et aujourd'hui de l'autoroute.

L'ancien port : *au pied du village, en direction de Valence-d'Agen.* Jolies maisons de mariniers, alignées face à la Garonne. Une plaque indique le niveau de la crue de 1930. Jolie balade sur les berges, bucolique à souhait. Jeter également un coup d'œil à la chapelle Sainte-Catherine, qui accueille des expos gratuites en saison *(horaires variables selon expo).*

Fêtes et manifestations

- **Fête de la Saint-Noé :** *le dim de la Trinité (soit, pour ceux qui dormaient pdt le « caté », le 1er dim après la Pentecôte).* Honneur au vin.
- **Foire à la brocante :** *les 13 et 14 juil.*
- **Théâtre en balade :** *de mi-juil à mi-août, mar à 21h30. Payant (4 € ; réduc enfants).* Balade de 1h30 dans les rues du village en compagnie des habitants d'Auvillar, qui se déguisent pour l'occasion.
- **Fête du Port :** *le 15 août.* Repas champêtre en bord de Garonne et feu d'artifice.
- **Fête des Potiers :** *le 2e w-e d'oct.*

DANS LES ENVIRONS D'AUVILLAR

L'église de Lachapelle (82120) **:** *à 10 km au sud d'Auvillar par la D 88. 06-12-49-23-30. De mi-avr à fin juin et de sept à mi-oct, tlj 14h-18h ; juil-août, tlj 10h-12h30, 14h-18h30 ; de mi-oct à mi-avr, slt dim et j. fériés 14h-17h. Pour connaître les dates des concerts (gratuits !) régulièrement donnés dans ce lieu féerique, programme disponible par e-mail : • lachapelle82@free.fr •*
Détour recommandé par ce petit village très fier de posséder une église au décor insolite pour la région. À l'origine, c'était une ancienne chapelle dépendant du château attenant. Elle devint église paroissiale au XVe s. À l'intérieur, elle ne ressemble pas davantage à une église, mais plutôt à un décor de théâtre italien du XVIIIe s. On peut se demander si ce décor chargé est vraiment propice au recueillement !
C'est au XVIIIe s, règne des dorures tapageuses et de l'illusion, que tous les murs et plafonds furent recouverts de boiseries sculptées et peintes, et de moulures

dans le style baroque. Remarquez la porte d'entrée incurvée, que l'on croirait encastrée dans un pilier : en fait, elle est en bois ! Les trois niveaux de tribunes au fond de la nef ont été ajoutés pour pouvoir accueillir tous les fidèles. Dans le chœur, lutrin à deux aigles, qu'on a longtemps cru avoir été offert par Napoléon III ; en fait, il avait été caché dans une meule de foin pendant la Révolution française – il est donc largement antérieur à Napoléon Ier.

DUNES (82340) 1 195 hab. *Carte Tarn-et-Garonne, A2*

À 9 km environ au sud-ouest de Valence-d'Agen. Ce petit village au sommet d'une colline, à la limite de la Gascogne et du département de Lot-et-Garonne, calme et pittoresque, offre l'occasion d'une nouvelle escapade en Lomagne.

Où manger ?

Les Templiers : *1, pl. des Martyrs. ☎ 05-63-39-86-21. • lestempliers4@wanadoo.fr • ♿ Fermé sam midi, dim soir, lun, mar soir et soir des j. fériés. Congés : vac scol de la Toussaint. Menus 20,50 € (en sem sf ven soir), puis 30,50-58 € et carte.* Un des bons restos du coin, joliment situé sur cette belle place de village, à l'intérieur élégant, clair et cossu. Le magnifique 1er menu permet de goûter à une cuisine du terroir raffinée pour un prix plus que raisonnable. En prime, la carte des vins propose des petits crus locaux à prix très abordables. Terrasse sous les arcades.

À voir

Belle ***place*** du village, entourée de maisons des XVIe-XIXe s, en pierre ou à pans de bois. La plus remarquable présente une jolie façade à colombages. Elle appartint aux seigneurs de Dunes, dont l'un, en 1574, compta parmi les nombreux amants de la reine Margot. Au centre de la place, la halle abrite la mairie. À l'un des angles, une maison avec un balcon en fer forgé. Une plaque rappelle qu'ici une quinzaine d'hommes du village furent pendus par les Allemands à la suite d'une dénonciation, d'où son nom de place des Martyrs.

L'église : elle fut construite en deux temps ; à la fin du XIIIe s, période de laquelle ne subsiste que le portail roman, puis au XVIe s, dans un beau style gothique visible à l'intérieur. Le clocher, de style toulousain tardif, est la partie la plus récente puisqu'il fut reconstruit au milieu du XIXe s. À l'intérieur, magnifique retable baroque en bois restauré. Belles colonnes torsadées aux motifs végétaux.

– Sinon, plusieurs jolies maisons dans le village.

DANS LES ENVIRONS DE DUNES

La cave des vignerons du Brulhois : *à 3 km de Dunes, en direction de Donzac. ☎ 05-63-39-91-92. • vigneronsdubrulhois.com • Avr-oct, tlj sf dim et j. fériés 9h30-12h, 14h-18h30 ; le reste de l'année, tlj sf lun mat, dim et j. fériés, jusqu'à 18h. Attention : devrait fermer ses portes à l'automne 2015 pour travaux. Visite gratuite des caves sur rdv. Compter 1h. Dégustation.* À la découverte d'une des plus petites appellations d'origine du Sud-Ouest, peu connue et surprenante. Si vous passez dans le coin le 3e dimanche de septembre, allez assister à la fête des Vins du Brulhois et au championnat du monde des coupeurs de raisins (les années paires). Cette compétition consiste à vendanger manuellement un maximum de raisins en un temps limité. Le gagnant reçoit son poids en bouteilles de vin du Brulhois. Vous pourrez aussi découvrir le « vin noir », vin de terroir et de passion, et le « Grain d'Amour », rosé doux très atypique.

Le conservatoire de la Ruralité et des Métiers d'autrefois : *1679, av. du Brulhois, à* ***Donzac*** *(82340). ☎ 05-63-29-21-96. À la sortie de Donzac sur la route de Dunes. Avr-juin et sept, tlj sf lun 15h-19h ; juil-août, tlj 15h-19h. Entrée : 5,50 € ; réduc ; gratuit moins de 10 ans ; pass famille 15 €. Compter 1h30-2h de visite. Livret-jeu pour enfants et ados. Dégustation de vin du Brulhois offerte à l'issue de la visite sur présentation de ce guide.* Un riche espace muséographique pour une remontée dans le temps, bien agréable. On déambule avec plaisir au sein d'un village d'artisans du début du XXe s (forgeron, sabotier, bourrelier, maréchal-ferrant...). Atmosphère d'antan bien rendue, la reconstitution est réussie. Intéressant musée de la Vigne et du Vin avec des pièces impressionnantes comme cet ancien pressoir. Plus loin, une série de boutiques d'autrefois remplies de moult objets amusants à scruter... et plein d'autres choses (belle collection de poteries régionales, de coiffes, d'appareils photo, de machines agricoles et quelques voitures anciennes). Également des expos temporaires. À l'extérieur, conservatoire d'espèces fruitières d'autrefois.

BALADE EN TARN-ET-GARONNE QUERCYNOIS

MONTJOI (82400) 180 hab. *Carte Tarn-et-Garonne, A1*

Minuscule bastide du XIIIe s, s'étirant tout en longueur sur la crête d'une colline. Une seule entrée fortifiée avec porte de ville ogivale. Deux rues seulement, et deux grands puits qui assuraient à chaque bout l'approvisionnement du village. Nombreuses demeures en encorbellement et à colombages. Le charme du passé.

Où dormir ? Où manger à Montjoi et dans les environs ?

De bon marché à prix moyens

Chambres d'hôtes La Marquise : *chez Michèle et Gilbert Dio, 82190* ***Brassac.*** *☎ 05-63-94-25-16. • mglamarquise@infonie.fr • fermelamarquise.com • À 2 km du centre de Brassac ; prendre la route en direction du château ; au stop, bifurquer à droite puis 1re à gauche, c'est tt droit. Ouv tte l'année. Résa conseillée. Double 52 €. Table d'hôtes 16-22 €, tt compris.* Dans une ferme non loin du château de Brassac, un couple d'agriculteurs propose 4 chambres d'hôtes, gentiment relookées, confortables et spacieuses. À la table d'hôtes, plats préparés avec les produits de la ferme. Diverses activités sur place : pêche dans l'étang privé avec prêt de cannes à pêche, randonnée pédestre et prêt de VTT. Bon accueil. Également un gîte.

Ferme-auberge de Lasbourdettes : *82190* ***Bourg-de-Visa.*** *☎ 05-63-94-26-75. 06-75-34-62-62. • arlette.decaunes@meshnet.fr • gite-lasbourdettes.com • Ferme en pleine* *campagne, à 3 km de Brassac. Accessible de la D 7 ; également de la C 4 (pancarte à l'intersection de Bugat et Montjoi). Tlj sf mar, sur résa slt. Double 54 €. Menu comprenant apéro, vin et café 20 € ; autres menus 24-35 €. CB refusées. Un pot de confiture offert sur présentation de ce guide.* Salle très simple dans la véranda. Parmi les spécialités de la maison, les rillettes d'oie aux cèpes. Bon accueil.

La Cage aux Oiseaux : *pl. de la République, à Montjoi. ☎ 05-63-29-29-29. • lacageauxoiseaux82@gmail.com • Fermé mar et mer midi, plus mer soir et jeu midi hors saison. Congés : fév. Formules déj en sem 12,50-14,50 € ; menus 21-35 € et carte.* Tout, tout, tout, vous saurez tout sur le resto ! Du vrai, du beau, du bon, des produits frais, des plats soignés et un chef qui a du doigté. Une cuisine bien vue, parfois hors des sentiers battus, des serveuses au joli minois pour un service qui met en joie. Bref, nous, on a dit « oui » à ce resto inauguré par notre Pierrot national, qui venait passer ses vacances ici ! Terrasse pour profiter des oiseaux qui piaffent en liberté.

DANS LES ENVIRONS DE MONTJOI

Castelsagrat : *à 5 km de Montjoi.* Vieille bastide médiévale fondée en 1270. Charmante place centrale et son petit bar-resto, typique et sympa, avec terrasse. Arcades inégales donnant un certain rythme et vieux puits au milieu.

– ***L'église de l'Assomption :*** d'aspect massif, avec un porche à voussures usées jusqu'à la corde. À l'intérieur, retable baroque du XVIIe s. Colonnes torsadées, tabernacle sculpté en bois, angelots aériens tenant une couronne et quatre saints : saint Roch, saint Paul, saint Pierre et un curieux saint Sébaste.

Le château de Brassac : *à 6 km de Montjoi par la D 60. 07-86-50-58-90. Mai-sept, tlj sf lun 14h (10h juil-août)-18h. Possibilité de visite guidée slt en août à 10h30, 15h et 16h30. Visite libre : 2 € (visite guidée 3 €) ; gratuit moins de 12 ans.* Bel exemple d'architecture militaire du XIIIe s. Les premiers témoignages relatifs à l'histoire du château datent de la fin du XIIe s, époque où Raimond V, comte de Toulouse, rachète le château et entreprend de transformer ce qui n'était au départ qu'une motte féodale. Son architecture ne cessera d'évoluer par la suite, au gré des caprices de l'histoire : tutelle anglaise, guerre de Cent Ans, guerres de Religion... et Révolution. Depuis la tour principale, très belle vue sur la vallée.

– Dans le village, pittoresque église avec clocher-mur à campanile triangulaire.

IL LE VALAIT BIEN !

Au XVe s, Hector de Galard, seigneur de Brassac, rendit de fiers services aux rois de France. Il fut un gentilhomme particulièrement dévoué auprès de Louis XI. Ce serait donc en mémoire de ce noble serviteur que le valet de carreau dans les jeux de cartes s'appelle aujourd'hui Hector !

MONTAIGU-DE-QUERCY

(82150) 1 400 hab. *Carte Tarn-et-Garonne, B1*

Entre Tournon-d'Agenais et Lauzerte, sur la D 2. Au cœur d'une région peu touristique : vieux villages, pittoresques églises de campagne. Le centre de Montaigu s'accroche à une butte. Les noms de rues en témoignent : côte Raide, rue Sous-l'Église, rue Sous-les-Granges. Mairie du XVIIIe s avec

lanternon, enceinte médiévale du château primitif. Dans la ville basse, fontaine publique avec son gros balancier, vieux lavoir.
À 2 km, pittoresque *église de Gouts* (classée), et à 6 km, *Pervillac,* avec ses peintures murales du XVe s.

Adresse utile

Office de tourisme : *pl. du Mercadiel. ☎ 05-63-94-48-50. • tourisme-montaigu.fr • Fermé dim tte l'année, plus ven tte la journée et sam ap-m sept-juin.* Petit feuillet gratuit sur le circuit des églises alentour.

Où dormir ? Où manger ?

Camping du plan d'eau des Chênes : *chemin de Perry, plan d'eau des Chênes. ☎ 05-63-32-50-07. 06-33-77-71-68. • montaigu-plage@orange.fr • montaiguplage.com • À 2,5 km du village, en direction de Lauzerte (fléché sur la gauche). Ouv mai-oct. Compter 12-15 € pour 2 selon saison ; loc de tentes équipées 170-300 €/sem ; mobile homes 4-6 pers 300-450 €/sem. 69 empl.* Sympathique camping sur les rives d'un lac et à proximité d'une petite base de loisirs avec plage, embarcations à pédales, kayak et terrain de tennis en été (accès gratuit pour les campeurs). Resto avec terrasse au bord de l'eau. Location de VTT. Atmosphère très familiale.

Hôtel-restaurant Le Midi : *rue des Frères-Quéméré. ☎ 05-63-32-46-53. • albugues.eric@orange.fr • Double 54 €. Le midi en sem, formule et menu 11,20-13,90 € ; autre menu 22,50 € et carte.* Un établissement récemment restauré et situé au bord du rond-point central du village. Une dizaine de chambres à la déco moderne un poil baroque, aux tapisseries satinées. Confortable. Pas mal si vous devez passer une nuit dans le coin. Cuisine de région.

LAUZERTE

(82110) 1 495 hab. *Carte Tarn-et-Garonne, B1*

L'une des plus importantes bastides du Moyen Âge. Du haut de sa colline, elle verrouillait toute la région et surveillait la route Cahors-Moissac. Ville frontière stratégique pendant la guerre de Cent Ans. Protégée par son enceinte, possédant le privilège d'avoir un tribunal, ce fut la petite capitale du bas Quercy jusqu'à la Révolution, puis le chef-lieu du Lot lors de la départementalisation. Au moment de la création du département de Tarn-et-Garonne, en 1808, elle perdit cependant son pouvoir au profit de Moissac. Lauzerte sombra alors dans l'anonymat des villages oubliés. Ce que ne regrettent pas les visiteurs d'aujourd'hui. Le site est magnifique. Classée parmi les « Plus Beaux Villages de France », et halte sur l'un des chemins de Saint-Jacques de Compostelle, la cité médiévale est pleine de charme avec ses maisons à colombages, son ancien couvent, sa place des Cornières, ses églises...

Adresse et infos utiles

Office de tourisme : *pl. des Cornières. ☎ 05-63-94-61-94. • lauzerte-tourisme.fr • En été, tlj ; le reste de l'année, lun-sam. (payant).* Fascicules de visite de la cité (un pour adultes, un pour les enfants à partir de 8 ans). Excellent accueil.

Bus : 1 bus mer et sam pour Moissac avec *Transport Combedouzou (☎ 05-63-94-48-96).*

– ***Marchés :*** *mer mat, fg d'Auriac, et sam mat, pl. des Cornières.*

Où dormir ? Où manger ?

Gîte d'étape

Gîte d'étape : *rue du Millial. Réservé aux randonneurs du GR 65 et limité à 1 nuit ; s'adresser à l'office de tourisme : ☎ 05-63-94-61-94. • accueil@lauzerte-tourisme.fr • lauzerte-tourisme.fr • Ouv avr-oct. Nuitée 10 €/pers.* Le gîte, en chambres de 2 à 4 lits, comprend une quinzaine de places. Cuisine équipée, 2 douches et w-c. Simple et bien tenu.

De bon marché à prix moyens

Hôtel du Quercy : *fg d'Auriac, à l'entrée du village. ☎ 05-63-94-66-36. • hotel.du.quercy@wanadoo.fr • hotel-du-quercy.fr • Resto fermé dim soir, plus lun en basse saison. Doubles 42-60 € selon confort ; familiales 68-80 €. Formule et menus 11-13,50 € (midi en sem), puis 24-36 € et carte. Au resto, apéritif maison offert sur présentation de ce guide.* Chambres simples et propres, les unes côté vallée, les autres côté village. Cuisine de belle tenue, aux accents gastros et originaux. Frédéric Bacou se fait un honneur de travailler les produits de la région et change la carte à chaque saison. Paisible terrasse en bord de rue. À l'intérieur, salle aux murs orange qui donnent la pêche. Du sérieux.

La Table des Trois Chevaliers : *pl. des Cornières. ☎ 05-63-95-32-69. • latabledes3chevaliers@gmail.com • Tlj sf lun en été ; slt le w-e sf dim soir le reste de l'année. Salade en été env 12 € ; menus 18,50-23,80 € ; carte 25-30 €.* On ne peut espérer meilleur emplacement pour se restaurer à Lauzerte ! L'été, quelques tables sont dressées sous les arcades. Parfait pour s'imprégner de l'atmosphère de la place des Cornières et de cette ravissante cité médiévale. La salle restaurée avec ses jolis murs en pierre n'est pas mal non plus. Dans les assiettes, une cuisine qui a fait allégeance aux produits du terroir, et joliment présentée. Service charmant et souriant.

Où dormir ? Où manger dans les environs ?

De prix moyens à chic

Chambres d'hôtes Le Moulin de Tauran : *lieu-dit* ***Graulat,*** *à 1,5 km du village, sur la route de Cahors. ☎ 05-63-94-60-68. • moulindetauran@wanadoo.fr • moulintauran.free.fr • Ouv 1er avr-1er nov. Doubles 70-76 € selon saison. Repas 28 € sur résa.* 2 suites comprenant chacune 2 chambres et une chambre double dans un bel ensemble de corps de ferme, près d'une petite rivière. Un couple charmant a racheté le moulin et y perpétue, avec bonheur, la tradition d'hospitalité liée à l'endroit. Piscine et joli jardin avec des chevaux. Plein de bonnes choses faites maison à acheter avant de repartir : canard aux pruneaux, cassoulet, confitures... Stage de cuisine du canard gras. Une adresse bucolique, au calme parfait.

Le Belvédère : *au lieu-dit* ***Montagudet,*** *à 3,5 km de Lauzerte. ☎ 05-63-95-51-10. • hotel@lebelvedere.biz • lebelvedere.biz • Prendre la route à droite juste après le cimetière. Doubles 63-100 € selon saison ; petit déj 11 €. Menus 21 € (midi), puis 26-55 €. Réduc de 10 % sur le prix de la chambre sur présentation de ce guide.* Au milieu d'une chênaie et d'un véritable concert de cigales en été, cette bâtisse en pierre entièrement restaurée offre une halte de choix pour faire un vrai break. La plupart des chambres ont été rénovées. Les plus chères bénéficient d'une vue sur la vallée. Superbe piscine à débordement. Sauna, bains bouillonnants extérieurs et massages. La table est réputée.

Chambres d'hôtes et auberge paysanne Le Canabal : *chez Michel Tressens, Saint-Urcisse,* ***Tréjouls,*** *82110 Lauzerte. ☎ 05-63-95-70-83. • contact@canabal.fr • canabal.free.fr • À 5 km au nord-est de Lauzerte par* *la D 54 en direction de Saint-Laurent-Lolmie. Resto ouv du jeu soir au dim midi, sur résa. Double 70 € ; suite 85 €. Menu unique 26 € ; propose des dîners-spectacles/cabaret 2 fois/mois hors saison 36 €.* Un hameau isolé où Michel, natif du village, propose 4 chambres. 2 d'entre elles ont été aménagées dans un ancien bâtiment agricole qui tombait en ruine, et sont prioritairement louées en gîte. Au-dessus de la salle de l'auberge, une superbe chambre-salon arrangée de manière très déco : rideaux en voile de coton blanc, jonc de mer, salle de bains partiellement ouverte sur la chambre... Le point commun de l'ensemble ? De beaux matériaux : tomettes, pierres apparentes, poutres... Piscine. Et ne manquez pas de vous attabler à l'auberge, où Michel travaille à surprendre vos papilles.

La Grange : *13, rue du Pays-de-Serres, 82220* ***Vazerac.*** *☎ 05-63-30-33-71. • fafa.fry@orange.fr • À env 20 km de Lauzerte en direction de Molières. Tlj sf lun-mar (plus mer et jeu soir en basse saison). Menus 15 € (midi en sem), puis 28-40 € et carte.* À la barre de cette ancienne grange relookée, une équipe souriante et décontractée qui fait du bon boulot ! Cuisine inspirée par les produits du terroir, belles grillades, sans oublier de sympathiques escapades culinaires. Salle aux couleurs joyeuses et ensoleillées. En été, tables disséminées au sein d'un paisible jardin apprécié des parents comme des enfants qui peuvent profiter de l'espace jeux. Vins de la région à prix raisonnables.

Où boire un verre ? Où sortir ?

Le Puits de Jour : *16, pl. des Cornières. ☎ 05-63-94-70-59. • puitsdejour@free.fr • Tlj sf mer 9h-2h ; horaires restreints hors saison. Congés : début janv.* Un lieu incontournable à Lauzerte, d'autant que c'est l'unique rendez-vous des jeunes (et des moins jeunes) dans le coin. Les patrons s'efforcent de proposer toute l'année une vie culturelle en organisant des concerts (classiques) certains samedis soir, une soirée « scène ouverte » le vendredi, des soirées contes, du cinéma, des expos, du théâtre, etc. Le bâtiment est une ancienne maison close, où piano et batterie ont remplacé ces dames. Il y a même un studio d'enregistrement ! Et pour accompagner sa bière ou sa limonade, tapas.

À voir

La place des Cornières : bordée de jolies demeures sur arcades de taille inégale. Belles façades de pierre blanche du pays, présentant un éventail quasi complet des styles (à colombages, Renaissance, gothique). Noter la sculpture en forme de coin relevé qui cache un damier de céramique. Jacques Buchholtz, le céramiste, s'est imprégné de ce village et y a laissé son empreinte puisqu'il a aussi travaillé certaines plaques de rue.

L'église Saint-Barthélemy : dans l'abside de gauche, beau retable baroque en bois doré du XVIIe s. Lambris peints attribués à Joseph Ingres et orgue de chœur des frères Magen.

Parcourir assidûment les ***rues de la Mairie*** et ***Grand-Rue,*** qui font le tour du village, pour en détailler les nombreuses demeures des XIVe et XVe s. Vitrines des boutiques en arcs brisés, fenêtres géminées, frontons, portes ouvragées. Tout a été magnifiquement restauré. Petite esplanade d'où l'on a un remarquable panorama.

L'espace Points de vue : *6, rue de la Barbacane. • art-points-de-vue.com • Juil-août, tlj 10h-13h, 14h-19h ; fin avr-juin, tlj sf lun 11h-13h, 14h30-17h30. GRATUIT.* Centre d'expos temporaires dans une ancienne bâtisse restaurée. Principalement de l'art contemporain.

Le jardin du Pèlerin : *accès libre par la rue de la Barbacane.* Un jardin aménagé en jeu de l'oie qui retrace le parcours du pèlerinage de

Saint-Jacques-de-Compostelle de manière ludique. Chaque étape évoque le quotidien des pèlerins jusqu'au « Paradis ». Plan et dés pour arpenter le jardin disponibles à l'office de tourisme.

En bas de la ville, ne pas manquer la petite ***église des Carmes,*** qui dispose d'un superbe retable du XVIIe s. Assez original puisqu'il semble mettre en scène des personnages comme au théâtre. Vierge remettant un rosaire à saint Simon et à sainte Thérèse. Et Dieu au-dessus de tout ça. Autel sculpté aussi. Orgue Cavaillé-Coll.

À 4 km du village, les amateurs d'églises romanes ne manqueront pas la ***chapelle de Saint-Sernin-du-Bosc*** (XIe s), entièrement restaurée ; on peut y aller à pied (compter 1h) ou par la D 81 (suivre la direction de Saint-Jean).

Manifestations

– ***Marché des potiers :*** *le 3e w-e de juil.* Rassemble une quarantaine de potiers venus de toute la France.
– ***Nuits de Lauzerte :*** *le 1er w-e d'août. • nuitsdelauzerte.free.fr • Droit d'entrée pas donné : 12 €.* Mise en scène du village à travers des images projetées sur les murs et de nombreuses lumières.
– ***Place aux nouvelles :*** *le 2e dim de sept.* Une trentaine d'écrivains invités, ateliers, débats et dédicaces.

DANS LES ENVIRONS DE LAUZERTE

Le musée de l'Attelage et du Corbillard : *à* **Cazes-Mondenard** *(82110). ☎ 05-63-95-84-02. À env 13 km de Lauzerte par la D 2 en direction de Moissac, puis la D 57 ; fléché depuis Cazes-Mondenard (à env 5 km). Visite guidée tte l'année, tlj 9h-19h. Entrée : 6 € (petite dégustation de vin incluse) ; réduc enfants.* Plusieurs dizaines de modèles assez originaux, datant du début du XXe s pour la plupart, sauvés de la casse et patiemment rassemblés par Yvan Quercy, personnage haut en couleur et autoproclamé « philocorbollien ». Outre les corbillards (dont un avec une grosse tête de mort...), présentation d'attelages divers, la Daimler de la première femme d'Eddie Barclay, calèches, carrosses, tracteurs, matériel agricole ancien, pompe à incendie début XIXe s, maie à tuer le cochon, moines (chauffe-lits)... Cocasse.

Restaurant Yvan Quercy : *sur le site du musée. ☎ 05-63-95-84-02. • philjas@numericable.fr • Avr-oct, tlj, sur résa slt. Camping à la ferme gratuit (sf électricité et eau). Menu unique 25-30 €.* Bonne cuisine de terroir pur jus agrémentée de légumes du jardin.

VERS CAHORS

MONTPEZAT-DE-QUERCY

(82270) 1 490 hab. *Carte Tarn-et-Garonne, C1*

Aux portes du Quercy Blanc, vaste région de plateaux calcaires striés de cours d'eau, Montpezat-de-Quercy, avec ses belles demeures anciennes des XIVe, XVe et XVIe s, continue à veiller sur sa colline comme au bon vieux temps. Belle place à couvert et maisons à colombages.

Adresse utile

Office de tourisme : bd des Fossés. ☎ 05-63-02-05-55. • tourisme-montpezat-de-quercy.com • Juil-août, tlj ; le reste de l'année, mar et jeu-sam. Expos temporaires.

Où dormir ? Où manger ?

Camping et gîtes

***Camping Le Faillal :** ☎ 05-63-02-07-08. • lefaillal@wanadoo.fr • revea-campings.fr • Ouv de mi-avr à début oct. Compter 13,90-17,10 € pour 2 selon saison ; gîtes de vac 215-665 €/sem selon taille et saison. 47 empl.* Un petit camping au confort 2 étoiles, bien tenu, bien ombragé et aux emplacements bien délimités par des haies. En juillet-août, accès gratuit pour les résidents du camping à la piscine municipale située juste à côté.

De prix moyens à chic

***La Table du Cardinal :** rue de la République. ☎ 05-63-67-58-79. • restaurant@tableducardinal.com • Près de la place à couvert. Fermé dim soir et lun tte l'année, plus le soir mar-mer hors saison. Menus 17,50 € (midi en sem), puis 25,50-32 € ; menu « Carte blanche » 55 €. Attention aux plats à supplément, qui font grimper l'addition.* Cadre moderne où se côtoient teintes grises et rouges, tableaux modernes et bouddhas qui veillent placidement sur les convives. Le chef concocte une cuisine appliquée qui met à l'honneur les produits de région, comme l'agneau du Quercy, et qui privilégie les circuits courts. Çà et là, des saveurs plus exotiques, plus asiatiques, sans oublier les quelques petits secrets de préparation qui font la différence.

Où acheter du vin du Quercy ?

***Le domaine de Lafage :** sur la D 820, entre Caussade et Cahors, à 3 km de Montpezat. ☎ 05-63-02-06-91. • domainedelafage.free.fr • En venant de Montpezat, prendre à gauche sur la D 820, c'est un petit peu plus loin à gauche. Magasin ouv tlj sf dim 9h-19h. Visite de l'exploitation sur rdv.* Domaine viticole exploité en biodynamie. Une visite s'impose avec Bernard Bouyssou, le vigneron, pour comprendre son travail et déguster, évidemment.

***Les Vignerons du Quercy :** au bord de la D 820. ☎ 05-63-02-03-50. Tlj sf dim et lun mat. Possibilité de visite guidée sur rdv slt.* Une coopérative qui regroupe une trentaine de vignerons dans la démarche AOC Coteaux du Quercy. Dégustation et vente sur place.

VERS CAHORS

À voir

***L'église Saint-Martin :** petite brochure disponible à l'office de tourisme. Compter quand même 2 € (pour l'éclairage !).* Elle date du XIVe s. À l'intérieur, belles statues, fonts baptismaux, gisants, autel en pierre du XVIe s, stalles sculptées. Mais le principal intérêt, c'est son *trésor,* assez exceptionnel : tapisseries des Flandres du XVIe s aux belles couleurs, illustrant la vie de saint Martin de Tours, gracieuse Vierge aux colombes en albâtre du XIVe s, tissus anciens, reliquaires, etc.

– Juste derrière, dans une ruelle, on débouche sur un petit hameau délicieusement médiéval, avec ses petites maisons agglutinées autour de l'église et du vieux puits. Ce sont les anciennes habitations des chanoines. On dirait un vrai décor de film tellement tout semble resté en état, avec passerelles en bois et balcons suspendus.

Fête

– ***Fête du Vin des coteaux du Quercy :*** *le 1er ou 2e sam d'août, à Castelnau (année impaire) ou à Montpezat (année paire).* Marché avec produits du terroir, dégustations et animations.

DANS LES ENVIRONS DE MONTPEZAT-DE-QUERCY

L'église Notre-Dame-de-Saux : *à 2 km du village, en direction de Cahors. Pour la clé, téléphoner à l'office de tourisme ou à la mairie de Montpezat : ☎ 05-63-02-07-04.* Fresques du XIVe s.

La boulangerie du moulin de Saint-Géraud : *à* ***Labarthe*** *(82220). ☎ 05-63-67-68-99. En venant de Molières, traverser Labarthe, puis continuer tt droit sur 200 m. Jeu 8h30-20h, ven 17h-20h ; sur résa les autres j.* Le site est tellement ravissant que vous ne pouvez pas le rater. Après 42 ans d'abandon, ce moulin du XVe s a repris du service il y a quelques années, quand la famille Ferru s'est mis dans la tête de le restaurer et d'y installer une boulangerie. La farine passe donc directement de la meule au four à bois. On peut ainsi visiter le moulin, (re)découvrir toute la magie et toute la noblesse de ce métier, et partager la passion et la patience nécessaires au bon pain...

CAUSSADE

(82300) 6 640 hab. *Carte Tarn-et-Garonne, C2*

Comme Montauban, Caussade fut protestante pendant les guerres de Religion. Capitale du chapeau, c'est aujourd'hui une ville commerçante plutôt active.

Adresse et infos utiles

Office de tourisme : *Carré des Chapeliers, Les Récollets. ☎ 05-63-26-04-04. • caussadetourisme@gmail.com • Mai-août, tlj sf dim ap-m ; avr et sept, tlj sf dim ; le reste de l'année, lun-ven.* Propose des visites guidées de la chapellerie *Willy's Paris* pour découvrir l'atelier de fabrication de chapeaux fondé en 1824 et toujours en activité *(visite sur résa : 2,50 €).*

Gare SNCF : *rens au ☎ 36-35 (0,34 €/mn).* Trains pour Toulouse, Montauban, Port-Bou, Brive, Cahors, Limoges, Paris...

Bus : compagnie *Jardel (☎ 05-63-22-55-00).* Un A/R pour Montauban tlj sf dim.

– ***Marchés :*** *lun mat.* Beau marché (un des plus importants du département), encore plus important les lundis de Pâques et de Pentecôte (il dure alors toute la journée). ***Marché bio*** *juin-août.* ***Marché au gras et aux truffes*** *nov-début mars sous la halle Bonnaïs.*

Où dormir ?

Camping

Camping municipal La Piboulette : *☎ 05-63-93-09-07. • campingmunicipal@gmail.com • mairie-caussade.fr • Au stade, à 800 m du centre. Ouv mai-sept (tte l'année pour les camping-cars). Compter env 7,50 €*

pour 2. CB refusées. 78 empl. Un vaste terrain calme et ombragé, mitoyen du stade, et sans séparation entre les emplacements. Ensemble bien tenu. À proximité : tennis, rivière, lac et étang (pêche, voile, planche).

Prix moyens

Hôtel Dupont : *25, rue des Récollets.* ☎ *05-63-65-05-00.* • *hotel-resto-dupont@cegetel.net* • *hotel-restaurant-dupont.com* • *Réception fermée dim soir (sf résa). Doubles 50-67 € selon exposition. Parking privé gratuit.* Chambres correctement tenues, même si elles ne refuseraient pas une petite restauration, du moins un bon rafraîchissement. Rien de grave, mais l'ensemble commence à dater, et il faut bien reconnaître qu'il n'y a malheureusement pas grand-chose pour passer la nuit à Caussade. Petit déj un peu chiche. Pas de clim. Fait aussi resto.

Où dormir ? Où manger dans les environs ?

Campings

Camping de Bois-Redon : *10, chemin de Bonnet, 82240* ***Septfonds.*** ☎ *05-63-64-92-49.* *06-78-35-79-97.* • *info@campingdeboisredon.com* • *campingdeboisredon.com* • *À 7 km de Caussade par la D 926. Ouv tte l'année. Compter 14-19 € pour 2 selon saison ; safari lodges et chalets 260-675 €/sem selon capacité et saison. CB refusées. 40 empl. Réduc de 10 % sf juil-août sur présentation de ce guide.* Un camping familial aux emplacements dispersés au sein d'une chênaie. L'endroit est tranquille, pas d'animations, mais concert de cigales en été ! Plein de chemins à explorer dans le coin à pied ou à VTT. Accueil simple et fort aimable. Piscine.

Camping Le Clos de la Lère : *82240* ***Cayriech.*** ☎ *05-63-31-20-41.* • *le-clos-de-la-lere@wanadoo.fr* • *camping-leclosdelalere.com* • *À env 12 km de Caussade. Ouv de mars à mi-nov. Compter 11,50-16,50 € pour 2 ; chalets et mobile homes 215-683 €/sem selon saison et capacité. 55 empl.* Au bord de la Lère, agréable camping aménagé en 3 parties, l'une étant réservée aux campeurs, les 2 autres pour les locatifs. Emplacements bien délimités par des haies qui garantissent une certaine intimité. Petit resto-snack, épicerie de dépannage. Piscine. Bon accueil et entretien scrupuleux.

De prix moyens à chic

L'Auberge de l'Hirondelle : *82300* ***Saint-Cirq.*** ☎ *05-63-03-31-26. À 7 km de Caussade ; prendre la direction de Septfonds (D 926) puis, au rond-point d'Intermarché, prendre à droite. Ouv du jeu au dim midi. Le midi en sem, formule et menu 13-15 € ; autres menus 28-42 € ; copieuse planche campagnarde 25 €.* C'est dans l'ancienne grange construite par son arrière-arrière-grand-père que Yannick, un enfant de Saint-Cirq, a monté son resto. Dans cette salle rustique, il propose une copieuse cuisine traditionnelle (potage de légumes, gigot d'agneau à la ficelle, poule au pot farcie, brandade de morue, etc.). Bonnes viandes de la région. De là-haut, grand-mère Raymonde, qui fit la cantine à des générations d'écoliers dans le village, a de quoi être fière de son petit-fils. Terrasse en été.

Le Clos Monteils : *7, chemin du Moulin, 82300* ***Monteils.*** ☎ *05-63-93-03-51. À 3 km de Caussade, en direction de Puylaroque. Tlj sf lun-mar et le soir des dim et j. fériés. Congés : de mi-janv à mi-fév et 1re sem de nov. Le midi en sem, menu 19 € ; le soir, menus 31-47 € et menu surprise 56 € (servi pour l'ensemble de la table).* Un petit détour gastronomique que vous ne regretterez pas... Bernard Bordaries, après avoir régné dans les plus grands restos, s'est installé dans ce joli prieuré tout habillé de pierre et de vigne vierge. Avec l'aide de sa charmante épouse, il a créé un lieu empreint de délicatesse et de raffinement. Pressés, stressés, passez votre chemin... la bonne cuisine demande du temps. Courte carte, produits frais et menus de saison, desserts somptueux. Terrasse pour les beaux jours.

Où boire un verre ?

Irish Pub : *1, bd Léonce-Granier. ☎ 05-63-93-91-35. • pierre.guimbal@aliceadsl.fr • Tlj à partir de 17h. Assiette env 7 €.* Un pub irlandais aménagé au sein d'anciennes caves voûtées qui ont belle allure. Pas moins de 40 bières, dont la célèbre Guinness, une vingtaine de whiskies (dont certains haut de gamme). Concerts gratuits la plupart des week-ends (musique irlandaise, folk, pop-rock, etc.) à partir de 21h30. Soirées à thème, jeux de société, fléchettes. Clientèle de tout âge, et tout le monde est bienvenu. Alors, *Shláinte* ! (« à la vôtre ! » en irlandais).

À voir

Petite balade dans le centre-ville : *rue de la République,* halle aux piliers en pierre. Au n° 21, la *Taverne,* bel édifice du XIVe s, avec façade en brique, larges arcades gothiques, fenêtres à meneaux ou géminées. La *place du Fil,* avec sa croix en fer, était le cœur de la ville médiévale. L'*église,* du XVe s, offre un clocher en brique de type toulousain sur tour massive en pierre de taille. Contreforts ronds et mâchicoulis lui donnent un aspect fortifié. En face de l'église, *tour d'Arlet,* du XIIIe s.

Manifestation

– ***Les Estivales du chapeau :*** *1 w-e autour du 14 juil.* Une fête consacrée au chapeau, la fierté de Caussade ! Différentes animations (stands avec démonstration de fabrication de chapeau, défilés, concerts, etc.).

DANS LES ENVIRONS DE CAUSSADE

Notre-Dame-des-Misères : *à 1 km de **Mirabel,** sur la D 40 en direction de Réalville.* Chapelle qui semble avoir été posée en bord de route. Halte pour les pèlerins. Elle a traversé les âges depuis le XVIe s avec son clocher en pierre grise.

Puylaroque : *à 13 km au nord de Caussade.* Vieux village perché aux belles maisons médiévales à pans de bois. De la place de l'Église, belle vue sur les coteaux du Quercy.

Où acheter des pruneaux d'Agen ?

Pruneaux Cabos : *82440 **Mirabel.** ☎ 05-63-31-04-16. Par la D 40, 2 km après le village, en allant vers Lafrançaise. Visite et dégustation gratuites (durée : 20-30 mn) lun-ven 14h-18h.* Le seul transformateur de pruneaux de la région Midi-Pyrénées, le voici ! Il cultive la prune et la prépare avec le même savoir-faire depuis 4 générations. Si vous êtes fana du pruneau fripé, allez visiter l'usine, vous y découvrirez la machine infernale secoueuse de pruniers (car on les secoue, c'est authentique !) et les étapes successives de la production. En septembre, c'est le moment de la récolte, donc les machines tournent. En vente, crème de pruneau et pruneaux fourrés à la crème de pruneau, et d'octobre à Pâques, pruneaux au chocolat.

LES GORGES DE L'AVEYRON

L'un des temps forts du voyage en Tarn-et-Garonne. Après la grande plaine, l'Aveyron a taraudé le calcaire en de profondes gorges, livrant de spectaculaires points de vue. Les paysages sont plus escarpés qu'à l'ouest du département, surtout vers Bruniquel et Saint-Antonin-Noble-Val.

MONTRICOUX (82800) 1 080 hab. *Carte Tarn-et-Garonne, C2*

Un joli petit village du coin. Rue principale d'une grande homogénéité architecturale, jalonnée de belles demeures en encorbellement et à pans de bois. Remarquable donjon en pierre médiéval, dernier vestige du château des Templiers. On y vient surtout pour son musée.

Adresse utile

Point d'informations touristiques : *à la mairie, dans le centre. ☎ 05-63-67-20-60 (mairie). Ouv en saison slt (horaires variables). Rens également à l'office de tourisme de Bruniquel (voir plus loin) : ☎ 05-63-67-29-84.* Livret pour découvrir les maisons à pans de bois du village.

Où dormir ? Où manger ?

Camping

Camping Le Clos Lalande : *359, route de Bioule. ☎ 05-63-24-18-89. 06-09-10-59-88. • contact@camping-lecloslalande.com • camping-lecloslalande.com • Ouv fin mars-sept (mars-oct pour les loc). Compter 15-18,80 € pour 2 selon saison ; mobile homes et chalets 275-679 €/sem pour 4. CB refusées. 60 empl.* Un camping 3 étoiles, ombragé, au calme, de taille modeste et à l'atmosphère familiale. Aire pour les camping-cars. Outre les équipements du camping (tennis...), possibilité de pratiquer le canoë, la spéléo, l'équitation, le parapente ou encore la rando dans le coin (le GR 46 passe non loin). L'Aveyron borde le camping et procure de la fraîcheur en été. Accès à une petite plage où l'on peut se baigner. Piscine pour ceux qui préfèrent. Vraiment bien.

De bon marché à chic

La P'tite Marie : *52, Grand-Rue. ☎ 05-63-24-19-69. • lapetitemarie82@gmail.com • Fermé mer et le soir ven-sam (ts les soirs oct-juin). Menus 13 € (midi en sem)-20 € ; carte 20-28 €.* Un bar-tabac-resto de village connu par une poignée d'habitués et les ouvriers du coin pour son menu du jour avantageux. En cuisine, au service ou derrière le comptoir, Marie s'efforce de garder un œil sur tout. Cuisine de région pur jus : confit, magret ou saucisse de Toulouse, accompagné d'une authentique purée maison, assiette de charcuterie. Simple, efficace et peu ruineux. Belle salle voûtée à l'arrière dans l'ancienne écurie du château. En toile de fond, radio branchée sur Nostalgie.

Le Délice des Papilles : *Le Bugarel. ☎ 05-63-20-30-26. • le-delice-des-papilles@orange.fr • À env 800 m du village, en direction de Nègrepelisse et de Bruniquel. Tlj* *sf lun-mar, plus dim soir hors saison. Menus 15 € (midi en sem), puis 25-65 €. Café offert sur présentation de ce guide.* Un ancien relais aux portes des gorges de l'Aveyron repris par un couple de jeunes gens motivés et pleins d'énergie. L'intérieur a été relooké dans une tonalité gentiment contemporaine. Mais dès qu'il fait chaud, la vaste terrasse ombragée est plaisante pour se poser. Florian Bessède, le chef cuistot et maître des lieux, prépare une vraie cuisine de marché et un menu du jour à prix tassés. Les employés y viennent régulièrement depuis les villages voisins. Le soir, c'est plus raffiné et inutile de taper dans le 2e menu pour en profiter.

Où dormir ? Où manger dans les environs ?

Camping

Camping municipal Le Colombier : *82800* ***Nègrepelisse.*** *☎ 05-63-64-20-34 ou 05-63-64-22-66 (mairie). • camping.negrepelisse@orange.fr • ville-negrepelisse.fr • À 8 km de Montricoux par la D 115. Ouv de mi-juin à mi-sept. Compter 12-13,50 € pour 2 selon saison ; loc de caravanes 185 €/sem. CB refusées. 53 empl.* Petit camping ombragé et pratique pour sa situation géographique qui permet de rayonner dans toute la région. Piscine municipale en juillet-août à proximité (gratuite pour les campeurs).

De prix moyens à plus chic

Hôtel-restaurant Chez Terrassier : *205, rue du Village, 82800* ***Vaïssac.*** *☎ 05-63-30-94-60. • chezterrassier@wanadoo.fr • chezterrassier.net • Au centre de Vaïssac, à env 6 km de Montricoux. Resto tlj sf dim soir, plus ven soir et sam midi hors saison. Doubles (1 ou 2 lits) avec ou sans clim 57-83 €. Le midi en sem, formule et menu 10-13 € ; autres menus 23-45 €.* Hôtel d'architecture moderne, agréable lieu de séjour. Chambres restaurées et scrupuleusement entretenues. Piscine, terrasse fleurie. Cuisine régionale de bonne facture avec des cèpes (spécialité maison) préparés sous toutes leurs formes. Une petite référence dans le coin.

Les Boissières : *708, route de Caussade, 82800* ***Bioule.*** *☎ 05-63-24-50-02. • contact.lesboissieres@orange.fr • lesboissieres.com • À env 6 km de Montricoux par la D 64. Resto tlj sf sam midi, dim soir, lun et j. fériés. Doubles 80-120 € selon confort et saison. Menus 19,50-23 € (midi en sem), puis 31,60-59 € et carte.* Aménagée dans une ancienne grange, la table de Cyril Rosenberg et Sissi Tchou ressemble à une petite perle cachée dans un écrin de verdure. Fraîcheur garantie pour cette cuisine intuitive qui évolue au gré des produits du marché et de l'inspiration de Cyril, jeune chef insatiable. Parfois un peu déroutantes mais toujours séduisantes, ses créations sont imprévisibles et chassent toute banalité de la carte. La précision des cuissons laisse aux saveurs tout leur dynamisme qui éclate en bouche avec une belle longueur. Un pur plaisir !

À voir

L'église Saint-Pierre : du XIIIe s. Avec un clocher de style toulousain du XVIe s. Nef de style gothique primitif (ou roman tardif, au choix !). À l'entrée, cuve baptismale de 1595 en pierre. Dans la deuxième chapelle sur la gauche, intéressant mobilier intérieur avec colonnes torsadées ornées de pampre. En face, vieux confessionnal du XVIIIe s. Dans le chœur, sur la gauche, petite fresque moderne de Marcel Lenoir.

Le musée Marcel-Lenoir : *dans le château, à l'entrée du village. ☎ 05-63-67-26-48. • marcel-lenoir.com • Mai-sept, tlj sf mar 10h-18h. Entrée : 5 € ;*

réduc ; gratuit moins de 12 ans. Possibilité de visite guidée (sur résa).
Le château fut d'abord commanderie des Templiers (l'une des toutes premières commanderies en France !), puis propriété de Sully. Au XVIIIe s, remaniement architectural d'inspiration toscane. Il abrite aujourd'hui le musée du peintre Marcel Lenoir. Quarante années de peinture pendant lesquelles l'artiste a suivi avec génie les différents courants qui ont marqué l'histoire de la peinture à la fin du XIXe s et au début du XXe s. Du symbolisme au surréalisme en passant par le postimpressionnisme, l'Art nouveau, le fauvisme et le cubisme, Lenoir a tout essayé, et avec talent ! Autant maître du trait que de la couleur, c'est certainement comme portraitiste qu'il est le plus touchant.
Ce musée a vu le jour grâce à l'obstination de Claude Namy, aujourd'hui disparu, « tombé en amour » pour l'œuvre de Marcel Lenoir, curieusement assez méconnu aujourd'hui.

Qui était Marcel Lenoir ?
Il naquit à Montauban en 1872 et mourut à Montricoux en 1931, où il est d'ailleurs enterré. Entre-temps, il devint l'une des plus grandes figures de Montparnasse. Cet ami du poète Paul Fort et du critique d'art Stanislas Fumet fut d'abord un admirable dessinateur (Rodin, Bourdelle lui achetèrent des dessins). Giacometti était aussi un fervent admirateur de Lenoir, dont il disait : « À l'époque, c'était le plus grand ! Plus grand que Picasso. Il avait une manière de peindre par facettes qui n'était qu'à lui... » Braque et Matisse partageaient aussi cette admiration.
Lenoir connut tous les grands courants artistiques du début du XXe s. Il peignit dans le style symboliste, puis commença une carrière comme peintre d'enluminures, où il excella au point d'égaler (voire de dépasser) le célèbre Mucha. Puis il abandonna un style qui aurait pu lui assurer une véritable rente de situation, mais qui risquait de stériliser son art. Il exécuta alors de nombreux dessins. Comme Ingres, il aimait les formes bien pleines, épanouies, les figures de femmes rondes. Profondément marquées par le cubisme, ses toiles furent également empreintes de forts sentiments de religiosité. Cette démarche originale donna une œuvre très particulière mêlant vie, sensualité et mysticisme religieux, avec toujours une volonté d'épurement maximal, de quasi-austérité.
En outre, Lenoir faisait montre d'une rigueur idéologique qui lui valut beaucoup d'inimitiés. Quand on lui proposa la Légion d'honneur, il refusa, conseillant de la donner plutôt à sa femme pour tout le soutien qu'elle lui avait prodigué. Marcel Lenoir, de la même manière, s'aliéna les marchands de tableaux et propriétaires de galerie en faisant imprimer sur ses affiches des déclarations de guerre fracassantes contre eux. Il se mit à dos également les grands critiques d'art par son intransigeance morale et son exigence de qualité, pour beaucoup irritantes. L'alliance des marchands de tableaux et des critiques d'art aux ordres entraîna un boycott de ses œuvres. Historiens et encyclopédies d'art finirent par oublier le nom.

Quelques commentaires pour la visite
Les toiles sont exposées chronologiquement au rez-de-chaussée. Impossible de tout décrire, mais voici tout de même quelques œuvres majeures.
- *L'Épreuve* (1898 ; 1re salle sur la gauche) *:* représente des jeunes filles examinant une estampe dans un jardin merveilleux. Au début de la période Art nouveau, Lenoir s'est découvert des talents d'enlumineur.
- Magnifique *Couronnement du Christ* (œuvre de jeunesse de 1897 ; 1re salle), influencé par Gustave Moreau. Pointillisme proche de Seurat. Cadre en bois sculpté par Lenoir dans le style Art nouveau.
- *Vue de Saint-Antonin* (1905 ; 2e salle) *:* fauvisme.
- *Autoportrait* (1920 ; 3e salle) *:* au fusain et au pastel. Très influencé par le cubisme.
- *La Robe aux mille fleurs* (1924 ; 5e salle) *:* n'a-t-elle pas quelque chose du sourire de Mona Lisa ? Admirable travail de l'artiste sur la robe.
- *Le Mouchoir de dentelle* (1924 ; 5e salle) *:* portrait de sa femme avec Montricoux en arrière-plan. Elle est démesurée et en lévitation, comme si elle représentait l'image sublime de la Femme.

– *L'Écharpe blanche* (1925 ; 5e salle) *:* un « intérieur symphonique ». Au premier abord, un simple portrait de famille. En fait, une satire de la bourgeoisie de l'époque. Le décor du tapis et du pouf ressemble aux tableaux de Matisse représentant son atelier. Deux techniques employées ici : le point pour le tapis, le sol et la robe, sinon l'aplat.
– *Ève* (1928 ; 5e salle) *:* un entrecroisement de taches de couleurs, technique propre à l'artiste.
– Dans la 6e salle, cabinet de 23 dessins.
– En face de l'entrée, *Descente de Croix « avec orchestre »* : toile annonçant le surréalisme. Superbe mouvement du corps du Christ, soutenu dans sa descente par un « baigneur » ! Élégance du geste de la femme qui tient les jambes. Une toile qui fut très décriée à l'époque !
– *Les Heureux* (1919 ; 1re salle sur la droite) *:* cette toile ressemble beaucoup aux célèbres tableaux de la belle Polonaise Tamara de Lempicka. L'a-t-il fréquentée ? Dans la même salle, superbe *Nature morte à la tasse rouge.* Plus loin (4e salle), *Passage de Penne* (1920), d'influence cubiste, où les maisons sont traitées par facettes. *La Joie de vivre* (fresque sur plâtre de 1920-1921) reprend le thème du bonheur cher à Matisse.
– Enfin, dans l'ancienne chapelle templière du XIIe s (et donjon médiéval), admirer son *polyptyque sur la vie de Jésus* (1925). *Mises au tombeau* de part et d'autre. On y trouve aussi la première étude pour *La Gloire de Dieu* (plume-aquarelle de 1928) : projet d'une fresque en relief monumentale de 500 m² commandée par la mairie de Paris et qu'il devait réaliser avec l'architecte Auguste Perret pour la place de la Concorde. Il est mort trop tôt. Avant de quitter les lieux, levez les yeux au plafond pour contempler les fabuleuses fresques aux formes géométriques et d'inspiration orientale. Elles datent du XIIe s !

Manifestations

– ***Samba al País :*** *le w-e après le 14 juil.* ● *sambalpais.org* ● Un festival dédié à la rencontre des musiques d'Occitanie et du Brésil. Bal, concerts (payants et gratuits), batucadas, stages de musique et de danse.
– ***Festival des Fantaisies du château :*** *1 sem mi-août. ☎ 05-63-03-59-76 ou 05-63-67-20-60 (mairie).* Au château. Spectacles payants (théâtre, concerts, stage de cirque pour les enfants).

DANS LES ENVIRONS DE MONTRICOUX

Le château de Bioule *(82800) : à env 6 km de Montricoux par la D 64. ☎ 05-63-30-95-62 (mairie) ou 05-63-67-29-84 (office de tourisme de Bruniquel). Visite guidée le w-e en juil, tlj en août, 15h-19h. Entrée : 3 € ; réduc.*
Ce joli château, datant en majeure partie des XIVe et XVIe s, ne manque pas d'arguments pour vous convaincre de lui rendre une petite visite. D'abord pour son architecture de brique rouge et son aspect à la fois massif et élancé. Ensuite, pour l'histoire passionnante et mouvementée de la famille des Cardaillac, propriétaires du château pendant plusieurs siècles. Fidèles vassaux des Valois et fervents défenseurs de l'Église catholique, ils luttèrent ardemment contre les huguenots. Mais ce château est surtout célèbre pour l'incroyable décor peint qui couvre les murs de la salle des Preux. On y voit neuf chevaliers partant à un tournoi imaginaire, à cheval et en grande tenue. Ces fresques ont souffert de l'usure du temps, mais l'ensemble reste saisissant. On peut admirer également une *Vie du Christ,* peinte sur les murs de la chapelle.
Et ce qui fait aussi le charme du château de Bioule, c'est qu'il abrite encore l'école du village...

La Cuisine – Centre d'art et de design : *esplanade du Château, 82800 Nègrepelisse. ☎ 05-63-67-39-74. • la-cuisine.fr • Expo juil-août slt mar 9h-12h ; mais on peut se promener à l'intérieur tte la journée et tte l'année. GRATUIT.*
Du château édifié au XIIIe s par les vicomtes de Bruniquel, il ne restait que des ruines. Après plusieurs années de travaux, l'ancien édifice accueille désormais un centre d'art et de design consacré à l'alimentation, aux us et coutumes de la table, et à l'art culinaire au sens large. Logique dans une région où l'on mange particulièrement bien... La restauration du site, menée par le cabinet RCR Arquitectes (celui-là même qui a réalisé le musée Soulages à Rodez), est une vraie réussite : nombreuses structures en acier brut adossées aux murs en pierre et larges baies vitrées laissant entrer la lumière et le paysage dans le château.
La Cuisine accueille des expos temporaires. La plupart des œuvres sont réalisées sur place, par des artistes de renommée nationale ou internationale, en résidence dans le coin. Également un auditorium, un centre de documentation et une cuisine expérimentale (on aimerait bien avoir la même à la maison !). Organise des ateliers de cuisine pour petits et grands sur différents thèmes et en relation, la plupart du temps, avec les artistes qui séjournent au centre *(adulte : 15 € ; enfant : 7 €)*. Concerts en été dans la cour. En contrebas du château (sur le côté gauche), balade bucolique à faire sur l'île de Nègrepelisse (petit sentier botanique). Parfait pour pique-niquer. À ce propos, amusez-vous à chercher les « nappes solidifiées » à carreaux vichy et en pâte de verre, posées en pleine nature. Surprenant...

BRUNIQUEL (82800) 620 hab. *Carte Tarn-et-Garonne, C2*

Vieux village accroché à une colline. Ancienne place forte protestante. Très rapidement, il vous faudra abandonner la voiture tant les rues sont étroites. Si vous arrivez de Penne, impressionnante apparition des châteaux s'élevant à 100 m de haut, au ras de la falaise, au confluent de l'Aveyron et de la Vère. Dans le bourg, nombreuses demeures intéressantes des XIIIe et XVe s. Quelques rues aux noms évocateurs, comme la rue Trotte-Garce ou la rue Bombe-Cul. En saison, pas mal d'artisans et d'artistes ouvrent leurs galeries. Le coin est riche en grottes et cavités. Tout près, la *grotte de Pouxet*, vieille de 47 600 ans au moins (inaccessible au public), a longtemps monopolisé l'attention d'éminents paléoanthropologues. L'endroit était déjà fréquenté il y a plus de 15 000 ans par nos ancêtres.

Adresse utile

Office de tourisme : *promenade du Ravelin. ☎ 05-63-67-29-84. • bruniquel.fr • Ouv tlj, tte l'année sf pour les fêtes de fin d'année.*

Où dormir ? Où manger ?

De bon marché à chic

Chambres d'hôtes L'Abri-Niquel : *chez Brigitte et Walter Artusi, rue de la Fontaine. ☎ 05-63-24-15-26. • abriniquel@orange.fr • Ouv avr-déc. Doubles avec ou sans sdb 36-50 € ; familiale 90 €. Repas 22 €.* Une adresse routarde pour venir en famille ou entre amis : 5 chambres, simples et colorées, pouvant accueillir au total 15 personnes (toutes avec douche privée mais w-c communs). Walter est un sacré personnage, à la fois bourru, taquin et charmeur. Et si sa charmante femme s'occupe des chambres et de la table d'hôtes (volontiers médiévale), lui, prépare des pizzas et soigne passionnément ses ânes... et les propose à la location pour des randos d'un à plusieurs jours.

L'Ostal del Sabatièr : *rue d'Albi. ☎ 05-63-65-35-41. 06-69-77-34-73. • lostaldelsabatier@gmail.com • l-ostal-del-sabatier-bruniquel.com • Dans le centre de Bruniquel. Double 85 €. Table d'hôtes 25 € ; en été, grillades env 10-18 €.* C'est dans une demeure de sabotier du XVe s que Kristen et Jean-Michel, un couple franco-canadien, accueillent leurs hôtes. 4 chambres restaurées, coquettes et plaisantes, décorées sur un thème différent (*Le Vieux Fusil*, la romantique, la mauresque, la reine Brunehaut). Vous vous apercevrez vite que Kristen aime particulièrement les représentations de petits chats. En été, possibilité de manger (des grillades principalement) dans un agréable patio en face de la maison (l'endroit est aussi ouvert à ceux qui ne logent pas sur place). Très bon accueil.

Les Bastides : *route de Gaillac (en bas du village). ☎ 05-63-67-21-87. • les-bastides3@wanadoo.fr • En été, tlj sf lun soir et mar ; hors saison, ouv slt le midi (sf mar), et en principe le soir ven-sam (mais mieux vaut téléphoner avt). Congés : vac scol de fév. Menus 14,50 € (midi en sem), puis 23-29 € et carte.* Un resto faisant office de bar-tabac-presse et qui draine habitants venus acheter la presse ou seulement se retrouver, et touristes de passage. Plats simples, copieusement servis. Quelques irrégularités ? Peut-être. Mais force est de constater qu'il n'y a pas grand-chose pour se sustenter à Bruniquel.

À voir. À faire

Pour la visite du village, audioguide disponible à l'office de tourisme *(2 €).*

Les châteaux : *☎ 05-63-67-27-67. Mars-nov, tlj 10h-18h (19h juil-août et 17h mars et nov). Visites guidées en saison à 11h30, 14h30, 16h et 17h30. Entrée : 4,50 € avec visite guidée ; 3,50 € en visite libre ; réduc. Audioguide : 4 €.* Les deux châteaux, le vieux et le jeune, veillent fièrement sur les gorges de l'Aveyron. Ils datent des XIIe et XVe s (pas si jeunes que ça en fait...), mais ont été remaniés du XVIIe au XIXe s. Le film *Le Vieux Fusil* de Robert Enrico y a été tourné. On peut d'ailleurs voir d'émouvantes photos du tournage. Peu de salle ont été restaurées, pas d'ameublement. On vient surtout pour l'impressionnant panorama depuis la galerie Renaissance à six arcades du Château-Vieux, et pour se laisser emporter par la poésie du lieu. Gros donjon carré (tour Brunehaut, vestige du premier château), ancienne chapelle transformée en cuisine, salle des Chevaliers aux fenêtres géminées. Le point fort de la visite, c'est également l'exposition sur la préhistoire à Bruniquel (époque du Magdalénien) et sur les découvertes réalisées dans le coin : quelques beaux objets sculptés et copie du squelette retrouvés dans un abri sous roche (voir encadré). Également une expo consacrée à la taille de la pierre et des expos de photos temporaires.

– Face à l'entrée du château, maison où vécut le peintre Marcel Lenoir.

LA PREMIÈRE DAME DE FRANCE ?

En 1864, Victor Brun, conservateur au musée d'Histoire naturelle de Montauban, mit au jour un squelette de femme presque complet dans un abri sous roche, au pied de la falaise de Bruniquel. À l'époque, cette découverte laissa sceptique les scientifiques, et le squelette tomba dans l'oubli. Il fallut attendre la datation au carbone 14 pour que le mystère soit levé. Le squelette est bien celui d'une Homo sapiens *qui vivait dans le coin il y a près de 15 000 ans ! Notre célèbre ancêtre de Cro-Magnon, découvert en 1868 en Dordogne, soit 4 ans plus tard, n'a qu'à bien se tenir !*

➢ ***Le sentier de la préhistoire et les abris sous roche :*** circuit en boucle de 5,5 km, balisé de panneaux explicatifs pour partir sur les traces des hommes préhistoriques autour de Bruniquel. Compter 1h30 (aucune difficulté) ; fiche technique en vente à l'office de tourisme. Le sentier longe les abris sous roche, situés sous les châteaux, au bord de la route qui relie Montricoux à Saint-Antonin-Noble-Val (D 115). Plus loin, des dolmens.

– ***Le campement préhistorique :*** *à 3 km de Bruniquel. ☎ 05-63-24-24-00. Du village, suivre la direction de Gaillac (D 964), puis à env 1,5 km, prendre la 1re à gauche (fléché discrètement). De mi-juil à mi-août, mar 10h-11h. Tarif : 5 €.* Un passionné de préhistoire propose des démonstrations de taille de silex et d'allumage du feu. Pédagogique.

Fête et manifestations

– ***Vert-tige :*** *le 1er dim de mai.* Marché aux fleurs.
– ***Cinéma en plein air :*** *le mer en été, à 22h ; à tour de rôle, sur l'une des 7 communes du secteur. ☎ 05-63-67-29-84. Gratuit.*
– ***Opéra-bouffe :*** *fin juil-début août, une quinzaine de j. Résas : ☎ 05-63-67-29-84 (office de tourisme) ou 05-63-33-18-77.* Festival lyrique consacré à Offenbach. Plusieurs représentations suivies d'un dîner en compagnie des artistes devant les châteaux.
– ***Les Nuits frappées de Bruniquel et la fête des Vendanges :*** *respectivement le 3e sam et le 3e dim de sept.* Grand rassemblement de batucadas le samedi. Le dimanche, place aux vendanges à l'ancienne.

PENNE (81140) 570 hab. *Carte Tarn-et-Garonne, C2*

Petite incursion dans le Tarn pour découvrir l'un des plus pittoresques villages qu'on connaisse. Littéralement agrippé au rocher, Penne possède un charme saisissant. Il vous faudra abandonner votre véhicule dès les premières maisons et finir à pied. Sur ce rocher élancé vers le ciel, vous découvrirez de drôles de maisons d'angle qui semblent étrangement faire corps avec le terrain escarpé. Église avec clocher-porche de ville. Ruelles étroites pavées, jalonnées de belles portes et d'anciennes mesures à grains. Tout en haut, sur un piton, les ruines du château et une vue époustouflante sur la vallée de l'Aveyron et la forêt de la Grésigne.

Où manger ? Où boire un verre ?

Bar-restaurant La Terrasse : *☎ 05-63-56-35-03. • laterrassepenne@orange.fr • Juil-août, tlj sf lun soir ; sept et juin, le midi tlj, plus le soir jeu-dim ; oct-mai, le midi tlj, plus le soir ven-sam. Congés : 2 sem pour les fêtes de fin d'année. Formule 12,50 € ; menus env 15 € (midi en sem)-26,50 € et carte.* Un café-restaurant (avec une belle terrasse) qui permet de découvrir le château en sirotant un verre et en bullant tranquillement.

À voir

Le château : *au sommet du village. ☎ 05-63-55-71-09. 06-23-82-94-22. • chateaudepenne.com • Juil-août, tlj 10h30-19h30 ; de fin fév à mi-avr, w-e* *et j. fériés 14h-18h ; de mi-avr à mai, tlj 14h-19h, plus le mat sam-dim ; juin, tlj 10h30-12h30, 14h-19h ; sept, tlj 14h-18h ; d'oct à mi-nov, mer-dim et j. fériés 14h-18h. Fermé le reste de l'année sf sur résa pour les groupes. Entrée : 5 € ; réduc. Visite libre ou guidée l'ap-m en juil-août (pas de supplément), que l'on vous conseille vivement.* Édifié entre les XIe et XIIIe s, le château a été en grande partie démantelé au XVIe s et de nombreuses pierres ont servi à construire les maisons du village. Aujourd'hui, il ne reste plus que des pans de mur perchés sur un éperon rocheux, qui semblent léviter entre ciel et terre. Racheté par un architecte amoureux du site depuis sa plus tendre enfance, le château est progressivement consolidé et partiellement restauré. L'été, chantiers médiévaux. Grâce à quelques panneaux explicatifs et pas mal d'imagination, les anciens édifices (le logis des gardes, la grande salle, la tour à archères, etc.) reprennent vie. Un site plein de poésie, surtout si un voile de brume caresse la cime des arbres dans la vallée. Animations médiévales certains week-ends en été (ateliers, démonstrations, spectacles, etc.).

DE PENNE À SAINT-ANTONIN-NOBLE-VAL

Deux itinéraires possibles. Ne ratez pas la *route de la corniche* (D 115 bis ; fléchée sur la gauche en venant de Penne). Splendide dernière partie dominant les gorges de l'Aveyron et livrant de superbes panoramas et points de vue sur les cultures, fermes et pigeonniers blottis dans les courbes de la rivière ou sur de petites buttes. Traversée de Brousse-le-Antibels, adorable hameau.

Où manger ?

La Corniche : *au lieu-dit* ***Brousses,*** *82140 Saint-Antonin-Noble-Val. ☎ 05-63-68-26-95. • lacorniche82@gmail.com • ♿ À env 7 km au sud de Saint-Antonin par la route de la corniche (D 115 bis). Fermé dim soir et lun ; déc-fév, ouv slt le w-e. Congés : oct. Résa conseillée. Menu 30 € le soir ; carte 25-30 €. CB refusées.* Le chef de ce petit resto perdu au-dessus des gorges de l'Aveyron vous invite à passer un bon moment. Aux fourneaux, il se démène pour vous offrir une cuisine de terroir et de saison qui sort de l'ordinaire. Terrasse avec vue sur les gorges de l'Aveyron et sur le rocher des Capucins, prisé des amateurs d'escalade. Dommage qu'il n'y ait pas de menu à prix plus démocratiques le midi...

Le Manjo Carn Café : *route de la Corniche, 82140* ***Saint-Antonin-Noble-Val.*** *☎ 05-63-68-25-85. 📱 06-13-94-94-53. À 3 km de Saint-Antonin, par la D 115 en direction de Bruniquel, bifurquer à gauche (D 115 bis), c'est env 1 km plus loin. Ouv Pâques-sept : de mi-juin à fin sept, tlj ; sinon, slt ven-dim. Résa conseillée. Carte slt, 15-20 €. CB refusées.* Une guinguette adossée à la paroi rocheuse et arrimée à un méandre de l'Aveyron. C'est Denise qui a lancé cette petite affaire, il y a plus de 50 ans, pour nourrir les ouvriers qui démontaient l'ancienne voie de chemin de fer. Depuis, l'eau a coulé dans l'Aveyron, Denise s'en est allée, mais l'endroit n'a presque pas changé ! Rien d'extraordinaire côté cuisine (saucisse ou magret frites, salades, etc.), mais on vient pour l'atmosphère et le cadre bucolique, surtout le soir avec les guirlandes de loupiotes multicolores dans les branches. En contrebas, petite plage pour que les enfants puissent se baigner.

SAINT-ANTONIN-NOBLE-VAL

(82140) 1 900 hab. *Carte Tarn-et-Garonne, C2*

Ville aux frontières du Quercy, du Rouergue et de l'Albigeois, située dans l'une des parties les plus larges de la vallée. En face, la haute falaise du

roc d'Anglars, d'où le panorama sur Saint-Antonin est unique. Les Romains furent conquis les premiers, puisqu'ils nommèrent le site *Nobilis Vallis.* Puis il prit le nom du saint qui évangélisa la région.
Ce très important lieu de villégiature est une cité chargée d'histoire. Aux marches des royaumes anglais et français, Saint-Antonin changea souvent de locataires. La ville fut cathare, puis devint protestante. En 1622, elle subit le siège de Louis XIII et du connétable de Luynes. Dans les périodes de calme, grâce au commerce du drap et du cuir, Saint-Antonin connut une grande prospérité, comme en témoignent les belles demeures médiévales qui jalonnent la cité. Peu de villes offrent une si précieuse homogénéité architecturale. Pas mal de maisons n'ont d'ailleurs pas encore été restaurées, ce qui lui donne, en plus, beaucoup d'authenticité. Au début du XXe s, elle devint station thermale et commença à tirer profit des vertus curatives de sa source, la fontaine de Salet, déjà mentionnée dans des textes du début du XVIIIe s. Pourtant, l'exploitation de cette eau en bouteille n'a commencé qu'en 1990 ! Plus récemment, les ruelles de Saint-Antonin ont servi de cadre au tournage du film *Les Recettes du bonheur,* produit par Steven Spielberg.

Adresses et infos utiles

Office de tourisme : *10, rue Pélisserie. ☎ 05-63-30-63-47. • tourisme-saint-antonin-noble-val.com • À 50 m de la pl. de la Halle. Avr-sept, tlj ; fermé dim ap-m mars et oct ; fermé dim et lun mat nov-fév.* Dans une ancienne demeure du XIIIe s. Visites guidées de la cité médiévale en saison, les mercredi et vendredi à 10h *(tarif : 3 € ; réduc),* visites thématiques et nocturnes ou visite libre avec audioguide *(2 €).* Le guide *Graines de curieux* recense les activités à faire avec des enfants.

@ **Internet :** *à la médiathèque, rue Guilhem-Peyre. ☎ 05-63-68-22-34. Tlj sf dim-lun 14h-18h (16h sam), plus mer et ven 10h-12h. Postes gratuits.*

Cars pour Montauban : avec la compagnie *Gau (☎ 05-63-30-44-45).* Peu de liaisons, assez galère !

– **Marché :** *dim mat.* Très beau marché à l'atmosphère conviviale.

Où dormir ? Où manger ?

Campings et gîtes

Camping municipal Le Ponget : *route de Caylus. ☎ 05-63-68-21-13. • camping.leponget@orange.fr • À 1 km de Saint-Antonin en direction de Caylus ; prendre la route à gauche juste après le pont de la Bonnette. Ouv mai-sept. Compter 9,80-12,10 € pour 2 selon saison.* Petit camping plaisant au bord de la Bonnette et du terrain de rugby (gare au ballon ovale perdu si vous plantez la tente à proximité des poteaux !). Emplacements délimités par de belles haies. Pas de locatifs. Ambiance familiale. Parfaitement entretenu et au calme. Accès à la piscine municipale à tarif réduit.

Flower Camping des Gorges de l'Aveyron : *Marsac-Bas, route d'Albi. ☎ 05-63-30-69-76. • info@camping-gorges-aveyron.com • camping-gorges-aveyron.com • À 2 km de Saint-Antonin en direction d'Albi ; ensuite, c'est indiqué. Ouv de mi-avr à fin sept. Compter 12,40-24,90 € pour 2 selon saison ; loc 4-6 pers 260-790 €/sem selon taille et saison. 80 empl.* Installé sur les terres d'une vieille ferme, en bordure de l'Aveyron, l'ensemble est super bien ombragé, frais, et ne manque pas de charme. Pêche, baignade, canotage, baptême en parapente à proximité... Bon accueil. Piscine.

Gîtes communaux : *au cœur du village. Rens à l'office de tourisme : ☎ 05-63-30-63-47. • tourisme@st-antoninnv.com • Ouv tte l'année, sur résa. Compter env 13,50 €/pers.*

Prévoir son sac de couchage (pas de loc de draps). CB refusées. 2 gîtes d'étape aménagés dans d'anciennes demeures, d'une capacité de 4 et 7 personnes. Il s'agit en fait de 2 grandes pièces avec cuisine équipée. Sanitaires communs. Réservés en priorité aux randonneurs et cyclotouristes.

De prix moyens à chic

Chambres d'hôtes Le Lion d'Or : *8, rue des Carmes. ☎ 05-63-31-41-90. 06-01-08-24-18. • info@aubergeliondor.fr • aubergeliondor.fr • Ouv tte l'année. Doubles 70-75 € selon taille.* Une jolie maison des XVIe-XVIIe s, à la belle patine rustique, tenue par un couple de Néerlandais. 4 chambres spacieuses, toutes dotées d'une cheminée. Les meubles chinés, les valises en cuir et les coffres en bois usés jusqu'à la corde contribuent au charme du lieu. Salon dans la même tonalité. Ravissant jardin cerné de vieilles pierres pour se poser à la fraîche les soirs d'été. Une adresse de charme à prix raisonnables.

Chambres d'hôtes La Résidence : *37, rue Droite. ☎ 05-63-67-37-56. • info@laresidence-france.com • laresidence-france.com • Ouv tte l'année. Doubles 95-120 € selon standing.* Sabine et Evert, un couple germano-hollandais, proposent 5 chambres dans leur ancienne demeure située au cœur de Saint-Antonin. L'ensemble a été restauré en respectant l'esprit des lieux. Résultat : beaucoup de charme et pas mal de romantisme. Délicieux jardin pour prendre le petit déj ou se poser un bouquin à la main. Coup de cœur assuré pour la chambre qui dispose d'une grande terrasse avec transats et offre une vue sur les toits de Saint-Antonin.

Le Carré des Gourmets : *13, bd des Thermes. ☎ 05-63-30-65-49. • contact@carredesgourmets.fr • Fermé mar soir, mer et dim soir sf juil-août. Congés : de mi-déc à fév. Menus 18-22,50 € (midi en sem), puis 28,50-56 €. Apéritif maison offert sur présentation de ce guide.* Frédéric et Véronique Raffi ont solidement amarré leur resto aux berges de l'Aveyron, face à la falaise du roc d'Anglars. Ils aiment leur région, et ça se sent ! Priorité aux producteurs locaux et aux produits de saison. Dans cet esprit, la carte des vins met l'accent sur des crus du coin, souvent méconnus du grand public. La personnalité et la créativité du chef s'expriment avant tout à travers une recherche permanente des contrastes. Au gré des plats, le moelleux jongle avec le croustillant, le chaud côtoie le froid, le sucré tutoie le salé... Gourmets et gourmands sont à la fête ! Intérieur moderne et sobre ou terrasse au bord des flots pour profiter du cadre paisible. LA bonne adresse de Saint-Antonin !

– Voir également nos adresses sur la route de la corniche, entre Penne et Saint-Antonin-Noble-Val, plus haut.

Où dormir dans les environs ?

Bon marché

Chambres d'hôtes À la Ferme du Gendre : *chez M. et Mme Zamboni, 82240 **Lavaurette.** ☎ 05-63-31-97-72. 06-75-99-71-59. • jeanlouis.zamboni@orange.fr • fermedugendre.com • À 15 mn de Saint-Antonin ; sur la D 926, à 3 km de Septfonds en direction de Caylus, bifurquer à gauche (direction Gaussou), puis suivre les panneaux. Ouv avr-oct. Double 48 €. Repas 20 € sf dim soir (sur résa). Également une roulotte louée à la sem dans un bois, à l'écart de l'habitation.* Adresse simple et rustique, labellisée « Accueil paysan », qui permet de rayonner dans toute la région. Chambres simples et rafraîchies, très bien tenues, dans une maison en pierre quercynoise. Accès indépendant pour la chambre située au rez-de-chaussée. À l'étage, 2 autres partagent la même salle de bains. Table d'hôtes proposant une généreuse cuisine de campagne : charcuteries maison, légumes du jardin, pain maison et autres produits de la ferme... Très bon accueil.

La Ferme du Safran : *Ferrié,*

*82240 **Saint-Georges.** ☎ 05-63-28-25-37. 06-89-95-62-27. • lafermedusafran@gmail.com • hoel.gite.monsite.wanadoo.fr • À 500 m du hameau de Saint-Martin-de-Caussanville ; fléché sur la gauche en direction de Septfonds. Ouv avr-oct. Double 45 €. Table d'hôtes 25 €.* Sur leur exploitation agricole, Régine et Bertrand cultivent du safran, ils vous expliqueront tous les secrets de l'épice au cours du repas ! Concernés par les problèmes de développement durable, ils ont aménagé 3 chambres très simples dans un bâtiment construit en bois (coin sanitaire séparé de la chambre par un simple rideau). Pour se rafraîchir, petite piscine dont la filtration de l'eau se fait naturellement par les végétaux (les grenouilles en coassent de bonheur !). Paisible terrasse ombragée. Bon accueil. Une adresse pour se mettre au vert, sans se ruiner.

À voir. À faire

L'ancien hôtel de ville : belle maison romane datant de 1125 (c'est le plus vieil édifice civil de France). Au 1er étage, grande galerie courant au-dessus des arcades. Piliers sculptés (la Tentation d'Adam et Ève, l'empereur Justinien). Le beffroi, quant à lui, construit au XIXe s dans le style florentin, est l'un des fantasmes architecturaux les plus contestés de Viollet-le-Duc. Cela dit, est-ce si vilain ?
C'est ici qu'est installé le ***musée du Vieux Saint-Antonin*** *(juil-août slt, horaires d'ouverture variables ; rens à l'office de tourisme ; entrée : 1 €).* Importante section consacrée à la préhistoire ; également vêtements, mobilier régional, énorme collection d'objets liés à la vie quotidienne avec vaisselle, ustensiles, outils, fossiles, etc. Pas inintéressant, même si le musée aurait besoin d'un petit coup de jeune (ça tombe bien, c'est prévu !).
Devant, la ***halle*** avec une Crucifixion de pierre discoïdale (qui proviendrait d'un ancien cimetière) du XVe s.

La vieille ville : place de la Halle et place du Buoc (qui la prolonge), belles demeures gothiques avec porches et anciennes boutiques de forme ogivale. Se perdre dans cette délicieuse vieille ville en suivant les signes, les nombreux clins d'œil architecturaux, par les *rues des Carmes, des Remparts,* etc. Curieuse *rue Bombe-Cul. Rue Frézal,* très élégante maison à fenêtres géminées ou à meneaux. Mairie logée dans l'*ancien couvent des Génovéfains,* édifice classique du XVIIIe s (juste à côté de l'église néogothique présentant peu d'intérêt) et agrémentée de meubles du XVIIIe s (chasublier, buffet, cheminée, ancienne cuisine...). Dans l'étroite ruelle descendant du beffroi de l'ancienne mairie, séduisants édifices médiévaux dont la *caserne des Anglais* (aujourd'hui bibliothèque municipale). Plus bas, belle bâtisse avec porte à accolade et fenêtres à meneaux. À voir également, la maison de l'Amour, la maison du Roy et la maison de l'Ave Maria.

Les anciennes tanneries : *près de la pl. du Bessarel. Possibilité de les visiter dans le cadre d'une visite de la ville ; se renseigner auprès de l'office de tourisme.* Également le *pressoir* et le *moulin à huile de noix.*

– ***Activités :*** sports et nature dans les gorges de l'Aveyron ; canoë, escalade (plus de 600 voies répertoriées ; c'est d'ailleurs le spot du département !), spéléologie, équitation, VTT, deltaplane, parapente et randonnée pédestre (plus d'une vingtaine de sentiers au départ de Saint-Antonin, dont deux sentiers de découverte de la nature, l'un le long des gorges de l'Aveyron, l'autre sur le causse d'Anglars). Toutes les infos auprès de l'office de tourisme.

Fête

– ***Fête des Battages :*** *le 1er dim d'août.* Reconstitution de battages à l'ancienne. Montage de gerbiers, expos de vieux engins, danses folkloriques, repas champêtres, etc.

DANS LES ENVIRONS DE SAINT-ANTONIN-NOBLE-VAL

La grotte du Bosc : *à 4,5 km de Saint-Antonin. ☎ 05-63-30-62-91 ou 05-63-30-30-03. • grotte.du.bosc.free.fr • Juil-août, tlj 10h-18h (dernière visite à 17h30) ; vac de Pâques, juin et sept, tlj 14h-17h ; avr-mai, dim et j. fériés 14h-17h. Entrée : 7 € ; 4-12 ans 4,50 €. Visite de 40 mn env.* Une longue galerie souterraine présentant de belles concrétions. Également un petit musée minéralogique et préhistorique.

Le château de Cas : *hameau de Cas, à* **Espinas** *(82160). ☎ 05-63-67-07-40. • chateaudecas.fr • À 8 km de Saint-Antonin-Noble-Val ; prendre la direction de Caylus (D 19), puis à 7 km, tourner à droite (fléché). Juin-sept, tlj 14h-18h ; avr-mai et d'oct à mi-nov, w-e slt 14h-18h. Visite commentée slt. Entrée : 7 € ; réduc ; gratuit moins de 5 ans ; pass famille.* Les premières traces du château remontent au IXe s. Commanderie de Templiers au XIIIe s, il fut remanié au cours des siècles et connu les vicissitudes de l'histoire, notamment au moment de la Révolution. Lors de la Seconde Guerre mondiale, la Résistance y entrepose des armes et les Allemands le mettent à sac. Il tombe alors dans l'oubli jusqu'en 1978, date à laquelle le comte Lyonel de Lastic Saint-Jal décide de faire renaître de ses cendres ce bijou du patrimoine familial depuis 1767. Aujourd'hui, le château a été entièrement restauré. On visite une quinzaine de pièces qui retracent l'évolution des styles depuis Louis XIII. Loin d'être un musée, c'est un vrai lieu de vie, dans lequel le comte et la comtesse de Lastic aiment venir passer quelques jours en compagnie de leurs enfants et petits-enfants. Au cours de la visite, on découvre des objets de famille cachés dans les armoires, de vrais petits trésors comme ces lettres d'Anne d'Autriche, ce violon du XVIIIe s, etc. La famille de Lastic conserve ses archives depuis 1310 ! Une visite pleine d'intérêt qui permet d'approcher l'univers inconnu d'une noblesse française encore bien vivante. Dans la cour du château, belle chapelle dont les premiers vestiges datent de la fin du IXe s.

L'ancienne abbaye de Beaulieu-en-Rouergue : *à* **Ginals** *(82330). ☎ 05-63-24-50-10 à 13. • beaulieu-en-rouergue.monuments-nationaux.fr • À 10 km au nord-est de Saint-Antonin. Avr-oct, tlj sf mar (tlj juil-août) 10h-12h, 14h-18h. Entrée : 5,50 € ; réduc ; gratuit moins de 26 ans et demandeurs d'emploi.*
Dans un très beau site, au creux du verdoyant vallon de la Seye, un ensemble monastique fondé en 1144 par les cisterciens. Remarquablement restauré, malgré une histoire mouvementée, et ce jusqu'au XIXe s. Quand Viollet-le-Duc eut pour projet la translation de l'abbatiale vers Saint-Antonin-Noble-Val afin de ne pas rompre la cohérence du monument, Prosper Mérimée freina les ardeurs de son bouillant protégé ! Église présentant de jolis portails (porte des morts au transept, portail ouest). Superbes rosaces dont la surprenante étoile de David du transept sud, enclavée au XVIIe s, qui renvoie à la généalogie du Christ. À l'intérieur, remarquables proportions. À voir : la belle croisée du transept, la salle capitulaire du XIIIe s, le cellier, etc.
L'abbaye est devenue un centre d'art contemporain en 1970, le premier de la région Midi-Pyrénées. Impressionnant fonds permanent (œuvres de Dubuffet, de Vieira da Silva, d'Henri Michaux, de Mathieu...) exposé par roulement dans l'ancienne église. Beaulieu se distingue surtout par ses remarquables expos temporaires, de juin à fin septembre, consacrées aux grands thèmes de l'art contemporain.

VERFEIL-SUR-SEYE (82330)

Vieille bastide à arcades de la fin du XIIe s, à 17 km au nord-est de Saint-Antonin. La halle est toujours là. Dans l'église, bel autel baroque provenant de l'abbaye de Beaulieu *(petit panneau sur la porte indiquant où se trouvent les clés, généralement à la bibliothèque).*

Où manger ?

La Seye et vous : *pl. de la Halle. ☎ 05-63-65-22-18. Fermé mer (tte l'année), plus le soir des lun-mar et dim hors saison. Le midi en sem, formule et menu 10-12,50 € ; autre menu 20 € ; carte 20-23 €.* Un resto convivial qui met un peu d'animation dans ce village du bout du département. Cuisine de région et d'ailleurs. C'est simple, pas cher, préparé avec soin. Terrasse au bord de la rue pour les jours cléments. Organise des concerts à l'occasion.

À voir

Les jardins de Quercy : *au lieu-dit Cambou. ☎ 05-63-65-46-22. • lesjardinsdequercy.fr • À 5 km au nord de Varen par la D 958. Fléché à partir de Verfeil. De mi-mai à fin sept, ven-lun 10h-19h. Entrée : 5 € ; gratuit moins de 14 ans. Possibilité de visite guidée.* Sur 1 ha de terrain à flanc de colline, domestiqué, semé, taillé, arrosé... Jean Donies, propriétaire et créateur de ce jardin, n'a pas ménagé ses efforts pour donner corps à sa passion, malgré un environnement difficile. C'est une véritable profusion de rosiers anciens, sauges, géraniums vivaces, delphiniums, asters, phlox... Ici, c'est un jeu de perspectives et de contrastes. Plus loin, haies et cyprès cloisonnent l'espace. Au final, une succession d'espaces thématiques aux multiples atmosphères. A obtenu le label « Jardin remarquable » en 2007. Possibilité d'y pique-niquer.

VAREN (82330) 665 hab. *Carte Tarn-et-Garonne, D2*

Aux confins du département de Tarn-et-Garonne, à 17 km à l'est de Saint-Antonin, petit village méritant le détour.

Adresse et infos utiles

Syndicat d'initiative : *dans la rue principale, près de l'église. ☎ 05-63-65-45-09. Tte l'année, lun-sam.*

Gare de Lexos : *à 3 km de Varen.* Trains pour Toulouse, Aurillac et Figeac.

Bus : quelques bus pour Montauban (peu nombreux). Possibilité certains jours de rejoindre Saint-Antonin-Noble-Val et Caussade avec *Verlibus*, un système de transport à la demande *(sur résa slt au ☎ 05-63-30-61-42).*

– **Petit marché :** *sam mat.*

Où dormir ? Où manger à Varen et dans les environs ?

Camping

Camping Les Tilleuls : *Les Arènes, 82250* ***Laguépie.*** *☎ 05-63-30-22-32. 06-42-65-25-17. • camping.lestilleuls0837@orange.fr • camping-les-tilleuls.com • À 8 km de Varen et à 1,5 km de Laguépie ; à 15 mn à pied du village par un sentier qui longe la rivière. Ouv de mi-mai à mi-oct. Compter env 10,50 € pour 2 ; chalets, mobile homes et tentes toilées 140-350 €/sem. CB refusées. 47 empl.* Petit camping bien ombragé par des tilleuls et installé au bord du Viaur (on peut s'y baigner) ; l'environnement est superbe. Le GR 36 passe dans le secteur. Petite piscine en été pour les enfants.

De bon marché à prix moyens

Le Moulin de Varen : *le bourg, 82330 Varen. ☎ 05-63-65-45-10. • lemoulindevaren@wanadoo.fr • Resto fermé dim soir et lun (slt lun en juil-août). Congés : vac scol de Noël. Appart pour 2 pers 55 €/nuit. Menus 15-42 €. Apéritif maison offert sur présentation de ce guide.* Cadre très chouette, puisque le resto est aménagé dans un ancien moulin (à farine et à électricité) sur l'Aveyron. Par une vitre au sol, on peut même voir le mécanisme du moulin, toujours intact. Cuisine fine et soignée. Belle terrasse abritée sous la toiture. 2 appartements en mezzanine, un peu tristounets. Accueil et service aimables.

À voir. À faire à Varen et dans les environs

L'église romane : *Ouv tlj.* Datant du Xe s, c'est l'une des plus belles du coin. Elle fut l'église d'un prieuré bénédictin. Un seul vaisseau surmonté d'une tour carrée massive. Les énormes arcs-boutants sur un des côtés ne servent qu'à contenir la poussée de la masse de l'église et à compenser la disparition du cloître qui la soutenait (il fut détruit au XVIe s lors des guerres de Religion). À l'intérieur, style dépouillé à la limite de l'austérité. Sur le côté du chœur (au niveau de l'entrée originelle, murée au XIVe s), arcs aveugles en plein cintre créant, avec ceux de l'abside, un beau rythme de courbes. Marches pour accéder aux absidioles ; lignes générales très harmonieuses. Élément d'architecture insolite pour une église romane : le chevet plat. Noter les superbes chapiteaux du chœur. Bénitier creusé dans un ancien chapiteau mérovingien (ou cuve chrétienne du VIIe s).

Le château : *visites slt pdt les Journées du patrimoine (3e w-e de sept).* Date du XVe s. Lignes très nobles. C'est l'ancien logis du doyen du prieuré. Petite salle d'expo *(tlj 15h-19h, en saison slt ; GRATUIT).* Tout autour, ruelles bordées de vénérables demeures anciennes.

Voir aussi la ***porte fortifiée,*** vestige des fortifications et murs d'enceinte du XIVe s (construits afin de se protéger de l'invasion anglaise). À 50 m de là, en contrebas de la place, belle ***fontaine*** qui ne s'est jamais tarie et dont l'eau coule toujours à 11 °C.

– ***Base de loisirs :*** *à **Laguépie,** à 8 km de Varen. GRATUIT.* Baignade surveillée dans le Viaur en été.

Manifestation dans les environs

– ***Lenga Viva :*** *en juil, à **Laguépie.*** Une semaine consacrée à la découverte de la culture occitane (conférences, danses, apéros, concerts, etc.).

CAYLUS (82160) 1 525 hab. *Carte Tarn-et-Garonne, C1*

Joli village blotti au fond d'un cirque de verdure et dominé par un donjon du XIIe s. Place avec sa halle en pierre. Quelques demeures anciennes ne manqueront pas de vous séduire, comme la *maison aux Loups* (XIVe s) avec sa façade aux arcs gothiques et ses silhouettes de loups jaillissant de la pierre. Plusieurs boutiques d'artisans ouvrent leur porte en été.

Adresse et infos utiles

Office de tourisme : *20, rue Droite. ☎ 05-63-67-00-28. • caylus.com • Juil-août, tlj ; le reste de l'année, mar-sam.* En été, propose des visites guidées du village *(3 €/adulte),* des nocturnes avec animation et soupe *(6 €).* Expos de maquettes de pigeonniers du Quercy.

Cars pour Montauban : 1 départ/j. sf dim en juil-août et 2 bus/j. en période scol, avec la compagnie *Ruban Bleu (☎ 05-65-73-86-06).*
– **Marché :** *mar mat et sam mat.*
– **Marché des potiers :** *le 15 août.*
– **Marché gourmand :** *le w-e du 15 août.*

Où dormir ? Où manger à Caylus et dans les environs ?

Camping

Camping de la Bonnette : *672, route de la Bonnnette. ☎ 05-63-65-70-20. 06-07-34-61-99. • info@campingbonnette.com • campingbonnette.com • À 1 km de Caylus. Ouv avr-début oct. Compter 15-19,50 € pour 2 selon saison ; mobile homes 4-6 pers 300-595 €/sem selon saison. CB refusées. 65 empl.* Camping en pleine nature, au milieu des prunus et des tilleuls qui prodiguent leur ombre, et à proximité du maigre filet d'eau de la Bonnette en saison. Bien tenu. Piscine.

De prix moyens à chic

Chambres d'hôtes Le Couvent de La Neuviale : *82160* ***Parisot.*** *☎ 05-63-24-29-90. 06-88-58-14-55. • info@lecouventdeneuviale.fr • lecouventdelaneuviale.fr • À 13 km de Caylus ; à la sortie de Parisot (en direction de l'abbaye de Beaulieu), prendre la 1re à gauche vers le lac (fléché ensuite sur la gauche à 2,5 km de Parisot). Doubles 85-100 € selon taille. Table d'hôtes 25 €.* Il ne s'agit pas d'un vieux couvent mais d'une ancienne école pour jeunes filles, construite en 1894 par le curé de la paroisse ému par le fait que seuls les garçons avaient droit à l'éducation. 4 chambres joliment aménagées avec goût et sobriété. Grande terrasse, piscine et vue dégagée sur la campagne et le clocher de l'église. Quant à la cuisine, c'est l'affaire de Mark ! Excellent petit déj. Un endroit empreint d'une douce atmosphère.

Ferme-auberge Le Mas de Monille : *à* ***Loze*** *(82160). ☎ 05-63-65-76-85. 06-03-81-58-10. • benoit.leverrier@wanadoo.fr • À 12 km de Caylus ; le plus simple est de se rendre à Saint-Projet ; de là, prendre la direction de Puylagarde, puis fléché discrètement sur la droite. Sur résa slt. Menus 23-29 €. Digestif maison offert sur présentation de ce guide.* Au milieu des bois, Benoît Leverrier élève des porcs noirs gascons qui finissent dans les assiettes (charcuterie, grillades, rôtis...). Tout est transformé sur place ! Quelques poules noires de Caussade (une race en voie d'extinction) complètent le tableau. Belle salle rustique ou tables dressées à l'extérieur dans un cadre champêtre. Fait également de la vente directe.

Où acheter de bons fromages ?

Le Moulin de la Vignasse : *82160* ***Loze.*** *☎ 05-63-24-08-31. À la sortie de Caylus en direction de Parisot, bifurquer à gauche (D 97) ; c'est à 6 km. Tlj 16h-18h30.* C'est au cœur de la vallée de la Bonnette que Marie-Ange et Benoît élèvent des chèvres et vendent leurs fromages AOP Rocamadour. Raison de plus pour y aller : l'endroit est mignon (il s'agit d'un ancien moulin restauré). Le samedi, ils sont au marché de Caylus, le dimanche à celui de Saint-Antonin-Noble-Val.

À voir

L'église Saint-Jean-Baptiste : ancienne église fortifiée du XIVe s, agrémentée un siècle plus tard d'un chœur magistral à sept pans, éclairé par de belles verrières du XVe s et fermé par un chancel en fer forgé du XVIIIe s. Belle voûte nervurée dans le chœur. Outre le chœur, c'est le *Christ* tendu et souffrant de Zadkine qui attire le regard. Si l'anachronisme entre la sculpture et les pierres est fait pour choquer, c'est réussi !

La halle : datant de 1505, avec ses mesures à grains, et « transportée » en 1905 de l'autre côté de la place.

DES ATTRIBUTS QUI FÂCHENT

Le modernisme de la sculpture du Christ, réalisée par Zadkine, provoqua quelques tracasseries dans l'esprit de certains... Le Christ est représenté sans croix, entièrement nu. Sculpture choquante pour certains, carrément blasphématoire pour d'autres ! Dans les années 1960, on tenta de masquer ses attributs virils à l'aide d'un foulard ! Mais cela ne suffit pas pour calmer la polémique et Zadkine décida finalement d'émasculer lui-même le Christ ! D'où, aujourd'hui, une protubérance quelque peu difforme qui n'est toujours pas du goût de tous...

La Maison du patrimoine : *à la sortie de Caylus, sur la route de Saint-Antonin-Noble-Val (D 19). ☎ 05-63-24-06-26. Tte l'année, lun-ven 9h-12h30, 14h-17h30. GRATUIT.* Centre d'interprétation interactif consacré à la découverte du patrimoine de la vallée de la Bonnette (paysage, biodiversité, etc.).

DANS LES ENVIRONS DE CAYLUS

Le sanctuaire de Notre-Dame-de-Livron : *à 3 km au nord de Caylus.* Délicieuse petite chapelle intime et fraîche, de style gothique. Jolie porte à accolade et décor fleuri. Louis XIII en personne y passa pour faire un vœu. Remarquez les deux bénitiers entourant la porte d'entrée ; la mystérieuse inscription qui recouvre l'un des deux garde encore son secret. Selon la légende, un dragon féroce hantait autrefois la grotte se trouvant au fond de la place. Un valeureux chevalier templier le terrassa et une source jaillit, celle qui coule actuellement sous la chapelle construite en son honneur.

La commanderie des Templiers de Lacapelle-Livron *(82160)* **:** propriété privée. Si par chance la porte est ouverte, vous apercevrez une partie des bâtiments des XVe et XVIe s qui subsistent encore. À côté, une ***église romane fortifiée*** construite également par les Templiers, une petite halle restaurée, et la ***chapelle Notre-Dame-des-Grâces*** *(ouv slt le w-e en été, sinon s'adresser à la mairie de Lacapelle-Livron),* chapelle sépulcrale fondée au XVe s par un seigneur de Mondésir.

La cascade pétrifiante : *à 2 km de Caylus dans la vallée de la Bonnette ; à la sortie de Caylus en direction de Parisot, bifurquer à gauche (D 97).* Ainsi nommée car l'eau y est très calcaire et « pétrifie » les végétaux tombant dans le bassin. La cascade n'a pas très fière allure, mais la petite route est jolie et bordée de belles maisons et moulins (une vingtaine d'anciens moulins sur une trentaine de kilomètres, qui dit mieux ?).

Le château de Saint-Projet *(82160)* **:** *à 7 km au nord de Caylus, direction Lacapelle-Livron. ☎ 05-63-65-74-85. ● saint-projet.com ● Juin-sept, tlj 14h-19h ;*

oct-nov, slt le w-e 14h-18h30. Entrée : 6 € ; réduc. Construit à la fin du XIIIe s par Philippe le Bel, le château hébergea, par une fameuse nuit de septembre 1585, la reine Margot et ses deux amants, Lignerac et Aubiac, poursuivis par l'armée du roi de France. M. et Mme Bergaul, antiquaires de leur métier, invitent l'amateur d'art, l'historien ou l'amoureux de vieilles pierres à découvrir la chambre où dormit la reine, l'escalier à vis, la pièce des chevaliers, la chapelle, les oubliettes et de nombreuses autres pièces. Jardin à la française de 3 ha.

LE GERS (LA GASCOGNE)

ABC DU GERS

- *Nom :* le « Gers » vient de la rivière du même nom, affluent de la Garonne qui trouve sa source sur le plateau de Lannemezan.
- *Superficie :* 6 257 km².
- *Population :* 188 893 hab.
- *Densité :* 30 hab./km².
- *Préfecture :* Auch (21 870 hab.).
- *Sous-préfectures :* Condom (6 925 hab.) et Mirande (3 665 hab.).
- *Principaux secteurs d'activité :* le Gers est un des derniers départements à vocation agricole, réputé pour être l'un des plus ruraux de France. L'agriculture occupe encore 13,7 % des actifs, l'industrie 10,8 %, la construction 7,6 %. Le secteur des services emploie 68 % de la population.
- *Signes particuliers :* les oies, bien sûr ! C'est la grande star de la région ! Étienne Chatiliez a d'ailleurs tourné au pays des oies son célèbre *Le bonheur est dans le pré.* Le Gers est le 2e département producteur de palmipèdes (canards et oies) à foie gras en France ! Et savez-vous que la cuisine à base de graisse d'oie est réputée pour ses vertus cardioprotectrices ? C'est aussi le 1er producteur de tournesol.

La Gascogne recoupe en partie le département du Gers. En fait, c'est le cœur de la Gascogne, car au Moyen Âge celle-ci incluait une grande partie des Landes et des Hautes-Pyrénées voisines, ainsi qu'un morceau de la Haute-Garonne.
La région est traversée par de nombreuses rivières (l'Arros, l'Adour, le Midou, la Douze, la Baïse, le Gers, l'Arrats, la Gimone, la Save), qui partent en bouquet dans un sens sud-nord en s'ouvrant vers l'ouest et l'est. Paysages tout en rondeurs, rarement monotones. Les collines présentent ainsi la particularité d'être dissymétriques – un versant abrupt, un autre en pente douce – avec, très souvent, des routes en moraines livrant de remarquables panoramas sur les deux versants. Et pourtant, on ne monte guère à plus de 200 m d'altitude.
Pas de grandes villes, mais des bourgades de charme. Même Auch, la « capitale », se parcourt comme un village. Très peu d'industries, Dame Nature ayant oublié la région dans sa distribution de minerais. Alors, pendant longtemps, on s'est concentré sur l'agriculture en faisant un peu de tout, faute de pouvoir développer une agriculture vraiment intensive. Et puis, pour retenir

les paysans, on a remembré les terres, supprimé des haies, nivelé des buttes, comblé des mares. L'agriculture s'est modernisée avec l'arrivée de quelques gros propriétaires.
Vous verrez également pas mal de champs de maïs pour nourrir oies et canards. Car le Gers est l'un des tout premiers producteurs de foie gras d'oie et de canard.
Côté vignobles, la Gascogne gersoise possède quelques crus et elle peut aligner quelques bons petits vins de pays comme le tariquet, le saint-mont, ou encore de très respectables AOC comme le madiran. C'est une première en France, 150 pieds de vigne sont, depuis juin 2012, classés Monuments historiques, dans le village de Sarragachies. Mais la Gascogne est surtout la patrie de l'armagnac, l'un des plus prestigieux alcools au monde. Terre hospitalière, est-il nécessaire de le préciser ? Les Gascons sont de bons vivants, profondément attachés à leur terre, même si le plus célèbre d'entre eux, d'Artagnan, dut partir, comme beaucoup de jeunes nobles pauvres, vendre son enthousiasme pour des causes guerrières.

ARMAGNAC

Tout d'abord, la prière gasconne qui résume bien l'art de vivre gersois : « Seigneur ! Donnez-moi la santé pleinement / Du travail légèrement / De fins repas très souvent / De l'amour de temps en temps / Mais surtout de l'armagnac journellement. »
L'armagnac est la plus ancienne eau-de-vie de vin du monde. Elle était déjà commercialisée au XVe s (le cognac, lui, ne date que du XVIIe s). Depuis le XIXe s, l'armagnac ne subit plus qu'une seule distillation, contrairement au cognac, qui passe deux fois dans l'alambic. Cette distillation commence en octobre, après les vendanges, et dure jusqu'à fin avril. C'est la vinification la plus naturelle qui soit ; aucun ajout (soufre, sucre) n'est autorisé. Dès sa sortie de l'alambic, l'eau-de-vie est mise à vieillir dans des fûts de chêne neuf du pays (chêne noir). Pour avoir droit à l'appellation, l'eau-de-vie doit rester au moins 2 ans en fût.

Petit lexique pour mieux comprendre ce que vous allez acheter

- 3 étoiles : assemblage d'armagnac de plus de 3 ans.
- VSOP : assemblage d'armagnac de plus de 4 ans.
- Napoléon : assemblage d'armagnac de plus de 5 ans.
- Hors d'âge : assemblage d'armagnac entre 10 et 15 ans.
- Millésimé : seule année avec indication de l'année de production.

L'armagnac s'étend sur trois terroirs différents. Le Haut-Armagnac d'abord, capitale Auch : la partie la plus vaste, mais les sols calcaires ne donnent pas de très bons vins à distiller. La Ténarèze ensuite, capitale Condom : sols favorables à la culture de la vigne, mais ces armagnacs demandent un long vieillissement. Le Bas-Armagnac enfin, capitale Eauze : considéré comme le meilleur. Eaux-de-vie d'une grande finesse et à vieillissement plus rapide que celles de la Ténarèze.

Blanche Armagnac

Elle a pour origine l'eau-de-vie fraîchement distillée que les producteurs avaient l'habitude de conserver pour leurs propres besoins. C'est la petite sœur de l'armagnac, en somme. Elle est issue du même terroir, mais à la différence de l'armagnac, de couleur ambrée, elle est blanche et présente un aspect cristallin. Des procédés différents en matière de distillation et de maturation permettent de révéler des arômes fruités et une rondeur en bouche. Elle a obtenu l'AOC en 2005.

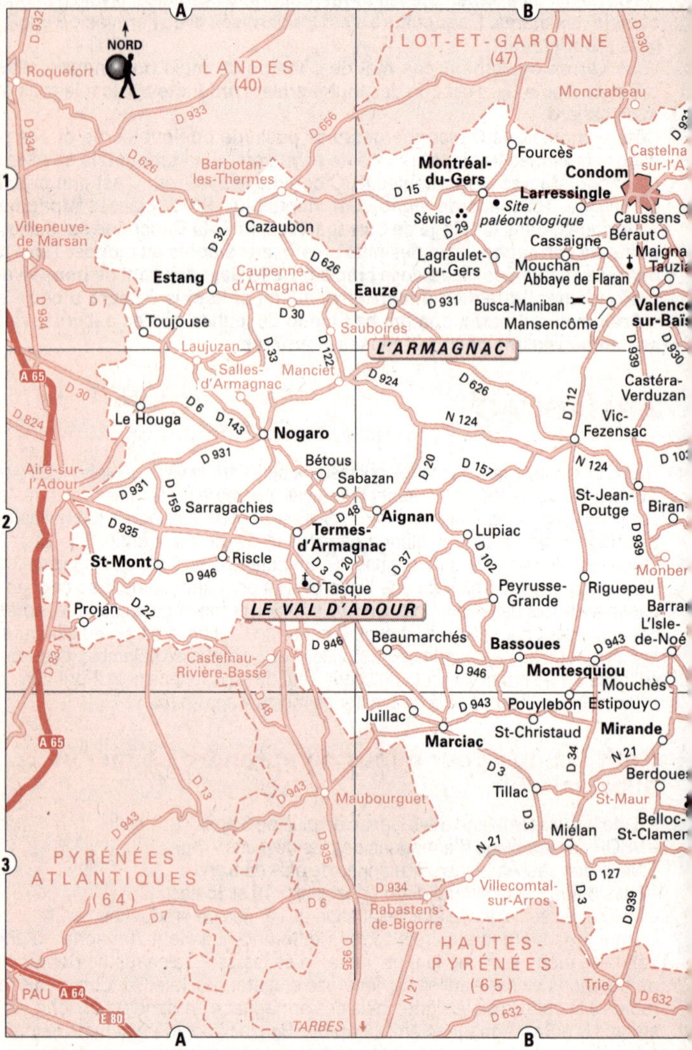

CUISINE ET VINS GASCONS

La cuisine gasconne est une cuisine traditionnelle, à base de produits du terroir. Pionnier du tourisme rural, il faut reconnaître au département une véritable vocation d'hospitalité. Malheureusement, à trop jouer la carte terroir, on finit par s'enliser dans la tradition. Résultat : le menu presque obligatoire avec foie

LE GERS

gras et confit ou magret (lassant à force, et pas donné qui plus est). Heureusement, ces derniers temps, de jeunes chefs s'efforcent d'apporter un certain renouveau en remettant au goût du jour des produits longtemps relégués aux oubliettes comme le porc noir gascon, le bœuf mirandais ou encore la poule noire. Cela dit, il est assez difficile de trouver une réelle identité à la gastronomie gersoise, faite d'emprunts (et d'échanges) avec les Landes, le département de Tarn-et-Garonne, les Pyrénées...

Au rayon des potages d'abord : la garbure, la poule au pot, le tourin à l'ail. Ensuite, l'oie et le canard, de toutes les façons : foie gras (naturel ou mi-cuit), foie frais, confit, magret, daube ou civet de canard (salmis), voire l'alicuit (ragoût d'abattis) ou les demoiselles (les carcasses). Et puis n'oublions pas le poulet fermier (Label rouge), souvent cuisiné à l'ail et dont le Gers est un grand producteur, les palombes, les bécasses et autres gibiers. Peu de poissons, encore moins de fromages. Pour finir, le *millasson,* ou *millassou* (dessert à base de farine de maïs), ou le pastis gascon (appelé aussi croustade aux pommes).
Pour agrémenter le tout, les terroirs du Gers possèdent d'excellents vignobles. Le madiran fut longtemps utilisé comme vin de messe et connut sa renommée grâce aux pèlerins de Saint-Jacques-de-Compostelle. Moins corsés (et moins célèbres), les côtes-de-saint-mont et les côtes-de-gascogne possèdent d'excellents crus qui surprendront les amateurs. Ils ont aussi l'avantage d'être accessibles, même au restaurant. Le côtes-de-gascogne est d'ailleurs l'un des vins blancs les plus exportés dans le monde. Enfin, comment ne pas parler du floc de Gascogne et du « Pousse rapière », l'apéritif régional par excellence ? Le premier est le fruit du mariage du moût de raisin frais et de l'armagnac ; il entre dans la composition de nombreux cocktails. Le second est une liqueur d'armagnac aromatisée à l'orange amère, servie avec du vin mousseux brut ou du blanc sec.

SAUVETÉS, CASTELNAUX ET BASTIDES

Les *sauvetés* sont l'extension à un village tout entier du droit d'asile sacré, jusque-là limité à l'église et à son enclos. Elles furent créées de 1050 à 1141. Des croix limitaient ce territoire. La sauveté était également un instrument de colonisation agricole, puisque chaque nouveau venu recevait un enclos à bâtir et un bout de terrain. Comme ses voisins Périgord et Lot-et-Garonne, le Gers se trouvait sur la ligne de front des guerres franco-anglaises. Les Français tenaient Toulouse, les Anglais, Bordeaux. La Gascogne au milieu. On érigea alors de nombreux châteaux, plutôt de petite taille et à l'architecture très simple, pour répondre à l'urgence des situations. Puis, comme il fallait aussi protéger les paysans, les *castelnaux* furent créés, villages fortifiés, en général situés sur la crête d'une colline et dominés par le château seigneurial. On en trouve beaucoup dans le Gers, et il existe même un superbe itinéraire des « bastides et castelnaux » dans le sud du département.
Puis on passa au stade supérieur avec les *bastides.* Aux XIIIe et XIVe s, rois de France et d'Angleterre, seigneurs locaux et moines cherchèrent à attirer les paysans dans leur camp. Pour les séduire, on leur offrit de nombreux avantages : terres, logements, parfois exemption de taxes et d'impôts. Ces villes d'un type nouveau s'appelèrent « bastides » dans le coin (« villeneuves » ou « villefranches » en d'autres régions). On en compta jusqu'à 300 entre Périgord et Pyrénées.

TOUS À LA BASTIDE !

Villes d'un genre particulier, les bastides présentaient plusieurs traits communs : des franchises exceptionnelles pour leurs habitants, un tracé urbain avec rues se coupant à angle droit, une halle pour le marché hebdomadaire au centre d'une vaste place entourée de demeures à couvert, sortes de galeries couvertes, certaines sur piles de bois, d'autres sur arches en pierre et brique.

Adresses et infos utiles

Comité départemental de tourisme et des loisirs du Gers : *3, bd Roquelaure, BP 50106, 32002* ***Auch*** *Cedex. ☎ 05-62-05-95-95.*

• *tourisme-gers.com* • *En sem 8h30-13h (12h30 ven), 14h-18h (17h ven).* Pour toute demande spécifique concernant les chambres d'hôtes, loisirs, randonnées...

– ***Passeport Privilège :*** valable toute l'année. Différents partenaires vous offrent des entrées à tarifs préférentiels pour profiter au mieux du département : musées, sites touristiques, visites guidées, produits du terroir, soins thermaux, apéritifs dans certains restos... Gratuit, on le trouve dans les offices de tourisme. Renseignements auprès du comité départemental de tourisme (on peut aussi le télécharger sur son site).

– ***Les Tables du Gers :*** une sélection d'une trentaine de tables parmi les meilleures du département, garantissant une cuisine de qualité élaborée avec des produits du terroir dans un cadre accueillant. La brochure est disponible dans les offices de tourisme ou téléchargeable sur le site • *restaurant.tourisme-gers.com* •

– ***Le Petit d'Artagnan :*** brochure gratuite qui recense les sites, musées et festivals proposant des animations ou des visites destinées au jeune public (de 2 à 12 ans). Également quelques établissements (campings, hôtels et restos) spécifiquement équipés. Infos auprès des offices de tourisme et du comité départemental de tourisme (également téléchargeable sur • *famille.tourisme-gers.com* •).

– ***Trend and gay-friendly :*** • *trendy.tourisme-gers.com* • Portail dédié à l'accueil *gay-friendly.* Notez que le Gers est le 1er département français à avoir mis en place une telle charte.

– ***Éco-tourisme :*** • *vrai.tourisme-gers.com* • Recense les établissements (hôtels, restos, etc.) et les différentes activités dans le département qui s'inscrivent dans une démarche de développement durable.

– ***Vins du département :*** • *vins.tourisme-gers.com* • Un portail pour ceux qui veulent découvrir les vins du Gers. Établissements (domaines, cavistes, hôtels et restaurants) qui mènent différentes actions de valorisation des vins.

■ ***Relais départemental des Gîtes de France :*** *route de Tarbes, BP 70161, 32003* ***Auch*** *Cedex.* ☎ *05-62-61-77-67. Central de résa,* ☎ *05-62-61-79-00.* • *gers-gites-france.com* •

■ ***Comité départemental de la randonnée pédestre du Gers :*** *Maison du tourisme, 3, bd Roquelaure, BP 50106, 32002* ***Auch*** *Cedex.* ☎ *05-62-05-87-41.* • *randonnee.tourisme-gers.com* • Cartes, *pochette Sentiers* pour les petites randonnées et topoguides sur les différents chemins de Saint-Jacques-de-Compostelle.

AUCH (32000) 21 870 hab. *Carte Gers, C2*

▸ Pour le plan d'Auch, se reporter au cahier couleur.

Au cœur du pays gascon, labellisée « Ville et pays d'art et d'histoire », une petite capitale à taille humaine, accrochée à une colline, pelotonnée autour de sa magnifique cathédrale, d'où jaillissent de romantiques ruelles bordées de demeures vénérables. Les conditions rêvées pour laisser éclater son émotion devant les admirables vitraux d'Arnaut de Moles et vagabonder à son rythme dans le superbe musée des Jacobins.

Arriver – Quitter

Gare SNCF *(hors plan couleur par B2) :* *av. Pierre-Mendès-France. Rens :* ☎ *36-35 (0,34 €/mn).* De Toulouse (à 77 km) et Agen (à 71 km), trains et cars SNCF.

Gare routière *(hors plan couleur par B2)* : *av. Pierre-Mendès-France, à côté de la gare SNCF. ☎ 05-62-05-76-37.* Pour Montauban, Tarbes, Mont-de-Marsan, Agen, Lectoure, Fleurance, Beaumont-de-Lomagne, Mirande, Condom et Toulouse.

✈ **En avion :** *aéroport de Toulouse-Blagnac à 50 mn d'Auch. ☎ 05-61-42-44-00.*

Adresses et info utiles

Office de tourisme *(plan couleur A2)* : *1, rue Dessoles. ☎ 05-62-05-22-89. • auch-tourisme.com • Dans une superbe demeure médiévale, à deux pas de la cathédrale. Tte l'année : de mi-juil à mi-août et en mi-saison, tlj ; le reste de l'année, tlj sf dim et j. fériés.* Visites guidées thématiques (centre historique, cathédrale Sainte-Marie, musée des Jacobins, hôtel de ville, circuits ludiques pour enfants, etc.) tous les jours en juillet et août ; visites guidées aussi début septembre et pendant les vacances scolaires *(4 € ; gratuit moins de 18 ans).* Documentation sur la ville et le département. Dépliants thématiques et 2 circuits piétons pour la découvrir. Programme des animations.

✉ **Poste principale** *(plan couleur A1)* : *10, rue Gambetta. Lun-ven 8h30-18h15 ; sam 8h30-12h15.*

@ **Internet :** ***IMAJ – Bureau Information Jeunesse** (hors plan couleur par B2, **1**), 16 bis, rue Rouget-de-Lisle. ☎ 05-62-60-21-21. Lun-sam 13h-18h. Congés : 10 j. en août. Connexion gratuite pour les moins de 30 ans, payante pour les autres.* Une dizaine de postes à la *Cyberbase*. *Également à la **bibliothèque municipale** (plan couleur A2, **2**), 11, pl. du Saluste-du-Bartas. Fermé dim-lun, mar mat, jeu mat et ven mat. Accès gratuit.*

Stationnement : ***parking des allées Baylac** (plan couleur A1), lun-ven 7h30-19h (20h30 pour la récupération de la voiture), sam 7h30-12h (14h30 pour la récupération de la voiture). Fermé 1re quinzaine d'août.* Parking souterrain gratuit de 500 places.

Location de voitures : ***Hertz,** 32, pl. Lagarrasic, ☎ 05-62-05-26-26. **Europcar,** 2, av. de la Marne, ☎ 05-62-60-09-19.*

Taxis : ***Denis Claverie Taxi,** ☎ 05-62-64-45-32, 📱 06-08-47-68-21. **Armagnac Bigorre Taxis,** 📱 06-77-49-81-35.*

Cyclo Watt 32 *(hors plan couleur par B1, **3**)* : *67, av. de l'Yser. ☎ 09-51-11-40-06. • cyclowatt32.com • Mai-oct, lun-sam 9h-19h30 ; dim 10h-12h30. Le reste de l'année, tlj sf dim-lun.* Location de vélos électriques et classiques. Caution demandée.

– **Marchés :** *jeu mat dans la ville basse (le plus important), sam mat (marché alimentaire slt) dans le centre historique.*

Où dormir ?

Campings

Camping de l'île Saint-Martin *(hors plan couleur par A3, **10**)* : *rue du Général-de-Gaulle. ☎ 05-62-05-00-22. • lecastagne@wanadoo.fr • camping-ile-saint-martin.com • Prendre la route de Tarbes, puis fléché sur la gauche ; à env 15 mn à pied du centre-ville. Ouv de mi-avr à début nov. Compter 6,15 € pour 2 avec tente et voiture ; pas de mobile home. 45 empl.* Camping municipal sur une île, au bord du Gers, dans un cadre verdoyant. La voie verte qui rejoint le centre-ville passe à proximité. Terrain de rugby et piscine à deux pas. Simple et parfait pour le prix.

Camping Le Castagné *(hors plan couleur par B2, **11**)* : *chemin de Naréoux. ☎ 05-62-63-32-56. 📱 06-07-97-40-37. • lecastagne@wanadoo.fr • domainelecastagne.com • D'Auch, prendre la route de Toulouse ; à 2 km, bifurquer à droite (fléché) ; c'est à 1 km.*

Ouv mai-oct (loc tte l'année). Compter 15 € pour 2 ; loc de cottages et chalets 360-650 €/sem selon capacité et saison. 12 empl. Dans une exploitation agricole, une toute petite structure familiale à 5 mn du centre-ville d'Auch. Emplacements bien ombragés, en paliers sur une douce colline, dominant un plan d'eau et avec vue sur la campagne environnante. Fait aussi chambres d'hôtes. Piscine, pêche, embarcations à pédales, terrains de jeux, ping-pong, minigolf, etc. Club enfants en saison. Accueil sympa.

De bon marché à prix moyens

Hôtel Le Robinson *(hors plan couleur par A3,* ***12****) : route de Tarbes.* ☎ *05-62-05-02-83. • hotel.robinson.gers@wanadoo.fr • hotelrobinson.net • À 2,5 km du centre-ville, 200 m après l'hypermarché* Carrefour*, prendre un petit chemin qui monte sur la droite. Congés : fêtes de fin d'année. Doubles 63-68 € selon saison et confort. Parking privé.* Aux portes d'Auch, un petit hôtel dans un bâtiment années 1960, à la façade banale et assez peu esthétique. Mais, surprise ! À l'intérieur, ce sont des chambres nickel, avec balcon pour celles sur l'avant. De plus, situé au cœur d'un petit bois, l'endroit est calme et frais l'été. Sans oublier l'accueil chaleureux. Finalement, pas mal du tout pour une halte dans la cité gasconne.

Hôtel de Paris *(hors plan couleur par B2,* ***13****) : 38, av. de la Marne.* ☎ *05-62-63-26-22. • hotelparis.auch@orange.fr • Route de Toulouse, non loin de la gare et à 10 mn à pied du centre-ville. Resto fermé le soir sam-dim. Doubles 35-58 € selon confort (simple lavabo pour les moins chères). Menus 13 € (midi sf dim), puis 19-25 €. CB refusées. Parking payant.* Dans la même famille depuis un bail, l'établissement sent bon la province d'autrefois. Chambres bien entretenues mais au décor vieillot et au charme suranné. Plus calmes sur l'arrière. Néanmoins, côté avenue, le dispositif de double fenêtre est efficace. Au restaurant, cuisine traditionnelle régionale pur jus.

Chic

Chambres d'hôtes Le Consulat *(plan couleur B1-2,* ***14****) : 2, rue des Pénitents-Bleus. 06-16-84-56-42. Ouv tte l'année. Double 70 €. Parking fermé gratuit.* Amoureux des vieilles pierres, Benjamin s'est attaqué à la restauration de l'ancien consulat d'Italie, un hôtel particulier du XVIIIe s situé au cœur du vieil Auch. 3 chambres spacieuses et confortables ont retrouvé leur lustre d'antan, dont celle dédiée à son grand-père Paul Sabatier (Prix Nobel de chimie en 1912). Déco et ameublement élégants, salon baroque à disposition, le tout en harmonie parfaite avec l'esprit des lieux. Une adresse au charme certain.

Chambres d'hôtes Le Castagné *(hors plan couleur par B2,* ***11****) : chemin de Naréoux. À 3 km d'Auch et en contrebas du camping du même nom (voir ci-dessus) ; mêmes propriétaires. Ouv tte l'année. Doubles 70-85 €.* Au cœur de leur ferme, mais un peu à l'écart du camping, ce couple d'agriculteurs propose 4 chambres spacieuses, joliment restaurées sur différents thèmes, toutes avec salle de bains privée, écran plat. Quelques colombages et vieilles poutres par-ci, par-là. L'ensemble est soigné. Certaines bénéficient d'une belle vue sur la campagne vallonnée. Accès libre à la piscine du camping. Spa et sauna. Bon accueil.

Domaine de Baulieu *(hors plan couleur par B2,* ***15****) : route de Lussan.* ☎ *05-62-59-97-38. • contact@ledomainedebaulieu.com • ledomainedebaulieu.com • Du centre-ville, prendre la route de Toulouse, puis à droite après la voie ferrée et la supérette (fléché) et continuer sur 1 km. Doubles 84-129 € selon saison et confort ; également des suites.* À 3 km du centre historique, en pleine campagne, dans une ancienne ferme superbement restaurée, un hôtel de style contemporain offrant beaucoup de confort. Une petite vingtaine de chambres spacieuses avec un bon lit moelleux, couette, vrai parquet, salle de bains, la plupart mansardées, certaines avec terrasse, toutes avec clim et TV à écran plat. Tenu par Karen et Sébastien, un jeune couple accueillant qui n'a pas lésiné sur le bien-être de ses hôtes : piscine chauffée d'avril à novembre, terrasse, spa. Un lieu plein d'harmonie et calme au cœur d'un paysage de douces collines. En revanche, on se passerait volontiers des chaînes d'info en continu au petit déj...

Hôtel de France *(plan couleur A2,* ***16****) : 2, pl. de la Libération. ☎ 05-62-61-71-71. • contact@hoteldefrance-auch.com • hoteldefrance-auch.com • Doubles 83-103 € selon confort.* L'hôtel mythique d'Auch, tenu par une famille d'hôteliers-restaurateurs sérieux. Les parties communes sont fraîches et agréables. Quant à la trentaine de chambres, toutes différentes, si elles gardent une déco à l'ancienne, elles acquièrent peu à peu un confort moderne, affichant même pour certaines un genre mégalo décalé. Accueil aimable et très professionnel. Bonne table également (voir « Où manger ? » plus loin).

Beaucoup plus chic

Château Les Charmettes *(hors plan couleur par A1,* ***17****) : 21, route de Duran. ☎ 05-62-62-10-10. • booking@chateaulescharmettes.com • chateaulescharmettes.com • De la pl. de la Mairie, suivre Mont-de-Marsan/Vic-Fezensac sur 1 km, puis prendre la fourche à droite direction Duran/Rocade Nord ; c'est 200 m plus loin, sur la droite. Doubles à partir de 160 € (et jusqu'à 400 € !). Promos sur le site.* Bienvenue au royaume du kitsch... car *Les Charmettes* n'a de château que le nom, et la déco un poil tape-à-l'œil dans certaines chambres (la « Suite des Mariés » ou la « Fugue » méritent un coup d'œil) a tout pour charmer la clientèle américaine, directement visée. Heureusement, les « moins chères » sont les plus sobres ; la « Blues » notamment, avec sa salle de bains façon cabine de bateau, nous a emballés. Mais tout n'est pas qu'apparence : les installations (clim, chaînes satellites, minibar...), le confort (moquette épaisse, couette, literie neuve, peignoirs), le service sont dignes d'un 4-étoiles et la propriétaire (revenue dans son Gers natal après avoir tenu une agence de voyages aux États-Unis : on comprend mieux !) dispense un accueil chaleureux des plus naturel. Forcément, l'adresse détonne et ne rassemble pas tous les suffrages, mais force est de constater que la maison admirablement rénovée, le vaste parc entretenu et la piscine à l'écart des regards ne manquent pas de charme.

Où manger ?

Bon marché

Thé Comédie *(plan couleur A1,* ***20****) : 12, rue Louis-Aucoin. ☎ 05-62-05-81-13. Ouv le midi slt lun-ven. Congés : août. Résa conseillée. Menu 13,50 €, différent chaque j. ; carte env 15 €.* Plus qu'un salon de thé (formule proposée en fin de service), ce bistrot de quartier est investi sur les coups de midi par tous les cols blancs du coin qui, faute de trouver mieux dans cette gamme de prix, viennent se régaler au coude à coude et dans une joyeuse ambiance de divines assiettes gourmandes et tartes maison concoctées au gré du marché. Les propositions changent quotidiennement. L'ardoise des douceurs sucrées est, quant à elle, quasi immuable : clafoutis, crumble... des grands classiques *home made* tellement bons qu'il faut quasiment les réserver en arrivant !

La Cant'Auch *(hors plan couleur par B1,* ***21****) : allée des Arts. ☎ 05-62-61-65-71. • lacantauch@circa.auch.fr • Ouv le midi slt lun-ven, plus les soirs de spectacles au CIRC. Résa conseillée. Formules et menu 12,50-14 € ; menu spectacle 30 €.* Aménagée dans l'enceinte du CIRC (le Centre d'innovation et de recherche circassien) et dans les écuries d'une ancienne caserne militaire, voilà une cantoche sympathique et originale. Ce n'est peut-être pas de la cuisine de haute voltige, mais ici, on vous propose des suggestions du jour, fraîches et bien senties, qui jonglent avec des saveurs parfois venues d'ailleurs. En cuisine et au service, de jeunes gens en réinsertion qui trouvent là un nouveau tremplin dans la vie. Une belle initiative, à plus d'un titre !

De prix moyens à chic

Ⓘ **Le Bartok** *(plan couleur A1,* ***22****) : 1, rue Gambetta. ☎ 05-62-05-87-82. Tlj sf dim-lun. Résa conseillée. Le midi, formule et menu 11-13,50 € ; le soir, menu 26 € ; carte env 40 €.* Dans une ancienne demeure aux robustes murs de pierre joliment restaurée, Julien Guichard compose une cuisine enjouée, créative et artistique, avec les produits du moment et le sens du perfectionnisme. Le tout à prix fort raisonnables. L'une des meilleures tables d'Auch.

Ⓘ **La Table d'Oste** *(plan couleur A1-2,* ***23****) : 7, rue Lamartine. ☎ 05-62-05-55-62. Tlj sf sam soir, dim et lun midi (plus jeu midi hors saison ; ouv sam soir hors saison). Plat du jour 12 € (midi sf dim et j. fériés) ; menus 22-38 €.* Une petite salle climatisée à la déco rustique et quelques tables en terrasse, le long de la halle aux herbes, pour une cuisine de terroir orchestrée par un chef jovial qui aime tailler la bavette avec ses clients. Dans l'assiette, belle salade gasconne, canard dans tous ses états, cassoulet, et une originale spécialité : le *Hambur-gers-gascon.* Le magret remplace le pain, le foie gras prend la place du bœuf. Quant à la sauce, dont la composition est tenue secrète, ce n'est pas du ketchup ! Service attentionné.

Ⓘ **Brasserie Le 9e et restaurant La Grande Salle** *(plan couleur A2,* ***16****) : 2, pl. de la Libération. ☎ 05-62-61-71-71. • contact@hoteldefrance-auch.com • Brasserie ouv tlj ; resto ouv midi et soir mar-ven, plus le midi sam-dim. Formules déj sf dim 12,50-14,50 € ; menus 19-23 € à la brasserie, 28-55 € au resto.* L'*Hôtel de France* propose 2 tables. Côté brasserie, le chef inspiré joue la carte de la modernité, avec une cuisine de saison revisitée, à base de produits frais du cru, servie dans un cadre contemporain ou dans une véranda-terrasse au bord de la rue. Au resto à proprement parler, cuisine plus élaborée, d'inspiration gastronomique, que l'on déguste dans une grande salle aux fastueux décors moulurés et peints.

AUCH

Où dormir ? Où manger dans les environs ?

⌂ Ⓘ **La Fenière :** *domaine de Besmaux, 32550* ***Pavie.*** *☎ 05-62-05-27-02. • emmanuelds@yahoo.fr • domainedebesmaux.com • ♿ À 8 km au sud d'Auch par la D 929 ; fléché depuis Pavie. Juin-sept, resto ouv tlj ; oct-mai, le soir jeu-sam, plus dim midi et j. fériés. Double 50 € ; familiale 60 €. Carte 20-25 €. Wi-fi Un petit déj par chambre et par nuit offert sur présentation de ce guide.* Un complexe touristique « à la ferme » : resto-grill, café-concert le samedi soir hors saison, équitation, tennis, squash, piscine... et hébergement. En pleine nature, l'endroit est simple et sympa. Une adresse à l'atmosphère un poil bohème, idéale aussi bien en famille qu'entre copains pas trop exigeants sur le confort.

Ⓘ **Restaurant Le Papillon :** *lieu-dit Au Petit-Guilhem, 32300* ***Montaut-les-Créneaux.*** *☎ 05-62-65-51-29. • lepapillon@wanadoo.fr • ♿ À 6 km du centre-ville, direction Agen, bifurquer à droite (direction Montaut) ; c'est à 100 m. Tlj sf dim soir et lun. Congés : 2 sem fin fév-début mars, 2 sem début juil et 1 sem début sept. Menus 14,90 € (midi sf dim et j. fériés), puis 28,50-50 €.* Dans une maison moderne à la déco soignée avec mezzanine et belle terrasse ombragée, Michel Arsuffi cuisine les viandes de façon rigoureuse, mais c'est surtout un des rares chefs du coin à travailler les produits de la mer (essayez la sole fourrée au foie gras). Traditionalistes et réformateurs communieront donc à la même table. Excellent accueil. Une valeur sûre depuis quelques années déjà.

Où boire un verre ? Où assister à un concert à Auch et dans les environs ?

Le Salon *(plan couleur B1, **30**) : 10, pl. Villaret-Joyeuse, à Auch. ☎ 05-62-05-89-30. • lesalon32@orange.fr • Tlj sf dim-lun jusqu'à 2h.* Un bistrot connu pour ses concerts qui swinguent ou ceux plus vitaminés (jazz, pop-rock, punk, musique du monde, etc.), en principe les vendredi et samedi. Et si une petite faim vous tiraille, possibilité de grignoter des assiettes de fromage, charcuterie, etc.

La Fenière : *domaine de Besmaux, 32550* ***Pavie.*** *Voir « Où dormir ? Où manger dans les environs ? ».* De septembre à juin, propose des concerts gratuits ou payants *(PAF : env 5 €),* le week-end, à partir de 21h-22h. Nombreux horizons musicaux.

À voir

La cathédrale Sainte-Marie *(plan couleur A-B2) : 06-30-41-19-38. Juil-août, tlj 9h30-19h ; le reste de l'année, tlj 9h30-12h, 14h30-17h30 (18h ven-dim). Ne se visite pas pdt les offices. Audioguide pour la visite des vitraux : 2 € (3 € avec accès à la salle des stalles).*

L'une des dernières édifiées en France. Les travaux commencés à la fin du XVe s ne s'achevèrent qu'à la fin du XVIIe s. Malgré cela, elle présente une remarquable homogénéité architecturale qui témoigne de l'habilité des constructeurs de l'époque à mêler styles gothique et Renaissance. Extraordinaires décor et mobilier intérieurs avec les vitraux et les stalles. Quelques chiffres : 105 m de long, 40 m de large et hauteur sous voûte de 26 m. Site majeur sur les chemins de Saint-Jacques-de-Compostelle, inscrit au Patrimoine mondial de l'humanité par l'Unesco depuis 1998. Ayant traversé les périodes Renaissance et classique, la façade et ses deux tours de 44 m en manifestent de grandes influences, mais cela se marie fort bien avec le gothique. Au soleil de midi, la belle pierre blonde devient carrément dorée. Bel effet de légèreté produit par le porche bien aéré. Grande richesse ornementale (colonnes corinthiennes, superbes grilles du XVIIIe s, porche faisant songer à un arc de triomphe à l'antique). Sur la face latérale droite (côté place Salinis), un portail où gothique flamboyant et style Renaissance fusionnent gracieusement. Joli décor flamboyant soulignant contreforts et grandes baies. Superbe chevet aux puissants arcs-boutants.

À l'intérieur, plan traditionnel d'immense vaisseau à trois nefs. Pas de prouesse architecturale particulière, mais ampleur et équilibre.

Les verrières

Les 18 grandes verrières du chœur sont considérées comme les plus belles de la Renaissance. Elles furent réalisées à partir de 1507 par un artiste gascon, Arnaut de Moles, en même temps qu'un autre chef-d'œuvre, la chapelle Sixtine. Est-ce un hasard ?

Personnages monumentaux, couleurs éclatantes d'une profondeur inouïe, grande variété de tonalités à chaque changement de lumière. Richesse des vêtements et drapés. Précision et virtuosité de toutes les scènes et des paysages en arrière-plan. La plupart des verrières ne sont pas faciles à décrypter en raison de la profusion des personnages (prophètes, patriarches, sibylles, apôtres...) et des symboles. Cependant, trois d'entre elles délivrent un message clair et balisent le parcours de façon géométrique. Nous nous attarderons donc davantage sur elles. Leur lecture s'effectue de la gauche vers la droite. Partir donc de la chapelle no 11, dite « du Péché originel », située à gauche des stalles du chœur. Au centre (chapelle no 16), on trouvera la Crucifixion, et au bout du parcours la Résurrection (chapelle no 21). On y voit clairement le symbolisme de la chute de l'humanité, puis du sacrifice du Christ et, pour finir, du salut de l'humanité.

– ***La verrière de la Création,*** dans la chapelle du Péché originel, se lit de haut en bas. Tout en haut, le Créateur, entouré d'anges musiciens. Scène du dessous, la Création du monde : premier panneau, les cinq premiers jours (symbolisés par les cercles concentriques). Deuxième panneau : façonnage d'Adam. Troisième panneau : création de la Femme, extraite du flanc d'Adam endormi. Grande scène centrale classique : la Tentation. Scènes finales du bas : panneau de gauche, Adam et Ève chassés du Paradis (au-delà de la porte, un trou noir, l'inconnu !) ; panneau du milieu, le travail et la famille ; panneau de droite, le meurtre d'Abel par son frère Caïn (le début des ennuis du monde).
– Au milieu du déambulatoire (au fond de la cathédrale, chapelle n° 16 donc), la ***Crucifixion.*** Nombreux détails pittoresques et poétiques : des anges recueillent le sang des mains dans des coupes. Au pied du Christ, la Vierge, Marie Madeleine et saint Jean. Intéressante verrière de droite évoquant la punition et le repentir : de gauche à droite, le roi David jouant à la harpe des psaumes de repentir ; au centre, saint Jacques en habit de pèlerin symbolisant la souffrance des « marcheurs de Dieu » ; enfin, à droite, le roi Ozias atteint de la lèpre pour avoir été infidèle. Noter l'exceptionnelle ornementation de la fleur de lys au-dessus de la croix.
– Au bout de cet extraordinaire parcours (à noter que la chapelle n° 17 ne possède pas de vitrail à cause du palais de l'Officialité, adossé à l'église), on trouve la ***verrière de la Résurrection.*** Le Christ, sur fond de tenture verte ouvragée (résurrection de la nature aussi ?), est entouré de Thomas l'incrédule et de Marie Madeleine sanctifiée (pourvue, là, d'une auréole). Noter le beau mouvement des regards et des mains s'inscrivant dans un cercle. Enfin, dernier symbolisme : Thomas met la main sur la blessure du Christ. Comme la Femme qui naquit du flanc droit d'Adam, ici, c'est du flanc droit du Christ que l'Église est invitée à naître. Fin du cycle. Derniers panneaux du bas : au milieu, le Christ apparaît aux deux disciples d'Emmaüs. À droite, la signature d'Arnaut de Moles (noter, oubli ou petite facétie, le « O » au milieu du « M »).
– ***Dans les chapelles du déambulatoire,*** on notera encore le *retable en pierre de sainte Catherine* (chapelle n° 15) et, surtout, la *Mise au tombeau de la chapelle du Saint-Sépulcre* (n° 17), attribuée à Arnaut de Moles. Personnages grandeur nature aux visages pathétiques. Les soldats qui encadrent la scène présentent les costumes des guerres d'Italie.

Les stalles
– ***Visite :*** *mêmes horaires que la cathédrale. Entrée : 2 € ; réduc.*
Situées dans un chœur complètement clôturé, véritable église dans l'église. Deuxième chef-d'œuvre de cette cathédrale, les stalles datent de 1510-1522 environ, soit à peu de choses près de la même époque que les verrières (1513). Elles nécessitèrent cependant 40 ans de travail, et, curieusement, c'est le style gothique flamboyant qui domine encore dans les dais sculptés, alors que les vitraux montrent nettement le virage de la Renaissance. Combat d'arrière-garde des prélats, dit-on, restés très conservateurs. En tout cas, admirable travail de dentelle de bois sculpté des baldaquins. Le style Renaissance apparaît plus ou moins franchement dans certains personnages, visages, animaux, monstres, symboles qui ornent le dessous des sièges, les accoudoirs. Tous différents d'ailleurs, démontrant une liberté artistique incroyable. On compte plus de 3 000 motifs et 1 500 personnages différents. Les 113 stalles furent sculptées dans le cœur de chêne, qui aurait au préalable été immergé dans l'eau pendant plusieurs dizaines d'années pour pouvoir être travaillé plus facilement.
Dans les personnages des dossiers, noter l'alternance homme/femme. Ces dernières symbolisent le plus souvent les vertus ou sont des sibylles (prophétesses païennes). Les hommes, eux, figurent plutôt des personnages bibliques, prophètes, évangélistes et apôtres. On remarquera un détail amusant sur la stalle n° 35 (à l'entrée à gauche) : un homme soulève la jupe d'une femme !
Le grand ***retable du chœur*** ressemble à une sorte de décor de théâtre baroque. Le reste de la cathédrale offre encore son pesant de mobilier intéressant,

notamment l'***avant-chœur,*** avec ses 20 stalles de style néogothique, surmonté d'un joli orgue de chœur, les ***grandes orgues*** du XVIIe s restaurées (seul exemplaire complet en France de cette époque), nombre de retables, dont celui de la chapelle de la Nativité (n° 7) avec une ravissante Nativité en boiserie dorée sculptée. Concerts d'orgue gratuits, le dimanche à 18h, de mi-juillet à fin août.

L'ancien archevêché *(plan couleur B2)* **:** *sur le flanc nord de la cathédrale. L'intérieur ne se visite pas (sf lors des Journées du patrimoine). Accès possible à la cour.* Reconstruit au XVIIIe s. Belle façade ornée de pilastres cannelés d'ordre corinthien. Aujourd'hui, c'est la préfecture. Emprunter ensuite la rue Baudin pour parvenir à la place Louis-Blanc.

Le musée des Jacobins *(plan couleur B2)* **:** *4, pl. Louis-Blanc. ☎ 05-62-05-74-79. • musee-jacobins.auch.fr • Avr-oct, tlj 10h-12h, 14h-18h ; nov-mars, lun-ven 14h-17h, sam-dim 10h-12h, 14h-17h (fermé j. fériés). Fermé en janv. Entrée : 4 € ; réduc ; gratuit moins de 26 ans et pour ts le 1er w-e de chaque mois. Demander le livret gratuit* Chasse aux trésors *pour les 4-12 ans.*
Créé sous la Révolution, en 1793, le musée occupe les trois niveaux de l'ancien couvent des Jacobins (datant du XVe s). Situé au cœur du centre historique d'Auch, le musée réserve d'incroyables surprises en offrant aux visiteurs un parcours exceptionnel autour de deux grands ensembles : l'histoire de la ville et de la Gascogne depuis l'Antiquité jusqu'au XXe s et l'Amérique préhispanique.

Salles du rez-de-chaussée
Le 1er niveau est en majeure partie réservé à la collection d'art précolombien qui compte parmi les plus riches et les plus variées d'Europe (deuxième collection de France, après celle du Quai Branly à Paris). Il offre ainsi un panorama complet des cultures préhispaniques du Pérou, d'Équateur et du Mexique (mochica, inca, teotihuacan, zapotèque, maya...) jusqu'à la conquête espagnole. Plus de 400 pièces d'orfèvrerie, céramique, tissage, bois sont exposées. La collection d'art sacré latino-américain, quant à elle, est certainement la plus spectaculaire et la plus rare. À ne pas manquer, l'exceptionnelle *Messe de saint Grégoire,* un tableau de plumes réalisé selon une technique aztèque en 1539 à Mexico, soit moins de 20 ans après la conquête de Cortès ; probablement une des plus anciennes œuvres chrétiennes du Nouveau Monde.

En sous-sol (rez-de-jardin)
Au rez-de-jardin ont été réunies les collections lapidaires. De nombreuses pièces proviennent de l'ancienne cité antique d'Auch, *Augusta Auscorum,* mais aussi de sites proches comme les splendides fresques provenant du palais gallo-romain de Roquelaure (20 av. J.-C.). Parmi les plus belles pièces figure la statue monumentale de l'empereur Trajan, découverte dans les environs de Rome et mise en dépôt par le musée du Louvre.
Dans une galerie annexe qui occupe une aile de l'ancien cloître sont exposées les collections du Moyen Âge. On peut y admirer de nombreux éléments provenant de l'ancienne cathédrale romane, qui a précédé l'édifice actuel, comme le gisant du cardinal Jean d'Armagnac (XVe s).

Au 2e niveau
Une section présente l'histoire du costume dans le Gers et en Gascogne au cours du XIXe s. Éléments de costumes de mariage, robes de baptême, bonnets d'enfant, coiffes, autant d'éléments qui laissent le visiteur admiratif face à la finesse du travail des couturières d'autrefois. La vie quotidienne et le monde des hommes complètent le tableau, avec notamment la présentation des jeux traditionnels et l'évocation de l'histoire du rugby dans le Gers.
La collection des beaux-arts rassemble les œuvres de peintres et sculpteurs gersois du XVIIIe au XXe s. Figurent notamment les splendides *Phases de la lumière* de Jean-Louis Rouméguère, les étonnants *Fiancés réconciliés* de Mario Cavaglieri, ou la sculpture d'Antonin Carlès intitulée *La Jeunesse.*

Balade dans la vieille ville

Il existe deux circuits balisés (de 45 mn chacun) : « Sur les pas d'Étigny » et « Cœur de ville ». Demander le plan à l'office de tourisme et le document *Découverte familiale* adapté aux enfants.

La place Salinis *(plan couleur A-B2)* **:** en partant du côté droit de la cathédrale, on parvient à la place Salinis, agréable lieu de promenade verdoyant. Collés à la cathédrale, le *palais de l'Officialité* et la *tour d'Armagnac* du XIVe s. Le palais abritait le tribunal ecclésiastique, et la tour, haute de 40 m, la prison de l'archevêché. Bordant la place Salinis, à l'opposé de la tour, s'élève l'*ancien collège des jésuites,* fondé au XVIe s et dont on aperçoit la cour d'honneur du XVIIIe s. À droite, une chapelle avec jolie entrée à pilastres et fronton triangulaire.

L'escalier monumental *(plan couleur B2)* **:** de 374 marches, construit en 1863 et récemment restauré, il relie la ville haute et la ville basse. Sur l'un des paliers, la statue du plus célèbre Gascon : d'Artagnan.

Le quartier des Pousterles *(plan couleur A-B2)* **:** les *pousterles,* ce sont les étroits escaliers qui reliaient dans le passé la haute et la basse ville. Il en reste quelques-unes. De la place Salinis, emprunter la *rue Fabre-d'Églantine* (belle demeure d'angle avec fenêtres à meneaux). Vous tomberez d'abord sur une ancienne et pittoresque porte de ville qui comprend toujours, dans sa partie supérieure, le logement en torchis et colombages du gardien. Rejoindre ensuite la *rue de la Convention.* On croise les *pousterles* des Coulomats et des Oumettes.
La *rue d'Espagne* possède quelques intéressantes demeures. À l'entrée de la rue, à gauche, celle dans laquelle Henri IV aurait séjourné. Porte avec une arche reposant sur des culots sculptés. Ne pas manquer de jeter un œil sur le petit patio à l'intérieur. On peut y admirer un escalier d'une élégance raffinée. Balustres en pierre au 1er étage, ceux des autres étages sont en bois.
Puis, plus haut à gauche, prendre la *rue de Valmy* (en passant sous un porche). On parvient à la *place des Carmélites.* L'ancienne église abrite aujourd'hui la bibliothèque.

La rue Dessoles *(plan couleur A-B1-2)* **:** elle débute place de la République. C'est la rue la plus vivante de la ville, riche en boutiques, terrasses et restos. Belle *maison* du XVe s qui abrite l'office de tourisme. Au no 40, le remarquable *hôtel d'Astorg* en calcaire blond. Au no 33, élégant *hôtel* du XVIIIe s en forme de U. Noter le bel escalier tournant, au fond à gauche.

Dans la ville haute, quartier plus récent qui fait face à la cathédrale, l'***hôtel de ville*** *(plan couleur A1-2),* du XVIIIe s. Architecture classique assez sobre. Beau carillon en ferronnerie. À l'intérieur, demandez avec votre plus beau sourire à visiter le petit *théâtre* à l'italienne du XVIIIe s et la *salle des Illustres* *(lun-ven 9h-17h ; GRATUIT).* Le théâtre fut créé au XVIIIe s par l'intendant d'Étigny, pour le rayonnement culturel d'une capitale gasconne qu'il jugeait trop rurale. Admirable plafond du XIXe s où des jeunes femmes entourées d'enfants symbolisent la poésie, l'éloquence, la musique et la peinture. Aux premières loges, les panneaux à rinceaux dorés comportent des médaillons représentant les auteurs en vogue au XIXe s. À l'étage, la *salle des Illustres* est une galerie de 50 portraits réalisés au XIXe s, qui aligne les personnages célèbres de la Gascogne. Sur le côté de l'hôtel de ville partent les *allées d'Étigny,* tracées à la même époque.

La Maison de Gascogne *(plan couleur A1)* **:** *pl. Jean-David. Juil-août slt, lun-sam 10h30-19h, dim 15h-19h.* Installée dans l'ancienne halle aux grains. Exposition de produits régionaux et d'artisanat. L'occasion d'admirer une belle architecture en pierre de taille de 1837. Grandes arcades en plein cintre. À l'intérieur, 16 gros piliers et une imposante charpente de bois. Hors saison, diverses manifestations culturelles.

Un peu excentré

***Le Centre d'innovation et de recherche circassien** (CIRC ; hors plan couleur par B1) : allée des Arts. ☎ 05-62-61-65-00. • circa.auch.fr • À env 1 km du centre-ville (mairie).* Un centre culturel aménagé au sein d'une ancienne caserne militaire réhabilitée qui accueille le pôle national des arts du cirque, un restaurant, *La Cant'Auch* (voir « Où manger ? » plus haut), et le *Dôme de Gascogne*, une salle de spectacle à l'architecture unique.

Manifestations

– ***Welcome in Tziganie :** 4 j. mi-avr. Rens : 06-38-32-86-70. • welcome-in-tziganie.com •* Festival de danse et de musique tziganes.
– ***Claviers en pays d'Auch :** 10 j. mi-mai. Rens : ☎ 05-62-05-22-89. • festivalclaviers.canalblog.com •* À Auch et dans ses environs, des concerts qui mettent à l'honneur de nombreux instruments méconnus.
– ***Éclats de voix :** 5 j. mi-juin. Rens : ☎ 05-62-05-20-82. • eclatsdevoix.com •* Concerts payants de chant lyrique. Certains ont lieu dans la cathédrale.
– ***Independence(s) et Création :** 4-5 j. début oct. Rens : ☎ 05-62-63-50-62. • festival-cine32.blogspot.fr •* Festival de cinéma (production indépendante, courts métrages).
– ***Circa :** pdt les vac de la Toussaint. Rens : ☎ 05-62-61-65-00. • festival-circa.com •* Festival de cirque actuel. Plus d'une vingtaine de spectacles un peu partout dans la ville. Le festival a soufflé ses 25 bougies en 2012.

DANS LES ENVIRONS D'AUCH

– ***Le Vert en l'Air :** domaine de Besmaux, à **Pavie** (32550). ☎ 05-62-05-26-78. • levertenlair.com • À 8 km au sud d'Auch, par la D 929. Juil-août, lun-ven 10h-19h, sam-dim 14h-19h ; mars-juin et sept-oct, w-e et j. fériés slt 14h-19h (mer-dim pdt vac de Pâques) ; sinon, sur résa. Tarif : 21 € ; 8-12 ans 18 € ; 6-8 ans 15 € ; 3-6 ans 8 €. Forfait journée extrême : 35 €.* Dix parcours acrobatiques en forêt, tyrolienne géante de 160 m, *paintball*, etc.

LA LOMAGNE

Terroir situé au nord et à l'est d'Auch. Paysage doucement vallonné, façonné lentement par l'érosion fluviale. Collines alternant avec vignes, bosquets, petits bois, cultures et pâturages. L'idéal pour rayonner à vélo. C'est aussi la région la mieux pourvue en monuments, grâce à l'abondance de la pierre de calcaire, si lumineuse, qui affleure partout sur les reliefs. Ce terroir produit principalement le fameux armagnac. Aux confins du département de Tarn-et-Garonne et de l'Agenais s'étendent également de nombreuses exploitations d'ail et de melon.

LECTOURE (32700) 3 775 hab. *Carte Gers, C1*

Lectoure est l'une des plus jolies petites villes du département et possède un riche ensemble architectural. Ceinturée par les vestiges de ses anciens remparts médiévaux, elle s'étire comme une acropole sur une haute colline. Dans le coin, on produit aussi une fameuse qualité de melon !

UN PEU D'HISTOIRE

Lectoure fut d'abord l'ancienne capitale de la *Novempopulanie* (quel joli nom !), province romaine qui couvrait à peu près le Sud-Ouest (à l'exception du Pays basque).
Au Moyen Âge, capitale des comtes d'Armagnac, la ville participa à de nombreux combats contre les troupes de Charles VII et de Louis XI. Ce dernier, dans sa fièvre centralisatrice, investit Lectoure en 1473 et, malgré ses promesses d'indulgence, l'armée royale saccagea la ville et tua quasiment toute sa population. Lectoure s'en releva cependant, et la Renaissance fut une période florissante.
Au XVIe s, la ville prit parti pour les protestants et subit à nouveau les désastres de la guerre (prise de la ville par Blaise de Monluc en 1562). Henri de Navarre (futur Henri IV) s'en empara et accorda libertés et franchises. Louis XIII les confirma par la suite. Le duc de Montmorency y fut enfermé après sa rébellion et tenta de s'en évader. Rattrapé, il fut exécuté sur ordre de Richelieu sur la place du Capitole de Toulouse en 1632. Pour finir, Lectoure s'enflamma pour la Révolution française, et de nombreux habitants partirent au front pour défendre la patrie. Parmi eux, Lannes, qui devint maréchal d'Empire. Au XIXe s, la ville perdit de son importance et s'assoupit peu à peu. Tant mieux, elle nous arrive brute de forme...

LE TOMBEUR DE CES DAMES

La réputation de grand séducteur du duc de Montmorency ne laissa pas insensibles les dames de Lectoure. La légende raconte que pour l'aider à s'échapper de prison, elles lui firent passer une échelle cachée dans un gâteau. Malheureusement pour le duc (et ses admiratrices !), l'échelle étant trop courte, il se cassa la cheville. Vite rattrapé, il fut envoyé à Toulouse et décapité ! Non mais !

Adresses et infos utiles

Office de tourisme : *pl. du Général-de-Gaulle.* ☎ *05-62-68-76-98.* • *tourisme-lectoure.fr* • *En été, tlj ; hors saison, fermé dim ap-m et le mat en sem.* En saison, visites guidées thématiques de la ville *(3-5 €).* Location d'audioguides pour la visite de la ville et de la cathédrale.

@ **Accès Internet :** *poste disponible à l'**office de tourisme** (accès payant). Également à la **bibliothèque** (accès gratuit), rue Saint-Gervais ; ouv l'ap-m mar-ven, plus le mat ven-sam.*

Bus : une petite dizaine de cars/j. (moitié moins le dim) pour Auch, Fleurance, Agen. Départs au parking du cours Gambetta.

– **Marché :** *ven mat (tte l'année), et **marché de producteurs** dim mat en juil-août.*

Où dormir ? Où manger ?

De bon marché à prix moyens

Le Rouge-Gorge : *123, rue Nationale.* ☎ *09-54-36-39-90. Ouv tlj midi et soir. Le midi sf dim, formule et menu 12,50-14,50 € ; le soir, menus 14-26 €.* Le rouge pour rappeler le plaisir du vin, la gorge celui de la bonne chaire, le tout évoquant un attachant petit oiseau, et surtout un sympathique restaurant-brocante parfait pour une pause gourmande. À la barre du *Rouge-Gorge,* Mélaine, une jeune femme dynamique dont le joli minois serait un savant dosage entre celui d'Amélie Poulain et de Betty Boop. Elle propose une cuisine de marché et de produits frais qui ont du goût. Pas de carte, juste quelques plats inscrits sur le tableau noir. Et si votre assiette ou votre chaise vous plaît, vous pouvez repartir avec ! Terrasse. Propose parfois des concerts. Une adresse intime et canaille à la fois, dans laquelle Mélaine met toute son âme et tout son cœur.

De prix moyens à chic

Hôtel-restaurant de Bastard : *rue Lagrange. ☎ 05-62-68-82-44. • hoteldebastard@wanadoo.fr • hotel-de-bastard.com • Resto tlj sf dim soir, lun et mar midi. Congés : vac de Noël-fin janv. Doubles 50-85 € selon confort et saison ; également des suites. Menus 18 € (midi en sem), puis 31-58 €. Parking payant.* Adresse de charme dans un hôtel particulier du XVIIIe s. Pas très grandes mais meublées et décorées avec goût, certaines chambres sont climatisées et disposent d'une vue à couper le souffle, côté vallée et piscine. Cuisine de saison et de région, délicatement préparée, et accompagnée de vins à prix sages. Pour les repas d'été, grande terrasse entourée de toits de tuiles dominant piscine et cyprès.

Auberge des Bouviers : *8, rue Montebello. ☎ 05-62-68-95-13. • auberge.bouvier@wanadoo.fr • Tlj sf sam midi, dim soir et lun. Menus 15 € le midi en sem, 28 € le soir, plus suggestions.* De l'extérieur, cette ancienne demeure en pierre située au cœur de Lectoure donne le ton. En entrant dans la jolie salle rustique, on se dit que c'est probablement du solide, et que ça fleure la bonne adresse. Les plats qui passent devant votre nez en apportent vite la preuve. Le jeune chef se plaît à exécuter avec talent et finesse une cuisine « bistronomique », de tradition et d'inventions, délicate et généreuse. Les produits de région sont à l'honneur. Petite terrasse au bord de la rue. La meilleure table de Lectoure.

Où dormir dans les environs ?

Camping

Camping-caravaning Lac des Trois Vallées : *route de Fleurance. ☎ 05-62-68-82-33. 06-12-75-45-14. • contact@lacdes3vallees.fr • lacdes3vallees.fr • À env 4 km au sud de Lectoure (par Saint-Geny) ; à la sortie de Lectoure, en direction de Fleurance (N 21), fléché sur la gauche, juste avt le pont. Ouv de fin mai à mi-sept. Compter 18-49 € pour 2 selon saison (avec électricité) ; loc de tentes meublées, bungalows toilés et cottages 245-1 365 €/sem selon capacité et saison. 620 empl.* Immense camping village-vacances 5 étoiles, tout confort, dans un site arboré encore agréable. Belle plage avec toboggans et pataugeoire pour les petits, ainsi qu'une vaste piscine. Activités sportives et toutes sortes d'animations pour petits et grands. Jeux gonflables, tennis, minigolf, lac de pêche privé... et même un *skatepark*. Il y a tout, plus besoin d'en sortir ! Un monde fou l'été, bien sûr ! Vous voilà prévenu.

De bon marché à prix moyens

Chambres d'hôtes Aux Metges : *32380 **L'Isle-Bouzon.** ☎ 05-62-28-60-41. 06-82-88-62-65. • aux.metges@wanadoo.fr • auxmetges.wordpress.com • À 11 km à l'est de Lectoure et à 2 km de L'Isle-Bouzon, sur la route de Gramont (fléché). Congés : 1er-15 janv. Doubles avec douche ou bains 55-60 €. Table d'hôtes (le soir slt) 17 ou 25 €.* Dans un paysage de cultures et de forêts de chênes, une charmante ferme du XVIIIe s, nichée au creux d'un vallon. Atmosphère et déco de voyage, chaleureusement entretenue par les propriétaires, qui ont justement bien bourlingué. Mention spéciale pour la chambre aménagée dans le pigeonnier, totalement indépendante. Mais celle de l'annexe, restaurée dans un vrai souci écolo (en torchis traditionnel), bien que pas très grande, n'est pas mal non plus ! 2 autres chambres dans la maison, mais avec salle de bains commune, idéales pour les familles. À table, cuisine gasconne à base de produits bio et quelques plats (bien) venus d'ailleurs (Inde, Italie, Antilles...). En contrebas, une source fraîche avec un coin nature aménagé parmi les bambous. Une adresse au rapport qualité-prix-convivialité indiscutable.

Chambres d'hôtes Le Sabathé : *chez Thierry et Sylvie Barreteau, 32700* ***Saint-Mézard.*** *☎ 05-62-28-84-26. • barreteau.sabathe@wanadoo.fr • lesabathe.com • À 15 km au nord de Lectoure par la D 36 ; de Saint-Mézard, suivre la direction de Notre-Dame-d'Esclaux et prendre le 1er chemin à gauche (fléché). Ouv avr-oct. Double 49 € (44 € à partir de 3 nuits). Table d'hôtes 19 €.* Une grande maison isolée, avec vaste jardin et 4 chambres familiales très sobres. Thierry Barreteau était médecin avant de tout quitter et de venir s'installer ici. Très attiré par la culture asiatique, il organise avec sa femme des stages au week-end ou à la semaine de qi gong, tai chi, yoga ou méditation. Démonstration d'éthologie équine également. Si, vous aussi, vous rêvez de détente, ne serait-ce que le temps d'un week-end, cette adresse unique est faite pour vous. Cuisine gasconne préparée avec un maximum de produits bio. Ultra-zen, forcément...

À voir

La cathédrale Saint-Gervais-et-Saint-Protais : *visite guidée de la cathédrale + musée d'Art sacré, 4 € ; 5 € avec le clocher. Rens à l'office de tourisme.* Colossal clocher doublé d'une tourelle, s'élevant à 50 m. Curieusement, façade très pauvrement ornée, sauf les fenêtres de la tour, au décor flamboyant. Nef du XVe s et chœur des XVIe et XVIIe s. On distingue nettement les deux parties. Ce manque d'homogénéité architecturale ne nuit cependant pas à l'élégance de l'ensemble. Belle balustrade courant autour des arcs en plein cintre. On est frappé par l'énorme arche gothique séparant nef et chœur. Intéressantes stalles sculptées dont on détaillera avec plaisir les figures, animaux fantastiques, symboles des sièges et accoudoirs. À gauche du chœur, dans une des chapelles, Vierge soutenue par des angelots dans une attitude plutôt profane, voire voluptueuse. Beaux vitraux du chœur, bien que modernes. À l'intérieur, musée d'Art sacré *(rens à l'office de tourisme).*

L'hôtel de ville : édifice des XVIIe et XVIIIe s. Palais épiscopal jusqu'à la Révolution, puis bien national, avant d'être acheté par le maréchal Lannes. Emprunter le grand escalier de pierre doté d'une belle rampe en fer forgé pour parvenir à la *salle des Illustres* (galerie de portraits des grands hommes de la région).

Le Musée archéologique et les Trois Salles : *à la mairie. ☎ 05-62-68-70-22 ou 05-62-68-55-19. • patrimoine-musees-gers.fr • Tlj sf mar ; visites guidées ttes les heures 10h-17h (sf 12h-13h). Entrée : 3 € (4 € avec les Trois Salles) ; gratuit moins de 18 ans et pour ts le 1er dim du mois nov-mars. Pour la visite libre, demander le livret.*

– *Le Musée archéologique :* remarquable musée aménagé dans les caves voûtées en ogive de l'ancien palais épiscopal. Riches collections archéologiques : énormes dents de mastodontes, fossile de tortue, pierres taillées, poterie (Ier s av. J.-C.), amphores, etc. Exceptionnelle collection d'autels tauroboliques des IIe et IIIe s apr. J.-C. Puits gallo-romain, urne funéraire pour bébé, sarcophages gallo-romains à couvercles à quatre pentes ou mérovingiens à doubles pentes, bijoux découverts lors des fouilles, boucles de ceinture, broches, etc.

Dans l'ancienne cuisine de l'évêché, mosaïques gallo-romaines de Beaucaire, Larressingle, Le Glezia (à côté de Montréal), ancien four de potier, artisanat gallo-romain (certaines pièces très joliment travaillées).

– *Les Trois Salles : se visitent slt avec le Musée archéologique.* L'une (à l'étage de la mairie) est consacrée au maréchal Lannes, qui participa notamment, auprès de Bonaparte, aux batailles d'Arcole et d'Austerlitz. Dans les deuxième et troisième salles (accessibles par la cour des Marronniers, à l'arrière de la mairie), remarquable pharmacie du XIXe s avec sa boutique et son laboratoire ; et bel hommage à l'amiral Boué de Lapeyrère, né à Castéra-Lectourois en 1852, qui fut chef de la division navale de l'Atlantique de 1904 à 1906, puis ministre de la Marine. Imposante cheminée Renaissance.

Dans la rue principale, quelques édifices intéressants également, comme la ***tour d'Albinhac,*** maison forte du XIIIe s, et la ***halle aux grains,*** reconstruite après un incendie au XIVe s (ce bel édifice accueille occasionnellement des expos temporaires).

La fontaine de Diane : par la rue Fontélie, on parvient à cette pittoresque fontaine du XIIIe s. Entrée monumentale avec double arche gothique. Au passage, l'*ancienne tannerie royale* du XVIIIe s. Continuer par le chemin de Saint-Clair et la rue Barbacane jusqu'à la *tour du Bourreau* (du XIVe s). Elle fut édifiée à même le rempart, lui-même construit dans la roche.

L'atelier de pastel Bleu de Lectoure : *dans l'ancienne tannerie. ☎ 05-62-68-78-30. • bleu-de-lectoure.com • Au pont de Pile, au pied du village vers Condom (D 7) ; tourner à droite juste après le passage à niveau. Lun-sam 9h30-12h30, 14h-18h ; dim et j. fériés 14h-18h. Fermé 1er-15 janv. Visite guidée gratuite de l'atelier (payante pour les groupes) selon disponibilité et travail en teinture du jour.* Installée dans une tannerie du XVIIIe s, Denise fait revivre l'industrie du pastel et communique son enthousiasme aux visiteurs. On apprend ainsi que le pastel (la fleur de rosette) est une plante qui produisait jadis un colorant bleu au teint caractéristique et indélébile, utilisé entre autres pour teindre les uniformes de l'armée napoléonienne. Cette plante ne fleurit que 15 jours la deuxième année de sa culture. Avec passion, elle cultive à nouveau la fleur de rosette *(Isatis tinctoria)* et en perfectionne les techniques d'extraction. Grâce à ses efforts, ce pigment bleu unique intéresse à nouveau les beaux-arts, l'industrie textile, la cosmétique, et même l'aéronautique ! Galerie d'art et magasin (foulards, peintures, crayons, etc.) complètent la visite guidée de l'atelier, où l'on peut assister au changement de couleur du tissu comme par magie, passant du jaune au vert puis au bleu au contact de l'air dès sa sortie de la cuve (par un processus naturel d'oxydation).

UNE PEUR BLEUE

Le pastel connut son âge d'or à la Renaissance, mais les Gaulois, eux, avaient déjà bien compris les vertus de cette plante ! Ils l'utilisaient pour se peindre le visage en bleu avant d'aller au combat. Les troupes de Jules César auraient été tellement surprises par ce déballage de furies qu'elles auraient eu une sacrée... peur bleue !

Le Centre d'art et de photographie : *maison de Saint-Louis, 8, cours Gambetta. ☎ 05-62-68-83-72. • centre-photo-lectoure.fr • Horaires d'ouverture variables selon expos. GRATUIT sf lors du festival L'Été photographique.* C'est le seul centre d'art national en milieu rural. Organise régulièrement des expos d'art contemporain.

LA LOMAGNE

À faire

– ***Piscine :*** *☎ 05-62-68-81-57. L'été, lun-ven 11h-19h45, sam-dim 14h-19h45. Entrée : 5 € ; réduc.* Très grande, avec bassin sportif extérieur, dans les jardins de l'hôtel de ville. Fort bien située.

– ***Espace aqua-détente Valvital :*** *125, rue Nationale. ☎ 05-62-68-56-00. • valvital.fr • De juin à mi-sept, tlj 14h-18h30. Pass adulte 10,50 € pour 2h.* Également un espace bien-être.

➢ ***Balades à VTT et randonnées pédestres :*** *rens auprès de l'office de tourisme. Dépliants et cartes payants.*

– ***Baptême de l'air en montgolfière :*** *☎ 05-62-64-69-92. • montgolfieres-gascogne.fr • Compter 215 €/pers (sur la base de 2 pers), 145 € moins de 12 ans, pour env 1h.* Qui n'a jamais rêvé d'une douce balade dans les airs à bord de la première machine volante de l'histoire ? Lectoure s'y prête à merveille avec des passages au ras de la cathédrale et des envolées impressionnantes pour admirer la région, vue d'en haut. Un peu cher mais inoubliable !

Fête et manifestations

– ***L'Été photographique :*** *de mi-juil à fin août. ☎ 05-62-68-83-72 ou 05-62-68-76-98 (office de tourisme). • centre-photo-lectoure.fr •* Expos de photos contemporaines *(payantes).* Une manifestation à dimension internationale.
– ***Nuits musicales en Armagnac :*** *de mi-juil à fin août. • nma32.com • Rens à l'office de tourisme.* Concerts de musique classique, opéra, danses. Spectacles payants à Lectoure et à Condom.
– ***Fête du Melon :*** *1 j. autour du 15 août.*
– ***Festival pyrotechnique :*** *le dernier w-e d'août. Spectacles payants (billetterie à l'office de tourisme).*

DANS LES ENVIRONS DE LECTOURE

LA LOMAGNE

Terraube *(32700) : à 9 km au sud-ouest de Lectoure.* Pittoresque village fortifié construit tout en longueur avec deux anciennes portes de ville. Château du XIIIe s *(ne se visite pas),* énormément remanié du XVIe au XVIIIe s. Propriété d'Hector de Galard, plus connu sous le nom d'« Hector » (le célèbre valet de carreau de notre jeu de cartes) que comme capitaine de Charles VII.

Miradoux *(32340) : à 16 km au nord-est de Lectoure.* Sur le passage du chemin de Saint-Jacques-de-Compostelle, l'une des plus anciennes bastides du département est le point de départ de nombreuses randonnées, et offre surtout parmi les plus beaux points de vue sur cette partie de Lomagne, spécialisée dans les cultures fruitières, vallonnée et colorée en toutes saisons. L'église gothique, bâtie au XVIIe s sur un promontoire à 283 m d'altitude, présente une abside polygonale, une nef comportant trois travées avec voûtes en trompe l'œil sur croisées d'ogives à clés pendantes. Remarquables vitraux à trois lancettes en arcs brisés où l'on voit le Christ et, au-dessus, Dieu bénissant le monde (le Saint-Esprit est représenté par une colombe). En contrebas, jolie halle charpentée sur colonnes à pierre.

Flamarens *(32340) : à 20 km au nord-est de Lectoure.*
Pittoresque village dominé par les ruines de son château construit du XIIIe au XVIe s, classé Monument historique. Il domine l'horizon de sa masse imposante, avec sa grosse tour ronde à mâchicoulis caractéristique de l'architecture seigneuriale gasconne. Le propriétaire le restaure à son rythme et à la sueur de son front, histoire de passer le temps *(📱 06-20-30-03-52 ; visite juil-août slt, tlj sf mar 10h-12h, 15h-18h ; entrée : 5 €, gratuit moins de 12 ans).*
Belle histoire également que celle de ce village, laissé quasiment à l'abandon puis réhabilité par l'association Les Amis de Flamarens qui, depuis 1976, n'a pas ménagé ses efforts pour le faire revivre. Son église du XVe s, jouxtant le château, est en cours de restauration, après avoir connu moult péripéties depuis les guerres de Religion, jusqu'à être foudroyée lors d'un orage en 1943. Il subsiste quelques fragments de fresques dans le chœur très endommagé, mais la toiture, les voûtes et le mur sud se sont effondrés. Buvette dans la nef à ciel ouvert en saison. Une petite balade bien agréable.

LA ROMIEU (32480) 565 hab. *Carte Gers, C1*

ANGELINE JOLIE

On raconte qu'une terrible disette au XIVe s poussa les habitants de la ville à manger du chat pour survivre. Une fois les chats disparus, les rats proliférèrent au point de menacer la récolte suivante, bien meilleure. Heureusement, une pauvre et belle orpheline, appelée Angéline, avait caché un couple de félins, qui s'étaient eux-mêmes reproduits. En les lâchant dans la ville, elle sauva la récolte, et ainsi les habitants de la famine. Une statue d'Angéline aux oreilles de chat trône sur la place du village.

Situé à 12 km à l'est de Condom, ce petit village fut fondé par des moines pèlerins au XIe s et possède une imposante collégiale, que l'on aperçoit à des lieues à la ronde. La Romieu, étape des pèlerins sur la route de Saint-Jacques, vit en effet naître Arnaud d'Aux, qui devait devenir évêque de Poitiers par la grâce de son cousin Clément V, premier pape d'Avignon. Nommé cardinal, puis ambassadeur du pape, comblé d'honneurs, il fit construire cette église de 1312 à 1318 (en 6 ans seulement !), dans son village natal, en s'inspirant des principes des châteaux gascons. Le site a été inscrit au Patrimoine mondial de l'Unesco en 1998. Le village s'est aussi pris de passion pour les chats et arbore de nombreuses statues félines aux fenêtres des maisons de la place centrale.

Adresse utile

Office de tourisme : *à côté de la collégiale. ☎ 05-62-28-86-33. • la-romieu.com • Tte l'année, lun-sam et dim ap-m.* Informations et produits du terroir. Vente des billets d'entrée pour la collégiale.

Où dormir ? Où manger ?

Le Camp de Florence : *route Astaffort. ☎ 05-62-28-15-58. • info@lecampdeflorence.com • lecampdeflorence.com • ♿ À 500 m du village. Ouv d'avr à mi-oct. Compter 16-33 € pour 2 selon saison ; emplacements pour les randonneurs dans le verger 10-16 € pour 2. Loc de tentes, chalets et mobile homes 336-1 036 €/sem selon capacité et saison ; hors saison, possibilité de louer à la nuit. 197 empl.* Sur une ancienne exploitation agricole de 10 ha bordée de champs, un village-vacances 4 étoiles avec une foule d'équipements (piscine tropicale dans un bel espace aquatique, petit parc animalier, resto de bonne tenue, cyberespace, location de vélos...). Les emplacements sont bien ombragés et délimités par des haies. Le tout est géré avec convivialité par Susan (et non Florence...) qui connaît ses clients par leur nom. Nombreuses animations en saison.

Restaurant Le Cardinal : *pl. Étienne-Bouet. ☎ 05-62-68-42-75. ♿ Tlj sf le soir dim-lun hors saison. Congés : déc-mars. Plat du jour env 11 € ; menus 15,50-21 €. Apéritif maison offert sur présentation de ce guide.* Petit resto de village avec sa calme terrasse sous les arcades. Cuisine simple de terroir et choix limité, mais que du bon et du frais.

À voir

La collégiale Saint-Pierre : *☎ 05-62-28-86-33. ♿ (cloître et église). Mai-sept, lun-sam 9h30-18h30 (19h juil-août), et dim ap-m (dernière entrée 45 mn*

avt la fermeture) ; le reste de l'année, horaires réduits. Fermé 1er janv, 1er nov et 25 déc. Entrée : 4,90 € ; gratuit moins de 12 ans.
Nef unique haute de 15 m et abside polygonale. Elle abritait les tombeaux, profanés lors des guerres de Religion, du cardinal Arnaud d'Aux et de ses neveux. L'ensemble était recouvert de fresques aujourd'hui disparues, mais on pourra se faire une idée de la richesse de l'ornementation en contemplant celles qui subsistent dans la sacristie et qui ont été récemment restaurées. Fait remarquable, elles occupent la totalité de la surface. Sur la voûte en étoile, nombreux anges musiciens dont les ailes s'inscrivent avec justesse dans les plis de la voûte. Au-dessus de la sacristie, une haute tour octogonale avec puissants contreforts et balustrade ajourée en haut. À l'autre bout de l'église, énorme donjon-clocher de 33 m avec un étonnant et rare escalier du XIVe s à double révolution, antérieur à celui du château de Chambord. Sa conception originale fait que deux personnes, venant l'une de l'église, l'autre de la cour, peuvent y grimper sans se voir.
– ***Le cloître :*** galeries à superbes arcades de style gothique rayonnant (arches géminées surmontées d'une rosace). Malgré les restaurations, la plupart sont usées jusqu'à la corde, ce qui leur confère une noblesse encore plus pathétique. Près du cloître, quelques vestiges de l'enceinte et d'une porte de ville. Sous le donjon, petite cour carrée à fenêtres gothiques. C'est tout ce qu'il reste du palais du cardinal.
– ***La tour octogonale :*** accès au belvédère par 137 marches étroites et raides en colimaçon. En chemin, on pourra reprendre son souffle dans la salle capitulaire, puis dans celle du trésor. Le sommet offre une vue superbe sur le village et la campagne environnante.

Les jardins de Coursiana : *chez Véronique et Arnaud Delannoy, La Bourdette. ☎ 05-62-68-22-80. • jardinsdecoursiana.com • À 1 km du village (fléché). De mi-avr au 1er nov, tlj sf mer mat en période scol et certains dim (se renseigner) 10h-20h. Entrée : 6,90 € (5,90 € sur présentation de ce guide) ; 7-12 ans 4 €. Visite guidée sur résa. Jeu-découverte (ludique et pédagogique) pour les enfants.* L'un des plus grands parcs botaniques de la région, créé en 1974 par Gilbert Cours-Dame, enfant du pays et éminent botaniste français. Dans un environnement superbe, sur 6 ha, vous découvrirez l'arboretum et ses 700 essences rares d'arbres et arbustes, provenant des cinq continents (plus de 60 espèces de tilleuls, un parasol chinois ou un marronnier de Californie). Un jardin à l'anglaise garni de massifs de plantes et de fleurs au bouquet capiteux, un jardin en terrasses de plantes médicinales, aromatiques et à parfum, ou encore un potager familial. Sur place, petit salon de thé agréable, sorbets aux fruits du jardin et boutique (vente de fruits et légumes de saison, arbres, arbustes et plantes). Jeux d'enfants également.

Manifestations

– ***Marché aux rosiers :*** *le 3e dim de mai.*
– ***L'Art au mieux :*** *le dernier w-e de juin.* Différents artistes (peintres, sculpteurs, photographes...) exposent leurs créations dans le village.
– ***Marché des potiers :*** *le dim des Journées du patrimoine (fin sept).*

SAINT-CLAR (32380) 1 005 hab. *Carte Gers, C1*

Au cœur des vallons de la Lomagne, voilà une charmante bastide, et surtout l'une des rares de la région avec deux places à cornières. Situé à proximité de deux voies antiques, le site accueillit des villas gallo-romaines, puis deux

châteaux, celui de l'évêque de Lectoure et celui du vicomte de Lomagne. Le castelnau devint bastide au XIIIe s sous la gouverne du roi d'Angleterre, alors duc d'Aquitaine. Son architecture nous est miraculeusement parvenue intacte. La ville est aussi le premier centre producteur d'ail du Gers. Elle offre également une agréable base de loisirs au cœur d'un vallon verdoyant (toboggans aquatiques, plage de sable, baignade surveillée en été et pêche hors saison). Sur le chemin du lac et de la base de loisirs, on pourra apercevoir l'éblouissante centrale photovoltaïque de 24 ha, l'une des plus importantes de France. Enfin, amusez-vous à repérer les épouvantails confectionnés par les habitants et qui se cachent un peu partout, dans le bourg et en campagne, de mi-juin à mi-septembre. Il y en a même dans les villages voisins !

Adresse et infos utiles

Office de tourisme : *pl. de la Mairie. ☎ 05-62-66-34-45. • tourisme-coeurdelomagne.fr • Tte l'année : juil-août, tlj sf dim ap-m ; le reste de l'année, tlj sf dim-lun.* Visites guidées sur réservation. Propose un itinéraire de visite du village. Galerie avec expos temporaires d'art contemporain. Dispose d'une connexion Internet *(payante).*

– Pas de service de bus, mais transport à la demande pour Fleurance, Mauvezin et Auch certains jours. *Résa la veille au ☎ 05-62-06-99-38.*

– ***Marché :*** *jeu mat.*

Où dormir ?

Chambres d'hôtes La Garlande : *chez Nicole et Jean-François Cournot, 12, pl. de la Mairie. ☎ 05-62-66-47-31. • nicole.cournot@wanadoo.fr • lagarlande.com • Congés : de mi-nov à fin mars. Doubles 69-78 €.* Grande maison de maître du XVIIe s en pierre de taille, donnant sur la magnifique halle du village, au-dessus des arcades. Sous l'imposante verrière de l'entrée, un grand escalier dallé de pierres conduit aux 3 chambres (et une supplémentaire sur l'arrière, dotée d'une douche, pour des enfants), toutes spacieuses et avec vue sur la place. Tomettes et parquet anciens, beau mobilier, salles de bains neuves, déco personnalisée dans chaque chambre, cheminées et nombreux petits détails donnent un charme assez romantique à cette adresse. Le copieux petit déj est servi dans une vaste cuisine à l'ancienne. Pour la détente, salon, délicieux jardin de curé à l'arrière et moult tableaux de peintres contemporains en expo-vente à admirer. Madame s'occupe, à ses heures, de l'office de tourisme du village.

Chambres d'hôtes La Modiste : *chez Mme Bigard, 3, rue Gambetta. ☎ 05-62-66-31-65. 📱 06-75-06-42-16. • contact@autrefois-la-modiste.com • autrefois-la-modiste.com • Dans une petite rue qui part de la pl. de la Halle, sur la gauche. Ouv tte l'année. Doubles 55-65 € ; 80 € en gîte sans le petit déj.* Autrefois, cette modeste maison de village, qui a conservé son ancienne vitrine, abritait l'atelier d'une modiste et d'un bourrelier. De ce passé d'artisan, l'actuelle propriétaire s'est inspirée pour reconstituer le décor d'alors. Les 2 chambres à l'étage, qui se partagent l'unique salle de bains, sont cosy et confortables. À louer donc de préférence entre amis ou en famille. Au rez-de-chaussée, derrière la vitrine – admirée des promeneurs –, un gîte parfaitement équipé avec cuisine, salon et chambre attenante. Accueil charmant et attentionné.

LA LOMAGNE

Où dormir dans les environs ?

Le Néri : *Le Néri, 32380* ***Mauroux.*** *☎ 05-81-67-50-10. • contact@campingleneri.com • campingleneri.com • ♿ À 5,5 km de Saint-Clar ;*

prendre la direction de Valence-d'Agen, puis Lavit, fléché ensuite. Ouv de mi-juin à mi-sept. Compter 10-19 € pour 2 selon saison ; loc de mobile homes 270-580 €/sem selon capacité et saison ; caravanes 180-310 €/sem. 40 empl. Un camping très nature au bord d'un vallon boisé et des champs. Le calme est total. Piscine à l'écart (ouverte jusqu'à minuit lorsqu'il fait beau), étang où l'on peut taquiner le goujon (prêt de canne à pêche), minigolf dans le bois. Épicerie de dépannage, livraison de pain. Resto en saison (repas à thème). Bon accueil.

La Ferme des Étoiles : *Le Corneillon, 32380* ***Mauroux.*** *☎ 05-62-06-09-76. • contact@fermedesetoiles.com • fermedesetoiles.com • De Saint-Clar, prendre la D 13 vers Lavit jusqu'à Mauroux ; la ferme est à la sortie du bourg, à gauche (fléché). Ouv avr-oct. Doubles 76-85 € selon standing, petit déj inclus ; nuitée en « astrobulles » 76 € pour 2. Table d'hôtes (sf dim soir) 27 € (37 € avec veillée aux étoiles)-38 € avec de bons produits du terroir et boissons comprises.* Voilà une adresse vraiment originale où sont organisés des séjours à thème d'observation astronomique. En individuel ou en groupe, et sur réservation, les propriétaires, passionnés d'astronomie, proposent différents types d'observations, de la simple initiation découverte au stage de perfectionnement, en passant par les veillées aux étoiles. La ferme est parrainée par Hubert Reeves et sert de cadre à des émissions telles que *La Nuit des étoiles.* Planétarium ouvert au public et télescope de 620 mm dans le jardin ! Dans la maison, chambres vastes, toutes joliment rénovées, avec une mention spéciale pour celle d'Émilie, exposée plein sud. Salon et salle de lecture spacieuse, grande cheminée et piscine ouverte uniquement en présence des propriétaires. Également des « astrobulles » (dômes transparents) sur une calme étendue herbeuse avec sanitaires communs (impeccables). De là, magnifique panorama sur la campagne gersoise. Bon accueil de Bruno et de son équipe, et ambiance étonnante qui vous change littéralement de planète.

À voir. À faire

La halle : remarquable charpente en bois du XIIIe s, aux piliers très usés mais toujours très solides, contrairement aux apparences. Bel ensemble avec la mairie surmontée d'un ravissant clocheton-horloge. Flâner dans les rues alentour, à la rencontre des maisons à colombages ou en pierre, de la « vieille église » d'époque romane et du chemin de ronde.

Le musée de l'École publique : *à côté de la poste. ☎ 05-62-66-32-78. • patrimoine-musees-gers.fr • Juin-sept, tlj sf dim 15h-19h ; le reste de l'année, tlj sf dim 14h-18h. Fermé de mi-janv à fin fév. Entrée : 4 €. Visite en costume d'écolier pour les enfants.* Dans une ancienne école communale avec effets sonores de cris d'enfants dans la cour de récré, huit salles à la muséographie moderne retracent l'histoire de l'école des origines aux années 1950. Non, ce n'est pas Charlemagne qui a inventé l'école, elle existait déjà dans l'Antiquité, mais sous une autre forme ! *L'école buissonnière* est une sortie de classe avec le maître pour observer la nature... Un véritable voyage dans le passé dans une salle de classe des années 1930-1950, laissée dans son jus. Cahiers, livres, objets, images, photos d'époque, vêtements, jouets, etc. On peut même faire la dictée à la plume avec à la clé... le certificat d'études primaires !

La Maison de l'ail : *☎ 05-62-66-40-57. • maison-de-lail.com • À 2 km du village. Prendre la direction de Lectoure ; au rond-point, prendre la D 287 (Magnas), puis fléché. De mi-juin à mi-oct, visites guidées gratuites lun-sam à 14h30, 16h et 17h30 ; dim et hors saison, sur rdv. Table de pique-nique, accueil camping-car.* Lieu d'exposition (et de vente) sur la culture de l'ail, aménagé chez un producteur.

Le parc animalier : *En Clavès. ☎ 05-62-07-28-93. • parcanimalier-saintclar.com • ♿ À 2 km du village, en direction de Lectoure, fléché sur la droite. Près de la base de loisirs. Avr-sept, tlj 10h-18h30 (juil-août, 19h30 et nocturne mar) ; le reste de l'année, mer, sam-dim et j. fériés 14h-18h30. Fermé 1er janv et 25 déc. Tarifs : 9,50 € ; 2-12 ans 6,50 €.* Plus de 150 animaux y vivent en semi-liberté. Nombre d'entre eux sont originaires d'Australie (wallabies, lapins géants...).

– **Le planétarium :** La Ferme des Étoiles, *voir « Où dormir dans les environs ? ». Juil-août, ven-sam 17h30-19h ; juin et sept, sam slt 17h30-19h. Sur résa slt. Tarifs : 7 € ; 6-12 ans 4 €. Forfaits avec repas et veillée.* Magnifique spectacle à 360° pour s'initier à la beauté et aux mystères de l'univers.

Manifestations

– ***Soirées gourmandes :*** *2 jeu en juil et 2 en août.* Présentation de produits locaux et repas gastronomiques.
– ***Estiv'Ail et concours de l'ail :*** *4 j. en août et 3e jeu d'août.* Marché de producteurs, animations, concours de maquettes faites en peau d'ail et repas. Très populaire !

FLEURANCE (32500) 6 290 hab. *Carte Gers, C1*

LA LOMAGNE

Petite cité commerçante très tranquille et ancienne bastide du XIIIe s. Ayant particulièrement souffert des guerres de Cent Ans et de Religion, elle ne possède plus guère de maisons anciennes. En revanche, l'église vaut vraiment le détour. C'est surtout la capitale de l'astronomie. De nombreuses animations et observations sont organisées en été. Une étape pour se mettre la tête dans les étoiles.

Adresse et infos utiles

Office de tourisme : *62, rue Gambetta. ☎ 05-62-64-00-00. • tourisme-fleurance.com • Juil-août, tlj ; le reste de l'année, tlj sf sam ap-m, dim et lun mat. (payant).* Accueil sympa, très compétent. Plein de doc. Gère le off du festival d'Astronomie en saison. Nombreuses activités. Galerie d'expos temporaires intéressantes.

Bus : une petite dizaine de bus/j. pour Agen, Lectoure et Auch ; moitié moins le dim.

– ***Marchés :*** *beau* ***marché traditionnel*** *mar mat (**marché au gras** en hiver à 10h) ; petit **marché de producteurs locaux** sam mat.*

Où dormir ? Où manger à Fleurance et dans les environs ?

Camping

Camping Au Gré du Vent : *32120* ***Taybosc.*** *☎ 05-62-65-17-59 ou 09-75-91-84-87. 06-74-92-06-56. • camping.gre.du.vent@wanadoo.fr • camping-greduvent.fr • À 11 km au sud-est de Fleurance par la D 105 et à 1 km du village. Camping ouv juin-sept. Auberge tlj sf lun, sur résa ; fermé pdt les vac scol de la Toussaint. Compter 12 € pour 2 ; bungalows, mobile homes et gîte 180-420 €/sem selon capacité et saison. Menus 16-30 €. 25 empl.*

Cadre ombragé et bucolique à souhait. Piscine au milieu des maïs ou des tournesols. Étang tranquille pour la pêche. Minigolf et tennis pour les plus agités. À l'auberge, une honnête cuisine du terroir. Pour un calme séjour champêtre.

De bon marché à prix moyens

🏠 🍴 ***La Ferme des Étoiles :*** *voir plus haut « Où dormir ? Où manger dans les environs ? » à* ***Saint-Clar.*** Notre meilleure adresse dans le secteur.

🏠 ***Hôtel Le Relais :*** *32, av. du Général-de-Gaulle (N 21), à Fleurance. ☎ 05-62-06-05-08. • hotel-le-relais@wanadoo.fr • hotel-le-relais-fleurance.fr • Ouv tte l'année. Doubles avec douche ou bains 54-57 € ; familiales (3-4 pers) 68-70 €. Parking gratuit.* Wi-fi Sur la route d'Auch, un établissement des années 1980, sans charme particulier et traditionnel, doté d'une vingtaine de chambres. Elles sont bien tenues, climatisées. Déco simple mais soignée. Celles donnant sur la route bénéficient d'un double vitrage efficace. Très correct pour une nuit à Fleurance.

🍴 ***La Pause :*** *70, rue Gambetta, à Fleurance. ☎ 05-62-06-68-05. Ouv le midi tlj, plus le soir ven-sam en été. Formules déj sf dim 13,50-15 € ; menu 26 € et carte.* La salle est assez impersonnelle, malgré quelques efforts de déco, mais qu'importe, on vient là pour la bonne ambiance, le service rapide et sympathique, et la formule déj au rapport qualité-prix indiscutable. Quelques spécialités cuites *a la plancha.*

🍴 ***Les Tables d'Urdens :*** *pl. de l'Église, 32500* ***Urdens.*** *☎ 05-62-59-70-03. • lestablesdurdens@hotmail.fr • ♿ À 5 km à l'est de Fleurance. Fermé dim soir, lun, mar soir et mer soir. Menus 14 € (midi en sem), puis 16-26 € ; carte 30-35 €.* La petite auberge de village qui plaît à une clientèle d'habitués et qui fait parler d'elle dans le coin. Cuisine de bon aloi tournée vers le terroir gascon. Le midi, le menu du jour propose un plat genre magret de canard, accompagné de pommes de terre sautées à la poêle, quart de vin et café compris. Le soir, les préparations sont un peu plus travaillées. Côté cadre, vous avez le choix entre une salle un peu sombre qui rappelle une ancienne étable, une salle restaurée et plus moderne, plus lumineuse, et une terrasse en bord de rue.

De prix moyens à chic

🏠 🍴 ***Domaine des Cadets de Gascogne :*** *Tuko du Ramier, 32500* ***Pauilhac.*** *☎ 05-62-68-94-34. 📱 06-80-36-76-75. • info@domaine-cadets-gascogne.com • domaine-cadets-gascogne.com • À 7 km de Fleurance, sur la route de Lectoure (N 21), prendre à gauche direction Pauilhac, puis fléché à droite. Congés : des vac de Noël à mi-mars. Résa indispensable longtemps à l'avance. Selon saison, compter 72-115 €/nuit pour 2, 82-115 €/nuit pour 3-4 ; loc à la sem slt pour les cabanes de mi-juil à mi-août 805 €/sem ; sur commande, petit déj 8 €. Le soir, repas 22 €.* Au cœur de la campagne gasconne, le site comprend 3 roulottes et 2 cabanes en bois de plain-pied, parfaitement équipées (kitchenette, linge de toilette, chauffage, clim) et confortables pour une famille (un lit double et 2 banquettes-lits). Totalement indépendantes les unes des autres avec un espace privatif et salon de jardin au pied de chacune. En prime, une petite piscine en saison et jeux de jardin pour les marmots. Pour un séjour bohème un brin onéreux tout de même !

🏠 🍴 ***Chambres d'hôtes Bénazit :*** *chez M. Thamers,* ***Castelnau-d'Arbieu,*** *32500 Fleurance. ☎ 05-62-06-63-47. 📱 06-77-18-36-10. • benazit@orange.fr • benazit.com • ♿ Ouv d'avr à mi-nov. Doubles 75-85 €. Table d'hôtes 28 €.* Wi-fi Sur la crête d'une colline, d'où l'on aperçoit au loin le clocher du petit village de Castelnau-d'Arbieu, et dans une ancienne grange totalement rénovée, 4 belles chambres. Architecte d'intérieur, le propriétaire a étudié les volumes et soigné la déco, dans un style contemporain sûr et chaleureux. La quiétude qui règne ici, les champs de maïs et de tournesols à perte de vue, la piscine, le grand salon avec sa cheminée centrale, l'immense salle de musique à l'étage en font un endroit tout désigné pour la détente et l'inspiration des artistes.

Où acheter de bons produits ?

Glosek Gourmet : *11, rue Luquet, ZI Biopôle.* ☎ *05-62-06-00-74.* • *glosekgourmet.com* • *Lun-ven 9h-12h, 14h-17h30.* Gelées de fleurs, caviar de melon, fruits pochés, compotées et coulis de fruits, baba à l'armagnac, puddings, compote d'ananas au rhum et à la vanille... L'occasion de découvrir des saveurs qu'on ne rencontre pas à tous les coins de rue. Également un très beau choix de conserves et produits salés, de vins régionaux à bon prix. De bonnes surprises et un accueil sympa ; bonne pioche donc !

À voir. À faire

L'église Saint-Laurent : édifiée à partir du XIIIe s en style gothique méridional. Très beau clocher en pierre, de type toulousain. À l'intérieur, le chœur baigne dans une lumière ténue et diffuse. Noter les gros piliers, les arches trapues de la nef et les arcs brisés sous la ligne des toits. Précédemment, on devait accéder au chœur par paliers successifs, comme l'indiquent la base des colonnes et cette impression de pente vers l'autel. Ne manquez pas le chef-d'œuvre de cette église, les trois *vitraux* dus à Arnaut de Moles, situés dans l'abside. Au milieu, la Sainte-Trinité et la Vierge. À droite, l'arbre de Jessé ; à gauche, saint Laurent, sainte Marie-Madeleine et saint Augustin.

La place de la Halle : comme toutes les bastides, Fleurance possède sa halle, mais, ici, une élégante et imposante construction de pierre a remplacé en 1837 la vieille halle médiévale, suite à un important incendie. Beaux jeux de lumière entre les gros piliers donnant à l'ensemble une aura rose orangé. Charpente impressionnante. Statues-fontaines des quatre saisons aux quatre angles. Tout autour, les arcades ceinturent la halle.

– ***Centre pédagogique du développement durable – Le Moulin du Roy :*** *av. Pierre-de-Coubertin (N 21).* ☎ *05-62-06-62-76 ou 05-62-06-09-76.* • *fermedesetoiles.com* • *Lun-ven 9h-12h30, 14h-17h30.* Siège de l'association À Ciel ouvert et du Centre pédagogique des sciences de la terre et du développement durable. Passage obligé de tous les passionnés d'astronomie. L'association organise le *Marathon des sciences,* le *festival d'Astronomie* et le *festival Astro-jeunes.* Salle d'expos, conférences, forums, expériences, ateliers et billetterie pour les stages et soirées d'observation des étoiles au Dôme de *La Ferme des Étoiles,* à 6 km du centre-ville sur la route de Vic-Fezensac.

Manifestations

– ***Carnaval de Fleurance :*** *sur 3 j., la sem après Pâques.* L'un des plus importants carnavals de Midi-Pyrénées.
– ***Cuivro' Foliz :*** *le w-e qui suit le 14 juil.* • *cuivrofoliz.com* • Musiques de rue et fanfares envahissent le bourg.
– ***Festival d'Astronomie :*** *la 1re ou 2e sem d'août, suivant la pleine lune. Rens :* ☎ *05-62-06-62-76.* • *festival-astronomie.com* • Parrainé par l'astrophysicien Hubert Reeves, il a pour vocation de permettre à un large public de découvrir l'univers qui nous entoure. Expos, concerts, ateliers pratiques, conférences avec les plus grands spécialistes. Un festival off est géré par l'office de tourisme. Si vous êtes passionné d'étoiles, voir plus haut « Où dormir dans les environs ? » à Saint-Clar.

LA LOMAGNE

DANS LES ENVIRONS DE FLEURANCE

Le Conservatoire rural de Latour : *à* ***Miramont-Latour*** *(32390), à 10 km au sud de Fleurance. ☎ 05-62-62-27 99. Juil-août, jeu-dim 15h-18h30 ; juin et sept, slt dim. Entrée : 5 € ; réduc ; gratuit moins de 10 ans. Visite guidée par le propriétaire (1h30).* M. de Lary, poète et descendant de mousquetaire, a transformé une partie de son domaine en conservatoire rural de 1 500 m² où l'on peut découvrir des machines étonnantes de métiers du XIIIe au XIXe s. Ce collectionneur passionné et passionnant a réussi l'exploit de réunir en plus de 35 ans des collections complètes, planches à l'appui ! Il fait revivre ces milliers d'outils, machines et objets, certains uniques, par des explications érudites et des anecdotes croustillantes. Le tout est mis en valeur par une scénographie bien pensée dans les caveaux de son château « berceau des mousquetaires ». Également au programme de la visite : la cuisine du château, les caves, le pigeonnier et la chapelle du XVIIe s (beau retable en pierre). Aire de pique-nique. S'il existe plusieurs collections de la sorte dans le département (mais à moindre échelle), celle-ci est à voir absolument.

MONFORT

(32120) 480 hab. *Carte Gers, C2*

Coquette petite bastide du XIIIe s, édifiée sur une colline. Quasiment une seule rue suivant la ligne de crête. L'église présente, comme à Mauvezin, un beau clocher octogonal en pierre de style toulousain. Belles fresques polychromes dans les chapelles et le chœur. À côté de l'église, maison Renaissance du poète gascon Saluste Du Bartas.

Où manger ?

La Grignotière : *pl. de l'Hôtel-de-Ville. ☎ 05-62-06-96-33. Fermé lun et mar soir, plus le soir des mer-jeu et j. fériés hors saison. Congés : 15 j. fin août-début sept. Menus 12 € (midi en sem), puis 14,50-28 €. Apéritif maison offert sur présentation de ce guide.* Petite terrasse sous les arcades, en face des halles et de l'église. Cuisine familiale et régionale avec confit, magret et foie gras. Très simple et sans esbroufe.

MAUVEZIN

(32120) 2 010 hab. *Carte Gers, D2*

Ancienne place forte protestante. Présente une très vaste *halle* du XIVe s sur piliers en pierre avec une splendide charpente. Tout autour, couverts du XVIIIe s. Bureau de poste dans une belle demeure du XVIe s, appelée *maison d'Henri IV.* Par la rue du Vieux-Temple, on parvient à la *tour de Jeanne d'Albret* (mère d'Henri IV). L'*église Saint-Michel* possède, quant à elle, un élégant clocher octogonal de style toulousain, mais en pierre de taille cette fois-ci.

Adresse et infos utiles

Office de tourisme : *pl. de la Libération. ☎ 05-62-06-79-47. • tourisme.mauvezin.free.fr • En saison, tlj sf l'ap-m sam-dim ; hors* *saison, tlj sf w-e.* Bonne documentation. Propose une visite guidée de la ville en saison.

Bus : 4 bus SNCF/sem pour Auch et Montauban.
– ***Marché :*** *lun mat.*

Où dormir ? Où manger ? Où boire un verre à Mauvezin et dans les environs ?

VAL-VVF : *☎ 05-62-06-75-97. Résas : 06-74-83-73-01. • mauvezin@vvfvillages.fr • vvfvillages.fr • Ouv tte l'année. Compter 210-765 €/sem selon capacité et saison ; loc possible au w-e. TV en supplément. TV offerte pour l'ensemble du séjour sur présentation de ce guide.* La municipalité de Mauvezin mène une politique originale : elle a restauré ses maisons inoccupées du centre-ville et les a transformées en gîtes de vacances de caractère. Cela représente tout de même 60 gîtes, soit plus de 320 lits.

Chambres d'hôtes Les Jardins du Pichet : *au Pichet, à* ***Saint-Orens*** *(32120). ☎ 05-62-06-72-47. • jacourt@wanadoo.fr • aupichet.com • À 5 km de Mauvezin ; du bourg, prendre la direction Cologne (D 654), puis tourner à droite en direction de Saint-Orens (D 207). Ouv tte l'année. Double 55 € (50 € à partir de la 4e nuit).* Dans une ancienne ferme, Christiane a aménagé 3 chambres à la déco sobre et fleurie. Chacune dispose d'une entrée indépendante, d'une TV et d'un frigo. Christiane aime recevoir, et ça se voit de suite. Présidente de l'Association des amis des chemins de Saint-Jacques-de-Compostelle du Gers, elle en connaît un sacré rayon sur les randos du coin ! Sa 2e passion : les plantes et les légumes d'autrefois, qu'elle cultive au sein de ses différents jardins autour de la maison (jardin médiéval, carré des sorcières, jardin des senteurs, etc.). Terrasse couverte avec micro-ondes et barbecue.

Le Grand Café du Printemps : *pl. de Verdun, à Mauvezin. ☎ 05-62-06-99-24. À env 100 m en retrait de la place principale, par la rue de droite. Ouv tlj en été ; fermé s'il n'y a pers le reste de l'année (mieux vaut téléphoner avt). Menus 14 € le midi en sem, 23 € le soir.* Un vénérable café-resto qui a ouvert ses portes en 1884, et depuis, rien, ou presque rien, ne semble avoir changé. Les photos sont là pour en témoigner. On aime ces armoires de grand-mère, ces vieilles banquettes qui ont vu plusieurs générations se poser, ces miroirs piqués, ces plantes qui envahissent la terrasse. Ici, on n'est pas dans la récup' mais bien dans l'authentique, et chaque objet a une histoire familiale. Côté cuisine, rien d'exceptionnel, juste du traditionnel, efficace. Pas mal pour un simple café également, en journée.

Manifestations

– ***Festival de l'Ail :*** *le 1er lun après le 15 août.* Producteurs présentant des compositions artistiques en peau d'ail. Repas à l'ail en soirée avant l'élection de la Reine de l'ail... Aïe, aïe, aïe !
– ***La Ronde du foie gras :*** *le 2e dim d'oct.* Course pédestre et cycliste en binôme avec des haltes dans différentes fermes. Se termine par un repas sous la halle avec dégustation de foie gras, cela va de soi.

DANS LES ENVIRONS DE MAUVEZIN

SARRANT *(32120)*

Ancien village médiéval fortifié, classé parmi les « Plus Beaux Villages de France ». En tout cas, minuscule, charmant et pittoresque par sa disposition en cercle autour de l'église. Porte de ville du XIVe s. De nombreuses associations s'y sont montées et proposent des initiations et stages très variés (danse butô, yoga, découverte de plantes médicinales, tissage, tapisserie, teinture végétale, journées médiévales pour enfants...). *Rens au ☎ 05-62-65-00-32 (mairie) et sur • sarrant.com •*

OBSCURANTISME : LES MUSICIENS AVEUGLES

Au XVIe s, à Sarrant, se créa une confrérie de musiciens aveugles. Protégés par le roi, ces musiciens bénéficiaient du droit d'asile et d'exemption d'impôt. Mais au XVIIe s, la religion assimila les bals au péché, et la confrérie disparut. Dans la réalité, ces musiciens entraient en concurrence un peu trop directe avec les fêtes religieuses.

Où manger ? Où boire un verre ? Où acheter un bouquin ?

Des Livres et vous : *au cœur du village. ☎ 05-62-65-09-51. • info@lires.org • Tlj sf lun hors vac scol 11h-18h (21h ven-dim et j. fériés). Compter env 11-14 €.* Originale librairie-tartinerie dans ce petit village reculé du Gers ! Parmi les rayons recouverts de bouquins, quelques tables pour caler une petite faim (à toute heure de la journée), à base de produits artisanaux, tendance bio, ou pour étancher une soif avec de bons jus de fruits. Organise des rencontres avec des auteurs et des éditeurs. Très bon accueil. Une adresse pour prendre le temps de se poser et partir à la rencontre de mets et de mots.

À faire

➢ ***Balades à dos d'âne avec L'Azinet :*** *à la* Ferme de l'Ange, *à 2 km de Sarrant. ☎ 05-62-65-00-30. • azinet.org • Tte l'année. Compter 21 € pour 1h, 34 € la ½ journée.* Cette ferme pédagogique propose des balades champêtres avec un âne de bât. Plusieurs circuits de 3 à 15 km. Possibilité également de promenades en attelage (5 personnes minimum).

COLOGNE

(32430) 860 hab. *Carte Gers, D2*

Sur la D 654, entre Mauvezin et L'Isle-Jourdain. Cette bastide française datant de 1284 possède l'une des plus jolies places de la région. Entourée de maisons à cornières de styles assez différents (en brique, en pierre ou à colombages), qui lui confèrent un charme hybride assez particulier. Élégante halle du XIVe s au milieu, à piliers en bois et en pierre, surmontée d'un clocheton. Très rare mesure à grains du XVe s.

Adresse utile

Syndicat d'initiative : *12, pl. de la Halle. ☎ 05-62-06-99-30. • tourismecologne32.fr • En été, tlj sf lun et dim ap-m ; le reste de l'année, mar, mer ap-m, jeu et ven mat.* Visites guidées gratuites de la ville, de l'église et du Centre d'interprétation des bastides sur réservation.

Où dormir à Cologne et dans les environs ?

Camping de la base de loisirs du lac de Thoux : *à* **Thoux.** *☎ 05-62-65-71-29. 06-29-05-14-87. • contact@camping-lacdethoux.com • camping-lacdethoux.com • À 4 km de Cologne par la D 654. Ouv avr-début oct. Compter 16-27,50 € pour 2 selon saison ; mobile homes 196-742 €/sem selon capacité et saison. 130 empl.* Grand camping 3 étoiles, bien ombragé, parfait pour un séjour en famille. Nombreuses activités sportives, club de voile, parc aquatique, ping-pong, clubs enfants ou ados, embarcations à pédales, etc. Sympathique resto dans l'enceinte de la base de loisirs.

Un Coin de Paradis : *17, rue du Couvent, à Cologne. ☎ 05-62-06-65-57. • contact@uncoindeparadis-gers.com • uncoindeparadis-gers.com • À 100 m de la halle, à droite du syndicat d'initiative. Ouv tte l'année. Doubles 69-79 € selon saison.* Dans un ancien couvent de 1843 fraîchement restauré, 5 chambres spacieuses et confortables sur 3 niveaux, avec accès indépendant. « Tropicale », « Éden », « Exotique », « Marine », « Champêtre », toutes ont beaucoup de charme et sont bien décorées. Belle terrasse avec piscine et plusieurs espaces communs à disposition comprenant bibliothèque, TV, jeux... Tenu par un jeune couple soucieux que leurs hôtes se sentent bien dans leur calme *Paradis.*

À voir

L'église de l'Assomption : *juil-août, lun 14h-18h ; sinon, contacter le syndicat d'initiative 2 j. avt.* Intéressante pour son décor intérieur. Bel autel du XVIe s, croix de procession et pietà en bois doré du XVIIe s. Trésor de belles pièces d'orfèvrerie religieuse.

L'ARMAGNAC

L'ouest du Gers est le pays de la vigne et du vin, de l'armagnac, du floc, du côtes-de-gascogne, du madiran et du côtes-de-saint-mont. La route oscille sans relâche entre les crêtes où se perchent d'adorables bastides et la vallée de l'Adour, qui annonce les Landes. Panoramas magnifiques avec les Pyrénées en toile de fond, et dégustations mémorables dans les vieux chais du terroir.

CONDOM (32100) 6 925 hab. *Carte Gers, B1*

Ancienne cité épiscopale dont Bossuet fut évêque. Aujourd'hui sympathique sous-préfecture du Gers et petite capitale de l'Armagnac-Ténarèze. Outre sa joie de vivre, elle a pas mal de choses à offrir, dont de nombreux hôtels particuliers des XVIIe et XVIIIe s. Une curiosité : administrations et services publics ont su habilement se nicher dans les monuments de la ville – la mairie loge son service culturel dans le cloître, la sous-préfecture dans l'ancien palais des Évêques, le musée de l'Armagnac dans les écuries de l'évêché et l'école laïque dans un superbe hôtel particulier.

Pour l'anecdote, le nom de Condom fait sourire les anglophones : imaginez un village qui s'appellerait « Capote »...

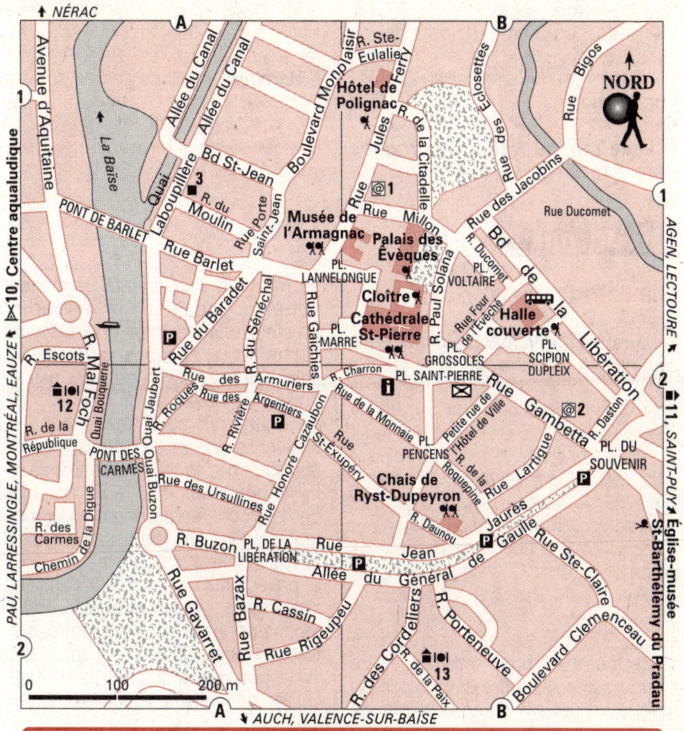

CONDOM

■ **Adresses utiles**	**Où dormir ?**
Office de tourisme	**10** Camping municipal L'Argenté
Embarcadère (croisière sur la Baïse)	**11** L'Ancien Carmel de Condom
@ **1** Point Information Jeunesse	**12** Hôtel Le Continental
@ **2** Feuilles à Feuilles	**13** Le Logis des Cordeliers
3 Location de vélos électriques	**Où manger ?**
	12 Les Jardins de la Baïse
	13 La Table des Cordeliers

Adresses et infos utiles

***Office de tourisme** (plan B2)* : *5, pl. Saint-Pierre. ☎ 05-62-28-00-80. • flaran-baise-armagnac.com • Face à la cathédrale. De mi-juil à mi-août, lun-sam, dim mat et j. fériés ; le reste de l'année, tlj sf dim (plus lun mat nov-mars).* Accueillant et de fort bon conseil, pour tout le pays de la Ténarèze.

@ ***Accès Internet* :** ***Point Information Jeunesse*** *(PIJ ; plan B1, **1**), 6, rue Jules-Ferry ; ☎ 05-62-68-30-46 ; mer-sam 14h-18h ; accès gratuit. Également **Feuilles à Feuilles** (plan B2, **2**), 46, rue Gambetta ; ☎ 05-62-68-19-54 ; mar-ven 9h-12h, 14h-18h, sam 9h-12h ; payant.*

***Gare routière** (plan B1)* : *bd de*

la Libération. ☎ *05-62-28-13-13.* 1-2 bus/j. en sem slt pour Auch (☎ *0800-00-36-88, n° gratuit)* ; 1-4 bus/j. pour Agen et Pau *(**Transports Bajolle,** ☎ 05-62-28-17-55, et **Keolys,** ☎ 0800-64-40-47).*

■ ***Location de vélos électriques*** *(plan A1, **3**) : 3, quai Laboupillère.* ☎ *06-74-49-22-82. • rando-velo-electrique.fr • Tte l'année, sur résa. Compter 20 €/j. Caution demandée.*

– ***Marchés :*** *mer et sam mat sur la pl. Saint-Pierre (plan B2) et sous la halle couverte, ainsi que dim mat dans le quartier de la Bouquerie.*

Où dormir ?

Camping

▲ ***Camping municipal L'Argenté*** *(hors plan par A1, **10**) : chemin de l'Argenté.* ☎ *05-62-28-17-32. • camping.municipal@condom.org • condom.org • ♿ Sur la route d'Eauze, près du stade, à la sortie de la ville ; à env 1,5 km de la gare routière, par le chemin de halage. En bus, si vous le demandez avec un gentil sourire, le chauffeur (ligne Condom-Eauze) pourra peut-être vous déposer à 200 m. Ouv avr-sept. Compter 9,40-11,60 € pour 2 selon saison ; chalets en bois 298-474 €/sem selon saison. CB refusées. 75 empl.* Une vaste pelouse bien ombragée. Le camping 3 étoiles offre un bon confort malgré un certain manque d'intimité (pas de haies pour délimiter les emplacements). Animations en juillet-août. Canoë, VTT et centre aqualudique à proximité *(ouv de mi-juin à mi-sept ; accès gratuit pour les loc et à partir de 2 nuits pour les campeurs).* Snack en saison. Le chemin de Saint-Jacques-de-Compostelle passe tout près.

Bon marché

■ |●| ***L'Ancien Carmel de Condom*** *(hors plan par B2, **11**) : 35, av. Victor-Hugo.* ☎ *05-62-29-41-56. • contact@lanciencarmel.com • lanciencarmel.com • ♿ À env 1 km du centre-ville, en direction de Saint-Puy. Resto fermé sam midi. En ½ pens, compter 25 €/pers en dortoir (15 €/pers la nuitée, petit déj inclus), 35 €/pers en chambre (25 €/pers la nuitée, petit déj inclus). Formule déj 10 € (menu unique).* Cet ancien couvent du XVIIe s, racheté par un riche mécène et géré par une association laïque, accueille touristes de passage et résidents permanents (retraités, adultes en réinsertion, artistes) afin de faire cohabiter des personnes d'horizons différents qui habituellement ne se côtoient pas. Un dortoir de 10 places et une vingtaine de chambres aménagées dans les anciennes cellules de moines, mais rien d'austère ni d'ascétique. Sanitaires nickel et nombreux. Les repas annoncés par la cloche se prennent en grandes tablées dans une ambiance conviviale et souvent joyeuse. Salon TV, concerts et projections de films dans l'ancienne chapelle et, parfois, quelques ateliers tenus par des artistes (sculpture, peinture, poterie...). Ceux qui ont la main verte pourront s'occuper du potager. Un lieu de tourisme solidaire unique !

De prix moyens à chic

■ ***Hôtel Le Continental*** *(plan A2, **12**) : 20, rue du Maréchal-Foch.* ☎ *05-62-68-37-00. • lecontinental@lecontinental.net • lecontinental.net • ♿ Sur les quais, face à la Baïse. Congés : 2 sem à Noël. Doubles 54-90 € selon confort et saison.* Cet hôtel, construit au XIXe s, rénové et parfaitement entretenu, allie charme et confort. Beaucoup de goût et de chaleur dans la déco pour la plupart des chambres. D'autres, tout aussi confortables (clim, insonorisation, TV...), sont plus fonctionnelles. D'une manière générale, privilégier celles sur l'arrière, plus agréables. Bon accueil.

■ ***Le Logis des Cordeliers*** *(plan B2, **13**) : 2 bis, rue de la Paix.* ☎ *05-62-28-03-68. • info@logisdescordeliers.com • logisdescordeliers.com • ♿ Congés : début janv-début fév. Doubles 48-72 € selon confort et vue.*

L'ARMAGNAC

Box payants. À 5 mn à pied du centre, derrière la chapelle du resto du même nom, la grande piscine sert de miroir à cet hôtel paisible entouré de verdure. Une vingtaine de chambres à la déco classique et standardisée mais de confort correct. Balcon et baie vitrée surplombant la piscine pour les chambres côté jardin. Pas de balcon pour celles côté rue. La nouvelle direction restaure progressivement les salles de bains. Plaisante salle des petits déj avec baie vitrée donnant sur le jardin. Accueil agréable et prix doux.

Où manger ?

De prix moyens à chic

Les Jardins de la Baïse *(plan A2,* ***12****)* **:** *20, rue du Maréchal-Foch. ☎ 05-62-68-37-00. Sur les quais, face à la Baïse. Tlj sf quelques exceptions hors saison. Congés : 2 sem à Noël. Formule et menus 12-14 € (midi en sem), puis 22-34 €. Café offert sur présentation de ce guide.* Ce convaincant restaurant de l'*Hôtel Le Continental* propose une cuisine régionale bien faite avec quelques envolées insolites. Salle à la déco un brin élégante, et aux beaux jours, terrasse fleurie et ombragée dans le jardin intérieur que l'on ne soupçonne pas depuis la rue. Service impeccable.

La Table des Cordeliers *(plan B2,* ***13****)* **:** *1, rue des Cordeliers. ☎ 05-62-68-43-82. • contact@latabledescordeliers.com • Bistrot ouv mar-sam ; gastro ouv mer-dim midi. Menu 22 € (côté bistrot), servi midi et soir ; autres menus 42-75 € (côté gastro).* Après avoir exercé chez les plus grands, Éric Sampietro, ce Gascon à l'allure romantique, a littéralement ressuscité cette adresse mythique des années 1970. Le créateur Régis Dho (*Le Bernardin* à New York, entre autres) a relooké l'intérieur – rouge, noir et gris des murs aux assiettes – et métamorphosé le cloître et la chapelle du XIIIe s qui abritent le resto. Belle terrasse également. Pas toujours académique, Éric aime les mélanges, les contrastes et le changement. Léger et précis, son coup de patte exacerbe les produits de saison avant de nous plonger dans l'univers coloré et acidulé des desserts, où le chocolat est roi. À ne surtout pas bouder, d'autant que le 1er menu est d'un rapport qualité-prix épatant !

Où dormir ? Où manger dans les environs ?

Camping

Camping à la ferme de Guinland : *au lieu-dit* ***Guinland.*** *☎ 05-62-28-17-85. 06-07-06-73-86. • rogalle.guinland@wanadoo.fr • campingdeguinland.monsite.wanadoo.fr • À 4 km de Condom, sur la route de La Romieu (panneau sur la gauche). Ouv avr-oct. Compter env 9,50 € pour 2 ; mobile homes 275-300 €/sem selon saison. CB refusées. 10 empl.* Une dizaine d'emplacements ombragés à 100 m de la ferme, au sein d'un bosquet et à proximité des vignes. Sommaire et champêtre. Bon accueil d'un viticulteur chaleureux qui a plaisir à faire déguster sa production. Non loin, le lac du Bousquetara (pêche) et le chemin de Saint-Jacques-de-Compostelle.

De bon marché à prix moyens

Chambres d'hôtes Le Hour : *chez Florence et David Bonneville, Le Hour, 32100* ***Béraut.*** *☎ 05-62-68-48-33. 06-85-63-96-03. • le-hour@orange.fr • le-hour.com • À env 6,5 km de Condom. Prendre la D 654 en direction de Saint-Puy ; à 5,5 km, bifurquer à gauche, puis fléché. Double 59 € ; également des gîtes au w-e ou à la sem. Table d'hôtes 21 €. Réduc de 5 % sur les séjours de plus de 3 nuits sur présentation de ce guide.* Dans une ancienne ferme au cœur d'un cadre paisible, 5 superbes chambres dans lesquelles Florence et David ont laissé s'exprimer toute leur créativité : déco à base d'objets de récup' et de vieux outils détournés. Tout est du meilleur goût, ravissant. En été, petit déj dans le jardin ombragé sur fond de musique relaxante. Cuisine équipée à disposition. Piscine à l'écart, ping-pong, boulodrome, enclos de biquettes, quelques ânes et un lit à baldaquin posé au sommet d'une petite colline ombragée pour faire la sieste. Parmi les nombreux endroits pour se poser, le chai est aménagé en espace détente au frais, avec salon comprenant bibliothèque, salle vidéo et équipement musical. Des concerts sont organisés hors saison dans une ambiance bon enfant, et même un festival, le 2e week-end de septembre, avec des ateliers autour du recyclage et différents spectacles. Accueil généreux et spontané.

Hameau de Capuran : *chez Odile et Éric Masson, 32100* ***Blaziert.*** *☎ 05-62-28-48-76. • hameaudecapuran@wanadoo.fr • capuran.com • À 16 km de Condom par la D 7. À Blaziert, prendre la direction de Roquepine ; à 1 km, tourner à gauche ; suivre ensuite le panneau « Capuran ». Ouv tte l'année. Chambres d'hôtes 39 € pour 2 ; gîtes 270-540 €/sem.* Odile et Éric ont restauré de leurs propres mains, pierre par pierre, ce petit hameau dans un site enchanteur : champs vallonnés, lac à proximité pour se rafraîchir... Un havre de paix où l'on se sent vite à l'aise. 5 délicieux gîtes perchés sur la colline, pour 2 à 8 personnes, avec salle de bains, cuisine aménagée et une terrasse privative offrant une vue grandiose. Également quelques chambres avec sanitaires à partager. Détente, bonne humeur et convivialité sont les maîtres mots des lieux. Accueil des plus chaleureux, on reviendra... Un coup de cœur !

Au Vieux Pressoir : *à* ***Caussens*** *(32100). ☎ 05-62-68-21-32. • auvieuxpressoir@wanadoo.fr • auvieuxpressoir.com • (au resto slt). À 11 km de Condom. Prendre la D 7 vers Lectoure ; à 3 km après le bourg de Caussens, prendre la route de campagne à droite et suivre le fléchage. Resto tlj en juil-août ; ven-dim et j. fériés sept-juin. Congés : vac scol de fév. Résa indispensable. Double 58 €, petit déj compris ; familiales (3-4 pers) 75-85 €. Menus 17-25 €. Apéritif maison offert sur présentation de ce guide.* On vient de loin pour s'attabler à cette auberge de solide réputation proposant une cuisine principalement axée autour du canard, uniquement du mulard élevé dans les fermes voisines. La terrasse jouit d'un panorama exceptionnel sur de douces collines. À l'étage, 3 chambres vraiment mignonnes avec meubles anciens, TV et de bon confort. Formidable suite familiale. Piscine pour les résidents, à l'écart du resto. Excellent accueil.

Chic

Les Bruhasses : *chez Hélène et Jean Royer, 32100* ***Condom.*** *☎ 05-62-68-38-35. 06-08-85-78-69. • info@lesbruhasses.fr • lesbruhasses.fr • À 4 km du centre-ville. Prendre la D 931 en direction de Pau, puis fléché sur la droite. Congés : fêtes de fin d'année. Doubles 80-90 € selon standing. Table d'hôtes 29 €.* Au bout d'une allée plantée et au sein d'un vaste parc arboré, cette demeure de maître du XVIIIe s, flanquée de 2 tours, a fière allure. Hélène et Jean, un couple franco-québécois, ont restauré les lieux dans un esprit très romantique. Les chambres « Fleur d'aurore », « Clair de lune » et « Harmonie du soir » se trouvent dans le corps d'habitation. La plus petite fait 22 m². « Hymne au soleil » et « Ballade en rêve », 2 suites en duplex, se logent dans les tours. Couleurs ouatées, atmosphère paisible, literie de qualité (lits en 160 ou en 180). Excellent petit déj. Charme, élégance et décontraction sont les maîtres mots.

À voir

La cathédrale Saint-Pierre *(plan B1)* **:** édifice du début du XVIe s. Exemple typique de l'architecture gothique finissante où l'on voit apparaître le style Renaissance. Nef unique soutenue par d'énormes contreforts et clocher massif. Portail

très usé qui laisse cependant imaginer sa splendeur d'antan. À l'intérieur, nef voûtée d'ogives avec clés blasonnées. Grandes baies flamboyantes. Celles du chevet présentent de très belles verrières. Noter le jubé en stuc qui tourne autour du chœur. Construit au XIXe s dans le style lourd et pompeux qui caractérisait bien cette époque. Derrière la chaire, autel en bois abondamment sculpté du XVIIIe s, classé aux Monuments historiques. La chapelle au fond du chœur, consacrée à la Vierge, est l'unique vestige de l'ancienne église abbatiale du XIVe s.
– Sur la place Saint-Pierre, fameuse sculpture des mousquetaires réalisée par Zourab Tsereteli.

Le cloître *(plan B1)* **:** construit au XVIe s en style flamboyant mais agrandi au XIXe s. Particulièrement vaste. Double galerie avec voûtes en étoile. C'est un inhabituel cloître qui fait aussi passage public.
– Avant d'atteindre l'autre rue, noter la ***chapelle Sainte-Catherine*** aux voûtes blasonnées et polychromées.

L'ancien palais des Évêques *(plan B1)* **:** élégante construction du XVIIIe s. Il abrite aujourd'hui la sous-préfecture.

Le musée de l'Armagnac *(plan A-B1)* **:** *2, rue Jules-Ferry. ☎ 05-62-28-47-17. • patrimoine-musees-gers.fr • Avr-oct, tlj sf mar 10h-12h, 15h-18h ; le reste de l'année, mer-sam 14h-17h. Fermé en janv et j. fériés. Entrée : 2,20 € ; réduc. Visite libre avec livret.* Installé dans les dépendances (anciennes écuries) du palais des Évêques. Petite vidéo expliquant tout le processus de fabrication de l'armagnac. Matériel de vigneron et outils multiples qui sentent bon la vieille France et le terroir (coutre, douelle, asse, plane, chaput, jabloir, marotte, etc.). Collection de vieilles bouteilles, dont une dame-jeanne de 18,75 l. Amusante cloche antigrêle de 1607, vieux alambics. Mais le plus impressionnant reste cet immense pressoir à taissons (XIXe s) de 18 t ! À l'étage, splendide charpente en coque de bateau renversé. Sans oublier une expo sur le héros gascon par excellence, d'Artagnan.

L'hôtel de Polignac *(plan B1)* **:** *21, rue Jules-Ferry. Ne se visite pas.* Quand on pense à toutes ces classes dans des préfabriqués !... Ici, l'école laïque occupe un magnifique hôtel particulier du XVIIIe s. Portail à colonnes, grille en fer forgé et élégante façade aux hautes fenêtres à balustres, typique de la Renaissance.

Les vieux chais de Ryst-Dupeyron *(plan B2)* **:** *entrée par la rue piétonne Daunou (parking sur la promenade, au niveau du kiosque à musique). ☎ 05-62-28-08-08. • maisonrystdupeyron.com • Lun-ven 9h-12h, 14h-17h ; juil-août, également sam-dim 15h-17h. Visite commentée gratuite (dernier départ 1h avt la fermeture).* Dans l'ancien hôtel de Cugnac du XVIIIe s, le complément indispensable au musée de l'Armagnac. Visite des caves de l'une des plus grandes marques d'armagnac, après la projection d'un film de 10 mn retraçant les différentes étapes de sa fabrication. Reconstitution d'un chai du début du XXe s, avec personnages en situation, dans la salle de dégustation. Une visite de 45 mn commentée avec passion dans des lieux historiques aux parfums enivrants.

L'église-musée Saint-Barthélémy du Pradau *(hors plan par B2)* **:** *rue Dutoya. En principe mar 15h-18h en saison ; sinon, rens auprès de l'office de tourisme (☎ 05-62-28-00-80). GRATUIT.* Expo d'œuvres et d'objets sacerdotaux, vêtements liturgiques et vases. Joli plafond à caissons en bois peint et restauré du XVIIe s. Des conférences et concerts sont quelquefois organisés.

À faire

Croisière sur la Baïse *(plan A1)* **:** *avec* Gascogne Navigation, *capitainerie du quai de la Bouquerie, à proximité de l'*Hôtel Le Continental. *☎ 05-62-28-46-46.*

● gascogne-navigation.com ● Fonctionne avr-oct ; juil-août, départs tlj sf sam à 15h. Tarif : 8 € ; enfant 6,10 €. Promenade de 1h15 à bord du bateau-resto *Le d'Artagnan*. En été, propose également des croisières gastronomiques et des croisières pique-nique le dimanche. Location de bateaux à moteur sans permis à la journée et de bateaux habitables pour la semaine ou le week-end.

– ***Centre aqualudique*** *(hors plan par A1) : av. des Mousquetaires (route d'Eauze). ☎ 05-62-29-17-48. Juin-début sept, tlj 10h-20h (juin, l'ap-m slt mer et w-e). Tarif : 4 € ; 2,40 € moins de 18 ans et étudiants.* Pas moins de 900 m² de bassins ludiques et sportifs, toboggans, espace pour les plus jeunes...

– ***La voie verte de l'Armagnac :*** *départ au niveau de l'aire de Lous Cassous (hors plan par A1), à proximité du stade et du collège Saint-Exupéry.* Ancienne voie ferrée aménagée et accessible à pied, à cheval et à vélo, entre Condom et Lagraulet (10 km).

Manifestations

– ***Salon des antiquaires :*** *le dernier w-e de fév.* L'un des plus réputés du Gers.
– ***Festival européen de Bandas y Peñas :*** *le 2e w-e de mai. Rens : ☎ 05-62-68-31-38 (secrétariat du festival) ou 05-62-28-00-80 (office de tourisme).* La ville est bouclée pendant 2 jours et les rues appartiennent à la foule, aux bodegas et aux *bandas*. Tenue de fête exigée (béret ou bandana rouge, maillot de rugby ou salopette blanche).
– ***Chemins d'art en Armagnac :*** *en mai-juin. ● cheminsdartenarmagnac.com ●* Un parcours (40 km maximum) autour de cinq sites remarquables de la Ténarèze investis par cinq grands artistes contemporains.
– ***Les Vespérales :*** *mar à 18h de mi-juin à mi-août.* Concert d'orgues *(gratuit)* à la cathédrale, suivi d'une visite guidée *(payante : 3,80 €)* de la cathédrale.
– ***Nuits musicales en Armagnac :*** *de mi-juil à fin août. ● nma32.com ● Rens à l'office de tourisme.* Concerts de musique classique, opéra, danses. Spectacles payants à Condom et à Lectoure.
– ***Festival Musique en chemin :*** *4 j. mi-août. Rens : ☎ 05-62-28-00-80 (office de tourisme). ● musiqueenchemin.fr ●* Concerts de musique classique *(payants)* suivis d'un buffet.
– ***BioGascogne :*** *le dernier w-e d'août, autour de la cathédrale et dans le cloître. ● biogascogne.fr ●* Salon du développement durable. Village bio-gourmand, artisanat, conférences.

LARRESSINGLE (32100) 215 hab. *Carte Gers, B1*

À 3 km de Condom, l'un des plus pittoresques villages fortifiés de la région, un village de poupée surnommé « la petite Carcassonne du Gers ». Édifiée au XIIIe s, c'est la plus petite cité fortifiée de France. Elle fut tellement bien conçue qu'elle nous est parvenue pratiquement intacte. Ses habitants n'avaient même pas besoin d'armée pour se défendre ! Ce fut la résidence d'été des évêques de Condom jusqu'au XVIIe s.

Adresse utile

ℹ *Office de tourisme* *(antenne de l'office de tourisme de la Ténarèze) : ☎ 05-62-68-22-49. ● flaran-baise-armagnac.com ● Juil-août, tlj ; mai-juin et sept, mer-dim.* Propose des visites guidées *(3,80 € ; réduc enfants).*

Où dormir ? Où manger ? Où boire un verre ?

Bon marché

Bar-crêperie du Château : *devant le château (pardi !). ☎ 05-62-68-48-93. ♿ En saison, tlj midi et soir ; hors saison, slt le midi. Formule déj 13 € ; carte 15-20 €.* Petite crêperie avec terrasse. Si les galettes et crêpes manquent de légèreté, les salades gourmandes sont bonnes, ainsi que le plat thaï au menu du jour (la chef est thaïlandaise !). Glaces également en journée. Ambiance tranquille. À signaler, quelques ratés parfois en matière d'accueil, mais l'endroit est si beau et si paisible...

De prix moyens à chic

Auberge de Larressingle : *au pied de la cité fortifiée. ☎ 05-62-28-29-67. • contact@auberge-de-larressingle.fr • auberge-de-larressingle.fr • ♿ Congés : de mi-déc à mi-mars. Resto fermé dim soir et lun hors saison. Doubles 55-73 € selon standing ; suite 95 €. Le midi en sem, formule et menu 11-13,90 € ; autres menus 17-38 €.* Dans une ancienne ferme gasconne restaurée, bordée de champs, une douzaine de chambres de bon confort aux couleurs actuelles, vert et chocolat. La plupart offrent une belle vue sur la cité fortifiée. Bonne cuisine de terroir à base de produits locaux, principalement axée sur le canard (bien sûr !), à déguster en terrasse sous la treille ou au frais dans l'ancien chai-étable. Une adresse idéale pour une halte champêtre.

Chambres d'hôtes Lacassagne : *à env 500 m du village. ☎ 05-62-28-26-89. • contact@lacassagnechambresdhotes.fr • lacassagnechambresdhotes.fr • ♿ Ouv tte l'année. Doubles 80-100 € selon taille. Table d'hôtes 25 €.* Ravissante maison d'anciens négociants en armagnac, construite en 1732, en pleine nature et aux portes du village. Maïder a restauré cette demeure qui appartient à sa famille depuis 5 générations. C'est dire si le lieu est chargé de mémoire et de souvenirs. Chambres élégantes, spacieuses, lumineuses, d'une sobriété raffinée et moderne. Grand salon doté d'une cheminée et d'une immense baie vitrée pour contempler la nature gersoise. Devant la maison, un parc de 2 ha et une pelouse ombragée par un vénérable tilleul. Prêt de vélos. Accueil en toute simplicité. Parfait pour se poser si votre budget vous le permet.

À voir

La cité : l'entrée est majestueuse, avec sa tour-porte à mâchicoulis et ses tours crénelées. À l'intérieur, un imposant *château-donjon* dépourvu de toiture et doté d'une tourelle octogonale *(fermé au public)*. Au cœur de la cité, l'*église romane* du XIIe s présente une curiosité : l'abside en cul-de-four a été percée pour permettre d'allonger l'édifice. L'immense clocher-mur paraissait vraiment disproportionné avant. Frise à damiers courant tout du long. Beaux chapiteaux, dont un historié. Ceux du porche sont également intéressants (l'un d'eux comporte des oiseaux).

UN CHÂTEAU QUI CAPOTE

Pendant longtemps, le château de Larressingle accueillit les évêques de Condom. Au XVIIe s, ces derniers lui préfèrent le château de Cassaigne, à quelques kilomètres de là, jugé plus moderne, plus confortable. Par souci d'économie, et pour éviter de payer les taxes alors calculées sur les toitures, le dernier évêque de Condom fit démonter la charpente du château pour la remonter sur celui de Cassaigne, laissant ainsi Larressingle sans toit, ni foi...

Le musée de la Halte du pèlerin : *à côté de l'église. ☎ 05-62-28-11-58 ou 05-62-28-08-08 (hors saison). Juil-oct, tlj 10h30-12h30, 14h30-18h30 (l'ap-m* *slt sept-oct) ; avr-juin, tlj 14h-18h. Fermé Toussaint-Pâques. Entrée : 4,20 € ; enfants 3,50 € ; 12 € pour une famille avec 2 enfants. Visite libre audioguidée.* Évocation de la vie au Moyen Âge au travers d'une cinquantaine de personnages en costumes. Modeste et ludique, ce petit musée peut se révéler une excellente leçon historique pour les enfants.

La Cité des machines au Moyen Âge : *au village. ☎ 05-62-68-33-88. • larressingle.free.fr • De mars à mi-nov, tlj 14h-18h (10h-19h juil-août) ; le reste de l'année, sur rdv. Entrée : 8,20 € ; 13-17 ans 7,20 € ; 3-12 ans 5,20 € ; réduc pour 4 visiteurs ensemble.* Camp de siège du XIIIe s reconstitué. Les machines sont actionnées par le public, comme la bricole, la catapulte romaine, la cage à écureuil, le pilori, le trébuchet, ou encore le biffa (également appelé « couillard » !). Pour les manuels, frappe de monnaie et taille de boulets de pierre. Sur demande, possibilité de participer aux animations en costume médiéval.

DANS LES ENVIRONS DE LARRESSINGLE

Mouchan *(32330) :* *à 5,5 km au sud de Larressingle. En principe, visites guidées de l'église en juil-août, mer-dim 15h-19h (rens mairie au ☎ 05-62-28-40-33).* Connu pour son *église* dont les croisées d'ogives sont l'exemple typique (et le plus ancien connu) de la transition du roman au gothique. Chapiteaux dans un état remarquable. Frises à perles et à damiers. Retable doré datant du XVIIe s. À l'extérieur, l'abside, avec ses fenêtres ouvragées, sa frise de modillons et sa tour massive acoquinée avec une tourelle ronde, forme un bel ensemble.
– ***Autrefois en Gascogne – Musée de la Vigne et du Vin :*** *domaine de Lassalle, à Mouchan. 06-84-50-49-41. À la sortie du village, à droite sur la route de Cassaigne (D 208). Visites guidées juil-sept, tlj vers 15h ; le reste de l'année, sur résa. Entrée : 6 € ; gratuit moins de 12 ans.* Un musée qui fait revivre quatre siècles de viticulture à travers une riche collection d'outils et machines. Sulfateuses, fouloirs, égrappoirs, tombereaux, cuviers, pressoirs, cuves et alambics... Certaines pièces sont uniques.

Cassaigne *(32100) :* *à 6 km au sud-est de Larressingle.* Son château construit en 1247 fut la résidence des évêques de Condom. C'est aujourd'hui une propriété viticole de 35 ha, vitrine de la production gersoise. Façade classique aux belles proportions. Seul le petit ***musée de la Vigne*** (et sa boutique) au rez-de-chaussée se visite *(☎ 05-62-28-04-02 ; • chateaudecassaigne.com • ; tlj sf dim mat et lun hors saison 9h-12h, 14h-18h – 19h juil-août ; entrée : 3,50 € ; visite avec livret).* Cuisine pittoresque dont la voûte du plafond a été construite comme celle d'un four de boulanger. Chai d'armagnac situé dans l'ancienne salle d'armes. Possibilité de déguster et d'acheter des bouteilles d'armagnac, de floc de Gascogne et millésimées.

Mansencôme *(32310) :* *à 12 km au sud-est de Larressingle.* Village mondialement connu pour son ***château Busca-Maniban,*** producteur d'armagnac, considéré par de nombreux connaisseurs comme le meilleur ! Imposant château d'architecture classique du XVIIe s, classé Monument historique, et jardins à la française. À l'intérieur, monumental escalier avec colonnes ioniques, majestueuses salles d'armes et des gardes. *☎ 05-62-28-40-38. • buscamaniban.com • Visites guidées avr-oct, tlj sf dim et j. fériés 14h-18h ; le reste de l'année, sur résa. Tarif : 6 € (avec dégustation) ; réduc.*

MONTRÉAL-DU-GERS (32250) 1 210 hab. *Carte Gers, B1*

Située sur la D 15, elle serait la première bastide de Gascogne. Construite sous domination anglaise en 1255. Grande place à arcades. Église en partie

fortifiée, à l'aspect assez imposant. Portail gothique, certainement très beau autrefois mais aujourd'hui assez usé (et il lui manque des statues). À l'intérieur, piliers massifs ronds et carrés, et larges arches.

Adresse et info utiles

Office de tourisme : *pl. de l'Hôtel-de-Ville. ☎ 05-62-29-42-85. • flaran-baise-armagnac.com • Juil-août, tlj sf dim ap-m ; hors saison, tlj sf dim-lun.* Petit musée *(entrée libre)* exposant une collection issue des fouilles et qui complète la visite de la villa gallo-romaine de Séviac (voir « Dans les environs de Montréal-du-Gers »). Mosaïques du Ve s, bijoux, monnaies, artisanat et objets du quotidien y sont exposés.
– ***Marché :*** *ven mat.*

Où dormir ? Où manger à Montréal-du-Gers et dans les environs ?

Chambre d'hôtes au château d'eau : *à **Lagraulet-du-Gers** (32330), sur la place principale du village. ☎ 05-62-29-12-44 (mairie). • mairie lagrauletdugers@orange.fr • mairielagrauletdugers.com • À 7 km de Montréal par la route d'Eauze. Ouv tte l'année, sur résa slt. 1 seule chambre 153 € pour 2 (dégressif à partir de la 2e nuit). Réduc de 10 % hors w-e et j. fériés sur présentation de ce guide.* Construit en 1932, ce château d'eau de 11 m de haut faisant face à l'église de ce pittoresque village apparaissait comme une sorte de verrue architecturale jusqu'à ce que la municipalité ait l'idée d'en faire une chambre d'hôtes atypique. Avec son lit rond et son puits de lumière au plafond, l'hébergement est vraiment insolite ! On y accède par un monte-charge avec salle de bains à mi-hauteur, cuisine et coin repas au rez-de-chaussée, et terrasse équipée en matériel d'astronomie sur le toit (vue à 360° sur la campagne gersoise, s'il vous plaît) ! La façade est recouverte de fresques colorées signées Jean-Paul Chambas, sur le thème de la marche. Si les tarifs sont assez onéreux, la nuit peut être assez unique.

Hôtel Castel-Pierre : *dans le village de **Lagraulet** (32330). ☎ 05-62-28-89-99. • contact@castelpierre.fr • castelpierre.fr • À 8 km au sud de Montréal. Ouv tte l'année. Doubles 120-160 € selon standing ; suites plus chères. Menu déj en sem 18 € ; puis 31-58 €.* Cet ancien logis du XIXe s, entièrement restauré, propose une dizaine de chambres spacieuses, pleines de charme, au confort sans faille. Les unes ont une déco sobre et contemporaine, les autres sont plus classiques, plus romantiques. Une adresse douillette au cœur de la belle campagne gersoise.

La Bombance : *au lieu-dit Bidon, à 2,5 km du bourg, sur la route de Fourcès (D 29). ☎ 05-62-29-28-80. • contact@labombance.fr • Fermé lun midi, mar midi et mer, plus le soir lun-mar hors saison. Résa impérative. Menus 29-46 € (modulable) ; menu dégustation 55 €.* Alors qu'on est confortablement installé en terrasse face à un écrin de verdure ou en salle à la déco raffinée, cette *Bombance* est une merveilleuse surprise. Dès la mise en bouche, on devine une cuisine gastronomique de haute volée ! Fabrice Gosset s'est hissé tranquillement au rang des meilleures tables du Gers. Ce perfectionniste fait des alliances de saveurs harmonieuses, et parmi la poignée de plats proposés, on dégote des trouvailles exaltantes. Chaque jour, du poisson frais travaillé avec talent. Le tout dans une atmosphère très décontractée entretenue par sa femme au service. Une adresse d'exception, vous l'aurez compris !

Restaurant Daubin : *dans le bourg de Montréal. ☎ 05-62-29-44-40. • contact@bernarddaubin.com • Tlj sf dim soir, lun et mar (ouv les j. fériés). Formule déj en sem 20 € ;*

menus 30-40 €. Un resto gastro de solide réputation. On y accède soit par la rue en traversant un bistrot sympa aux allures de boucherie d'antan, soit par la belle terrasse sur une placette, côté église. En salle, à la déco sobre, on se régale d'une cuisine de tradition travaillée avec beaucoup de professionnalisme à partir de produits d'exception (foie gras mi-cuit, homard rôti, agneau de lait, tournedos de canard...). Selon votre budget, le chef peut laisser libre cours à son imagination et vous proposer un menu inattendu. Belle carte des vins. Une table pleine d'authenticité, tenue de mère (la fameuse Simone !) en fils depuis 1958.

Où acheter de bons produits de la ferme dans le coin ?

Trésors Gascons : *lieu-dit Longueville, 32250 Montréal. ☎ 05-62-29-42-79. À 1,8 km de Fourcès. Traverser la place principale de Fourcès, puis c'est fléché. Tlj sf dim.* Bernadette, qui n'a pas sa langue dans sa poche, prépare magrets, foie gras, rillettes, pâtés et confits garantis maison. Tout est fort goûteux. Quant aux canards, ils sont tous élevés et gavés au bon grain. Des produits de première qualité, dont tous nos lecteurs sont ravis, et ce depuis fort longtemps.

Manifestation

– ***Flamme de l'Armagnac :*** *le 3e w-e de nov. Résa longtemps à l'avance auprès de l'office de tourisme : ☎ 05-62-29-42-85.* Rando pédestre ou à vélo (au choix) suivie d'un repas gastro autour de l'alambic.

L'ARMAGNAC

DANS LES ENVIRONS DE MONTRÉAL-DU-GERS

Le site paléontologique de Montréal-du-Gers : *à 1,5 km de Montréal, en direction de Gondrin. Visite libre 3 sem en juil slt, tlj 9h-12h, lorsque le site est fouillé au cours d'un chantier de jeunes, en présence d'un paléontologue.* Découvert en 1987, c'est un site paléontologique majeur, vieux de 17 millions d'années (ça commence à faire !), où ont été trouvées plus de 90 espèces de vertébrés (mammifères, reptiles, amphibiens, oiseaux...). Certaines étaient inconnues jusqu'alors. Les passionnés de fossiles ne manqueront pas d'aller faire un tour sur le site en juillet, lorsque les scientifiques mènent leurs recherches.

La villa gallo-romaine de Séviac** (32250) **: *à 2 km de Montréal (fléché). ☎ 05-62-29-48-57. • patrimoine-musees-gers.fr • Mars-juin et sept-nov, tlj 10h-12h, 14h-18h ; juil-août, tlj 10h-19h. Fermé déc-fév. Entrée : 4,50 € ; gratuit moins de 18 ans et pour ts le 1er dim du mois nov-mars. Visite libre ou commentée (passionnante !). Billet commun avec le Musée archéologique d'Eauze et le Centre d'interprétation et site archéologique – Domus de Cieutat, toujours à Eauze (pôle archéologique Elusa-Séviac) : 10 €.* Il aura fallu 35 ans de fouilles pour mettre au jour les vestiges de cette luxueuse résidence gallo-romaine datant du IVe s apr. J.-C. Une maquette permet de comprendre l'organisation de la villa construite autour d'une cour à péristyle. C'est un ensemble archéologique exceptionnel avec plus de 450 m² de splendides mosaïques polychromes aux motifs géométriques et floraux incroyablement conservées. Certains motifs révèlent d'intéressants effets d'optique. Dans certaines pièces ainsi que dans les thermes subsiste encore l'ancien système de chauffage par le sol (hypocauste).

Fourcès (32250) : *à 6,5 km au nord de Montréal par la D 29.* Étonnant petit village au bord de l'Auzoue, organisé sur le principe d'un castelnau, avec une place ronde de 75 m de diamètre et une porte fortifiée. Autour de la place, belles maisons à arcades bâties sur pilotis pour échapper aux crues autrefois fréquentes. Ancien château des XVe et XVIe s construit sur les anciens remparts *(ne se visite pas).* Le dernier week-end d'avril, le village accueille un superbe marché aux fleurs (l'un des plus grands du Sud-Ouest) durant lequel des artistes créent de véritables compositions florales.

VALENCE-SUR-BAÏSE

(32310) 1 160 hab. *Carte Gers, B1*

Petite bastide à 8 km au sud de Condom. À la frontière des parties « anglaise » et « française » de la Gascogne, Valence-sur-Baïse connut beaucoup de changements de camp. Elle en garde de modestes vestiges, notamment une porte de ville (dite « porte d'Espagne » ou « du Hérisson »). Église du XIVe s avec une large façade encadrée par deux tours octogonales (le belvédère de la tour gauche est accessible). Mais l'attrait majeur de Valence-sur-Baïse, c'est bien sûr l'abbaye cistercienne de Flaran.

Adresse utile

Office de tourisme : *dans le centre. ☎ 05-62-28-59-19. • flaran-baise-armagnac.com • Juil-août, tlj sf dim-lun ; juin et sept, tlj sf w-e.*

Où dormir ? Où manger dans les environs ?

La Ferme de Flaran : *à **Maignaut-Tauzia** (32310). ☎ 05-62-29-39-83. • reception@fermedeflaran.com • fermedeflaran.com • À env 500 m de Valence-sur-Baïse, en direction de Condom et de l'abbaye de Flaran. Resto fermé dim soir et lun midi. Doubles 65-90 € selon confort et saison. Le midi en sem, formule et menus 11-13,50 € (¼ de vin et café compris) ; autres menus 19-29 €.* Une adresse qui nous a bien plu pour sa table proposant une cuisine entre tradition gasconne et modernité, avec le canard en vedette (magret grillé au miel, confit aux girolles, etc.). Le chef, Gérard Tête, a aussi une usine de transformation de palmipèdes. Côté cadre, on reste dans la même tonalité : murs en pierre, poutres en bois peintes en blanc et tons actuels. Le midi, de nombreux employés du coin y ont leurs habitudes. L'été, terrasse dressée au bord de la piscine. La plupart des chambres ont bénéficié d'un rafraîchissement mérité (literie neuve).

La Dame de Courties : *chez Nadine Cléry, à **Saint-Puy** (32310). ☎ 05-62-28-69-95. 06-60-46-64-80. • nadine.clery@free.fr • ladamedecourties.fr • Du bourg de Saint-Puy, prendre la direction de Fleurance (D 654), puis prendre la petite route à droite (fléché). Congés : janv. Double 85 €. Table d'hôtes 25-35 €.* Fraîchement retapée, cette ferme du XVIIIe s, accessible par un porche sous le pigeonnier central, a de l'allure ! Tout comme les 4 chambres spacieuses, de grand confort, mêlant luxe et sobriété. D'accès indépendant, elles possèdent toutes une belle douche à l'italienne, certaines directement ouvertes sur la chambre. Beau parquet, rideaux en lin, mobilier choisi... Dans l'ancien chai, piano à disposition pour les virtuoses. Bonne table également.

Chez Vous : *pl. de la Halle, à **Saint-Puy** (32310). ☎ 05-62-68-98-52.*

L'ARMAGNAC

À env 12 km à l'ouest de Valence-sur-Baïse. Tlj sf lun midi en saison, plus lun-mar mars-avr et oct ; nov-fév, ouv slt le w-e. Résa conseillée le soir. Plats à l'ardoise 13,50-18,50 € ; carte 25-35 € ; en hiver, 1 dim/3, formule brunch (12h-17h) 19 €. Au cœur de ce pittoresque village, sous sa délicieuse halle bordée de verdure, une jeune équipe réveille les visiteurs avec une cuisine bistrotière moderne. Beau choix à l'ardoise, qui change du traditionnel confit-magret, avec du risotto de Saint-Jacques, pièce de bœuf, et des originalités comme le camembert *a la plancha.* Une cuisine tendance donc, à la cuisson maîtrisée, que l'on apprécie dans une atmosphère décontractée, un brin bohème. Café-*lounge* au mobilier confortable pour un apéro-digeo jazzy. Des concerts sont programmés régulièrement.

À voir

L'abbaye de Flaran : *à 1 km de Valence-sur-Baïse en direction de Condom (fléché). ☎ 05-62-28-50-19. • abbayedeflaran.fr • Tlj 9h30-12h30, 14h-18h (9h30-19h juil-août). Fermé 2 sem fin janv, 1er mai, 25 et 31 déc. Possibilité de visite guidée sur résa. Entrée : 5 € ; réduc ; gratuit moins de 17 ans et pour ts le 1er dim du mois nov-mars. Petit questionnaire ludique pour les enfants pdt les vac scol.* L'un des fleurons de l'architecture cistercienne avec Sénanque, Silvacane et Le Thoronet. Elle fut fondée en 1151 et subit de nombreuses vicissitudes tout au long de son histoire : guerre de Cent Ans, guerres de Religion, Révolution française et, en 1970, un incendie criminel. Elle fut, bien entendu, vendue comme bien national et termina sa longue existence comme bâtiment agricole (on y stockait les fûts d'armagnac). Un énorme travail de restauration a été entrepris par le conseil général à partir de 1972, date à laquelle il s'est porté acquéreur des bâtiments. Flaran est aujourd'hui devenu le ***Centre patrimonial départemental du Gers.*** De nombreuses expositions s'y déroulent, de l'environnement à l'art contemporain en passant par l'archéologie.

LARMES D'OUTRE-TOMBE

Au fond de la salle capitulaire de l'abbaye de Flaran, sur le côté droit, on aperçoit une tombe de couleur sombre. À cet endroit, le sol reste toujours humide. La légende raconte qu'un moine ayant beaucoup péché a souhaité se faire enterrer ici même, devant la sacristie, un lieu de passage alors très fréquenté, pour y être piétiné. Seule façon à ses yeux d'expier ses péchés. Ses pleurs continuent d'humidifier le sol...

– ***Le cloître :*** malheureusement, une seule galerie a survécu à la guerre de Cent Ans. Elle présente des séries d'arcades du XIVe s à l'ouest, entrecoupées de gros piliers. Ravissants chapiteaux à feuillage et pampres de vigne. Quelques représentations d'animaux également. Au 1er étage, au niveau de la galerie, quelques fresques ont été mises au jour.

– ***L'église :*** présente une élégante façade romane empreinte de rigueur et d'harmonie. Porche aux voussures délicatement sculptées, surmonté de deux baies étroites et d'un oculus assez travaillé. On retrouve la même sobriété à l'intérieur. Trois travées et une voûte en arcs brisés. Chœur finissant en abside, entouré de deux absidioles de chaque côté. Chapiteaux en forme de feuillage, très dépouillés.

– ***La salle capitulaire :*** dès l'entrée, on est frappé par l'originalité de l'architecture cistercienne méridionale et par l'élégance de ses trois amples baies dont les voussures retombent sur d'exquises colonnettes et des chapiteaux à feuillage. À l'intérieur, quatre colonnes de marbre (provenant d'une villa romaine) donnent naissance à un superbe festival de croisées d'ogives, le tout nimbé de la douce lumière tombant des trois fenêtres.

– Du cloître, accès également à l'***armarium*** (la bibliothèque), au cellier (expo sur les chemins de Saint-Jacques-de-Compostelle), à l'ancien ***réfectoire*** (joli décor du XVIIIe s,

appelé « gypserie »), à la ***lingerie,*** à la ***cuisine*** et aux ***jardins,*** classés Monuments historiques. Dans les jardins, superbe vue sur le chevet de l'église de style roman.
– À l'étage, l'ancien ***dortoir des moines.*** Il fut compartimenté au XVIIIe s pour créer six grandes chambres (changement qui indique à l'évidence les goûts de confort liés à cette époque).
– ***La collection de peinture :*** l'abbaye abrite également une remarquable collection de chefs-d'œuvre représentatifs de l'art pictural européen du XVIe au XXe s et appartenant à Michael Simonow, un grand amateur et collectionneur d'art. La collection compte près de 350 tableaux aux signatures prestigieuses (Picasso, Braque, Monet, Courbet, Pissarro...) et des sculptures de Rodin et de Camille Claudel ; une cinquantaine d'œuvres sont exposées en alternance, à travers les expositions thématiques.

DANS LES ENVIRONS DE VALENCE-SUR-BAÏSE

Le château de Monluc : *à* **Saint-Puy** *(32310). ☎ 05-62-28-94-00. • monluc.fr • À env 12 km à l'ouest de Valence-sur-Baïse. Visite guidée gratuite ; juin-sept, tlj sf dim mat 10h-12h, 15h-19h ; oct-mai, tlj sf dim-lun aux mêmes horaires. Fermé en janv.* Dominant le bourg, majestueux château du XVIe s, où vécut Blaise de Monluc, maréchal de France et illustre capitaine des guerres d'Italie. C'est aujourd'hui le siège du domaine viticole le plus célèbre, et le plus apprécié, des côtes-de-gascogne. Il est également l'inventeur (et seul fabricant) du célèbre cocktail « Pousse rapière ». Petite visite guidée qui vaut surtout pour les vieux chais voûtés aux parfums enivrants. Après la dégustation, on passe à la boutique-cave. Outre les premières cuvées convaincantes pour un prix très abordable, on retiendra quelques vins de garde tout à fait savoureux (cuvées *Grandes vignes* et *Cargols*).

AU CŒUR DE LA GASCOGNE

Pour un bref aperçu de la région, voici un joli circuit au cœur du Gers, à partir d'Auch.

BIRAN *(32350)*

Adorable petit castelnau, typique de la région, sur la route de Vic-Fezensac. Le village est bâti sur la crête d'une colline, le long d'une rue unique. Belle porte fortifiée. Importants vestiges des remparts et du château. Donjon du XIIIe s, de 25 m de haut. L'*église* propose, outre son séduisant portail de styles Renaissance et baroque, le plus beau retable de pierre sculpté de la région (XVIIe s). *Descente de Croix, Pietà* et *Mise au tombeau.* Tabernacle en bois doré.
Dans les environs, une *tour gallo-romaine.* Pour s'y rendre, quitter le village vers Le Brouilh ; au carrefour avec la croix, tourner à gauche : la tour apparaît alors en plein champ. C'est l'une des rares à subsister en si bon état. Les historiens n'ont jamais réussi à définir exactement à quoi ces tours servaient : trophées militaires, fanaux pour le passage des soldats, tombeaux de nobles, etc.

VIC-FEZENSAC *(32190)*

C'est ici que l'on trouve la *plaza de toros* du Gers. Voir l'*église Saint-Pierre* (ancienne collégiale) pour son chevet et son absidiole de style roman, son immense maître-autel du XVIIIe s, et surtout pour ses vitraux de facture moderne (début du XXe s) signés Raphaël Lardeur, le premier artiste d'une lignée de maîtres verriers aujourd'hui renommés. Le *couvent des Cordeliers,* datant du XIVe s, qui fut saccagé par Montgomery, chef des protestants pendant les guerres de Religion, ne se visite pas. Il reste quand même le clocher carré.

Adresse et infos utiles

Office de tourisme : *22, pl. Julie-Saint-Avit. ☎ 05-62-06-34-90. • vic-fezensac.com • Tte l'année, lun-sam, plus dim mat juil-août.* Organise une visite guidée des arènes sur rendez-vous *(compter 2,50 € pour 1h30).* Dynamique, donne également plein d'infos sur les environs.

Cars pour Auch, Toulouse, Mont-de-Marsan. Au départ du cours Delom.

– ***Marché traditionnel :*** *ven mat tte l'année.* ***Marchés nocturnes :*** *2 en juil et 2 en août (mer).* Rues animées avec orchestres, producteurs locaux et artisans d'art.

Où dormir ? Où manger ? Où boire un verre ?

Chambres d'hôtes Aux Carrecs : *chez Oriane et Francis Claudon, Le Vieux-Carlat. ☎ 05-62-64-42-37. • auxcarrecs@wanadoo.fr • auxcarrecs.com • À 300 m de la sortie de Vic-Fezensac, en direction d'Auch, prendre la petite route à droite, c'est à env 2 km (fléché). Congés : janv-fév. Doubles 65-75 € selon saison. Table d'hôtes à partir de 30 €. Réduc de 10 % pour un massage bien-être sur présentation de ce guide.* Dans un ancien chai joliment restauré, les propriétaires ont aménagé 3 chambres fraîches aux épais murs de pierre, dont 2 disposent d'un accès indépendant. Grand volume, déco sobre et moderne à la fois. Agréable jardin au calme. En prime, Francis cuisine d'une main de maître et l'accueil d'Oriane, qui pratique la relaxation corporelle, est charmant. Pour parfaire le séjour, belle piscine à ciel ouvert aménagée dans l'ancienne étable, attenante à la salle de relaxation. Solarium sur le toit d'où l'on peut également observer les étoiles. Propose des week-ends détente et de bien-être. Une de nos meilleures adresses dans le secteur.

Mano a Mano : *3, rue de la République. ☎ 05-62-06-32-53. • manostef@hotmail.fr • Resto le midi slt. Congés : 2de quinzaine d'août et 1 sem pour les fêtes de fin d'année. Menus 13-14 €.* Un bar à vins-resto ouvert sur la rue. À midi, le menu unique propose une cuisine fraîche, d'inspiration traditionnelle et appréciée des habitués. Sympa également pour prendre un verre le soir.

Où dormir dans les environs ?

La Chartreuse de Dane : *chez Sylvie et Jean-Bernard Cano, à* ***Saint-Jean-Poutge*** *(32190). ☎ 05-62-58-01-25. 06-22-75-29-46. • chartreusededane@wanadoo.fr • chartreusededane.com • À 9 km au sud-est de Vic par la N 124 direction Auch. Congés : vac de Noël-1re sem de janv. Double 75 € ; suite 150 €. Table d'hôtes (sur résa) 28 €, tt compris.* Superbe chartreuse du XVIIIe s dans laquelle les propriétaires ont aménagé 5 chambres : 2 en rez-de-jardin, 2 autres à l'étage, dont la « Jazzy », particulièrement originale. Également une belle suite et un chalet en bois massif très confortable, idéal pour les familles. Idéal aussi pour les séjours prolongés puisqu'une table de ping-pong, un terrain de tennis et une piscine viennent agrémenter le grand jardin. Accueil plein de gentillesse et de discrétion.

Manifestations

– ***Grande foire du cheval :*** *1 w-e en avr. • foireducheval.com •* Spectacles équestres, randos et vide-écurie.

L'ARMAGNAC

– ***Feria de Pentecôte :*** *pdt les 3 j. de la Pentecôte. Rens : ☎ 05-62-06-56-55.* • *clubtaurinvicois.com* • Feria traditionnelle de renommée internationale ; corrida et animation garantie. Nombreuses expositions.
– ***Festival de Musique latine :*** *le dernier w-e de juil. Association Tempo latino : ☎ 05-62-06-56-66.* • *tempo-latino.com* • Programmation d'artistes de renommée internationale pour un festival de solide réputation depuis plus de 20 ans.

JEGUN (32360)

Petite bastide bâtie tout en longueur sur l'arête d'une colline. *Halle-mairie* originale, insérée dans le corps de maisons. Vieille charpente, mais façade néoclassique. Un peu plus loin, belle maison à colombages et remplage de brique, et une autre de style Renaissance avec fenêtres à meneaux (selon la légende, Henri IV y dormit deux nuits en 1577).
Un peu à l'écart du village, voir l'*ancienne collégiale Sainte-Candide,* qui date du début du XIIIe s. À l'intérieur, voûte en berceau légèrement ogivale. Noter la façon dont les colonnes semblent partir en arrière, comme pour contenir la poussée extérieure. Chœur gothique. Les vitraux à motifs géométriques datent du XVe s, les autres du XIXe s. Bas-côtés ajoutés à la même époque mais s'harmonisant bien avec le reste.

Où manger ? Où boire un verre ? Où écouter de la musique ?

Iol ***La Halle :*** *7, rue Traversière. ☎ 05-62-05-85-37.* • *restaurantlahalle@orange.fr* • *En face de la halle. Tlj sf lun, plus dim soir hors saison. Le midi en sem, formule et menu 12,50-14 € ; autres menus 22-26 € ; carte 40-45 €.* Resto au cadre élégant, un peu chic, avec quelques tables dressées sous la halle à la belle saison. La carte et les menus proposent un choix limité, mais c'est pour mieux profiter des produits du moment et de la région, préparés avec sincérité. Le chef s'amuse aussi à de jolies escapades culinaires hors des horizons gascons. Une cuisine qui sonne juste, dans l'assiette et sous le palais. Belle carte des vins. Service discret et courtois.

🍷 ♩ ***La Légende Irlandaise :*** *31, Grand-Rue ; à deux pas de la halle. ☎ 05-62-64-55-13.* • *celtesdegascogne@free.fr* • *Tte l'année, tlj sf lun : dim et mar-mer en journée slt, jeu-sam jusqu'à 2h. CB refusées.* Un pub irlandais qui réveille le village ! Des concerts de musiques du monde *(gratuits)* sont généralement organisés les vendredi et samedi, mais la scène est régulièrement ouverte à qui veut faire un bœuf. Soirées à thème, représentations théâtrales... Michael, le chaleureux patron irlandais, fourmille d'idées ! On vient de loin pour passer la soirée sous ses arcades.

Manifestation

– ***Foire aux vins et eaux-de-vie :*** *le 2e sam d'août.*

LAVARDENS (32360)

À 20 km au nord-est d'Auch. Là encore, un pittoresque castelnau dominé par un impressionnant château. À découvrir à l'aube ou au coucher du soleil, lorsque la pierre prend une couleur mordorée. Vestiges des murailles et des tours qui enserraient le village.

Où dormir dans les environs ?

Chambres d'hôtes Domaine Mascara : *chez Jean-Paul et Annie Delhaye, au lieu-dit* ***Mascara.*** *☎ 05-62-64-52-17. • jean-paul.delhaye@wanadoo.fr • domaine-mascara.fr • À 3,5 km de Lavardens sur la D 103 en direction de Fleurance. Congés : janv (sf résa). Doubles 67-77 € selon confort.* Quasi au milieu de nulle part, et tout au bout d'un chemin, une sacrée grosse maison avec de grands volumes et un intérieur toujours frais, même au plus chaud de l'été. 4 chambres décorées avec goût (jonc de mer ou vrai parquet), où l'on se réveille aux chants des oiseaux. Piscine chauffée et abritée du vent, beau gazon, arbres centenaires... Un superbe domaine entretenu dont il est bien agréable de faire le tour. Accueil exemplaire.

À voir

Le château : *☎ 05-62-58-10-61. • chateaulavardens.com • Juil-août, tlj 10h-19h ; le reste de l'année, tlj 10h30-12h30, 14h-17h (18h avr-juin et sept-oct). Fermé de début janv à mi-mars. Prix d'entrée variable selon expos : env 5-7,50 € ; réduc ; gratuit moins de 12 ans. Accueille de remarquables expos temporaires.*
Fief des comtes d'Armagnac, ce château féodal s'accroche à un éperon livrant un superbe panorama. Il date du XIIe s mais fut reconstruit au XVIIe s par Antoine de Roquelaure, maréchal de France et ami d'Henri IV, qui lui en avait fait don. La peste de 1653 mit fin au projet et le château ne fut jamais achevé. Il fut, plus tard, la propriété du père de Mirabeau. L'image « château en proue de navire » s'applique vraiment bien ici : la technique est d'ailleurs directement inspirée de celle des galions espagnols. Jolies tourelles carrées sur trompes d'angle et restes de la balustrade qui courait d'une tourelle à l'autre. Les grosses pierres dépassant des murs et faisant penser à une quelconque fantaisie architecturale supportaient autrefois le chemin de ronde. Grandes fenêtres à doubles meneaux. Au cours de la visite, admirer les superbes pavements en pierre taillée et brique, composant de grandes figures géométriques.
L'***église,*** au massif clocher-porche, repose sur deux énormes pieds. Elle date du XIIe s. C'est l'ancien donjon du château. Noter les contreforts à hauteur dégressive. Devant, un grand puits. Site illuminé durant l'été.

À voir dans les environs

Le Jardin carnivore : *pépinière Nature et Paysages, 32360* ***Peyrusse-Massas.*** *☎ 05-62-65-52-48. • natureetpaysages.fr • À 5 km de Lavardens, route de Roquelaure. Juil-août, lun-ven 14h-19h. Entrée : 5 € (visite plus courte) et 7 € ; moins de 12 ans 4 et 5 € ; gratuit moins de 5 ans. Audioguide, vidéo et visite guidée ponctuée de nombreuses anecdotes.* Cette pépinière possède l'une des plus grandes collections de plantes carnivores du monde. Voilà plus de 30 ans que Jean-Jacques Labat s'est spécialisé (grâce à *Pif Gadget* !) dans cet univers botanique peu courant. Sur 6 000 m², il fait découvrir sa pépinière et son jardin qui regorgent de plantes « gobe-mouches » (celles qui fascinaient Darwin), de « fleurs cobras », de « trompettes carnivores », de « dévoreurs de rats », etc. Et, parmi les raretés, l'*Aldrovanda vesiculosa,* une petite plante aquatique (mares et étangs) quasi disparue : gloutonne, elle affectionne particulièrement les larves de moustiques ! Très pédagogique, les enfants en redemandent. Mais attention, on ne touche pas, au risque d'y laisser un doigt ! Également une collection d'orchidées, plus paisible...

CASTÉRA-VERDUZAN (32410)

Station thermale fondée sous Louis XV. Eau réputée pour le traitement des affections de la bouche et des maladies métaboliques. Base de loisirs avec plan d'eau de 4 ha et une jolie plage de sable fin. Hippodromes pour des courses de trotteurs en saison et casino.

Adresses utiles

Office de tourisme Cœur de Gascogne : *pl. du 8-Juillet-1977. ☎ 05-62-68-10-66. • tourisme-coeurdegascogne.com • Juil-sept, tlj ; le reste de l'année, ouverture réduite.* Efficace et de bon conseil. Location de vélos.

Spa et thermes de Castéra-Verduzan : *☎ 05-62-68-00-00. • thermes-gers.com • Sur résa slt. Fermé de janv à mi-fév.* Espace thermoludique. Aquagym, aquabyke. Séjours thermaux avec hébergement.

Où dormir ? Où manger ?

Camping

Camping municipal La Plage de Verduzan : *rue du Lac. ☎ 05-62-68-12-23. • camping.laplagedeverduzan@orange.fr • camping-castera.com • Arrêt de bus, ligne Condom-Auch, à env 500 m. Ouv mai-sept. Compter 20-25 € pour 2 selon saison (avec électricité) ; bungalows toilés et mobile homes 250-520 €/sem. 92 empl.* Camping verdoyant avec de nombreuses haies et bien ombragé. Les emplacements les plus agréables sont situés au bord du lac. Accès gratuit à la plage de la base de loisirs à proximité (baignade surveillée en été), mais activités payantes (embarcations à pédales, tennis, *skatepark,* etc.), animations nocturnes. Parfait en famille.

De prix moyens à chic

Domaine de Sonnard : *chez Élisabeth et Michel Bigaré, au hameau de Sonnard. ☎ 05-62-68-15-39. 06-20-21-28-95. • elisabeth.pare.sonnard@orange.fr • sonnard.com • À 2 km de Castéra-Verduzan, sur la route d'Auch (D 930), prendre le chemin à gauche (fléché). Ouv d'avr à mi-nov. Doubles 55-70 € selon taille.* Dans un domaine paysager de 7 ha, 5 chambres cosy installées dans les dépendances d'une vieille ferme gasconne. Mansardées, meublées d'ancien, avec ciel de lit, matelas de qualité, toutes offrent un bon confort. Pour une famille, 2 d'entre elles partagent une salle de bains. Belle grange aménagée en espace commun comprenant une cuisine pour se faire sa popote, une cheminée et un coin Internet... Dans le parc, piscine d'eau salée chauffée, transats, et chemins pédestres qui partent dans les bois. Une adresse familiale et tranquille tenue avec sérieux. Box également pour ceux qui viennent à cheval.

Le Florida : *2, rue du Lac. ☎ 05-62-68-13-22. • info@restaurant-florida.fr • Tlj sf dim soir et lun. Congés : vac scol de fév. Menus 14 € (midi sf dim), puis 27-44 € ; carte env 50 €. Café offert sur présentation de ce guide.* Très vieille maison (Angèle, l'arrière-grand-mère, y officiait déjà) proposant une cuisine réputée. Aujourd'hui, Baptiste a repris le flambeau, mais Bernard Ramouneda veille toujours sur le patrimoine familial. Cadre relooké dans un esprit sobre et moderne. Une cuisine renouvelée qui met à l'honneur de beaux produits, de terroir et de saison, préparés avec respect et précision, servis avec gentillesse et efficacité. Tout là-haut, Angèle peut être fière ! Terrasse en été.

EAUZE (32800) 4 020 hab. *Carte Gers, B1*

Si Condom est la petite capitale de l'armagnac, Eauze en est la grande. Située au cœur géographique du vignoble, c'en est aussi le centre administratif et commercial. Elle offre un petit centre-ville pittoresque, mais on retiendra surtout son Musée archéologique, qui expose le fameux trésor gallo-romain découvert en 1985 près de la gare.

Adresses et infos utiles

Office de tourisme : *2, rue Félix-Soules. ☎ 05-62-09-85-62. • tourisme-eauze.fr • En plein centre-ville, au pied de la cathédrale. Tte l'année, lun-sam, plus dim mat en saison. (payant).*

Bus : 1 bus/j. pour Pau et Agen via Nogaro et Condom. *Rens Keolis : ☎ 0800-64-40-47 (n° gratuit). • car.aquitaine.fr •*

@ **Accès Internet : Évolution Network,** *11, rue Robert-Baury ; ☎ 05-62-03-73-01 ; tlj sf sam ap-m et dim 9h-12h30, 14h-19h. Également* **DB Informatique,** *bd Saint-Blancat ; ☎ 05-62-08-90-37 ; mar-sam 9h-12h30, 13h30-18h30. Connexion wifi gratuite à l'***office de tourisme** *; également un ordinateur (connexion payante).*

– **Marchés :** *jeu mat (principal) et dim mat en saison.*

Où dormir ? Où manger ?

Camping du Pouy : *route de Condom. ☎ 05-62-69-07-51. 06-79-68-60-91. • contact@camping-du-pouy.com • À 2 km du centre-ville par la D 931. Ouv de mi-mai à fin sept. Compter 10,90-14,90 € pour 2 selon saison ; mobile homes 195-549 €/sem selon saison. 70 empl.* Ce camping jouit d'une situation privilégiée, voire idyllique, en bordure de rivière. Dans un espace vert, boisé, ombragé, avec toutes les commodités. Confort simple mais plein de charme. Piscine municipale juste à côté *(accès gratuit pour les campeurs)* et jeux pour les enfants, ping-pong... Lac à proximité. Sympathique resto brésilien, *Scénario Brazil,* juste à l'entrée.

La Vie en Rose : *22, rue Saint-July. ☎ 05-62-09-83-29. Tlj sf mar soir et mer. Menus 15 € en sem (sf ven soir) et sam midi, puis 29-45 € ; carte 40-45 €.* Au choix, des menus pour toutes les bourses, une terrasse ombragée sur une placette, de l'autre côté de la rue, ou un intérieur rustique et coquet mais pas guindé. Cuisine aux accents régionaux joliment exécutée et qui s'autorise d'agréables escapades culinaires. On y mange vite et fort bien à prix raisonnables avec le menu du jour, ou on s'attable plus longtemps pour un repas plus gastronomique. Une adresse bien appréciée dans le coin.

Où dormir ? Où manger dans les environs ?

Ferme de Mounet : *chez M. et Mme Molas, route de Parlebosq (à 4 km au nord d'Eauze). ☎ 05-62-09-82-85. • contact@ferme-de-mounet.com • ferme-de-mounet.com • Ouv Pâques-Toussaint. Doubles 75-80 € selon confort. Jeu soir de mi-juil à fin août, sur résa, grand repas avec 10 spécialités de la ferme env 28 €, vin inclus ; les autres soirs sf dim, table d'hôtes (même tarif).* Au bout d'une grande allée, une très gracieuse gentilhommière entourée de 2 tourelles carrées. Calme garanti et environnement charmant. 4 belles chambres doubles confortables. Le repas se partage autour d'une grande table de monastère, dans une salle à manger chaleureuse agrémentée d'une superbe cheminée. Visite de la ferme avec jeu de l'oie pour les enfants, vente de produits maison (production et transformation de canards sur place), cours de cuisine et week-ends thématiques : la machine est bien huilée ! À l'écart, un gîte à la déco champêtre avec piscine pouvant accueillir jusqu'à 10 personnes.

À voir

La maison dite « de Jeanne d'Albret » : *pl. d'Armagnac.* Du XVe s. Bel encorbellement sur consoles sculptées. C'est aujourd'hui un café-brasserie pittoresque sous les arcades.

La cathédrale Saint-Luperc : du XVIe s. Elle possède un clocher octogonal et une nef unique assez étroite, rythmée par sept travées ogivales. Bel effet de la pierre apparente mélangée à la brique.

Le Musée archéologique (le trésor d'Eauze) : *pl. de la République. ☎ 05-62-09-71-38. • patrimoine-musees-gers.fr • Mars-juin et sept-nov, tlj 10h-12h, 14h-18h ; juil-août, tlj 10h-19h. Fermé déc-fév et 1er w-e de juil sf pour les groupes. Entrée : 4,50 € (7 € avec le Centre d'interprétation et site archéologique – Domus de Cieutat ; 10 € avec la villa gallo-romaine de Séviac en plus ; voir plus haut « Dans les environs de Montréal-du-Gers ») ; réduc ; gratuit moins de 18 ans et pour ts le 1er dim du mois nov-mars.* Un vrai trésor (le plus important présenté dans un musée en France), mis au jour en 1985 à proximité de la gare : près de 28 000 pièces de monnaie d'argent et 50 objets précieux du IIIe s (bijoux, couteaux, lingots...). Pour la petite histoire, il est exposé dans le coffre-fort d'une ancienne banque. Ne pas manquer Bacchus adolescent, reconnaissable aux grappes de raisin et sculpté sur le manche en ivoire d'un couteau. On ne connaît pas de pièce semblable. Également un panorama des découvertes depuis l'époque préhistorique et l'évocation de la vie quotidienne dans la ville gallo-romaine d'Elusa, l'antique cité d'Eauze. Expos temporaires.

Le Centre d'interprétation et site archéologique – Domus de Cieutat : *ancienne gare d'Eauze. ☎ 05-62-08-97-48. • patrimoine-musees-gers.fr • Mêmes horaires d'ouverture et tarifs que le Musée archéologique (voir ci-dessus). Jeux de piste pour les enfants autour d'objets retrouvés sur le site.* La Domus de Cieutat, ancienne riche demeure gallo-romaine de la cité d'Elusa, est désormais ouverte à la visite, après 11 ans de fouilles. En se baladant sur le site, on a du mal à imaginer que s'étendait ici Elusa, l'antique cité d'Eauze, une ville de 5 000 à 10 000 habitants au IVe s apr. J.-C. Il s'agit de l'une des cités gallo-romaines les plus importantes découvertes dans le Sud-Ouest de la France. On estime qu'une dizaine de villas sont enfouies dans le secteur. La superficie de la Domus de Cieutat, la seule mise au jour, dépasse les 3 000 m^2 ! Rien de très impressionnant sur le site. Mais la balade permet de comprendre l'organisation de la *domus* grâce à quelques panneaux explicatifs. Système de chauffage par le sol (hypocauste) et système d'égout encore visibles. Pour mieux appréhender le lieu, l'histoire de la *domus* et de la cité d'Elusa, un centre d'interprétation a été aménagé dans l'ancienne gare d'Eauze. Scénographie moderne et interactive.

Manifestations

- ***Feria :*** *la 1re sem de juil.* Corridas, courses landaises...
- ***Festival gallo-romain :*** *le w-e après le 14 juil.* Reconstitutions historiques de camps gaulois.

– ***Festival de la B.D. :*** *le 1er w-e d'août.*
– ***Ronde des Alambics :*** *en nov-déc.* Différents domaines viticoles ouvrent leurs portes aux visiteurs.

ESTANG

(32240) 625 hab. *Carte Gers, A1*

De splendides arènes avec des concerts uniques en France. Même François Mitterrand y a assisté à une course landaise en août 1984. La région, qui annonce les Landes, ravira les amoureux de la nature.

Où dormir ? Où manger ?

Camping Les Lacs de Courtès : *à 200 m de l'église. ☎ 05-62-09-61-98. • contact@lacsdecourtes.com • lacsdecourtes.com • Ouv Pâques-fin oct (tte l'année en loc). Compter 25-27,80 € pour 2 selon saison ; chalets 2-8 pers et gîtes 196-945 €/sem selon capacité et saison ; caravanes 196-392 €/sem selon saison. 104 empl.* Beau camping 3 étoiles, parfaitement ombragé, au bord d'un lac. Baignade, canoë, rafting et randonnées. Bivouac pour les ados, club enfants, nombreuses animations et activités en été. Belle piscine, bassin de pêche à écrevisses, minigolf, volley, etc. Excellent accueil.

Hôtel-restaurant du Commerce : *pl. du 4-Septembre. ☎ 05-62-09-63-41. • lecommerce-estang@orange.fr • lecommercehotelrestaurant.fr • À côté des arènes. Resto fermé dim soir hors saison. Doubles 64-76 € selon confort. Menus 13,50 € (midi en sem), puis 22-29 € ; carte 28-35 €.* Un établissement repris en main par une nouvelle direction qui a tout restauré. Résultat : une dizaine de chambres plaisantes à la déco sobre, fraîche et actuelle. Les standard donnent côté rue, les autres sur le jardin, à l'arrière. Sympathique cuisine de région et d'ailleurs, dont on profite sur la terrasse lorsqu'il fait beau. Une adresse soignée et bienvenue dans un secteur qui en compte peu.

Où dormir ? Où manger dans les environs ?

Le Château de Bellevue : *19, rue Joseph-Cappin, 32150* ***Cazaubon.*** *☎ 05-62-09-51-95. • chateau.bellevue@yahoo.fr • chateaubellevue.org • (resto). Congés : de janv à mi-fév. Doubles 84-117 € selon standing ; suite plus chère. Menus 21 € (midi en sem), puis 35-48 €.* À la lisière de la forêt landaise, sur les hauteurs du village, belle maison de maître qui a conservé tous ses atouts d'antan : de jolies chambres mansardées avec vue sur le parc pour certaines, meubles d'époque, poutres apparentes, moulures et tissus cossus. Le tout dans un esprit très romantique. Le service et l'accueil, familial et tout empreint de délicatesse, ajoutent au confort des lieux. Une bien belle adresse, gourmande qui plus est, puisque la table de Charlotte est réputée pour ses fines spécialités locales et ses petits déj gourmands. Piscine.

Ferme-auberge La Ferme aux Cerfs et aux Sangliers : *32460* ***Le Houga.*** *☎ 05-62-08-96-97. • contact@lafermeauxcerfs.com • lafermeauxcerfs.com • À 13 km au sud d'Estang par la D 32. À 1,5 km en direction du Houga, sur la route de Mont-de-Marsan, à gauche. Ouv le midi slt, tlj sf lun. Menus 12-37 €. Également 2 gîtes en duplex pour 3-4 pers.* Claudine et Henri Saint-Lannes élèvent plus de 500 animaux « sauvages » dans leur vaste propriété, pour le plus grand bonheur des amateurs de gibier. Ils mitonnent des plats simples et savoureux, servis dans une grande salle à manger avec cheminée. Au programme : terrines, civets, grillades de cerf, daim et sanglier, etc. Superbes croustades en dessert. Produits de la ferme à emporter. Accueil très chaleureux. Visite du parc animalier *(juil-août, tlj sf lun 9h-17h ; le reste de l'année, téléphoner avt ; entrée : 5 €, 4-12 ans 2 € ; 1 boisson offerte).*

DANS LES ENVIRONS D'ESTANG

Le musée du Paysan gascon : *à* ***Toujouse*** *(32240), à 7 km au sud-ouest d'Estang (D 143). ☎ 05-62-09-18-11. • musee-toujouse.fr • Mai-oct, tlj sf lun 14h-18h (14h30-18h30 juil-août) ; mars-avr et nov, dim et j. fériés 14h-18h ; le mat et déc-fév, sur résa slt. Entrée : 5,50 € ; réduc ; tarif réduit sur présentation de ce guide. Juil-août, visite guidée tlj sf dim à 15h ; également des animations et ateliers.* Un témoignage de la France rurale d'une extraordinaire richesse, à ne manquer sous aucun prétexte. Sur environ 2 ha, dont près de 800 m² couverts, des collections d'objets rangées par thèmes : les vendanges, les moissons, les transports, les semailles. Des pièces rares : une ancêtre de la moissonneuse-lieuse, une scie de long, un hallucinant atelier de sabotier et de tonnelier, un impressionnant pressoir à taisson de 1823 (pas moins de 7 t !) et dont la poutre principale conserve encore ses racines. Également un outillage de menuiserie fin XIXe s, un métier à tisser entièrement reconstitué (XVIIIe s-XIXe s). Dans la maison, une cuisine typique de la région, où rien ne manque. Dans les autres pièces : textiles, billets, diplômes, photos ; une grange et ses attelages, des objets insolites, comme l'arbalète à grenouilles (gigantesque !) ou l'échaudeuse à imperméabiliser les tonneaux. En fin de parcours, ne pas manquer la maison du « brassier », le parc et ses essences exotiques.

NOGARO (32110) 1 985 hab. *Carte Gers, A2*

Situé sur la D 931, Nogaro, village traversé par des centaines de poids lourds chaque jour (une plaie !), est surtout réputé pour son circuit automobile, ses courses landaises et son église romane. Tout autour, les vignes du Bas-Armagnac, qui ont fait la réputation de la région, et au nord, déjà, la forêt des Landes. Un coin paisible, authentique et assez méconnu.

Adresse et infos utiles

Office de tourisme : *77, rue Nationale. ☎ 05-62-09-13-30. • nogaro-tourisme.fr • Juil-août, tlj sf dim ap-m ; le reste de l'année, tlj sf dim.* Prêt d'un GPS *Ludognac* pour sillonner la région à 25 km à la ronde, avec plein d'infos sur la culture et l'identité locales *(gratuit pour 24-48h !).* Accueil gourmand le dimanche matin à 11h en saison (dégustation de foie gras, présentation de la région...). Équipe sympathique et dynamique.

Bus : 1 bus/j. pour Pau et Agen via Eauze et Condom. *Keolis : ☎ 0800-64-40-47 (n° gratuit). • car.aquitaine.fr •* 1-2 bus/j. pour Mont-de-Marsan, Auch et Toulouse. *Véolia : ☎ 05-62-72-37-23.* Arrêt devant l'hôpital.

– ***Marchés :*** *mer mat et sam mat.*

Où dormir ?

Gîte d'étape : *av. des Sports. ☎ 05-62-69-06-15. • gite-etape-nogaro.fr • Ouv de mi-avr à mi-oct. Compter 11 €/pers en dortoir, 13 €/*

pers en chambre. Gîte moderne et sans charme particulier mais impeccablement tenu. Capacité de 26 lits répartis en 6 chambres et un dortoir de 14 lits. Sanitaires communs. Cuisine à disposition.

Hôtel Solenca : *route d'Auch. ☎ 05-62-09-09-08. • info@solenca.com • solenca.com • À l'entrée de la ville en venant d'Eauze. Ouv tte l'année. Doubles 71-81 € selon confort et saison. Attention, plus cher lors des compétitions (résa recommandée longtemps à l'avance).* En bordure de route et très standardisé, l'hôtel présente néanmoins plusieurs avantages : une cinquantaine de chambres, toutes climatisées et rénovées (pas de chichis mais literie impeccable, lits *king size*, TV à écran plat, clim et double vitrage), une piscine pour se rafraîchir lors des fortes chaleurs, un restaurant de cuisine régionale et, surtout, situé juste en face du circuit automobile. Bon accueil.

À voir

L'église romane : datant du XIe s, elle fut sévèrement restaurée au XIXe s (clocher et dernière travée du fond). Sur le portail latéral, Christ en majesté. À l'intérieur, aspect massif recelant un trésor : de superbes fresques des XIe et XIIe s qui retracent la vie de saint Laurent. Elles ont été mises au jour en 1995 et 2005. Ce sont les plus importantes en surface et parmi les plus anciennes du département (première représentation de pèlerins). On s'intéressera aussi aux chapiteaux dans la partie romane, et notamment dans le chœur. Dans le jardin attenant, quelques vestiges de l'ancien cloître, dont il reste cinq arcades au décor roman.

À faire

– ***Baptême de l'air :*** *à l'aéroclub. Rens : ☎ 05-62-08-80-82. • aeronogaro.com • Tte l'année sur résa. Compter 40-75 € pour un vol de 10-30 mn selon l'engin.* Club très actif proposant des baptêmes de l'air à coût réduit. C'est l'occasion de faire un petit tour à bord d'un avion, planeur, petit hélicoptère ou ULM, avec un pilote chevronné. Que du bonheur !

➢ ***Balades en vélorail :*** *rue de la Gare. 06-82-05-61-40. • velorail-armagnac-gers.jimdo.com • Avr-oct, départs depuis l'ancienne gare de Nogaro. Attention, différents créneaux horaires pour les départs (ttes les 2h) et les retours. Tarif : 27 € pour 5 pers. Possibilité de siège bébé.* Balade originale et champêtre sur l'ancienne voie ferrée réaménagée, à bord de vélos cinq places (compter 9 km et 1h30 aller-retour ; en été, petite buvette servant des sorbets, histoire de reprendre des forces pour le retour).

Manifestations

– ***Courses autos-motos-camions :*** *rens au ☎ 05-62-09-02-49. • circuit-nogaro.com •* Une douzaine de courses dans la saison. Les principales sont la Coupe de Pâques et le Grand Prix « Camions » en juin, ainsi que le championnat de France Superbike en mai. On peut aussi assister aux essais, sans oublier les baptêmes de piste.
– ***Courses landaises :*** *le 14 juil (corne d'Or) et le 15 août. Rens à l'office de tourisme : ☎ 05-62-09-13-30.* Deux rendez-vous très prisés. Un spectacle haut en couleur rythmé au son des *bandas*.

DANS LES ENVIRONS DE NOGARO

La palmeraie du Sarthou : *à **Bétous** (32110). ☎ 05-62-09-01-17. • palmeraiesarthou.com • (accès partiel). À 7 km de Nogaro par la D 111 (fléché sur la gauche). Ouv tte l'année (déc-janv sur résa slt), tlj (sf jeu oct-mai) 10h-12h, 15h-19h. Entrée : 6 € (visite guidée, à partir de 9 pers et sur résa : 7 €) ; gratuit moins de 6 ans ; réduc de 1 € sur présentation de ce guide, valable pour 2 adultes.* Curieuse, amusante et assurément dépaysante que cette enclave tropicale sur ces terres d'Armagnac, aménagée par un couple de pépiniéristes ! Dans un dédale végétal luxuriant, classé « Jardin remarquable », palmiers et bambous s'en donnent à cœur joie. Les enfants se feront un remake de Robinson Crusoé en s'aventurant au sein d'une petite palmeraie. Jeu de piste pour les enfants, authentique ferme gasconne du XVIIe s avec sa petite basse-cour, bassin aux tortues, balade bucolique le long d'un chemin aménagé en boucle (30 mn) au cours de laquelle quelques surprises vous attendent. Cueillette et dégustation de fruits (en saison) dans le verger conservatoire. Possibilité d'apporter son pique-nique. Une escapade rafraîchissante par grosse chaleur.

LE PAYS DE D'ARTAGNAN ET LE VAL D'ADOUR

SAINT-MONT (32400) 310 hab. *Carte Gers, A2*

Vieux village accroché à une colline. Tout en haut, église très archaïque (du XIe s) que l'on atteint par des ruelles en pente du même âge. Chevet plat à gros contreforts en dégradé ; pas de clocher. À l'intérieur, beaux chapiteaux. Tout autour, promenade paisible et superbe château monastère *(privé, ne se visite pas).* **Dans la montée, belle maison sur cornières.**
Saint-Mont est aussi le nom d'un petit vin local produit par la cave coopérative *Plaimont* *(☎ 05-62-69-62-87 pour une visite ou une dégustation).* **Particulièrement gouleyant, on le retrouve sur les bonnes tables à des prix très raisonnables.**

Adresse utile dans les environs

ℹ ***Office de tourisme Armagnac Adour :*** *pl. de la Libération, 32400* ***Riscle.*** *☎ 05-62-69-74-01. • tourisme-armagnacadour.fr • Juil-août, tlj sf dim ; le reste de l'année, tlj sf w-e et j. fériés.*

Où dormir ?

Chambres d'hôtes Château Monastère : *☎ 05-62-09-53-01. • jclaudeparis@gmail.com • chateau-monastere-de-saint-mont.com • Derrière l'église, dominant le village. Ouv de mi-mars à mi-nov. Doubles 90-130 €. Table d'hôtes le soir, sur résa, 30 €.* Propriété de la très médiatique Françoise Laborde, qui propose 5 chambres spacieuses et confortables, décorées d'ancien, autour d'une calme tour carrée. Belle salle à manger pour la table d'hôtes avec bibliothèque bien fournie. Billard, hammam et une piscine chauffée à l'écart, dans le parc qui descend jusqu'à l'Adour. Pour une douce retraite dans un lieu historique.

Où dormir ? Où manger dans les environs ?

De bon marché à prix moyens

La Cour des Saligues : *39, av. de l'Adour, 32400* ***Riscle.*** *☎ 05-62-08-47-42. • contact@lacourdessaligues.com • lacourdessaligues.com • Double 65 € ; suite 80 €.* Dans la rue principale, cette maison de ville à la façade quelconque recèle 5 chambres d'hôtes hors norme de grand confort ! Toutes de style différent, elles s'étagent sur 3 niveaux avec un appartement en duplex accessible par le jardin. Rétro, romantique, design, familiale, il y en a pour tous les goûts. Belle piscine dans la cour intérieure avec cuisine à disposition et salle à manger d'été sous les arcades de l'ancien grenier à foin. Agréable jardin pour se reposer. Une adresse de charme, soignée dans le moindre détail, à l'accueil *gay-friendly* très attentionné.

Le Pont d'Arcole : *route d'Aquitaine, 32400* **Riscle.** *☎ 05-62-69-71-40. • mumuetramon@orange.fr • relais-du-pont-darcole.fr • À la sortie de Riscle, en direction de Nogaro, en face de la station-service. Double 50 €. Le midi en sem, formule et menu 11-13,50 € ; autres menus 22-32 € ; carte env 35 €.* Un hôtel en retrait de la route que l'on n'aurait probablement pas remarqué si on ne nous en avait pas parlé, avec une relative insistance. Le chef Stéphane Ramoneda, entouré de sa jeune équipe, a repris l'établissement en main. Il propose une cuisine entre tradition et modernité qui a de l'idée. Belles salades gourmandes en été. Terrasse sous les arcades. Les chambres modestes sont progressivement restaurées.

De chic à beaucoup plus chic

Château de Projan : *à* **Projan** *(32400), sur la route qui va de Saint-Mont à la N 134 (Pau/Aire-sur-l'Adour). ☎ 05-62-09-46-21. • infos@chateau-de-projan.com • chateau-de-projan.com • À la limite des Landes et des Pyrénées-Atlantiques. Resto (sur résa) tlj sf dim soir et lun hors saison. Congés : fév, vac scol de la Toussaint et sem de Noël. Doubles 130-200 € selon confort ; petit déj-buffet 14 €. Menus 38-47 €.* Un vrai château isolé sur une colline, dominant la campagne. La famille, gérante de cet établissement appartenant à un architecte, en a fait un espace paisible et harmonieux. Ça commence dès l'entrée, avec la mosaïque de Jacques Cesa, artiste suisse. Ça se poursuit dans le salon, au décor résolument moderne, le coin lecture, avec bibliothèque, la salle à manger et le bar qui révèlent le même bon goût. Quant aux chambres, bien plus simples, elles sont dotées de tout le confort et bénéficient pour certaines d'une vue imprenable sur les Pyrénées, pour d'autres sur le tennis ou la piscine. Cuisine raffinée du chef, servie avec attention par son épouse.

TERMES-D'ARMAGNAC (32400) 185 hab. *Carte Gers, A2*

Ce petit village aux confins de l'Armagnac, comme son nom l'indique, domine la vallée de l'Adour en amont de Riscle. Il est célèbre pour sa tour médiévale qui offre un beau panorama sur les environs.

Adresse utile

Point infos : *dans la tour. ☎ 05-62-69-25-12. • tourdetermes.fr • Juin-sept, tlj sf mar mat 10h-19h ; oct-mai, tlj sf mar 14h-18h.* Documentation sur la région.

Où dormir à Termes-d'Armagnac et dans les environs ?

La jolie route de campagne qui va de Termes-d'Armagnac à Sarragachies, à 5 km à l'ouest, recèle une mine de belles adresses.

Prix moyens

Domaine de Labarthe : *chez Christiane et Marlène Lardenois, à Termes-d'Armagnac. ☎ 05-62-69-24-97. • foiegras.labarthe@sfr.fr • À 1 km du village ; 200 m après le parking de la tour, en direction de Sarragachies, prendre à gauche, puis, à la fourche, encore à gauche ; c'est la 1re maison sur la droite après la voie de chemin de fer. Double 52 €. Table d'hôtes 16 €.* Dans leur ferme, Christiane et Marlène élèvent des canards et les transforment (vente directe). Elles proposent aussi 5 chambres gentiment restaurées, dont 4 à l'étage sont mansardées. Parquet flottant, meubles néo-anciens. Une adresse qui sent bon la tradition, à prix doux.

Chambres d'hôtes Les Canards d'Ariane : *route de Pouydraguin, à Termes-d'Armagnac. ☎ 05-62-69-25-13. • canards.ariane@gmail.com • canardsariane.com • À 600 m du village par le chemin face au Relais de la Tour (fléché). Congés : nov-déc. Double 53 €. Table d'hôtes 25 €. Un pot de rillettes faites maison offert sur présentation de ce guide.* Cette sympathique ferme d'élevage de canards propose 4 chambres simples, sans charme particulier, mais bien tenues, avec accès indépendant par une coursive dans un bâtiment annexe de style gros chalet. Table d'hôtes à base de spécialités de la ferme (bien sûr !) où l'on pourra déguster du canard dans tous ses états. Piscine à 29 °C dans un petit jardin sur l'arrière. Boutique de vente directe. Une bonne petite adresse à prix et accueil doux.

Chambres d'hôtes La Buscasse : *chez Fabienne et Michel Abadie, 32400 Sarragachies. ☎ 05-62-69-76-07. 06-77-17-52-23. • fabienne.abadie@laposte.net • buscasse.free.fr • À 3 km de Termes, direction Sarragachies (fléché sur la gauche). Ouv tte l'année. Double 60 € ; mais priorité donnée aux séjours à la sem en été.* Dans un joli coin de nature, belle propriété agrémentée d'une piscine. Les Pyrénées s'étirent au loin. 3 chambres claires, aménagées dans un esprit sobre et moderne, avec sanitaires privés et belle vue sur le parc planté de tilleuls centenaires. Salle commune avec cuisine à disposition et coin lecture. Prêt de VTT. Accueil aimable.

Chic

Chambres d'hôtes Pesquès : *chez Fabienne Grizeaud, route de Sarragachies, à Termes-d'Armagnac. ☎ 05-62-69-25-16. 06-81-69-00-97. • fabienne.grizeaud@pesques.com • pesques.com • À 1 km du village. Ouv tte l'année. Doubles 75-110 € selon confort et saison. Table d'hôtes 18-30 €, sur résa slt.* Superbe bâtisse du XIXe s admirablement aménagée des mains de la propriétaire. Des noms de chambres qui sonnent comme une invitation au voyage (« Cyclades », « Ambre Sultan »), des teintes chaleureuses, du mobilier exotique, une piscine dans un jardin verdoyant et un hamac pour le farniente, une tente berbère pour les barbecues d'été... Copieux petit déj et délicieuse cuisine méditerranéenne. Il est clair qu'une fois à destination on n'a plus envie de repartir. Bon point également pour le « Grenier », immense chambre aux murs recouverts de bois, sous les combles, pour roucouler en amoureux. Une adresse de charme, au calme total.

À voir

La tour : *☎ 05-62-69-25-12. • tourdetermes.fr • Juin-sept, tlj sf mar 10h-19h ; oct-mai, tlj sf mar 14h-18h. Fermé 1er janv et 25 déc. Dernière visite 45 mn avt la fermeture. Entrée : 6 € pour le musée et le diaporama ; réduc sur présentation de ce guide ; gratuit moins de 7 ans. Parcours découverte pour les enfants.* Le château eut comme proprio Thibaut d'Armagnac, seigneur de Termes, compagnon d'armes de Jeanne d'Arc. Une grande partie a été démantelée, mais il reste l'impressionnant donjon du XIIIe s, d'une hauteur de 36 m. À la frontière de l'Armagnac et du Béarn, il permettait de garder un œil sur Gaston Phébus. Après avoir admiré les immenses portes ogivales, on grimpe les 150 marches de l'escalier à vis, pour profiter du somptueux panorama. Évocation sympathique de scènes historiques et de traditions locales au travers de personnages costumés, salle d'armes. Diverses animations organisées en saison, vide-greniers, expos... Spectacles médiévaux plusieurs soirs en juillet et important festival médiéval le premier week-end d'août.

Dans l'***église,*** beau *retable* du XVIIIe s, tous deux classés aux Monuments historiques.

DANS LES ENVIRONS DE TERMES-D'ARMAGNAC

Tasque *(32160) : à env 4 km au sud-est de Termes-d'Armagnac, en direction de Marciac (D 3).* Pour son église romane, son tympan du XIe s et ses chapiteaux.

Les vignes de Sarragachies : en été, possibilité de visiter les 150 pieds de vigne classés Monuments historiques depuis 2012. *Rens : ☎ 05-62-09-22-57 (office de tourisme d'Aignan) ou 05-62-69-74-01 (office de tourisme de Riscle). • vins-saintmont.com • GRATUIT.* Visite accompagnée et dégustation (compter 2h-2h30).

AIGNAN

(32290) 760 hab. *Carte Gers, B2*

Cité médiévale qui conserve quelques beaux restes. Son église du XIIe s possède un beau porche roman sculpté et, à l'intérieur, d'intéressants chapiteaux. Sympathique place à cornières avec piliers en bois.

Adresse et infos utiles

Office de tourisme Armagnac-Adour : *5, pl. du Colonel-Parisot. ☎ 05-62-09-22-57. • tourisme-aignan-gers.com • Juil-août, lun-ven et certains dim mat ; le reste de l'année, lun-ven.* Organise une petite rando accompagnée de 10 km, 1 fois par semaine en saison *(2 €).*

– ***Activités :*** promenade sympa autour du lac en 30 mn. Petits chemins balisés dans le bois d'Aignan. Piscine avec bassin pour enfants.

– ***Marché :*** *lun mat.*

Où dormir ? Où manger ? Où boire un verre ?

Camping

Le Domaine du Castex : *Castex, à 1 km du village. ☎ 05-62-09-25-13. • info@domaine-castex.com • domaine-castex.com • Depuis Aignan, suivre la direction de Nogaro, puis fléché sur la gauche (juste avt le panneau de fin d'agglomération). Ouv fin mars-fin oct (tte l'année pour les loc). Forfait 2 pers 16-18 € selon saison ; chalets et mobile homes (2-4 pers) 250-690 €/sem selon saison ; également double 65 € (60 € à partir de la 3e nuit). Menus 18-20 €. 46 empl.* Un camping verdoyant et bien ombragé, tenu par Hannie et son mari, un couple de Néerlandais charmant. Hannie, qui aime le français depuis longtemps, écrivait son journal intime d'adolescente dans notre langue, afin que sa mère ne puisse pas comprendre... Salle commune et conviviale avec TV. Piscine. Location de vélos électriques. Un camping à l'atmosphère familiale.

De bon marché à prix moyens

Ferme-auberge La Cave : *☎ 05-62-09-23-17. • contact@tomasella.fr • ♿ À 300 m derrière l'église par un chemin qui descend ; fléché. Ouv le midi slt tlj sf mer, sur résa. Congés : déc-janv. Menus 15 € (en sem), puis 28-38 €, tt compris.* La famille Tomasella reçoit dans sa ferme d'élevage de canards. Le volatile, bien sûr, est décliné ici sous toutes ses formes (à commencer par le décor et la vaisselle) : foie gras, tarte tatin de foie gras chaud aux pommes (la spécialité maison), magret... sans oublier le floc, le vin de Gascogne et l'armagnac d'un producteur voisin. Visite de la ferme et vente de produits.

Brocanthé La Belle Histoire : *pl. du Colonel-Parisot. ☎ 05-62-08-15-26. • brocanthe.bellehistoire@orange.fr • Juil-août, tlj jusqu'à 22h env ; le reste de l'année, tlj sf dim soir et mer. Formule et menu 14-18 €.* Brocante, salon de thé, tartinerie, lieu de vie et de passage, *Brocanthé* est tout à la fois. L'accueil sympathique de Nancy, une Hollandaise dynamique (et de son mari qui l'est aussi), le chaleureux bric-à-brac d'objets du quotidien (en vente !) et les quelques tables en terrasse sous les parasols face à l'église contribuent au charme de cette insolite petite adresse de village... Privilégie les producteurs locaux, les circuits courts et un maximum de produits bio.

DANS LES ENVIRONS D'AIGNAN

SABAZAN (32290)

On peut y admirer une église fortifiée avec un singulier clocher à colombages (il est possible de grimper tout en haut). À l'intérieur, superbe chaire sculptée baroque. Un peu à l'écart du village, un manoir, fortifié lui aussi. Ravissant, avec ses tourelles et sa pierre dorée, il ne se visite malheureusement pas.

LUPIAC (32290)

L'un des plus anciens castelnaux de Gascogne. Place avec maisons à couverts aux styles assez différents, mais ensemble charmant et coloré. Hors saison, village vraiment tranquille, place quasi déserte. Nos lecteurs(-trices) les plus romantiques ressentiront à coup sûr de drôles de vibrations. Très peu de changements depuis que d'Artagnan l'arpentait. À propos, le plus célèbre Gascon est né à côté, en 1610, au *château de Castelmore* (privé). Vous le découvrirez à droite, sur la route de Parré. Le château ne se visite pas, mais le rêve peut y entrer... À proximité, sympathique petite base de loisirs dans un écrin de verdure avec plage bordant un lac (baignade surveillée en été).

Office de tourisme : *dans les locaux du musée d'Artagnan (voir plus loin). Mêmes horaires d'ouverture.*

– **Festival d'Artagnan chez d'Artagnan :** *2e w-e d'août. Entrée : 8 € ; gratuit moins de 12 ans.* Reconstitution historique de la place, et tous les habitants du village sont costumés. Animations, conférences, concerts, marchés avec métiers d'époque, duels cape et épée, etc.

Où manger ? Où boire un verre ?

La Guinguette : *au bord du lac et de la plage, à 1 km du village, en direction de Belmont (fléché). ☎ 05-62-03-84-29. ♿ Juin-sept slt, tlj. Menu 16 €, midi et soir ; carte 18-20 €. Soirées à thème (entrée gratuite).* Comme son nom l'indique, une sympathique paillote qui recrée la douce atmosphère d'une guinguette. À la barre, une jeune équipe débordant d'idées : pas mal d'animations et soirées organisées les week-ends (concerts, scènes ouvertes, etc.), demandez le programme ! Très sympa aussi à l'heure de l'apéro.

À voir

Le musée d'Artagnan : *chapelle Notre-Dame, fg Saint-Jacques. ☎ 05-62-09-24-09. • dartagnanchezdartagnan.fr • À l'entrée du bourg, en venant d'Aignan. Juil-août, tlj 10h30-19h ; le reste de l'année, tlj sf lun 14h-18h. Fermé de janv à mi-fév, 1er mai et 25 déc. Billetterie close 1h avt la fermeture du site. Entrée : 5 € ; 12-18 ans et étudiants 3,50 € ; 6-11 ans 2,50 €. Audioguide.* Un petit musée dédié à l'enfant du pays, Charles de Batz Castelmore, plus connu sous le nom de d'Artagnan... Il est évidemment question de ce Gascon, immortalisé par Alexandre Dumas, débarquant à Paris sur le dos de sa jument jaune pour entrer chez les mousquetaires du roi. Ils ne sont alors que 150, et être membre de cette compagnie est un grand honneur. Le musée s'attache avant tout à la réalité du personnage. Et l'on s'aperçoit que le d'Artagnan historique n'a rien à envier au héros de cape et d'épée. Il fut surtout intime du roi Louis XIV, qui lui confia plusieurs missions, notamment celle d'arrêter le surintendant Fouquet. Grâce à une riche iconographie, une vidéo très intéressante de 20 mn et des commentaires ludiques, on prend beaucoup de plaisir à suivre les aventures de d'Artagnan, qu'il soit héros de légende ou acteur du Grand Siècle. Quelques jeux anciens pour les enfants.

PEYRUSSE-GRANDE (32320)

À 9 km au sud de Lupiac. Belle *église* romane. Chevet avec hautes arcatures. D'anciennes fenêtres, aujourd'hui murées, présentent un fin décor sculpté. À l'intérieur, chœur rythmé de petites arcades. Chapiteaux à l'exécution assez archaïque.

MARCIAC (32230) 1 240 hab. *Carte Gers, B3*

On aperçoit de loin ses deux flèches d'église. L'une d'elles, s'élevant à 86 m, est la plus haute du Gers. Construite au XIXe s, elle prolonge le clocher-porche d'une église du XIVe s (nef principale d'une grande ampleur). Voir aussi la façade exquise, le porche et le joli clocher octogonal de l'*ancien couvent des Augustins* (XIVe s). C'est ce clocher qui servit de modèle à l'autre. Le cloître, quant à lui, est parti aux États-Unis.

Adresse et info utiles

Office de tourisme : *21, pl. de l'Hôtel-de-Ville. ☎ 05-62-08-26-60. • marciactourisme.com • Juil-août, tlj ; le reste de l'année, lun-ven et sam mat (plus sam ap-m lors des concerts).* Renseignements sur les intéressants circuits de randonnée. Infos également sur les concerts variés (de qualité), programmés de septembre à juin.

– **Marché :** *mer mat.*

Où dormir ? Où manger ? Où boire un verre ?

Pour vous loger (c'est souvent difficile en plein festival et les prix flambent !), l'office de tourisme a mis en place un service de gestion des disponibilités d'hébergement chez l'habitant. Sinon, il faudra s'éloigner jusqu'à 20-30 km !

Camping

Camping du Lac : *au lieu-dit Bezines. ☎ et fax : 05-62-08-21-19. • info@camping.marciac.com • camping-marciac.com • ♿ À 1 km de Marciac en direction de Plaisance ; à 300 m du lac (fléché). Ouv de mars à mi-oct. Compter 11,50-18,50 € pour 2 selon saison ; mobile homes et chalets 2-4 pers 230-845 €/sem selon saison. 95 empl. (payant).* Camping familial, calme et parfaitement ombragé par de belles allées de tilleuls. Également snack, baby-foot, ping-pong et location de vélos. Piscine.

De bon marché à prix moyens

Les Comtes de Pardiac : *28, pl. de l'Hôtel-de-Ville. ☎ 05-62-08-20-00. • contact@hotel-marciac.com • hotel-marciac.com • Congés : fêtes de fin d'année. Doubles 59-77 € selon confort et saison (125-150 € lors du festival).* Au cœur du village et de l'animation, mais qu'on se rassure, les 25 chambres donnent sur l'arrière. On dort donc au calme, y compris pendant le festival. Chambres modernes et tout confort. Jacuzzi dans le petit jardin à l'arrière.

La Petite Auberge : *16-18, pl. de l'Hôtel-de-Ville. ☎ 05-62-09-31-33. • lapetiteauberge32@orange.fr • ♿ Tlj sf mer soir et jeu. Congés : 10 j. après le festival. Formules déj sf dim 10,50-13 € ; menus 19,80-29 €.* Carte proposant de sympathiques plats de terroir. On reste dans un registre classique. Terrasse sous les arcades (c'est l'un des points forts de l'établissement). Souvent bondé le midi.

La Péniche : *en bord de lac (forcément !), en direction de Plaisance. ☎ 05-62-09-38-46. • contact@lapeniche-marciac.com • Tlj en été ; fermé dim soir et lun soir oct-juin. Résa conseillée. Menus 13,50 € (midi sf dim et j. fériés), puis 19-37 € ; formules grillade en été le soir slt, 14-16 €.* Une péniche en béton faussement amarrée. C'est l'un des restos des artistes après les grands-messes du jazz. Ici, Lionel Hampton s'est régalé d'un cassoulet et Dee Dee Bridgewater a fêté l'anniversaire de sa fille. Cuisine dans la grande tradition régionale. Une petite institution à Marciac, qui commence tout de même à prendre de l'âge.

Arrière-Cuisine : *7, rue Notre-Dame. ☎ 05-62-69-20-72. • arriere-cuisine@lejgo.com • ♿ À 50 m de l'église. Ouv ven-sam et dim midi. Formule 21 € ; menu-carte 25 € (mais attention aux plats à supplément).* Un resto-épicerie en lieu et place d'une ancienne boucherie relookée dans un esprit vintage et dans l'air du temps. Mais ici, les apparences ne font pas tout. On y prépare une solide cuisine qui met à l'honneur les produits de région comme le porc noir de Bigorre, l'agneau du Quercy ou encore le haricot tarbais. Au grès de la carte, d'originaux clins d'œil à la cuisine asiatique (nems au foie gras). Plaisante terrasse à l'arrière pour s'attabler les jours de beau temps. Dommage que l'endroit ne soit pas ouvert plus souvent...

De chic à plus chic

Chez Liselotte : *6, rue Saint-Jean. ☎ 05-62-08-25-77. 06-40-91-61-84. • chez-liselotte@wanadoo.fr • chezliselotte.com • À 50 m de la place principale. Ouv de mi-mars aux vac scol de Noël. Doubles 90-100 € (130 € lors du festival de Jazz).* À deux pas de la place centrale, cette jolie maison de ville abrite 3 charmantes chambres d'hôtes, chaleureuses, dont 2 sur l'arrière : grands draps de lin en guise de séparation de pièces, sanitaires design, coloris et éléments de déco choisis, un agréable jardin de curé avec un bassin et des pièces à vivre dignes d'un magazine de déco... Une adresse bourrée de charme, y compris celui aussi de la très sympathique propriétaire, Liselotte.

La Villa Toscane : *41, rue Saint-Pierre. ☎ 05-62-08-22-22. • contact@lavillatoscane-marciac.fr • lavillatoscane-marciac.fr • À 150 m de la place principale ; dans la rue qui part à* *droite de la poste. Doubles 110-165 € selon standing et saison (180-195 € lors du festival de Jazz) ; suites à partir de 210 € ; petit déj 15 € (formule express 8 €). Parking gratuit.* Dans une belle demeure restaurée, avec une rangée de cyprès qui montent la garde à l'entrée, une quinzaine de chambres au confort parfait. Certaines disposent d'une terrasse privée. Espace de bien-être (spa, sauna, massages). L'établissement chic de Marciac.

Le Café Zik : *en bordure du lac. ☎ 05-62-09-88-72. • contact@cafezik.com • Ouv tlj en été ; le reste de l'année, mer midi-dim soir. Formules déj en sem 14-19 € ; menu 28 € et carte.* Dans cette belle maison en bois style Louisiane avec terrasse les pieds dans l'eau, on découvre une cuisine moderne tout en saveurs. Service impeccable, cadre classieux, une table de qualité mais un brin onéreuse tout de même, et très mode. Marciac n'est ni Deauville ni La Baule, et heureusement pas encore Saint-Trop' ! Propose des concerts.

Où dormir ? Où manger dans les environs ?

Chambres d'hôtes Au Château : *chez Hélène et Yves de Rességuier, 32230* ***Juillac.*** *☎ 05-62-09-37-93. • deresseguier@marciac.net • auchateaujuillac.com • De Marciac, prendre la D 255 vers Juillac et tourner à gauche 1 km après le village (panneau). Ouv tte l'année. Doubles 60-70 €. Table d'hôtes (sur résa, le soir) 20 €, vin compris. Réduc de 10 % sur le prix de la chambre à partir de 3 nuits sur présentation de ce guide.* Dans une aile bien restaurée d'une chartreuse du XVIIIe s, 4 chambres décorées avec goût et simplicité s'ouvrent sur le parc. Si elles sont mansardées à l'étage, celle du bas est plus spacieuse, avec sanitaires dans les alcôves. Vieille cheminée majestueuse dans la salle à manger. Bonne cuisine familiale et régionale, mais également une belle cuisine aménagée à disposition pour ceux qui veulent se faire un brin de popote. Accueil chaleureux et naturel. Au fond du parc, la tonnelle fleurie offre un magnifique spectacle au coucher du soleil sur les Pyrénées. Un très bon rapport qualité-prix.

Le Relais du Bastidou : *Cayron, 32160* ***Beaumarchés.*** *☎ 05-62-69-19-94. • info@bastidou.com • le-relais-du-bastidou.com • ♿ À env 10 km en direction de Plaisance par la D 3 ; mais ne pas aller jusqu'à Beaumarchés, tourner à droite à env 4 km et suivre le fléchage. Resto (sur résa slt) tlj sf dim soir et lun hors juil-août. Congés : de mi-nov à fév. Doubles 75-80 € (160-170 € lors du festival !). Menus 22 € (sf dim)-35 €. Apéritif maison offert sur présentation de ce guide.* Superbe ferme gasconne isolée en pleine nature, restaurée dans le respect des matériaux traditionnels et de l'environnement. Une petite dizaine de chambres ravissantes, dotées de tout le confort. Celles donnant sur la piscine chauffée et le sauna sont en duplex. Cuisine de terroir très correcte, à base de produits frais, d'herbes aromatiques et d'épices. Un havre de paix, calme et raffiné.

À voir. À faire

Les Territoires du Jazz : *pl. du Chevalier-d'Antras. ☎ 05-62-08-26-60. ♿ Pdt le festival, tlj 11h-19h ; en été, mar-sam 14h30-18h30 ; le reste de l'année, visite possible pour les groupes slt avec l'office de tourisme. Entrée : 6 € ; réduc.* Étonnant musée consacré à l'aventure musicale du jazz : de la musique africaine originelle à Miles Davis et au jazz contemporain, en passant par le ragtime, dixieland, swing cabaret, be-bop... À chaque salle correspond une époque. Muséographie originale empreinte de nostalgie. Pour agrémenter le tout, un casque audio à infrarouge vous permet de faire la visite sur ces rythmes endiablés !

Le petit musée d'Histoire naturelle : *dans l'hôtel de ville (tickets délivrés à l'accueil de la mairie). ☎ 05-62-09-38-03. Tlj sf w-e et j. fériés 8h30-12h, 13h30-17h. Entrée : 2 € ; gratuit moins de 14 ans.* Plus un cabinet de curiosités qu'un musée (un préposé de la mairie vous ouvrira la porte), on y découvre une belle collection privée d'insectes, d'oiseaux, de coquillages et de fossiles. Elle appartenait à Édouard Abeilhé (ça ne s'invente pas), qui en fit don à la ville. Vous pourrez ainsi voir des papillons, des coléoptères, des rapaces, et découvrir le pipit des arbres ou l'œdicnème criard. Le tout agencé dans d'anciennes vitrines en bois. Pour une visite plus approfondie, possibilité de se faire prêter le livret explicatif.

Manifestation

– ***Jazz in Marciac :*** *2 sem fin juil-début août. Rens : ☎ 05-62-09-31-98. Résas : ☎ 0892-690-277 (0,34 €/mn). Par correspondance à Jazz in Marciac, service résas, BP 23, 32230 Marciac (compter 1 sem). Également par le réseau classique de billetterie. • jazzinmarciac.com •* Marciac est le siège de l'un des festivals de jazz les plus renommés d'Europe. L'écho de Jazz in Marciac a su, au fil des années, dépasser largement les frontières du Sud-Ouest, puis de l'Hexagone. Bravo, donc, à ces petites cités dynamiques capables de s'affirmer sur le plan culturel ! Toutes les grandes pointures s'y sont produites : Stan Getz, Sonny Rollins, Oscar Peterson, Dizzy Gillespie, Lionel Hampton, et on en passe. Toujours une excellente programmation et des bœufs improvisés tard dans la nuit. Et toujours un festival off sur la place. Propose également des concerts le reste de l'année à l'Astrada (une salle de spectacles de 500 places).

DANS LES ENVIRONS DE MARCIAC

***Saint-Christaud** (32320) :* *à env 10 km à l'est de Marciac par la D 943.* Pour son imposante *église* de 1250, complètement isolée sur une butte et livrant un magnifique panorama. Entièrement reconstruite en brique – seul le portail est en pierre. Très peu d'ouvertures. Quelques petites fenêtres romanes ou en losange. Sous le bord du toit, de curieuses figures.

L'ASTARAC ET LES COTEAUX DU GERS

C'est cette partie qui englobe tout le sud-est du département, adossée au piémont pyrénéen. En toile de fond, la chaîne impériale joue malicieusement à cache-cache avec la brume et les nuages. Sous les beaux ciels d'hiver, elle semble parfois à portée de main. Depuis les hauteurs où sont accrochées de fières bastides, panoramas magnifiques sur les valons aux cultures multicolores. Un coin où il fait bon vivre... et même chanter. Car c'est bien connu, les chanteurs en herbe aiment venir à l'*Astarac* !

Plus à l'est, les coteaux du Gers, porte orientale de la Gascogne et terroir de prédilection des oies et canards. À l'approche de Toulouse, les reliefs s'estompent et la circulation se densifie ! Pourtant, le paysage reste farouchement gascon. Tout est là : pigeonniers, fermes, castels et quelques temples sacrés du foie gras !

BASSOUES (32320) 335 hab. *Carte Gers, B2*

L'un de nos villages préférés. Beaucoup de charme avec sa magnifique halle en bois au cœur de cette bastide-rue.

Adresse utile

Syndicat d'initiative : *dans le donjon. ☎ 05-62-70-97-34. • bassoues.net • Mai-sept, tlj ; mars-avr et oct, slt l'ap-m. Fermé nov-fév.*

Où dormir ? Où manger ?

Camping du Lac de Saint-Fris : *route de Montesquiou. ☎ 05-62-70-90-47 (mairie) ou 05-62-66-51-48 (communauté de commune de Bassoues). • contact@coeur-dastarac.fr • bassoues.net • À 500 m du village, sur la route de Montesquiou. Ouv juin-fin sept. Accueil 9h-10h, 18h-19h, sinon numéro de portable affiché sur la porte. Compter 12,50 € pour 2. CB refusées. 25 empl.* Au pied du village, au bord du lac, prairie bordée d'un bois avec des emplacements bien au calme. Terrain de rugby à l'entrée. Pas mal d'activités dans le coin (balade autour du lac, VTT, ping-pong, randonnées, visite chez les producteurs).

L'Inattendu : *dans la rue principale, à 100 m de la halle. ☎ 05-62-70-95-08. • inattendu.resto@yahoo.fr • Tlj sf le soir des dim et j. fériés, plus sam sept-avr. Congés : 2e sem d'oct. Le midi, formule et menus 11,70-13,80 € (18 € dim) ; le soir, menus 23,50-38,50 €. Café offert sur présentation de ce guide.* La bonne petite auberge de village avec son coin presse et sa déco toute simple. On est surpris tant par la jovialité de l'accueil de la patronne que par ses excellents petits plats maison, travaillés avec amour et générosité. Sympathique jardin à l'arrière en été. Une petite adresse qui porte bien son nom.

À voir

La halle en bois : très inhabituelle, enjambant entièrement la rue principale. Datant du XVIe s et restaurée. Sur l'un des côtés, les vieilles demeures à colombages et cornières se collent presque à la charpente de la halle.

Le donjon : *☎ 05-62-70-97-34. Ouv tlj : juil-août, 10h-19h ; mai-juin et sept, 10h (10h30 sept)-12h, 14h-18h ; mars-avr et oct, 13h30-18h. Fermé nov-fév. Entrée : 4 € ; ½ tarif 8-16 ans ; gratuit moins de 8 ans.* Il se détache irrésistiblement du haut de ses 43 m, chef-d'œuvre absolu de l'architecture militaire médiévale. Noter la pureté de lignes des mâchicoulis et des contreforts. Au sous-sol et au 1er étage, expos temporaires ; au 2e étage, maquettes comparatives d'une bastide et d'un castelnau, ainsi que l'évocation de la vie au Moyen Âge. Du sommet, vue superbe sur le village, la campagne et, au loin, les Pyrénées.

Le château des Archevêques : *au pied du donjon. Ne se visite pas.* Remanié aux XVIe et XVIIe s.

L'église Sainte-Marie : *visite libre aux mêmes heures que le donjon.* Renferme une belle chaire en pierre du XVe s et un bénitier des capots (les parias de l'époque).

Voir au cimetière (en contrebas du village) la **basilique Saint-Fris** *(visite libre aux mêmes heures que le donjon).* Ce dernier, neveu de Charles Martel, a trouvé la mort à Bassoues, dans l'une des ultimes batailles contre les Sarrasins, après leur défaite à Poitiers. Il fut enterré sur place. Son sarcophage se trouve dans la crypte de la basilique. Une source jaillit et la légende lui attribua des miracles. Belles portes Renaissance mangées par les lichens blancs, ce qui leur donne une noble patine. Sur les linteaux, un cavalier.

MONTESQUIOU (32320) 600 hab. *Carte Gers, B2*

Vieux castelnau plein de charme, accroché sur sa colline. Vous êtes au cœur du pays gascon. Le village est le berceau de la célèbre famille Montesquiou-d'Artagnan. La rue principale mène à une porte fortifiée du XIIIe s. Une poignée de maisons en encorbellement le long du rempart. Intérieur de l'église présentant très peu d'intérêt, mais, si elle est ouverte, jeter un œil à droite du chœur sur une ravissante pietà. Dans le hall de la mairie, amusante galerie de portraits de tous les habitants du village, croqués par un peintre hollandais.

Où dormir ? Où manger dans les environs ?

Camping et hôtel du château Le Haget : *route de Mielan. ☎ 05-62-70-95-80. • lehaget@orange.fr • lehaget.com • À 2 km au sud de Montesquiou, sur la route de Monclar. Ouv mai-sept (fermé les w-e de mariage en intersaison). Resto ouv en été slt. Au camping, compter 12-22,80 € pour 2 selon saison ; chalets et mobile homes 200-880 €/sem ; doubles 77,50-135 € selon confort et saison. Menu 25 € ; carte 30-35 €. 73 empl.* Ce ravissant camping est situé dans le grand parc, très ombragé, du château. Les sanitaires ont été aménagés dans l'ancienne orangerie ! On peut également loger dans les chambres de ce bel édifice du XVIIIe s, et même dans l'une de ses superbes tourelles. Piscine.

Ferme-auberge L'Aoueille : *32320 **Pouylebon** (sur la D 34 entre Montesquiou et Monclar). ☎ 05-62-66-65-31. À 5,5 km au sud de Montesquiou. Juil-août, ouv ven soir et dim midi slt (résa obligatoire) ; hors saison, pour les groupes slt. Soirée visite de la ferme avec calèche ven 17 € ; menu dim 25 €.* Belle salle climatisée, installée dans une ancienne étable, et agréable terrasse ombragée. Très bonnes spécialités du pays (tournedos de magret grillé, pavé de bœuf, agneau). Vente de produits de la ferme. Le proprio a organisé un parcours de visite de sa ferme (canards, oies, lamas et autruches !) gratuit pour les clients. Jeux d'enfants et embarcations à pédales à disposition sur le lac.

Manifestations

- ***Avant-première du festival de Jazz de Marciac :*** *fin juil (la veille du jour d'ouverture du festival de jazz). • jazzinmarciac.com •* Concert et repas.
- ***Festival Montesquiou on the Rocks :*** *1 w-e fin août. • montesquiourock.fr •* Un festival 100 % rock avec concerts gratuits. Repas de village.

DANS LES ENVIRONS DE MONTESQUIOU

Le moulin de Riguepeu : *32320 **Riguepeu**. ☎ 05-62-64-55-27. • moulinderiguepeu.fr • À 10 km au nord de Montesquiou par la D 34 ; à 300 m du village (fléché). Avr-oct, tlj sf lun-mar 10h-12h, 15h-19h. Résa conseillée. Tarif : 3 € ; gratuit enfants.* Yves Bondu s'est pris de passion pour ce moulin qu'il a racheté, retapé, et qu'il fait désormais visiter. Le système fonctionne et on peut même acheter de la farine bio, produite sur place !

Nombreux petits villages intéressants dans le coin : ***Barran*** et son surprenant clocher hélicoïdal, ***Mouchès, L'Isle-de-Noé,*** très joli village au confluent des deux

Baïse (la grande et la petite !) doté d'un château du XVIIIe s. L'occasion aussi de se balader dans une nature douce et paisible.

MIRANDE

(32300) 3 665 hab. *Carte Gers, B3*

Bastide fondée au XIIIe s par le comte d'Astarac et l'abbé de Berdoues. L'un des plans urbains les mieux préservés. Place centrale d'où partent les rues se coupant à angle droit et déterminant des blocs de 50 m environ (un parfait damier).

Adresses et infos utiles

Office de tourisme : *13, rue de l'Évêché. ☎ 05-62-66-68-10. • ot-mirande.com • Lun-sam, plus dim mat en juil-août.* Accueil efficace et plein d'infos précises. En été, le jeudi matin, visites guidées gratuites de la ville.

@ **Accès Internet :** ***M@ngo Technologies,*** *8, rue Gambetta. ☎ 05-62-66-80-79. Tlj sf dim 9h-12h, 14h30-19h. Également* ***DG Informatique,*** *27, rue Victor-Hugo. ☎ 05-62-66-84-14. Tlj sf sam ap-m et dim 9h-12h, 14h-19h.*

Arrêt des bus : *pl. Fessenheim-Rustenhart. ☎ 05-62-34-76-69.* 1-4 bus/j. selon période pour Auch et Tarbes.

– ***Marchés :*** *lun et sam mat.*

Où dormir ? Où manger ?

Camping

Camping de L'Île du Pont : *à 200 m du centre-ville. ☎ 05-62-66-64-11. 📱 06-17-97-56-11. • mirande@groupevla.fr • groupevla.fr • ♿ Ouv 15 mai-30 sept (1er avr-15 nov pour les loc). Compter 13,90-18,40 € pour 2 selon saison ; mobile homes et chalets 239-1 011 €/sem selon saison. 150 empl.* Beau camping sur une île qui fait office d'espace vert public et dont une partie est réservée au camping. Confort 3 étoiles. Nombreuses activités (tennis, tir à l'arc, ping-pong, etc.), sorties nature et animations en saison. Lac et base de loisirs avec parc aqualudique à proximité.

De bon marché à prix moyens

Brasserie des Arts : *5, bd Centulle-III. ☎ 05-62-66-50-27. • deco@brasseriedesarts.fr • brasseriedesarts.fr • ♿ Sur le bd circulaire du centre-ville. Ouv tlj sf lun hors saison. Congés : mars et déc. Double 70 €. Pas de menu ; carte 25-35 €.* Atmosphère familiale dans cette ancienne brasserie du début du siècle dernier plus que joliment retapée. 5 chambres thématiques, toutes différentes et originales, de bon confort. La salle des petits déj, aménagée dans la pièce principale avec ses baies vitrées sur jardin, son grand zinc et ses petites tables de bistrot, met d'emblée de bonne humeur. Et comme ça swingue chez la famille Reynaud, ils ont décidé d'ouvrir un petit bar à tapas et poissons *a la plancha* dans la dépendance côté rue. Patio et atmosphère détendue.

Hôtel Métropole de Gascogne : *31, rue Victor-Hugo. ☎ 05-62-66-50-25. • hotel.metropole32@wanadoo.fr • hotel-metropole-gers.fr • Resto tlj sf dim soir et lun. Doubles 52-60 € selon confort et saison. Formules déj en sem 11-14 € ; menus 20-30 € et carte. Parking payant. Café offert sur présentation de ce guide.* À deux pas de la place principale, un hôtel de plus de 250 ans aux couloirs biscornus. Les chambres personnalisées et de tailles différentes, la plupart rafraîchies, gardent une certaine authenticité. Cuisine traditionnelle et régionale de bon aloi. Salle climatisée et agréable terrasse. Un bon rapport qualité-prix.

Europ Hôtel de Maupas : *2, av. d'Étigny. ☎ 05-62-66-51-42. • reserve@europhotel-maupas.com • europhotel-maupas.com • Resto tlj sf ven, sam et dim soir. Doubles 52-70 € selon confort et saison. Formule déj en sem 13 € ; menus 18,50-37 €.* Vieille institution du centre-ville, reprise courageusement par le fils des propriétaires. Et du coup, un petit vent de jeunesse a soufflé sur la déco des chambres. Côté resto, grande salle lumineuse, rafraîchie également, pour une cuisine traditionnelle travaillée avec sérieux.

Auberge de la Halle : *7-9, rue de l'École (derrière l'église). ☎ 05-62-66-76-81. Ouv le midi slt lun-ven. Congés : 3 premières sem d'août. Formule du jour 11,70 € ; menus 13,20-20 €. Apéritif maison offert sur présentation de ce guide.* Resto tout simple où l'on se sent immédiatement à l'aise. Cuisine traditionnelle classique et généreuse, avec un menu du midi épatant. Le lundi, jour du marché, tout le monde s'y retrouve et les tables bourdonnent (mieux vaut ne pas arriver trop tard !).

Où dormir ? Où manger dans les environs ?

La Grange aux Arts : *32300* ***Estipouy.*** *☎ 05-62-59-01-47. 06-74-06-53-23. • lagrangeauxarts.fr • Depuis Mirande, prendre la direction d'Estipouy, puis, à 1,5 km, bifurquer à droite ; c'est 700 m plus loin. Ouv tte l'année. Double 57 €.* Une ancienne grange retapée par Pascale et Bernard, originaires du Nord-Est de la France. Tout autour, 1 ha de nature et une mare dans laquelle les grenouilles coassent de bonheur. Les 5 chambres sont aménagées dans une partie indépendante de l'habitation ; 2 d'entre elles donnent directement sur le jardin. Grand salon de 100 m² réservé exclusivement aux hôtes, avec TV, jeux de société, cuisine à disposition et de nombreux tableaux peints par Pascale. Une adresse bucolique, à l'esprit nature et calme.

Ferme-auberge La Vieille Étable : *32300* ***Saint-Médard.*** *☎ 05-62-66-60-38. À 7,5 km de Mirande sur la route de Lannemezan (D 104, puis D 2) ; fléché à droite à la sortie du bourg de Saint-Médard. Ouv jeu-dim midi. Résa obligatoire. Menus 28-36 €, boissons comprises.* De la vieille étable, il ne reste que les poutres et les mangeoires aux murs. Avec sa baie vitrée, la salle est lumineuse et accueillante. Belle cheminée où cuisent dans leur jus magrets, civets, poule au pot et un jambon de porc noir de Bigorre à la broche (à se damner !). Tout est simplement délicieux !

Auberge du Hillan : *32300* ***Clermont-Pouyguillès.*** *☎ 05-62-66-26-02. À 13 km au sud-est de Mirande ; prendre la D 104, direction Seissan, puis tourner à droite (D 150) après Loubersan. Tlj sf dim soir et lun. Résa obligatoire. Menus 17-28,50 €. CB refusées. Apéritif maison offert sur présentation de ce guide.* Belle ferme au calme avec jardin et une salle rustique avec poutres apparentes et cheminée. Anne-Marie cuisine dans la plus pure tradition gasconne des spécialités à base de canard, mais aussi de la poule farcie, du cassoulet et de bonnes pâtisseries maison.

À voir. À faire

L'église Sainte-Marie : datant du XVe s, il s'agit d'une ancienne cathédrale, ce qui explique sa taille. Très inhabituel clocher-porche. Tout en haut, petites tourelles à clochetons et baies flamboyantes. Deux arcs-boutants formant un porche enjambent la rue. À l'intérieur, très belles verrières.

⛯⛯ ***Le musée des Beaux-Arts :*** *13, rue de l'Évêché. ☎ 05-62-66-68-10. • patrimoine-musees-gers.fr • À côté de l'office de tourisme. Tlj sf dim 9h (10h sam)-12h, 14h (15h sam)-18h. Entrée : 2,40 € ; réduc ; gratuit pour ts le 1er sam du mois nov-mars.* Musée de peinture particulièrement riche. Il faut dire qu'il bénéficia du legs d'un collectionneur mirandais qui était directeur des Beaux-Arts au ministère de l'Intérieur à Paris, au début du XIXe s. Voilà pourquoi vous y découvrirez de fort belles collections flamande, italienne et française du XVe au XIXe s. Inévitable et sans doute unique portrait du royal maître queux Vatel. Également de nombreuses faïences et porcelaines des XVIIIe et XIXe s (précieuses pièces des ateliers d'Auch, de Mirande, de Moustiers, de Sceaux...). Sans oublier (dans la petite salle de gauche à l'entrée) de jolis dessins que l'artiste Gervais Cazes effectua au milieu des tranchées pendant la Première Guerre mondiale, à la manière des enlumineurs du Moyen Âge. Chapiteaux et sculptures dans le théâtre de verdure.

– ***Ludina :*** *complexe aqualudique. ☎ 05-62-66-50-13. ♿ Ouv fin mai-début sept ; juil-août, tlj 11h15-20h. Entrée : 5,90 € ; réduc.* Bassins, toboggans et aires de jeux pour toute la famille.

Fête

– **Fête de la Ville :** *le w-e du 15 août.* Foire aux produits régionaux, fête folklorique et grand spectacle pyrotechnique.

DANS LES ENVIRONS DE MIRANDE

⛯ ***Les vestiges de l'abbaye cistercienne de Berdoues :*** *à env 3 km au sud de Mirande.*

⛯ ***La chapelle de Belloc-Saint-Clamens :*** *à env 8 km au sud de Mirande par la D 939. Demander la clé à la voisine.* Petite église de campagne du XIe s, qui possède bien du charme. À l'intérieur, un beau sarcophage (IIe s) en marbre servant d'autel. Quelques vestiges de fresques du XVe s, fonts baptismaux gothiques, cippe funéraire gallo-romain.

⛯ ***La chapelle de Theux :*** *à 14 km au sud-est de Mirande par la D 104 et la D 2. Mal indiqué : dans Saint-Élix, prendre la direction Saint-Michel, puis tourner à gauche et encore à gauche. Demander la clé à la mairie de* ***Saint-Élix-Theux.*** Livre un beau panorama du haut de sa butte.

⛯⛯ ***Tillac*** *(32170) : à 14 km au sud-ouest de Mirande par la D 505 en direction de Miélan, puis la D 16.* Un pittoresque castelnau du XIIIe s. Anciennes demeures à colombages et à cornières le long de la rue principale. Belle église du XIVe s.

MIÉLAN *(32170)*

À 14 km au sud-ouest de Mirande, ancienne bastide du XIIIe s, carrefour commercial entre Gers et Bigorre. Architecture typique de l'époque (la place et ses couverts, les maisons en encorbellement...). C'est aussi un calme lieu de villégiature, avec un beau lac et une base de loisirs nautiques.

Adresse utile

ℹ ***Syndicat d'initiative :*** *pl. du 8-Mai. ☎ 05-62-67-52-26. Juil-août, tlj sf dim ap-m ; de mi-mai à mi-juin, slt le mat jeu et sam ; 2de quinzaine de juin et 3 premières sem de sept, tlj.*

Où dormir ?

⛺ ***Camping et village de gîtes Les Reflets du Lac :*** *lac de Miélan, route de Mirande (N 21). ☎ 05-62-67-51-76. • lac.mielan@orange.fr • lacmielan.com • ♿ Sur la N 21, à 1,5 km de Miélan, en direction d'Auch. En bus, ligne Auch-Tarbes ; si vous le demandez gentiment, le chauffeur pourra peut-être s'arrêter à l'entrée, c'est-à-dire à la base de loisirs, à 500 m du camping. Ouv mai-fin sept. Compter 14,50-20,50 € pour 2 selon saison ; gîtes 4-7 pers 220-600 €/sem. 109 empl. 📶 Court de tennis gratuit sur présentation de ce guide.* Vaste camping 3 étoiles idéalement situé pour faire du tourisme dans la région, et bénéficiant de toutes les installations de la base de loisirs voisine. Bonne répartition des emplacements : certains plein soleil et d'autres plus ou moins ombragés. Également des gîtes assez spartiates mais impec et surtout dotés d'une terrasse face au lac. Et, sur le site, un hôtel-restaurant, *Les Vallons du Lac*. Nombreuses activités sportives et animations. Piscine.

SIMORRE (32420) 700 hab. *Carte Gers, C3*

Sympathique village au cœur du haut Astarac : un terroir préservé et une nature sauvage propices à la découverte pédestre. Simorre est l'une des plus anciennes sauvetés de Gascogne. À ce titre, elle vous charmera par ses demeures à colombages et en encorbellement, son foirail et ses placettes ombragées. Mais c'est surtout pour son église abbatiale et son architecture unique que vous ferez le détour.

Adresse utile

ℹ ***Office de tourisme :*** *rue Paul-Saint-Martin. ☎ 05-62-65-36-34. • simorre.com • Juil-août, l'ap-m slt mar et jeu-sam ; le reste de l'année, variable, se renseigner à l'office de tourisme de Gimont.*

Où dormir ? Où manger ? Où prendre un verre à Simorre et dans les environs ?

🏠 🍽 ***Chambres d'hôtes Aou Cassou :*** *chez Élisabeth et Gérard Billhot, à* ***Moncorneil-Grazan*** *(32260). ☎ 05-62-65-48-41. • billhot@aoucassou.fr • aoucassou.fr • À env 10 km, entre Simorre et Masseube. À 1 km du village ; fléché. Congés : de mi-sept à mi-oct. Double 55 €. Table d'hôtes le soir en sem sur résa 20 € et menu « gastro gascon » 24 €. 💻 📶* Belle maison d'hôtes avec façade en encorbellement et une cuisine-salle à manger d'été, en pleine nature, avec les grenouilles qui coassent au clair de lune et le coq qui s'égosille dès potron-minet. À l'étage, les chambres (dont une familiale) sont fraîches et agréables, toutes avec sanitaires privés et vue sur les Pyrénées. Piscine à l'écart pour piquer une tête. Possibilité de séjour cuisine ou artistique. Une bonne adresse au calme.

🍽 🍷 🎵 ***Le Bouche à Oreille :*** *pl. de la Mairie, à Simorre. ☎ 05-62-05-52-42. • cafe.boucheaoreille@free.fr • cafe.boucheaoreille.free.fr • Tlj sf dim-lun. Menu le midi en sem 13 € ; le soir, compter env 15 €. 💻 📶* Le bouche à oreille a bien fonctionné, puisque de cette adresse, plusieurs fois, on nous a parlé ! De suite, on a accroché. Ça fait longtemps que Séverine et Arthur rêvaient de monter un café-resto culturel, un lieu de vie, de rencontres et d'échange au sein d'un petit village, un endroit où l'on prendrait le temps de boire un verre, de bien manger. On y sert une cuisine de marché, de circuits courts et de producteurs locaux (pas mal de produits bio). Paisible place sous les tilleuls. Propose régulièrement des concerts. Un festival de la chanson est même organisé début août. Coin jeux pour les enfants et ordinateur gratuit à disposition. Dans ce coin du Gers, une telle adresse est une aubaine !

À voir

☛☛ ***L'église abbatiale :*** fondée au VIe s, elle fut anéantie par les Sarrasins et les Normands. On la rebâtit à partir du XIIe s, pour servir de lieu de prière et de refuge. Elle devint l'une des plus puissantes sauvetés de la région, résistant vaillamment à la peste, au siège des protestants, à la disette et aux flammes ! Sa ***tour-lanterne*** octogonale et ses énormes contreforts lui donnent un style fortifié et sévère. Sa restauration par Viollet-le-Duc au XIXe s a accentué son aspect de forteresse. À l'intérieur, belle coupole à la croisée du transept. Remarquables vitraux des XIVe et XVIe s. Très jolies stalles sculptées du XVe s. Personnages au style archaïque très expressif. Trésor dans la sacristie, visible de la porte grillagée.

☛☛ ***Le Musée paysan d'Émile :*** *av. de la Bourdette. ☎ 05-62-62-36-64. 📱 06-78-30-99-12. • museepaysan.fr • ♿ (accès partiel). Vac scol de Pâques (zone A) et juil-août, tlj 14h30-18h30 ; avr-juin et sept, w-e et j. fériés 14h30-18h30 ; oct, dim 14h-17h ; vac scol de la Toussaint, lun-ven 14h-17h ; sinon, sur rdv. Entrée : 4 € ; réduc, notamment sur présentation de ce guide ; gratuit moins de 6 ans.* Agriculteur retraité et passionné, Jean-Émile avait réuni de son vivant une belle collection d'objets de la vie d'autrefois : outils agricoles, journaux, textiles... Un voyage émouvant dans le temps, agrémenté de poèmes et de dessins sur le sujet. À faire en famille.

DANS LES ENVIRONS DE SIMORRE

☛☛ ***Boulaur*** *(32450) : à 12 km au nord de Simorre.* Village dominé par une *abbaye* du XIIe s, dont l'église fut remaniée dans un style gothique au XIVe s. Nef unique aux belles proportions. Remarquables grilles en fer forgé du XVIIIe s. Elle est toujours occupée par une communauté de moniales cisterciennes *(☎ 05-62-65-40-07 ; • boulaur.org • ; visite de l'abbaye en principe tlj sf mar à 11h30 et 16h ; possibilité d'achat de produits : confitures, pâtés, etc.).*

☛ ***Castelnau-Barbarens*** *(32450) : à 20 km au nord de Simorre.* Pittoresque village en terrasses. Visites guidées organisées par l'office de tourisme d'Auch en été.

☛ ***Les chemins du Yané et du Kazé :*** deux chemins de rando au départ de Simorre pour découvrir, en pleine nature, deux sculptures monumentales en branchages tressés (Yané et Kazé), réalisées par l'artiste japonais Téruhisa Suzuki. Compter respectivement 15 et 25 km, soit environ 3h30 et 6h de marche (balisage jaune). *Yané* signifie « toit » en japonais. Le Kazé symbolise un cyclone et représente la force du vent.

SAMATAN (32130) 2 350 hab. *Carte Gers, D3*

Ancienne étape des pèlerins sur la route de Saint-Jacques-de-Compostelle. Quelques très jolies maisons ont été restaurées tout autour de

l'office de tourisme. Mais Samatan reste bien plus célèbre pour son *marché au gras* que pour son architecture... Les ventes s'y déroulent toute l'année dans les halles. C'est le plus important marché du Gers (et même de France !), et Samatan y gagna ses surnoms de « Mecque du foie gras » ou « capitale de l'or rose ». Intéressant pour son animation et ses rituels de vente.

OIE OU CANARD ? TELLE EST LA QUESTION...

Si vous souhaitez acheter un foie gras, sachez que les meilleurs pèsent 400 g pour les canards et 900 g pour les oies, et que les plus gros foies ne sont pas forcément les meilleurs (ils rejettent trop de graisse). Généralement roses et onctueux, ils peuvent tirer vers le jaune lorsque l'animal est nourri au maïs, comme c'est souvent le cas dans la région. Plus raffiné dit-on pour l'oie, plus rustique mais très savoureux pour le canard, c'est le prix en réalité plus que le goût qui fait la différence !

Adresses et infos utiles

Office de tourisme : *3, rue du Chanoine-Dieuzaide.* ☎ *05-62-62-55-40.* • *samatan-tourisme.com* • *Juil-août, tlj sf dim ap-m ; hors saison, tlj sf mar et dim.* Abrite un petit *musée du Foie gras et des Traditions populaires* ainsi qu'une expo d'artistes locaux qui change tous les mois *(entrée libre).*

@ **Accès Internet : Point Information Jeunesse** *(PIJ), pl. des Cordeliers.* ☎ *05-62-62-51-90. Lun 10h-13h, 14h-18h ; mar-jeu 14h-18h (18h30 mar-mer). Gratuit. Également à la* **médiathèque.** ☎ *05-62-07-42-97. Ouv tte l'année ; en été, lun-sam 9h-13h, plus mar 17h30-20h30. Gratuit.*

Bus : ☎ *0800-511-833 (n° gratuit). Arrêt des bus : pl. du Marché.* 4-8 bus/j. pour Toulouse (2 bus slt dim).

– **Marché au gras :** *tte l'année ; nov-mars, lun (y compris j. fériés) à 9h30 ; avr-oct, lun à 10h. Pleine saison : nov-mars. Également un marché traditionnel le même jour.* Foies gras de canard et d'oie vendus directement par les producteurs : c'est évidemment là qu'il faut se fournir pour cuisiner ensuite son foie gras à sa sauce et épater la galerie chez soi !

– **Autres marchés au gras importants :** *ven mat à* **Seissan** *(mêmes horaires) ; mer mat (oct-juin) ainsi que dim mat (nov-mars) à partir de 10h à* **Gimont.**

Où dormir ? Où manger à Samatan et dans les environs ?

Au Canard Gourmand – Les Logis du Canard : *au lieu-dit La Rente, à la sortie de la ville, le long de la route Auch-Lombez (D 632).* ☎ *05-62-62-49-81.* • *contact@aucanardgourmand.com* • *aucanardgourmand.com* • *Resto tlj sf lun soir et mar (tlj pour les pensionnaires). Résa vivement conseillée. Double 96 €. Menus 15,50-28 € (midi en sem), puis 3 menus-carte 29-45 €. Apéritif maison offert sur présentation de ce guide.* L'une des bonnes tables du Gers pour sa cuisine inventive, audacieuse, savoureuse, à déguster dans une atmosphère des plus décontractée. Les recettes varient au rythme des saisons et du marché, attendez-vous donc à une surprise. Mais le burger de foie gras tient régulièrement le haut de l'affiche. Déco moderne et colorée, très tendance, avec fauteuils signés Starck, et belle terrasse verdoyante. Service efficace et attentionné. Xavier au piano et Nicolas en salle ont le sens de la perfection ! Pour prolonger le plaisir, 5 chambres pimpantes de grand confort (avec déco thématique surprenante) et une suite magnifique en duplex, toutes climatisées. Patio et jacuzzis en terrasse. Un lieu difficile à quitter !

Le Val de Save : *18, bd des Pyrénées, 32220 **Lombez.** ☎ 05-62-62-55-72. • levaldesave@gmail.com • levaldesave.com • À 3 km au sud de Samatan. Resto tlj sf sam midi et dim soir (fermé sam-dim hors saison). Double 49 €. Menus 13 € (midi en sem), puis 18-30 €. Apéritif maison offert sur présentation de ce guide.* Un hôtel simple et bon marché, fraîchement rénové, tenu par des Ch'tis au grand cœur qui savent allier accueil du Nord et bon vivre gascon. Restauration servie au bord de la petite piscine en saison.

Au Bonheur des Hôtes : *En Marchet, 32600 **Endoufielle.** ☎ 05-62-05-95-79. 06-07-24-25-96. • aubonheurdeshotes@yahoo.fr • aubonheurdeshotes-gite-gers.fr • À 12 km de Samatan ; suivre la D 634 en direction de L'Isle-Jourdain, puis à 11 km, bifurquer à droite (D 243) ; fléché 300 m plus loin sur la gauche. Doubles 80-95 €. Table d'hôtes 20-28 €.* Corinne, infirmière libérale, sait prendre soin de ses hôtes et possède de vrais talents en matière de déco. Dans l'ancienne grange superbement retapée, à l'écart de l'habitation principale, elle propose 5 chambres au charme ouaté, à l'atmosphère délicate et cocooning. Tomettes ou parquet, dominante de teintes crème, grises et blanches, tissus en lin, peignoirs de bains douillets, grands espaces. Toutes les chambres sont climatisées. Salon commun avec cheminée. Piscine. Une adresse au sein d'une nature reposante.

La Table d'Olivier : *1 bis, pl. de la Fontaine, à Samatan. ☎ 05-62-62-63-29. Fermé le soir sf ven-sam, dim midi et mer. Menus 17 € à midi (¼ vin et café compris), puis 26-33,50 €.* Belle cuisine gasconne élaborée à partir de produits frais locaux et conjuguée aux accents méditerranéens. Des plats réjouissants, préparés avec légèreté et une pointe d'originalité. Côté déco, c'est tradition et modernité. Tables sur une terrasse ombragée par un mûrier-platane dès que le temps le permet. Excellent rapport qualité-prix pour le menu du jour. Inutile de préciser que le resto fait le plein le lundi midi, jour de marché.

Où acheter de bons produits dans les environs ?

Ferme des Mouliots : *à **Monblanc** (32130), à 6 km de Samatan. ☎ 05-62-62-35-75. • fermedesmouliots.fr •* Sur une jolie route de crête, typique de cette partie du Gers, et offrant de belles vues sur les Pyrénées, une ferme familiale lovée dans le creux d'une colline. On y trouve d'excellents foies gras (maintes fois récompensés) qu'on choisira crus – à cuire et assaisonner soi-même – ou mi-cuits. De nombreuses recettes à base de canard, parfois originales (comme la saucisse), accompagnent le morceau roi : magrets entiers, confits ou cous farcis, tout est très savoureux. Excellent accueil. À noter qu'ils sont présents sur le marché de Samatan tous les lundis matin.

Élevage Grau : *à **Mongausy** (32220), à 14 km à l'ouest de Samatan. ☎ 05-62-66-30-86. 06-75-66-19-45. • elevagegrau.fr • Dans le village.* Une boutique tenue par un jeune couple qui s'est lancé, en 2009, dans l'élevage du porc noir de Bigorre, une race menacée d'extinction dans les années 1980. La ferme compte près de 180 cochons gambadant sur 25 ha de prairies et de forêts. C'est l'occasion de faire des provisions d'excellents jambons, différentes salaisons et conserves. Salle de dégustation et tapas. Possibilité de visiter la ferme sur réservation.

À faire

– **Plan d'eau :** *à la sortie de Samatan, route de Lombez. Infos à la mairie : ☎ 05-62-62-30-19. Tlj en saison. Baignade surveillée en juil-août.*

Manifestations

- *Foire agricole :* *le 3e w-e de mars.* Vide-greniers à la même date.
- *Soirées gourmandes :* *2 soirs en juil et 2 soirs en août.* Repas de rue avec animations musicales.
- *Festival de Théâtre :* *la 3e sem de juil.* Théâtre de rue, lectures en plein air, stages, etc.
- *Samafrica :* *le 1er w-e de sept. • samafrica.free.fr •* Festival africain. Concerts gratuits, village enfants, marché africain...
- *Gasconh'a Table :* *le dernier w-e de nov.* Démonstrations, repas de gala...

DANS LES ENVIRONS DE SAMATAN

Lombez (32220) : *à 3 km au sud-ouest de Samatan.* À voir pour sa *cathédrale Sainte-Marie.* Construite au XIVe s, un peu sur le modèle du couvent des Jacobins à Toulouse. Clocher de type toulousain d'ailleurs, avec étages dégressifs et baies géminées en mitre. À l'intérieur, deux nefs d'inégale grandeur, séparées par une allée de colonnes. Belles verrières du XVIe s (surtout celles de l'abside), dont certaines sont attribuées à Arnaut de Moles. Dans le chœur, une cinquantaine de stalles sculptées au XVIIe s. Dans l'ancien baptistère, superbe cuve baptismale en plomb du XIIIe s. À l'entrée, à gauche, salle des trésors, toujours ouverte ! Dans le coin de la cathédrale, vieille halle et demeures à colombages intéressantes.

Le château de Caumont : *à* ***Cazaux-Savès*** *(32130). ☎ 05-62-07-94-20. • caumont.org • Sur la D 39, à 7 km au nord de Samatan. Juil-août, tlj sf sam 15h-18h ; mai-juin et sept-oct, slt dim et j. fériés (mêmes horaires) ; attention, sam, sur résa slt. Entrée : 5 € ; réduc enfants. Visite guidée.* Superbe château Renaissance du XVIe s, au milieu d'un parc. Édifié par Pierre de Nogaret de La Valette, qui participa aux guerres d'Italie avec François Ier. Son petit-fils fut l'un des mignons d'Henri III. Le château séduit par l'élégance de son architecture. Seul l'aspect extérieur démontre encore quelques préoccupations défensives. Tours poivrières aux quatre coins. Magnifique cour intérieure. Harmonieuses façades avec alternance de brique et de pierre. Au 1er étage de l'une d'elles, élégante coursive (galerie extérieure) reposant sur des consoles sculptées. Hors saison principalement, visite guidée en compagnie de la châtelaine, Mme de Castelbajac.

GIMONT

(32200) 2 820 hab. *Carte Gers, D2*

Bastide édifiée en 1266 sur une colline étroite et s'étirant en longueur. Sur la place, jolie *halle* en bois du XIVe s sous laquelle passe la route. Tout autour, de belles maisons à couverts.

Adresse et infos utiles

Office de tourisme : *53, bd du Nord. ☎ 05-62-67-77-87. • tourisme-gimont.com • Juil-août, tlj sf dim ap-m ; le reste de l'année, lun-sam mat.* Bon accueil.

Trains : *☎ 0800-31-31-31 (n° gratuit).* Liaisons pour Toulouse et Auch. Également des bus SNCF.

- ***Marché au gras :*** *mer mat oct-avr (9h30-10h30) et dim mat (10h) nov-fin mars.* Vente uniquement entre producteurs et consommateurs (professionnels non admis).

Où dormir ? Où manger à Gimont et dans les environs ?

Camping et gîte

Gîte de Lamothe : *à L'Isle-Arné (32270). ☎ 05-62-65-90-54. • martine moulet@gmail.com • piedaterreengas cogne.com • À env 12 km de Gimont et à 1,5 km de L'Isle-Arné (discrètement fléché depuis le bourg). Compter 20 €/pers en dortoir, 25 €/pers en chambre. Loc de draps 3 €. Possibilité de camping 5 €/pers.* Sur le chemin de Saint-Jacques-de-Compostelle, un gîte entièrement restauré de manière bio, avec des matériaux naturels (bois, terre crue, chanvre, torchis, pigments). Le résultat est superbe. Un dortoir de 7 lits et 2 chambres, dont une avec mezzanine, pour 3 personnes. Sanitaires communs. Déco très chaleureuse inspirée du Maroc et de l'Afrique noire. Belle salle commune avec cheminée. Gérard organise des stages pour s'initier aux techniques de restauration traditionnelle des vieux bâtiments, et Martine propose des massages de pied (il s'agit exactement de touchés podo-énergétiques !) et des cours de yoga.

De prix moyens à plus chic

Hôtel-restaurant Oh ! Bon Plaisir : *route d'Auch, 32270* ***Aubiet.*** *☎ 05-62-65-94-65. • bonplaisir@free.fr • ohbonplaisir.fr • À 8 km de Gimont en direction d'Auch. Resto tlj sf dim soir ; dim midi sur résa slt. Congés : 1 sem en fév et vac scol de Noël. Doubles 53-58 € selon saison ; familiales (3-4 pers) 63-85 €. Formules déj en sem 9-15 € ; menus 23-26 € ; pas de carte.* Dans cette petite bourgade bien calme, un couple sympathique a repris les rênes de cet ancien établissement, et le résultat est concluant. Une poignée de chambres restaurées dans un esprit classique, toutes avec salle de bains et TV. Cuisine de région qui bénéficie d'une solide réputation. Petite terrasse au bord de la route (relativement passante...).

Hôtel Villa Cahuzac : *1, av. de Cahuzac, à Gimont. ☎ 05-62-62-10-00. • contact@villacahuzac.com • villacahuzac.com • Salon de thé dans la galerie 15h-18h. Congés : 1re sem de janv. Double 120 €, petit déj compris ; suite 140 €. À la brasserie (le midi slt sf dim), menus 13,90-28 € ; au gastro (le soir slt sf dim), menus 28-39 €. Au resto, apéritif maison et café offerts sur présentation de ce guide.* Aux portes de la ville, ce magnifique hôtel particulier du XIXe s, autrefois propriété d'un médecin, abrite une dizaine de chambres, confortables et élégantes. Lambris, douches à l'italienne, climatisation, espaces et salons personnalisés, déco contemporaine de bon goût, bibliothèque à l'ancienne, salle à manger bourgeoise, tout, vraiment tout, confère à l'endroit un esprit « maison de famille » de grande allure. Mais le service très pro et discret n'est en rien guindé. Éviter tout de même les quelques chambres à proximité de la route Toulouse-Auch, très passante à l'heure de pointe. Dans l'étonnante galerie, face au petit jardin, on sert petits déj, repas et en-cas à l'heure du thé. Le midi, à la brasserie, la cuisine gasconne est à l'honneur. Le soir, c'est plus travaillé, plus recherché. Organise des stages gourmands.

À voir

L'église Notre-Dame : bel ouvrage en brique du XIVe s. Clocher octogonal de type toulousain. À l'intérieur, nef unique assez imposante (16 m de large et 18 m de haut). Maître-autel du XVIIIe s en bois doré. Dans la première chapelle de gauche en entrant, remarquable triptyque du XVIe s. Les tableaux originaux et lumineux qui composent le chemin de croix sont les œuvres récentes d'un artiste local. Ils remplacent ceux de l'ancien chemin de croix, volés dans les années 2000.

Vestiges de l'ancien ***palais des évêques de Lombez.***

La chapelle Notre-Dame-de-Cahuzac : *à 1 km, en direction de Saramon.* Édifiée en brique en 1515. À l'intérieur, vitraux du XVIe s et retables du XVIIe s. Un des lieux de pèlerinage les plus anciens de la région.

Le petit musée Oie et Canard des Ducs de Gascogne : *3, av. de Gascogne. ☎ 05-62-67-84-75. Tlj 10h-19h. GRATUIT.* Histoire du gavage et de la production. Visite rapide et efficace. Boutique à la sortie...

Le conservatoire de la Vie agricole et rurale d'autrefois : *rue de Marcassus (perpendiculaire à la rue centrale, au niveau de la poste). ☎ 05-62-67-82-79. Tlj 10h-12h, 15h-18h, sur rdv slt. Entrée : 4 € ; réduc enfants.* Dans un bâtiment du XIXe s, exposition de 1 000 outils et objets de la vie quotidienne (1850-1950), reconstitution d'une pièce d'habitat rural et d'un ancien atelier d'ébéniste. Visite commentée très intéressante.

Manifestations

- ***Escota E Minja :*** *le 1er w-e de juil.* Festival consacré à la culture occitane. Concerts et danses *(gratuits).* Se termine par une messe en occitan.
- ***Rencontres aéronautiques et spatiales :*** *la 1re sem d'oct.* Débats, conférences, expos...

DANS LES ENVIRONS DE GIMONT

L'ISLE-JOURDAIN

À 18 km à l'est de Gimont sur la route de Toulouse, L'Isle-Jourdain est la deuxième ville du département. Elle s'organise autour de son ancienne halle du XIXe s. C'est ici qu'est né Claude Augé, le créateur du célèbre *Petit Larousse illustré.* On peut d'ailleurs visiter la maison dans laquelle il séjourna au début du XXe s.

Adresse et info utiles

Office de tourisme : *au bord du lac. ☎ 05-62-07-25-57. • tourisme-gascognetoulousaine.fr • Fermé dim hors saison.* Toutes les infos sur le coin. Accueil fort aimable.
- ***Marché :*** *sam mat.*

Où dormir ? Où manger à L'Isle-Jourdain et dans les environs ?

L'Échappée Belle : *2, pl. Gambetta, à L'Isle-Jourdain. ☎ 05-62-07-50-00. • contact@echappee-belle.fr • echappee-belle.fr • Fermé 1er mai et 25 déc. Doubles 85-125 € selon confort et saison ; également des suites. Formule déj sf dim 15 € ; menus 19 € (midi sf dim), puis 28-40 €. Apéritif maison offert sur présentation de ce guide.* Un hôtel-resto aux allures design qui propose une petite trentaine de chambres. Joli mariage de matériaux naturels, d'Art déco et de mobilier contemporain chic. Dans chaque chambre, un pan de mur est recouvert d'un tirage photo géant d'un artiste. Elles sont toutes différentes et zen, de confort feutré, insonorisées, climatisées, avec une belle terrasse pour celles du dernier étage. L'hôtel est fréquenté par une clientèle d'affaires principalement. En revanche, le resto, tout aussi design, attire les locaux pour sa cuisine qui revisite la gastronomie avec fraîcheur et créativité dans un esprit de brasserie. Il faut dire que c'est Bernard Bach (le chef étoilé du *Puits Saint-Jacques*, voir ci-dessous) qui est créateur du menu !

Le Puits Saint-Jacques : *pl. de la Mairie, à* ***Pujaudran*** *(32600). ☎ 05-62-07-41-11. • contact@lepuitssaintjacques.fr • À env 10 km à l'est de L'Isle-Jourdain en direction de Toulouse. Tlj sf dim soir et lun-mar. Congés : 15 j. en janv et 15 j. en sept. Menus 32 € (midi en sem), puis 70-165 € (vin compris pour ce dernier) ; carte 100-120 €.* Grande maison en brique rose magnifiquement restaurée, sur la route de Compostelle. Assisté par sa femme Anne, le chef Bernard Bach mitonne une cuisine inventive de haute volée dans le respect du goût de chaque produit. Les influences sont méditerranéennes, la carte au parfum de terroir se renouvelle selon la saison. Les légumes, exquis, viennent directement du gigantesque potager de son père, qui cultive des variétés oubliées. Des plats à déguster dans les salles de belle taille aux couleurs lumineuses, dans la cour ou la cave voûtée. Côté vins, on privilégie les excellents madirans et les côtes-de-gascogne. Accueil franc et jovial.

À voir. À faire

Le musée européen d'Art campanaire : *pl. de l'Hôtel-de-Ville. ☎ 05-62-07-30-01. Tlj sf mar 10h-12h, 14h30-17h30 (18h30 de mi-juin à mi-sept). Fermé 1re quinzaine de janv, 1er mai et 25 déc. Entrée : 4,50 € (parfois un peu plus selon expo) ; réduc. Demander le livret de visite.* Dans l'ancienne halle aux grains, autour de l'horloge de la Bastille, un beau musée consacré à l'art des cloches. Un voyage dans le temps, mais aussi au bout du monde pour découvrir un savoir-faire millénaire et universel. Muséographie moderne et interactive. Et puis, ne pas manquer d'admirer la superbe architecture de la halle !

La maison de Claude Augé : *pl. de l'Hôtel-de-Ville. ☎ 05-62-07-30-01. Face au musée d'Art campanaire. Pâques-Toussaint, visite commentée sam 10h-12h. GRATUIT.* C'est dans cette maison que séjourna Claude Augé entre 1904 et 1924. Beaux vitraux Art nouveau, notamment celui de *La Semeuse*, l'emblème du *Petit Larousse illustré*. Expo sur les œuvres éditées par Claude Augé.

– **Base de loisirs :** *au lac. Ouv tte l'année. GRATUIT.* Baignade interdite mais différentes activités pratiquées (tennis, pêche, téléski, accrobranche, minigolf, etc.).

LES HAUTES-PYRÉNÉES (LA BIGORRE)

ABC DES HAUTES-PYRÉNÉES

- *Superficie :* 4 464 km².
- *Population :* 229 228 hab.
- *Densité :* 51,3 hab./km².
- *Préfecture :* Tarbes (42 890 hab.).
- *Sous-préfectures :* Argelès-Gazost (3 140 hab.) et Bagnères-de-Bigorre (8 470 hab.).
- *Principaux secteurs d'activité :* l'agriculture occupe seulement 4 % des actifs (productions céréalière et bovine), l'industrie 11 %, la construction 8 %. Le secteur des services emploie 77 % de la population, un chiffre représentatif de l'importance du tourisme dans le département.
- *Signes particuliers :* le panorama ! Notamment à 2 877 m d'altitude, en haut du pic du Midi, on aperçoit par temps très dégagé 10 % du territoire français. On peut admirer dans le parc national des Pyrénées plus de 400 espèces de plantes... Saurez-vous reconnaître le drosera (une plante carnivore !) ?

Quand on évoque les Hautes-Pyrénées, ça donne souvent « Lourdes » et puis « pic du Midi », « Gavarnie », « parc national des Pyrénées »... Certes, les montagnes donnent de l'altitude à ce département et hérissent une bonne moitié de sa superficie. Une lourde masse, percée de profondes vallées – mondes longtemps clos qui ont fait naître chez certains de leurs habitants (dans le pays Toy en particulier) un sentiment d'appartenance quasi tribale. Pourtant, une formidable solidarité a toujours joué entre ces vallées. Lors des nombreux conflits qui, au fil des siècles, ont agité cette zone frontière, les villageois (côté français comme côté espagnol) s'informaient des mouvements de troupes pour permettre la mise à l'abri des récoltes. Ces vallées pyrénéennes se sont d'ailleurs toujours méfiées du pouvoir central quel qu'il soit : refusant plusieurs fois l'impôt royal, la conscription sous l'Empire, le code des forêts en 1827...

Et même si, dès le début du XIXᵉ s, les romantiques se sont entichés de ces montagnes et de leurs brumes, si la « jet-set » de l'époque a fait la gloire des stations thermales, si quelques conquérants de sommets ont inventé le « pyrénéisme », beaucoup de coins superbes vous attendent, peu connus, quasiment pas touristiques.

Mais les Hautes-Pyrénées ne sont pas que cela. Comme beaucoup d'autres, ce département est né de l'arbitraire administratif. Les lois de la République exigeaient d'un département qu'il couvre au minimum 380 lieues carrées.

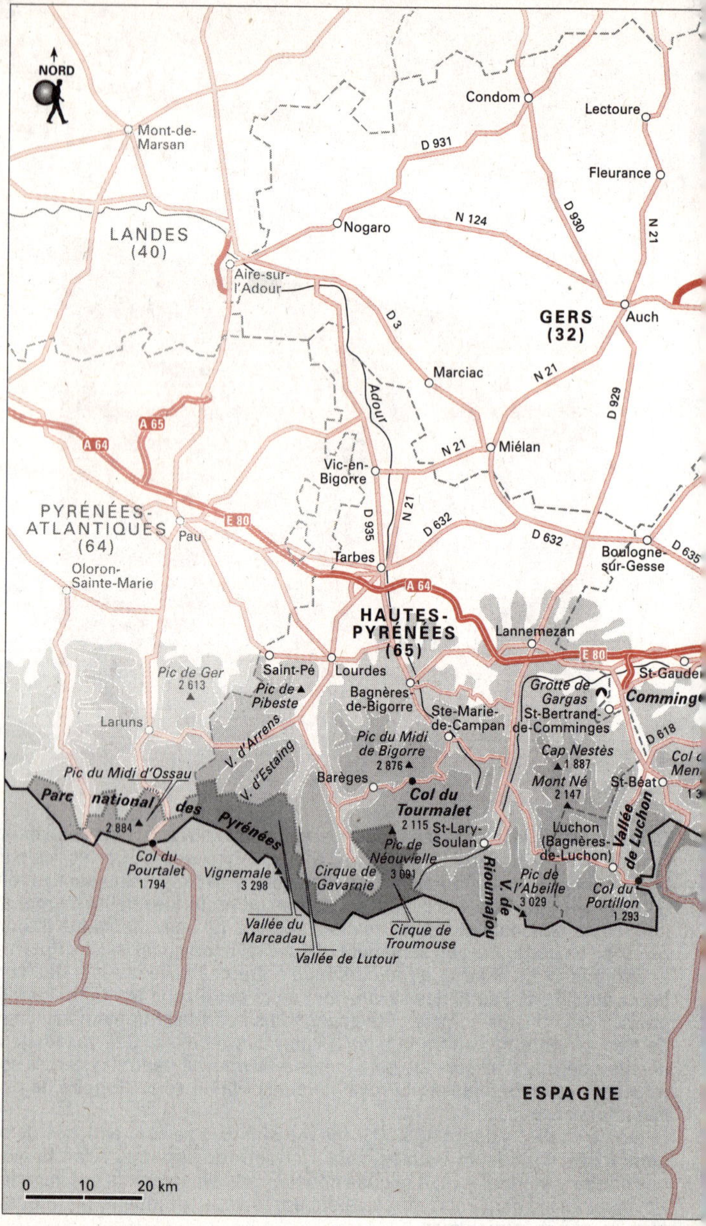

NORD
Mont-de-Marsan
Condom
Lectoure
Fleurance
D 931
D 930
N 21
N 124
Nogaro
LANDES (40)
Aire-sur-l'Adour
D 3
GERS (32)
Auch
Marciac
N 21
D 929
Adour
A 65
A 64
N 21
Miélan
Vic-en-Bigorre
N 21
D 935
D 632
D 632
D 635
PYRÉNÉES-ATLANTIQUES (64)
Pau
E 80
Tarbes
Boulogne-sur-Gesse
Oloron-Sainte-Marie
A 64
HAUTES-PYRÉNÉES (65)
Lannemezan
E 80
Saint-Pé
Lourdes
Pic de Ger
2 613
Pic de Pibeste
Bagnères-de-Bigorre
Grotte de Gargas
St-Bertrand-de-Comminges
Ste-Marie-de-Campan
Laruns
V. d'Arrens
V. d'Estaing
Pic du Midi de Bigorre
2 876
Cap Nestès
1 887
D 618
Pic du Midi d'Ossau
Barèges
Col du Tourmalet
2 115
Mont Né
2 147
St-Béat
Parc national des Pyrénées
2 884
St-Lary-Soulan
Pic de Néouvielle
3 091
Luchon (Bagnères-de-Luchon)
Vallée de Luchon
Col du Pourtalet
1 794
Vignemale
3 298
Cirque de Gavarnie
V. de Rioumajou
Pic de l'Abeille
3 029
Col du Portillon
1 293
Vallée du Marcadau
Cirque de Troumouse
Vallée de Lutour
ESPAGNE
0
10
20 km

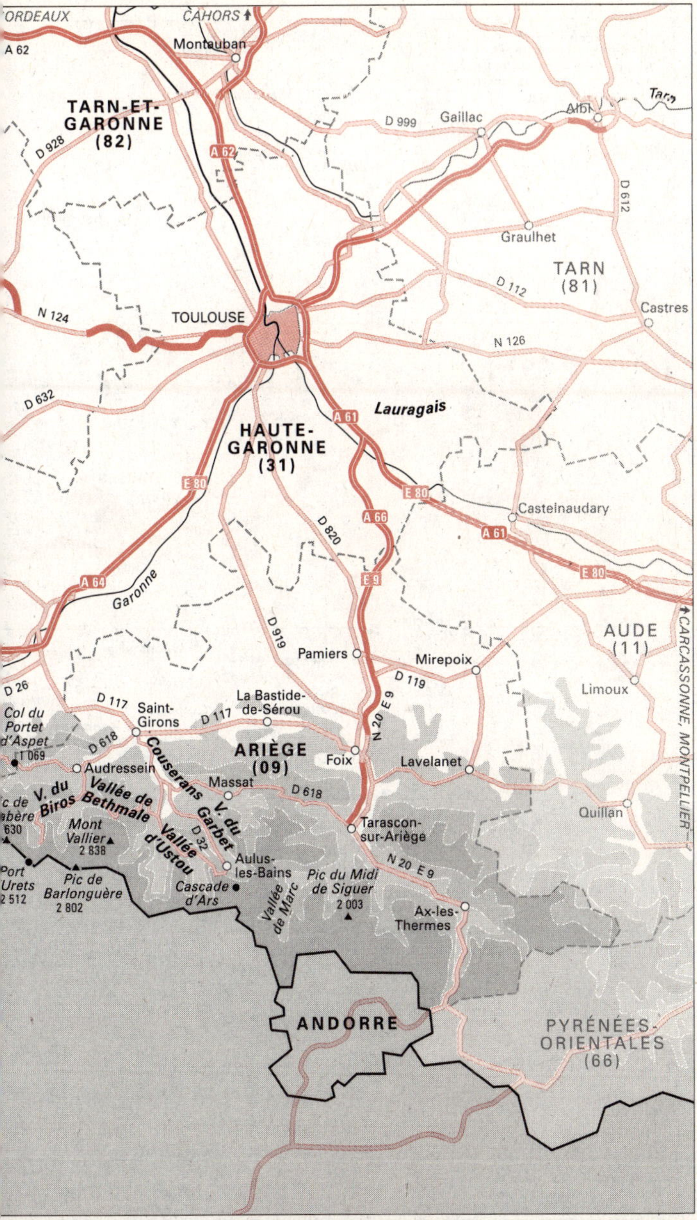

LES PYRÉNÉES

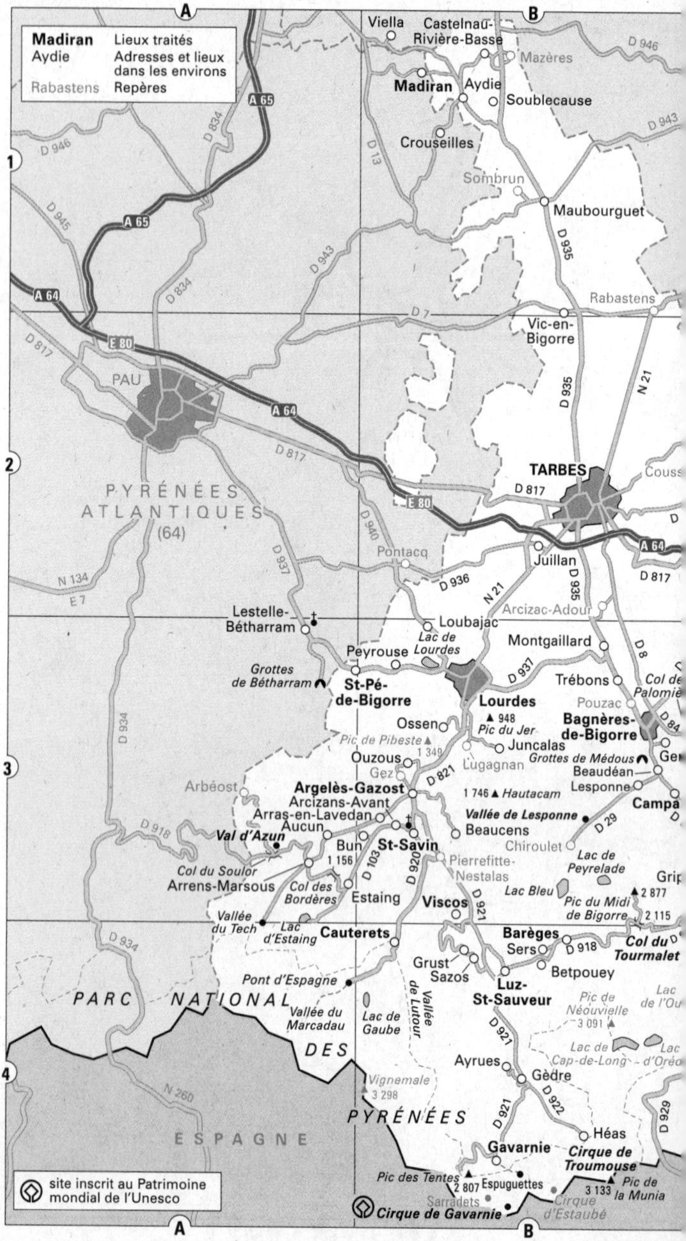
Madiran Lieux traités
Aydie Adresses et lieux dans les environs
Rabastens Repères
site inscrit au Patrimoine mondial de l'Unesco
PAU
PYRÉNÉES ATLANTIQUES (64)
PARC NATIONAL DES PYRÉNÉES
ESPAGNE
TARBES
Lourdes
Bagnères-de-Bigorre
Argelès-Gazost
Cauterets
Luz-St-Sauveur
Gavarnie
Cirque de Gavarnie
Cirque de Troumouse
Cirque d'Estaubé
Madiran
Aydie
Viella
Castelnau-Rivière-Basse
Mazères
Soublecause
Crouseilles
Sombrun
Maubourguet
Rabastens
Vic-en-Bigorre
Pontacq
Juillan
Cousse
Arcizac-Adour
Loubajac
Lac de Lourdes
Montgaillard
Lestelle-Bétharram
Grottes de Bétharram
Peyrouse
St-Pé-de-Bigorre
Trébons
Pouzac
Col de Palomière
Ossen
948 Pic du Jer
Juncalas
Pic de Pibeste 1 349
Lugagnan
Grottes de Médous
Ouzous
Gez
Beaudéan
Lesponne
Arbéost
1 746 Hautacam
Arcizans-Avant
Arras-en-Lavedan
Vallée de Lesponne
Campan
Aucun
Bun
St-Savin
Beaucens
Val d'Azun
Chiroulet
Pierrefitte-Nestalas
Lac de Peyrelade
Col du Soulor
1 156
Arrens-Marsous
Col des Bordères
Estaing
Lac Bleu
Pic du Midi de Bigorre
2 877
2 115
Viscos
Vallée du Tech
Lac d'Estaing
Barèges
Sers
Col du Tourmalet
Grust
Sazos
Betpouey
Pont d'Espagne
Vallée du Marcadau
Lac de Gaube
Vallée de Lutour
Pic de Néouvielle 3 091
Lac de l'Oule
Lac de Cap-de-Long
Lac d'Oredon
Ayrues
Gèdre
Vignemale 3 298
Héas
Pic des Tentes 2 807
Espuguettes
Sarradets
3 133 Pic de la Munia
A 65
A 64
E 80
E 7
N 134
N 21
N 260
D 946
D 943
D 834
D 945
D 13
D 935
D 7
D 817
D 940
D 937
D 936
D 934
D 918
D 821
D 920
D 103
D 921
D 922
D 929
D 29
D 8
D 84
A B 1 2 3 4

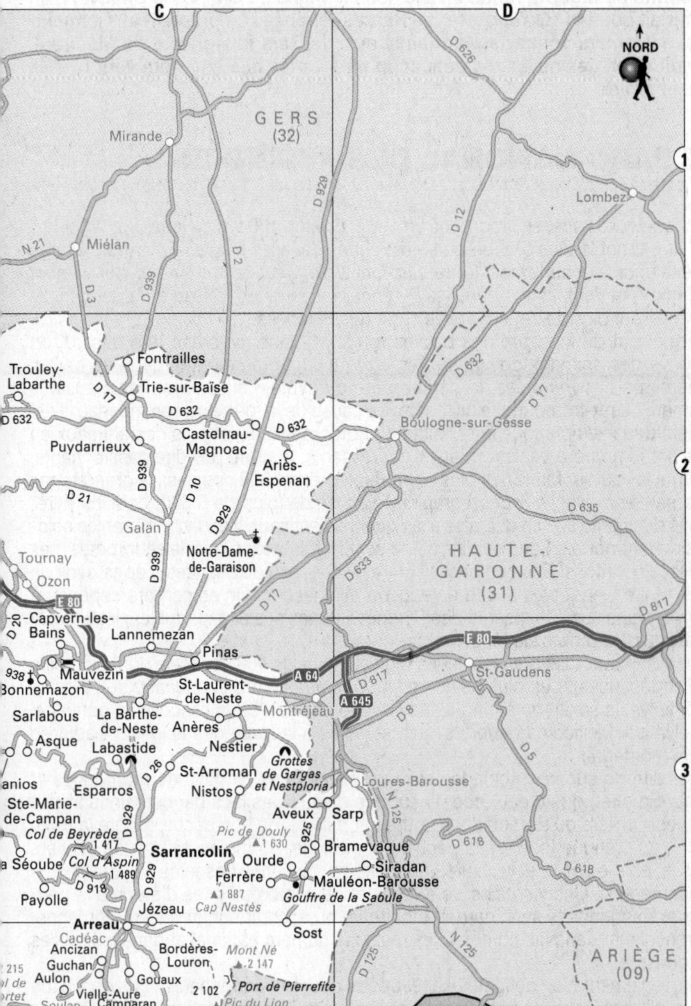

LES HAUTES-PYRÉNÉES

Le comté de Bigorre, fondé en 840 sous le règne de Charles le Chauve, n'en comptait que 144 ! Qu'importe, les Hautes-Pyrénées empruntent au Comminges, à l'Armagnac (partageant ainsi avec le Gers le vignoble de Madiran), offrant donc des paysages beaucoup plus variés que leur nom veut bien le laisser croire.

LE PARC NATIONAL DES PYRÉNÉES

Voici quelques infos, en vrac. Créé en 1967. Environ 100 km de long. Superficie de 457 km^2, dont la plus grande partie est située dans les Hautes-Pyrénées. Quatre vallées pour le département (Aure, Luz-Gavarnie, Cauterets et Arrens, qui forment la Bigorre) et deux autres dans les Pyrénées-Atlantiques (Ossau et Aspe, dans le Béarn). Pour plus de détails, voir la carte des Pyrénées.
Marqué tout du long par des balises rouge et blanc avec une tête d'isard, on y trouve des animaux devenus rares en France, notamment le gypaète barbu, endémique des Pyrénées, le percnoptère d'Égypte, l'aigle royal. Mais aussi le desman, ou rat-trompette, ainsi nommé à cause de la forme de son museau (il est endémique mais presque impossible à photographier !) ; et puis des animaux en plus grand nombre, mais tout aussi intéressants, pour ne pas dire passionnants, comme le vautour fauve (les plus nombreux, près de 320 couples), le grand tétras (coq sauvage difficile à photographier), les isards (plus de 5 600, cousins pyrénéens du chamois, n'en déplaise à la rigueur scientifique !) et d'innombrables colonies de marmottes. Sans oublier, à une échelle microscopique, les euproctes, ces espèces de tritons. Et on en passe ! En revanche, peu de chances d'apercevoir un ours, et il n'y en a plus aucun de souche pyrénéenne. On en compte cependant une vingtaine sur les versants des Pyrénées françaises et espagnoles, issus de la réintroduction d'ours slovènes.
Côté botanique, nombreuses fleurs, bien sûr (plus de 400 espèces, dont au moins 200 endémiques). Les plus célèbres : la ramonda, le drosera (carnivore), la fritillaire, le lys, la saxifrage à longues feuilles, le chardon bleu, l'ancolie, la gentiane, l'edelweiss. Meilleures périodes : juin et juillet, à la fonte des neiges, et août en haute montagne.
Possibilité de superbes balades et randonnées dans ce pays de montagnes et d'eau. En effet, que d'eau, que d'eau, que d'eau ! Des lacs par centaines et des « gaves » (rivière ou torrent) sans doute par milliers, où l'on pêche encore la truite et où l'on pratique toujours la pêche à la mouche. Au moins 350 km de sentiers balisés, plus le *GR 10* et la *Haute Randonnée pyrénéenne* (réservée aux marcheurs expérimentés). Une vingtaine de refuges et de nombreux gîtes d'étape à la périphérie. Randonnées avec gardes-moniteurs ou accompagnateurs en montagne. Se renseigner dans les nombreuses maisons du parc national et dans les offices de tourisme.
Enfin, réglementation obligatoire à respecter pour les randonneurs : pas de feu, ne pas cueillir les fleurs, ne pas laisser d'ordures, pas de chien, pas de chasse, pas de VTT, ne pas déranger les animaux (surtout en période de pariade, nidification, mise bas), ne rien leur donner à manger, etc. Seul le bivouac de nuit avec petite tente est toléré à au moins 1h de marche de tout accès motorisé et de 19h à 9h.
Bonnes balades !

Adresses et infos utiles

- ***Hautes-Pyrénées Tourisme Environnement :*** *11, rue Gaston-Manent, BP 9502, 65950* ***Tarbes*** *Cedex 09. ☎ 05-62-56-70-65. • tourisme-hautes-pyrenees.com • Lun-ven 8h30-12h30, 13h30-18h (17h ven).* Brochures en ligne.
- ***Parc national des Pyrénées :*** *villa*

Fould, 2, rue du 4-Septembre, 65000 ***Tarbes*** *(siège). ☎ 05-62-54-16-40. • parc-pyrenees.com • Tte l'année, lun-ven 9h-12h, 14h-17h.* Les maisons du parc national vendent des topoguides, cartes (IGN Série Bleue ou Top 25 au 1/25 000 couvrant l'ensemble du parc), itinéraires, affiches, publications (du parc national) spécialisées sur la faune, la flore, le petit patrimoine, etc. La plupart proposent des expos et des jeux éducatifs pour les enfants. Liste des refuges également.

■ ***Natura :*** *7, chemin de Pouey-Castet, 65400* ***Ayros-Arbouix.*** *☎ 05-62-97-99-65. • e-natura.com •* Structure associative sérieuse et conviviale qui propose pas mal de formules pour découvrir, à pied, les Pyrénées. Les Pyrénées, c'est vaste, nous direz-vous ! Eh bien, justement, ces naturalistes passionnés les arpentent d'ouest en est, du nord au sud, été comme hiver, en France et en Espagne. De la simple demi-journée à la traversée des Pyrénées en 9 semaines, de quoi satisfaire curieux du dimanche et botanistes sportifs. Pas mal de séjours thématiques (flore pyrénéenne d'altitude, nourritures sauvages, sur les traces de l'ours...).

■ ***Comité départemental de la randonnée pédestre :*** *9, rue André-Fourcade, 65000* ***Tarbes.*** *☎ 05-62-34-44-13. • hautes-pyrenees-rando.com •*

■ ***Météo*** *(pour les Hautes-Pyrénées) :* *☎ 0892-680-265 (0,34 €/mn).*

■ ***Relais départemental des Gîtes de France :*** *22, pl. du Foirail, 65000* ***Tarbes.*** *☎ 05-62-34-31-50. • gites-france-65.com •*

■ ***Association Clévacances :*** *8, promenade du Pradeau, 65000* ***Tarbes.*** *☎ 05-62-56-70-95. • clevacances-65.com • Lun-ven 10h-12h30, 13h30-18h (17h ven).* Locations saisonnières dans le département.

Bus : le département des Hautes-Pyrénées a mis en place un réseau de bus *Maligne* à un tarif unique, quel que soit le trajet : *2 € (½ tarif 4-12 ans). ☎ 0800-65-65-00 (n° Vert). • transports-maligne.fr •*

LES HAUTES-PYRÉNÉES (LA BIGORRE)

TARBES

(65000) 42 890 hab. *Carte Hautes-Pyrénées, B2*

Préfecture du département des Hautes-Pyrénées, capitale historique de la Bigorre et troisième ville de la région Midi-Pyrénées. Détruit en grande partie lors des guerres de Religion, son patrimoine architectural se réduit à quelques sévères et massifs immeubles du XVIIIe s. Ville de garnison et de canons, pas désagréable pour autant et très animée, à l'image de la très commerçante rue Brauhauban, où Théophile Gautier fit ses premiers pas.

Arriver – Quitter

Gare SNCF *(plan A1) : av. du Maréchal-Joffre. Rens : ☎ 36-35 (0,34 €/mn).* Une navette électrique relie la gare SNCF à la gare routière en passant par le centre-ville, la place de Verdun et la place Marcadieu *(tlj sf dim et j. fériés, ttes les 15 mn, 7h30-12h30, 13h30-19h15).*

Départ des bus *(plan C3) : pl. aux Bois.* Compagnie *Keolis (☎ 05-62-34-76-69),* liaisons Tarbes-Auch et Tarbes-Pau. Compagnie *Serag Voyages (☎ 05-58-75-22-89),* liaisons Tarbes – Mont-de-Marsan. Réseau *Maligne (☎ 0800-65-65-00, n° Vert ; • transports-maligne.fr •)* ; Maligne Haut-Adour : liaison Tarbes-Bagnères ; Maligne des Gaves : liaison Tarbes-Gavarnie, via Lourdes, Argelès-Gazost, Saint-Savin et Luz-Saint-Sauveur ; Maligne des Nestes : liaison Tarbes-Saint-Lary, via Lannemezan, Capvern, Arreau et la vallée d'Aure ; Maligne du val d'Adour : liaison Tarbes-Madiran via Maubourguet.

✈ ***Aéroport de Tarbes-Lourdes-Pyrénées :*** *à 7 km du centre-ville, sur la*

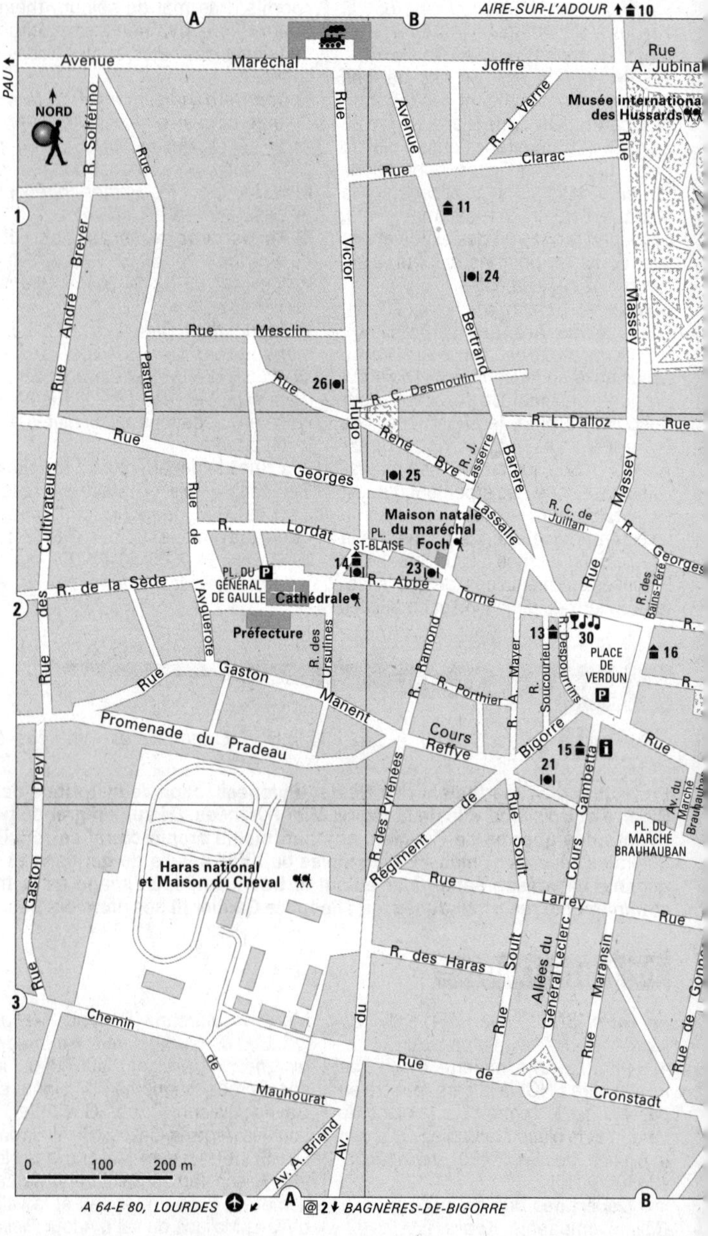
AIRE-SUR-L'ADOUR 10
PAU
NORD
A
B
1
2
3
Avenue Maréchal Joffre
Rue A. Jubinal
Musée international des Hussards
R. Solférino
Rue Victor Hugo
Avenue Bertrand Barère
R. J. Verne
Rue Clarac
11
24
Rue Massey
Rue André Breyer
Rue Pasteur
Rue Mesclin
26
Rue René Bye
R. C. Desmoulin
R. L. Dalloz
Rue
Rue Georges Lassalle
25
R. J. Lasserre
R. C. de Juillan
R. Georges
Rue Cultivateurs
Rue de l'Ayguerote
R. Lordat
PL. ST-BLAISE
Maison natale du maréchal Foch
14
23
R. Abbé Torné
PL. DU GÉNÉRAL DE GAULLE
Cathédrale
R. de la Sède
Préfecture
R. des Ursulines
Rue des Cultivateurs
R. Ramond
R. des Bains-Père
13
30
PLACE DE VERDUN
16
R. Soucourieu
R. Despourrins
R. A. Mayer
R. Porthier
Rue Gaston Manent
Promenade du Pradeau
Cours Reffye
Rue Bigorre
15
21
Rue
R.
Av. du Marché Brauhauban
PL. DU MARCHÉ BRAUHAUBAN
Rue Gaston Dreyt
R. des Pyrénées
Rue du Régiment de
Rue Soult
Cours Gambetta
Haras national et Maison du Cheval
Rue Larrey
R. des Haras
Allées du Général Leclerc
Rue Maransin
Rue de Gonnès
Chemin de Mauhourat
Rue de Cronstadt
Av. A. Briand
Av. du
0
100
200 m
A 64-E 80, LOURDES
2 BAGNÈRES-DE-BIGORRE

■ **Adresses utiles**

- Office de tourisme
- @1 Webtime
- @2 Souris et Mousse Café

Où dormir ?

- 10 Auberge de jeunesse
- 11 Hôtel de l'Avenue
- 12 Citotel de la Marne
- 13 Hôtel La Croix Blanche
- 14 La Renaissance de l'Ambroisie
- 15 Le Rex Hôtel
- 16 Hôtel Foch

Où manger ?

- 14 La Renaissance de l'Ambroisie
- 21 La Cabane aux Moules
- 23 Bistrot L'Épicerie
- 24 Le Petit Gourmand
- 25 Le Fil à la Patte
- 26 Le Trait Blanc

Où boire un verre ? Où écouter de la musique ? Où danser ?

- 30 Le R&Gent

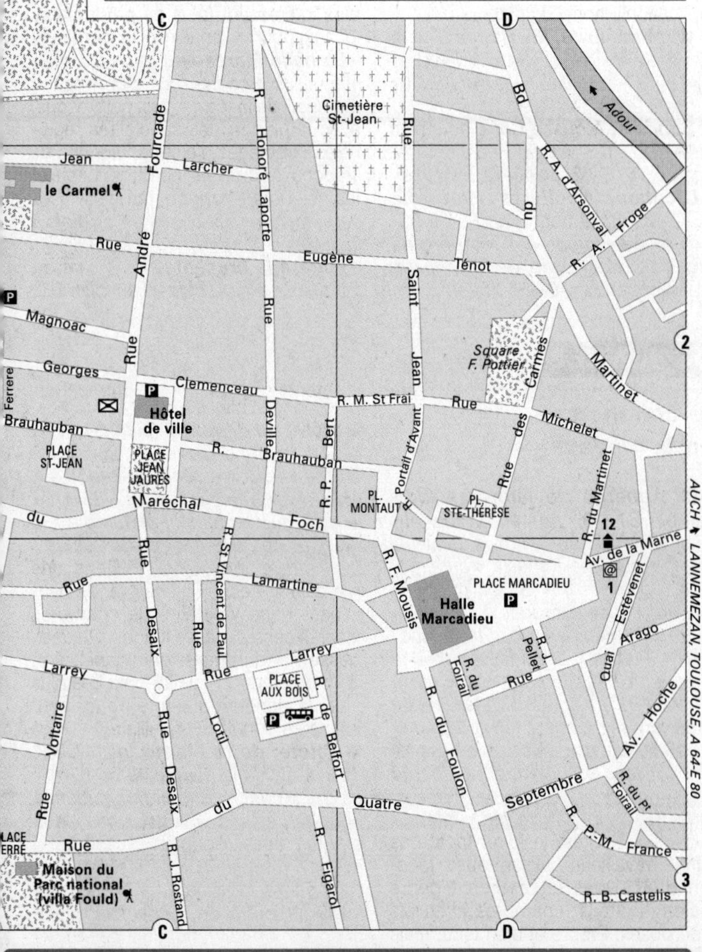

TARBES

*commune d'***Ossun.** ☎ *05-62-32-92-22. • tlp.aeroport.fr • Pour y aller, taxi, ou prendre le bus Lourdes-Tarbes qui s'arrête à l'aéroport.* Plusieurs vols/j. pour Paris-Orly avec *HOP !* Vols également pour Bruxelles. Location de véhicules *Hertz, Avis, Budget* et *Europcar* au niveau des arrivées.

Adresses et infos utiles

Office de tourisme *(plan B2)* **:** *3, cours Gambetta.* ☎ *05-62-51-30-31. • tarbes-tourisme.fr • Tte l'année, tlj sf dim.* Possibilité de visite de la ville avec application iPhone *(gratuite).*

@ ***Webtime*** *(plan D3,* ***1****)* **:** *1, av. de la Marne.* ☎ *05-62-34-84-10. À deux pas de la halle Marcadieu. Lun 14h-19h30 ; mar-sam 9h30-19h.*

@ ***Souris et Mousse Café*** *(hors plan par A3,* ***2****)* **:** *125, av. du Régiment-de-Bigorre.* ☎ *05-62-31-06-42. Excentré.*

■ ***Location de voitures :*** ***Hertz,*** *50, av. du Maréchal-Joffre,* ☎ *05-62-93-14-99 ; également à l'aéroport de Tarbes-Lourdes – Pyrénées.* ***Europcar,*** *à l'aéroport,* ☎ *05-62-51-20-21.*

■ ***Radio Taxi Tarbais :*** ☎ *05-62-34-32-36.*

– ***Marché :*** *ts les mat, sous la halle Brauhauban.* Le samedi est le jour le plus intéressant (plus de producteurs locaux) pour la vente « sur le carreau ».

– ***La halle Marcadieu*** *(plan D3)* **:** *jeu mat, pl. Marcadieu.* Le plus « grand marché » de la région, très pittoresque, avec la plupart des spécialités régionales. Fromages, volailles, oignons de Trébons, ail du Gers, carottes d'Asté et les célèbres « haricots tarbais » ! *Fait aussi marché aux puces pl. du Foirail (jeu mat).*

– ***Foire à la brocante :*** *le 1er sam du mois, sous la halle Marcadieu (plan D3).*

Où dormir ?

De bon marché à prix moyens

Auberge de jeunesse *(hors plan par B1,* ***10****)* **:** *88, rue Alsace-Lorraine.* ☎ *05-62-38-91-20. • accueil@auberge-jeunesse-tarbes.fr • auberge-jeunesse-tarbes.fr • À 2 km de la gare (direction Bordeaux), après le centre commercial, sur le côté gauche ; bus n° 1 (sf dim et j. fériés) à 150 m de la gare direction Bordeaux (arrêt terminus FJT). Ouv tte l'année. Resto fermé sam soir, dim et j. fériés. Compter env 19,50 € la nuit en chambre 2-4 lits avec ou sans sdb, petit déj et loc de draps compris. Repas env 8,50 €. Carte FUAJ obligatoire (en vente sur place).* C'est le foyer local des jeunes travailleurs, faisant aussi fonction d'AJ. Dans un bâtiment genre ancienne cité U, chambres avec lits superposés. Propre et bien tenu, mais pas très joyeux. Propose des sorties rafting et des repas en commun certains week-ends. Laverie et 2 cuisines communes. Jardin, salle de sport, ping-pong et billard.

Hôtel de l'Avenue *(plan B1,* ***11****)* **:** *80, av. Bertrand-Barère.* ☎ *05-62-93-06-36. • hotel-avenue2@wanadoo.fr • hotel-avenue-tarbes.fr • À 80 m de la gare ; stationnement gratuit dans la rue. Ouv tte l'année. Doubles 42-50 € ; familiale (4 pers) 52 €.* Dans une rue calme. Accueil d'une grande gentillesse. Une vingtaine de chambres insonorisées (double vitrage), à la déco passe-partout, mais fonctionnelles et d'un bon rapport qualité-prix. Les plus calmes donnent sur une petite cour intérieure. Ambiance familiale.

Citotel de la Marne *(plan D2-3,* ***12****)* **:** *4, av. de la Marne.* ☎ *05-62-93-03-64. • contact@hotel-tarbes.com • hotel-tarbes.com • À deux pas de la pl. Marcadieu. Congés : de mi-déc à mi-janv. Doubles (1 ou 2 lits) 56-75 €. Parking privé gratuit. Réduc de 10 % sur le prix de la chambre sf juil-août sur présentation de ce guide.* Un hôtel restauré qui a l'avantage de proposer une trentaine de chambres propres, confortables et fonctionnelles, à défaut d'avoir du charme. Déco neutre et dépouillée, TV à écran plat, balcon pour certaines, et clim pour toutes aux 3e et 4e étages. Bon accueil. Une adresse qui fera l'affaire pour une courte halte.

Hôtel La Croix Blanche (plan B2, **13**) : *8, rue Despourrins. ☎ 05-62-44-13-13. • hotel-tarbes@hotel-lacroixblanche.fr • hotel-lacroixblanche.fr • Congés : vac scol de Noël. Doubles (1 ou 2 lits) 64-72 €.* Ancien hôtel qui donne sur la place de Verdun et dont les chambres avec TV ont été rénovées (couleurs chaudes, tissus colorés, parquet flottant, literie avec couette). Celles situées aux étages supérieurs ont une petite terrasse.

De chic à beaucoup plus chic

Hôtel Foch (plan B2, **16**) : *18, pl. de Verdun. ☎ 05-62-93-71-58. • hotelfoch@gmail.com • hotel-foch.eu • Congés : fêtes de fin d'année. Doubles 78-88 € selon confort. Parking payant.* Agréable hôtel entièrement restauré. La direction a mis le paquet sur l'isolation phonique (doubles portes capitonnées, triple fenêtre). Même les chambres qui donnent sur la place sont parfaitement silencieuses ! Hall d'accueil et salle des petits déj résolument modernes et agrémentés d'œuvres contemporaines. Les chambres, quant à elles, sont plus classiques. Les supérieures disposent d'une terrasse avec vue sur les Pyrénées où il est plaisant de prendre le petit déj lorsqu'il fait beau. Toutes sont climatisées. Bon accueil.

La Renaissance de l'Ambroisie (plan A2, **14**) : *48, rue Abbé-Torné. ☎ 05-62-93-09-34. • contact@restaurant-lambroisie.com • restaurant-lambroisie.com • Fermé dim-lun et 1 sem pour les fêtes de fin d'année. Double 100 €, petit déj compris.* On vient surtout à *L'Ambroisie* pour la cuisine gastronomique (voir « Où manger ? »), mais on peut aussi séjourner dans l'une des 2 chambres d'hôtes à l'étage de cette belle bâtisse du XVIIIe s, ancien presbytère de l'évêché. Elles sont vastes, élégantes, au mobilier d'exception, avec salle de bains impeccable. Bien pratique quand on a trop apprécié l'un des vins fins de la très belle cave de cette excellente maison.

Le Rex Hôtel (plan B2, **15**) : *10, cours Gambetta. ☎ 05-62-54-44-44. • reception@lerexhotel.com • lerexhotel.com • Face à l'office de tourisme. Doubles à partir de 135 €, et suites plus chères (!) ; petit déj 18 €. Tarifs promotionnels sur Internet. Parking payant. Réduc de 10 % sur le prix (affiché) de la chambre sur présentation de ce guide.* Un établissement luxueux résolument design dans un gros cube de verre aux couleurs changeantes. Le lieu détonne dans une ville à l'hôtellerie très classique ! L'architecture joue sur l'espace et la transparence des matières jusqu'aux salles de bains aux parois de verre. Tout y est high-tech, du mobilier inspiré par Starck aux écrans TV en passant par les placards coulissants. Les chambres, aux tons chocolat, sont spacieuses et toutes insonorisées. Mais ce luxe a un prix et les suites avec terrasse atteignent des sommets ! Impressionnant hall, amusante verrière aquatique et agréable bar-*lounge* à l'ambiance musicale expérimentale. Fait aussi resto.

Où manger ?

De très bon marché à prix moyens

La Cabane aux Moules (plan B2, **21**) : *4 bis, rue de l'Harmonie. 06-63-91-77-91. Tlj sf sam midi, dim-lun et le midi des j. fériés. Formules moules-frites à partir de 9,50 € ; repas 18-20 €. CB refusées.* Un petit resto à la déco très marine pour déguster des moules : une vingtaine de saveurs différentes (marinière, basquaise, à la crème, au roquefort, au pistou, à la moutarde... et même *a la plancha* !). Une petite adresse qui marche fort chez les jeunes et qui ravira les petits budgets.

Bistrot L'Épicerie *(plan B2, **23**) : 1, rue de la Victoire (à l'angle de la rue Abbé-Torné). ☎ 05-62-34-20-98. ♿ À côté de la maison natale de Foch. Tlj sf sam midi, dim et j. fériés. Formules 11,30 € le midi, 17 € le soir (jusqu'à 21h30) ; menu 25 €. Apéritif maison offert sur présentation de ce guide.* Joli décor genre salle de bistrot coloré à l'espagnole. Petite terrasse ombragée aux beaux jours, mais le midi, il faut se concentrer sur l'assiette pour oublier les voitures qui déboulent des 2 côtés (le soir, c'est beaucoup plus calme). Cuisine simple et bien préparée, aux accents du Sud-Ouest et du Pays basque.

Prix moyens

Le Petit Gourmand *(plan B1, **24**) : 62, av. Bertrand-Barère. ☎ 05-62-34-26-86. Tlj sf sam midi, dim soir et lun. Congés : 15 j. en août. Menu en sem 20 € ; carte env 38 €.* Tenue par un couple sympathique, l'une des bonnes tables de Tarbes. Déco de vieux bistrot chic tout en boiserie avec banquettes à l'ancienne, moquettes rouges et vieilles affiches aux murs. Dans l'assiette, haute en saveur, une cuisine traditionnelle de marché très convaincante, à base de produits frais. Du beau travail.

Le Fil à la Patte *(plan B2, **25**) : 30, rue Georges-Lassalle. ☎ 05-62-93-39-23. • lefilalapatte@neuf.fr • ♿ Tlj sf dim-lun. Pas beaucoup de tables, résa conseillée. Formule déj en sem 15,40 € ; menus 20,40-30,40 €.* Tout petit resto un peu à l'étroit dans le genre bistrot, un poil chic. Cuisine nouvelle inventive et fine. Produits frais garantis (le chef fait son marché tous les matins) pour des plats qui revisitent souvent avec brio le terroir. Foie gras mi-cuit, viande, poissons (selon arrivage)... Service poli, accueil personnalisé.

De chic à plus chic

Le Trait Blanc *(plan A1, **26**) : 9, rue Victor-Hugo. ☎ 05-62-38-11-87. Tlj sf dim soir et lun, plus mar midi en été. Congés : 1 sem en fév et 1 sem mi-août. Formule déj en sem 19 € ; menus 24 € (midi en sem), puis 32-46 € ; carte 55-60 €.* Une déco résolument contemporaine, un cadre blanc vêtu de noir et de rares touches rouges pour égailler. Dubitatifs, on a d'abord pensé que c'était le genre d'adresse où l'on cherche à en mettre plein la vue. Mais notre soupçon quelque peu médisant n'a pas fait long feu face aux assiettes qui ont défilé devant nos yeux. Ludovic nous régale d'une cuisine pétillante, audacieuse et pleine de surprises. Les amateurs de viande comme de poisson seront enchantés. Terrasse paisible et agréable à l'arrière.

La Renaissance de l'Ambroisie *(plan A2, **14**) : 48, rue Abbé-Torné. ☎ 05-62-93-09-34. • contact@restaurant-lambroisie.com • Tlj sf sam midi, dim soir et lun. Congés : 1 sem pour les fêtes de fin d'année. Formules déj en sem 18-25 € ; menus 33-80 € ; carte 80-90 €.* L'adresse gastronomique de Tarbes. La cuisine a le mérite d'être simple et dissimule la longue élaboration qui la précède. Si elle manque parfois un peu d'audace, c'est délibéré, ici pas d'esbroufe ! Les mises en bouche sont réussies, les entrées fines et bien dressées, le confit sans une once de graisse (si, si !). Quant au dessert, c'est un poème de légèreté ! Et ce dès le 1er menu ! Pour le vin, la carte est prometteuse et bien conseillée par un sommelier prévenant et respectueux des petits budgets. Le tout se passe dans une salle élégante, bien sûr, avec de jolies œuvres contemporaines aux murs, mais nous avons préféré la terrasse, toute simple, dans la cour de cette belle bâtisse du XVIIIe s. Pour ceux qui veulent pousser le charme plus loin encore, belles chambres d'hôtes à l'étage (voir « Où dormir ? »).

Où dormir ? Où manger dans les environs ?

De prix moyens à chic

L'Aragon : *2 ter, route de Lourdes, 64290* **Juillan.** *☎ 05-62-32-07-07. • hotel-restaurant.laragon@wanadoo.fr • hotel-aragon.com • ♿ À env 5 km de Tarbes, par la D 921a ; à l'entrée de Juillan, sur le côté droit. Resto et bistrot fermés dim soir (plus sam midi et lun pour le* *resto). Double 70 € ; familiale (3 pers) 80 €. Formules bistrot 15 € (midi en sem)-20 €, vin inclus ; menus 29-66 €.* Côté hôtel, agréables chambres à thème (la mer, le vin, le rugby...) avec double vitrage, douche, w-c, sèche-cheveux, minibar et TV. Quelques-unes ont vue sur les Pyrénées. Côté resto, une cuisine de grande réputation ! 2 salles, l'une néo-bistrot, l'autre assez cossue, et une terrasse pimpante aux beaux jours. La 1re formule permet de revisiter les terroirs français et basque et de savourer une délicieuse cuisine de bistrot à petit prix. Le soir, côté resto au décor très design, vous pourrez déguster des préparations nettement plus gastronomiques. Service impeccable. Une bien belle adresse.

Chambres d'hôtes Lou Batistou : *chez Nathalie et Patrick Couilloux, 9, rue Voltaire, 65290* ***Juillan.*** *☎ 05-62-32-01-06. • contact@loubatistou.com • loubatistou.com • À env 5,5 km de Tarbes sur la route de Lourdes ; derrière la mairie de Juillan, après le petit ruisseau. Ouv d'avr à mi-oct. Double 63 €. Réduc de 10 % sur le prix de la chambre pour 2 nuits consécutives sf juil-août sur présentation de ce guide.* Dans un petit village, au calme, ancienne et jolie ferme bigourdane du XIXe s entourée d'un grand jardin fleuri avec un jacuzzi. L'ancienne bergerie en galets apparents, où le vieux pressoir a été conservé, abrite à l'étage 4 chambres spacieuses, chacune décorée sur un thème différent. Entre « Napoléon III », « Années 30 », « Les Demoiselles » et « Pic du Midi » (que l'on peut voir du lit), le choix est difficile ! Accueil chaleureux et excellent petit déj à base de produits du jardin et de tartes faites la veille. Une bonne adresse aux portes de Tarbes.

Où boire un verre ? Où écouter de la musique ? Où danser ?

Le R&Gent *(plan B2,* ***30****) : 15, pl. de Verdun. ☎ 05-62-93-29-68. • leregent65@orange.fr • club-leregent.fr • Tlj sf dim, jusqu'à 2h.* Parmi les nombreux cafés et bars en terrasse autour de la place de Verdun où se retrouve la jeunesse tarbaise survoltée (si, si, Tarbes est une ville qui bouge le soir !), nous avons retenu le *R&G* pour un apéro chic qui évolue souvent en soirée endiablée. Sur 2 niveaux, avec coin *dancefloor,* la jeune équipe aux manettes propose une soirée rock 60's et 70's le lundi, latino le mardi, des concerts le mercredi et des DJs en fin de semaine. Des rencontres qui se font tout naturellement, un verre à la main.

À voir. À faire

Le jardin Massey *(plan B-C1) : en plein centre-ville. Ouv tlj 7h-21h en été, 8h-18h en hiver.* Vaste parc à l'anglaise – classé « Jardin remarquable » – que l'on doit au naturaliste Placide Massey, ancien directeur de l'Orangerie de Versailles. Nombreuses espèces botaniques rares. On y trouve séquoias, cèdres, savonniers, ormes de Sibérie et enfin un plaqueminier de Virginie. Paons et canards en liberté. Théâtre de verdure, étang plein de carpes et de goujons, et cloître du XIVe s déplacé de l'abbaye de Saint-Sever de Rustan.

Le musée international des Hussards *(musée Massey ; plan B-C1) : au cœur du jardin Massey. ☎ 05-62-44-36-95. Tlj sf mar et certains j. fériés 10h-12h30, 13h30-19h (10h-12h, 14h-17h de mi-oct à mi-avr). Entrée : 5 € ; gratuit moins de 18 ans, étudiants, demandeurs d'emploi et pour ts le 1er dim du mois.*
Cette demeure à la majestueuse façade de style néomauresque abrite un magnifique musée consacré aux hussards, ce corps de cavalerie légère créé à l'origine en Hongrie, au XVe s, pour lutter contre les attaques de l'armée ottomane. Avec près de 150 uniformes provenant d'une trentaine de pays, il s'agit de la collection

la plus importante au monde. Il est intéressant de noter l'évolution des tenues à travers les siècles. Remarquez le raffinement des uniformes qui se devaient d'impressionner l'adversaire. La série de boutons sur le bustier avait pour objectif de favoriser le glissement de la lame. De même, les tresses que portaient les hussards permettaient de protéger (autant que possible...) les tempes et le cou. Ne pas manquer d'admirer la tenue nankin de 1800, réalisée pour l'armée napoléonienne lors de la campagne d'Italie : elle est tissée en lin pour lutter contre la chaleur ! Le conflit de 1914-1918, qui sonne la fin de la guerre chevaleresque et voit apparaître les premières tenues de camouflage, marque un tournant pour ce corps de cavalerie. Dans les vitrines, également quelques armes d'époque. Bornes interactives.
Au 2e étage, collection des beaux-arts avec des chefs-d'œuvre de la peinture européenne du XVIe au XIXe s. Parmi les toiles majeures du musée, *Le Christ aux liens,* de Jacopo Pontormo (école italienne du XVIe s), qui représente le Christ accablé, et *Ivresse de Noé,* de Juan Montero de Roxas (école espagnole du XVIIe s), où l'on voit Noé enivré par le premier vin qu'il but après le déluge et raillé par l'un de ses fils.

Le Carmel *(plan C2) :* *14, rue Théophile-Gautier, à deux pas du jardin Massey. ☎ 05-62-51-16-02. Tlj sf dim et j. fériés 14h-18h. GRATUIT.* Cette ancienne chapelle de couleur ocre sert de cadre à des expositions intéressantes : peintures, sculptures, lithographies, photos... L'art contemporain sied à merveille au décor austère de cette belle bâtisse.

La maison natale du maréchal Foch *(plan B2) :* *2, rue de la Victoire. ☎ 05-62-93-19-02. Tlj sf mar et certains j. fériés 9h15-12h15, 14h-17h15. GRATUIT.* Maison typiquement bigourdane avec meubles de famille, documents, objets et souvenirs en hommage à cette figure légendaire tarbaise. Outre la chambre du maréchal et son fauteuil mortuaire, belles collections de remerciements des chefs d'État du monde entier au grand vainqueur de la Première Guerre mondiale.

Le haras national et la Maison du cheval *(plan A3) :* *70, rue du Régiment-de-Bigorre (entrée par le chemin de Mauhourat). ☎ 05-62-56-30-80. • ifce.fr • Ouv tte l'année sf 1re quinzaine de janv ; lun-ven, visites guidées slt à 14h, 15h et 16h, et sur résa à 10h30. Entrée haras et Maison du cheval : 6,50 € ; réduc. Maison du cheval seule : 1,50 €. Avr-début oct, propose les Mercredis du haras avec animation (à 15h) suivie ou précédée de la visite du haras : 9,50 € ; réduc.* Créé en 1806, ce haras s'étend sur 9 ha de verdure, en plein cœur de la ville. On y découvre les hommes et les femmes qui y travaillent, leur savoir-faire, les bâtiments et les étalons, représentatifs des races les plus présentes dans la région. Visite des anciennes écuries et de la sellerie. Dans la *Maison du cheval* (ancien manège du début de XIXe s), vitrines consacrées aux différents métiers du cheval et expositions temporaires. Le haras accueille, bien sûr, le festival Équestria en juillet (voir « Manifestations »).

La cathédrale Notre-Dame-de-la-Sède *(plan A2) :* d'origine romane (XIIe s), remaniée entre les XIVe et XIXe s. Particularité : ce baldaquin en marbre qui abrite l'autel du XVIIIe s, d'inspiration romaine, avec ses six colonnes et ses chapiteaux corinthiens. Quelques stalles et bancs d'œuvre surmontés de galeries en noyer. Dans la chapelle à droite de l'entrée, gravé dans la pierre noire, un extrait du testament de Louis XVI ! Les restes du cloître sont visibles dans la partie mitoyenne de la préfecture, juste derrière.

La villa Fould *(plan C3) :* *2, rue du 4-Septembre.* Ancienne résidence d'Achille Fould, ministre de Napoléon III dans les années 1860, elle accueille maintenant le siège du *parc national des Pyrénées* (voir « Adresses et infos utiles » du département au début de ce chapitre). Un espace muséographique interactif permet de mieux comprendre les différentes missions du parc national.

➢ ***Le Trait vert :*** huit boucles sur environ 90 km qui permettent de relier les 10 communes du Grand Tarbes et de découvrir leur patrimoine naturel et culturel, complétées par le *Caminadour,* cheminement sur la berge de l'Adour. La plus petite boucle fait 5 km, et la plus grande 20 km. Elles empruntent des itinéraires variés, chemin ruraux, petites routes souvent le long de l'Adour. Dernier tracé : entre Tarbes et Lourdes (20 km).

– ***Promenade en calèche :*** *balade gratuite de mi-juin à mi-sept dans le centre-ville, jeu 10h-12h30, 14h30-17h30, sam 14h30-17h30 ; payante les autres j. et pdt les vac scol. Départ jardin Massey.* Arrêt et descente à la demande.

Manifestations

– ***Tarba en canta :*** *4 j. début juin. Rens à l'office de tourisme.* Festival international de polyphonies et chants traditionnels.
– ***Festival Équestria :*** *au haras national, la dernière sem de juil. • festivalequestria.com • Rens à l'office de tourisme.* Pour tous les amoureux du cheval, Tarbes et son haras national se devaient d'accueillir le premier festival de la création équestre. Présentation d'étalons et d'attelages, concours, animations, spectacles, et « la Nuit des créations », avec des classiques ou consorts...
– ***Festival Tarbes en tango :*** *la 3e sem d'août. • tarbesentango.fr • Rens à l'office de tourisme.* Spectacles, danses, concerts, et même des cours avec des maestros venus directement de Buenos Aires.
– ***Terro'Art :*** *1 w-e fin sept-début oct. Rens à l'office de tourisme.* Une fête conviviale et colorée qui célèbre l'incontournable haricot tarbais ainsi que les produits labellisés du terroir tout en associant l'artisanat d'art. Réunit près d'une centaine d'artisans.

MADIRAN

(65700) 440 hab. *Carte Hautes-Pyrénées, B1*

Petit village du val d'Adour à 40 km au nord de Tarbes, par la route de Bordeaux (suivre sur la gauche la D 48, 7 km après Maubourguet). Sans doute introduites par les moines du prieuré au XIe s, les célèbres vignes de Madiran prennent leur nom actuel à l'époque de la Restauration. En 1948, l'AOC est créée. Aujourd'hui, le vignoble s'étend aux confins des trois départements des Hautes-Pyrénées, du Gers et des Pyrénées-Atlantiques. Au total, ce sont près de 1 400 ha de vignes qui donnent un vin intense, généreux, fruité et avec des notes d'épices, idéal pour accompagner la gastronomie du Sud-Ouest, mais aussi les viandes rouges, currys, tajines, etc. Moins connu, le pacherenc-du-vic-bilh (près de 300 ha), blanc sec ou doux, à consommer de l'apéritif au dessert, mais idéal en accompagnement de foie gras et de fromages persillés. Dans le village, jeter un coup d'œil à l'église du XIe s et à sa chapelle en sous-sol.

Adresse et info utiles

ℹ ***Maison des vins de Madiran et du Pacherenc-du-Vic-Bilh :*** *dans les locaux du prieuré, 4, rue de l'Église. ☎ 05-62-31-90-67. En hte saison, tlj 10h-13h, 14h-18h ; hors saison, fermé le w-e et horaires restreints.* Personnel dynamique, qui pourra vous fournir toutes les informations concernant les 2 appellations, ainsi qu'une fiche détaillée complète des exploitants. Également des renseignements sur le vignoble, la région, une dégustation gratuite et de la vente en saison.

Cars : 2 départs/j. lun-ven pour Tarbes, avec arrêts à Maubourguet et Vic-en-Bigorre. Réseau *Maligne* (☎ *0800-65-65-00, n° Vert ;* • *transports-maligne.fr* •).

Où dormir ? Où manger à Madiran et dans les environs ?

Camping

Camping municipal : *rue Jean-Clos-Pucheu, 65700* **Maubourguet.** *☎ 05-62-55-23-71. • campingmaubourguet@orange.fr • maubourguet.fr • Dans le centre-ville, à 150 m de l'office de tourisme. Ouv juil-août. Résa vivement conseillée pdt le festival Jazz in Marciac fin juil-début août. Prix tente en hte saison 11 €. CB refusées. 50 empl.* Petit camping bien tranquille au bord de la rivière. C'est en fait une vaste pelouse bien ombragée par des mûriers, sans haie pour délimiter les emplacements. Terrains de foot et de rugby à proximité. Piscine municipale à tarif préférentiel.

Chic

La Maison d'Anaïs : *chez Christine et Francis Gauriau, 3, rue Pasteur, 65500* **Vic-en-Bigorre.** *☎ 05-62-96-84-04. 📱 06-08-18-84-17. • lamaisondanais@wanadoo.fr • chambres-d-hotes-pyrenees.com • À mi-chemin de Madiran et de Tarbes, sur la D 935 ; avt d'entrer dans le village, prendre à gauche à 300 m après la voie ferrée (fléché). Ouv tte l'année. Double 80 €. Table d'hôtes 28 €.* Dans un vaste jardin fleuri, belle demeure du XIIIe s superbement restaurée, de couleur ocre et aux volets bleus. Grand salon commun avec une bibliothèque bien fournie d'infos sur la région, vaste cuisine donnant sur la terrasse pour un petit déj copieux au son du chant des oiseaux. À l'étage, chambres spacieuses, raffinées, à la déco moderne et bien pensée, ouvertes sur le jardin. Un vrai lieu de repos tenu par un couple charmant et entièrement dévoué à ses hôtes.

Hôtel-restaurant Le Prieuré : *4, rue de l'Église, à Madiran. ☎ 05-62-31-44-52. • contact@leprieure-madiran.fr • leprieure-madiran.fr • ♿ À côté de la Maison des vins. Resto fermé dim soir, lun et mar midi hors saison. Congés : 1re quinzaine de janv. Doubles 80-90 €. Formule déj en sem 20 € ; menus 31-46 € ; carte env 40 €. Au resto, café offert sur présentation de ce guide.* À l'étage, une petite dizaine de chambres restaurées ont été aménagées en lieu et place des anciennes cellules des moines. Le résultat est probant ! Elles sont confortables mais guère spacieuses. Mobilier en bois de bambou, belles couleurs, literie avec couette, mais pas de clim. Au rez-de-chaussée, c'est le resto gastronomique. Le chef propose une belle cuisine traditionnelle revisitée et mise au goût du jour. Vaste salle à la déco rustico-moderne et élégante. Belle carte des vins. Accueil aimable et souriant.

Fête et manifestations

– **Festival Musique en Madiran :** *fin juil. Rens : ☎ 05-62-96-86-10 ou 09-66-88-75-96. • musiqueenmadiran.fr •* Concerts de musique classique, suivis de dégustation de vins, notamment dans l'église romane de Madiran, à l'acoustique remarquable. On en profitera pour visiter la crypte.

– **Fête du Vin :** *les 14 et 15 août. Rens : ☎ 05-62-31-90-67.* Manifestation de plus en plus populaire : plus de 18 000 participants ces dernières années. La majorité des producteurs de l'appellation sont présents sur des stands. L'occasion de découvrir les produits du terroir, sur fond d'animations musicales et de gastronomie locale. Marché gourmand et artisanal dans le village ; ainsi que concert, bodega et dégustation au *Prieuré.*

– **Portes ouvertes :** *le 3e w-e de nov.* Une trentaine de vignerons vous reçoivent chez eux. Nombreuses animations et repas gastronomiques sont proposés. Une journée aux belles couleurs de l'automne, dans une atmosphère conviviale.

DANS LES ENVIRONS DE MADIRAN

L'Espace archéologique de Maubourguet : *140, allées Larbanès, à* ***Maubourguet*** *(65700), dans l'enceinte de l'office de tourisme. ☎ 05-62-96-39-09. Juil-août, lun-sam 9h30-12h30, 14h-18h ; dim 10h-12h, 14h-17h. Le reste de l'année, tlj sf dim 9h-12h30, 14h-17h30. Entrée : 3 € ; gratuit étudiants et moins de 18 ans.* Une collection qui rassemble de nombreuses pièces trouvées dans le val d'Adour par Sylvain Rosso, un ancien ingénieur des travaux publics passionné d'archéologie. Silex, haches de pierre, tessons de bouteille, poteries, remarquable trésor monétaire du IIIe s apr. J.-C. rassemblant 400 pièces à l'effigie de l'empereur romain... Et surtout, clou de la visite, une magnifique mosaïque provenant d'une ancienne villa gallo-romaine découverte à Maubourguet en 1979 et remarquablement conservée.

Visite de caves

– **Le domaine Pichard :** *à* ***Soublecause*** *(65700), à 4 km au sud-est de Madiran. ☎ 05-62-96-35-73. • domainepichard.com • Tlj sf dim 9h30-12h30, 13h30-18h.* Un domaine au sol maigre, silico-argileux, très caillouteux, où l'exposition plein sud à mi-coteau permet d'obtenir des vins de très grande qualité. Visite des chais à foudres, vente de vieux millésimes jusqu'à 20 ans d'âge, ce qui est très rare. Le vin est de belle robe grenat profond, au nez complexe dominé par les fruits cuits et des notes de torréfaction, avec des tanins mûrs. On goûtera aussi le pacherenc-du-vic-bilh, mêlant richesse aromatique et persistance, avec des connotations de noisette et d'abricot, tout en charme.

– **Le château de Crouseilles :** *à* ***Crouseilles*** *(64350), à 5 km au sud de Madiran, direction Pau. ☎ 05-59-68-57-14. • crouseilles.com • Mai-sept, lun-sam 9h-13h, 14h-19h ; dim 10h-19h. Le reste de l'année, tlj sf dim mat. Visite des installations réservée aux groupes en sem, dim pour les individuels à 11h, 15h et 17h en été.* Splendide panorama sur les coteaux alentour. Aire de pique-nique avec tables et bancs. Animation et spectacles le dimanche (cirque, calèche, expo artisanale...). Dégustation. Le château dispose de différents points de vente dans la région, dont la Maison des vins (voir plus haut).

– **Le domaine Damiens (Pierre-Michel Béheity) :** *à* ***Aydie*** *(64330), à 5 km au nord-ouest de Madiran. ☎ 05-59-04-03-13. • domainedamiens.e-monsite.com • Lun-ven 9h-12h30, 14h-19h ; sam-dim sur rdv.* Petit domaine de 16 ha. Tout se passe, pour ainsi dire, autour d'un fût. Santé !

– **Le château d'Aydie :** *à* ***Aydie*** *(64330), à 5 km au nord-ouest de Madiran. ☎ 05-59-04-08-00. • famillelaplace.com • Tlj 9h-12h30, 14h-19h.* Le madiran, chez les Laplace, est une affaire de clan. Jean-Luc, le fils aîné, couve le chai ; François, le puîné, s'occupe de la gestion commerciale ; Bernard, le cadet, dorlote la vigne ; quant à Marie, la benjamine, elle veille sur l'embouteillage et l'expédition. Ils perpétuent ainsi l'héritage familial depuis trois générations. On ne manquera pas de goûter le *Maydie*, un apéritif à base de tannat. Dégustation gratuite et visite du domaine.

– **Le château de Viella (Alain Bortolussi) :** *route de Maumusson, à* ***Viella*** *(32400), 6 km après Aydie. ☎ 05-62-69-75-81. • chateauviella.com • Lun-sam 8h-12h30, 14h-19h ; dim sur rdv.* Dégustation gratuite et visite des vignes.

Parcours ludique sur le thème de la vigne, qui mène au château, imposant édifice du XVIIIe s récemment restauré. En été, « Viniscène » (rencontre du vin et du spectacle), repas gastronomique et spectacle un jeudi sur deux (sur réservation), et « Le Vin au fil des sens » le dimanche, une journée découverte avec repas gastronomique.

– ***Le château Montus-Bouscassé (Alain Brumont) :*** *le château Montus se situe à* ***Castelnau-Rivière-Basse*** *(65700), Bouscassé se trouve lui à* ***Maumusson*** *(32400), dans le Gers. ☎ 05-62-69-74-67. • brumont.fr • À Madiran, prendre la D 48 direction Viella, puis la D 164 direction Riscle ; ensuite, c'est fléché. À Castelnau-Rivière-Basse, visite libre ou guidée mar-sam 10h-12h30, 14h-17h ; à Bouscassé, tlj sf w-e 9h-12h30, 14h-18h.* En 1980, Alain Brumont acquiert le château Montus. Sur ce terroir de gros galets roulés, il replante du tannat, vénéré au XVIIIe s, quand plus personne ne croit à ce cépage jugé trop rustique à cause de rendements trop élevés ne donnant qu'astringence et amertume. En 1985, on détecte un grand terroir : on le baptise Cuvée Prestige. Cette cuvée a permis au château Montus de se hisser parmi les grands vins. Montus Prestige, le premier madiran composé à 100 % de tannat, est entièrement élevé en barriques de chêne neuves. Une révolution pour l'époque ! Les plus grands dégustateurs mondiaux le surnommeront « le pétrus de Madiran ». Le plus connu sans doute.

– ***La cave de Castelnau :*** *à* ***Castelnau-Rivière-Basse*** *(65700), à 4 km de Madiran, au bord de la D 935. ☎ 05-62-31-96-21. Mar-sam 9h-12h, 14h30-18h.* Petite cave coopérative. Point de vente seulement, ne se visite pas.

– On n'oubliera pas non plus le ***domaine d'Héchac*** *(☎ 05-62-96-35-75)* à ***Soublecause,*** ni le fameux ***château Laffitte-Teston*** *(☎ 05-62-69-74-58)* à ***Maumusson,*** mais il y en a tant d'autres...

LES COTEAUX

Un coin oublié à une trentaine de kilomètres au nord-est de Tarbes. À tort car, comme le disent (avec raison) les dépliants publicitaires, c'est une région où convivialité rime avec bonne chère. Le relief doucement vallonné (qui rappelle celui du Gers voisin) permet des balades aisées, et s'ajoute à cela un hébergement traditionnel (surtout en chambres d'hôtes) de bonne qualité.

UN HABITAT TRADITIONNEL BIEN PRÉSERVÉ

Même si parpaings et béton tendent aujourd'hui à remplacer les matériaux naturels, il reste dans la région de beaux exemples d'habitations confectionnées selon des modes ancestraux. L'adobe consistait à superposer des briques de terre crue (souvent ocre jaune à ocre rouge). Le pisé associait l'utilisation d'un coffrage tandis que la technique du damier alliait briques de terre crue disposées en quinconce et galets de rivière noyés au sein d'une matrice faite de boue épaisse. À cela, il faut ajouter les constructions en briques de terre cuite ou encore à colombages. Les teintes des façades étaient obtenues par l'intermédiaire d'un badigeon protecteur à base de colorants naturels ou de suie. Afin d'abriter hommes et animaux des intempéries, les fermes étaient souvent en forme de L, protégées au nord et à l'ouest par des haies. Les bâtiments agricoles étaient ainsi accolés perpendiculairement aux habitations. Seule la porcherie, surmontée d'un poulailler en lattis de bois, était indépendante.

TRIE-SUR-BAÏSE (65220)

Édifiée en bastide en 1322, la cité a failli disparaître, saccagée à plusieurs reprises par les troupes du Prince Noir (le vainqueur de Poitiers), avant de connaître au XVe s une période faste dont témoignent encore les deux églises. De nos jours, le village, avec sa jolie halle du XIXe s, montre son plus beau visage le mardi, à l'occasion du marché.

Adresse et infos utiles

Office de tourisme : *dans la Maison du pays de Trie, 31, pl. de la Mairie. ☎ 05-62-35-50-88. • paysdetrie.fr • En saison, lun-sam ; le reste de l'année, lun-ven.* Accueil très sympa. Itinéraires de découverte et topoguide en vente, détaillant une dizaine de randos dans le coin.

Cars : 2 départs pour Tarbes, jeu et sam (jours du marché à Tarbes), avec le réseau *Maligne* (*☎ 0800-65-65-00, nº Vert ; • transports-maligne.fr •*).

– **Marché :** *mar mat.*

Où dormir dans le coin ?

Prix moyens

Le Loft : *1, rue de la Tour-Carrée, à Trie-sur-Baïse. ☎ 05-62-35-35-30. • hotelleloft.trie@gmail.com • hotelleloft-trie.fr • ♿ Ouv tte l'année. Doubles 65-79 € selon confort, petit déj compris.* En face de la poste, un hôtel d'une dizaine de chambres restaurées dans un esprit très actuel (murs blancs, rideaux rouges, moquettes grises, têtes de lit noires). Couette, même en été, mais pas de clim. Dans les chambres « premier prix », les salles de bains avec cabine de douche ne sont pas bien grandes ; ça passe juste, mais ça passe... Les plus chères, plus spacieuses, disposent d'un balcon qui donne sur une cour à l'arrière. On apprécierait une salle de petit déj un peu plus chaleureuse (l'ensemble manque de patine). Spa. Bien pour une nuit dans le coin.

Chambres d'hôtes Jouandassou : *chez Dominique et Nick Collinson, 12, chemin de Labarthe, 65220* ***Fontrailles.*** *☎ 05-62-35-64-43. • dom@collinson.fr • jouandassou.com • À 3 km au nord de Trie par la route de Mirande (fléché). Congés : fév-mars. Double 70 € (petit supplément chauffage en hiver). Table d'hôtes sur résa 20 € (sans la boisson).* Ancien relais de poste du XVIIIe s, à l'architecture superbe (structure à colombages, poutres apparentes, galets et briques plates). Joliment rénové et tenu par un Anglais jovial parlant le français quasiment sans accent. 4 chambres avec sanitaires privés (dont une suite familiale), salon et salle à manger indépendants, dans un goût typiquement *British* : couleurs vives et confort très cosy. C'est charmant tout plein, tout comme l'adorable jardin de curé. Piscine, ping-pong et VTT pour les amateurs.

Plus chic

Les Mésanges Bleues : *2, chemin des Crêtes, 65140* ***Trouley-Labarthe.*** *06-03-80-64-32. • meteora65@orange.fr • lescabanespercheestrouley65.sitew.com • ♿ À env 10 km de Trie-sur-Baïse par la D 632 en direction de Tarbes, prendre sur la droite en direction de Trouley-Labarthe ; 500 m après l'église de Labarthe, bifurquer à droite, puis discrètement fléché. Ouv tte l'année. Compter 150 € pour 2-3 pers, petit déj compris. Possibilité de repas 30 €.* Chapeau bas à Patrice, qui a réalisé l'ensemble de cette cabane en bois dans les arbres. Le résultat est génial ! On est vraiment seul, perché au sommet d'un versant boisé. L'intérieur, tout en bois, est confortable, ravissant et spacieux. Cuisine équipée. Peut accueillir 6 personnes (couchages en mezzanine). Une super adresse pour un bol de chlorophylle en famille ou pour faire une surprise à son (sa) chéri(e). Une autre cabane, à l'écart, devrait voir le jour prochainement.

À voir

Le monastère des Carmes : *Visite gratuite ; s'adresser à l'office de tourisme avt, sinon le monastère est fermé.* Fondé vers 1365, il contribua pour beaucoup à la grandeur de la cité. Bâti à l'extérieur de l'enceinte des anciens remparts, il fut presque entièrement détruit un siècle plus tard par l'envahisseur protestant. Seule l'église a échappé à la destruction complète, et, après avoir abrité successivement une verrerie, une auberge, des écuries, une minoterie, etc., elle accueille aujourd'hui des expositions temporaires, des concerts et des représentations théâtrales. Bien qu'elle ait été restaurée avec goût, on ne peut s'empêcher de regretter la disparition des anciens chapiteaux aujourd'hui dispersés, notamment au jardin Massey de Tarbes et au Metropolitan Museum de New York.

L'église paroissiale : *au centre du village.* Contemporaine du couvent, elle a été surmontée en 1882 d'une flèche haute de 60 m de style gothique flamboyant.

Fête et manifestations

– **Fête des Sentiers :** *le 2e dim de juil. Rens à l'office de tourisme.* Randos et animations autour de différents thèmes.
– **Salon des antiquaires et Foire aux vieux papiers :** *le dernier w-e de juil. Entrée payante.* Dictée le samedi après-midi, animations et repas.
– **Les Nuits musicales :** *au monastère des Carmes, pour l'Ascension et le 2e sam de déc. • lesnuitsmusicales.com •* Concerts payants de musique classique.

PUYDARRIEUX *(65220)*

Où dormir ? Où manger ?

De bon marché à prix moyens

Gîte de séjour La Ferranderie : *34, route de Galan. ☎ 05-62-33-61-66. • accueil@maisondelanature65.com • maisondelanature65.com • À 6 km au sud de Trie-sur-Baïse (fléché). Nuitée 22,50 €, draps et petit déj inclus ; ½ pens 35,50 €/pers. Attention, resto slt pour les groupes (min 15 pers) : menus 13-40 €.* Installé en pleine nature dans une ancienne maison de maître bigourdane de 1750, avec cheminée monumentale, ce gîte propose une soixantaine de places réparties en une quinzaine de chambres de 3 à 5 personnes avec sanitaires privés, les unes dans une partie ancienne, les autres dans une aile récente. C'est aussi ici que se trouve la Maison de la nature et de l'environnement 65 (voir plus loin « À voir. À faire »).

Ferme-auberge du Lac : *chez Thierry Dubarry, 41, route de Castelnau. ☎ 05-62-35-54-92. • dubarry_thierry@orange.fr • Sur la D 632 entre Trie-sur-Baïse et Castelnau-Magnoac. Tlj sf lun-mar et le soir des dim et j. fériés, sur résa slt. Congés : 1re quinzaine de janv. Menus 26-37 €, vin et café compris. Apéritif maison offert sur présentation de ce guide.* Bonne cuisine à base de produits frais provenant de la ferme (garbure, foie gras, charcuterie, confit, magret, poule farcie, etc.) et du jardin. Bons desserts faits maison. Déjeuner en terrasse aux beaux jours (sous la grange). Accueil vraiment parfait de délicatesse et de professionnalisme.

À voir. À faire

La Maison de la nature et de l'environnement 65 : *à La Ferranderie (voir « Où dormir ? Où manger ? »). ☎ 05-62-33-61-66. À 1,5 km du lac d'irrigation de Puydarrieux (220 ha).* Nombreuses animations payantes pour adultes et enfants tout au long de l'année (sauf en juillet-août) : observations ornithologiques, ateliers pédagogiques, etc. Demandez le programme ! Sachez que l'on recense pas moins de 200 espèces d'oiseaux sur le lac de Puydarrieux (site Natura 2000), parmi lesquelles de nombreux migrateurs (aigrettes, grues, cigognes...) qui viennent stationner là avant de retailler la route (des routards, il y en a de toutes les espèces !). La pêche est autorisée sur une partie du plan d'eau.

Manifestation

– **Les Hivernales :** *le dernier w-e de janv, à la Maison de la nature et de l'environnement 65.* Festival sur l'environnement avec expositions, animations, ateliers, forums, etc.

CASTELNAU-MAGNOAC *(65230)*

Agréable village, calme au demeurant. Belle abbatiale gothique du XVe s, abritant des orgues classées.

Adresse et info utiles dans le coin

Maison du Magnoac : *à* ***Cizos,*** *en pleine campagne, juste à l'intersection de la D 929 et de la D 9 (direction Monléon-Magnoac). ☎ 05-62-39-86-61. • maison.du.magnoac@wanadoo.fr • Juil-août, tlj sf dim ap-m ; le reste de l'année, lun-ven.* À côté, boutique de promotion des produits et des spécialités de la région, *Fermiers et Artisans du Magnoac (☎ 05-62-99-84-88).*

– **Marché :** *sam mat.*

Où dormir dans le coin ?

Chambres d'hôtes Au Verdier : *chez Nathalie Carrillon-Fontan, route de Lamarque, à 1,5 km de Castelnau. 06-81-49-56-10. • carillon.nathalie@wanadoo.fr • De Castelnau, prendre la direction de Lannemezan ; juste avt la sortie du village, tourner à droite (route de Lamarque), puis fléché. Ouv avr-oct. Double 50 €.* C'est dans une grande ferme où l'on élève des vaches à viande et on l'on cultive des céréales que vous serez accueilli. Dans l'ancienne étable, mangeoires et râteliers ont été conservés. Dans la grange à foin, à l'étage, Nathalie a installé 3 chambres simples avec sanitaires privés. Chacune dispose d'un balcon qui longe la façade. Piscine.

Chambres d'hôtes Le Moulin d'Ariès : *chez Dorit et Hubert Weimer, 65230* ***Ariès-Espenan.*** *☎ 05-62-39-81-85. • moulindaries@aol.com • moulindaries.com • À 4,5 km au sud-est de Castelnau par la route de Boulogne-sur-Gesse. Congés : de nov à mi-mai, sf résa. Double 65 €.* Sur les rives du Gers et au bord d'un superbe jardin, un ancien moulin du XIVe s bien restauré. L'endroit, très paisible, a beaucoup d'allure. Dans la maison en face, agréable salle de séjour avec poutres et cheminée. 4 belles chambres avec sanitaires privés. Petit déj très copieux, à l'allemande. Cuisine équipée à disposition. À 500 m de la maison, piscine communale et court de tennis.

À voir dans les environs

Le sanctuaire marial Notre-Dame-de-Garaison : *☎ 05-62-99-49-00. ♿ De Castelnau-Magnoac, suivre la D 929 direction Lannemezan sur 10 km, puis emprunter la D 34 (direction Garaison) sur 3 km. Tlj 8h-11h30, 14h30-18h15. Visite libre ou guidée sur résa.* Ici comme à Lourdes, on doit l'édifice à une jeune bergère, Anglèze de Sagazan, après que la Vierge lui fut apparue en 1515. Mais là s'arrête la comparaison, car l'architecture (de style gothique toulousain tardif), le cadre champêtre (façades à arcades fleuries de glycines, jardins) et le silence nous éloignent de l'atmosphère de Lourdes. Le sanctuaire marial est très intéressant pour ses peintures réalistes et naïves (d'excellente qualité) recouvrant les plafonds du narthex (à l'entrée). La sacristie est remarquable pour son plafond surbaissé. Lors de la Première Guerre mondiale, le sanctuaire tint lieu d'exil à nombre d'Alsaciens, parmi lesquels un certain Albert Schweitzer... Possibilité de pique-niquer à l'ombre de chênes centenaires.

LOURDES

(65100) 14 280 hab. *Carte Hautes-Pyrénées, B3*

Pour le plan de Lourdes, se reporter au cahier couleur.

À 20 km au sud de Tarbes, nous commençons notre descente vers les montagnes pyrénéennes. Quand on a commencé ce chapitre, on avoue qu'on ne savait guère par quel bout le prendre. Parce que Lourdes, ville mondialement connue, c'est quand même une sacrée destination, un sacré phénomène de société. La religion se débine globalement, la pratique religieuse diminue, mais Lourdes voit son contingent de pèlerins augmenter régulièrement. On ne sait même plus à quel saint se vouer !

UN PEU D'HISTOIRE

Lourdes serait probablement restée longtemps une petite ville-marché comme tant d'autres s'il ne s'était produit un événement qui allait bouleverser son avenir. Le 11 février 1858, en fin de matinée, trois fillettes s'en vont chercher du bois dans la campagne. Il y a là deux sœurs, *Bernadette* et *Toinette Soubirous,* et une amie, *Jeanne Abadie,* toutes trois issues d'un milieu très pauvre. Arrivée au lieu-dit Massabielle, Bernadette, alors âgée de 14 ans, a une vision. Elle voit une « Dame » au-dessus d'une grotte. Jusqu'au 16 juillet, le phénomène se reproduira 17 fois. La Dame lui parle en bigourdan et lui dit : « Allez boire à la source et vous y laver. » Elle doit gratter le sol pour y trouver une source, et en boire l'eau. Puis elle doit aller voir les prêtres pour qu'ils construisent une chapelle à cet endroit et organisent des processions. Le 25 mars, la vision lui révèle son identité : « Je suis l'Immaculée Conception. »

UN CULTE HYSTÉRIQUE

Tout le monde voulait toucher Bernadette Soubirous, lui réclamer une bénédiction. Incessamment, elle devait raconter les apparitions. On la prenait en photo (certains firent fortune), on lui baisait les mains... Elle fut même demandée en mariage ! Afin de retrouver le calme, elle dut quitter Lourdes pour se réfugier à Nevers. Et ne revint jamais.

Durant les 6 mois d'apparitions, une foule de plus en plus grande accompagne Bernadette. L'affaire fait grand bruit. En 1862, l'évêque, Mgr Laurence, reconnaît les apparitions comme authentiques, et en 1866, une première messe est célébrée dans la chapelle nouvellement construite. Les premières processions sont déjà organisées, mais il faudra attendre les lendemains de la guerre de 1870-1871 pour que commencent les grands pèlerinages. Le premier d'entre eux, le pèlerinage des Bannières, en 1872, réunit 70 000 personnes. Pour mieux comprendre le phénomène, il faut garder à l'esprit le contexte historique : les gens sont traumatisés par la défaite face à l'Allemagne et souvent déroutés par l'énorme succès du positivisme. Rejoignant une tradition multiséculaire, le pèlerinage est l'occasion d'un sursaut national fédérateur pour une part importante de la population. En 1873, premier grand pèlerinage national par les *assomptionnistes*. L'année suivante, les premiers malades y participent.

Dès le début, les habitants se sont reconvertis spontanément en aubergistes pour abriter les pèlerins, mais ils sont très vite dépassés par les événements. Cela explique aujourd'hui l'architecture de la ville basse, un peu sens dessus dessous, avec ses quantités d'hôtels qu'il a fallu construire à la va-vite. Un peu plus tard apparut la commercialisation de médailles religieuses, bidons d'eau (celle-ci est gratuite, en revanche), gadgets, colifichets et souvenirs en tout genre, jusqu'à la construction de la basilique (1876). On se rappelle qu'à la même époque se déroulaient d'autres initiatives, comme la construction du Sacré-Cœur de Montmartre, en expiation des « crimes » de la Commune. Quant à Bernadette, elle fit le choix en 1866 d'entrer chez les sœurs de la Charité de Nevers, où elle mourut en 1879. Et pendant ce temps-là, Lourdes prit de l'ampleur, au point qu'Émile Zola lui-même se déplaça en 1892 pour étudier le phénomène. Déjà Lourdes vivait à l'heure des pèlerinages et de la venue de nombreux malades, dont beaucoup espéraient une guérison miraculeuse. Mélange de mercantilisme et de foi, d'espoir et d'étalage de la souffrance ; de notre côté, nous préférons y voir le signe d'une liberté : la nature humaine se montre telle qu'elle est. En 1906, dans *Les Foules de Lourdes,* Huysmans aura beau critiquer cette « hémorragie de mauvais goût » et cet « hippodrome d'un sentimentalisme bête », plus rien n'arrêtera désormais le succès colossal de la cité mariale.

En définitive, certains verront dans Lourdes cette phrase de Michelet : « Le christianisme ne vit plus qu'en ce qu'il a de non chrétien, dans la partie qu'il emprunte au paganisme en le modifiant un peu, dans le culte de la Vierge et des saints... Il se perpétue uniquement par son action sur les faibles », tandis que d'autres, au contraire, auront le désir de revenir... tels ces 100 000 bénévoles qui, chaque année, donnent quelques jours ou quelques semaines de leurs vacances pour permettre aux plus faibles de continuer à vivre la fraternité et... l'espérance dans l'au-delà.

LOURDES AUJOURD'HUI

Lourdes reçoit autour de 6 millions de visiteurs par an, parmi lesquels 40 % de Français. En fait, on dénombre environ 650 000 pèlerins officiels, les autres étant des « touristes », avec de plus en plus de Japonais et de visiteurs du Sud-Est asiatique en raison de la symbolique autour de l'eau et de ses vertus curatives supposées. Enfin, tordons le cou aux clichés

ET L'OFFRANDE PART EN FUMÉE

Dans la capitale française de la chrétienté, les cierges représentent un gros chiffre d'affaires : pas moins de 520 t de cire fondent chaque année ! Le succès se révèle tel qu'en période d'affluence les feutiers sont obligés d'éteindre les cierges par manque de place. Ces derniers sont alors mis dans des chariots pour être stockés dans des entrepôts. Ils seront brûlés tout au long de l'hiver au rythme de 4 t par jour grâce à quatre personnes payées à plein temps !

trompeurs, Lourdes attire aussi les jeunes : ils sont plus de 90 000 à venir ici chaque année. En plein mois d'août, on enregistre une pointe de 35 000 à 40 000 visiteurs le 15 août, lors de la fête de l'Assomption, grâce à qui transitent 12 millions d'euros en liquide répartis entre les dons, les cierges et les quêtes. Encore quelques chiffres : Lourdes compte à peine plus de 14 000 habitants, mais ce sont des centaines de milliers de pèlerins qui viennent chaque été, rien que par le train. Bonne affaire pour la SNCF ! Et l'on ne vous parle pas des 11 000 autocars, des milliers d'avions... Question hôtels, la ville en compte un peu plus de 170 (juste après Paris et avant Nice). Lourdes est, par ailleurs, la deuxième ville de France pour l'envoi de cartes postales, mais sans doute la première pour le chiffre d'affaires postal total...

Enfin, Lourdes, c'est un extraordinaire marché de la bondieuserie. On y trouve de tout : Vierges fluo qui clignotent, basiliques à paillettes, briquets, stylos, médailles, photos, chapelets, etc. En fait, tout support est valable pour y coller une représentation de la Vierge. Boulevard de la Grotte, il y a même un « supermarché » spécialisé, où l'on fait ses emplettes le panier sous le bras !

LES MARCHANDS DU TEMPLE

Le sens de la circulation des deux artères qui mènent aux sanctuaires change tous les 15 jours. En effet, les pèlerins achètent généralement les bondieuseries en revenant du sanctuaire. Donc, on change le sens de la circulation pour ne léser aucune boutique de souvenirs.

En 2008, Lourdes a fêté le 150e anniversaire des apparitions de la Vierge. À cette occasion, le pape Benoît XVI a effectué son premier voyage en France. Il était accueilli à Lourdes le 14 septembre 2008 par des centaines de milliers de personnes.

Adresses et infos utiles

Office de tourisme (plan couleur C2, **1**) : *pl. Peyramale. ☎ 05-62-42-77-40. • lourdes-infotourisme.com • Juil-août, tlj ; avr-juin et sept, tlj sf dim ap-m ; le reste de l'année, tlj sf dim et j. fériés.* Équipe bien rodée et dynamique. Riche documentation. Vente du billet couplé château-pic du Jer, passeport *Lourdes Pass*.

Centre d'information des Sanctuaires (plan couleur A1, **2**) : *1, av. Mgr-Théas, 65108 Lourdes Cedex. ☎ 05-62-42-20-08. • lourdes-france.org • En saison, tlj 8h30-12h15, 13h45-18h30 ; nov-mars, tlj 9h-12h, 13h30-17h30.*

Gare ferroviaire (plan couleur D1) : *rens au ☎ 36-35 (0,34 €/mn).* Pour Paris, Bordeaux (TGV), Toulouse...

Arrêt de bus (plan couleur D3) : *départs pl. Capdevielle ou gare SNCF (plan couleur D1).* Cars pour Tarbes, Argelès-Gazost, Luz-Saint-Sauveur avec le réseau *Maligne (☎ 0800-65-65-00, n° Vert ; • transports-maligne.fr •).* Jusqu'à 10 départs/j. Juin-sept, 1 bus/j. pour Gavarnie avec le réseau *Maligne.* Environ 7 bus/j. pour Cauterets via Argelès-Gazost et pour Luz-Saint-Sauveur avec la compagnie *Keolis Pyrénées (☎ 05-62-42-22-90)* à prendre à la gare ferroviaire. En saison, bus pour La Mongie (pic du Midi) sur réservation, avec la compagnie *Costa (06-13-08-45-61).*

@ **Cyber@café Arobase 65** (plan couleur C2) : *57, rue du Bourg. ☎ 05-62-91-66-87. Tlj 8h-21h.*

– **Marchés** (plan couleur C3, **3**) : *pl. du Champ-Commun, sous les halles du XIXe s (style Baltard). Petit marché ts les mat (sf dim de mi-oct à Pâques), marché aux producteurs sam mat, et grand marché 1 jeu sur 2.*

Où dormir ? Où manger ?

Avec près de 23 000 lits hôteliers – la majorité d'entre eux regroupés dans la ville basse, le long des 2 grandes artères que constituent le boulevard

et la rue de la Grotte –, Lourdes est la 2e ville hôtelière de France. Il est bon de savoir que vous trouverez toujours une chambre, même au plus fort du mois d'août.
Globalement, les hôtels de la ville basse (près des sanctuaires) se ressemblent tous, souvent bon marché mais totalement dépourvus de charme ; à cela s'ajoutent les difficultés de stationnement. Nous avons donc volontairement axé notre sélection sur la ville haute et les proches environs de Lourdes.

Campings

L'association Lourdes-Pyrénées-Campings regroupe une douzaine de terrains de camping-caravaning de 35 à 135 emplacements dont les propriétaires s'engagent à respecter une charte qualité centrée sur l'accueil et l'animation. Les équipements sont modestes mais bien entretenus, et les prix attractifs.

Camping La Forêt *(hors plan couleur par A1,* ***10****) : route de la Forêt. ☎ 05-62-94-04-38. • info@campinglaforet.fr • ♿ À 1,5 km à pied à l'ouest des sanctuaires, en direction d'Omex par la D 13 (proche des grottes du Loup). Ouv avr-oct. Compter 13,95-15,95 € pour 2 en tente selon saison ; loc de mobile homes 250-620 €/sem selon saison. 98 empl.* Camping assez grand, en surplomb du gave de Pau et au calme. Plutôt bien ombragé. Bar-snack, épicerie d'appoint, jeux pour les enfants (dont un trampoline), ping-pong. Piscine.

Camping de Sarsan *(hors plan couleur par D1,* ***11****) : 4, av. Jean-Moulin. ☎ 05-62-94-43-09. 06-07-94-36-74. • camping.sarsan@wanadoo.fr • lourdes-camping.com • ♿ À 1 km de la gare SNCF (navette Citybus). Ouv de début avr à mi-oct. Prix tente en hte saison 15,20 € ; loc de mobile homes 4-6 pers 250-550 €/sem selon saison. CB refusées. 67 empl.* Dans un quartier résidentiel en bordure de forêt, un petit camping ombragé dont les emplacements s'organisent autour d'une belle piscine. Espaces de jeux, salle TV et petite alimentation sur place.

De bon marché à prix moyens

Hôtel La Régence *(plan couleur C2,* ***14****) : 11, rue Baron-Duprat. ☎ 05-62-94-27-11. • contact@laregence-lourdes.com • laregence-lourdes.com • ♿ (resto). Ouv fév-oct. Doubles 48-55 € ; familiales (3-4 pers) 58-70 €. Menus 13-19 €. Verre de jurançon offert au resto sur présentation de ce guide.* À l'écart des groupes et pourtant idéalement situé dans une ruelle calme au pied du château médiéval, un hôtel agréable, avec une trentaine de chambres de taille modeste et au goût du jour (teintes beige et marron). Double vitrage, TV. 3 chambres familiales partagent une petite terrasse intérieure. Coin salon dans la partie bar avec de nombreux jeux de backgammon, le proprio en est féru. Côté resto, une cuisine créative et surprenante à un prix défiant toute concurrence : gigot, manchons de canard, lapin au jurançon... mais le menu change tous les jours. En prime, un accueil familial et chaleureux. Une adresse qui nous a conquis !

Hôtel Cazaux *(plan couleur C3,* ***13****) : 2, chemin des Rochers. ☎ 05-62-94-22-65. • hotelcazauxlourdes@orange.fr • cazaux.hotellourdes.voila.net • Près de la pl. du Champ-Commun. Ouv de Pâques à mi-oct. Doubles 44-58 € selon confort ; supplément TV (4 €). Parking privé payant.* Jolie façade blanche pour cette maison particulière reconvertie en hôtel où l'on se sent un peu... comme à la maison. Une vingtaine de chambres impeccables, agréables et refaites. Tenu par une dame accueillante. Une petite adresse simple et chaleureuse comme Lourdes sait encore en offrir.

Hôtel du Centre *(plan couleur C1,* ***15****) : 18, av. Maransin. ☎ 05-62-94-79-74. • contact@hdc-lourdes.com • hdc-lourdes.com • En plein centre-ville. Congés : janv. Doubles (1-2 lits) 40-47 € ; familiales (3-4 pers) 48-57 €. Parking payant municipal juste devant.* Un petit hôtel très central dont on oubliera la façade vieillotte sur la rue très passante, l'entrée se faisant sur le côté avec sa devanture

LES HAUTES-PYRÉNÉES (LA BIGORRE)

en trompe l'œil face à une agréable placette. Les petites chambres thématiques et accessoirisées s'étagent sur plusieurs niveaux : on dort au Caire, à New York, à Mexico, à New Delhi, à Bamako, à Tokyo, à Marrakech... Toutes sont équipées de douche, lavabo, w-c, TV et double vitrage. À ce prix-là, c'est une aubaine, d'autant que le patron, très pro et pilote d'avion, est plein d'humour !

Chambres d'hôtes Villa Les Orangers *(plan couleur D1,* ***18****) : chez Franck et Christine Lemaire, 3, av. Hélios. ☎ 05-62-94-92-97. 06-70-88-96-36. • christine.lemaire0098@orange.fr • villa-lesorangers.com • En bas de l'avenue face à la gare. Ouv tte l'année. Double 55 € ; familiales (3-4 pers) 70-85 €.* Une maison orange, bordée d'orangers (vous l'auriez deviné), disposant de 3 belles chambres spacieuses, avec balcon ou terrasse sur l'avant ou sur le petit jardin à l'arrière. Déco soignée, meubles chinés et beaucoup d'objets aussi hétéroclites qu'originaux de-ci de-là. Accueil sympathique et généreux en sourires. Une charmante adresse.

Alexandra *(plan couleur C2,* ***16****) : 3, rue du Fort. ☎ 05-62-94-31-43. Tlj sf dim soir et lun. Le midi en sem, formule et menu 10-14,50 € ; autres menus 19-29 € et carte.* Aux portes de la ville basse, blotti dans une ancienne maison bigourdane, un resto qui sort du lot, et les habitués ne s'y trompent pas. De robustes murs teintés de rouge, de sympathiques touches contemporaines sur 2 niveaux, et Alexandra au service, d'une redoutable efficacité. L'œil sur tout, un p'tit mot attentionné pour chacun des convives, chaud devant, mais *no stress* ! Belle et bonne cuisine régionale à base de produits frais et de qualité. Desserts faits maison. Quelques tables en terrasse au bord de la rue.

Le Magret *(plan couleur C2,* ***19****) : 10, rue des 4-Frères-Soulas. ☎ 05-62-94-20-55. • contact@lemagret.com • Face à l'office de tourisme. Juil-août, tlj ; le reste de l'année, tlj sf mar soir et mer. Le midi sf dim et j. fériés, formule et menu 11,50-14 € ; autres menus 18-31 € ; carte 28-30 €. Café offert sur présentation de ce guide.* Derrière une façade des plus classique se cachent une salle à la déco sobre, un poil moderne, et une agréable terrasse fleurie (à l'étage). Le chef convainc et sait parfaitement cuisiner ces bons produits du terroir. Quant à la farandole des desserts... on vous laisse la surprise ! Pour parfaire le tout, accueil attentif et plein de gentillesse. Un resto qui fait l'unanimité à Lourdes.

Le Palacio *(plan couleur C3,* ***20****) : 28, pl. du Champ-Commun. ☎ 05-62-94-00-59. Derrière les halles. Tlj sf mar soir et mer. Congés : 2des quinzaines de janv et d'août. Formule déj en sem 13,50 € ; menus 20-33 €.* On aime bien ce quartier populaire autour des belles halles de type Baltard, à l'écart des groupes et des cars, et cette pizzeria qui, outre de bonnes pizzas, propose une cuisine classique, copieuse et fort correcte. Bon accueil. Terrasse en été.

De prix moyens à chic

Hôtel Majestic *(plan couleur C1,* ***23****) : 9, av. Maransin. ☎ 05-62-94-27-23. • contact@hotel-lourdes-majestic.com • hotel-lourdes-majestic.com • Ouv tte l'année. Double 79 €.* Un hôtel de caractère, à la façade pimpante, qui propose une trentaine de chambres très confortables et joliment rénovées. Elles ont pas mal d'allure d'ailleurs avec leur parquet, leurs couleurs apaisantes, leur beau mobilier, et parfois une ancienne cheminée. Si possible, éviter les quelques chambres qui donnent sur l'avenue passante (même si elles sont dotées de double vitrage). Accueil charmant.

Appart'hôtel Lorda *(plan couleur A3,* ***24****) : 18, esplanade du Paradis. ☎ 05-62-46-41-50. • lorda@odalys-vacances.com • lorda-apparthotel.com • Studios 65-90 € pour 2 selon saison (linge de lit et de toilette fournis, lits faits à l'arrivée et ménage quotidien) ; familiales (3-4 pers) 83-130 € ; également des suites. Possibilité de petit déj.* Sur les rives du gave de Pau et à 5 mn des sanctuaires, ce nouvel appart'hôtel affiche une décoration de style résolument contemporain. Les meubles aux lignes épurées confèrent une ambiance cosy et confortable. Chaque hébergement est doté d'une kitchenette et de la clim. Accueil pro. Fait également resto. Bar-*lounge*.

Hôtel Best Western Beauséjour (plan couleur D1, **17**) : *16, av. de la Gare. ☎ 05-62-94-38-18. • hotel@bestwestern-beausejour.com • hotel-beausejour.com • Ouv tte l'année ; brasserie midi et soir. Doubles 75-108 € selon confort, vue et saison ; petit déj 12 €. À la brasserie, formule 15,50 € ; menu 19,50 € ; carte 35-40 €. Parking privé gratuit. Apéritif maison ou café offert au resto, ainsi que 10 % de réduc sur le prix de la chambre 15 oct-31 mars (sf j. fériés, célébrations religieuses et hors prix promotionnels) sur présentation de ce guide.* Un 3-étoiles agréable, idéalement situé pour ceux qui arrivent par le train. Chambres de haut standing rénovées dans un esprit classique, avec clim. Celles face à la gare ont l'avantage d'être très spacieuses, mais sont forcément un peu plus bruyantes ; les autres, sur l'arrière, sont plus petites mais bénéficient d'une vue d'ensemble sur la ville et la chaîne des Pyrénées. Agréable terrasse où l'on peut manger en été. Piscine chauffée dans le parc.

Grand Hôtel de la Grotte (plan couleur B2, **21**) : *66, rue de la Grotte. ☎ 05-62-94-58-87. • contact@hotel-grotte.com • hotel-grotte.com • Ouv Pâques-oct. Doubles 125-145 € selon confort, saison et vue ; également quelques suites ; petit déj 18 €. Offres intéressantes sur Internet. À la brasserie (ouv le midi slt), formule 13,50 €, menu 16,90 € ; au resto (ouv le soir slt), menus 35-45 €. Parking privé gratuit et réduc de 10 % sur le prix de la chambre sur présentation de ce guide.* L'hôtel 4 étoiles historique de la ville très apprécié des people et des étrangers fortunés. Chambres forcément luxueuses et raffinées, avec une nette préférence pour celles du dernier étage entièrement refaites dans un style très moderne, avec vue sur la basilique et son esplanade. Piscine. Resto gastronomique plein de tentures et d'argenterie, et surtout une brasserie à la déco très contemporaine avec terrasse ombragée proposant un 1er menu le midi à prix modique.

Le Chalet de Biscaye (hors plan couleur par A1, **22**) : *26, route du Lac. ☎ 05-62-94-12-26. À 2,5 km du centre-ville, sur la route de Pau (fléché sur la gauche) ; un peu avt le lac de Lourdes. Tlj sf lun soir et mar. Congés : 2 sem en janv. Menus 20-24 € ; carte env 35 €.* Dès le 1er menu, c'est un ravissement (pour quelques euros de plus, on regrette même la 2e entrée) ! Une cuisine inventive, raffinée, surprenante, au rapport qualité-prix exceptionnel. Ce jeune chef, qui a pris le relais de son père, a une belle carrière devant lui ! Hélas, tout n'est pas à la hauteur du contenu de l'assiette : le décor, franchement démodé, est peu réjouissant. Même la terrasse n'est pas folichonne. Évitez d'y aller seul ou pour une soirée en amoureux... et tout ira bien.

Où dormir dans les environs ?

Bon marché

Gîte d'étape et chambres d'hôtes Le Béout : *6, rue du Pibeste, 65100* **Ossen**. *☎ 05-62-94-01-78. • lebeout65@wanadoo.fr • beout-gite.com • À 5 km au sud-ouest de Lourdes ; prendre la voie rapide en direction d'Argelès-Gazost, sortie Aspin-en-Lavedan, puis fléché. Congés : 10 j. en oct. Gîte 14,50 €/pers en dortoir (21 €/pers avec le petit déj ; apporter ses draps) ; double 65 €. Table d'hôtes 19,50 €, vin compris.* Situés sur le GR 101, 3 bâtiments avec pas mal d'espace vert pour circuler autour. Martine (montpelliéraine) et Marinette (agenaise) ont quitté leurs Suds respectifs pour s'installer dans les contreforts du Béout, sur la verdoyante vallée de Batsurguère. Dans un même bâtiment, elles disposent d'un gîte d'une douzaine de places (chambres pour 2 ou 3 personnes), en gestion libre, et de 4 chambres rénovées au rez-de-chaussée, avec sanitaires privés et vue imprenable sur le village de Ségus. Une dernière chambre se trouve dans une maisonnette indépendante avec cuisine et salon. À la table d'hôtes, cuisine de grand-mère (avec légumes du potager) servie dans une grande salle avec cheminée. Accueil prévenant.

Hôtel Ladagnous : *1, route de Pau, 65270* ***Peyrouse.*** *☎ 05-62-41-87-83. • danielle@maisonladagnous.fr • maisonladagnous.fr • Sur la D 937, à 5 km de Lourdes en direction de Saint-Pé-de-Bigorre. Ouv tte l'année. Double 45 € ; familiales (3-4 pers) 59-71 €. Garage privé gratuit.* Au bord de la rue principale, un hôtel familial d'une douzaine de chambres, simplement décorées dans les tons saumon, verts, bleus et mauves. Celles à l'arrière donnent sur le gave de Pau. Belles armoires anciennes dans certaines, bains tout confort (avec sèche-cheveux), TV, double vitrage. Cuisine équipée (payante) pour les longs séjours. Accueil très gentil de Danielle et de sa maman, qui prépare des confitures maison. Une adresse sympa, pratique et fonctionnelle si l'on veut éviter de loger à Lourdes.

Prix moyens

Chambres d'hôtes Maison de Mgr Laurence : *chez Arlette et Robert Assouere, 65100* ***Juncalas.*** *☎ 05-62-42-02-04. • robert.assouere@wanadoo.fr • maisondeleveque.com • À 7 km au sud de Lourdes, direction Argelès. À la sortie de Lourdes, au niveau du rond-point, prendre la D 921b, direction Lugagnan-Ger ; puis, env 2 km plus loin, à gauche vers Juncalas. Ouv Pâques-fin oct. Doubles 55-60 € selon confort.* Au cœur du village, agréable maison blanche aux volets bleus, datant de 1802 et appartenant à la même famille depuis 4 générations. Pour la petite histoire, c'est ici que grandit l'évêque qui officialisa les apparitions de Lourdes. Sur 2 étages, 4 chambres avec sanitaires privés, décorées avec goût et romantiques à souhait. Super petit déj. Coquet jardin fleuri pour se détendre ou pique-niquer. Accueil on ne peut plus chaleureux.

Chambres d'hôtes Anousta : *chez Nadine et Jean-Marc Vivès, 28, route de Bartrès, 65100* ***Loubajac.*** *☎ 05-62-94-44-17. • nadine.vives@wanadoo.fr • anousta.com • À 3,5 km au nord de Lourdes. Ouv de mars à mi-nov. Doubles 51-56 € selon confort. Table d'hôtes 18 €.* Vieille ferme restaurée, avec 5 chambres modernes meublées avec de l'ancien, dont 2 familiales dans un bâtiment annexe doté d'une terrasse ouvrant sur la campagne vallonnée. C'est l'une des premières chambres d'hôtes à avoir ouvert ses portes dans le département ! La discrète Nadine sert de bons produits issus de la ferme dans une belle salle à manger avec poutres, cheminée et meubles anciens. Piscine. Petit déj avec pâtisseries et confitures maison. Bon rapport qualité-prix-convivialité et beaucoup de calme.

À voir

Eh oui ! Il y a beaucoup de choses à voir à Lourdes. À commencer par la visite des sanctuaires, à l'intérieur de la boucle formée par le gave de Pau, sans oublier le Musée pyrénéen, à l'intérieur du château. Un bon plan : le ***passeport touristique Lourdes Pass*** *(adultes à partir de 11,50 € ; 6-12 ans à partir de 6,50 €)*, qui inclut différents sites au choix, dont le musée de Lourdes, le musée de Cire ou encore le petit train touristique de la ville. Infos auprès de l'office de tourisme ou des différents sites participants.

Y'A PLUS DE MIRACLE !

C'est un fait, il y aurait de moins en moins de miracles à Lourdes. Les dernières guérisons miraculeuses ont été reconnues en 2013, 2012, 1999, 1989 et 1978. En 1858, l'année des apparitions, l'Église en avait reconnu pas moins de sept, et 20 en 1908 ! Que se passe-t-il ? La cause du déclin a vite été identifiée : les critères fournis par Rome pour authentifier une guérison sont obsolètes. Il faut que « nulle médication n'ait été donnée pour que le miracle soit officiellement reconnu » !

La grotte de Massabielle *(plan couleur A1)* **:** le cœur des sanctuaires. C'est en ce lieu que Bernadette Soubirous « rencontra » la Vierge par 18 fois. De taille assez réduite (9 m de profondeur), le rocher de Massabielle abrite la fameuse statue de la Vierge. Au fond de la grotte, à gauche de l'autel, jaillit la source que Bernadette découvrit lors de la neuvième apparition. Cette eau n'a rien de miraculeux, les analyses la décrivant comme potable mais sans propriété particulière : l'Église est suffisamment claire à ce sujet pour éviter tout amalgame avec les apparitions. À gauche de la grotte, fontaines en enfilade accessibles à tous gratuitement. Encore plus à gauche, on trouve les cierges et des petites bouteilles vides pour recueillir la fameuse eau.

La basilique Notre-Dame-du-Rosaire *(plan couleur A1)* **:** basilique à l'architecture hautement symbolique (le cercle de la coupole représente le Ciel, la base carrée la Terre), en forme de croix grecque et de style néobyzantin. Autour de la coupole centrale, les deux bras du transept et du chœur sont percés de chapelles rayonnantes ornées de mosaïques assez exceptionnelles du XIXe s (entièrement restaurées), sur plus de 2 000 m² (le seul équivalent est à Venise !), qui aident à suivre et à méditer les 15 mystères du Rosaire. La basilique est reliée à sa voisine du dessus, la basilique de l'Immaculée-Conception, par deux clochetons. Les mosaïques sur la façade de la basilique représentent « les mystères lumineux ». Elles ont été réalisées en 2007, conformément aux souhaits de Jean-Paul II lors de sa dernière visite dans la ville en 2004. Devant s'étend l'esplanade des Processions, qui peut contenir 40 000 personnes.

La crypte *(plan couleur A1)* **:** *sous la basilique de l'Immaculée-Conception.* Première chapelle construite en réponse à la demande de la Vierge lors de la 13e apparition. Chœur percé de cinq chapelles rayonnantes ornées de mosaïques et vitraux.

La basilique de l'Immaculée-Conception *(plan couleur A1)* **:** dite aussi « basilique Supérieure », de style néogothique. À l'entrée à droite se trouve, gravé dans le marbre, le jugement de Mgr Laurence reconnaissant l'authenticité des apparitions. Le chœur de la basilique se situe exactement au-dessus du lieu de l'apparition. Toutes les heures, le carillon reprend l'*Ave Maria*.

L'esplanade et la basilique souterraine Saint-Pie-X *(plan couleur A-B1-2)* **:** pour ceux qui disposent d'un peu de temps, on conseille de venir à l'heure de la procession eucharistique et bénédiction des malades (départ à 17h, durée 1h), qui a lieu dans la basilique souterraine, ou à l'heure de la procession mariale aux flambeaux (départ de la grotte à 21h, vers l'esplanade du Rosaire). La basilique se trouve à côté de l'esplanade, et c'est l'un des plus vastes édifices du monde. Bâtie en 1956 en forme de carène de navire renversée avec en son centre l'autel, elle représente « la barque de Pierre » pilotée par le Christ. Au-delà du symbole, il faut bien dire que, selon les critères courants, la basilique ressemble plus à un parking souterrain qu'à un lieu de culte. Quelques chiffres : 12 000 m², 191 m de long et plus de 25 000 places.

L'HOSTIE EN CRISE

Les hosties sont fabriquées par les sœurs de la Visitation depuis 1934. Mais la concurrence italienne et espagnole produit désormais des hosties à prix bradés, grâce à des machines très performantes. Mondialisation oblige... Mais que les fidèles se rassurent, les sœurs sont les seules à vendre des hosties à l'eau de Lourdes.

Le château fort et le Musée pyrénéen *(plan couleur C2)* **:** *25, rue du Fort. ☎ 05-62-42-37-37. • chateaufort-lourdes.fr • ♿ (accès partiel). Avr-mai, tlj 9h-12h, 13h30-18h30 ; juin-sept, tlj 9h-18h30 ; oct-mars, tlj 9h-12h, 14h-18h (17h ven). Fermeture du guichet 1h avt. Fermé 1er janv, 1er et 11 nov, et 25 déc.*

Possibilité de visite guidée en été sur résa. Entrée : 6 € (billet couplé avec l'ascension au pic du Jer : 14 €) ; réduc. Visite : env 1h. Expos temporaires.
Érigé sur un piton rocheux, et donc occupant une position hautement stratégique, le château fort fut la résidence des comtes de Bigorre aux XIe et XIIe s. C'est de l'époque d'Henri IV que date, pour l'essentiel, l'architecture actuelle du château. Jusqu'au début du XIXe s le château est alternativement place forte et prison d'État. Ses transformations successives en font un monument représentatif de l'évolution des fortifications du piémont pyrénéen.
Depuis 1921, il abrite le ***Musée pyrénéen.*** C'est presque une petite ville dans la ville, avec lacis d'escaliers, couloirs, places et esplanades. Impossible de tout décrire ici, tant ses richesses sont nombreuses. En voici quelques-unes pour vous mettre l'eau à la bouche : cuisine et chambre béarnaises avec mobilier superbe des XVIIIe et XIXe s, costumes traditionnels, atelier de tisserand, faïences de Samadet, objets agricoles, harnachements et surjougs peints, etc. Sur l'esplanade, agréable jardin botanique et ravissantes maquettes en pierre d'une église des Templiers du XIIIe s, de fermes et villages pyrénéens comme Saint-Bertrand-de-Comminges et de villages espagnols du Haut-Aragon et du Léon...
On ne manquera pas de gravir les 104 marches de l'étroit escalier à vis qui conduit au sommet du donjon du XIVe s en passant devant le cachot, et d'apprécier la vue à 360°. Une visite exceptionnelle !

La maison natale de Bernadette *(moulin de Boly ; plan couleur C1)* **:** *12, rue Bernadette-Soubirous. Avr-oct, tlj 9h-12h, 14h-18h30 ; hors saison, tlj 15h-17h (10h-12h, 15h-17h pdt les vac scol). GRATUIT.* Rien à signaler, si ce n'est qu'il ne faut pas la confondre avec la *maison paternelle* *(payante),* sise au n° 2 de ladite rue. Les passionnés trouveront à l'office de tourisme ou sur • *lourdes-france.org* • un itinéraire « Sur les pas de Bernadette » regroupant tous les lieux qui ont marqué sa vie.

Le Cachot *(plan couleur C2)* **:** *15, rue des Petits-Fossés. ☎ 05-62-94-51-30. Avr-oct, tlj 9h-12h, 14h-18h30 ; hors saison, tlj 15h-17h (10h-12h, 15h-17h pdt les vac scol). GRATUIT.* C'est dans cette ancienne prison municipale, sombre et froide, que la famille Soubirous vivait à l'époque des apparitions.

Le musée de Cire *(plan couleur B2)* **:** *87, rue de la Grotte. ☎ 05-62-94-33-74. • musee-de-cire-lourdes.com • ♿ Pâques-fin oct, tlj 9h30 (10h mer et dim)-12h, 13h45-18h30. Entrée : 7,50 € ; 6-12 ans 4 € ; réduc étudiants.* Toutes les stars religieuses locales et bibliques (plus de 100 personnages) avec notamment *La Cène* de Léonard de Vinci. Visite commentée par casque audio individuel. Il faut bien reconnaître que l'ensemble commence à dater.

Le musée de Lourdes *(plan couleur B2)* **:** *11, rue de l'Égalité. ☎ 05-62-94-28-00. • musee-lourdes.com • ♿ Avr-oct slt, tlj 10h-12h, 13h30-18h. Entrée : 6 € ; 6-12 ans 3 € ; réduc.* Petit musée des traditions populaires avec reconstitution grandeur nature d'une rue de Lourdes avec ses corps de métiers au temps des apparitions (1858), dans une ambiance son et lumière.

DANS LES ENVIRONS DE LOURDES

Les Crèches du Monde *(hors plan couleur par A3)* **:** *av. Mgr-Rhodain. ☎ 05-62-46-19-30. • crechesdumonde.com • ♿ À env 1 km des sanctuaires ; en voiture, depuis le parking Arrouza, suivre « Auditorium Padre Pio », puis « Village des jeunes » ; sinon Citybus (ligne S4). Avr-oct, tlj sf dim 9h30-12h, 13h30-17h. Entrée : 6 € ; 4-12 ans 4 €.* Un vaste chapiteau qui expose, par roulement, une partie de la fabuleuse collection de crèches de Paul Chaland, ancien rédacteur en chef de *Paris-Match.* Elles viennent du monde entier (près de 80 pays sont représentés). Magique et unique ! La visite est complétée par un son et lumière autour d'une crèche théâtralisée.

➢ **Les balades au pic du Jer** (hors plan couleur par C3) : *59, av. F.-Lagardère. ☎ 05-62-94-00-41. • picdujer.fr • Accès possible par le funiculaire grimpant à 1 000 m, fin mars-11 nov, tlj 9h30-18h (19h en hte saison). Départs ttes les 30 mn (15 mn si affluence). Tarif : 10 € A/R (billet couplé avec l'entrée du château fort et du Musée pyrénéen : 14 €) ; réduc 6-18 ans ; gratuit moins de 6 ans. Visite guidée des grottes. Possibilité de restauration au sommet, animations et expos temporaires.* Ce bon vieux funiculaire a eu 100 ans en 2000 ! Formidable panorama sur la région. Possibilité de redescendre à pied. Le chemin, bien marqué, débute en dessous du bar ; compter 1h30 et 500 m de dénivelée. Desserte par le *Citybus*, ligne A1 et S4, vers le centre-ville ou les sanctuaires.

– **Le lac de Lourdes** (hors plan couleur par A1) : *par Biscaye et la D 940.* L'une des sorties familiales les plus populaires. On peut y faire trempette, du canoë-kayak, du *stand-up paddle*, et monter à bord d'embarcations à pédales. Aire de jeux d'enfants, espace pique-nique et resto en saison. Golf à proximité. Pour faire le tour, compter 1h30 et 6 km de marche.

➢ **La voie verte des Gaves** : *• valleesdesgaves.com • Attention, certains secteurs sont en cours de restauration, se renseigner auprès de l'office de tourisme de Lourdes.* Aménagée sur l'ancienne ligne de chemin de fer qui desservait les stations thermales à partir de la fin du XIXe s. De Lourdes à Pierrefitte-Nestalas via Argelès-Gazost, 18 km de piste accessible aux piétons, vélos, rollers et personnes à mobilité réduite.

SAINT-PÉ-DE-BIGORRE

(65270) 1 250 hab. *Carte Hautes-Pyrénées, A-B3*

Pittoresque village à la limite des Hautes-Pyrénées et des Pyrénées-Atlantiques, à 11 km à l'ouest de Lourdes. *Abbatiale* romane du XIe s (en principe, l'été, ouverte tous les après-midi ; visite guidée à 15h), place à arcades et jardins en surplomb au-dessus du gave de Pau. Ce gave fait par ailleurs office de site d'entraînement des champions de canoë-kayak.

Adresse utile

Office de tourisme : *pl. des Arcades, à côté de la mairie. ☎ 05-62-41-88-10. • saintpedebigorre-tourisme.com • Tlj sf dim ap-m en été ; le reste de l'année, tlj sf w-e.* Personnel accueillant. Brochure et fiches gratuites sur le sentier de découverte en milieu karstique de la forêt de Trescrouts (environ 2h) et sur les 9 circuits de randonnée à faire dans les environs. Expo temporaire de peinture en été. Organise des visites gratuites de la paroisse Saint-Pierre, ainsi que des randonnées gratuites encadrées, en été.

DANS LES ENVIRONS DE SAINT-PÉ-DE-BIGORRE

Les grottes de Bétharram : *à 2,5 km de Saint-Pé (fléché). ☎ 05-62-41-80-04. • betharram.com • Fin mars-juin et sept-oct, tlj 9h-12h, 13h30-17h30 ; juil-août, tlj 9h-18h ; de mi-fév à fin mars, visite lun-jeu à 14h30 et 16h, ven à 14h30. Fermé le reste de l'année. Entrée : 13,50 € ; 4-12 ans 8 €. Durée : env 1h20.* Superbes grottes (sans oublier celles de Médous, leurs voisines). Salles immenses sur cinq niveaux, spectaculaires concrétions, lac souterrain. Visite guidée en bateau et petit train avec explications sonorisées et jeu de lumière : le grand jeu !

L'église Notre-Dame-de-Bétharram : *à* **Lestelle-Bétharram** *(64800), à 5 km au nord-ouest de Saint-Pé, en direction de Pau.* Ancien lieu de pèlerinage très populaire. Façade classique en marbre gris, intérieur baroque riche en peintures, dorures et retables. Petit musée un peu fourre-tout à l'intérieur *(☎ 05-59-71-92-30 ; entrée : 2 €).*

– ***Sports en eaux vives et en montagne :*** *avec le* ***Centre Hautes-Pyrénées Sport Nature,*** *La Pradette, 65270* ***Saint-Pé-de-Bigorre.*** *☎ 05-62-41-81-48. • sport-nature.org • À partir de 26,50 €/pers pour une activité à la ½ journée et 152 € pour un w-e (activité, hébergement et repas inclus).* Escalade, spéléo dans les grottes et gouffres karstiques, canyoning, raft, kayak, airboat, hydrospeed, etc. ! Initiation, week-end, stages adultes et enfants.

ARGELÈS-GAZOST

(65400) 3 140 hab. *Carte Hautes-Pyrénées, B3*

À une quinzaine de kilomètres au sud de Lourdes, Argelès-Gazost, sous-préfecture depuis 1802, est une ville thermale et commerçante au principal carrefour des trois vallées de la région et la porte d'entrée du Lavedan (une fort belle région). Dans un cadre de douces montagnes, c'est la patrie de Jacques Chancel. Quelques ruelles pittoresques dans la vieille ville (maisons des XVIe et XVIIe s) et la tour Mendaigne (terrasse, table d'orientation et chouette vue sur la vallée). Par sa situation privilégiée (à proximité du val d'Azun, de Cauterets et du site du pont d'Espagne, de Gavarnie, du pic du Midi et de Lourdes), la ville fait figure de point de chute idéal pour sillonner la région. À noter que la ville abrite la confrérie de la garbure bigourdane, une spécialité régionale (fête annuelle à la mi-juin).

Adresses et infos utiles

Office de tourisme : *15, pl. de la République (pl. de la Mairie). ☎ 05-62-97-00-25. • argeles-gazost.com • Tlj sf dim hors saison.* Très dynamique, fonctionne un peu comme une agence de voyages. Week-ends nature, cyclo, rafting, observation de rapaces, randonnées, etc. Propose un plan de la voie verte d'Argelès à Pierrefitte *(gratuit).* Fait centrale de réservation, organise des séjours. Bons plans, coups de cœur et ventes en ligne. Forfaits hébergement + ski en hiver pour toutes stations. Également un *pass* à prix intéressant couplant le *Mountain luge* et les entrées au *parc animalier des Pyrénées* et au *donjon des Aigles.* Vente de dépliants et de topoguides qui répertorient les balades dans le coin (val d'Azun, réserve naturelle du Pibeste, etc.). Borne d'infos (24h/24) devant l'office de tourisme, à l'extérieur, avec disponibilités des chambres d'hôtel.

Cars : *3 arrêts ; av. des Pyrénées (au niveau du parc thermal), au rond-point de Luz pour les bus du réseau* Maligne *(☎ 0800-65-65-00, n° Vert ; • transports-maligne.fr •) ; au petit théâtre pour les bus de la compagnie* Keolis *(☎ 05-62-34-76-69) ; pl. de la République pour les bus en direction d'Aucun et Arrens-Marsous.* Jusqu'à 8 départs/j. pour Lourdes et Tarbes, 2-3 bus/j. pour Luz-Saint-Sauveur et Barèges avec le réseau *Maligne.* Compagnie *Keolis* également pour Lourdes et Tarbes, et près de 7 bus/j. pour Cauterets. Toute l'année, 2-3 départs/j. pour Aucun et Arrens-Marsous, sur réservation (la veille avant 18h, ou le vendredi pour le lundi suivant) avec le réseau *Maligne.*

@ ***Internet :*** *à la* ***bibliothèque municipale,*** *1, rue Jean-Bourdette. ☎ 05-62-97-10-59. Accès gratuit pour les adhérents (cotisation 6 €, valable 1 an). Accès wifi gratuit* également à l'**office de tourisme.**

■ **Bureau des guides :** pl. de la République. 06-84-59-86-38. • guidesargeles.blogspot.com •

■ **Location de vélos : O2 Cycles Pyrénées,** chemin de la Prairie. 06-65-37-10-10 ou 07-61-17-46-71. De juin à mi-oct, tlj 9h30-19h. VTT, vélos de course ou cyclotourisme.

– **Marchés :** en centre-ville, mar mat depuis près de 200 ans. Également 2 marchés nocturnes en été.

Où dormir ?

Camping

Sunelia Les 3 Vallées : av. des Pyrénées. ☎ 05-62-90-35-47. • 3-vallees@wanadoo.fr • l3v.fr • À l'entrée d'Argelès-Gazost. Ouv de mi-mars à mi-oct. Prix tente 17-37 € pour 2 selon saison ; loc de mobile homes et cottages 4-6 pers 364-1 575 €/sem selon saison (52-102 €/nuit hors été). 483 empl. Sur un terrain de 13 ha, un village-camping avec un espace aquatique composé d'une rivière à courant et de 3 piscines chauffées, dont une couverte avec un toboggan de 30 m. Le rendez-vous des familles plus soucieuses d'équipements de loisirs que de tranquillité. Beaucoup d'activités sportives (VTT, cheval, canoë, rando...). Bar, resto, soirées à thème avec discothèque en été, karaoké, concert, spectacles pour enfants... La grande armada !

De bon marché à prix moyens

Hôtel Victoria : 36, av. des Pyrénées. ☎ 05-62-97-08-34. • hotel-victoria-argeles.com • Ouv tte l'année. Doubles avec sdb 30-40 € selon taille et saison ; familiales 40-50 €. Réduc de 10 % sf de mi-juil au 20 sept sur présentation de ce guide. Ancienne bâtisse bourgeoise du XIXe s qui propose, sur 2 niveaux, une dizaine de chambres au charme désuet et auxquelles on accède par un escalier en bois massif. Bien sûr, la déco est fort simple, les meubles sont dépareillés, mais l'ensemble est propre et bien tenu. Les 2 chambres avec grande terrasse sont plutôt agréables et offrent un bon rapport qualité-prix. L'accueil est aimable. Pas mal du tout pour les budgets serrés.

Hôtel Beau Site : 10, rue du Capitaine-Digoy. ☎ 05-62-97-08-63. • hotel.beausite@wanadoo.fr • hotel-beausite-argeles.com • Dans une rue en retrait dans la partie haute de la ville. Congés : début nov-fin déc. Doubles 55-57 € selon saison ; familiales 65-69 €. Menu 19 € (résidents slt). Parking payant. Apéritif maison offert sur présentation de ce guide. Un discret hôtel de caractère avec une jolie façade en pierre apparente, égayée de fleurs. Chambres toutes différentes et agréables pour la plupart, surtout celles mansardées au dernier étage et celles avec balcon donnant sur le jardin. Ah, le jardin ! Luxuriant, immense, il explique à lui seul le *Beau Site* de l'enseigne. Cuisine familiale avec parfois quelques touches birmanes (les origines du proprio) et agréable terrasse panoramique. Accueil chaleureux et plein d'attentions.

L'Arrieulat : 28, av. des Pyrénées. ☎ 05-62-97-14-48. • info@hotel-arrieulat.com • hotel-arrieulat.com • Dans la rue principale de la zone thermale. Doubles 58-70 € selon saison ; familiales (3-4 pers) 70-90 €. Parking privé gratuit. *L'Arrieulat* est avant tout un lieu de la gastronomie, surprenant et décalé (voir « Où manger ? »). Les chambres, réparties de part et d'autre du resto, sont fonctionnelles et bien tenues ; d'un côté très spacieuses mais un peu vieillottes, de l'autre plus modernes mais un brin impersonnelles. Également une poignée de chambres familiales récentes et plus charmantes, dans lesquelles les matériaux locaux ont été privilégiés. Soucieux du bien-être de leurs convives, Stéphane et Cécile ont installé un sauna infrarouge, et un spa chauffé dans le jardin. Accueil on ne peut plus plaisant et dévoué.

La Villa du Parc : 5, pl. Édouard-VII. 06-15-97-94-77. • bienvenue@lavilladuparc.fr • lavilladuparc.fr • Ouv tte *l'année. Doubles 55-95 € selon standing et saison.* Superbe demeure du XIXe s, ornée de briques et de marbre rouge. Mobilier sobre et élégant qui participe au cachet de la maison. Les 4 chambres offrent une vue imprenable sur la montagne et sur le grand jardin arboré de la propriété. Petit déjeuner copieux et de qualité.

De chic à plus chic

Hôtel Le Bon Repos : *13, av. du Stade. ☎ 05-62-97-01-49. • hotel.bonrepos@wanadoo.fr • bonrepos.com • À 1 km du centre-ville, sur la route d'Hautacam. Ouv mai-oct ; sur résa en hiver. Doubles 75-98 €. Garage privé gratuit.* Malgré une façade tristounette en bordure de rue passante, un hôtel familial avec des chambres douillettes et très bien tenues. Clim pour certaines, double vitrage pour celles donnant sur la rue. Celles avec balcon surplombant le jardin et la petite mare paysagère sont plus tranquilles et vraiment agréables. Également des studios et des appartements équipés. Piscine chauffée et jacuzzi. Accueil charmant de la dynamique Maryse.

Hôtel Best Western Le Miramont : *44, av. des Pyrénées. ☎ 05-62-97-01-26. • hotel-miramont@sudfr.com • hotelmiramont.com • En face du parc thermal. Congés : de mi-nov à mi-déc. Doubles 70-110 € selon confort et saison ; suites junior 109-145 € ; petit déj 12,50 €. Également 3 chambres d'hôtes 75-95 €. Parking privé gratuit.* La référence d'Argelès. Hôtel des années 1930 à l'allure de paquebot amarré dans un parc verdoyant, planté de rosiers et d'hortensias. Chambres spacieuses, à la déco réactualisée et au confort moderne. Certaines disposent d'un balcon avec vue sur la vieille ville ou les sommets. Également 3 chambres d'hôtes indépendantes de l'hôtel, à la déco très soignée et originale : « Pop Art », très kitsch, « Pastel » et « Petites Fleurs », romantiques à souhait et avec terrasse, ainsi qu'une « Pitchoune » pour enfants. Salle de fitness. Pour bien faire, le resto, *Des Petits Pois sont Rouges,* n'est vraiment pas en reste (voir « Où manger ? »).

Où manger ?

Bon marché

La Forge : *3, pl. du Forail. ☎ 05-62-97-52-55. Tlj sf mar et mer midi. Congés : vac scol de Pâques et de la Toussaint, et 1 sem fin août-début sept. Carte slt, 15-20 €.* Sur la place principale, sympathique resto pour une pause gourmande à petits prix. Salle à la déco très montagnarde où l'on apprécie les pizzas maison autant que la fondue pyrénéenne ou la raclette. Aux beaux jours, on file sur la terrasse pour des crêpes au blé noir et de grosses salades. Ambiance conviviale en soirée.

De prix moyens à chic

L'Arrieulat : *28, av. des Pyrénées. ☎ 05-62-97-14-48. • info@hotel-arrieulat.com • Ouv le soir mar-sam (plus le soir dim-lun en saison et le midi mar-ven hors saison). Résa vivement conseillée. Menus 20 € (midi en sem), puis 28 € (sf dim et j. fériés)-36 €.* Stéphane Cano, qui a longtemps travaillé pour des chefs étoilés, a ouvert son propre resto pour pouvoir exprimer pleinement sa créativité. Et de la créativité, il en a à revendre ! Sa cuisine, ouverte sur la salle, est préparée devant les convives (quel show de le voir à l'œuvre !). L'assiette est gastronomique et haute en saveur. Son foie gras et sa truite sont une référence, mais chaque jour il concocte avec succès une entrée et un plat nouveaux, au gré de son inspiration et des produits de saison des petits producteurs locaux. Car sa démarche est avant tout bio, tout comme la déco moderne de son établissement, à base d'éléments naturels (bois et schiste). Service impeccable et attentionné de Cécile, sa femme. La maison fait aussi hôtel (voir « Où dormir ? »). Une adresse exceptionnelle et un véritable coup de cœur !

Des Petits Pois sont Rouges : *44, av. des Pyrénées. ☎ 05-62-97-01-26. • hotel-miramont@sudfr.com • Tlj sf mer (ouv mer soir en été). Congés : de mi-nov à mi-déc. Résa conseillée. Formule 17 € et menus 22-27 € midi et soir (sf dim, j. fériés et j. de fête) ; sinon carte slt, 30-40 €.* Le (grand) resto de l'hôtel *Le Miramont*, très fier de sa nouvelle salle relookée dans un esprit contemporain où s'harmonisent teintes grises et points rouges. En guise de nom, un jeu de mots espiègle qui n'a pas été choisi tout à fait au hasard. La cuisine de Pierre, goûteuse et raffinée, régulièrement renouvelée, met un point d'honneur à préparer poissons et légumes de saison. Service ultra-professionnel mais jamais guindé. Terrasse en été.

Où dormir ? Où manger dans les environs ?

Campings

Soleil du Pibeste : *16, av. du Lavedan, 65400* ***Agos-Vidalos.*** *06-72-32-17-04 ou 06-08-22-26-74. • info@campingpibeste.com • campingpibeste.com • À 5 km au nord d'Argelès par la D 921b ; à l'entrée du village en venant d'Argelès. Arrêt de bus en face, sur la ligne Lourdes-Argelès. Ouv d'avr à mi-oct (tte l'année pour les loc). Prix tente 20-32 € pour 2 selon saison ; loc de mobile homes et chalets 196-1 050 €/sem. 90 empl. Réduc de 10 % sur présentation de ce guide (offre non cumulable).* En bordure de la réserve naturelle de Pibeste, un camping à taille humaine, bien ombragé. Calme, verdoyant, avec piscine chauffée de mai à septembre, aire de jeux, atelier créatif pour enfants, animations diverses, ainsi qu'un snack et une boutique de vente de produits locaux... Il est surtout apprécié pour ses activités nature telles que roller, tir à l'arc, tai-chi-chuan et randos accompagnées (certaines avec nuit en refuge). Encadrement et accueil impeccables.

Domaine du Viscos : *16, route de Préchac, 65400* ***Agos-Vidalos.*** *☎ 05-62-97-05-45. • domaineviscos@orange.fr • domaineviscos.fr • À 5 km d'Argelès-Gazost. Ouv de mai à mi-oct. Compter 12,30 € en tente ; hébergements locatifs 250-500 €/sem selon saison. 100 empl.* Au fond de ce vallon, il règne un calme que beaucoup de campeurs recherchent. Larges emplacements bien ombragés mais pas délimités par des haies. Avec une tente, essayer d'avoir l'un des quelques emplacements situés au sein d'un petit bosquet, au-dessus de la piscine et un peu à l'écart. Sanitaires simples mais très propres. Petite épicerie. Activités sportives (volley, ping-pong, pétanque). Piscine chauffée.

Aire naturelle La Ferme du Plantier : *rue de l'Oulet, 65400* ***Ouzous.*** *☎ 05-62-97-58-01. • b.capdevielle@laposte.net • À 3 km au nord d'Argelès par la D 921b. Ouv juin-sept. Prix tente env 11 €. CB refusées. 15 empl.* Petit camping dans une ancienne ferme, ombragé par des bouleaux et bien au calme, dans un tout petit village. Bloc sanitaire nickel, aire de jeux, lave-linge. Tenu par Fabienne et Bernard, un couple d'agriculteurs sympathiques.

De bon marché à prix moyens

Eth Béyrè Petit : *chez Henri et Ione Vielle, 15, route de Vielle, 65400* ***Beaucens.*** *☎ 05-62-97-90-02. • contact@beryepetit.com • beryepetit.com • À 4 km d'Argelès, en direction de Luz-Saint-Sauveur ; sur la gauche avt l'entrée du village (fléché). Congés : fêtes de fin d'année. Double 75 € (65 € à partir de 2 nuits). Nov-avr slt, table d'hôtes 23 €.* Splendide demeure familiale du XVIIIe s aux volets bleus et au toit de capucines. Superbe terrasse donnant sur un vaste jardin fleuri qui surplombe un joli vallon. 3 chambres raffinées occupent les 1er et 2e étages. « Era Galeria » décorée de meuble style

Napoléon III avec un balcon offrant une vue imprenable sur le donjon des Aigles, « Bédoret » et « Poeyaspé », avec d'originaux sanitaires privés situés derrière la tête de lit. Toutes ont beaucoup de charme et d'élégance. Pièce à vivre avec beaucoup de boiseries, une cheminée et une bibliothèque pleine d'infos sur la région. Très calme. Accueil prévenant.

Le Bériérot : *chemin du Pibeste, 65400* ***Ouzous.*** *☎ 05-62-97-13-93. • alain.noguez@wanadoo.fr • chambres-hotes-argeles.com • (1 chambre). À 4 km au nord d'Argelès par la D 921b ; dans le bourg, derrière l'église. Ouv tte l'année. Double 63 € ; réduc à partir de 3 nuits.* Grande maison moderne à la vue dégagée, là encore ! Exclusivement réservée aux chambres d'hôtes (les proprios habitent en face), elle dispose d'une grande piscine sous verrière avec jacuzzi, d'une cuisine équipée et d'un vaste salon TV. Tout le confort moderne pour d'agréables moments de détente. L'ensemble, un peu neuf, manque tout de même de patine.

Auberge de l'Arrioutou : *quartier Hourquet-Station, à Hautacam, 65400* ***Beaucens.*** *☎ 05-62-97-11-32. À env 15 km d'Argelès. Juste en dessous de la station du Hautacam, dans l'un des derniers virages ; attention de ne pas la louper, elle est en contrebas. Ouv w-e, j. fériés, et tlj (sf lun) pdt les vac scol. Résa conseillée. Menus 17-24,50 €.* Décor rustique (le vrai !) avec une terrasse au bord du torrent. Authentique cuisine montagnarde au feu de bois. On y mange l'une des meilleures garbures du coin ! Très copieux et d'un bon rapport qualité-prix.

À voir. À faire

➢ ***Visites guidées de la ville :*** *en juil-août, tlj à 17h ou 21h. Rens à l'office de tourisme. Tarif : 4 €.* Se procurer aussi le dépliant *Balade fleurie*, itinéraire de balade à pied dans Argelès à la découverte des fontaines, du parc thermal, du jardin des Abeilles et du patrimoine architectural (tours de Vieuzac et de Mendaigne du XVIIIe s, château d'Ourout du XIe s).

Le parc animalier des Pyrénées : *à l'entrée d'Argelès en venant de Lourdes. ☎ 05-62-97-91-07. • parc-animalier-pyrenees.com • Avr-oct, tlj 9h30-18h (19h juil-août). Entrée : 16 € ; 3-11 ans 11 €. Après la visite, possibilité d'ateliers pédagogiques (moulages d'empreintes) : 2 € (4 € avec un carnet d'activités). À visiter de préférence le mat dès l'ouverture ; compter env 2h30.* La visite débute par une volière regroupant de nombreuses espèces d'oiseaux qu'on rencontre en France, puis on traverse une galerie d'animaux naturalisés. Ensuite, direction le parc animalier à flanc de colline avec isards, chevreuils, renards, écureuils, lynx, ours bruns, loutres dont des loutres géantes, loups, une miniferme, et même des animaux de Guyane... Mais le clou du spectacle, pour les enfants, c'est de se faire photographier avec les marmottes les moins farouches des Pyrénées, qui n'hésitent pas à venir casser la croûte dans leurs mains ! L'ensemble, ponctué de panneaux, permet de voir de près certaines espèces très difficiles à rencontrer dans la nature. À noter, un hébergement insolite pour quatre personnes : la cabane du trappeur, qui permet de passer une nuit avec les loups ! Petite restauration sur place.

– ***Le Jardin des Bains :*** *rue Adrien-Hébard. ☎ 05-62-97-03-24. • lejardindesbains.com • Vac scol, tlj sf lun mat 10h30-13h, 15h-19h (20h w-e) ; hors vac scol, slt l'ap-m, plus le mat sam-dim. Fermé de mi-nov à mi-déc. Entrée : 12 € pour 1h, 17 € pour 2h ; réduc enfants ; pass famille.* Espace thermoludique avec jacuzzi, jets massants, bains bouillonnants dans la forêt d'Émeraude, hammams, bains de senteurs, etc. Également un espace de soin.

Fêtes et manifestations

– ***Fête de la Transhumance :*** *en principe, le 2e sam de juil.* Rassemblement et bénédiction des troupeaux, casse-croûte du berger, accompagnement des troupeaux jusqu'au mont de Gez et nuit de la transhumance.
– ***Fiesta Mômes, le festival des Enfants :*** *le dernier dim de juil.* Nombreuses animations, jeux et spectacles au parc thermal.
– ***Estiv'Art :*** *1 j. en été.* De nombreux artistes envahissent les rues : peintres, sculpteurs, photographes... Ateliers, démonstrations, expos, etc.
– ***Festival Muchas Bandas :*** *le 1er ou 2e dim d'août. Bandas,* bodegas et moult animations.
– ***Fête des Chiens des Pyrénées :*** *le 3e w-e de sept, dans le parc thermal.* Plus de 300 représentants des plus belles races sont présentés au concours : le labrit, le mâtin, le patou, sans oublier le berger, bien sûr. Beaucoup de passionnés de diverses nationalités participent avec leurs compagnons. Village gourmand et artisanal, chants et danses folkloriques, balades en calèche, jeux pour enfants... Du beau monde qui n'hésite pas à se déplacer au nom... d'un chien !

DANS LES ENVIRONS D'ARGELÈS-GAZOST

Le donjon des Aigles : *à* ***Beaucens*** *(65400). ☎ 05-62-97-19-59. • donjon-des-aigles.com • À 5 km d'Argelès-Gazost. Spectacles avr-fin sept tlj à 15h30 et 17h (août, à 15h, 16h30 et 18h). Entrée : 14 € ; 5-11 ans 8,50 €. Durée de la visite : 1h30-2h.* Jean-Loup Venant et son équipe, passionnés d'ornithologie et spécialistes de l'*affaitage* (dressage), présentent, dans les ruines remarquablement aménagées du château féodal du IXe s, une extraordinaire variété d'oiseaux de proie du monde entier. Sur l'aire de spectacle, une quarantaine de rapaces et de perroquets évoluent en toute liberté. Points forts de ce ballet aérien : le faucon en exercice de chasse, le serpentaire boxant un reptile et le vautour percnoptère brisant un œuf d'autruche à l'aide d'un caillou... Et pour finir en apothéose, un spectacle coloré de perroquets qui viennent jouer avec les enfants.

– ***Chloro'fil – Parc acrobatique ludique et culturel en forêt :*** *prendre la direction du Hautacam, puis, juste après le gave, bifurquer à gauche, direction Silhen. ☎ 05-62-90-37-65. 📱 06-84-95-59-95. • chlorofil-parc.com • ♿ (accès partiel). Ouv de mi-avr à début nov : juil-août, tlj 10h-19h ; vac scol de Pâques et de la Toussaint et w-e mai-juin, 13h30-18h ; sur résa en sem mai-juin et sept (min 5 pers). Entrée (à partir de 14 ans) : 19,50 € ; enfants 13-17 € (selon taille et âge).* Parc acrobatique sur 3 ha de forêt, avec une douzaine de parcours classés selon la difficulté : tyroliennes de plus de 130 m, étriers volants, ponts de singe, sauts de Tarzan... Tenu par Xavier, un jeune de la région, dynamique et sportif, qui accueille les enfants à partir de 4 ans, les papis, et même les paras qui viennent s'entraîner ici sur les échelles du parcours noir Aneto (il y a aussi un parcours noir pour les enfants). Le matériel (poulies, harnais, crochet de ligne de vie continue, casque...) est vérifié avant votre départ, et une dizaine de moniteurs vous suivent de très près lors de vos évolutions dans les arbres (ligne de vie continue sur tous les parcours). Également un parcours sensation (la super rouge) situé au-dessus de tous les autres (agréés très originaux et hors du commun !). Sécurité assurée, accueil fort sympathique et sensations garanties ! Aussi, un parcours audio-vidéo interactif qui présente tous les secrets de la forêt, sa faune, sa flore, ses légendes... Snack à proximité, aire de pique-nique et barbecue.

➢ ***La voie verte des Gaves :*** *• valleesdesgaves.com •* Ancienne voie ferrée réaménagée en piste accessible aux piétons, vélos, rollers et personnes à mobilité réduite, entre Lourdes et Pierrefitte-Nestalas. Elle passe par Argelès (18 km en tout).

– **Mont'n'Roll :** *06-83-25-75-38 (Lionel Fort). Tte l'année. Balade familiale (45 mn-1h) : 25 € ; enfants 15 €. Balade sportive (1h-1h30) : 28 € ; enfants 20 €. Accessible à partir de 8 ans. Casque fourni.* Trottinette tout terrain pour dévaler les pentes dans les vallées d'Argelès. Très ludique !

– **Stand up paddle : Les Gaves Sauvages,** *06-13-79-09-58. • gaves-sauvages.fr •* Pour s'initier au plaisir de la glisse debout sur une grande planche avec une pagaie, en compagnie d'un guide de rivière. Facile et ludique.

– **La station de Hautacam :** *à env 15 km d'Argelès. ☎ 05-62-97-10-16. • hautacam.com •* Station de sports d'hiver avec 26 km de pistes balisées. Possibilité de balades à raquettes. Toute l'année, on peut tenter le *Mountain luge (3,90 € la descente ; 3-17 ans 2 €)* sur un parcours sur rail de 670 m. Une descente à grands frissons, à 1 m du sol (virages relevés, bosses, spirales, ondulations, pentes de 5 à 20 %). Ça décoiffe ! En été, activités multiglisse ludiques *Rollerbe* (*trottinherbe, devalkart* et autres engins à roues tractés par remontée mécanique), VTT.

LE VAL D'AZUN (65400) *Carte Hautes-Pyrénées, A3*

Au départ d'Argelès-Gazost, cette jolie vallée préservée du parc national des Pyrénées rassemble une dizaine de villages authentiques de montagne. On y perpétue les traditions pastorales et la fabrication du fromage fermier. Très connue des adeptes d'activités en plein air : ski de fond et raquettes en hiver, randonnée, parapente et VTT en été.

ARRAS-EN-LAVEDAN (65400 ; 525 hab.)

À 4 km d'Argelès, village typique du val d'Azun défendant l'entrée de la vallée. Ruelles pavées et vieilles maisons où se sont installés de nombreux artistes. Très belle église romane du XIVe s avec clocher rectangulaire à clochetons, inscrite au registre des Monuments historiques, et un presbytère superbe, « l'Abbadiale », servant de lieu d'expo des métiers d'art.

À voir. À faire

L'Abbadiale : *rue du Gabizos, au centre du village. En principe, l'été, mer-dim 10h-12h, 15h-19h (18h pdt les vac scol d'hiver). GRATUIT.* Dans une ancienne abbadie (tour), puis presbytère du village, c'est aujourd'hui à l'art et à la culture que s'ouvre ce site exceptionnel. L'association qui la gère s'est donné pour mission la promotion des métiers d'art et la création d'événements culturels. Trois espaces d'exposition regroupent le travail d'une quinzaine d'artisans d'art (sculpteurs sur pierre, verriers en vitrail, potiers, céramistes, créateurs de bijoux...). Également des expos temporaires d'art visuel. À l'entrée, on remarquera la tour ronde, vestige de la demeure des abbés laïques.

➢ Deux ***parcours à énigmes*** que l'on peut faire avec des enfants d'une durée de 2h-3h30 : « Le Maître de la pierre » et « Balade découverte au mont de Gez ». Livrets gratuits disponibles à la Maison du val d'Azun à Arrens-Marsous.

AUCUN (65400 ; 260 hab.)

À 9 km d'Argelès, au milieu de la vallée, Aucun mérite une halte.

Où dormir ?

⛺ ***Camping Azun Nature :*** *1, route des Poueyes. ☎ 05-62-97-45-05. • azun.nature@wanadoo.fr • camping-azun-nature.com • ♿ Avt d'entrer dans le bourg, à gauche. Bus Argelès-Arrens-Marsous. Ouv mai-sept (loc tte l'année). Prix tente 13,50-17 € selon saison ; loc de chalets 2-6 pers 200-510 €/sem selon saison. 45 empl. 💻 📶 Réduc de 5 % sf juil-août sur présentation de ce guide.* En pleine verdure, au cœur de la vallée, un camping de petite taille où les tentes et les chalets cohabitent de façon harmonieuse et se fondent dans la nature. Dans un but de préservation et de valorisation de l'environnement, l'équipe est intarissable en conseils et recommandations pour les randonnées et les activités en pleine nature. Le terrain d'atterrissage des parapentes est en bordure du camping ; difficile de résister à la tentation ! Peu ombragé, mais à 850 m d'altitude il fait moins chaud. Sanitaires nickel, petite épicerie, salle commune, aire de jeux, congélateur à dispo... Parfait pour se mettre au vert et au calme.

Hôtel Le Picors : *route d'Aubisque. ☎ 05-62-97-40-90. • hotel@picors.fr • hotel-picors.com • ♿ À la sortie du village, vers Arrens-Marsous. Congés : janv, avr et oct-Noël. Doubles 58-64 € selon saison ; familiales 69-76 €. 💻 📶* Hôtel moderne sans charme particulier mais qui a l'avantage de proposer à bon prix des chambres fonctionnelles avec TV et bains. Certaines disposent d'un balcon. Vaste piscine chauffée sous verrière, avec sauna, terrains de tennis, de basket, de volley, et même un minigolf. Tout y est. Il n'y a que les couloirs qui sont un peu tristounes... Quand le temps se gâte, grande salle commune, salle de jeux et vaste bar avec banquettes. Bon accueil.

À voir. À faire

L'église Saint-Félix : de style roman. Construite bizarrement avec clocher et petit lanternon. Frise de petites têtes courant le long du toit. Côté rue, portail roman avec chapiteaux archaïques. Très belle cuve baptismale à gauche, où l'on distingue un musicien jouant du hautbois, un acrobate, un joueur de cornemuse, un tailleur de pierre et ses outils, des chasseurs à la poursuite d'un cerf... Magnifique retable doré de style rococo. Devant de cuir polychrome. Statue de bois montée sur une vis à pressoir. Entrée des cagots (et leur bénitier). Ancien cimetière avec un curieux mur à créneaux.

Le col de Couraduque : panorama exceptionnel avec vue du pic du Midi au pic du Balaïtous. C'est l'occasion de partir en excursion à pied, à VTT ou dans les airs... C'est l'un des plus beaux sites de parapente du département. Trois adresses sérieuses :

■ ***Val d'Azun Loisirs :*** *col de Couraduque. ☎ 05-62-97-42-16.* Loue des VTT. Location de matériel neige en hiver.

■ ***Centre-école régional de parapente des Pyrénées :*** *1, rue de la Lannette, à Aucun. ☎ 05-62-97-40-40. • cerpp.fr •* Une adresse sérieuse pour ceux qui veulent s'adonner aux joies du parapente.

■ ***À Bout d'Aile – Comme un Oiseau :*** *39, route d'Azun. ☎ 05-62-97-47-63. 📱 06-52-84-62-36. • commeunoiseau.com • ♿* Une adresse tout aussi sérieuse proposant les mêmes prestations. Fait aussi des baptêmes biplaces pour handicapés.

ARRENS-MARSOUS *(65400 ; 720 hab.)*

Village possédant une certaine homogénéité architecturale. À voir pour son *église Saint-Pierre* aussi : porche en accolade terminé par ange et diable. Christ en majesté et les quatre évangélistes.

LES HAUTES-PYRÉNÉES (LA BIGORRE)

Au sud du village, la petite *chapelle de Notre-Dame-de-Pouey-Lahun* vaut le détour. À l'intérieur, superbes boiseries décorées à la feuille d'or. Beaux retables aussi. Possibilité de visite commentée gratuite. Renseignements à la Maison du val d'Azun, qui dispose de la clé.
D'Arrens, on rejoint le célèbre col de l'Aubisque par le col du Soulor ainsi que la vallée d'Estaing (par le col de Bordères) et la haute vallée de l'Ouzoum.

Adresse et infos utiles

Maison du val d'Azun et du parc national : *pl. du Val-d'Azun. ☎ 05-62-97-49-49. • valdazun.com • En été, tlj ; fermé dim sf dim mat vac scol d'été, de Noël et d'hiver.* Jolie statue d'ours à l'entrée. Infos sur la faune, la flore et les activités humaines de la vallée. Exposition permanente sur le parc national des Pyrénées et les divers artisanats d'art local avec de nombreux animaux naturalisés. En juillet-août, sorties randos découverte faune-flore et ascension de sommets *(payantes).* Infos ski de fond et espace nordique en hiver. Organise des balades en dameuse avec nuit en refuge.

Cars : *arrêt face à la Maison du val d'Azun. Résa indispensable la veille (avt 18h) : ☎ 0800-65-65-00 (n° Vert) ; • transports-maligne.fr •* Pour Argelès, 3-4 départs/j. ; les jeu et sam-dim, 2-3 continuent jusqu'à Lourdes.

– **Marchés :** *dim mat, slt en juil-août. Mer en juil-août, 16h-20h, « **Rendez-vous avec les producteurs** », pl. du Val-d'Azun.*

Où dormir ?

Camping

Camping La Hèche : *54, route d'Azun. ☎ 05-62-97-02-64. • laheche@free.fr • campinglaheche.com • Avt l'entrée du village d'Arrens, à gauche en venant de Marsous. Bus Argelès-Arrens-Marsous. Ouv de mi-juin à fin sept (tte l'année pour les loc). Compter 10 € en tente en hte saison ; loc de mobile homes 2-4 pers 350-500 €/sem selon saison. 166 empl.* Grand camping au pied de la montagne, jouissant d'un superbe panorama. Tranquille, bien en retrait de la route, choix entre une vaste zone dégagée et des emplacements ombragés. Petite épicerie, laverie, salle TV, animations pour les enfants en juillet-août, ping-pong... Accueil sympa.

De bon marché à prix moyens

Gîte d'étape Camélat : *6, impasse Cardet. ☎ 05-62-97-40-94. • gite-camelat@wanadoo.fr • gite-camelat.com • Au centre d'Arrens, au fond d'une ruelle qui part presque en face de la Maison du val d'Azun et du parc national. Congés : nov. Séjour slt en ½ pens : nuitée env 38 €/pers en dortoir, 48 €/pers en chambre.* Ancienne demeure du poète Camélat qui, tel Frédéric Mistral en Provence, chanta les louanges de la Bigorre. 3 chambres mansardées pour 2-3 personnes et 2 dortoirs de 4 à 8 lits superposés avec sanitaires. Grande salle à manger aux murs jaunes, avec cheminée, ou repas en terrasse en été. Cuisine régionale qui cale bien après une rando.

Chambres d'hôtes La Maison Sempé : *3, rue Marque-de-Dessus, à Marsous (en face de l'église), 1,5 km avt Arrens. ☎ 05-62-97-41-75. • maisonsempe@gmail.com • maisonsempe.fr • Doubles 60-65 €. Table d'hôtes 22 €.* Dans une maison de caractère du XVIIIe s, Sylvie et Michel proposent 5 chambres, dont 2 communicantes, idéales en famille. Elles sont spacieuses (sauf la « Tanière de l'Ours »), aménagées avec goût et sobriété. Mention spéciale pour la « Galerie de la Marmotte », avec une véritable galerie extérieure. À moins que vous ne préfériez le « Repaire de l'Aigle » ou celui « de l'Isard », toutes 2 mansardées. Jardin paisible pour prendre le petit déj en saison ou se relaxer après une belle balade.

Où dormir ? Où manger dans les environs ?

Le Chalet du Soulor : *à 7 km d'Arrens, en direction du* ***col du Soulor.*** *☎ 05-62-97-09-20. • gite-dusoulor@wanadoo.fr • gite-dusoulor.com • Resto ouv tlj en saison, le soir slt sf dim hors saison. Double 52 € ; familiale (3-4 pers) 79 €. Compter 52 €/pers en ½ pens slt ; spa en supplément. En été, assiettes à partir de 10,90 €. Réduc de 10 % sur le prix de la chambre sur présentation de ce guide.* Emplacement et panorama de choix pour ce chalet accroché sur le versant de la montagne, à quelques centaines de mètres du col du Soulor ! Dans une atmosphère très montagnarde, le chalet propose une dizaine de chambres de 2 à 6 lits, avec salle de bains privée mais sanitaires communs. Agréable salle commune dans laquelle crépite la cheminée lorsque l'atmosphère se refroidit. L'été, à midi, assiettes de charcuterie et fromage à grignoter en terrasse, si le temps le permet, pour profiter de la vue peu banale. Accueil adorable de Nadine et Valérie, les 2 sœurs qui ont repris cette affaire en main.

Auberge du Pic de Pan : *au sommet du* ***col des Bordères,*** *à 5 km d'Arrens (en direction d'Estaing). ☎ 05-62-97-45-35. • picdepan.pat@free.fr • Fermé mar hors saison. Congés : déc-janv et 1re quinzaine d'oct. Résa conseillée. Formule déj en sem env 12,50 € ; menus 16,50-30 €, dont un « menu surprise » et un « menu nature » ; pas de carte. CB refusées. Apéritif maison offert sur présentation de ce guide.* À 1 100 m d'altitude, petite maison en pierre, cachée dans la végétation au bout d'un chemin. Tenue par Patrick et Dominique, des éleveurs de chèvres angoras, fort dynamiques et disponibles. En terrasse ou dans une salle tout en pierre avec un poêle, bonne table d'hôtes à base de produits de la ferme. La vraie garbure, en potée et non en soupe comme on la trouve généralement. Foie gras, confit ou fondue au magret sur commande. Super idée que ce « repas nature », le mercredi midi, préparé à base de plantes et de fleurs de la montagne et suivi d'une balade digestive ! Soirées thématiques le jeudi (contes et musique) et une sacrée ambiance ! Vente de vêtements en mohair et cours de cuisine.

Où acheter de bonnes confitures ?

L'Atelier du Confiturier : *21, route des Bordères. ☎ 05-62-97-45-57. • atelierduconfiturier@orange.fr • À 1 km d'Arrens, en direction du col des Bordères et d'Estaing. Fermé dim ap-m hors saison.* Jean-François a dû tomber dans le chaudron quand il était petit pour concocter avec autant de talent de si bonnes confitures ! Plus d'une trentaine de recettes différentes (des classiques aux plus originales), et il innove sans cesse. Démonstration de fabrication de confiture le jeudi à 10h en été.

À voir. À faire dans les environs

➢ **Le col du Soulor :** *à env 8 km d'Arrens-Marsous.* Au pied du majestueux pic du Gabizos, un site dédié au pastoralisme, à la randonnée, au cyclotourisme et à l'observation des rapaces (gypaète barbu, vautour fauve, percnoptère d'Égypte, aigle royal...). Sur place, deux sentiers d'interprétation *(accès libre),* l'un sur les rapaces, l'autre sur les passereaux, une tyrolienne géante de 300 m qui permet de descendre le col à près de 70 km/h (également une minityrolienne pour enfants) et un resto (renseignements à la Maison du val d'Azun à Arrens).

➢ ***La vallée du Tech :*** *à 5-6 km d'Arrens-Marsous.* ♿ Belle vallée jalonnée de six sentiers d'interprétation *(accès libre)*, consacrés au patrimoine naturel et culturel. Au bout de la vallée, Maison du parc national *(ouv juil-août).*

LA VALLÉE D'ESTAING

(65400) *Carte Hautes-Pyrénées, A3*

Encore préservée, une des plus charmantes vallées de la région ! Paysage plein d'intimité, très doux, d'un vert velouté. Nombreux pâturages et estives. La route (la D 103) s'arrête au lac d'Estaing, où il y a souvent foule l'été. Mais il suffit de s'éloigner un peu sur les sentiers de randonnée pour trouver plus de calme. Multiples possibilités de promenades, comme aux lacs de Plaa de Prat, du pic Arrouy (altitude : 2 376 m) et Liantran. Très jolies ruines des *cuyeou,* ces anciens abris de bergers constitués en village.

Où dormir ? Où manger ?

Campings et gîte d'étape

⛺ ***Camping Pyrénées Natura :*** *route du lac d'Estaing.* ☎ *05-62-97-45-44.* • *info@camping-pyrenees-natura.com* • *camping-pyrenees-natura.com* • ♿ *À 12 km d'Argelès-Gazost, avt l'entrée d'Estaing. Ouv d'avr à mi-oct. Prix tente 17,60-26,80 € selon saison ; loc de mobile homes 294-660 €/sem selon saison. 65 empl.* 💻 📶 Beau camping sur une propriété de 3 ha avec emplacements en terrasses. Vraiment bien équipé : sauna, salle de relaxation, vaste salle commune en pierre avec bar-snack et billard dans l'ancienne bergerie, épicerie en libre-service (pas de caisse, on signale juste à l'accueil ce que l'on a pris !). Pas de piscine ni d'animations nocturnes, mais nombreuses activités nature proposées. Un camping pour des vacances calmes et sereines.

⛺ ***Camping intercommunal du Lac d'Estaing :*** *face au lac d'Estaing.* ☎ *05-62-97-24-46.* • *campingestaing@hotmail.fr* • ♿ *Ouv de mi-juin à fin sept. Prix tente en hte saison 11 €. CB refusées. 72 empl.* À 1 167 m d'altitude, en bordure du lac, vaste camping en paliers en pleine nature. Bien ombragé par les sapins et les bouleaux, centre d'accueil et resto-bar sympa à l'entrée. Sanitaires corrects. Feu de camp autorisé et pêche réglementée sur le lac très poissonneux (truites, vairons, brochets...). Balades à cheval à proximité. Accueil agréable, mais beaucoup, beaucoup de monde en été dans le coin, forcément.

🏠 🍽 ***Gîte d'étape des Viellettes :*** *route du lac d'Estaing, au lieu-dit* **Les Viellettes.** ☎ *09-60-40-65-17.* 📱 *06-43-87-14-24.* • *lesviellettes@gmail.com* • *gitelesviellettes.com* • *En pleine nature, 3 km avt le lac d'Estaing. Ouv tte l'année. Nuitée 20 €/pers en dortoir de 12 places (draps 3 €) ou 50 € en chambre 2 pers avec sdb ; petit déj 5 €. ½ pens 40 €/pers. Bivouac avec douche 7 €/pers.* Tenu par la sympathique Mélanie. Simple, dans un joli chalet en pierre sur le passage du GR 10. Cuisine à base de produits de la ferme et de produits locaux. Yaourts et pâtisseries faits maison.

Prix moyens

🏠 🍽 ***Chambres d'hôtes Le Chalet d'Athaline :*** *Lanne Dessus, 65400* **Bun.** ☎ *05-62-94-86-69.* 📱 *06-33-02-41-43.* • *chalet-athaline@orange.fr* • *chalet-athaline.com* • *À 500 m du village. Ouv tte l'année. Double 58 €. Table d'hôtes 21 €.* 📶 On a bien aimé ces 3 chambres au sein d'un chalet récent à l'atmosphère nordique, posé au bord d'un pré et d'un jardin fleuri (refuge LPO). L'une d'elles, pour

4 personnes, est idéale en famille. Celles sous le toit ont un petit supplément d'âme... Tout a été aménagé avec soin (beaucoup de bois blanc et tissus rouges, agréable salon avec bouquins et jeux de société pour occuper les jours de pluie). Les propriétaires habitent la maison mitoyenne, du coup, tout le monde gagne en indépendance. Un bon rapport qualité-prix.

Hôtel-restaurant du lac d'Estaing : *peu avt d'arriver au lac. ☎ 05-62-97-06-25. De mi-juin à sept, tlj. Séjour slt en ½ pens : compter 57 €/pers. Menus 18-28 €.* Cuisine assez appréciée pour le menu du jour ou le menu bigourdan avec copieuse charcuterie maison, truite et confit de canard. Salle de resto traditionnelle et terrasse avec vue superbe. Une poignée de chambres à la déco un poil kitsch et à l'atmosphère typique d'auberge avec meubles anciens. Belle vue sur le lac depuis la nº 9. Pas mal de monde dans le coin en été, car c'est à deux pas du lac. Bon accueil.

À voir. À faire

– **La transhumance :** *1 sam fin mai-début juin. Rens à la Maison du val d'Azun et du parc national, à* ***Arrens-Marsous.*** C'est le début de la transhumance pour quatre ou cinq bergers et leurs quelque 1 200 têtes. Le départ se fait à Arcizans-Dessus vers 8h du matin, et tout le monde arrive vers midi au lac d'Estaing pour un apéro et un gigantesque repas. Dans l'après-midi, marché de producteurs et différentes manifestations (chants pyrénéens, démonstration du travail des chiens de berger, etc.).

SAINT-SAVIN

(65400) 385 hab. *Carte Hautes-Pyrénées, B3*

Charmant petit village qui coule des jours paisibles et qui n'hésite pas à prendre un air de bastide avec sa place bordée de quelques bâtisses à couverts reposant sur des piliers en bois. Un sympathique *Café de la Poste* datant du XVe s, un point de vue plaisant sur la vallée d'Argelès-Gazost et le massif du Hautacam, un resto qui figure parmi les meilleures tables du département, tout cela est déjà bien suffisant pour justifier le détour. Mais on ne va pas s'arrêter en si bon chemin ! Saint-Savin abrite aussi l'une des plus belles abbatiales romanes de la région. Du premier monastère construit au IVe s, les Sarrasins ne firent qu'une bouchée au retour de la bataille de Poitiers. Ce n'est que plus tard, au Xe s, qu'un comte local décida d'édifier une abbaye, histoire de s'assurer les bonnes grâces du ciel... Celle-ci connut son heure de gloire au XIIIe s ; les guerres de Religion et surtout la Révolution française lui furent fatales.

Où dormir ? Où manger ?

Le Viscos : *1, rue Lamarque. ☎ 05-62-97-02-28. • contact@hotel-leviscos.com • hotel-leviscos.com • ♿ (resto). Dans le centre. Resto fermé dim soir et lun (slt lun midi juil-août). Doubles 89-127 € selon confort ; petit déj 14 €. Formule déj en sem 17 € ; menus 29-48 € et menu dégustation 75 € ; carte env 55 €. Apéritif maison offert sur présentation de ce guide.* Bel hôtel offrant une dizaine de charmantes chambres à la déco fraîche et sobrement colorée. Les moins chères ne sont pas bien grandes, en revanche, les nos 105, 106 et 107 sont particulièrement agréables, spacieuses et avec vue sur les Pyrénées. Et au Viscos, on est restaurateur depuis 7 générations ! C'est dire si on connaît le métier ! Jean-Pierre Saint-Martin n'hésite pas d'ailleurs à traverser les océans pour enseigner et enrichir son savoir-faire. Ce chef talentueux concocte une cuisine légère, goûteuse, inventive, qui rend hommage aux anciennes recettes bigourdanes et aux plantes de montagne. Et la belle histoire ne va pas s'arrêter en si bon chemin. La relève est assurée avec ses 2 fils qui travaillent désormais à ses côtés ! L'une des meilleures adresses du département.

Où dormir ? Où manger ? Où boire un verre dans les environs ?

À Arcizans-Avant (65400)

À 2 km d'Argelès-Gazost et à peine plus de Saint-Savin. Petit village en ruelles calmes où le temps semble s'être arrêté.

Camping

Camping Les Châtaigniers : *6, rue Deth-Cap, au village. ☎ 05-62-97-94-77. 06-30-58-11-00. • contact@camping-les-chataigniers.com • camping-les-chataigniers.com • D'Argelès-Gazost, direction Cauterets puis Saint-Savin. Ouv juin-sept. Prix tente 13,80-20 € selon saison ; loc de mobile homes et chalets 4-5 pers 240-580 €/sem selon saison. CB refusées. 51 empl. Réduc de 5 % en juin et sept sur présentation de ce guide.* Petit camping agréable et bien entretenu, en surplomb de la vallée, avec une superbe vue dégagée. Une cinquantaine d'emplacements calmes, spacieux et ombragés, avec sanitaires neufs. Piscine chauffée. À proximité, vélo, tennis, rafting, canyoning, golf et rando.

De bon marché à chic

Chez Pierrot : *30, rue Camine-d'Azun. ☎ 05-62-97-58-26. • barchezpierrot@gmail.com • Tlj sf lun et mar midi (plus mar soir hors saison), jusqu'à 2h. Congés : de début nov à mi-fév. Repas 15-20 €.* Labellisé « Bistrot de pays », un petit bar-resto de village tenu par Pierrot, fils du patron du Cabaliros (voir ci-après), lui-même apparenté à Jean-Pierre Saint-Martin du Viscos (voir plus haut). La restauration, ici, c'est une affaire de famille ! Pierrot propose une petite cuisine sympa vraiment pas chère comme son « I love the cochon ». On y vient aussi pour les concerts qu'il organise (2 fois par mois en moyenne, le week-end), pour écouter des CD, jouer d'un de ses instruments, faire des rencontres, squatter son espace cyber ou faire bronzette sur sa terrasse. Un petit coin bien sympa !

Auberge Le Cabaliros : *16, rue de l'Église. ☎ 05-62-97-04-31. • auberge.cabaliros@orange.fr • auberge-cabaliros.com • Ouv début fév-début nov. Resto fermé mar-mer (slt mar midi en saison). Doubles 70-99 € selon confort et saison. ½ pens 68-83 €/pers (demandée à partir de 3 j.). Menus 23-36 € ; carte env 40 €.* Gentille auberge avec une terrasse fleurie et une superbe vue panoramique sur la vallée. Sous le toit, quelques chambres restaurées et confortables. Cuisine régionale traditionnelle, fraîche et savoureuse. Et une belle carte, avec notamment, sur commande le vendredi soir, une véritable garbure bigourdane avec confit et cou farci. À déguster sous la tonnelle aux beaux jours. Service agréable. Une bonne adresse et un excellent accueil.

À voir

L'abbatiale : *au centre du village. ☎ 05-62-97-02-23. • argeles-pyrenees.com • Tlj 9h-19h. De mi-avr à mi-oct, visite du trésor tlj 14h30-18h ; le reste de l'année, sur demande. Entrée libre. Accès au trésor : 2,50 € ; gratuit moins de 16 ans.*

Elle date des Xe-XIIe s. Nef, abside et absidioles entourées de 12 contreforts. Noter la « galerie-chemin de ronde » et ses petites ouvertures du XIVe s. De la même époque, la tour (octogonale) massive et son drôle de clocher-éteignoir. Superbe portail roman. Au tympan, Christ en majesté, mutilé pendant la Révolution, portant aube et chasuble (ce qui est rare), ainsi qu'un taureau, un aigle, un homme et un lion symbolisant les quatre évangélistes. Chapiteaux assez archaïques et abîmés. À l'intérieur, à gauche : le *bénitier des cagots,* du XVe s (grosse pierre sculptée de deux personnages semblant fléchir sous le poids de la cuve baptismale), proviendrait d'une mosquée et aurait été ramené lors des guerres d'Aragon.
Dans le chœur, l'autel de marbre noir n'est autre que le *tombeau de saint Savin* (datant vraisemblablement du XIe s), ermite très pieux qui aurait vécu entre les IVe et VIe s (les historiens ne sont pas d'accord). Derrière s'élève une *tour eucharistique* (ou *ciborium*) du XIVe s, en bois doré. Elle mesure près de 6 m de haut. À l'intérieur, noter la splendide représentation des anges musiciens sur la coupole du premier niveau (peintures médiévales), au-dessus du tabernacle actuel (créé en 2005).
Orgue construit en 1557 mais restauré à l'identique en 1996, et vestige de la tribune peinte du XVIIIe s. Noter les trois mascarons dont la mâchoire et les gros yeux sont articulés quand l'organiste actionne un système de pédales.
Face à la chaire, beau *Christ polychrome* espagnol du XIVe s. Le sculpteur a voulu que les fidèles partagent l'agonie du Christ. Mettez-vous à gauche et reculez lentement ; avec un poil d'imagination, on peut voir ses yeux se fermer petit à petit douloureusement, mais le changement d'éclairage actuel atténue l'effet. Grande noblesse de l'expression du visage.
De chaque côté du tombeau, deux grands tableaux remarquables constitués de *panneaux en bois peint* du XVe s, contant la vie de saint Savin. Une véritable B.D.
Salle capitulaire du XIIe s (deux colonnes avec chapiteaux de réemploi de l'époque carolingienne ou mérovingienne qui soutiennent les voûtes). Très intéressant trésor de 300 pièces environ : belle *Vierge au long pouce* (signe de confiance ou de puissance) et *Vierge des croisades* du XIIe s. *Vierge à la grande main* du XVIIe s, chapiteaux de l'ancien cloître, belle armoire aux reliques du XVIIe s, *reliquaire de saint Savin* de la fin du XVe s en cuivre argenté et en forme de petit château Renaissance. Joli travail de ciselage. Et bien d'autres objets intéressants (vêtements liturgiques, vases sacrés, livres anciens...) toujours affectés au culte.

DANS LES ENVIRONS DE SAINT-SAVIN

La chapelle Notre-Dame-de-Piétat : *rens au trésor de l'abbatiale de Saint-Savin, ☎ 05-62-97-02-23. ♿ De Saint-Savin, prendre la direction de Pierrefitte-Nestalas. De mi-juil à fin août, tlj 14h30-18h ; de mi-avr à mi-oct, slt w-e et j. fériés aux mêmes horaires ; le reste de l'année, téléphoner. Entrée libre.* Superbe panorama sur la vallée et Saint-Savin. Petite chapelle cruciforme construite successivement aux XIe, XIVe et XVIIIe s, dédiée à la Vierge de Pitié, elle se détache dans un cadre idyllique. Retable baroque et originale voûte du XVIIIe s aux oiseaux peints.

➢ D'Uz, balade sympa à pied jusqu'à l'***ermitage de Pouey-Aspé,*** construit sur l'emplacement où vécut saint Savin.

CAUTERETS (65110) 1 130 hab. *Carte Hautes-Pyrénées, B4*

À une quinzaine de kilomètres au sud d'Argelès-Gazost, Cauterets est une station thermale jadis fréquentée par Chateaubriand, Victor Hugo, Baudelaire

ou encore Debussy. Elle acquit pleinement sa célébrité au XIXe s, avant de connaître un certain déclin. À l'époque, les 300 chambres du *Grand Hôtel d'Angleterre* suffisaient à peine à loger monarques, bourgeois et grands capitaines d'industrie en villégiature. Ses eaux sont réputées pour le traitement des affections des voies respiratoires et des rhumatismes. Beaucoup de monde, hiver comme été. Les plus hauts sommets sont dans le coin.

Adresses et infos utiles

Office de tourisme : *pl. du Maréchal-Foch. ☎ 05-62-92-50-50. • cauterets.com • Tte l'année ; fermé dim en mai et oct-nov.* Accueil sympathique et efficace. Affichage des prévisions météo et beaucoup de documentation sur la région (carte des circuits VTT, topoguides, etc.).

■ ***Maison du parc national :*** *pl. de la Gare. ☎ 05-62-92-52-56. Juin-sept, lun-ven (tlj juil-août) 9h30-12h, 15h-19h30 ; le reste de l'année, se renseigner. Entrée libre.* Cauterets est avant tout le point de départ de balades faciles dans les alentours proches et dans le parc national des Pyrénées. Ne pas manquer de rendre visite à la Maison du parc avant de composer son itinéraire. Plein d'infos sur les itinéraires et les randos. Vente de fiches et topoguides, guides naturalistes et cartes. Projection de documentaires sur le parc, sa faune et sa flore. En juillet-août, sorties à thème et animations gratuites (faune, flore, géologie...).

Gare routière : *pl. de la Gare. ☎ 05-62-92-53-70.* Toute l'année, 6-7 départs/j. pour Argelès et Lourdes avec la compagnie *Keolis* (*☎ 05-62-42-22-90 ; • keolis-pyrenees.com •*). Possibilité de rejoindre Tarbes et Luz-Saint-Sauveur, mais changements de bus à Pierrefitte-Nestalas (pour Luz-Saint-Sauveur) ou à Lourdes (pour Tarbes).

– ***Marchés :*** *ven, marché forain. Également une belle halle style Baltard, av. Général-Leclerc, ouv tlj en saison 8h-20h (vente de produits locaux dont la fameuse tourte de Chez Gilou).*

Où dormir ? Où manger ?

Campings

Camping GR 10 : *hameau de Concé, route de Pierrefitte. 06-20-30-25-85. • contact@gr10camping.com • gr10camping.com • 2,5 km avt Cauterets, sur la gauche. Arrêt du bus Argelès-Cauterets à 500 m, face au supermarché Carrefour Contact, et navette Citycab gratuite en été depuis le centre-ville. Ouv fin juin-début sept. Prix tente en hte saison 18 € ; hébergements locatifs 490-630 € selon saison. CB refusées. 69 empl.* Situé au pied de la montagne, un petit camping bien ombragé, avec tennis, aire de jeux, boulodrome, ping-pong, salle TV... Et surtout, une école d'escalade sur place avec via ferrata, tyroliennes et accrobranche pour enfants à flanc de montagne. Préférez les emplacements situés au fond du camping et éloignés de la route, assez passante en été. Tenu par une famille sympa.

Camping Cabaliros : *93, av. du Mamelon-Vert. ☎ 05-62-92-55-36. • info@camping-cabaliros.com • camping-cabaliros.com • 1 km avt Cauterets, après le supermarché Carrefour Contact, fléché sur la droite. Du centre-ville, navette Citycab gratuite en été (arrêt Le Pont-de-Secours) ou sentier piéton. Ouv fin mai-sept (loc déc-sept). Compter 13,80-15,20 € en tente selon saison ; loc de quelques mobile homes 4-5 pers 270-520 €/sem selon saison. 100 empl.* En bordure de rivière et de forêt, un camping familial à l'accueil très chaleureux. Calme. Emplacements peu nombreux mais vastes et ombragés (pour ceux situés à l'orée de la forêt). On oublie qu'on est aux portes de la ville. Belle salle commune semi-ouverte avec TV et bibliothèque de 1 500 livres à dispo. Eau chaude en permanence.

De bon marché à prix moyens

Gîte d'étape Beau Soleil : *25, rue du Maréchal-Joffre. ☎ 05-62-92-53-52. • gite.beau.soleil@orange.fr • gite-beau-soleil.com • Dans le vieux Cauterets. Compter 21 €/pers en dortoir, 46 € en chambre double. Réduc de 10 % sur le prix de la chambre sur présentation de ce guide.* Gîte familial accueillant, repérable à sa façade jaune aux huisseries bleues, composé de chambres avec salles de bains impeccables et de 2 dortoirs pour 5 personnes, répartis sur 2 bâtiments dans un enchevêtrement de couloirs et d'escaliers. Cuisine équipée à disposition, cour intérieure agréable pour les repas, salle de jeux, TV et lecture au rez-de-chaussée. Très propre, tenu par un patron avenant généreux en infos sur la région, on dirait presque un petit hôtel.

Hôtel et gîte d'étape Le Pas de l'Ours : *21, rue de la Raillère. ☎ 05-62-92-58-07. • hotel@lepasdelours.com • lepasdelours.com • À 300 m du centre, dans le vieux village. Nuitée en gîte 22 € (28 € avec petit déj) ; double 64 €. ½ pens 36-50 €/pers en gîte ou chambre.* Un gîte d'une douzaine de places réparties en 2 dortoirs avec sanitaires communs et cuisine équipée. Une partie hôtellerie avec de petites chambres aux murs bardés et plaisantes (couette moelleuse, TV). Agréable suite familiale avec salon. Sauna. Organise des randos et balades à raquettes. Atmosphère sympathique.

De prix moyens à chic

L'Edelweiss : *7, bd Latapie-Flurin. ☎ 05-62-92-52-75. • hotel.edelweiss65@wanadoo.fr • edelweiss-hotel.fr • Congés : mai et oct-nov. Doubles 60-75 € selon taille et saison. Possibilité de ½ pens.* Hôtel apprécié des curistes pour son ambiance familiale. Chambres classiques, avec salle de bains, TV à écran plat pour la plupart, certaines avec balcon. Agréable salle de petit déj ouverte sur une cour fleurie. Accueil affable. Une adresse qui roule tranquillement, mais sûrement.

Hôtel Christian : *10, rue Richelieu. ☎ 05-62-92-50-04. • hotel-christian@wanadoo.fr • hotel-christian.fr • ♿ Doubles 63-76 € selon confort et saison ; familiales 76,50-101 €.* Une bonne vingtaine de chambres pour cet hôtel situé face aux thermes et tenu par la même famille depuis 4 générations. Chambres confortables, toutes de taille différente, mais toutes dans le même esprit (murs blancs, dessus-de-lit rouge et tête de lit bleue). Excellent accueil du patron, qui aime son métier et qui, en tant qu'ancien moniteur de ski, connaît bien les secrets de la montagne. Une adresse appréciée des curistes, fidèles au poste.

Hôtel du Lion d'Or : *12, rue Richelieu. ☎ 05-62-92-52-87. • contact@liondor.eu • liondor.eu • Hôtel ouv tlj ; resto (réservé aux résidents) le soir slt sf dim hors saison. Congés : 3 sem en avr-mai et de début oct à mi-déc. Doubles 80-112 € ; suites 122-172 € ; petit déj 12 €. Menus 23-29 €. Apéritif maison offert sur présentation de ce guide.* 2 sœurs, Bernadette et Rose-Marie, aidées du petit-fils de Rose-Marie, gèrent cette affaire de famille. C'est le plus ancien hôtel en activité de la station thermale, reconnaissable à sa façade jaune et bleu. À l'intérieur, une vraie bonbonnière : l'ascenseur caché par une porte en bois, le sublime percolateur du bar, en passant par la déco très cosy des couloirs (vieux berceaux et jarres rustiques) et des chambres de charme (toutes différentes), avec d'élégantes appliques lumineuses, des lits anciens et des reproductions d'antiques téléphones. C'est adorable. À ce propos, l'accueil l'est tout autant. Bonne cuisine familiale dans une salle qui a gardé son cachet.

Où dormir ? Où manger dans les environs ?

Prix moyens

Chambres d'hôtes La Musardière : *53, av. du Mamelon-Vert. ☎ 05-62-92-96-80. 📱 06-77-76-77-85. • contact@domaine-musardiere.com • domaine-musardiere.com • Du centre-ville, prendre à droite à la hauteur du* *minigolf et continuer la D 312 sur 1 km. Doubles 60-73 € selon taille et saison ; familiales (4 pers) 94-103 €. Table d'hôtes 24 €.* Vieille maison bigourdane joliment restaurée. 3 belles chambres spacieuses et élégantes avec balcon et douche à hydrojets ou bains. 2 d'entre elles disposent d'une terrasse et d'un accès privatif. Bonne table à base de produits du potager. Accueil familial chaleureux.

Hostellerie de la Reine Hortense : *chemin du col de Riou. 06-75-67-01-50. À 4 km de Cauterets ; du centre-ville, prendre la rue de la Raillère (en face de l'office de tourisme), direction « Parking Ardiden » ; au bout du parking, suivre le chemin qui monte sur la gauche en épingle à cheveux. Tlj, midi et soir. Menus 21-35 € ; carte 30-35 €. CB refusées. Apéritif maison offert sur présentation de ce guide.* Le genre de petite auberge à la bonne franquette, accrochée au sommet d'un versant, hors du temps et à l'écart des sentiers battus (c'est le cas de le dire !). Depuis la terrasse, on a la fabuleuse impression d'être installé dans le poulailler d'un vaste théâtre avec vue plongeante sur la scène (Cauterets et sa vallée !). On grimpe ici pour l'atmosphère, le cadre et la cuisine de terroir, franche et généreuse. Également de grosses salades en été.

De prix moyens à chic

L'Abri du Benquès : *La Raillère. ☎ 05-62-92-50-15. • ju.canton@orange.fr • Sur la route du pont d'Espagne, à 2,5 km du centre-ville, quelques centaines de mètres après les marchands de souvenirs. Tlj sf le soir lun-mar, plus mer hors vac scol. Congés : 2 sem en janv et 1re quinzaine de déc. Résa conseillée le w-e. Formule 14 € servie midi et soir ; menus 16,50-42 € ; carte env 35 €.* Au pied de la cascade du Lutour, qu'on ne se lasse pas d'admirer à travers une grande baie vitrée, une superbe auberge à la déco contemporaine mêlant bois et ardoises. Derrière les fourneaux, Julien Canton, un tout jeune cuisinier. Après avoir fait ses classes dans de grandes maisons étoilées, ce talentueux et perfectionniste artiste concocte une cuisine créative, surprenante et savoureuse avec une modernité et une présentation dignes de ses aînés. Tout est raffiné, depuis l'entrée jusqu'aux desserts. Terrasse lorsqu'il fait beau, mais certains trouveront peut-être que la cascade fait un peu de bruit... Un excellent rapport qualité-prix pour une adresse qui mérite le détour. Bravo jeune homme !

Où goûter de bons berlingots ?

La Reine Margot : *2, av. du Mamelon-Vert. ☎ 05-62-92-58-67. Tlj (sf lun hors saison). Congés : nov.* Très apprécié par les curistes, le berlingot permettait de faire disparaître le goût particulier de l'eau sulfureuse. On peut assister à sa fabrication artisanale plusieurs fois par jour. Plus de 35 parfums : abricot, mandarine, anis, orange, menthe, caramel, amande... et quelques originaux comme thym-sauge-romarin, cardamome, coquelicot, violette et lavande.

À voir

Le musée 1900 : *1, bd Latapie-Flurin. ☎ 05-62-92-02-02. Pdt les vac scol, tlj sf dim et j. fériés en principe 15h-18h30 ; le reste de l'année, se renseigner. Entrée : 6 € ; 5-14 ans 3 €. Durée de la visite : 45 mn.* Situé dans le fastueux décor de l'ancien Grand Hôtel d'Angleterre, construit en 1875 pour accueillir, entre autres, les monarques britanniques (Édouard VII, George V), ce musée propose un voyage nostalgique. La visite commence par l'ancienne salle à manger Louis XV, qui abrite aujourd'hui une superbe collection de costumes, du Second Empire aux Années folles, parmi lesquels la robe rouge et noir portée par Isabelle Adjani dans Camille Claudel. Au sous-sol, des collections de skis, costumes pyrénéens, cartes postales anciennes, atelier de sabotier, son et lumière dans la montagne... sans oublier les cuisines de l'hôtel en partie reconstituées.

La gare routière : c'est l'ancien pavillon de la Norvège présenté lors de l'Exposition universelle de Paris en 1889, installé à Cauterets 9 ans plus tard pour recevoir le train. Aujourd'hui, ce sont les autocars qui s'y arrêtent. Elle vaut le coup d'œil pour son étonnante structure en bois.

Le pavillon des Abeilles : *23 bis, av. du Mamelon-Vert. ☎ 05-62-92-50-66. • ballot-flurin.com • Pdt les vac scol, tlj sf dim (tlj en été) 10h30-12h30, 14h30-19h ; le reste de l'année, mer-sam. GRATUIT.* Petite boutique avec une ruche sous verre, un jardin de fleurs butinables, des projections de vidéos. Pendant les vacances scolaires, organise des ateliers *(payants)* pour les adultes et les enfants sur la fabrication du pain d'épice, des bougies, visite de ruches, etc. Vente de produits, bien sûr.

À faire

- Les Bains du Rocher : *av. du Docteur-Domer. ☎ 05-62-92-14-20. • bains-rocher.fr • À côté des thermes. Juil-août, tlj 10h-12h15, 13h30-19h45 ; vac scol de Noël et d'hiver, tlj 10h-20h45 ; le reste de l'année, en sem 14h-19h15, w-e 10h-12h45, 13h30-19h45. Pass 2h : 17-18,50 € selon saison ; réduc.* Espace thermo-ludique et de remise en forme : bassins intérieur et extérieur, douches tropicales, sauna, hammam, soins du visage et du corps, etc.

- Patinoire : *pl. de la Gare. ☎ 05-62-92-58-48. Horaires variables.*

➢ De Cauterets, télécabine pour le ***cirque du Lys.*** De là, le télésiège du Grand Barbat vous conduit jusqu'aux ***crêtes du Lys*** (altitude : 2 400 m). *Compter 11 € l'A/R les 2, 17 € pour le bike park ; réduc enfant et famille. Fonctionnent en été. Possibilité de monter son VTT.* Du cirque, comme des crêtes du Lys, superbes balades et 1 500 m de dénivelée de descente. Depuis les crêtes, possibilité de redescendre à pied (45 mn) au ***lac d'Ilhéou*** (altitude : 1 988 m). Refuge d'Ilhéou : *☎ 05-62-92-07-18. Ouv juin-sept. Une vingtaine de places. Apporter son sac de couchage.*

Sports d'hiver : *station de ski de Cauterets* (cirque du Lys ; altitude : 1 850 à 2 400 m). Domaine skiable de 19 pistes, 12 remontées mécaniques. Très bon enneigement et beaucoup de soleil (station très bien exposée). Ski alpin et snowboard uniquement. Également la *station de ski de fond du pont d'Espagne* avec 36,5 km de pistes. Circuits piétons et raquettes, avec 6 km de pistes balisées. On peut aussi y pratiquer le ski alpin (5,5 km de pistes). Renseignements à l'office de tourisme.

➢ ***Randonnées :*** *bureau des guides et accompagnateurs, 2, rue de la Raillère. 📱 06-42-06-33-82. • guides-cauterets.com •* Si vous souhaitez organiser une randonnée à thème, du rafting, du canyoning, de l'hydrospeed, de l'escalade, une via ferrata... ou tout simplement jouer la carte de la sécurité. Matériel technique fourni. À la journée ou en stage de plusieurs jours. On peut aussi se renseigner auprès du gîte *Beau Soleil* et au *camping GR 10* (voir « Où dormir ? Où manger ? »).

➢ ***La voie verte :*** ancienne voie ferrée réaménagée qui relie Cauterets à Pierrefitte-Nestalas (9 km). De Pierrefitte-Nestalas, on peut rejoindre Lourdes par la voie verte des Gaves (18 km).

DANS LES ENVIRONS DE CAUTERETS

LE SITE DU PONT D'ESPAGNE

À 7 km de Cauterets, le pont d'Espagne, labellisé « Grand Site de Midi-Pyrénées », est un haut lieu du tourisme dans le département. Au cœur du parc

national des Pyrénées, le site offre un paysage de montagne de toute beauté, parfaitement préservé, et recèle de véritables joyaux posés dans leur écrin de nature.
À 1 725 m d'altitude, le *lac de Gaube,* d'un bleu pur, figure parmi les plus beaux lacs des Pyrénées. En toile de fond, le Vignemale (3 298 m), le plus haut sommet des Pyrénées françaises, déploie toute sa force de fascination. C'est le point de départ de nombreuses balades, et grâce aux aménagements réalisés, pas besoin d'être un marcheur aguerri pour profiter du site.

Comment y aller ?

➢ ***En voiture :*** depuis Cauterets, la route grimpe dans une vallée enserrée et mène au parking du Puntas, porte d'entrée du site.
➢ ***En navette :*** service de navette reliant le centre-ville de Cauterets au parking du Puntas. En juil-août, départs de la gare routière de Cauterets ttes les 2h env (8h-18h ; retour 9h-19h) ; le reste de l'année, excursions selon demande avec la société *ACTL Caralliance (☎ 05-62-92-53-68 ; 📱 06-71-01-46-86). Tarif : 7,50 € l'A/R (4,50 € trajet simple) ; 6-12 ans 4,50 € l'A/R.*
➢ ***À pied :*** par le « chemin des Cascades » (GR 10) qui débute au pont de La Raillère, au pied de la cascade du Lutour, à 2,5 km de Cauterets. Compter 1h30 l'aller. Ce chemin permet d'admirer six cascades, sans compter celle du pont d'Espagne ! Au passage, ayez une pensée pour Sarah Bernhardt, qui campa près du pont de Boussès tant elle aimait l'endroit... Le site s'appelle d'ailleurs l'île Sarah-Bernhardt.

Adresses et infos utiles

ℹ ***Bureau d'accueil du pont d'Espagne :*** *parking du Puntas. ☎ 05-62-92-52-19. Tlj 9h30-17h30 (18h30 juil-août). Congés : oct-nov.* C'est là qu'on achète les différents pass d'accès au site. C'est aussi un vrai bureau d'accueil avec des infos sur le site, les conditions météo, etc. Le personnel, compétent, vous écoute et vous conseille pour organiser votre balade en fonction de vos souhaits, de votre disponibilité, etc.
– ***Accès au site :*** *ouv mai-fin sept. Parking du Puntas : 5,50 €/voiture (8 € au-delà de 12h) ; gratuit 15 mn ou pour ceux qui logent sur place (sf aux refuges Marcadau, Oulettes et Bayssellance).* Sur le site, possibilité de se balader à pied ou d'utiliser les 2 remontées mécaniques *(payantes)* : la télécabine du Puntas et le télésiège de Gaube.
– ***La télécabine du Puntas :*** *fonctionne en permanence juin-sept. Départ au niveau du bureau d'accueil.* Pass Panorama Cascade : *6 €/pers l'A/R (5-12 ans 5 €).* Intéressant pour ceux qui ont du mal à marcher. Sinon, on peut très bien s'en passer ; d'ailleurs, on voit mieux la cascade du pont d'Espagne en prenant le sentier.
– ***Le télésiège de Gaube et le pass Lac de Gaube :*** *fonctionne mai-sept selon météo ; horaires variables ; rens au bureau d'accueil.* Pass Lac de Gaube *(télécabine du Puntas + télésiège + stationnement du Puntas) : 12 €/pers l'A/R (5-12 ans 10 € ; pass famille 40 €).* Pour rejoindre le lac de Gaube depuis le sommet du télésiège, compter 15 mn à pied.
– Noter qu'il existe un ***pass Grands Sites*** incluant l'accès au site du pont d'Espagne et au pic du Midi *(45 €/pers ; 5-12 ans 31,50 € ; forfait famille 126 €).*
🏠 🍴 Possibilité de se restaurer (sandwichs ou plats plus cuisinés) à l'*Hôtellerie du Pont d'Espagne,* située juste devant le pont du même nom *(☎ 05-62-92-54-10 ; • hotel-du-pont-despagne.fr •).* Dispose également de quelques chambres *(56 €/pers en ½ pens).* Bien entendu, vous n'y serez pas tout seul. Un peu plus loin, à 20 mn à pied de l'entrée du site, le *Chalet du Clot (☎ 05-62-92-61-27 ; • f.walton@chaletduclot.fr • chaletduclot.fr • ; ♿)* propose des chambres de 4 à 8 lits *(compter 23 €/pers, petit déj compris ;*

38,50 €/pers en ½ pens ; formule bivouac 21 €/pers en ½ pens, douche comprise). Fait aussi resto (sandwichs, assiettes et plats cuisinés).
– Les chiens sont tolérés l'été (y compris dans la télécabine et le télésiège) à condition qu'ils soient tenus en laisse et qu'ils suivent l'itinéraire établi (renseignements au bureau d'accueil).

Balades et randonnées

Plusieurs possibilités de balades pour profiter du site. Selon le temps dont vous disposez, vous ne vous organiserez pas de la même manière. N'hésitez pas à demander conseil au bureau d'accueil (voir « Adresses et infos utiles »). Pour rejoindre le lac de Gaube, on peut par exemple prendre le télésiège à l'aller et revenir à pied par un sentier (GR 10 ; compter 1h15 environ pour descendre), ou bien faire l'aller-retour à pied. En prenant le télésiège à l'aller et au retour, compter près de 2h. D'une manière générale, mieux vaut d'abord se rendre au lac de Gaube et finir par le pont d'Espagne.

➢ ***Le pont d'Espagne :*** depuis l'entrée du site, une courte marche de 5 mn mène au pont d'Espagne, un petit pont de pierre qui a donné le nom à l'ensemble du site. Beau point de vue sur la cascade. À 10 mn de là, le « monument Meillon » offre un superbe panorama sur le Vignemale : dépasser l'*Hostellerie du Pont d'Espagne* en restant sur la route goudronnée ; après le passage canadien, prendre le chemin qui monte sur la droite (compter 20 mn l'aller).

➢ ***Le lac de Gaube*** *(altitude : 1 725 m)* **:** paysage assez grandiose. Vous êtes au pied du célèbre Vignemale. Au bord du lac, un resto *(ouv le midi juin-sept).* Le GR 10 tourne autour du lac de Gaube et permet de rejoindre le fond de la vallée par le ***col des Oulettes*** et de monter vers le Vignemale. *Refuge des Oulettes (☎ 05-62-92-62-97 ; 📱 06-08-46-89-89 ; ouv juin-sept ; 75 places).*

➢ Du pont d'Espagne, d'autres balades, sans difficulté majeure, notamment le ***Marcadau,*** par l'ancien sentier (2h30 de trajet) ou par le lac du Paradis. *Refuge Wallon-Marcadau (☎ 05-62-92-64-28 ; ouv juin-sept ; 120 places).* Pour les marcheurs aguerris, possibilité d'atteindre le lac de Gaube, puis le ***col des Mulets,*** les ***Oulettes de Gaube.*** *Refuge de Bayssellance (☎ 05-62-92-40-25 ; ouv 20 mai-30 sept ; 58 places)* avant de gravir le Vignemale par la voie normale. Se munir de la carte IGN TOP 25 Vignemale pour randonner dans le secteur de Cauterets-Pont d'Espagne.

LA VALLÉE DU LUTOUR

De Cauterets, se rendre à La Raillère (à 2,5 km) et se garer. Là se trouve la *cascade du Lutour,* puis balade jusqu'à la *fruitière* en 45 mn. Belle forêt de sapins. Puis la vallée s'élargit en une sorte d'immense clairière. Tout est harmonie. Pâturages et nombreux troupeaux de chevaux en liberté. La *fruitière* est aussi le point de départ d'une belle balade au ***lac d'Estom*** (1 804 m). Randonnée extrêmement agréable de 2h en montée par le GR 10. Au lac, *refuge d'Estom (☎ 05-62-92-07-18 ; ouv avr et juin-sept).* Poursuite possible vers la *hourquette d'Ossoue,* au pied du Petit Vignemale, mais là, c'est de la haute rando !

VISCOS

(65120) 40 hab. *Carte Hautes-Pyrénées, B3*

À une vingtaine de kilomètres de Cauterets par Pierrefitte-Nestalas puis la D 921 en direction de Luz-Saint-Sauveur. Ne pas manquer de jeter un œil à

cet adorable village de poupée sur un piton rocheux, pomponné et fleuri avec grâce. Quelques beaux spécimens d'architecture de montagne. Noter la largeur et l'épaisseur des plaques d'ardoise sur les toits, dont les dimensions décroissent de haut en bas.

Où dormir ? Où manger ?

Bon marché

Gîte d'étape L'Asphodèle : *chez Nicole Santam. ☎ 05-62-92-33-43. • gitelasphodele@orange.fr • Juste avt d'arriver dans le village de Viscos (en venant de la vallée de Luz), prendre la route à gauche puis grimper sur 2,5 km. Ouv tte l'année. Nuitée 15 €/pers, serviettes et draps fournis. Pas de petit déj.* Charmante bergerie au nom de fleur alliant le caractère de l'ancien et le confort moderne. Au rez-de-chaussée, salle à manger commune, coin cheminée, cuisine équipée. À l'étage, 2 dortoirs de 6 lits équipés de couettes pimpantes, douches et sanitaires impeccables. Bois fourni en hiver. De la terrasse, vue imprenable sur la vallée de Luz. Tenue par Nicole, adorable et discrète hôtesse.

De prix moyens à plus chic

La Grange aux Marmottes : *au cœur du village. ☎ 05-62-92-91-13. • hotel@grangeauxmarmottes.com • grangeauxmarmottes.com • Resto fermé dim soir hors saison. Congés : de mi-nov à mi-déc. Doubles 72-160 € selon confort et saison. Menus 15 € (midi en sem), puis 22-35 € ; carte env 45 €. Apéritif maison offert sur présentation de ce guide.* Il s'agit de l'ancienne bergerie du village transformée en hôtellerie de luxe, avec de jolies chambres au calme réparties sur 2 bâtiments. Toit d'ardoises, pierre de taille, piscine et, tout autour, beaucoup de fleurs. Les chambres sont spacieuses et de caractère, avec vue sur la montagne pour les plus chères. Tout le confort d'un 3-étoiles, avec TV, coffre, minibar et sèche-cheveux. Déco dans le style montagnard chic et cosy. Côté cuisine, bonne gastronomie du terroir.

LUZ-SAINT-SAUVEUR

(65120) 980 hab. *Carte Hautes-Pyrénées, B4*

À 17 km d'Argelès-Gazost et à 7 km de Viscos, station thermale traditionnelle (spécialisée en ORL, gynécologie et phlébologie). Le plus important carrefour de routes des Pyrénées centrales. Permet de rayonner dans toutes les vallées alentour. C'est aussi la porte d'entrée du pays Toy. L'origine du mot « toy » reste mystérieuse. Il viendrait du gascon et signifierait « petit ». C'est vrai que les habitants de la vallée Toy (Luz, Gavarnie, Barèges) sont plutôt râblés et costauds. Ils eurent longtemps à se débrouiller eux-mêmes pour survivre et se forgèrent ainsi un tempérament très indépendant (à leur façon de défendre avec acharnement leurs intérêts, d'aucuns disent tempérament têtu également !).

Napoléon III et Eugénie appréciaient les eaux des thermes, qui datent d'ailleurs de cette époque. Dans le quartier Saint-Sauveur, quelques maisons avec leurs marbres et façades néoclassiques rappellent aussi le XIXe s, ainsi que le *pont Napoléon,* cadeau impérial construit en 1861.

En vous promenant dans la ville, regardez les panneaux sculptés et peints qui ornent la plupart des commerces et les angles de rues. C'est un artisan du coin qui fait ça. Et on en trouve désormais au-delà de Luz...

Adresses et infos utiles

Office de tourisme : *3, pl. du 8-Mai. ☎ 05-62-92-30-30. • luz.org • Tte l'année, tlj sf dim ap-m hors saison.* Un petit truc intéressant : la carte d'hôtes (l'été) qui donne accès à des activités dans la vallée. Propose 2 recueils détaillant une cinquantaine de sentiers de randonnée dans la vallée *(9 € chacun),* des circuits VTT *(10 €)* et des vélos de route *(5 €).* Fait également des réservations SNCF.

■ ***Maison du parc national et de la vallée :*** *pl. Saint-Clément. ☎ 05-62-92-38-38. • culture.luz.org • Tte l'année, lun-ven 9h-12h, 14h-19h, sam 16h-19h.* Superbe architecture aérée et lumineuse. Accueil très sympa, animateurs enthousiastes et compétents. Salle de spectacle, cinéma et expos. Médiathèque, cyberbase, espace de jeux.

■ ***Bureau des guides :*** *pl. du 8-Mai, face à l'office de tourisme. ☎ 05-62-92-87-28. 06-72-00-98-58. • guides-de-luz.fr • 15 juin-15 sept, tlj 10h-12h30, 16h-20h ; pdt les vac scol d'hiver, tlj 17h-19h.* Sorties accompagnées à la demi-journée ou à la journée. Escalade, randos, saut à l'élastique, rafting, parapente, canyoning, accrobranche, via ferrata, promenade à cheval, deval'mountain, etc.

■ ***Luz Aventure :*** *6, rue de Barèges. ☎ 05-62-92-33-47. • luz-aventure.com •* Propose les mêmes activités que le bureau des guides.

Cars : *devant l'office de tourisme.* 2-3 bus/j. pour Barèges, Saint-Savin, Argelès-Gazost, Lourdes et Tarbes avec le réseau *Maligne (☎ 0800-65-65-00, n° Vert ; • transports-maligne.fr •).* En juin-septembre, 3-4 liaisons/j. entre Luz, Gèdre et Gavarnie. Pour Cauterets, changement de bus à Pierrefitte-Nestalas.

– ***Marché :*** *lun mat, pl. de l'Église.*

Où dormir ? Où manger ?

Camping

Camping Les Cascades : *rue Sainte-Barbe. ☎ 05-62-92-85-85. 06-80-07-15-68. • cathy.sesque@wanadoo.fr • camping-luz.com • Au-dessus de l'auberge de jeunesse. Ouv déc-sept. Prix tente 16-22 € selon saison ; mobile homes 2-6 pers 250-620 €/sem selon saison. 77 empl. Réduc de 10 % en basse saison et 5 % en hte saison sur les emplacements ainsi qu'un cours d'aquagym offert sur présentation de ce guide.* Un peu à l'écart du village et aux abords de la montagne. Bel environnement, donc. L'endroit est calme. Cathy accueille de façon charmante. Emplacements en terrasses, ombragés et agréables. Sanitaires impeccables. Jacuzzi et hammam. Piscine.

De bon marché à prix moyens

Auberge de jeunesse et gîte d'étape Les Cascades *(LFAJ) :* *17, rue Sainte-Barbe. ☎ 05-62-92-94-14. • auberges-de-jeunesse.com • Dans le centre de Luz. À proximité du GR 10. Tlj en saison ; resto ouv le soir slt. Congés : nov. Nuitée 20 €/pers, avec petit déj ; 31 €/pers en ½ pens (demandée en hiver ; réduc à partir de 2 nuits). Menus 14-23,50 € ; sinon cuisine collective à disposition dans un bâtiment attenant. CB refusées.* Une AJ (et gîte en même temps !) tenue par l'impayable Ricou, frère de Cathy du camping à côté. Chambres et dortoirs de 2, 4, 6 et 8 lits simples mais sympas. Repas servis le soir dans une grande et jolie salle commune qui fait aussi resto en été (garbure, grillade, magret... et soirée paella certains soirs). Chaleureuse atmosphère garantie.

Hôtel des Cimes : *3, pl. du Marché. ☎ 05-62-92-82-03. • hoteldescimes@neuf.fr • hoteldescimes.com • Doubles 51-57 € ; familiales (3-4 pers) 67-77 €. Café offert sur présentation de ce guide.* Au centre de Luz-Saint-Sauveur, cet hôtel cache une dizaine de jolies chambres entièrement refaites, chaulées ou lambrissées.

Calmes, lumineuses et très colorées, elles possèdent toutes la TV et une salle de bains nickel. Certaines disposent d'un balcon. L'ensemble est mignon. Le tout à prix raisonnables, avec, en prime, le sourire de Magali, la joyeuse patronne.

De prix moyens à chic

Hôtel Les Templiers : *6, pl. de la Comporte, face à l'église des Templiers Saint-André. ☎ 05-62-92-81-52. • templiersluz@yahoo.fr • hotel lestempliers.com • Doubles 55-79 € selon confort et saison ; réduc au-delà de 2 nuits. Également un appart.* Un vieil escalier en bois mène à des chambres restaurées et insonorisées (sol recouvert d'une couche de liège) qui ne manquent pas de charme. Celles qui donnent sur l'église des Templiers sont vraiment spacieuses et agréables. Tenu par un sympathique couple franco-australien. La charmante et souriante Sian, soucieuse du bien-être de ses hôtes, vous préparera « une bonne » petit déj, histoire de « débiouter un bon journée » (!). Fait aussi resto-crêperie. Une bonne adresse.

Hôtel Terminus : *21, rue Marcadaou, 65120* ***Esquièze-Sère,*** *juste à la limite de Luz (les 2 villes jouent à touche-touche). ☎ 05-62-92-80-17. • hotel.terminus65120@orange.fr • luz-terminus.fr • Congés : mai et nov. Double 58 € ; familiales 78-88 €. CB refusées. Parking gratuit et garage à vélos.* Un hôtel très propre et agréable. Une quinzaine de chambres régulièrement entretenues, et ça se voit. Les unes avec des couleurs chatoyantes et une déco fraîche. Les autres, plus sobres, avec murs blancs et poutres apparentes. Quelques duplex également. Un bon rapport qualité-prix.

Chambres d'hôtes Le Clos des Remparts : *chez Florence de Laroncière, 2, rue de l'Art. ☎ 05-62-92-97-75. • florence.delaronciere@wanadoo.fr • luz-hebergements.com • Ouv tte l'année. Doubles 70-85 € selon saison ; familiales (4 pers) avec cuisine 90-110 €. Également 2 gîtes. Réduc de 10 % sur le prix de la chambre sf juil-août sur présentation de ce guide.* Vieille demeure historique chaulée avec un agréable jardin fleuri à deux pas de l'église des Templiers et des remparts. 4 chambres élégamment meublées d'ancien, vieux parquet et galerie (balcon) offrant une belle vue sur le pic du Midi. Vaste suite familiale mansardée avec cuisine privée, et 2 gîtes superbement aménagés dans la bergerie et le fenil au fond du jardin. Petit déj copieux avec confiture maison et produits locaux. Accueil précieux et affable. Une adresse de charme.

Chez Christine : *3, rue d'Ossun. ☎ 05-62-92-86-81. À côté du jardin de la poste. Juil-août et du 1er w-e de déc à fin mars-début avr, tlj le soir slt (sf lun hors vac scol) ; en intersaison, téléphoner avt. Menus 16-32 € ; carte 30-35 €.* Des pâtes, des pizzas, certes, qui ne font pas grimper l'adition. Mais la carte propose aussi de bons p'tits plats à base de produits régionaux. C'est joliment présenté. Le cadre est chaleureux avec une cheminée en hiver, mais pas de terrasse en été. Bon accueil.

– Voir aussi les bonnes tables des environs : plus haut « Où dormir ? Où manger ? » à Viscos, et plus bas « Où manger dans les environs ? » à Barèges.

Où dormir dans les environs ?

Camping

Pyrénévasion : *route de Luz-Ardiden, 65120* ***Sazos.*** *☎ 05-62-92-91-54. • camping-pyrenevasion@wanadoo.fr • campingpyrenevasion.com • À env 3 km de Luz ; en direction de la station de ski Luz-Ardiden (par la D 12). Ouv mai-oct (tte l'année pour les loc). Prix tente 13-24 € selon saison ; mobile homes et chalets 2-6 pers 280-850 € selon saison. 100 empl. Réduc de 10 % sur les loc hors saison pour plus de 2 sem sur présentation de ce guide.* Joli camping à l'entrée du village, parfaitement tenu et aux emplacements ombragés et bien délimités par des haies. L'atout incontestable, c'est le panorama magnifique sur la vallée. Piscine chauffée, jacuzzi, terrain de jeux pour les enfants, bar-snack. Bon accueil. Piscine.

De bon marché à prix moyens

Gîte La Maisonnée : *65120* ***Sazos.*** *☎ 05-62-92-96-90. • contact@gitelamaisonnee.com • gitelamaisonnee.com • ♿ À env 3 km de Luz, en direction de la station de ski Luz-Ardiden (par la D 12) ; à 100 m derrière la mairie. Congés : nov. Nuitée 27 €/pers, petit déj compris ; draps en supplément. Double 52 €. ½ pens 44 €/pers. Repas (sur résa le soir slt) 16 €. Apéritif maison offert sur présentation de ce guide.* C'est la belle histoire d'un couple d'Angevins, Anne et Christophe, qui ont changé de vie pour acheter ce gîte dans lequel ils venaient régulièrement passer leurs vacances. Agréable salle commune aménagée dans l'ancienne bergerie aux murs de schiste, à la déco montagnarde et douillette. Dans un bâtiment attenant, une dizaine de chambres de 2 à 6 personnes, toutes avec salle de bains. Terrasse qui offre une vue plongeante sur la vallée. Bons petits plats mijotés par Anne, qui organise également des ateliers culinaires. Accueil disponible et sympathique. Une adresse parfaite pour les randonneurs (une variante du GR 10 passe dans le village).

Gîte d'étape Soum de l'Ase : *65120* ***Grust.*** *☎ 05-62-92-34-79. 📱 06-26-26-03-02. • claudine.tarrieu@wanadoo.fr • sites.google.com/site/gitesoumdelase • À 5 km de Luz, en direction de la station de ski Luz-Ardiden (par la D 12). Ouv tte l'année. Nuitée 22-25 €/pers, petit déj compris. ½ pens 40 €/pers.* Étable aménagée dans le respect de l'authenticité des lieux : vieilles poutres, piliers de bois aux chapiteaux sculptés, pierres apparentes, coin salon avec TV et cheminée, une vue magnifique de la terrasse sur la vallée de Luz. 5 chambres mansardées et lambrissées (2 à 4 personnes) avec sanitaires privés, propres mais simples. Une bonne adresse pour les randonneurs, d'autant que le GR 10 passe devant la porte.

Chambres d'hôtes Le Cueyla : *chez Christine et Jean-Louis Lassalle, 65120* ***Betpouey.*** *☎ 05-62-92-88-50. • cueyla@gmail.com • gite-betpoueylecueyla.com • À 4,5 km de Luz en direction de Barèges ; fléché sur la droite. Ouv tte l'année. Double 50 € ; familiale 60 €.* Dans un charmant petit village, une ancienne bergerie aménagée avec goût abritant 4 chambres d'hôtes de 2 à 4 personnes avec sanitaires privés. Celles à l'étage sont mansardées et donnent sur la montagne. Agréable salle commune avec TV et aux robustes murs en pierre. Les proprios, éleveurs de moutons, habitent la maison mitoyenne. Accueil agréable.

À voir. À faire

L'église Saint-André *(dite « des Templiers »)* **:** construite au XIIe s, ce n'est qu'au XIVe s qu'elle fut fortifiée par les hospitaliers de Saint-Jean-de-Jérusalem. Architecture vraiment unique, vous rencontrerez fort peu d'églises comme celle-ci. Tout autour, épais remparts à créneaux recouverts d'une grosse ardoise surmontée d'une pierre. Nombreuses pierres tombales très anciennes à leur pied. On pénètre dans l'église par deux portes étroites, dont l'une est surmontée d'une grosse tour à mâchicoulis (longtemps la seule entrée). Clocher-mur avec « pas de moineau ». Beau porche. Sur le tympan, le classique Christ en majesté entouré des symboles des évangélistes. À l'intérieur, chaire et escalier du XVIIIe s.
– Dans une chapelle, le petit *musée du trésor* *(juin-sept, tlj 16h-18h30 ; GRATUIT)* expose différents objets liturgiques, une remarquable Vierge à l'Enfant en bois polychrome du XIIe s et une pietà du XVe s.

Le pont Napoléon-III : *à env 1,5 km du centre-ville, en direction de Gèdre-Gavarnie.* En juillet 1859, Napoléon III et l'impératrice Eugénie, habitués des cures thermales, se rendent à Luz-Saint-Sauveur. Ils y restent 23 jours. Au cours de ce séjour, l'empereur décide la mise en chantier d'un vaste programme de travaux routiers pour désenclaver la vallée, comprenant la construction de ce pont à une seule arche de 42 m. Aujourd'hui, c'est un haut lieu du saut à l'élastique. Les plus courageux se jettent dans le vide : 90 m de grand frisson qui attirent de nombreux curieux ! Si ça vous tente, voir « Adresses et infos utiles ».

– ***Centre de balnéothérapie Luzéa :*** *av. de l'Impératrice-Eugénie. ☎ 05-62-92-81-58. • luzea.fr • À env 1,5 km du centre-ville ; navettes gratuites depuis le centre (env 10 départs/j. sf dim, devant l'office de tourisme). En été, lun-sam 10h-12h30, 16h-20h, dim 16h-20h ; avr-juin et sept-oct, tlj sf dim 16h-20h ; en hiver, tlj 15h-20h (plus 10h-12h30 pdt les vac scol de fév et de Noël). Entrée : 18 € (2h) ; 4-15 ans 10 € ; pass famille.* Un lieu chargé d'histoire où l'impératrice Eugénie venait soigner sa stérilité dans ses eaux thermales. Le centre a depuis fait peau neuve et revêtu sa parure de marbre et de verre pour enjoliver ses mosaïques incrustées de pierres précieuses. Surplombant le Gave, il offre détente et bien-être avec ses infrastructures modernes (hammam, sauna, jacuzzi, etc.).

La station de ski de Luz-Ardiden *(altitude : 1 750-2 500 m)* ***:*** *à 20 mn de Luz ; accessible par la navette.* Domaine skiable de 60 km. Au total, 26 pistes, 15 remontées mécaniques. Ski alpin essentiellement, avec canons à neige et télésièges. Mais aussi la possibilité de ski hors piste et un *snowpark* (avec *half-pipe*) pour les amateurs de snowboard. Ski de fond gratuit et parcours piéton à raquettes également. Superbe panorama.

Manifestations

– ***Jazz à Luz :*** *le 2e w-e de juil. Rens : ☎ 05-62-92-38-38. • luz.org •* Jazzmen de renom et nouvelles recrues, fanfares dans les rues, ateliers et stages, débats, apéros-concerts...
– ***Foire aux côtelettes :*** *les derniers ven, sam et dim de sept. Infos à l'office de tourisme.* La plus grosse fête de la vallée. Jadis, les bergers regagnaient la vallée avec leurs troupeaux vers la Saint-Michel. L'espace de quelques jours, Luz prenait alors un air de grand marché à bestiaux, doublé d'une kermesse paysanne. Une foire agricole perpétue aujourd'hui cette tradition, avec animations dans les bistrots, chapiteaux et bals-musettes. Acheter sa viande au préalable (demander le mouton AOC Barèges-Gavarnie), les organisateurs se chargeront de la faire cuire.

GAVARNIE (65120) 140 hab. *Carte Hautes-Pyrénées, B4*

L'un des sites les plus visités de l'histoire du tourisme en France, l'un des plus impressionnants cirques de montagnes d'Europe (1 500 m de hauteur). Pas moins de 16 sommets de 3 000 m autour de Gavarnie. À l'origine, les Pyrénées se constituèrent en trois bandes parallèles : au milieu, une bande de roches granitiques, pour l'essentiel. De part et d'autre, des couches de calcaire plus ou moins dur. Le tout s'est soulevé et plissé, au début du tertiaire, quand la chaîne s'est formée. Torrents et glaciers s'unirent pour user les couches calcaires, une érosion qui bouleversa le paysage en découpant d'immenses falaises abruptes, entrecoupées de gradins toujours inclinés à 30° dans une seule direction, le centre de gravité du cirque, créant ainsi un paysage proprement grandiose.

UN PEU D'HISTOIRE

Gavarnie connut son heure de gloire dans la seconde moitié du XIXe s. Victor Hugo s'en enticha et laissa à son sujet des textes proches du délire. Mieux, en voyage là-bas en 1843 avec sa chère Juliette, dont il était fou amoureux, Hugo exprima son enthousiasme en ces termes : « Une muraille, elle est prodigieuse. [...] Ce haut boulevard monte, altier, froid, surprenant / Et d'une mer à l'autre, barre le continent. » C'est là que, à l'évidence, arithmétique et fantasme font mauvais ménage. D'après les calculs de Victor Hugo, en traduisant pieds et lieues en mètres, on arrive à un cirque de 3 km de haut et 40 km de large. Alors qu'en chiffres ronds le diamètre du cirque fait 800 m à la base et 4 km au sommet.
Entre les deux grandes guerres, le site attire une clientèle aisée. Jusqu'à l'aube des années 1960, le succès va croissant. Et puis c'est la décrue. Les Français et les Anglais découvrent d'autres cirques, d'autres montagnes grandioses. La fréquentation tombe à moins d'un million de visiteurs par an (ce qui est tout de même pas mal !). Depuis 1997, le massif de Gavarnie et le mont Perdu du parc national d'Ordesa (côté espagnol) sont inscrits en commun au Patrimoine mondial de l'Unesco. Ils font partie des « Grands Sites de Midi-Pyrénées ».

Accès

Pour rejoindre le cirque, il faut marcher (minimum 2h aller-retour). Parking à l'entrée du village *(payant 1er juil-15 sept, sf pour ceux qui logent dans le village : 4 €/voiture).* Le village devient piéton en été. Cela dit, on vous conseille d'éviter le chemin direct, que tout le monde emprunte, ou alors de commencer la balade tôt le matin (voir plus loin la rubrique « À faire »).
Une balade à dos d'âne ou à cheval vous sera proposée sur le chemin (pourquoi pas, mais uniquement si l'on vous propose casque et accompagnement).

Adresses et info utiles

Office de tourisme : *à l'entrée du village. ☎ 05-62-92-49-10. • gavarnie.com • Tte l'année, tlj sf dim en mi-saison.* Propose un fascicule très précis regroupant 16 randonnées (familiales et sportives) pour 1 €. Bon accueil.

Maison du parc national : *à la mairie. ☎ 05-62-92-42-48. • parc-pyrenees.com • Ouv tte l'année ; en saison, tlj 9h-12h, 13h30-18h ; le reste de l'année, fermé le w-e et en nov.* Ne pas manquer de lui rendre visite. Bonne documentation et information sur les randonnées alentour. En été, possibilité de partir en montagne avec les gardes moniteurs. Thèmes très différents (sorties faune-flore, glaciologie, géologie, lecture de paysages, etc.).

Cars : juin-août, 2 liaisons/j. entre Luz, Gèdre et Gavarnie ; certains vont jusqu'à Tarbes, via Lourdes (sinon, changement à Luz-Saint-Sauveur ou à Pierrefitte-Nestalas), avec le réseau *Maligne (☎ 0800-65-65-00, n° Vert ; • transports-maligne.fr •).*

Où dormir ? Où manger ?

Camping

Aire naturelle de camping La Bergerie : *sur le chemin du cirque. ☎ 05-62-92-48-41. 07-78-39-22-76. • camping-la-bergerie@wanadoo.fr • camping-gavarnie-labergerie.com • À 400 m du village, sur le chemin du cirque, après le pont. Ouv de juin à mi-sept. Prix tente 14,70 €. CB refusées. 25 empl.* En bordure de rivière, sur une belle étendue herbeuse appartenant au resto à l'accueil sympa, peu d'emplacements ombragés mais superbe vue sur le cirque de Gavarnie. Sanitaires impeccables avec douche chaude *(payante),* baignoire pour enfants et laverie. Petit déj sur résa.

De bon marché à prix moyens

Gîte d'étape et auberge Le Gypaète : *derrière l'office de tourisme. ☎ 05-62-92-40-61. • puyo.olivier@wanadoo.fr • pagesperso-orange.fr/legypaete • Congés : vac scol de Pâques et de la Toussaint. Nuitée en dortoir 15 €/pers. ½ pens 36 €/pers, avec de bons menus très copieux. CB refusées.* Ancienne grange aménagée en gîte. Très agréable, confortable. Propose 45 places, en chambres de 4 à 7 lits avec douche, mais w-c sur le palier. Grande salle commune avec de belles pierres, un poêle et de grandes tablées. Excellent accueil.

La Chaumière : *sur le chemin du cirque. ☎ 05-62-92-48-08. • amgarcie@gmail.com • lachaumiere.gavarnie.free.fr • À 500 m du village, au bord du Gave. Congés : de mi-oct à fin déc. Double (w-c sur palier) 44 € ; familiale (3 pers) 50 €. Menu env 10,50 €. Réduc de 5 % sur le prix de la chambre sur présentation de ce guide.* C'est l'une des dernières maisons. On est aux premières loges pour admirer le site ainsi que le flot continu de randonneurs en été. Possibilité de se restaurer : petits déj, crêpes, omelettes, casse-croûte et quelques spécialités du pays en salle ou en terrasse au bord du gave. À l'étage, 2 chambres toutes simples, fort bien tenues.

Compostelle Hôtel : *rue de l'Église. ☎ 05-62-92-49-43. • compostelle@gavarnie.com • compostellehotel.com • Un peu en surplomb du village. Congés : début janv-début fév et oct-26 déc. Doubles 44-56 € selon confort. ½ pens 49,50-55,50 €/pers. Réduc de 10 % à partir de 2 nuits consécutives, hors vac scol, sur présentation de ce guide.* Après avoir pas mal bourlingué, Sylvie, la propriétaire fort sympathique, a repris ce petit hôtel de famille qu'elle a entièrement refait. Les chambres, aux noms de fleurs des montagnes, sont simples mais agréables, et donnent toutes sur le cirque. Celles mansardées, au 2e étage, ont pas mal de charme. Notre meilleure adresse à Gavarnie.

Restaurant Les Cascades : *au centre du village. ☎ 05-62-92-40-17. • gabail-les-cascades@wanadoo.fr • Congés : de mi-oct à fin mai. Menus 23-35 €. Café offert sur présentation de ce guide.* Petit resto avec une salle aux couleurs claires et fleuries, grandes baies vitrées face au cirque. Sympathique terrasse pour les beaux jours. Bonne cuisine inspirée par les produits régionaux. Le service est souriant. Le meilleur rapport qualité-prix de Gavarnie.

Où dormir dans les environs ?

Campings

Camping Le Pain de Sucre : *au quartier Couret. ☎ 05-62-92-47-55. 06-75-30-64-22. • camping-gavarnie@wanadoo.fr • camping-gavarnie.com • À 3 km du village en direction de Luz par la D 921. Les bus passent devant. Ouv juin-sept et 15 déc-15 avr. Prix tente 12,20-15 € selon saison ; loc de mobile homes et chalets mobiles 210-550 €/sem selon saison. 50 empl. Réduc de 10 % sur présentation de ce guide.* Au calme dans un environnement bucolique. Confortable et bon accueil. Bar et bon resto-pizzeria. Proche d'une rivière et de sentiers de rando. Pas d'épicerie mais dépôt de pain.

La Grange de Holle : *route de Boucharo. ☎ 05-62-92-48-77. • chaletlagrangedeholle@ffcam.fr • grangedeholle.free.fr • À 2 km du village, en pleine nature, sur la route de la station de ski de Gavarnie. Congés : de nov à mi-déc et lorsqu'il neige. Prix tente 6 €. CB refusées.* Site sympa pour bivouaquer (ce n'est pas un camping), juste à côté du refuge de 50 places avec son agréable salle commune. Le GR 10 passe juste à côté.

Bon marché

Refuge La Grange de Holle : *à 2 km du village, en pleine nature, sur la route de la station de ski de Gavarnie. ☎ 05-62-92-48-77. • chaletlagrange deholle@ffcam.fr • grangedeholle.free.fr • Au bout du parking des mobile homes. Congés : de nov à mi-déc. Nuitée 15,50-17,10 €/pers selon saison ; 36,50-38,10 €/pers en ½ pens. Repas (slt le soir) 15 €. Draps non fournis ; apporter son sac de couchage. Cuisine à disposition pour les gestions libres. CB refusées.* Chambres et dortoirs bien tenus de 2 à 12 lits individuels. Capacité d'une soixantaine de places. Salle commune conviviale présentant un certain charme (cheminée, épais murs de pierre, poutres et grandes tables en bois). Les chambres, en revanche, jouent dans un registre beaucoup plus standard et moderne. Site sympa pour bivouaquer. Le GR 10 passe juste à côté. Bon accueil.

À voir dans le village

À l'entrée du village, à gauche avant le pont, jolie **statue du comte Henry Russell-Killough** intégrée dans la roche. Né à Toulouse en 1834, mort à Biarritz en 1909, il parcourut, nous dit-on, « seize mille lieues à travers l'Asie et l'Océanie » et effectua « les grandes ascensions des Pyrénées », devenant ainsi l'un des plus grands pyrénéistes et un routard avant l'heure !

L'église : du XIIe s, de style roman, avec une statue de Notre-Dame-du-Bon-Port du XVIe s. Les pèlerins en route pour Saint-Jacques-de-Compostelle priaient ici avant de franchir le col vers l'Espagne. Remarquez, dans la main de la statue, une gourde, symbole des routards de l'époque. Point de départ pour le port de Boucharo (3h-3h30) et le *refuge de la Brèche de Roland* (4h30).

AU SOMMET DE L'EXTRAVAGANCE

Henry Russell-Killough, grand aventurier franco-irlandais du XIXe s et personnage quelque peu fantasque, fut un amoureux fou du Vignemale, le plus haut pic des Pyrénées françaises. Et c'est peu dire ! Il escalada le massif à 33 reprises. Afin de pouvoir passer la nuit en montagne tout en bénéficiant d'un minimum de confort, il fit creuser sept grottes dans lesquelles il recevait amis et visiteurs. Il alla jusqu'au bout de son rêve en demandant la concession du Vignemale, pour 99 ans, auprès de la préfecture des Hautes-Pyrénées ! Le bail se termina en 1988.

Le cimetière : *à côté de l'église.* Y sont enterrés les grands pyrénéistes : Jean Arlaud, Ledormeur, les guides de la famille Passet, ceux qui ont vaincu tous les grands sommets des Pyrénées.

À faire

Balades au cirque de Gavarnie : on s'y rend à pied. Les chiens sont tolérés mais doivent être tenus en laisse. La balade la plus directe s'arrête à l'*Hôtellerie du Cirque,* mais c'est la plus fréquentée en toute saison, donc calme absolu à revoir... Au retour, on peut emprunter le même sentier, bien entendu, mais autant revenir par un autre chemin, qui vous évitera de croiser la grande foule !

Pour ceux qui n'ont pas le vertige, derrière l'*Hôtellerie du Cirque,* prendre le chemin des Espugues – refuge des Espuguettes. Au plateau du Pailha, tourner à gauche. À l'aller, on peut aussi choisir d'accéder au cirque par ce chemin.

Autre balade dans le cirque : le plateau de Bellevue. Départ devant l'église de Gavarnie. Compter environ 3h aller-retour pour les deux balades. Magnifiques points de vue par l'un et l'autre accès, flore très riche, et beaucoup moins de monde.
Pour ce qui concerne le cirque proprement dit, il ne mesure que 800 m de diamètre à sa base, mais l'amphithéâtre va en s'évasant en trois gradins superposés. Tout en haut, glaciers et nombreuses cascades. Possibilité d'aller à pied à la grande cascade (avec ses 422 m, la plus haute d'Europe) ; compter 45 mn depuis l'*Hôtellerie du Cirque.*

➢ ***Balade jusqu'au refuge des Espuguettes*** *(altitude : 2 027 m)* **:** se diriger tout d'abord en direction du cirque. Après le pont enjambant le gave de Gavarnie, suivre le sentier qui longe la rivière, puis 500 m plus loin, prendre le chemin sur la gauche. Une grimpette de 45 mn environ vous mènera au plateau de Pailha puis vers le *refuge des Espuguettes (📱 06-86-76-83-40 ; ouv juin-fin sept ; 60 places ; resto),* au pied de la face nord du *Grand Astazou* (altitude : 3 071 m). Compter près de 2h de marche (depuis le village). D'en haut, extraordinaire point de vue sur le cirque et la fameuse brèche de Roland. Poursuite possible sur la *hourquette* (« passage ») *d'Alans* et éventuellement redescente vers le *cirque d'Estaubé.*

➢ ***Balade dans la vallée d'Ossoue :*** une balade de 7 ou 8h aller-retour. À l'entrée du village, prendre la direction du col des Tentes et, au premier carrefour (500 m plus loin), prendre à droite la D 128 jusqu'au barrage d'Ossoue (un peu moins de 10 km par une route dont la première moitié est goudronnée et qui longe la falaise calcaire de Secugnat ; la seconde moitié est une piste accessible en roulant doucement). De là, un sentier mène à la *hourquette d'Ossoue* (altitude : 2 734 m), en passant par des *oulettes* (« petits bassins »), cascades, ruisseaux, les grottes de Bellevue creusées par le pyrénéiste Henry Russell, et le *refuge de Baysselance* (altitude : 2 651 m), rénové *(☎ 09-74-77-66-52 ; gardé fin mai-fin sept ; 60 places).* De la *hourquette,* vue sur la face nord de la Pique Longue du Vignemale, la Pointe Chaussenque et le Petit Vignemale. Plein de marmottes, isards, iris, et transhumances de troupeaux espagnols.
Autre balade (plus appropriée en famille) : traverser le barrage, puis prendre la direction « Cabane de Lourdes ». Après la cabane, bifurquer à gauche, en direction du lac de la Bernatoire. Compter 2h15 depuis le barrage (aller simple). C'est un lieu important de passage des troupeaux espagnols vers la fin juillet.

➢ ***Balade au pic des Tentes et à la brèche de Roland*** *(altitude : 2 807 m)* **:** monter en voiture vers le col des Tentes par la D 923, jusqu'au parking. De là, prendre le sentier sur la gauche, en direction du *pic des Tentes.* Après 20 mn de grimpette, superbe panorama sur le Taillon, les Sarradets, le Vignemale et le pic du Midi de Bigorre. Le col des Tentes est aussi le point de départ de la rando pour la brèche de Roland. En 2h, on arrive d'abord au *refuge des Sarradets (📱 06-83-38-13-24 ; ouv fin mai-fin sept ; 60 places ; resto).* Il reste alors 1h pour rejoindre la brèche (attention, présence d'un névé). Préférable d'avoir déjà l'habitude de la marche en haute montagne. Avant de partir, renseignez-vous sur les conditions météo ou d'enneigement (même en été !) auprès du poste des CRS *(☎ 05-62-92-48-24),* du *PGHM (☎ 05-62-92-71-82)* ou encore de l'office de tourisme.

➢ ***Randonnée de Gavarnie au mont Perdu*** *(monte Perdido, côté espagnol)* **:** depuis le port de Boucharo, possibilité d'effectuer une boucle de rando en 4 ou 5 jours passant par le massif calcaire de Gavarnie-Mont-Perdu (en traversant la frontière espagnole par la brèche de Roland) et débouchant sur le *parque nacional de Ordesa y monte Perdido* dans le Haut-Aragon. Ce sont de proches cousins, mais ils offrent des paysages très différents et superbes. Pour bons marcheurs. On peut acheter le guide *Un sentier pour deux parcs,* édité conjointement par les deux parcs nationaux et disponible dans les Maisons du parc national des Pyrénées. Renseignez-vous avant de partir sur les conditions météo.

La station de ski alpin de Gavarnie-Gèdre *(altitude : de 1 650 à 2 400 m)* **:** domaine skiable de 52 km. Au total, 29 pistes, 12 remontées mécaniques. Piste verte la plus longue des Pyrénées, face à la brèche de Roland. Souvent peu de monde, malgré un très bon enneigement. Sinon, parcours de ski de fond (7,5 km ; accès gratuit) dans le cirque de Gavarnie. Cadre évidemment splendide.

Manifestation

– ***Festival de Gavarnie :*** *dernière sem de juil-1re sem d'août. • festival-gavarnie.com • Billets en vente dans les offices de tourisme de la région (env 22 € ; réduc ; gratuit moins de 6 ans).* Festival qui installe ses tréteaux au pied du cirque, sur la prairie de la Courade, à 25 mn de marche du village. Début de la représentation à 21h, retour aux flambeaux vers 23h. Le festival s'est donné pour mission, par des adaptations spécialement conçues pour le lieu, de rendre accessible au grand public des œuvres aux titres connus mais aux contenus souvent méconnus, telles que la Divine Comédie, Faust, ou encore La Flûte enchantée, et de raconter des histoires originales telles que Gaston Fébus, prince des Pyrénées.

LE CIRQUE DE TROUMOUSE

Carte Hautes-Pyrénées, B4

Accès par la belle vallée de Héas. À 1 500 m d'altitude, le *hameau de Héas* fut longtemps le plus reculé des Hautes-Pyrénées. La petite *chapelle* connaît quelques pèlerinages dans l'année (15 août, 8 septembre, et à la fête du Rosaire, en octobre). Date du XVIIIe s. Reconstruite en 1925 après une avalanche (nef gauche d'époque). À l'intérieur, Vierge en majesté.
Mais revenons à notre cirque. Il est peut-être moins connu que Gavarnie, mais il offre cependant de fortes émotions (il est impressionnant), plus de poésie et de contrastes. Ici, comme à Gavarnie, la montagne est le résultat des dépôts marins et des nombreux soulèvements qui se succédèrent depuis 500 millions d'années. Le cirque apparut lorsque les glaciers creusèrent les couches calcaires et mirent à nu le socle granitique, formant ainsi cet énorme amphithéâtre. Si Gruss s'y produisait, il pourrait faire son spectacle devant 2 ou 3 millions de spectateurs. Mais le site est mille fois plus beau vide ! Bien sûr, le glacier creusa aussi la vallée qui monte à Troumouse.

Accès

Pas de navette. La route d'accès est la propriété de la commune de Gèdre, qui se doit d'assurer sa maintenance. Pour ce faire, un péage a été installé à la sortie d'Héas, 9,5 km après Gèdre *(1er juin-15 oct, tlj 9h-18h ; compter 4 €/voiture).* Environ 4 km après le péage, on arrive au plateau du Maillet à 1 837 m ; il faut continuer 3 km pour atteindre le parking du cirque de Troumouse, à 2 103 m d'altitude. Attention, les camping-cars ne sont pas autorisés à y passer la nuit. Ils doivent redescendre au niveau d'Héas.

Adresses utiles

Office de tourisme : *pl. de la Bergère, à l'entrée du village de **Gèdre**. ☎ 05-62-92-48-05. • gavarnie.com • Tte l'année, tlj sf dim en mi-saison.* Informations sur la quinzaine de randonnées des environs.

Également bureau des guides pour faire du canyoning et l'ascension du Vignemale ou du mont Perdu par la brèche de Roland, la Munia ou le Casque (☐ 06-83-31-08-16).

Millaris, musée découverte de Gavarnie-Gèdre : *pl. de la Bergère (dans l'enceinte de l'office de tourisme ; mêmes horaires). ☎ 05-62-92-35-25. • gavarnie.com • Entrée : 5 € ; réduc.* Centre d'interprétation interactif qui permet une approche ludique et moderne du patrimoine naturel et culturel des cirques de Gavarnie et de Troumouse. Salle d'escalade de plus de 18 m de haut, pour tous les niveaux (pas de location de matériel).

Où dormir ? Où manger dans le coin ?

Campings

Aire naturelle de camping Les Tilleuls : *hameau du **Saussa.** ☎ 05-62-92-48-92. ☐ 06-77-19-96-82. • millet.christiane@wanadoo.fr • locations-vacances-gavarnie-gedre.com • À 2 km de Gèdre ; à 200 m de l'église de Gèdre, en direction de Gavarnie, prendre la route à droite à la sortie du village, puis fléché. Ouv juin-fin sept (tte l'année pour les roulottes). Prix tente en hte saison 15 € ; également 3 roulottes 280-470 €/sem selon saison. CB refusées. 25 empl.* À 1 100 m d'altitude, un petit camping ombragé surplombant la vallée du Campbielh, de Gavarnie et de Héas ; la vue est sidérante. Emplacements en terrasses. Sanitaires simples mais propres. Bon accueil.

Voir aussi, dans la catégorie suivante, l'***Auberge de la Munia.***

De bon marché à prix moyens

Gîte d'étape L'Escapade : *au lieu-dit **Ayrues,** à env 2 km de Gèdre. ☎ 05-62-92-49-37. • h.lasserre@wanadoo.fr • gite-escapade.com • À 200 m de l'église de Gèdre, en direction de Gavarnie, prendre la route à droite (fléché). Ouv tte l'année (oct-nov, slt pour les groupes). Nuitée 14-18 €/pers (25-29 € avec petit déj). Compter 35-42 €/pers en ½ pens. Draps 5 €. Cuisine à disposition en gestion libre. CB refusées.* Dans un hameau perché à 1 200 m d'altitude, sur le GR 10, belle ferme en pierre bien retapée et 4 chambres impeccables de 5 à 8 lits avec couchages en mezzanine et sanitaires privés. Belle salle commune avec canapé, TV, billard népalais, et une autre polyvalente à l'étage avec ping-pong. Ce qui nous a le plus séduits reste la vue sur une partie du cirque de Troumouse depuis la terrasse. Cuisine copieuse à base de produits de la ferme (les proprios élèvent des moutons). Bonne ambiance chaleureuse.

Auberge de la Munia : *à **Héas,** 600 m avt le péage. ☎ 05-62-92-48-39. • aldeguer@aubergedelamunia.com • aubergedelamunia.com • Fermé mer hors saison. Congés : nov-début des vac scol de Noël. Emplacement env 12 € pour 2 au camping (pain frais le mat sur commande). Double 66 € en formule « chambre d'hôtes ». Compter 50 €/pers en ½ pens. Menus 15-25 €. Digestif offert sur présentation de ce guide.* Dans une ancienne étable restaurée, 4 chambres joliment rénovées. Celles à l'étage bénéficient de la vue sur le cirque ; celle au rez-de-chaussée dispose d'une salle de bains à l'extérieur. Terrasse où l'on déguste crêpes, glaces et autres gourmandises à toute heure. Sinon, bonne et copieuse cuisine traditionnelle. Service souriant.

Chic

Hôtel-restaurant La Brèche de Roland : *dans le village de **Gèdre** (65120). ☎ 05-62-92-48-54. • hotel-la-breche@gavarnie.com • pyrenees-hotel-breche.com • Au bord de la route principale (D 921), à 6,5 km de Gavarnie. Congés : du 20 mars à mi-avr et nov-20 déc. Doubles 85-105 € selon saison ; suites 145-180 € ; petit déj 11 €. Possibilité de ½ pens. Menus-carte 19 € le midi, 29 € le soir.* Un hôtel d'une petite trentaine de chambres entièrement restaurées dans un esprit moderne, sobre et élégant. Double vitrage, lits avec couette. Bob luge ouvert à tous en juillet et août dans une prairie à côté de l'hôtel *(payant)*. Côté restauration, c'est tout bon ! D'inspiration traditionnelle, la cuisine propose avec succès de grands classiques régionaux (civet de mouton, porc noir de Bigorre) et des desserts particulièrement réussis. C'est joliment présenté et fin. Accueil discret.

À faire

– **Patinoire couverte et piscine de Gèdre :** *à l'entrée du village, en venant de Luz. ☎ 05-62-92-49-61 ou 05-62-92-48-05 (office de tourisme). Piscine ouv en été slt, tlj 10h30-18h30. Patinoire ouv vac scol de Noël-fin mars et juil-août. Entrée de la patinoire (patins compris) : 7 € ; enfants 5 €. Piscine : 3,20 € ; enfants 2,10 €.* Piscine chauffée.

– **Bob luge :** *dans la prairie située derrière l'hôtel-resto* La Brèche de Roland *(voir « Où dormir ? Où manger dans le coin ? »). Juil-août, tlj 10h-12h, 14h-19h ; et pdt les vac scol d'hiver. Compter 3 €/descente.* Pour les amateurs de glisse, 700 m de descente à toute vitesse !

Randonnées

Superbes balades et randos à effectuer dans une nature de rêve. Quelques oiseaux du coin, dont les noms eux-mêmes sont une musique : le pipit spioncelle, le traquet motteux et l'accenteur alpin. Moins de chances d'entendre le cri du lagopède (ou perdrix des neiges), qui se fait plus discret. En revanche, de grands rapaces comme le vautour fauve et le gypaète barbu ! Belles fleurs résistant au froid, que vous reconnaîtrez facilement : dans la prairie et la rocaille, la renoncule blanche, la gentiane bleue, l'androsace rose. Au lac des Aires, le chardon bleu. Plus haut, le rhododendron rouge. En septembre apparaît le colchique (dans les prés !), dernière fleur avant le long hiver. La vallée accueille toujours quelques centaines de vaches et quelques milliers de moutons, perpétuant une très longue tradition de pastoralisme.

➢ ***Le lac des Aires :*** très agréable promenade familiale sans difficulté (1h30 aller-retour). Du parking de Troumouse, suivre le sentier bien tracé vers la gauche. Vous passerez non loin de la statue de la Vierge, qui est le meilleur point de vue pour l'ensemble du cirque.

➢ ***Le port de la Canau*** *(altitude : 2 686 m)* **:** départ également du parking de Troumouse. Point de passage pour l'Espagne. Compter environ 3h aller-retour jusqu'à la frontière. Ne présente pas de difficulté, mais demande un peu l'habitude de la randonnée et un équipement minimal tout temps. À toutes les époques, le sentier fut utilisé par les contrebandiers, bergers, gens en fuite, bandits de toute nature et pèlerins. Avant de partir, renseignez-vous sur les conditions météo auprès du poste des CRS *(☎ 05-62-92-48-24)*, du PGHM *(☎ 05-62-92-71-82)*, ou encore de l'office de tourisme de Gèdre *(☎ 05-62-92-48-05)*.

➢ ***Le vallon de Touyères :*** deux possibilités. Accès depuis le lac des Aires (près de 3h aller-retour) ; sinon, parcours en boucle depuis Héas, en passant par le parking de Troumouse et le plateau du Maillet. On traverse un secteur où l'on peut observer des isards et des marmottes. Compter 4h30 environ.

➢ ***Le pic de la Munia*** *(altitude : 3 133 m)* **:** le point le plus élevé du cirque. Il s'agit là d'une vraie course de montagne, à faire avec un guide (renseignements à l'office de tourisme, voir plus haut la rubrique « Adresses utiles »). De là-haut, prodigieux panorama, notamment sur le massif du mont Perdu (plus haut massif calcaire d'Europe, inscrit au Patrimoine mondial de l'Unesco).

BARÈGES (65120) 190 hab. *Carte Hautes-Pyrénées, B4*

À 7 km de Luz-Saint-Sauveur sur la route du col du Tourmalet, station thermale assez fréquentée et surtout station de ski de Grand Tourmalet, qui est le domaine skiable le plus important des Pyrénées françaises (altitude : de 1 250 à 2 500 m). Près de 100 km, avec 70 pistes un secteur en forêt. On ne compte plus les canons à neige. Après le ski, profitez de la remise en forme à la piscine des thermes, très modernes. Également des activités en traîneaux à chiens, motoneige, raquettes en forêt, parapente, VTT et de nombreux sentiers de rando.

Adresse et info utiles

Office de tourisme : *2, pl. Urbain-Cazaux. ☎ 05-62-92-16-00. • grand-tourmalet.com • Dans le même bâtiment que la mairie. Tte l'année : tlj de mi-juil à août et vac scol ; sinon, fermé dim ; avr et nov, fermé w-e. (gratuit 15 mn).* Informations et docs très complètes sur tout le coin. Infos sur les trains et bus mais pas de vente de billets.

Gare routière : env 5 bus/j. *SNCF* en direction de Luz, Argelès-Gazost et Lourdes avec *Keolis* (*☎ 05-62-42-22-90 ; • keolis-pyrenees.com •*). Également 2-3 bus/j. sf ven-dim jusqu'à Tarbes avec le réseau *Maligne* (*☎ 0800-65-65-00, nº Vert ; • transports-maligne.fr •*). Liaisons avec l'aéroport de Tarbes-Lourdes-Pyrénées.

Où dormir ?

De bon marché à prix moyens

Gîte d'étape L'Oasis : *2, passage des Toys. ☎ 05-62-92-69-47. 06-88-10-06-69. • giteoasis@gmail.com • giteoasis.fr • Derrière les thermes, en haut de la ville. Congés : avr-mai et oct-nov. Compter 25 €/pers avec petit déj ; 38 €/pers en ½ pens. Drap du dessus non fourni. CB refusées.* Belle maison dans le vieux Barèges. Dortoir de 12 lits, ou chambres de 4-6 lits avec douche, très bien tenues, mais w-c sur le palier. Préférer celles côté thermes, plus lumineuses. Agréable salle pour les repas, salon avec cheminée, TV et salle de jeux.

Chic

Hôtel Le Central : *11, rue Ramond. ☎ 05-62-92-68-05. • centralmail@orange.fr • central-tourmalet.com • Face à l'office de tourisme, dans la rue principale. Congés : de mi-avr à mi-mai et de mi-oct à fin nov. Doubles 70-100 € selon confort et saison.* Au cœur de la ville, un hôtel rénové au goût du jour. Charme et confort, avec des tons chocolat, gris, lie-de-vin, rouges, etc. Quelques touches design, d'autres un poil plus néobaroques. Les chambres possèdent baignoire ou douche à hydrojets, et un balcon pour les plus belles. Également quelques familiales, vraiment spacieuses. Un salon convivial, une terrasse en bord de rivière, un spa, un sauna et une piscinette chauffée pour les enfants complètent le tableau de cette adresse élégante. Fait aussi resto.

Où manger dans les environs ?

Crêperie La Ferme Saint-Justin : *au lieu-dit Saint-Justin, 65120* ***Sers.*** *☎ 05-62-92-96-36. • jlouis.noguere@orange.fr • 2,5 km avt Barèges. Accès* *par le village de Sers ; suivre la piste pastorale de Boussie sur 500 m puis se garer sur le petit parking au niveau du panneau Natura 2000 « Lac Bleu – Léviste » ; traverser le petit pont, il reste 700 m à pied. Accès possible également de Barèges ; départ du sentier derrière l'église (45 mn de marche). Ouv juin-sept ; service 11h-20h. Repas env 15 €. Café offert sur présentation de ce guide.* Crêpes, glaces et boissons. Une adresse en pleine nature, très agréable pour s'offrir une pause accompagnée d'une p'tite douceur (crêpes particulièrement généreuses !). De la terrasse, beau panorama sur la vallée de Barèges. Possibilité de pique-nique sur place selon les disponibilités.

Auberge du Lienz, Chez Louisette : *route forestière du Lienz. ☎ 05-62-92-67-17. • louisettelienz@wanadoo.fr • À 2,5 km de Barèges, en direction du Tourmalet, tourner à droite vers le plateau du Lienz (fléché), c'est 2 km plus loin. Tlj sf dim soir et lun soir hors saison. Congés : de mi-avr à mi-mai et nov. Résa conseillée. Garbure complète 36 € pour 2 ; menus 25-80 € (repas à thème) ; carte 38-40 €. Apéritif maison offert sur présentation de ce guide.* Bon menu du terroir proposant régulièrement une dégustation autour du mouton de Barèges-Gavarnie AOC (gigot, épaule farcie, côtelette, civet...). On se croirait un peu dans une « guinguette de montagne », dans ce cadre superbe et à cette terrasse aux beaux jours. Au pied des pistes en hiver, on s'attable dans la salle conviviale, réchauffée par le feu de cheminée. Une goûteuse cuisine du dimanche, inspirée par la montagne. Même si c'est un peu chérot, l'adresse n'en reste pas moins attachante et très connue dans le coin.

À faire

➢ **Trait Nature :** *parc des Artigalas. Départ dans la rue à droite de l'hôtel Central.* Sentier qui serpente dans la nature, jalonné de différentes bornes explicatives pour s'initier au dessin (prévoir le nécessaire : crayons, carnet, etc. ; sinon, en vente à l'office de tourisme) : il s'agit d'apprendre à dessiner le mouvement de l'eau, la perspective d'un chemin, le tronc d'un arbre, etc. Original !

– **Centre thermoludique Cieléo :** *rue Ramond, en haut de la rue principale. ☎ 05-62-92-68-02. • thermes-bareges.com • Mai-oct, mar-sam 15h-19h. Pass 2h : 16 € ; réduc ; forfaits famille.* Remise en forme, soin du corps, détente...

Fêtes

– **Fête de l'AOC Barèges-Gavarnie :** *1 j. début juin et 1 j. début oct. Rens à l'office de tourisme.* Journées animées par les éleveurs du pays Toy. Démonstrations et dégustations.
– **Fête des Bergers et des Guides de montagne :** *le 15 août, au plateau du Lienz.* Démonstrations de chiens de berger, tontes des moutons et repas champêtre.

LE COL DU TOURMALET

Carte Hautes-Pyrénées, B4

Pour les amoureux de la petite reine, c'est un nom qui sonne familièrement, un incontournable ! Le Tourmalet est toujours la terreur des coureurs du Tour de France. On n'y compte plus les chutes. Le plus célèbre « second » de l'histoire, Poulidor, y abandonna la course une année. On y comptait pourtant fort peu de chutes au XVIIe s ; il est vrai que la plupart des touristes (comme Mme de Maintenon) y accédaient en chaise à porteurs...

Le sommet du col est à 2 115 m d'altitude. En saison, vous pouvez y contempler le « géant du Tourmalet », une sculpture argentée qui rend hommage à Octave Lapize, premier coureur français à avoir franchi le col (sans dérailleur) en 1910. Elle était prévue pour rejoindre la sculpture de l'aire des Pyrénées en bordure de l'A 64, mais voilà, faute de place, on décida de la mettre ici... La statue pèse 350 kg. Elle est portée chaque année jusqu'au sommet le jour de l'Ascension (amis cyclistes, vous aurez compris le clin d'œil) et accompagnée d'une véritable « procession » de passionnés qui la suivent sur leurs deux-roues.
En redescendant dans la vallée du Haut-Adour vers Campan, on passe à *La Mongie,* station de sports d'hiver particulièrement bétonnée d'où part le téléphérique pour le pic du Midi, un autre incontournable...

À voir dans le coin

***Le pic du Midi de Bigorre** (altitude : 2 877 m) : ☎ 0825-002-877 (prix d'un appel local). ● picdumidi.com ● Accès par le téléphérique au départ de la station de La Mongie, 6 km après le sommet du Tourmalet, en venant de Barèges. Site accessible tlj, sf mar hors vac scol. Fermé 2de quinzaine de mai et de mi-oct à fin nov. 1er départ à 9h et dernier départ à 16h30 juin-sept ; respectivement à 9h30 et 15h30 oct-mai ; le mat, il y a moins de monde et la luminosité est plus belle. Ticket A/R incluant la découverte du sommet : 36 € ; 5-12 ans 23 € ; réduc également pour les étudiants, demandeurs d'emploi et pers à mobilité réduite ; forfait famille intéressant ; gratuit moins de 5 ans. Départs ttes les 15 mn mais parfois beaucoup de monde en été. Compter env 2h de visite. Petite précision : même s'il ne fait pas beau sur votre lieu de résidence, n'hésitez pas à vous renseigner sur les conditions météo au pic (vidéo en direct sur le site web du pic), il arrive souvent que l'observatoire soit au-dessus des nuages : vous serez alors peu nombreux à profiter du site ! Soirées célestes tt au long de l'année (95 €/pers avec repas ; 47 €/enfant) et nuits au sommet (299 €/pers ou 399 € pour 2, incluant téléphérique, accompagnateur, repas et logement en chambre rénovée ; résa plusieurs mois à l'avance indispensable). Noter qu'il existe des pass incluant l'accès au pic du Midi et d'autres « Grands Sites » comme le pont d'Espagne à Cauterets, Gavarnie, la Cité de l'espace à Toulouse.*
Ouvrez bien grand vos mirettes (quoique certains préféreront certainement les fermer...), le trajet en téléphérique est grandiose et sensationnel ! À une vitesse de 45 km/h, on atteint très vite le premier sommet, le Taoulet, à 2 431 m. Puis il faut changer de cabine pour un trajet plus impressionnant encore avec 350 m de vide sous les pieds ! En été, possibilité d'accès à pied par un sentier partant au niveau de l'avant-dernier lacet avant d'arriver au col (en venant de Barèges) : fléché « Lac d'Oncet-Toue ». Compter environ 2h30. Pas de difficulté majeure. La partie supérieure du sentier correspond à l'ancien chemin des porteurs, mais sachez tout de même que ce n'est pas une simple balade du dimanche : être bien chaussé et prévoir suffisamment d'eau (le soleil tape fort à ces altitudes !), des lunettes de soleil et de la crème solaire. En arrivant au pied du pic (possibilité de bivouac en bordure du lac), prendre le chemin qui bifurque à gauche en direction de la grande antenne blanche. Les plus courageux peuvent aussi venir depuis Artigues (environ 5h). Une terrasse *(accès gratuit)* est réservée aux randonneurs qui frappent à la porte...
Deux mots sur l'observatoire. Ce vaisseau posé au sommet du pic a été créé en 1881 et dispose aujourd'hui de huit coupoles. Il abrite le plus puissant télescope de France métropolitaine (2 m de diamètre). L'observatoire proprement dit ne se visite pas. Il est réservé aux scientifiques qui séjournent sur place et observent l'activité solaire et les mouvements de la galaxie. Seule une petite partie se visite, donc. On y accède par une plateforme panoramique d'où l'on bénéficie d'une vue à 300 km à la ronde par très beau temps, ce qui représente 10 % du territoire national ! Plusieurs tables d'orientation pour décrypter l'horizon (indispensable !) et tables d'interprétation. La température la plus basse fut relevée en 1956

à - 32,9 °C, la plus haute à seulement 20,4 °C ; la température moyenne annuelle est de 1 °C. Des animateurs sont là pour donner de passionnantes informations sur le site, le panorama, la chaîne des Pyrénées et l'observatoire (infos disponibles en applications smartphones). Quelques lunettes d'observation pour visionner le Soleil en direct. Également une tyrolienne pour enfant *(accès gratuit)*. L'espace muséographique relate l'histoire du pic, les observations scientifiques. Expos sur le système solaire, l'exploration de l'Univers, la météorologie, la foudre, etc. Le sidérostat permet une observation du Soleil. Dans la coupole Baillaud, qui date de 1908 (la première à avoir été construite au pic), reproduction fidèle du coronographe (instrument d'étude de la couronne solaire) réalisé en 1930 par Bernard Lyot. Une visite passionnante à bien des égards.
Le site est également accessible aux passionnés d'astronomie pour une observation nocturne au télescope 500. Accompagné d'un spécialiste, vous passerez la nuit la tête dans les étoiles ! Sur réservation, bien sûr... et la liste est longue ! Maximum de 27 personnes. La meilleure période d'observation est en hiver.
D'autre part, un téléphérique est réservé à 8h45 et à 16h45 en été pour les VTT. Les équipements de protection et la parfaite connaissance du milieu montagnard sont requis. Pour finir, des soirées célestes (jusqu'à 23h) sont organisées fréquemment pour vivre un coucher de soleil inoubliable complété d'ateliers d'animations astronomiques.

|●| Pour se rassasier, un ***resto traditionnel*** propose des plats régionaux préparés avec de bons produits frais provenant de producteurs locaux *(menu env 24 €)*, et un petit ***snack***, à l'extérieur, dispense des sandwichs, salades et boissons fraîches.

À faire

– ***Parapente :*** école sur le parking de Tournaboup, mais il faut s'inscrire à Barèges. Contacter notamment *Air Aventures Pyrénées* : ☎ 05-62-92-28-19. ● *ecole-parapente-pyrenees.com* ●

LE COL D'ASPIN ET LE COL DE BEYRÈDE VERS LA VALLÉE D'AURE

Passé le col du Tourmalet, on arrive à Sainte-Marie-de-Campan, notre itinéraire continue la vallée de l'Adour jusqu'à Bagnères-de-Bigorre, mais on peut aussi rejoindre la vallée d'Aure par le *plateau de Payolle* et son lac qui attirent de nombreuses familles en été. De là, trois possibilités. L'ascension du col d'Aspin (1 489 m d'altitude) et son superbe belvédère, pour redescendre dans les forêts de sapins avant de rejoindre les pâturages de la vallée jusqu'à Arreau. Rien de grandiose, le paysage est tranquille. Nous, on préfère le col de Beyrède (1 417 m d'altitude), moins fréquenté, plus sauvage et plus intime. La route arrive à

UN HIC AU PIC

En 1913, le coureur Eugène Christophe était en tête au classement général du Tour de France. La victoire lui était promise mais le sort en décida autrement. Près du Tourmalet, la fourche de son vélo se brisa. Pas question d'abandonner ! Il dévala alors la route à pied, jusqu'à Sainte-Marie-de-Campan, où il trouva une forge dans laquelle il répara son vélo, sans l'aide de personne, comme l'exige le règlement. Ce n'est que 4h plus tard qu'il put repartir, crevé... Drôle de malchance qui lui fit perdre le Tour de France, mais lui apporta la gloire. Une plaque commémorative lui rend hommage sur le mur de l'ancienne forge, à l'entrée du village.

Beyrède-Jumet, à côté de Sarrancolin. Enfin, il y a aussi la route de La Hourquette par la D 113 jusqu'à Ancizan, elle est plus longue mais belle, tranquille et plaît particulièrement aux cyclistes.

CAMPAN

(65710) 1 420 hab. *Carte Hautes-Pyrénées, B3*

À une vingtaine de kilomètres du col du Tourmalet et 6 km avant Bagnères-de-Bigorre, un village original pour ses *mounaques* exposés aux fenêtres des belles maisons aux toits d'ardoises, et intéressant pour sa halle couverte, sa fontaine du XVIe s et, surtout, son église des XVIe-XVIIe s avec son clocher à quatre clochetons. Décor de boiseries et beau mobilier. Dans la cour, sous le porche, à gauche, très beau christ du XVe s. Émouvant et exemplaire monument aux morts de 1914-1918 : une veuve qui cache sa douleur derrière le traditionnel capulet.

LE CHARIVARI ET LES *MOUNAQUES* DE CAMPAN

C'est peu de dire qu'on se mariait jadis dans son propre village. Quand il en advenait autrement, le prétendant devait s'acquitter au préalable d'une dette à l'égard des jeunes du village de sa bien-aimée. Surtout si c'était la fille aînée de la maisonnée et l'héritière des biens familiaux ! Dans ce cas, la bataille de clochers était déclarée... Il avait droit chaque soir au tintamarre autour de sa maison (appelé aussi « charivari ») et aux *mounaques* – ces poupées grandeur nature que l'on accrochait à la façade de son domicile – jusqu'à ce qu'il se résolve enfin à compenser la perte subie par les voisins (et concurrents). La tradition des *mounaques* perdure encore de nos jours, notamment à l'occasion de la *fête des Mariolles,* en juillet. Les gens exposent alors les poupées qu'ils ont confectionnées durant l'hiver, et ce jusqu'au mois de septembre. On peut d'ailleurs visiter une *boutique de mounaques (☎ 05-62-91-68-99 ; ouv tte l'année)* située dans la rue principale du village, à quelques centaines de mètres de l'église (en direction de La Mongie). Propose des ateliers de création.

Adresse et info utiles

Office de tourisme : *dans le bourg. ☎ 05-62-91-70-36. • grand-tourmalet.com • Tte l'année, tlj sf dim hors saison.* Infos sur les activités du Grand Tourmalet, randonnées et balades dans les environs, la « route des Maisons » (maison de Mme Campan, maison des Ferrère et du baroque pyrénéen à Asté, maison natale de Dominique Larrey à Baudéan...). Excellent accueil.

– **Marchés :** *dim mat et jeu (en été) à Campan ; mer (en été) à Sainte-Marie-de-Campan ; ven (en été) à Payolle.*

Où dormir ? Où manger dans les environs ?

Camping

Camping L'Orée des Monts : *à La Séoube. ☎ 05-62-91-83-98. 06-04-59-68-42. • oree.des.monts@wanadoo.fr • camping-oree-des-monts.com • À 8,5 km de Campan, sur la route du col d'Aspin, après Sainte-Marie-de-Campan. Ouv tte l'année. Prix tente 9,60-16,40 € selon saison ; hébergements locatifs 175-630 €/sem selon capacité et saison ; caravanes*

205-340 €/sem. 101 empl. ᯤ *Réduc de 5 % sur le prix de l'emplacement sur présentation de ce guide.* À 1 000 m d'altitude, en bordure de l'Adour, dans un cadre de verdure, bien au calme, excellent confort, jeux pour les enfants (trampoline), pizzeria et piscine chauffée. Animations en été.

Prix moyens

Chambres d'hôtes Lahore : *chez Cathy Abadie, chemin d'Angoué. ☎ 05-62-91-77-95. 06-08-78-18-94. • cati.abadie@orange.fr • pagesperso-orange.fr/lahore • Suivre la D 935 en direction de Beaudéan ; à 1 km de Campan, prendre à gauche juste avt le pont et la route de Lesponne (panneau « Institut médico-éducatif »), puis 200 m plus loin, bifurquer à droite ; poursuivre sur 1 km. Congés : de mi-nov à mi-déc. Double 56 € ; familiale (4 pers) 85 €.* ᯤ *Utilisation gratuite de la cuisine sur présentation de ce guide.* N'allez pas imaginer que Cathy a vécu au Pakistan ; si sa maison s'appelle Lahore (en gascon), c'est qu'elle est tout là-bas, en pleine nature, à peine dérangée par le bruit du ruisseau. Charpente apparente et poutres en tronc brut de sapin et de frêne. 3 chambres lumineuses et bien décorées dans les tons jaunes, avec mobilier en pin. Cuisine équipée à disposition. Une petite adresse chaleureuse, à l'écart des sentiers battus.

Chambres d'hôtes La Boucle de l'Adour : *à* **La Séoube** *(65710). ☎ 05-62-92-20-17. • labouclede ladour@gmail.com • la-boucle-de-ladour.com • À 9 km de Campan ; 500 m après La Séoube, sur la route du col d'Aspin. Congés : Noël. Double 71 €.* ᯤ Cette ancienne grange agrémentée d'un grand jardin et à quelques mètres de l'Adour dispose de 3 chambres restaurées, particulièrement confortables. La déco, à chaque fois différente et soignée, s'inspire de légendes pyrénéennes. Les couleurs sont chatoyantes. Spacieuses, les chambres peuvent accueillir 4 personnes. Avec le jardin juste devant, les enfants sont libres de gambader en toute liberté.

Auberge des Pyrénées : *à* **Sainte-Marie-de-Campan** *(65710). ☎ 05-62-91-82-46. • aubergedes pyrenees@orange.fr • aubergedespy renees.com • ♿ À 6 km de Campan. À 800 m de Sainte-Marie-de-Campan, sur la route du col du Tourmalet. Congés : 2 sem en avr et 2 sem en oct. Double 65 €. Plat du jour 9 € ; menus 18-24,50 € et carte.* ᯤ Petite auberge de campagne posée au bord de la route, dont la dizaine de chambres a été récemment restaurée. Elles sont plutôt spacieuses et confortables, mais on apprécierait une déco un peu plus travaillée. La salle à manger a conservé son atmosphère d'antan avec sa cheminée, ses poutres et ses vieilles pierres. Cuisine dans la pure tradition régionale (garbure, cuisse de canard, cassoulet, etc.).

Auberge des Trois Pics : *à* **Payolle** *(65710). ☎ 05-62-91-82-16. ♿ À 13,5 km de Campan, sur la route du col d'Aspin. Tlj sf dim soir et lun (plus le soir mer-jeu hors saison). Assiette 11 € ; menus 20-24 €. CB refusées. Café offert sur présentation de ce guide.* Au pied du col d'Aspin, l'Auberge des Trois Pics est connue dans le coin pour sa cuisine de terroir à l'ancienne, franche et généreuse (garbure, confit, porc noir de Bigorre, etc.). Après, il ne reste plus qu'à faire la sieste (ça tombe bien, il y a des pâturages tout autour) !

De prix moyens à chic

La Maison d'Hoursentut : *à* **Gripp** *(65710). ☎ 05-62-91-89-42. • contact@maison-hoursentut.com • maison-hoursentut.com • ♿ À 9 km de Campan, sur la route du col du Tourmalet (fléché). Ouv tte l'année. Doubles 65-75 €. Dîner sf dim-lun 20 €.* ᯤ Un hôtel de charme proposant une douzaine de chambres confortables à la déco contemporaine (douche à l'italienne ou bains et w-c séparés). La plupart bénéficient d'une belle vue sur la vallée où passe l'Adour. Cuisine traditionnelle à base de produits frais locaux. Calme garanti.

À faire dans le coin

– ***Vie d'estive :*** *à **Beaudéan,** en haut du village.* ☎ *06-42-99-85-44.* • *viedestive.com* • *Ouv tte l'année, sur résa. Compter 9-35 €/pers selon activité, goûter, pique-nique ou repas compris ; réduc enfants.* Activités ludiques et familiales pour partir à la découverte de la vie de berger : les différentes races ovines, tétée et soins aux agneaux dans la bergerie, sortie du troupeau sur les pâturages d'altitude, et même nuit en cabane avec histoires au coin du feu. Une immersion dans le pastoralisme organisée par Yan et Cédric, bergers bien sympathiques.

– ***Le lac de Payolle :*** *à 13 km de Campan.* Base nautique avec kayaks, embarcations à pédales et pêche.

➢ ***Balades à dos d'âne :*** *1, impasse Malakoff, 65200 **Gerde.*** ☎ *06-61-73-00-72 ou 06-50-84-84-53.* • *sport-et-developpement65.fr* • *Loc d'âne à la ½ journée ou à la journée 35 et 55 €. En été, ateliers « âne-cirque » le mer (30 €/enfant).*

Fêtes dans le coin

– ***Fête des Mariolles :*** *le 2e dim de juil.* Les membres de la confrérie des Mariolles défilent avec cape, béret, insigne et bâton en compagnie de troupes d'art populaire et de *bandas,* pour introniser les nouveaux Mariolles de l'année. Un petit extrait de la charte de leur confrérie : « Pourront être élus membres de la confrérie ceux qui au cours de leur vie auront fait preuve d'un humour marqué tout en restant dans les limites communément admises de la probité et du bon goût » ! Ben oui, quoi, il ne s'agit pas non plus de « faire l'imbécile » ! Après la cérémonie, messe chantée, avant le « tire-Mariolle », l'élixir des braves, et le repas traditionnel sous la halle. Animation de chanteurs, musiciens et danseurs, et puis chacun s'en donne à cœur joie pour le bal du soir. C'est un peu la séance de rattrapage pour ceux qui auraient échoué au concours... Ambiance très bon enfant, mais était-ce bien utile de le préciser ?
– ***Fête de la Montagne Payolle :*** *le 1er w-e d'août, au **lac de Payolle,** à env 12 km de Campan, au pied du col d'Aspin.* Plein d'activités sportives pour 2 € chacune ! VTT, pêche, escalade, trottinette tout terrain, tir à l'arc, etc. Marché gourmand.

LA VALLÉE DE LESPONNE (65710)

À cheval sur les communes de Beaudéan et de Bagnères, la vallée est bien connue des randonneurs qui, le printemps venu, se pressent sur les sentiers en lacet du célèbre lac Bleu et du lac d'Ourrec. Autrefois, les estives accueillaient les troupeaux de moutons des villages alentour et des Baronnies. En dépit des années et d'un certain déclin, la vallée a gardé intacts son charme et son identité forte. En témoigne l'ancienne épicerie de Lesponne (auberge *Chez Gabrielle* à ne pas manquer), superbement restaurée grâce à la solidarité de ses habitants. La route s'enfonce sur 10 km et se termine sur un parking. De là, un sentier mène au lac Bleu.
– *Accès :* en venant de Campan, tourner à gauche, 50 m environ avant le panneau du village de Beaudéan.

Où dormir ? Où manger ?

De bon marché à chic

🏠 🍽 ***Auberge Chez Gabrielle :*** *349, pl. de l'Église, à* ***Lesponne.*** *☎ 05-62-91-28-81. • chezgabrielle.beaudean@orange.fr • auberge-chezgabrielle.com • ♿ Resto fermé lun-mar hors saison (slt lun midi en saison). Congés : janv et 2de quinzaine de nov. Compter 17 €/pers en dortoir de 14 lits (4 € pour les draps) ; doubles 40-48 € avec sdb ou sanitaires sur le palier ; possibilité de ½ pens. Menus 15-25 €. Apéritif maison offert sur présentation de ce guide.* Cette « épicerie-café d'autrefois » eut beaucoup d'importance dans la vallée, du temps de Gabrielle, disparue en 1985. Depuis, la commune a transformé en auberge cette ex-pharmacie-droguerie-quincaillerie-tabac qui faisait le lien entre les habitants... et l'ensemble est réussi ! On redécouvre l'épicerie du XIXe s, restée dans son jus, ainsi qu'un bistrot-resto aux tables patinées où l'on peut déguster une cuisine végétarienne à base de produits bio de saison. Propose des soirées à thème. À l'étage et dans un bâtiment attenant, 5 chambres, dont certaines avec sanitaires communs.

🏠 🍽 ***Domaine de Ramonjuan :*** *à 1 km de Lesponne, direction Le Chiroulet, sur la droite. ☎ 05-62-91-75-75. • ramonjuan@wanadoo.fr • ramonjuan.com • ♿ En saison, resto ouv tlj le soir slt ; le reste de l'année, sam soir slt. Congés : 2 sem en avr et 2 sem en nov. Doubles 65-98 € selon confort et saison. Dîner env 24 € pour les résidents slt. Apéritif maison offert sur présentation de ce guide.* À 800 m d'altitude, ancienne ferme restaurée avec goût et élégance dans l'esprit montagnard chic. Chambres toutes différentes et raffinées, au confort moderne, faites de matériaux naturels (dessus-de-lit en lin, sol en jonc de mer, salle de bains à l'italienne en ardoise et pierre du pays...). Le domaine dispose également de pavillons de type résidence de tourisme, fonctionnels mais moins charmants. Dans la grange, salle de jeux, de musculation, salon TV, billard, et dans le parc, superbe piscine *(juil-août),* tennis, volley... Et une foule d'activités proposées (soirées thématiques, randonnées, VTT, balades à cheval, *mountainboard...*) ! La table propose une cuisine du terroir dans un décor assez chic.

🍽 ***Auberge Lou Fabeclo :*** *42, rue Larrey, à* ***Beaudéan.*** *☎ 05-62-91-65-88. • lou.fabeclo@orange.fr • Dans le village. Tlj sf lun soir, mar soir et mer. Congés : 2 sem fin août-début sept et vac scol de fin d'année. Formules déj en sem 13,90-17,90 € ; menus 22,90-30 €. Café offert sur présentation de ce guide.* Bonne auberge au cadre rustico-chic avec terrasse fleurie sous la tonnelle proposant une cuisine traditionnelle de bonne qualité alliant produits du terroir et quelques plats originaux (garbure au confit de canard, cocotte de magret). Une adresse connue des gourmets !

À faire

Les offices de tourisme de Campan, de Bagnères, de La Mongie et de Barèges vendent des fiches rando détaillant les nombreuses balades à faire dans le coin.

➢ ***Randonnée au lac Bleu*** *(altitude : 1 968 m)* **:** départ au parking du Chiroulet. Compter 2h30-3h l'aller. Parfaitement bien balisé, le sentier vous fera découvrir, 900 m plus haut, des eaux d'un bleu intense (par beau temps s'entend). Pas mal de monde en été, ainsi que les week-ends de printemps. Refuge non gardé en bordure de lac.

➢ ***Randonnée au lac d'Ourrec*** *(altitude : 1 667 m)* **:** départ au parking du Chiroulet. Compter 2h environ pour atteindre le lac, et quelque 600 m de dénivelée. Paysage assez diversifié, nettement moins de monde qu'au lac Bleu. Belle vue sur la cascade d'Ouscouaou en fin de parcours.

➢ ***Randonnée au lac de Peyrelade*** *(altitude : 1 919 m)* **:** itinéraire assez raide s'adressant essentiellement aux bons marcheurs. Compter 2h de montée.

À Beaudéan, prendre la direction de l'institut médico-éducatif. Une centaine de mètres plus loin, emprunter la première à droite et suivre la route forestière de Niclade. À l'embranchement, prendre à droite la route forestière de l'Haya. Garer son véhicule 1 km après les « cabanes de l'Haya », au niveau du pont. Suivre le sentier qui longe le ruisseau (plus loin, laisser la piste forestière qui monte sur la droite). Vous voilà aux premières loges pour admirer le pic du Midi !

➢ ***Boucle « Entre cascade et torrents » :*** départ du village de Lesponne. Compter 3h environ pour parcourir la boucle, sans difficulté particulière. Prendre le sentier des granges d'Artala (derrière l'église) et poursuivre par le chemin des gardes forestiers. Après 1h30 de marche facile, vous passez sur la belle ***cascade de Magenta*** depuis la passerelle du Montaigu. Retour par le chemin empierré en rive droite de l'Adour. Pour les plus pressés, possibilité de se rendre à la cascade en voiture. Poursuivre la D 29 vers Le Chiroulet sur 4 km et tourner à droite après le parc de Barane. Puis 10 mn de marche le long d'un large sentier.

– ***L'Aya :*** *parcours acrobatique au pied du lac Bleu. 06-65-49-43-45. • pyreneescanyon.fr • Ouv juil-août.* Tyrolienne, saut de Tarzan et 80 jeux aériens avec un parc pour les plus petits.

BAGNÈRES-DE-BIGORRE

(65200) 8 470 hab. *Carte Hautes-Pyrénées, B3*

Ville d'eaux que fréquentèrent Montaigne, Jeanne d'Albret, Mme de Maintenon, Rossini, George Sand, l'impératrice Eugénie... C'est aujourd'hui une des stations thermales les plus fréquentées du département. Vieux centre agréable à parcourir, avec quelques vestiges du passé intéressants. Calme en semaine, la ville se réveille le samedi, grand jour de marché.

Adresses et infos utiles

Office de tourisme *(plan A2) :* *3, allée Tournefort. ☎ 05-62-95-50-71. • grand-tourmalet.com • Juil-août, tlj ; le reste de l'année, tlj sf dim et j. fériés.*

Bus : *à la gare ferroviaire (plan A1) ou devant l'église Saint-Vincent (plan A1).* 7 départs/j. pour Tarbes ; 3 départs/j. (sf dim et j. fériés) pour Lourdes avec le réseau *Maligne* *(☎ 0800-65-65-00, n° Vert ; • transports-maligne.fr •).* 1-4 départs/j. pour Campan et La Mongie selon saison, plusieurs départs/j. pour Tarbes avec les bus *Keolis* *(☎ 05-62-95-21-94).* Mai-oct et déc-mars, également des navettes pour le pic du Midi *(☎ 0800-65-65-00, n° Vert ; 06-13-08-45-61).* Réservations indispensables la veille avant 18h.

@ ***Cyberespace, centre culturel Maintenon*** *(plan B2) :* *9, rue Alfred-Rolland. ☎ 05-62-95-36-99. Lun-ven 17h (14h mer)-20h ; sam 10h-13h. Résa indispensable. Gratuit.*

– ***Marché :*** *sam mat tte l'année, sous la halle de style Baltard de la pl. Ramond (plan A2).*

Où dormir ?

Camping

Le Monlôo *(hors plan par B1, **10**) :* *5, chemin de Monlôo. ☎ 05-62-95-19-65. • campingmonloo@yahoo.com • lemonloo.com • ♿ À env 1,5 km du centre-ville ; suivre la direction « A 64-Toulouse » ; env 500 m après avoir traversé l'Adour, prendre à gauche ; au rond-point,*

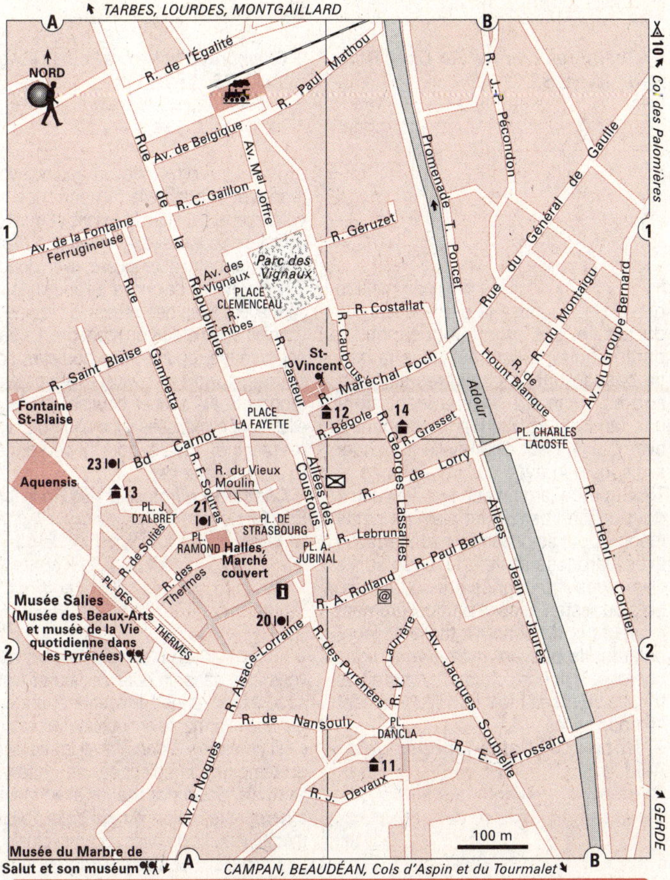

BAGNÈRES-DE-BIGORRE

Adresses utiles

- Office de tourisme
- @ Cyberespace, centre culturel Maintenon

Où dormir ?

- **10** Le Monlôo
- **11** Chambres d'hôtes Au Chat Ronfleur
- **12** Hôtel Le Saint-Vincent
- **13** Chambres d'hôtes Les Petites Vosges
- **14** Chambres d'hôtes La Villa Rose

Où manger ?

- **20** La Courte Échelle
- **21** L'Annexe
- **23** Le Jardin des Brouches

suivre Ordizan puis fléché. Ouv tte l'année. Prix tente 12,50-20 € selon saison ; loc de chalets et mobile homes 4-6 pers 275-775 €/sem selon saison. 171 empl. Joli camping entre champs et versant boisé, au calme. Emplacements ombragés. Bien équipé : piscine chauffée avec toboggan, jeux pour enfants. Animations en saison. Bon accueil.

Bon marché

Chambres d'hôtes Au Chat Ronfleur (plan B2, **11**) : *3, rue Alfred-Cazalas. ☎ 05-62-95-42-87. • au.chat.ronfleur@sfr.fr • bagneres-chambredhote.com • À 150 m de l'office de tourisme en remontant la rue des Pyrénées. Ouv tte l'année. Nuitée 20 €/pers (pour randonneurs) ; double 50 € ; familiale (3-4 pers) 65 €. Réduc de 10 % sur le prix de la chambre sur présentation de ce guide.* Une drôle de maison de ville qui épouse la pente escarpée du terrain. Les proprios occupent la partie haute ; à l'entrée, dans la partie basse donc, 3 chambres simples, sobres, joliment aménagées, dont une familiale spacieuse (5 personnes) avec bains. Petit salon-salle à manger à disposition avec cuisine équipée et TV. Superbe jardin fleuri sur 7 niveaux, dont un jardin secret et plein de petits recoins pour se poser. En haut, terrasse avec barbecue et vue dégagée sur la ville et les montagnes environnantes. Le clou reste l'accueil particulièrement chaleureux de Joris, Nathalie et leurs enfants. Ils peuvent même venir vous chercher à la gare et vous prendre vos forfaits de ski en hiver ! Un lieu vraiment sympa.

Hôtel Le Saint-Vincent (plan A-B1, **12**) : *31, rue du Maréchal-Foch. ☎ 05-62-91-10-00. • contact@hotel-saint-vincent-65.com • hotel-saint-vincent.com • En face de l'église. Double 48 €.* Un hôtel familial d'une vingtaine de chambres, des plus simples et de bon confort pour la plupart. D'autres sont vraiment vieillottes. Si possible, en visiter plusieurs avant de se décider. Une adresse qui séduit les curistes à petit budget. Fait également resto.

De chic à plus chic

Chambres d'hôtes Les Petites Vosges (plan A2, **13**) : *17, bd Carnot. ☎ 05-62-91-55-30. • lpv@lespetitesvosges.com • lespetitesvosges.com • Congés : 2de quinzaine de nov. Doubles 85-100 € selon confort.* À proximité du casino, vous repérerez vite la belle façade rouge aux volets verts qui attire le regard et met tout de suite en confiance. À l'intérieur, 4 chambres superbement rénovées, avec douche à hydrojets ou baignoire à l'ancienne, où se marient avec délicatesse le charme de l'ancien et le confort du moderne. La déco est soignée, épurée. Les couleurs sont douces, parfois plus vives, l'atmosphère reposante et l'accueil souriant. 2 d'entre elles sont climatisées. Une chambre avec mezzanine, idéale pour 3 personnes. Excellents petits déj.

Chambres d'hôtes La Villa Rose (plan B1, **14**) : *chez Marie-Christine Mecöen, 54, rue Georges-Lassalles. ☎ 05-62-34-09-84. 06-08-83-55-09. • contact@villarose65.com • villarose65.com • Congés : oct. Doubles 125-145 € selon confort ; réduc à partir de la 2e nuit. Parking privé.* Ce n'est pas donné, mais vous êtes dans un hôtel particulier historique exceptionnel ! Préservé et restauré par une charmante antiquaire décoratrice, c'est une plongée dans l'aristocratie locale du temps de la splendeur de cette ville thermale. Salon des tisanes avec meuble d'herboriste, salon du chocolat, bibliothèque remplie de livres anciens, plusieurs petits paliers et des chambres somptueuses. Chacune possède sa cheminée en marbre de couleur différente, ciel de lit pour certaines, tête de lit en vraie toile de Jouy pour d'autres, mobilier ancien, argenterie... un vrai musée ! Jardin avec fontaine, bien sûr ! Du charme, du raffinement et de l'élégance !

Où manger ?

De bon marché à prix moyens

La Courte Échelle (plan A2, **20**) : *2, rue Alsace-Lorraine. ☎ 05-62-95-57-85. À deux pas de l'office de tourisme. Fermé dim (tte l'année) ; fermé le soir hors saison. Plat du jour 8,50 € ; menus 13,80 € (midi en sem), puis 16-25 €. CB refusées.* Voilà un p'tit resto qui ne fait pas grand bruit, sans chichis et bien sympa. Côté cadre, des boiseries 1930 et une déco néobistrot dans les teintes jaunes. Vous passez commande, et ensuite, au boulot ! Car ici, c'est simple, chaque menu est composé d'un buffet de hors-d'œuvre froids et chauds, d'un plat (sauf pour le 1er menu) et d'un buffet de desserts. Accueil à la bonne franquette. Une adresse idéale pour se sustenter à moindres frais !

L'Annexe *(plan A2, **21**) : face aux halles, à l'angle de la rue Frédéric-Soutras. ☎ 05-62-91-76-94. ♿ Juil-sept, tlj ; le reste de l'année, fermé lun et le soir sf ven-sam et j. fériés. Congés : nov. Plat du jour 8 € ; menu 18 € (servi midi et soir) ; carte 20-22 €.* Bienvenue dans cette ancienne boucherie dont la déco n'a pas changé d'un poil ! Un cadre original, donc... et une atmosphère sympa avec une clientèle d'amis de longue date. Cuisine sans prétention et choix limité (garbure, bavette à l'échalote, brochette de magret ou salades), mais à la qualité régulière.

Chic

Le Jardin des Brouches *(plan A2, **23**) : 22, bd Carnot. ☎ 05-62-91-07-95. Tlj sf dim soir et mer. Menus 21 € (midi sf dim), puis 31-65 € ; carte 45-50 €.* Cette ancienne demeure bourgeoise abrite l'une des meilleures tables de Bagnères. Côté cadre, c'est chaleureux, élégant et soigné. En été, la terrasse au bord du jardin dans lequel poussent plantes aromatiques et médicinales est un havre de paix et l'on s'y sent un peu privilégié. Mais la table est connue, avant tout, pour la belle cuisine gastronomique de Benoît Croizard, un chef talentueux qui se fait un point d'honneur de travailler avec les producteurs locaux. Une cuisine réjouissante, goûteuse et qui ne s'endort jamais.

Où dormir ? Où manger dans les environs ?

Camping

Camping La Pommeraie *: 2, av. Philadelphie, 65200 **Gerde**. ☎ 05-62-91-32-24. • campinglapommeraie@gmail.com • campinglapommeraie.com • À l'entrée de Gerde, sur la gauche. Ouv tte l'année. Prix tente en hte saison 8,60 € ; loc de mobile homes 2-4 pers 180-350 €/sem selon saison. CB refusées. 60 empl.* Un camping tranquille sous des pommiers, en bordure des collines, à côté de la ferme des proprios. Très calme et bien tenu. Épicerie à 200 m.

De bon marché à prix moyens

Chambres d'hôtes Maison Burret *: chez Jean-Louis et Jo Cazaux, 67, Le Cap-de-la-Vielle, 65200 **Montgaillard**. ☎ 05-62-91-54-29. 📱 06-11-77-87-74. • joetjl.cazaux@wanadoo.fr • maisonburret.com • À 8 km au nord de Bagnères, route de Lourdes sur la gauche. Congés : nov-juin. Doubles 55-65 € selon confort.* Beau manoir bigourdan aux persiennes bleu lavande vieilli et deux fois centenaire. 1 chambre pour 2 personnes dans les tons bleus, mobilier XVIe s. Également une suite de 2 chambres pouvant accueillir jusqu'à 5 personnes. Beaucoup d'authenticité et pas mal de charme. Le soir, Jean-Louis viendra peut-être vous jouer un petit air de vielle. Demandez-lui de vous montrer sa collection d'objets insolites !

Le Refuge des Chasseurs – Chez Loulou *: col des Palomières, sur la commune de **Gerde** (65200). ☎ 05-62-95-26-41. ♿ De Bagnères, suivre la direction « A 64-Toulouse » ; env 500 m après avoir traversé l'Adour, prendre à droite direction « Col des Palomières » ; c'est à 5 km. En saison, tlj 13h-22h ; hors saison, tlj sf dim soir et lun-mar. Résa conseillée. Plat du jour 12 € ; menus 15-26 €. CB refusées. Apéritif maison ou café offert sur présentation de ce guide.* Ne vous laissez pas tromper : il y a toujours une pancarte extérieure *Auberge des Taillats*, mais c'est bien là, dans cette cabane en rondins de bois, en pleine nature (les bambins peuvent gambader en toute liberté !). On vient ici pour la cuisine et pour le patron, personnage haut en couleur, célèbre dans la région pour ses coups de cœur autant que pour ses coups de gueule. Chaude ambiance certains jours... Menus avec garbure, viande (civet de sanglier ou palombe en saison), fromage et dessert. C'est bon et copieux. Alors, aiguisez vos fourchettes !

À voir. À faire

L'église Saint-Vincent *(plan A-B1)* **:** date du XIVᵉ s. Immense clocher-mur de 40 m. Très beau portail sud de 1557, de style Renaissance. À l'intérieur, orgue du début du XVIIIᵉ s, fonts baptismaux à armoire et belle chaire de 1769.

La vieille ville : non loin de l'office de tourisme, la *tour des Jacobins,* du XVᵉ s. Haute de 34 m et de style gothique flamboyant, c'est l'unique vestige d'un grand couvent détruit à la Révolution. Pas loin, rue du Vieux-Moulin, *maison dite « de Jeanne d'Albret »,* avec fenêtres à meneaux et un beau portail Renaissance. À l'angle de la rue du Vieux-Moulin, jolie maison à colombages du XVᵉ s (dernier étage visiblement plus récent). Charmante *place d'Albret (plan A2)* à l'aspect typique avec ses maisons à balcons.

Le musée Salies *(plan A2)* **:** *7, pl. des Thermes. ☎ 05-62-91-07-26. • museesbagneres.fr • ♿ (rdc slt). Entre les thermes et le casino.*
– **Le musée des Beaux-Arts :** *de mi-mai aux vac scol de la Toussaint, mer-ven (plus mar juil-août) 10h-12h, 14h-18h ; sam-dim 15h-18h. Le reste de l'année, sur rdv. Entrée : 4 € ; 3 € sur présentation de ce guide ; gratuit moins de 16 ans. Pass musée des Beaux-Arts et musée de la Vie quotidienne dans les Pyrénées : 6 € (10 € avec le musée du Marbre).* Jolie façade de style Art déco. Peintures des salons parisiens de la première moitié du XIXᵉ s, paysagistes de Barbizon comme Daubigny, Diaz de la Peña, Dupré, Jongkind. Le mouvement orientaliste avec Jules Laurens, Théodore Frère, Dehodencq, Chassériau, puis l'orientalisme ethnographique du XXᵉ s avec Alexandre Roubtzoff. Collection de la célèbre aquarelliste Blanche Odin (1865-1957), chère au cœur des Pyrénéens, et dont les représentations de bouquets de fleurs peints sur des papiers humidifiés sont remarquables. Curiosités, faïences des XVIIᵉ et XVIIIᵉ s, porcelaines de la Compagnie des Indes... Expo temporaire l'été.
– **Le musée de la Vie quotidienne dans les Pyrénées :** *au rdc du musée des Beaux-Arts. De mi-mai aux vac scol de la Toussaint, mer-dim 15h-18h ; le reste de l'année, sur rdv. Entrée : 3 € ; gratuit moins de 16 ans. Pass musée de la Vie quotidienne dans les Pyrénées et musée des Beaux-Arts : 6 € (10 € avec le musée du Marbre).* Un musée qui expose une riche collection d'objets ruraux provenant de la vallée de l'Adour, et datant du milieu du XIXᵉ s jusqu'aux années 1950. Parmi les pièces exposées, certaines sont particulièrement remarquables, comme ces métiers à tisser, cet impressionnant bac creusé dans un tronc et servant à laver la laine, une ancienne machine à laver le linge en bois, ou encore cette ancienne chaise à porteurs utilisée pour les riches curistes. Ne pas rater non plus le *burguet,* un abri sommaire qui permettait au berger de dormir à l'abri des loups ! Belle collection de lithographies.

Le musée du Marbre de Salut et son muséum *(hors plan par A2)* **:** *vallon de Salut. ☎ 05-62-91-12-05 ou 05-62-91-07-26 (hiver). • museesbagneres.fr • ♿ Juin-sept, mer-dim 15h-18h ; le reste de l'année, ouv pdt les vac scol (voir le site internet). Entrée : 4 € ; 3 € sur présentation de ce guide ; gratuit moins de 16 ans. Pass musée du Marbre, musée des Beaux-Arts et musée de la Vie quotidienne dans les Pyrénées : 10 €.*
– *Le musée du Marbre* est installé dans les anciens thermes de Salut, superbe bâtiment qui présente une galerie historique rénovée de cabines et baignoires de marbre. Né de la passion du collectionneur Jacques Dubarry de Lassale, qui a réuni une superbe collection de marbres de 320 origines diverses. Le musée expose près de 170 marbres issus de carrières pyrénéennes. Atelier du marbrier avec ses outils, photos et histoire des carrières des Pyrénées, divers objets décoratifs... Également une expo des fouilles archéologiques de la villa gallo-romaine de Pouzac.

– *Le muséum* vous invite à découvrir la Haute-Bigorre par le biais d'une maquette géante avec animation audiovisuelle. Dans l'espace « Chauve-souris », on découvre les différentes facettes de cette espèce peu connue et protégée. Photos, textes, affiches, et même une caméra à infrarouge installée dans les combles du muséum, qui permet de se familiariser avec ce curieux petit mammifère. Également des expos temporaires.
– Après la visite, paisible balade au sein du vallon du Salut. Joli petit vallon transformé en parc thermal dans les années 1920 après canalisation de l'Aygo Tébio (l'eau tiède), le cours d'eau qui prend sa source au pied de la montagne du Monné. Cette eau thermale fut utilisée dès le XVIe s par les curistes. Ne pas manquer les allées Dramatiques. Un endroit très apprécié à l'époque romantique.

– ***Aquensis*** *(plan A2)* **:** *centre thermoludique.* ☎ *05-62-95-86-95.* • *aquensis.fr* • *Tlj 10h30 (12h30 mar et dim)-20h.* Aqua-pass *(2h) : à partir de 17,50 € ; forfait famille.* Piscine détente avec 14 postes d'hydromassage et aquamusique. Espace hammam avec salon de thé, salles en enfilade et bassin chaud. Également saunas finlandais, massages, terrasses panoramiques avec jacuzzis, etc.

– ***Sorties nature*** avec guide naturaliste *(participation demandée)* et ***soirées thématiques.*** Renseignements auprès du *Centre permanent d'initiatives à l'environnement (CPIE)* : ☎ *05-62-95-49-67.* • *cpie65.fr* •

Fête et manifestations dans le coin

– ***Montée du Géant au Tourmalet :*** *le 1er w-e de juin.* Les passionnés de cyclisme suivent l'ascension de la sculpture du géant sur leurs deux-roues.
– ***Les Jardins secrets :*** *le 1er w-e de juin.* De nombreux jardins privés ouvrent leurs portes dans la ville.
– ***Fête de l'Oignon :*** *le 1er w-e de juin, à* ***Trébons,*** *à 6 km au nord de Bagnères.* Fête populaire : plus de 2 000 portions de lapin et de poulet y sont, paraît-il, servies, cuisinées avec le très bon oignon de... Trébons. Blanc, doux et savoureux.
– ***La Transhumance :*** *1 j. mi-juin.* Les lève-tôt accompagnent les troupeaux aux aurores (départ de Campan vers 3h du mat !) jusqu'au Tourmalet (arrivée vers midi). Sur place, repas champêtre avec animations musicales et différentes démonstrations.
– ***Festival Piano pic :*** *10 j. en juil.* • *piano-pic.com* • Un festival où se produisent des pianistes de renommée internationale au cœur des montagnes en différents lieux et sites de renom (Bagnères, Campan, Beaudéan, pic du Midi...). Répertoire classique. Concerts payants.
– ***Les Arts de la rue :*** *le 1er w-e d'août.* Festival de spectacles de rue.
– ***Festival À Voix haute :*** *le w-e autour du 15 août.* Pour découvrir le chant et les différents aspects de la voix à travers les diverses cultures du monde. Spectacles gratuits ou payants.
– ***Journée du marbre :*** *le 3e w-e de sept.* Différentes visites (carrières, lieux prestigieux), conférences et démonstrations.

DANS LES ENVIRONS DE BAGNÈRES-DE-BIGORRE

Les grottes de Médous : *60, route des Cols, à* ***Asté.*** ☎ *05-62-91-78-46.* • *grottes-medous.com* • *Sur la D 935, à 2,5 km au sud de Bagnères en direction de Campan. Avr-juin et sept-15 oct, tlj 10h-12h, 13h30-17h30 ; juil-août, 9h30-12h, 14h-18h. Ouv tte l'année pour les groupes, sur résa. Entrée : 8,50 € ; 5-10 ans 4,20 €. Durée de la visite : 45 mn-1h (groupe de 6 pers min).* L'une des plus belles grottes de France (et du monde, après celles des États-Unis et de Slovaquie) par la qualité de ses concrétions, draperies, grandes orgues, stalactites, stalagmites et autres coulées de calcite... Parcours en barque sur l'Adour souterraine.

LES BARONNIES

Entre Bagnères-de-Bigorre, Lannemezan et Sarrancolin, une région très particulière, tout en rondeurs, tout en douceurs : montagnes et collines harmonieuses, sillonnées de routes étroites quasi désertes, constellées de hameaux pittoresques. C'est une région préservée du tourisme de masse, baptisée à juste titre le « triangle des Verdures ». Et si la brume étend son voile laiteux jusqu'au creux des vallées, on a vite fait de plonger dans un univers que l'on imagine peuplé de fées et d'étranges créatures...
De Bagnères-de-Bigorre, on entre dans les Baronnies par le col des Palomières (sur la D 84). Superbe panorama. On peut aussi s'offrir un tour des Baronnies par la D 938, la D 929, puis la D 26 et le col de Coupe. Là encore, superbes vallées entrecoupées de bois et de pâturages.

LA BARTHE-DE-NESTE (65250 ; 1 175 hab.)

Au pied du plateau de Lannemezan, ville carrefour des Baronnies et des vallées de Neste et d'Aure, un passage obligé, donc. À 3 km de là, en direction de Montoussé, la *chapelle de Nouillan* a été construite suite à l'apparition supposée de la Vierge en juin 1848. Elle a été récemment restaurée. À deux pas de la chapelle, le sanctuaire des Apparitions. Au sommet du village de Montoussé, vestiges de l'ancien château fort accessibles par un sentier piéton *(accès libre).* Le donjon date du XIIe s.

Adresse et info utiles

Office de tourisme Neste-Baronnies : *1, route d'Espagne. ☎ 05-62-98-87-02. • ot-neste-baronnies.com • coeurdespyrenees.fr • Juin-sept, tlj ; le reste de l'année, lun-sam.* Accueil efficace. Toutes les infos sur les vallées de Neste, les Baronnies, et ailleurs (!). Topo gratuit des randonnées pédestres, dont celle traversant les paysages sauvages du film *Le Pacte des loups.*
– **Marché :** *dim mat, tte l'année.*

Où dormir ?

Chambres d'hôtes Le Closier : *2 bis, rue du Château. ☎ 05-62-49-15-50. 06-89-89-83-10. • leclosier@orange.fr • leclosier.fr • Du rond-point de l'office de touriste, prendre la direction de Saint-Laurent-de-Neste sur 1 km puis à droite (fléché). Congés : début nov-Pâques sf pdt les vac scol de Noël et d'hiver. Doubles 65-95 € selon taille. Table d'hôtes sur résa 25 €, vin compris.* Ancien relais de diligence daté de 1648, superbement restauré, avec des chambres très spacieuses et luxueuses à la déco contemporaine extrêmement raffinée. Les matériaux naturels et nobles côtoient avec succès le design dans une parfaite harmonie des couleurs. La suite « Coco », sur 3 pièces, est particulièrement réussie. Côté salles communes, c'est assez stupéfiant : 3 vastes et élégants salons avec baie vitrée pour profiter du soleil à toute heure (billard, TV, plusieurs canapés moelleux...). Cour intérieure, verger, potager, et 2 jardins fleuris pour les enfants. À table, Laetitia, passionnée de cuisine, utilise les produits du terroir pour faire découvrir les saveurs d'antan. Accueil charmant et délicieux. Un vrai coup de cœur !

Où acheter de bons chocolats ?

Les Flocons Pyrénéens : *16, Grande-Rue. ☎ 05-62-98-82-26. Lun-sam 9h-12h, 14h-19h ; dim et j. fériés 9h15-12h. Un autre magasin à Saint-Lary-Soulan (65170), 14, rue Vincent-Mir. ☎ 05-62-40-09-61.* 2 artisans chocolatiers, un frère et une sœur, ont eu la bonne idée de créer, il y a quelques années, le *flocon pyrénéen.* Depuis, la gamme s'est élargie (la *perle de la Neste,* le *haricot tarbais,* la *crotte de marmotte,* etc.) et l'enseigne a pris du galon dans la région ! Travaille à partir de cacao très pur, sans ajout de matière grasse. Possibilité de visiter l'atelier de La Barthe-de-Neste.

CAPVERN-LES-BAINS *(65130 ; 1 280 hab.)*

Fréquentée par Montaigne en son temps, la station thermale a pris son véritable essor à la fin du XIXe s avec un slogan de choc : « Si ta vessie est menacée, Capvern sera la panacée. » Aujourd'hui, elle a perdu de sa superbe. La station étant essentiellement faite pour les curistes, ceux qui ne suivent pas de régime diététique dîneront (et résideront) plutôt dans les environs.

Adresses et infos utiles

Office de tourisme : *300, rue des Thermes. ☎ 05-62-39-00-46. • capvern-tourisme.com • Avr-oct, tlj sf dim ; le reste de l'année, tlj sf sam-dim.* En été, organise des randonnées pédestres, des excursions en car à la demi-journée, des ateliers. Livret des balades et randonnées *(gratuit).*

Cars : *arrêts pl. des Thermes, à côté de l'office de tourisme et devant la mairie de Capvern. Rens : ☎ 36-35 (0,34 €/mn).* 3-4 départs/j. pour Lannemezan (bus SNCF). De là, correspondances en train.

L'Edenvik : *480, rue des Thermes. ☎ 05-62-39-00-02. • ledenvik.com • À 200 m de l'office de tourisme. Tlj 14h-19h (19h30 ven-dim et vac scol).* Espace thermoludique et de soin du corps : jacuzzi, douches tropicales, hammam, massages, shiatsu, réflexologie, etc.

– **Marché :** *mar mat avr-oct, sur la pl. de l'office de tourisme.*

Où dormir ? Où manger ?

Camping

Camping La Plénitude : *1000, rue de Provence. ☎ 05-62-39-14-56. 06-59-61-18-69. • camping.laplenitude@hotmail.fr • camping-capvern.com • Par l'A 64, sortie n° 15 ; c'est à l'entrée de Capvern-les-Bains. Ouv d'avr à mi-oct. Prix tente 13,70-14,90 € selon saison ; loc de mobile homes, chalets, roulottes et bungalows toilés 175-630 €/sem selon saison. 40 empl. Réduc de 5 % sur le prix de l'emplacement hors saison sur présentation de ce guide.* Camping sur 3 niveaux, au creux d'un vallon. Bien ombragé, dans la verdure, traversé par un ruisseau ; on oublie qu'on est en ville. Préférer les emplacements situés dans le bas du camping, au calme. Grande piscine. Tennis à 400 m.

Chic

Restaurant et chambres d'hôtes Le Château Barbé : *☎ 05-62-50-18-74. • contact@chateaubarbe.com • chateaubarbe.com •*

À 7 km du centre-ville ; à la sortie de Capvern, 2 km avt Lannemezan (D 817), 500 m à droite après l'Intermarché, prendre la route en face de la station-service Avia ; c'est 1 km plus loin. Ouv tte l'année, sur résa slt. Resto ouv aux non-résidents, tlj sur résa. Double 90 €. Menus 25-35 €. Apéritif maison offert sur présentation de ce guide. Ancienne demeure de l'aide de camp de Napoléon III tenue par Philippe, chef cuisinier qui a fait ses classes dans des établissements étoilés prestigieux, et Anne, décoratrice, qui a pas mal sillonné le monde. Un drôle de château que l'on croirait sorti d'un conte de fées, où se mêlent architecture du XIXe s, art contemporain et la touche colorée d'Anne au style très personnel. Salons installés dans les tours, chambres thématiques aux doux noms de « Capuccino », « Arabesque » et « Orientale ». À table, formule peu onéreuse le midi proposant une copieuse cuisine du terroir, et menu gastronomique le dimanche. Quant à l'accueil, il est maître !

Où dormir ? Où manger dans les environs ?

Chambres d'hôtes Le Domaine de Jean-Pierre : *chez Marie Colombier, 20, route de Villeneuve, 65300* **Pinas.** *☎ 05-62-98-15-08. • marie@domainedejeanpierre.com • domainedejeanpierre.com • À 5 km à l'est de Lannemezan. Suivre la D 158 sur 800 m à partir de l'église (fléché). Ouv tte l'année. Double 65 €.* Ravissante demeure familiale du XIXe s dans le style du pays, couverte de vigne vierge et de glycine. 3 chambres de charme, spacieuses, avec salle de bains privée, aménagées avec goût et sobriété. Délicieux petit déj servi (en été) dans le parc, véritable écrin de verdure.

Chez Maurette : *10, rue des Pyrénées, 65300* **Lannemezan.** *☎ 05-62-98-06-34. Fermé dim et le soir des mar, jeu, sam et j. fériés. Congés : 2de quinzaine d'août. Formule en sem 12,20 € ; menus 14,20 € (en sem)-23 € ; carte env 25 €. Café offert sur présentation de ce guide.* On passerait juste par hasard qu'on ne s'arrêterait sans doute pas devant cette façade rosâtre en plein cœur de ce Lannemezan sans charme... Oui mais voilà, le mercredi c'est jour de marché (aux moutons) et le jour de la famille Maurette, qui s'est fait une spécialité de ces tripes (médaillées au Championnat de France), de cet excellent bœuf en daube et de cette accommodante tête de veau fort bien accommodée. Plein d'habitués, comme dans toutes les vraies adresses goûteuses et populaires, et service vraiment adorable de la patronne et des filles de la maison. Cette famille de restaurateurs l'est, d'après les registres de la commune, depuis 1653 !

À voir dans les environs

L'abbaye de l'Escaladieu : *à* **Bonnemazon** *(65130), sur la D 938 entre Capvern et Bagnères. ☎ 05-62-39-16-97. • abbaye-escaladieu.com • Avr-sept, tlj 9h30-12h30, 13h30-18h30 (en continu juil-août) ; le reste de l'année, tlj sf mar 9h30-12h30, 13h30-17h. Fermé 1er mai et Noël-Jour de l'an. Visites guidées 2-4 fois/j. Entrée : 4 € ; réduc ; gratuit moins de 6 ans ; forfait famille 7 € ; loc d'audioguide ou jeu enfant 1 € en sus.*

Premier monastère cistercien édifié (en 1140) dans le Sud-Ouest, incendié pendant les guerres de Religion et remanié au XVIIe s. L'abbaye fut la propriété d'une famille anglicane jusqu'en 1986. En 1997, elle devient propriété du conseil général des Hautes-Pyrénées, qui y développe un programme de restauration à long terme. Grande sobriété des parties encore visibles, très belles au demeurant, avec une architecture cistercienne très pure. Beau volume de l'abbatiale. Rare vestige d'un *armarium claustri,* la bibliothèque des moines. Jolie salle capitulaire des XIIe et XIIIe s bien conservée, avec croisées d'ogives, ce qui est assez rare, et un mélange de brique, de pierre et de marbre de Campan. Remarquez ces feuilles de roseau sur les colonnes (allez, faites un peu appel à votre imagination...), caractéristiques du cistercien. Visite du *chauffoir* et du *scriptorium*. Balade très reposante dans le parc aux arbres majestueux (chêne pyramidal de 600 ans, buis de 300 ans, etc.). Nombreuses manifestations culturelles (théâtre, concerts, etc.) de fin juin à début octobre. Nombreuses expositions durant l'année.

***Le château de Mauvezin** (32120) : ☎ 05-62-39-10-27. • chateaudemauvezin.com • De mi-avr à mi-oct, tlj 10h-19h ; le reste de l'année, tlj 13h30 (11h vac scol d'hiver)-17h30. Entrée : 6,50 € ; 4-12 ans 4,50 €. En juil-août, possibilité de visite guidée.* Le château appartient à l'*Escòla* Gaston-Fébus, société félibréenne de sauvegarde de la langue gasconne, fondée en 1896. Intéressante architecture militaire médiévale. Site stratégique exceptionnel, avec un chemin de ronde d'où l'on bénéficie d'une vue magnifique sur les Baronnies et la chaîne des Pyrénées. Dans la cour, maquettes d'engins de guerre médiévaux. Donjon élevé par Gaston Phébus à la fin du XIVe s, dans lequel sont exposés des armes (copies) du Moyen Âge et les résultats des fouilles réalisées dans le château et les environs. En sous-sol, la cave dans laquelle étaient entreposés les vivres. Vidéo sur l'histoire du château, expo sur la langue occitane. Musique médiévale et traditionnelle, spectacles médiévaux avec troubadours, jongleurs et saltimbanques les dimanche et jours de fête en été, l'après-midi.

ESPARROS *(65130 ; 160 hab.)*

Petit village comptant encore quelques habitations du XVIe s, dominé par la montagne des Baronnies. Depuis quelques années, il connaît un regain d'intérêt auprès du public avec l'ouverture de son gouffre aux parois couvertes d'aragonite, et pour la nature sauvage et préservée qui l'entoure (et qui a servi, entre autres, au décor du film *Le Pacte des loups*). De nombreux sentiers de randonnée permettent de découvrir ces paysages (topoguide à l'office de tourisme de Neste-Baronnies, au gouffre d'Esparros et à l'espace préhistoire de Labastide).

ESPARROS, ANCÊTRE DE *MEETIC* ?

Dans les années 1970 et 1980, le village d'Esparros était surtout connu pour sa foire aux célibataires, aujourd'hui disparue. À l'époque, avec le bal symbolique de la Pentecôte, on faisait la fête sans interruption pendant 5 jours. Les gens venaient parfois de très loin pour se marier, même d'Amérique du Sud.

Où dormir ? Où manger ?

***Gîtes d'étape chez Jean Colomes** : dans le village. ☎ 05-62-39-05-96. En venant du village, tourner à droite 50 m après le resto* Le Relais d'Esparros *(très discrètement fléché). Téléphoner avt car le proprio n'habite pas sur place. Ouv tte l'année. Compter 16 €/pers la nuitée.* Dans une vieille ferme retapée, 2 gîtes mitoyens d'une vingtaine de places en tout. Chambres de 2 à 4 lits. Cuisine équipée.

***Le Relais d'Esparros** : dans le village. ☎ 05-62-40-97-76. Tlj sf lun, plus mar hors saison. Plat du jour 10 € ; menus 15 € (sf dim et j. fériés)-26 € ; carte 25-30 €. Apéritif maison offert sur présentation de ce guide.* Un resto que l'on est bien content de trouver lorsqu'on vient d'arpenter les petites routes sinueuses des Baronnies. Ici, on vous propose du simple, du traditionnel et de l'efficace. Également de bonnes pizzas au feu de bois. Terrasse plaisante pour profiter du beau temps.

Où dormir dans les environs ?

De bon marché à chic

Gîte d'étape et camping Le Moulin des Baronnies : *65130 **Sarlabous.** ☎ 05-62-39-05-14. • maison.baronnies@wanadoo.fr • moulindesbaronnies.com • À 2 km du village par la D 14. Ouv mai-oct pour le camping. Nuitée 12-15 €/pers selon saison, en gestion libre slt ; pas de loc de draps. Prix tente en hte saison 9,30 € ; prix caravane 76 €/sem ; bungalows toilés avec cuisine équipée « le prêt à camper », 4-5 pers, 251-321 €/sem. CB refusées. 25 empl.* Le moulin a été restauré pour accueillir randonneurs et amoureux de la nature. Joli cadre de verdure au bord d'une rivière. Gîte équipé d'une cuisine aménagée, avec cheminée. Une vingtaine de places en chambres de 3 à 7 personnes. On peut aussi camper sur une aire naturelle en saison, avec installations sanitaires complètes, machine à laver et barbecue... Petite salle d'expo avec les anciennes meules et vente de produits locaux ; c'est aussi l'office de tourisme du coin. Pas mal de monde le week-end.

Campement des Cinq Yourtes : *Dévathcot, lieu-dit de la partie haute de **Banios** (65200). ☎ 05-62-95-36-08. 06-71-16-24-34. • herve.carenzi@laposte.net • yourtes-chambres.com • Ouv tte l'année. Prix tente en hte saison à partir de 66 € pour 2 en gestion libre, 80 € avec draps et petit déj ; yourte de groupe 20 €/pers ; hébergements locatifs en hte saison 270-500 €/sem selon formule. CB refusées. 5 empl.* La Mongolie dans les Pyrénées... l'aventure est séduisante ! 5 yourtes installées au sommet d'une colline avec vue sur la « petite Amazonie ». Ces tentes circulaires peuvent recevoir de 2 à 6 personnes et disposent d'une cuisine. Elles sont faites d'une structure en bois aux motifs colorés peints à la main et recouverte de feutre (un très bon isolant contre la chaleur et le froid), sur laquelle est posée une toile de coton brodée. L'hiver, on se chauffe avec un poêle posé sur le plancher en bois en portion de camembert. Éclairage à l'électricité ou aux bougies ; pas de sanitaires, des toilettes sèches sont installées dans le champ. Le temps d'un week-end, le dépaysement est total, l'ambiance chaleureuse, et l'imagination stimulée galope comme un cheval fou dans la steppe pyrénéenne.

À voir à Esparros et dans les environs

Le gouffre d'Esparros : *☎ 05-62-39-11-80. • gouffre-esparros.fr • (accès partiel). Juin-sept et vac scol, tlj 10h-12h, 13h30-18h (17h30 vac scol sf été) ; le reste de l'année, variable selon période, se renseigner. Fermé fin des vac de la Toussaint-début des vac de Noël. Résa fortement conseillée. Entrée : 8 € (6,50 € sur présentation de ce guide) ; 13-17 ans 6,50 € (5 € sur présentation de ce guide) ; 4-12 ans 5,50 €. Billet couplé avec la visite de l'espace préhistoire de Labastide : 12 € (11 € sur présentation de ce guide) ; 6-16 ans 8,50 € (7,50 € sur présentation de ce guide). Visites guidées en son et lumière par groupes de 25 pers max. Départs ttes les 30 mn en saison. Durée : env 1h.* Découvert en 1938, le gouffre, site classé, est unique en Europe pour la finesse et la profusion de ses concrétions d'aragonite, formation de carbonate de calcium ressemblant à du corail blanc et tapissant des parois entières. Remarquable salle ornée de draperies imposantes, myriades de fleurs... un véritable jardin minéral qui continue de se développer, mis en valeur par un éclairage de LED très pur qui ne provoque aucun réchauffement et n'altère pas les couleurs naturelles. Petit espace muséographique à l'accueil.

La cascade d'Esparros : *au-dessus du village. Depuis la salle des fêtes d'Esparros, suivre les panneaux « Cascade du Pountilh ». Compter 15 mn de marche depuis le petit parking. Accès libre.* Balade agréable pour découvrir la cascade qui coule au milieu de blocs de tufs, de mousses et de lichens.

L'espace préhistoire de Labastide : *☎ 05-62-49-14-03. • espace-prehistoire-labastide.fr • Juin-sept, tlj 10h-12h, 14h-18h (en continu juil-août) ; de mi-avr à mai, tlj 14h-17h, plus w-e 10h-12h. Fermé le reste de l'année (sf groupes sur résa). Entrée : 6 € (5 € sur présentation de ce guide) ; 6-16 ans 5 € (4 € sur présentation de ce guide). Billet couplé avec la visite du gouffre d'Esparros : 12 € (11 € sur présentation de ce guide) ; 6-16 ans 8,50 € (7,50 € sur présentation de ce guide). Compter 1h30 de visite guidée et prévoir une petite laine.* Une visite animée et guidée sur les traces d'un groupe de chasseurs de l'âge de pierre pour découvrir, comprendre, et même pratiquer la préhistoire ! Démonstration de feu préhistorique, initiation à la chasse à la sagaie et à l'art pariétal. À l'intérieur de la grotte Blanche, animation Préhisto'souterraine. Pour les enfants à partir de 6 ans, petit parcours ludique (tyroliennes, pont suspendu, etc.).

Asque et la gourgue d'Asque *(65130)* **:** dans le village, belle église avec clocher-mur à contreforts. Les amoureux de nature et de paysage fantastique ne manqueront pas de parcourir le sentier d'interprétation de la gourgue d'Asque, à 5 km environ du village *(pour s'y rendre, prendre la D 26 en direction de Bulan, puis à env 3 km, bifurquer à droite ; parking à 2 km ; accès libre).* Étonnante balade qui traverse une forêt de mousse et de lichens poussant sur les arbres et que l'on appelle aussi « petite Amazonie ».

LA VALLÉE NESTE-NISTOS

Au sud-est de Lannemezan, la région annonce les premiers contreforts pyrénéens. La montagne y est tranquille et accueillante, avec des paysages doux et verdoyants. De quoi combler les randonneurs du dimanche.

SAINT-LAURENT-DE-NESTE *(65150 ; 935 hab.)*

Porte d'entrée de la vallée pour ceux qui viennent du nord. Saint-Laurent regroupe petits commerces et activités culturelles. Un passage presque obligé.

Adresses et info utiles dans le coin

Office de tourisme Neste-Nistos : *pl. de la Mairie. ☎ 05-62-39-74-34. • neste-nistos.com • Tte l'année, tlj sf sam ap-m et dim-lun.* Accueil disponible et sympathique. Dépliants sur les balades dans le coin, notamment sur le sentier culturel Neste-Nistos.

@ ***Accès Internet :*** *à la* ***Maison du savoir,*** *4 bis, av. des Châtaigniers. ☎ 05-62-39-78-48. Mar-ven 10h-12h, 14h-18h. Fermé 2de quinzaine d'août.* C'est aussi un centre culturel qui propose différents spectacles (concerts, théâtre...), cinéma *(mar et jeu à 21h ; 6,50 €, réduc)* et expos temporaires.

– ***Marchés :*** *à* ***Lannemezan*** *(mer mat) et à* ***Montréjeau*** *(lun mat).*

Où dormir ?

Chambres d'hôtes La Souleillane : *chez Fabienne et Jean-Luc Garcia, 4, rue de l'Ancienne-Poste. ☎ 05-62-39-76-01. • info@souleillane.com • souleillane.com • De la mairie, prendre en direction d'Anères/La Barthe-de-Neste, puis 1re à droite. Double 62 € ; familiale 72 €. Réduc à partir de 3 nuits. Table d'hôtes sur résa 20 €, tt compris.* Ancienne ferme de maître à la façade jaune, typique du piémont pyrénéen. 2 chambres agréablement aménagées dans l'ancienne grange, l'une mansardée, l'autre décorée en style toile de Jouy, ouvertes sur le jardin fleuri. Également une vaste chambre familiale dans la maison principale avec lit en alcôve. Table d'hôtes certains soirs composée de produits du jardin et des producteurs locaux. Jardin à disposition pour des moments de détente (ping-pong, jeux de boules...), agréable cheminée pour les fraîches soirées et d'excellents conseils de rando dans la région.

Où boire un verre ? Où sortir dans les environs ?

Le Café du Village : *65150 Anères. ☎ 05-62-39-79-38. • remue.meninges@free.fr • remue.meninges.free.fr • À 2 km de Nestier. Pas d'horaires fixes car il s'agit d'un café associatif tenu par des bénévoles.* Animé par une bande de copains qui a pour objectif de créer un lieu de vie, de convivialité et de culture dans une ancienne grange. Depuis près de 15 ans, le week-end, en été principalement (mais aussi hors saison, comme en mai pendant le festival « Cinéma muet et piano parlant »), nombreux spectacles de qualité (théâtre, concerts) avec possibilité de se restaurer. Le 2e vendredi du mois, projection de documentaire et casse-croûte. Et surtout, le 22 de chaque mois, c'est « le 22 à Anères » ! Un rendez-vous vraiment convivial. Pas de tarif fixé, chacun met ce qu'il veut dans le cochon.

NESTIER *(65150 ; 160 hab.)*

Situé à 450 m d'altitude sur le piémont pyrénéen. Superbe calvaire sur la colline du mont Arès.

Où dormir ? Où manger ?

Monastère du mont Arès : *chemin du Mont-Arès. ☎ 05-62-40-10-56. • monastere-lemontares@orange.fr • mont-ares.fr • À côté du calvaire du même nom. Resto fermé dim soir et lun-mar. Congés : 2 sem en oct. Double 49 € ; familiales 72-95 €. Formule déj en sem 14 € ; menus 19-29 € et carte.* Débuté à la fin du XIXe s, le monastère du mont Arès n'a été inauguré qu'en 1991 ! Il est resté inachevé et à l'abandon pendant près d'un siècle, jusqu'à ce que la mairie de Nestier décide d'en faire un hôtel-restaurant. Pari osé, pari gagné ! Sous les toits, 8 chambres avec parquet, simples mais plaisantes ; à chaque fois, une salle de bains pour 2 chambres (parfait en famille). Pas de TV, histoire d'assurer la tranquillité des hôtes (les murs ne sont pas bien épais). C'est aussi une bonne table, et les jours de beau temps, on profite de la vue sur le village depuis la terrasse. Bon accueil de Marie-José et Francis.

Le Relais du Castera : *☎ 05-62-39-77-37. • info@hotel-castera.com • hotel-castera.com • Resto fermé lun (tte l'année), plus mar midi et dim soir hors saison. Congés : janv, 1 sem en juin et 1 sem en oct. Résa conseillée. Doubles 62-76 € selon confort. Menus 20 € (midi sf dim), puis 26-55 €.* Vous voilà à la table de Serge Latour, l'un des grands chefs cuisiniers des Hautes-Pyrénées. On aime bien cette salle à la déco soignée, aux tables élégantes et colorées. Le chef travaille avec une touche personnelle et avec brio les produits régionaux (foie gras, haricots tarbais, truites des Pyrénées, porc noir, etc.). La présentation des plats est recherchée et le service parfait. Terrasse paisible en été. Un excellent rapport qualité-prix et une occasion unique de découvrir une savoureuse cuisine de terroir revisitée. À l'étage, quelques chambres à l'atmosphère classique.

Où dormir dans les environs ?

Chambres d'hôtes Domaine Véga : *chez Jacques et Claudie Mun, 65250* **Saint-Arroman.** *☎ 05-62-98-96-77. • jacques.mun@orange.fr • domaine-vega.fr • De La Barthe-de-Neste, prendre la D 142 ; c'est 1 km avt d'arriver dans le village. Ouv juin-sept. Double 85 € (75 € dès la 2e nuit). Réduc de 10 % sur le prix de la chambre (hors juil-août) sur présentation de ce guide.* Havre de verdure et de fleurs ouvrant sur les Pyrénées. Jacques, qui a retrouvé les archives au grenier, pourra vous raconter l'histoire du domaine depuis 1528. Dans la grange rénovée, 5 chambres agréables, décorées par Claudie. Piscine dans un cadre somptueux. Une superbe adresse !

À voir. À faire à Nestier et dans les environs

Le calvaire du mont Arès : *à Nestier. Visite libre.* Ce calvaire fut fondé par l'abbé Hauron-Béjotte et édifié par étapes au milieu du XIXe s, à proximité d'une grotte qui abritait une Nativité. Il offre une vision insolite avec ses 11 petites chapelles alignées dans un couloir de verdure, et une chapelle haute, restaurée.

– **Ôcybelles :** *à Nestier. ☎ 05-62-39-66-75. De mi-juin à début sept, lun-jeu 14h-19h, ven-dim 12h-19h. Tarifs : 3 € ; 4-12 ans 2 €.* Piscine écologique aménagée dans les anciennes carrières de la Neste. Les eaux sont naturellement épurées par des végétaux. Aire de jeux, de pique-nique et petit sentier.

Les grottes préhistoriques de Gargas et Nestploria : *sur la D 26, à* **Aventignan** *(65660). ☎ 05-62-98-81-50. • grottesdegargas.free.fr • nestploria.fr • À 5 km au sud de Montréjeau par la D 71. Juil-août, tlj 10h-18h ; le reste de l'année, tlj sf lun hors vac scol 10h30-17h30. Résa conseillée (obligatoire en été, nombre de pers limité). Entrée : 10,50 € ; 6 € moins de 16 ans ; réduc ; forfait famille. Prévoir une petite laine.* Très connues pour les 200 mains aux doigts incomplets, peintes sur les parois. La raison de leur représentation demeure encore mystérieuse. On sait seulement que les habitants de cette grotte (du Paléolithique supérieur) réalisaient ces œuvres en projetant de la peinture avec leur bouche sur leur main posée contre la paroi. Les premiers pochoirs, en somme ! Également de nombreuses peintures et gravures animalières (datées de 27 000 ans) et la galerie supérieure, aux immenses stalactites... Le tout est joliment mis en lumière par les éclairages et la visite commentée. Le centre récent d'interprétation numérique Nestploria permet de compléter la visite des grottes de manière interactive et ludique. Possibilité de se restaurer.

Manifestations à Nestier et dans les environs

– **Festival Saute-Mouton :** *1 w-e fin avr, à Nestier. • festivalsautemouton.com •* Concerts payants (musique française principalement).
– **Festival Cinéma muet et piano parlant :** *autour de la Pentecôte, pdt 5 j., à* **Anères** *(à 2 km de Nestier), dans la salle des fêtes du village. ☎ 05-62-39-79-38. • festival.aneres.free.fr • Entrée libre.* Projections de chefs-d'œuvre avec accompagnement musical en direct. Apéros-concerts. Une belle démarche pour animer nos campagnes !
– **Ronde des Nestes :** *2 j. mi-juin.* Grande randonnée pédestre dans le secteur de Saint-Laurent-de-Neste (huit villages-étapes).

SARRANCOLIN (65410) 590 hab. *Carte Hautes-Pyrénées, C3*

À l'entrée de la vallée d'Aure, c'est le genre de village que l'on aurait tendance à traverser au pas de course. Il possède pourtant l'une des plus intéressantes églises de la région et un beau point de vue sur la rivière.

Adresse utile

Bureau d'information touristique : *9, route d'Espagne. ☎ 05-67-47-48-80. • vallee-aure.com • Début juil-fin août, tlj sf jeu, dim et j. fériés ; le reste de l'année, se renseigner auprès de l'office de tourisme d'Arreau (☎ 05-62-98-63-15).*

À voir

L'église Saint-Ébons : construite aux XIIe et XIIIe s selon le plan de la croix grecque (nef, abside et transept sensiblement de mêmes dimensions), elle est classée Monument historique depuis 1903. Clocher carré avec flèche et clochetons, percé de baies romanes à trois archivoltes et fines colonnettes. À l'intérieur, remarquable mobilier. D'abord, son chef-d'œuvre : la *châsse de saint Ébons,* qui connut un destin agité. Exécutée au XIIIe s par les ateliers de Limoges, elle échappa à l'incendie des huguenots en 1570 et aux destructions de la Révolution, mais fut volée en 1911. Le voleur dut s'en débarrasser dans la Neste. On ne la retrouva que grâce aux basses eaux de la rivière. Aujourd'hui, on peut admirer ce magnifique travail d'orfèvrerie en cuivre doré et émaillé dans la chapelle de droite. Belle *grille* de chœur en fer forgé du XVIe s (à la Révolution, on brisa les deux feuilles de la fleur de lys qui terminait les barreaux). Stalles sculptées de la même époque, retable du XVIIIe s. À l'entrée, sur la gauche, superbe *panneau de bois* polychrome du XVIIe s. Sur l'autel de la Vierge, *Nativité* et *Adoration des Mages.*

Balade dans le village : joli point de vue sur les demeures longeant la Neste. *Porte Sainte-Quitterie,* unique vestige des anciennes fortifications. Quelques rues bordées de pittoresques demeures des XVe et XVIe s, notamment celle qui longe la rivière à partir du pont. Linteaux de porte datés, petite Vierge dans une niche. Au bout, à l'angle, belle maison en encorbellement de 1563.

ARREAU (65240) 810 hab. *Carte Hautes-Pyrénées, C3-4*

Au confluent de la Neste d'Aure, de la Neste de Louron et de son affluent, la Lastie, carrefour de quatre vallées, Arreau est une agréable petite ville-étape. Architecture de montagne assez homogène, forêt de toits d'ardoises dégringolant les uns sur les autres. Le jeudi matin, le

UN GÂTEAU EN FORME DE KEBAB

Depuis plus de 200 ans, à Arreau, on cuit un long gâteau à la broche. Sans viande, bien sûr. Pourtant, la forme conique et la cuisson sur un axe tournant rappellent étrangement les kebabs. Surprenant.

bourg prend un tour très animé et pittoresque avec son marché sous la halle de la mairie et aux alentours.

Adresse et infos utiles

Office de tourisme : *château des Nestes, 1, rue Saint-Exupère. ☎ 05-62-98-63-15. • vallee-aure.com • Tlj, sf dim hors saison.* Fiches sur les randos pédestres et topoguides sur les circuits VTT en vente. Également un circuit pédestre dans Arreau avec des panneaux sur les lieux « historiques ». Expos temporaires.

– ***Visites commentées d'Arreau et de la vallée d'Aure :*** *☎ 05-62-98-42-46. 06-42-17-66-31. • patrimoine-aure-louron.fr •* Toute l'année, visites thématiques de 2h *(4 € ; réduc)* ou circuits à la demi-journée *(7 € ; réduc)* consacrés au patrimoine historique, religieux et architectural.

Gare routière : *bus SNCF (☎ 36-35 ; 0,34 €/mn), Brunet (☎ 05-62-98-61-13) et Keolis (☎ 05-62-34-76-69).* 2-4 bus/j. pour Saint-Lary, Lannemezan et Tarbes. Juin-sept et pdt les vac scol de Noël et de fév, 2 bus/j. pour la vallée du Louron et Loudenvielle avec le réseau Maligne *(☎ 0800-65-65-00, n° Vert ; • transports-maligne.fr •).*

– **Marché :** *jeu mat, tte l'année.*

– **Fête du Gâteau à la broche :** *le 3e ou 4e dim de juil.* Confection de gâteaux à l'ancienne, diverses animations.

Où dormir ? Où manger à Arreau et dans les environs ?

Campings

Camping municipal : *8, rue de la Courbère, à Arreau. ☎ 05-62-98-65-56. • camping-municipal-arreau@wanadoo.fr • camping-arreau.fr • Ouv de mi-déc à mi-oct. Prix tente 11,65-13,65 € selon saison. CB refusées. 42 empl.* Un petit camping au bord de la rivière. De taille modeste et bien ombragé. On entend un peu la circulation de la route qui passe juste de l'autre côté de la Neste (rien de méchant cependant). Piscine.

Camping Le Ruisseau : *chez Laurence et Philippe, à* ***Gouaux*** *(65240). ☎ 05-62-39-95-49. 06-86-37-44-86. • camping.leruisseau@yahoo.fr • camping-aure-pyrenees.com • À 5,5 km d'Arreau. Ouv tte l'année (Pâques-Toussaint pour les loc). Prix tente 12,65-14,85 € selon saison ; loc de mobile homes 199-575 €/sem selon saison. CB refusées. 116 empl. Réduc de 5 % et café ou apéritif de bienvenue offert sur présentation de ce guide.* Sympathique camping situé dans le village mais entouré de verdure. Emplacements plus ou moins ombragés. Bon accueil. Lave-linge, pain frais tous les matins en saison, bar-snack. Pas d'animations le soir.

De bon marché à prix moyens

La Crêpe d'Aure : *19, Grand-Rue, à Arreau. ☎ 05-62-98-61-00. Fermé mar soir et mer en basse saison. Congés : vac scol de Pâques et de la Toussaint. Menus 13,50 € (midi sf dim), puis 19,50-27,50 €. Café offert sur présentation de ce guide.* Un p'tit resto au cadre coquet, bien qu'un peu chargé, et terrasse le long de la vieille halle en été. Carte tous azimuts (salades, pâtes, pizzas, crêpes salées et sucrées, plats régionaux) et le choix ne manque pas ! Cuisine honnête à prix démocratiques. Bon accueil.

De prix moyens à chic

Hôtel d'Angleterre : *18, route de Luchon, à Arreau. ☎ 05-62-98-63-30. • contact@hotel-angleterre-arreau.com • hotel-angleterre-arreau.*

com • Au centre du bourg. 26 déc-fin mars, hôtel ouv pdt les vac scol et w-e (mais resto fermé). Resto ouv de mi-mai à début oct, le soir slt, tlj sf lun hors été. Selon saison, doubles 80-130 € et junior suites 150-180 € ; ½ pens demandée de mi-juil à mi-août 80-120 €/pers. Formule 20 € ; menus 25-35 €. Parking privé gratuit. Ancien relais de poste du XVIIe s, cet hôtel restauré, élégant et chaleureux, propose un confort et des prestations à la hauteur des lieux. Joli jardinet, terrasse et piscine chauffée à l'arrière de l'hôtel. Le chef concocte une cuisine fine qui fait la part belle aux produits régionaux.

À voir à Arreau et dans les environs

Le musée des Cagots : *au 1er étage du château des Nestes, érigé entre les XVIIe et XIXe s et qui abrite aujourd'hui l'office de tourisme (mêmes horaires, donc ; 1 € la visite).* Vous êtes accueilli à l'extérieur par une statue de bronze ressemblant à l'un de ces personnages énigmatiques qu'étaient les cagots. Individus de petite taille aux extrémités des membres légèrement palmées, ils habitaient la région au Moyen Âge. Certains les croyaient descendants de lépreux, d'autres des Wisigoths, d'autres encore des Sarrasins refoulés d'Espagne lors de la Reconquista. On sait désormais que la lèpre n'est pas héréditaire, toujours est-il que le mystère reste entier quant à leur origine exacte. Tenus en marge de la vie de la cité et traités en parias, ils vivaient dans les forêts environnantes où ils exerçaient les métiers de bûcheron et charpentier. De fait, ils ne pouvaient se marier qu'entre eux. Dans les églises, une porte spéciale et un bénitier leur étaient souvent réservés pour éviter qu'ils ne se mêlent à la population. Outre l'histoire des cagots, le musée présente les arts et traditions populaires de la vallée.

La chapelle Saint-Exupère : *à proximité de l'office de tourisme.* Facilement reconnaissable avec ses pierres ornementales aux tons rosés. Érigée en mémoire d'Exupère (IVe s), élevé au rang de sauveur de Toulouse (légende à rebondissements décrite à l'entrée). Porche roman avec chapiteaux historiés, mais le reste est gothique. À l'entrée, vieux coffre à blé qui servait jadis de réceptacle à offrandes. À l'intérieur, grille en fer forgé monumentale du XIe s. Attenante à la chapelle, *maison Renaissance,* en lieu et place de l'ancienne maison familiale du saint.

La maison des Lys : *Grand-Rue.* Splendide demeure du XVIe s en encorbellement, avec colombages sculptés de lys. En face, la halle-mairie avec son clocheton du XVIIe s.

L'église paroissiale Notre-Dame : *tt en haut de la Grand-Rue.* À l'intérieur, un beau retable du XVIe s avec un christ « aérien ». À gauche, pietà en bois doré et polychrome.

Les Aigles d'Aure : *☎ 05-62-40-10-35. • aigles-daure.com • À l'entrée d'Arreau (en arrivant de Sarrancolin), prendre à gauche au 1er pont, puis tt droit. De mi-avr à mi-sept, tlj à partir de 14h30 ; spectacle à 15h30. Entrée : 8 € ; 5-12 ans 5 €.* Une vingtaine d'espèces (vautours, faucons, aigles...) dans un cadre naturel. Spectacles de rapaces en vol qui s'achèvent par un véritable ballet ! Moins connu que le *donjon des Aigles* à Beaucens, mais plus intimiste, avec une véritable symbiose entre les fauconniers et les rapaces.

L'église de Jézeau : *à 2,5 km d'Arreau. Juil-août, ouv à certains créneaux horaires ; rens à l'office de tourisme d'Arreau.* Église romane située sur l'un des chemins de Saint-Jacques-de-Compostelle et classée au Patrimoine mondial de l'Unesco. À voir pour son retable Renaissance et les magnifiques peintures restaurées de la voûte.

La ferme Le Pitou : *à* **Gouaux** *(65240), à 4,5 km d'Arreau. ☎ 05-62-39-96-80. Tlj à 18h. Fermé oct-nov.* Dominique et Jacques vous proposent d'assister à la traite des chèvres. Vente directe de fromages. Expo sur la moyenne montagne.

LA VALLÉE D'AURE, D'ARREAU À SAINT-LARY-SOULAN

ANCIZAN (65240 ; 300 hab.)

Village à 800 m d'altitude. Quelques belles demeures Renaissance et tours du XVe s. Départ de la route de La Hourquette vers le lac de Payolle et la vallée du Haut-Adour. Superbe panorama.

Adresse et info utiles

Point d'information : *pl. de la Mairie. ☎ 05-62-39-95-89. De mi-juil à mi-août, tlj sf lun ap-m, sam ap-m et dim ; le reste de l'année, le mat slt sf dim (fermé pdt les ponts de mai).* Fait également point poste.

Cars : *bus SNCF (☎ 36-35 ; 0,34 €/mn),* Brunet *(☎ 05-62-98-61-13)* et Keolis *(☎ 05-62-34-76-69).* Dessert Saint-Lary (avec arrêts à Guchan, Bourisp et Vielle-Aure), Arreau, Lannemezan et Tarbes. Au total, 2-4 A/R par jour.

Où dormir ?

De prix moyens à chic

Chambres d'hôtes Les 2 Calèches : *15, rue Salcedo. 06-81-38-50-22. • les2caleches@gmail.com • les2caleches.com • Ouv tte l'année. Double 90 € ; petit déj 9 €. Réduc de 10 % sur le prix de la chambre sur présentation de ce guide.* Une bâtisse centenaire où se mêlent à merveille la pierre, le bois et l'ardoise dans des volumes originaux, mis en valeur par des éléments de déco chinés un peu partout et pas mal de miroirs de-ci de-là. Le naturel et l'authentique côtoient le design, et même le high-tech. D'un côté, un vaste salon traditionnel avec cheminée ; de l'autre, un spa avec 2 saunas, dont un à rayonnement infrarouge, et puis un lit de massage à eau... Amélie, la charmante hôtesse, s'investit pour que ses hôtes profitent au mieux de leur séjour.

À voir

Le musée de la Vallée d'Aure et la cidrerie artisanale : *rue de l'Arbizon, à la sortie d'Ancizan en direction d'Arreau. ☎ 05-62-39-97-75 (musée) ou 05-62-39-97-61 (cidrerie). • cidreriedancizan.com • Tlj sf lun 14h-18h30. Fermé en nov. Entrée pour les 2 sites : 7 € ; 5-15 ans 5,50 € ; réduc ; forfait famille.*
Musée réalisé par des passionnés, aménagé dans un bâtiment un peu moderne. Jolis dioramas sur la vie d'autrefois dans les campagnes avec quelques animaux naturalisés, plein d'objets et d'outils « d'avant », le tout dans une ambiance sonore assez sympa. Pas grand, mais c'est un endroit plein de nostalgie. Plaira bien aux enfants.
Juste en face, la cidrerie est un genre de... taverne muséographique, qui a pour objectif de faire revivre un savoir-faire artisanal un peu tombé aux oubliettes, il faut bien l'avouer... À savoir, la production de *Poumado* ! Mais quésaco ? Eh bien, sachez qu'il n'y a pas qu'en Normandie que l'on trouve des pommiers ! Les vallées pyrénéennes en comptent pas mal. Et l'on a longtemps produit, de manière artisanale, du vin de pomme que certains appellent du cidre fermier... Expo bien faite sur la culture des pommiers et sur ce savoir-faire ancestral. Dégustation-vente.

AULON (65240 ; 80 hab.)

D'Ancizan, continuer vers le sud jusqu'à Guchen (à 1 km). Aulon se situe à 5,5 km à l'intérieur de la vallée du Lavedan (par la D 30). C'est un charmant village perché à 1 230 m d'altitude au pied du pic de l'Arbizon et classé en 2011 Réserve naturelle régionale. Belle église romane.

Où dormir ? Où manger ?

De prix moyens à chic

Chalet du Pic Noir : *au cœur du village. ☎ 05-62-39-94-50. • contact@chaletdupicnoir-aulon.com • chaletdupicnoir-aulon.com • Resto fermé dim soir hors saison. Séjour en ½ pens slt 39-45 €/pers. CB refusées. Apéritif maison offert sur présentation de ce guide.* Vieux chalet réaménagé en hôtel de montagne avec une dizaine de chambres et un dortoir. Chambres refaites petit à petit couleur crème et chocolat. D'autres encore avec moquettes au mur mais qui feront bien l'affaire pour une nuit. Jardin avec une superbe vue sur la vallée, où il fait bon se poser. L'été, on peut même y déjeuner. Cuisine familiale à base de produits régionaux (comme la truite d'Oô). Grande salle de repos avec TV, cheminée et plein de jeux pour les enfants. Très bon accueil et un bon rapport qualité-prix.

Auberge des Aryelets : *au cœur du village. ☎ 05-62-39-95-59. • auberge.aulon@orange.fr • Fermé lun (tte l'année), plus dim soir et mar hors saison. Congés : de mi-nov à mi-déc. Résa conseillée en été (l'adresse est connue !). Menus 18,50-38 € ; carte env 45 €. Apéritif maison offert sur présentation de ce guide.* Salle à manger typiquement montagnarde, avec charpente et poutres apparentes, mezzanine, cheminée flanquée d'une paire de skis première génération. Cuisine de terroir de forte tradition (garbure, porc noir, etc.). Service convivial. Quelques tables en terrasse pour les beaux jours.

BOURISP (65170 ; 155 hab.)

L'*église* possède de belles peintures murales *(juil-août, ouv 2 ap-m/sem ; rens à l'office de tourisme de Saint-Lary, ☎ 05-62-39-50-81).* La fresque la plus intéressante représente les sept péchés capitaux sous la forme de femmes en habits du XVᵉ s chevauchant des animaux symbolisant leur vice ! Un peu plus haut que l'église, l'ancien lavoir et le vieux « travail à bœuf » traditionnel.

Où dormir ?

Campings

Camping La Mousquère : *route de Saint-Lary. ☎ 05-62-39-44-99. • contact@campinglamousquere.com • campinglamousquere.com • À env 200 m en retrait de la route. Par le bus reliant Lannemezan à Saint-Lary, arrêt Calvaire, puis 800 m à pied. Ouv de mai à mi-oct (tte l'année pour les loc). Prix tente 12-13 € selon saison ; caravanes 160-250 €/sem ; loc de mobile homes 160-490 €/sem selon saison. CB refusées. 45 empl.* Fleuri, très simple, mais classé 3 étoiles quand même. Emplacements bien ombragés. Randonnées pédestres (le GR 10 passe à proximité) et à VTT en montagne accompagnées et gratuites. Accès gratuit à la piscine municipale de Saint-Lary. Salle de jeux. Location de VTT. Bonne ambiance familiale.

Camping Le Rioumajou : *route de Saint-Lary. ☎ 05-62-39-48-32. • lerioumajou@wanadoo.fr • camping-le-rioumajou.com • À env 400 m en retrait de la route. Ouv tte l'année. Prix tente 14,50-19,60 € selon saison ; loc* *de bungalows toilés et mobile homes 220-570 €/sem. 192 empl.* En pleine nature, plutôt bien ombragé et assez calme. La plupart des emplacements sont parfaitement délimités par des haies, ce qui confère une certaine intimité. Formule très élaborée (confort 4 étoiles), trop pour certains : terrain de jeux, sauna, jacuzzi, piscines, snack-bar en été, etc. Beaucoup d'animations, de sorties organisées et de soirées gratuites en été.

Où dormir dans les environs ?

De prix moyens à chic

Chambres d'hôtes La Couette de Bièou : *chez Marie-Thérèse et Bernard Moreilhon, à* ***Camparan*** *(65170). ☎ 05-62-39-41-10. 06-70-15-86-40. • couette-de-biéou.com • 3 km avt Saint-Lary et avt Bourisp par la D 115. Ouv tte l'année. Double 55 € (min 2 nuits en été : 50 €) ; familiales (3-4 pers) 70-80 €.* Dans une ferme de village dominant la vallée avec galerie (balcon) recouverte de géraniums, 2 chambres simples, mansardées et lambrissées, avec accès indépendant, ainsi qu'une familiale spacieuse avec chambre pour enfants en mezzanine. Classique et rustique.

Chambres d'hôtes Les Terrasses de Saubissan : *chez Clairie et Vincent Gardies, à* ***Guchan*** *(65170). ☎ 05-62-39-90-61. 06-08-24-66-63. • contact@hebergement-saintlary.com • hebergement-saintlary.com • Avt Bourisp quand on vient d'Arreau par la D 929, traverser le bourg de Guchan et remonter jusqu'au hameau de Saubissan. Congés : en principe, 2 sem oct-nov. Doubles 68-75 € selon saison. Table d'hôtes (sf mer et dim soir) 25 €.* Demeure de caractère avec belvédère et jardins en terrasses jouissant d'un panorama éblouissant sur la vallée. Chambres spacieuses et confortables répondant aux drôles de noms de « Phénix rouge », « Tigre blanc » et « Tortue noire ». Très colorées et de style contemporain, elles ont toutes une vue imprenable. Accueil chaleureux d'un jeune couple dynamique et dévoué au bien-être de ses hôtes.

Chambres d'hôtes Le Relais de l'Empereur : *chez Fabienne Vedere, à* ***Sailhan*** *(65170). ☎ 05-62-40-09-18. 06-80-05-62-45. • vedere.pierre@wanadoo.fr • lerelaisdelempereur.com • 2 km avt Saint-Lary, face à l'église du village et du cimetière. Ouv tte l'année. Doubles 60-90 € selon taille et saison. Table d'hôtes 25 €, tt compris.* Dans une belle demeure du XVIe s magnifiquement restaurée, 5 chambres de charme décorées dans le style d'antan à base de matériaux nobles et beaucoup de boiserie. Élégantes, douillettes, avec douche à l'italienne, balcon... et même une cheminée pour la plus belle. Il y a aussi un sauna pour tous aux senteurs d'eucalyptus.

VIELLE-AURE (65170 ; 355 hab.)

Juste avant d'arriver à Saint-Lary, petit village aux vieilles demeures du XVIe au XVIIIe s, caractéristiques de la vallée d'Aure. *Église* présentant un chevet très mignon avec toits en cône couverts d'ardoises. À l'intérieur, à droite, retable Renaissance doré. Dans le chœur, belles portes sculptées.

Adresse et info utiles

Office de tourisme : *sur la place du village. ☎ 05-62-39-50-00. • vielleaure.com • Tte l'année : en été, tlj ; le reste de l'année, tlj sf dim.* Location de gîtes et de meublés. Expos temporaires *(gratuites).* Personnel particulièrement sympa et efficace.

Bus : *sur le chemin de Bourisp.* 2-4 A/R par jour pour Saint-Lary, Arreau, Lannemezan et Tarbes.

Où dormir ? Où manger ?

Camping

Camping Le Lustou : 89, chemin d'Agos. ☎ 05-62-39-40-64. • contact@lustou.com • lustou.com • À 2 km de Vielle-Aure, sur la D 19 en direction d'Arreau et de Saint-Lary-Soulan. Ouv tte l'année. Prix tente 14,30-14,80 € selon saison ; loc de mobile homes 325-440 €/sem. 62 empl. Entrée à la piscine de Saint-Lary offerte (juil-sept) sur présentation de ce guide. Très excentré du village, au pied d'un versant boisé, petit camping soigné, à proximité d'une petite base de loisirs. Bien ombragé. Également un superbe gîte de groupe, tout à côté, avec 5 chambres de 5 lits, cuisine équipée et salon avec cheminée. Propreté impeccable, lave-linge, etc. Les chiens ne sont pas acceptés dans les locations.

De bon marché à prix moyens

Les Tables de la Fontaine : pl. de la Fontaine, face à la mairie. ☎ 05-62-40-16-06. • gero65170@gmail.com • Tlj sf dim, plus mer soir hors saison. Formule déj en sem 10,50 € (13,50 € sam) ; menus 18-23 € ; carte 30-35 €. Petit resto de village où l'on se rassasie de bons petits plats du terroir dans un décor montagnard et une ambiance conviviale. La formule du midi est peu onéreuse et varie selon le retour du marché. Pour le soir, plats plus traditionnels, bien préparés. Également garbure, pâtes, pizzas, sans oublier tartiflette et fondue pour les soirées fraîches ! Quelques tables en terrasse au bord de la place du village sur laquelle glougloute une fontaine. Une bonne petite adresse.

À voir. À faire

Les mines de Vielle-Aure : route du Pla-d'Adet, à 2 km de Saint-Lary. ☎ 05-62-39-46-19. Pdt les vac scol d'été, tlj 10h-11h, 14h-18h ; autres vac scol, tlj 14h-17h (le mat, sur résa slt, 24h avt) ; le reste de l'année, tlj sf lun, sur résa 24h avt. Fermé vac scol de la Toussaint-vac scol de Noël. Entrée : 7,50 € ; 7-12 ans 5 € ; gratuit moins de 6 ans. Prévoir une petite laine. Anciennes mines de manganèse exploitées au XIXe s et réhabilitées en musée, le seul de ce type dans la région. Parcours souterrain dans la mine de Coustou avec une dénivelée de 47 m et espace muséographique. Ou comment des vies entières de labeur finissent gravées dans le manganèse...

SAINT-LARY-SOULAN

(65170) 885 hab. *Carte Hautes-Pyrénées, C4*

La plus importante station de sports d'hiver des Pyrénées. Maisons aux fines pierres taillées, avec jolies fenêtres à meneaux. C'est la patrie d'Isabelle Mir, championne de ski alpin des années 1960, et de Paul-Henri Delerue, médaillé de bronze en snowboard aux J.O. de Turin en 2006. Très touristique en haute saison (d'hiver ou d'été).

Adresses et infos utiles

Office de tourisme : 37, rue Vincent-Mir. ☎ 05-62-39-50-81. • saintlary.com • Résas touristiques au ☎ 05-62-39-40-29 ou • contact@

saintlarytour.com • Tte l'année, tlj sf les 3 derniers dim de nov. Beaucoup de docs et d'infos sur les activités de la vallée. Vente de topoguides sur les randos dans le coin ; itinéraires de chemins pédestres *(gratuit)*. Demandez l'été la *carte d'hôte* *(gratuite)*, qui donne droit à différentes réductions. Visites guidées du village en saison *(gratuit)*.

■ ***Maison du parc national :*** *pl. de la Mairie. ☎ 05-62-39-40-91. Ouv tte l'année (juil-août, tlj 9h30-12h30, 14h30-18h30). Entrée libre.* Dans l'ancienne maison Fournier (du XVIe s). Exposition sur le thème de la forêt. Doc sur la faune pyrénéenne et le parc national. Audiovisuels et librairie. En été, propose des balades *(payantes)* en compagnie d'un guide naturaliste.

■ ***Office des sports de montagne :*** *9, route de Soulan. ☎ 05-62-39-42-92. • office-sports-montagne.com • Juin-sept, tlj 9h30-12h30, 15h30-19h30.* Une équipe dynamique et passionnée pour vous faire découvrir la région (France et Espagne) à travers l'activité de votre choix : canyoning, rando, parapente, raquettes, spéléo... Moniteurs diplômés d'État. Formules pouvant combiner plusieurs activités, de la demi-journée à plusieurs jours, avec différentes possibilités de logement selon votre budget.

– Le ***bureau des guides*** *(rue Vincent-Mir ; ☎ 05-62-40-02-58 ; • guides-saintlary.com •)* et ***Sarrat Évasion*** *(☎ 05-62-40-03-00 ; • sarrat-sport.com •)* proposent ces mêmes activités, à tous les niveaux.

■ ***Location de vélos et VTT :*** ***Vélo Attitude,*** *15, rue Vincent-Mir. ☎ 05-62-39-44-61. • attitudevelo.com •* Loue différents types de VTT. L'hiver, troque l'activité vélo pour le ski. *Également* ***Alex Sport,*** *rue de la Piscine. ☎ 05-62-39-28-95.*

🚌 ***Gare routière :*** *arrêt au parking Ardoune. Bus RMP ou compagnies Brunet (☎ 05-62-98-61-13) et Keolis (☎ 05-62-34-73-79).* Dessert Arreau (avec arrêts à Guchan, Bourisp et Vielle-Aure), Lannemezan et Tarbes. Au total, 2-4 A/R par jour ; 1 car direct pour Tarbes les w-e et fêtes en général.

– ***Marché :*** *sam mat, pl. du Téléphérique en été et sur le parking Ardoune en hiver.*

Où dormir ?

Camping

⛺ ***Camping Lalanne :*** *19, rue des Fougères. ☎ 05-62-39-41-58. • camping.stlary@wanadoo.fr • saintlary-vacances.com • ♿ Au centre-ville, derrière l'office de tourisme. Ouv de début déc à mi-sept. Prix tente 13,94-17,65 € selon saison. 76 empl.* Confortable et calme, malgré sa situation à proximité du centre-ville. À l'ombre l'été, près des pistes l'hiver. Nombreuses activités possibles dans le coin : ski, tennis, parapente, VTT, rando, rafting, canyoning, etc.

De prix moyens à chic

🏠 🍽 ***Hôtel Aurélia :*** *chemin de Saint-Lary, à l'entrée de Vielle-Aure. ☎ 05-62-39-56-90. • hotel-aurelia@wanadoo.fr • hotel-aurelia.com • Fermé d'oct à mi-déc. Doubles 55-65 € selon saison ; ½ pens 54-62 €/pers (demandée pdt les vac scol et w-e). Resto pour les résidents slt. Parking privé gratuit. Apéritif maison offert sur présentation de ce guide.* Un peu à l'écart du centre, et donc de l'animation. Une vingtaine de chambres rénovées avec parquet, dans les tons pastel et lambrissées (certaines mansardées), toutes avec TV à écran plat. Belles chambres familiales également avec lit en mezzanine. Piscine chauffée, salle de fitness et tennis. Sympathique jardin-terrasse pour l'été avec piano-bar (le patron est pianiste) ou projection de films au coin du feu pour les soirées d'hiver. Sérieux et compétents, les proprios pourront vous conseiller pour vos activités sportives et proposent également des forfaits ski, rando ou remise en forme. Bonne cuisine du terroir. Accueil très aimable.

🏠 ***Hôtel Les Arches :*** *15, av. des Thermes. ☎ 05-62-49-10-10. • contact@*

hotel-les-arches.com • hotel-les-arches.com • ♿ Congés : 3 sem en nov. Doubles 55-90 € selon saison. Parking gratuit. 💻 📶 Réduc de 10 % sur le prix de la chambre sur présentation de ce guide. Un hôtel d'une trentaine de chambres qui, certes, n'a pas le charme de l'ancien et dont la déco minimaliste commence un peu à dater, mais l'ensemble est impeccablement tenu. Également des chambres familiales et des appartements. Salon agréable pour bouquiner au coin du feu ou préparer sa journée du lendemain. Piscine chauffée en été.

Hôtel Neste de Jade : *rue de Soulan. ☎ 05-62-39-42-79. • nestedejade@gmail.com • hotelnestedejade.com • ♿ Sur la route qui mène à Vignec, au bord de la Neste d'Aure et face au parking des thermes. Doubles 59-99 € selon saison. Parking privé gratuit. 📶* Un hôtel qui a fait peau neuve de manière très réussie. Les matériaux naturels comme le bois et le schiste ont été privilégiés, et les quelques touches de couleur pour égayer le tout sont du meilleur effet. Atmosphère montagnarde contemporaine, sobre et cosy. Piscine d'été. Une adresse dans l'air du temps.

Hôtel-restaurant La Pergola : *25, rue Vincent-Mir. ☎ 05-62-39-40-46. • jean-pierre.mir@wanadoo.fr • hotellapergola.fr • ♿ Au cœur de Saint-Lary. Doubles 68-106 € selon confort et saison ; familiales 89-126 €. Formules déj 11,50-15,50 € ; menus 20,50-49 € et carte. Parking privé gratuit. 📶 Apéritif maison offert sur présentation de ce guide.* Établissement agréable, car en retrait de la rue, avec un joli jardin et la fameuse pergola. Chambres spacieuses, à la déco soignée, confortables dès les premiers prix, avec douche à hydrojets, TV à écran plat et, pour la plupart, terrasse sur le jardin. Préférer celles avec vue sur Le Pla-d'Adet. Accueil pro, mais pas guindé pour autant.

Où manger ?

Bon marché

La Main à la Pâte : *12, rue Vincent-Mir (la rue principale). ☎ 05-62-39-45-05. • lamainalapate2@wanadoo.fr • Fermé lun et j. fériés hors saison. Congés : 2 sem en juin et fin oct-fin nov. Formule déj en sem 8,50 € ; menus 12,50-15 €. Apéritif maison ou café offert sur présentation de ce guide.* Pizzas, pâtes fraîches, grillades et spécialités locales. Terrasse en été. Pour faire vite et pas cher.

De prix moyens à chic

Restaurant La Grange : *quartier d'Autun, à l'entrée de Saint-Lary, sur la droite. ☎ 05-62-40-07-14. • contact@hotel-angleterre-arreau.com • ♿ Fermé mar-mer (slt le midi en été). Congés : fin avr-début mai et de début nov à mi-déc. Résa conseillée. Le midi en sem, formule et menu 13-16 € ; autres menus 24,50-48 €.* Un petit coup de cœur pour cette ancienne grange restaurée, à l'atmosphère montagnarde, intime et cossue. Du parquet, des poutres et des couleurs chaudes. On est de suite séduit et mis en confiance. Aux commandes, un jeune chef qui a fait ses classes dans de grandes maisons, et sa cuisine tient toutes ses promesses. Elle est joliment travaillée, principalement à base de produits régionaux, raffinée même. Terrasse en été. Une belle table, dans tous les sens du terme, à des prix qui n'ont rien d'exagéré. On ressort réjoui.

La Vignécoise : *route de Vignec ; en venant de Saint-Lary, sur la droite juste après la Neste d'Aure. ☎ 05-62-39-48-09. • contact@lavignecoise.com • Attention : auberge ouv slt le soir juil-août et déc-mars sf dim, dès 19h30. Le reste de l'année, vente de produits. Résa conseillée. Carte slt, 30-35 €. Apéritif, café ou digestif offert sur présentation de ce guide.* Éleveurs de canards et de veaux broutards, les dynamiques exploitants de *La Vignécoise* vous proposent de goûter leurs produits maison. Assez folklorique, un chapiteau est tendu à l'extérieur du dépôt-vente. Repas à base de foie gras, confits, magrets, filets de truite d'Oô... et de pâtisseries de Guchen. Propose aussi des « matinées ou soirées transhumance », en compagnie de Patrice, qui vous emmène voir ses vaches en estive (pique-nique prévu). Sympa !

Où dormir ? Où manger ? Où boire un verre dans les environs ?

Chambres d'hôtes chez Janine et Daniel Verdot : *rue Principale, à* ***Vignec*** *(65170). ☎ 05-62-39-54-53. 06-72-27-23-62. • gite-sarrailhet.fr • Ouv tte l'année. Double 40 €.* Au cœur du village, 4 chambres bien tenues, avec sanitaires privés et entrée indépendante, chez un couple d'éleveurs de moutons. Déco un tantinet coquette dans certaines chambres, avec meubles de bon goût et tout le confort nécessaire. Salon et salle à manger avec cheminée. Accueil doux. À ce prix-là, une bonne affaire.

Café Saint-Germais : *pl. de l'Église, à* ***Vignec*** *(65170). ☎ 05-62-39-33-45. Tlj sf lun-mar hors saison 11h-23h. Congés : oct. Formules 14-19,50 € (en hiver, le soir, bar à tapas slt) ; carte env 20 €.* C'est Christophe et Jean-Christophe, Petit Tof et Grand Tof pour les intimes, qui ont ouvert ce bar à vins dans une petite baraque en pierre, à peine plus grande qu'une maison de poupée. Un haut lieu de convivialité qui a ses habitués et où l'on se sent vite à l'aise. Petite restauration le midi, mais on apprécie surtout l'endroit pour grignoter une assiette de charcuterie et de fromage à l'heure de l'apéro, en refaisant le monde. Terrasse tranquille au pied de l'église.

À voir. À faire

➢ ***Visites commentées des églises, notamment des églises peintes de la vallée d'Aure :*** *pdt les vac scol, 1-2 fois/sem. GRATUIT. Rens à l'office de tourisme.*

La Maison de l'ours : *☎ 05-62-39-50-83. En été, tlj 9h-12h30, 14h-18h30 ; hors saison, tlj sf lun 9h-12h30, 14h-17h30. Dernière entrée 1h avt la fermeture. Fermé en nov. Entrée : 6,80 € ; 5-12 ans 4,80 € ; forfait famille.* Film sur la vie des ours dans les Pyrénées, visite interactive avec spots audio. Et puis la Maison a recueilli un ours, Bingo, victime de mauvais traitements dans un cirque et que l'on peut voir, en fin de visite, dans sa nouvelle demeure.

– ***Sensoria :*** *parc thermal. ☎ 05-62-40-71-71. • mercuresensoria.com • Fermé de nov à mi-déc.* Centre de remise en forme et de soins équipé de hammam, sauna, bain à remous, jets d'eau, lit à bulles...

Manifestations

– ***Le Patou Trail :*** *le dernier w-e de juin.* Courses pour tous niveaux, y compris pour les enfants (de 800 m à 48 km).
– ***Festival des Petites Églises de montagne :*** *en juil-août, concerts presque ts les soirs dans l'église de Saint-Lary. Participation libre.* Concerts classiques, de musique sud-américaine, country, gospel, etc. L'abbé Francis Tisné est un homme d'Église particulièrement dynamique !
– ***La Ronde des vélos :*** *2-3 j. en juil.* Sorties à vélo, épreuves contre la montre, expos, conférences, spectacles, etc.

DANS LES ENVIRONS DE SAINT-LARY-SOULAN

Le Pla-d'Adet : c'est la station de ski de Saint-Lary (de 1 650 à 2 515 m d'altitude). Le téléphérique du pic Lumière qui la relie à Saint-Lary fut, à sa construction en 1957, le plus grand du monde. Avec la télécabine, on accède aux pistes en 8 mn. Domaine skiable de 100 km. Site assez remarquable. C'est ici que se déroulent les baptêmes de parapente. Le téléphérique reprend du service pour les promeneurs (VTT acceptés) tous les jours en juillet-août ; départs toutes les 30 mn. De là, on peut emprunter le télésiège de *Soum de Matte,* qui permet de monter encore plus haut, à 2 051 m d'altitude. *Bike park* ouvert en été.

Espiaube : point de départ en hiver de la télécabine (Saint-Lary, 1 900 m) pour le col de Portet (altitude : 2 215 m). Panorama superbe. Nombreuses balades possibles. On peut notamment rejoindre la réserve naturelle du Néouvielle.

À proximité, le ***refuge de l'Oule,*** avec chambres et dortoir. ☎ *05-62-98-48-62. • chalet.oule@wanadoo.fr • saintlary-vacances.com/oule • Vac de Noël-début avr et de mi-juin à mi-sept, tlj. Selon saison, compter 18-20 €/pers en dortoir de 10 lits, 23-27 €/pers en chambre de 4 pers, 26-30 €/pers en chambre double ; petit déj 7 €. Possibilité de ½ pens. Repas env 13 €.* Un cadre exceptionnel, au cœur de la réserve du Néouvielle à 1 820 m d'altitude. Resto et bar au bord du lac (garbure, confit de canard, tartiflette...).

La réserve naturelle du Néouvielle : *petit « parc national des Pyrénées bis », accessible par la D 929, au départ de Fabian.* Cette réserve est un vrai petit trésor. Ce fut la première réserve naturelle créée en France. L'orientation sud du massif a permis que la végétation y pousse plus haut qu'ailleurs. On y trouve les pins à crochets parmi les plus hauts d'Europe, à 2 650 m. Plus de 1 250 sortes de plantes à fleurs (le rêve des botanistes). Belle végétation aquatique où l'on entendra coasser les grenouilles rousses et les crapauds accoucheurs. Dans le ciel, les vautours fauves, les aigles royaux et les gypaètes barbus... C'est par la même occasion l'un des rares endroits des Pyrénées où l'on peut réaliser une vraie boucle de rando, et c'est aussi la plus haute route des lacs des Pyrénées (que de qualités !), celle-ci permettant d'accéder en voiture aux *lacs d'Orédon* (altitude : 1 849 m) et de *Cap-de-Long* (altitude : 2 161 m). Attention, la route (assez impressionnante !) est ouverte, grosso modo, de début juin à fin octobre. Possibilité de dormir dans un hôtel de montagne accessible en voiture, au *Chalet du lac d'Orédon (📱 06-23-05-72-60 ; • refuge-pyrenees-oredon.com • ; ouv de mi-juin à fin sept env),* à proximité du parking. Le site est remarquable, mais vous ne serez pas tout seul ! Également un point d'info sur place.

À partir d'Orédon, une seconde route rejoint les *lacs d'Aumar* (altitude : 2 192 m) et *d'Aubert* (altitude : 2 150 m). À noter : de juin à septembre, de 9h30 à 18h, l'accès à ces lacs est interdit aux véhicules particuliers. On doit laisser sa voiture au parking d'Orédon *(3 € pour 15 mn à 2h ; 5 € pour 2-4h ; 6 € pour 4-8h ; 8 € au-delà),* et la montée est alors assurée par des navettes *(départs ttes les 30 mn ; durée : 15 mn ; compter 5 € l'A/R, gratuit moins de 10 ans).*

Superbes randonnées à faire dans les environs. Certaines ne présentent aucune difficulté majeure et peuvent même être réalisées en famille (infos dans les offices de tourisme). On peut se procurer également une brochure gratuite sur les refuges dans la réserve. Pour d'autres, mieux vaut prendre un guide connaissant la réserve. Ne pas s'aventurer vers les sommets sans équipement de haute montagne. Les glaciers « moribonds » sont très dangereux. Enfin, dernier conseil : avant toute balade, prendre les précautions élémentaires (chapeau, crème solaire, eau, etc.) et consulter les bulletins météo dans les offices de tourisme de la vallée.

Et pourquoi pas un p'tit tour en ***Espagne*** ? De l'autre côté, en ***Haut-Aragon,*** via le tunnel de Bielsa *(gratuit),* on trouve un paysage et un climat méditerranéens : criquets et lavande, vieux villages ocre et rouge patinés *(Ainsa, Alquezar).* Une solution intéressante quand il fait grisaille côté français ! Pour les aventureux, on n'est pas loin des célèbres *canyons de Guara* – profondes eaux turquoise, gorges, paysages sauvages à couper le souffle – et du parc national d'Ordesa.

LA VALLÉE DU LOURON

Carte Hautes-Pyrénées, C4

Dans cette superbe vallée glaciaire qui ne compte guère plus de 1 200 âmes, si la terre est pauvre, en revanche l'aspect est riche. Résultat d'une histoire protégée des grands bouleversements par l'isolement géographique, la population a su conjuguer activités traditionnelles et développement touristique. La région a du potentiel car elle ne manque pas de (res)sources et se trouve idéalement située entre les stations de ski de Peyragudes, Val-Louron et Saint-Lary. Si ses paysages préservés ont échappé à un projet d'installation de ligne à très haute tension contre lequel toute la vallée s'est mobilisée, elle tend néanmoins à devenir l'enclave chic (et préservée) du département. Désormais, on parle ici de « développement durable » et on affiche avec fierté ces nouvelles maisons en crépi gris et toits d'ardoises qui s'intègrent parfaitement dans l'environnement. Mais ne boudons pas trop notre plaisir puisque, côté nature et culture, le Louron a encore de quoi nous surprendre.

UNE LIAISON DANGEREUSE ?

En 1772, on débuta le creusement d'un tunnel dans la petite vallée de la Pez, à quelques kilomètres de Loudenvielle. Il s'agissait de favoriser les échanges entre la France et l'Espagne. Mais le roi d'Espagne interdit le débouché de l'ouvrage dans son pays, redoutant que des idées trop subversives et dangereuses pour son trône ne franchissent les Pyrénées. Les travaux furent donc interrompus.

Adresses et infos utiles

Office de tourisme de la vallée du Louron : *chemin de Cazalis, à* ***Loudenvielle*** *(65510). ☎ 05-62-99-95-35. • vallee-du-louron.com • mylouron peyragudes.mobi • Tte l'année : en saison d'été et d'hiver, tlj ; le reste de l'année, fermé dim. Également une antenne à* ***Bordères-Louron*** *(65590). ☎ 05-62-99-92-00. Ouv tte l'année ; en été, tlj sf dim ap-m.* Personnel compétent et dynamique offrant une foule d'infos sur les nombreuses activités de la vallée et de la région. Carte (gratuite) de balades à faire en famille mentionnant le niveau de difficulté et la durée de chacune d'elles, topoguides (en vente), infos sur la station de ski de Peyragudes et Val-Louron. Vente du *pass Louron* qui offre des gratuités et d'intéressantes réductions sur de nombreuses activités. Location d'appartements et de chalets. Liste de producteurs locaux.

Bus : juin-septembre et pendant les vacances scolaires de Noël et de février, 3 bus/j. pour Arreau avec le réseau *Maligne (☎ 0800-65-65-00, n° Vert ; • transports-maligne.fr •).*

– ***Visites commentées de la vallée du Louron :*** *☎ 05-62-98-42-46. 06-42-17-66-31. • patrimoine-aure-louron.fr •* Toute l'année, visites thématiques de 2h *(4 € ; réduc)* ou circuits à la demi-journée *(7 € ; réduc)* consacrés au patrimoine historique, religieux et architectural.

– ***Marchés :*** *à* ***Bordères-Louron,*** *dim mat en juil-août slt ; à* ***Génos,*** *marché de nuit mer de mi-juil à mi-août (17h-21h) ; à* ***Loudenvielle*** *mar en fin d'ap-m pdt les vac scol.*

Où dormir ? Où manger ?

Camping

Camping Flower Pène Blanche : *à* ***Loudenvielle*** *(65510). ☎ 05-62-99-68-85. 06-71-58-45-41. • info@peneblanche.com • peneblanche.com • À la sortie de Loudenvielle, en direction de Génos. Fermé de* *début nov à mi-déc. Prix tente 13,50-22,50 € selon saison ; loc de mobile homes et bungalows toilés 4-8 pers 196-693 €/sem. 120 empl.* Bien situé et bien ombragé, à proximité du lac, de la piscine et du centre thermo-ludique, et à 300 m des petits commerces. Atmosphère familiale et accueil sympathique.

De bon marché à prix moyens

Centre de montagne – Association Accueil Sans Frontière : *à l'entrée de* ***Germ*** *(65240). ☎ 05-62-99-65-27. • contact@germ-louron.com • germ-louron.com • Prendre la route du col de Peyresourde (D 618) ; accès fléché. Ouv tte l'année. Compter 19 €/pers en chambre ou gîte ; petit déj en sus. ½ pens 33-38,50 €/pers selon saison (demandée pdt les vac scol d'été et d'hiver) ; drap du dessus 4 €. CB refusées. Café offert sur présentation de ce guide.* Dans ce paisible village d'une vingtaine d'habitants, perdu dans la montagne, de vieilles demeures traditionnelles, restaurées et joliment aménagées, auxquelles sont venues s'ajouter une poignée de chambres dans un bâtiment plus récent. Hébergement varié (chambres, studios avec mezzanine, gîte d'étape). Très bons et copieux repas servis dans une salle panoramique. Salons avec cheminées pour l'hiver (bibliothèque, vidéothèque et CDthèque), ainsi qu'une belle piscine pour l'été, entourée de jardins en paliers. L'ensemble est tenu par une équipe dynamique et sympathique.

Hôtel Les Cimes : *route du col de Peyresourde, à* ***Estarvielle*** *(65240). ☎ 05-62-99-67-21. • contact@hotel-les-cimes.net • hotel-les-cimes.net • Congés : 2 sem au printemps et de mi-sept à mi-déc. Doubles 45 € (w-c et douche sur le palier)-60 €, petit déj compris. ½ pens 40-50 €/pers. Menus 15 € (midi en sem), puis 20-25 € et carte. Réduc de 15 % sur le prix de la chambre et au resto sur présentation de ce guide.* Petit hôtel en pierre apparente, en bord de route, tenu par un couple passionné de voyages. Chambres à thème inspirées de leurs multiples séjours aux quatre coins du monde, la plupart avec balcon et une vue à couper le souffle. Les « Romantique », « Thaïlandaise », « Chinoise » et surtout l'« Africaine » sont claires et spacieuses, et le sens du détail dans la déco laisse pantois (fauteuil et rideau de douche en peau de zèbre pour cette dernière !). 3 autres aussi, plus simples et peu onéreuses. Salle de repos zen avec TV et mobilier asiatique, ainsi qu'une amusante petite terrasse balinaise surplombant la vallée. Resto panoramique recouvert de photos de curiosités culinaires du monde entier faites par Véronique, et dans l'assiette, cuisine mêlant avec originalité produits du terroir et saveurs d'ailleurs, concoctée par Frédéric.

Chante Coq : *à* ***Loudenvielle*** *(65510). ☎ 05-62-39-86-64. À l'entrée de Loudenvielle, sur la droite. Tlj en été ; fermé dim soir, lun et mar soir hors saison. Formules déj en sem 13,50-15,50 € ; menus 19-35 € ; carte env 35 €. Apéritif maison offert sur présentation de ce guide.* Bonne pioche pour ce resto à la déco enjouée et colorée, à la cuisine généreuse et parfumée. Menus et carte jouent dans un registre traditionnel, mais on soigne les présentations et les associations de saveurs. Une cuisine réussie et pleine de vivacité, comme le chant du coq dès potron-minet. Terrasse en été.

Prix moyens

Chambres d'hôtes La Flambée : *chez Jean-Luc et Sandrine Bouvier, à* ***Bordères-Louron*** *(65590). ☎ 05-62-40-53-12. • sandrine.bouvier0048@orange.fr • flambee-louron.com • En venant d'Arreau, 2e pont à gauche dans le bourg. Ouv tte l'année. Doubles avec ou sans TV 66-69 € ; familiales (3-4 pers) 78-88 €.* Ancienne bâtisse en pierre aux volets bleus au bord d'un jardin fleuri, à l'accès indépendant. Chambres aux couleurs et à la déco très harmonieuses et bien pensées, mêlant mobilier ancien et objets de bon goût. Bravo à Sandrine, qui a incontestablement un sens artistique ! Vaste salle commune rustique et douillette pour se détendre au coin du feu. Très bon accueil.

Chambres d'hôtes Le Tilleul : *rue Campeyrous, à **Vielle-Louron** (65240). 06-16-85-68-66. • giteletilleul@orange.fr • giteletilleul.fr • Congés : 2 sem au printemps et 2 sem à l'automne. Double 70 € (62 € à partir de la 2e nuit hors w-e et vac scol). Peut aussi être loué dans son intégralité en gestion libre (13 pers). Table d'hôtes 19,50 €.* Avec ses chambres disposant d'une mezzanine et de 4 couchages, l'adresse convient particulièrement aux familles. Chambres plaisantes habillées de bois blanc et de couleurs douces ou plus acidulées. Au retour de balade, rien de mieux que de filer dans le sauna, ou de se poser dans la salle ouverte à l'étage en contemplant la vue de choix sur la vallée. Jeux de société. Un endroit très paisible.

Où boire un verre ?

Bar-tabac « Chez Rogé » : *11, chemin Clarabide, à **Loudenvielle** (65510). ☎ 05-62-99-68-04. Tlj 8h-22h.* Le dernier bar du village de feu Pépé, tenu désormais par sa fille Josette et sa petite-fille Claire. À première vue, un petit troquet de village que rien ne différencie des autres, sinon les échanges en gascon et les opérettes pyrénéennes entonnées à tue-tête. On y communie pourtant – mieux que partout ailleurs – avec l'âme des vieux habitants du Louron.

À voir. À faire

Les églises peintes : *ouv en alternance par des bénévoles, donc créneaux horaires variables ; rens auprès des offices de tourisme de Loudenvielle ou de Bordères-Louron.* Au milieu du XVIe s, l'Espagne voisine, prospère grâce à la découverte du Nouveau Monde, offre de nouveaux débouchés à la production de laine tissée des bergers du Louron. Une soudaine richesse qu'ils vont consacrer à la décoration de leurs discrètes églises romanes, avec des fresques qui, au travers des siècles, ont conservé tout leur éclat.

– À **Vielle-Louron,** dans l'*église Saint-Mercurial* du XVIe s, extraordinaire Cène avec un Judas à tête de Luther ! Sur la voûte, foisonnant arbre de Jessé.

– Dans le retable de l'*église Saint-Blaise* d'**Estarvielle,** étonnante évocation de la partie de cartes des soldats romains qui se disputent la tunique du Christ avec un jeu d'origine occitane !

– Exemple unique dans la région, la façade de l'*église Saint-Barthélemy* (XIIe s), à **Mont,** récemment restaurée, est peinte (scènes du Jugement dernier). À l'intérieur, sur la voûte, fresques historiées attribuées à Melchior Rodigis (peintre officiel de Saint-Bertrand-de-Comminges). Soucieux de préserver et de faire connaître leur patrimoine, une partie des habitants de Mont se sont regroupés au sein de l'association Les Amis de l'église de Mont (*• patrimoine-mont.net •*). Moyennant 3 €, une bande-son vous donnera des explications sur l'église.

L'espace patrimoine de l'Arixo : *chemin de Cazalis, à **Loudenvielle** (65510) ; à 50 m de l'office de tourisme. ☎ 05-62-99-97-70. Pour les j. d'ouverture, se renseigner à l'office de tourisme. GRATUIT.* Comme son nom l'indique, cet espace présente le patrimoine de la vallée. Exposition sur l'artisanat avec diaporama. Tout un volet est consacré aux églises (bornes tactiles, reproductions de quelques fresques). Projection d'un film avec un regard intéressant sur l'« agropastoralisme » et le tourisme. Fait aussi cinéma (c'est d'ailleurs l'une des plus petites salles de cinéma en France à projeter des films en 3D !).

Le moulin de Saoussas : *☎ 05-62-99-90-50 ou 05-62-99-64-17. À **Loudenvielle,** suivre le chemin sur la gauche du camping à la sortie du village. Juil-août, tlj 10h30-12h, 15h-18h15 (départ dernière visite) ; hors saison, sur résa. Entrée : 4 € ; enfants 2 €. Durée de la visite : 1h.* Construit peu après la Révolution pour approvisionner en eau les habitants de la haute vallée du Louron, ce moulin a été superbement reconstitué. Les meules ont repris du service ainsi que la scierie à eau ; par ailleurs, outils et objets divers ont été rassemblés en évocation des métiers traditionnels du Louron (menuisier, ardoisier, berger, etc.). À l'extérieur, pêche à la truite (peu farouches !) pour le plaisir des plus jeunes.

***Génos** (65240) :* tour de guet et remparts du XIVe s qui dominent fièrement le lac. Paul Féval s'en est inspiré pour le cadre de son *Bossu,* dont le premier chapitre est une ode lyrique à la vallée du Louron ! Certains racontent qu'il existerait un passage souterrain la reliant à la tour de Moulor.

– ***L'élevage d'Yves Giry :*** *à **Mont** (65240). ☎ 05-62-99-60-90. Tlj sf dim à 18h (17h en hiver).* Possibilité d'assister à la traite des brebis. Vente directe de fromages.

La forêt aux Traces : *à la station de ski **Val-Louron** (65240). 📱 06-81-96-07-58 ou 06-87-43-72-57. À 300 m de la station, en limite de forêt. Juil-août, tlj sf sam 10h30-18h ; autres vac scol, tlj 11h-16h ; le reste de l'année, sur résa. Entrée : 5,50 € ; 5-12 ans 3,50 €. Compter 2h de visite.* En pleine forêt, un espace de 3 ha parcouru par différents sentiers d'interprétation qui permettent de découvrir les milieux naturels pyrénéens. Petit chalet avec animaux naturalisés. Propose des ateliers de moulage d'empreintes.

– ***Activités autour du lac de Génos-Loudenvielle :*** le site est apprécié des amateurs de parapente et de deltaplane. Également accrobranche, pêche, et un chemin qui borde le lac avec un parcours santé très apprécié des joggers... Sans oublier le centre ***Ludéo*** *(☎ 05-62-49-19-21 ; juil-août, tlj 11h-19h)* : piscine, cinq pistes *pentaglisses* et toboggan aquatique. Location de canoës, de *stand up paddle* et d'embarcations à pédales.

– ***Centre thermoludique Balnéa :*** *☎ 05-62-49-19-19. • balnea.fr • Fermé 1re sem de juin et 3 dernières sem de nov.* Un centre innovant venu se blottir au bord du lac et offrant tous les bains du monde (bains romain, amérindien et japonais, espace massages et soins du corps tibétains...). Piscine d'eau thermale à 33 °C, bains à bulles et musicaux, jacuzzi, hammam et sauna cachés dans la roche, etc.

– ***Activités à la station de Peyragudes :*** en hiver, du ski, vous vous en doutiez, mais également du parapente et du traîneau à chiens. Se renseigner à la *maison de Peyragudes* : *☎ 05-62-99-69-99. • peyragudes.com •*

– ***Activités à la station de Val-Louron :*** ski en hiver. En été, idéal pour la rando. En juillet et août, le télésiège des Myrtilles est pratique pour les randonneurs qui veulent économiser plus de 1h30 de grimpette *(fonctionne lun-jeu 8h30-11h45, 13h-15h45 ; montée : 5,50 €, retour gratuit).* Du sommet, à 1 900 m d'altitude, superbe panorama et départ des parapentistes.

Fête et manifestations

– ***Fête des Estives :*** *le 1er ou 2e dim de juil, à **Cazaux-Fréchet.*** Démonstration de chiens de berger, tonte de moutons, gâteaux à la broche, dégustation et vente de produits locaux...
– ***Feux d'artifice :*** *vers le 14 juil et le 15 août.* Mi-juillet, le Louron se targue d'offrir le plus beau spectacle pyrosymphonique du département. Le 15 août, feu tiré depuis le château de Génos : il retombe en beauté sur le lac de Génos-Loudenvielle ! Final avec embrasement de la tour.
– ***Foire aux traditions :*** *l'avant-dernier dim d'août, autour du lac de Génos-Loudenvielle.* Regroupement d'artisans et de producteurs agricoles, battage à l'ancienne sur fond de joli décor et de savoureux chants pyrénéens... La « fierté de la vallée » !

LA BAROUSSE

Vallée presque oubliée, aux confins d'un département des Hautes-Pyrénées auquel elle a été rattachée alors qu'elle était historiquement liée à Saint-Bertrand-de-Comminges. Creusée dans le piémont, la Barousse n'a ni le potentiel agricole de la plaine ni les atouts touristiques de la haute montagne. Elle n'en est que plus séduisante, évoquant certains coins perdus de l'Ariège. La plus grosse concentration de cerfs d'Europe se partage ses vastes forêts de hêtres et de chênes. Les villages s'y font discrets. Les maisons, avec leurs superbes charpentes de bois en arc de cercle, se tournent le dos pour ne pas gêner les voisins. En Barousse – c'est un cliché, mais ici il colle à la réalité –, le temps semble s'être arrêté.

Adresse utile

Office de tourisme de la Barousse : *18 bis, rue Nationale, à Sarp (65370). ☎ 05-62-99-21-30. • tourisme.barousse@gmail.com • Au niveau du rond-point. Tte l'année, tlj sf dim-lun et j. fériés.* Vente d'un topo-guide des promenades et randonnées pédestres dans la vallée. Liste des coordonnées d'accompagnateurs en montagne.

Où dormir ? Où manger ?

Hôtel-restaurant Le Moulin d'Aveux : *6, av. de l'Ourse, 65370* ***Aveux.*** *☎ 05-62-99-20-68. • moulindaveux@gmail.com • truiteman.free.fr • Sur la route de Mauléon-Barousse. Resto fermé mer midi en été, lun-mar hors saison. Double avec douche ou bains 45 € ; compter 50 € pour 3. Possibilité de ½ pens. Menus 17 € (midi en sem)-26 € ; carte env 30 €. Apéritif maison offert sur présentation de ce guide.* De l'ancien moulin ne subsiste qu'une meule de pierre qui sert de table dans le jardin. Calme juste troublé par la rivière et le petit ruisseau à truites. Des menus copieux, qui font la part belle aux produits de la vallée : salade de fromage de Barousse, porc noir aux haricots tarbais, cassolette de ris d'agneau... Accueil très serviable. Bernadette et Jean-Louis Vayssières connaissent bien les environs, des légendes villageoises aux meilleurs coins de pêche.

À voir dans le coin

Sarp *(65370) :* petit village avec un sentier de découverte sur la faune et la flore, une mare pédagogique, un rocher d'escalade naturel (parfait pour l'initiation), un labyrinthe de maïs *(de juil à mi-sept ; accès libre).* De là, possibilité de rejoindre Saint-Bertrand-de-Comminges en 30 mn à pied.

Bramevaque *(65370) :* petite église romane, et, à quelques minutes de marche, en pleine nature, ruines du *château* du XIe s en cours de restauration. On peut grimper, par un escalier étroit, au sommet du donjon qui fut la prison de la comtesse Marguerite de Comminges de 1420 à 1443. *Visite libre.*

Mauléon-Barousse *(65370) : ne se visite pas.* Château du XVe s avec un donjon qui compte cinq côtés (ce qui est rare !). Départ de balades vers le château des comtes de Comminges à Bramevaque, vers le gouffre de la Saoule, ou encore vers Esbareich (pont Napoléon-III). Derniers commerces avant le fond de la vallée.

La Maison des sources : *à* ***La Gourdiole*** *(65370), à la sortie de Mauléon, en direction de Ferrère. ☎ 05-62-39-23-85. Mars-sept, tlj 9h-18h ; oct-fév, tlj sf mer et 1er w-e du mois 9h-17h. Entrée : 4 € (5 € avec l'espace technique) ; réduc enfant ; pass famille (2 adultes et 2 enfants) 10 € (14 € avec l'espace technique).* Installée dans une ancienne bergerie, la Maison des sources rappelle les traditions de la vallée (patrimoine culturel et pastoralisme). Expo sur le thème de l'eau (vidéos, maquettes interactives, etc.). Histoire de la grotte préhistorique de Troubat contée dans un décor à l'atmosphère souterraine. Parc de loisirs avec aire de jeux, tables de pique-nique, barbecue et sentier jusqu'au château de Bramevaque. Visite guidée du captage d'une source et de sa station de filtration *(sur résa pour les groupes).*

Le gouffre de la Saoule : *à quelques centaines de mètres sur la gauche après la Maison des sources, sur la D 925 (direction Ferrère).* Superbe arche calcaire creusée par la rivière.

***Ourde** (65370)* **:** en continuant la D 925, on arrive à ce vieux village typiquement baroussais, avec belvédère sur la vallée. Église romane du Xe s aux belles fresques. Du petit cimetière, panorama sur la vallée.

***Sost** (65370)* **:** bienvenue à « Fromageland » ! Pas moins de six fromagers dans ce petit village, tout en haut de la vallée (accès par la D 22 depuis Mauléon-Barousse). Tous fabriquent le fromage de Barousse, à base de lait de vache et/ou de brebis, selon les méthodes traditionnelles. C'est le cas de Denis Sost, un enfant du pays (vous l'aviez deviné...) qui a quitté Paris pour reprendre le flambeau. Dans la famille, il en va comme ça depuis sept ou huit générations. Il propose la visite de sa fromagerie et une exposition sur l'évolution de la ferme *(visite guidée payante sur rdv : ☎ 05-62-39-39-53 ; ● denis.sost.free.fr ● ; ♿).* D'autres fromagers dans le coin (liste disponible auprès de l'office de tourisme).

La ferme pédagogique Les Jours Heureux : *chemin de Campagnac, 65370* ***Siradan.*** *06-83-85-68-85. À env 4 km de Mauléon-Barousse.* Une ferme pédagogique qui accueille, sur 7 ha, près de 250 animaux. En vedette, Charlotte, la cochonne star qui a fait ses débuts au cinéma dans le film *Le Cochon de Gaza.* Il y a aussi Élisabeth la vache, Shiva la chèvre angora, Françoise la poule, sans oublier Momo le sanglier. Propose différentes activités : visite de la ferme, transformation laitière, travail de la laine, apprentissage de la traction animale, initiation à l'équitation, visites libres sur des sentiers balisés, etc.

Randonnées

➢ ***Randonnées au départ du port de Pierrefitte :*** à partir de Mauléon, suivre la D 925 sur 18 km jusqu'au sommet du col de Balès (altitude : 1 755 m). La route serpente d'abord paresseusement à travers les sapins le long de la tortueuse rivière l'Ourse. Arrivé aux estives du Cardouet, le paysage prend tout à coup une physionomie plus rude, tout juste égayée par les rhododendrons : c'est le domaine exclusif des bergers et de leurs troupeaux. Arrivé au col de Balès, laisser la voiture puis continuer à pied sur la vallée d'Oueil ; aussitôt, prendre la piste de droite qui mène au col de Pierrefitte (compter 45 mn). De là, on peut poursuivre vers le *lac de Bordères* (40 mn aller ; facile), le *pic du Lion* (30 mn) et le *pic du Mont-Né* (altitude : 2 147 m ; 1h de marche en forte dénivelée). Vue plongeante sur les vallées de Bareilles et du Louron.

➢ ***Randonnées au départ de Ferrère :*** deux longues marches à destination du *pic de Douly* (altitude : 1 630 m ; 2h30 aller) et du *pic du Mont-Aspet* (altitude : 1 849 m ; 3h30). Poursuivre éventuellement vers la vallée de Nistos.

Fête et manifestations

– ***Fête de la Transhumance :*** *le 1er w-e de juin.* Rassemblement des troupeaux (près de 3 000 brebis et 700 vaches) de 6h à 9h et départ en transhumance. Tout le monde est convié à suivre le cortège, puis à participer à une grande fiesta en fin de matinée (*bandas,* producteurs de la vallée, etc.) !
– ***Spectacle son et lumière :*** *le dernier ven de juil et le ven précédant le 15 août.* Avec une soixantaine d'acteurs et d'habitants de la Barousse.
– ***Foire aux fromages*** *(de la vallée, bien sûr)* **:** *le 1er w-e d'août.* À ne pas manquer !

L'ARIÈGE

ABC DE L'ARIÈGE

- *Superficie :* 4 890 km².
- *Population :* 152 286 hab.
- *Densité :* 31 hab./km².
- *Préfecture :* Foix (9 780 hab.).
- *Sous-préfectures :* Pamiers (15 450 hab.) et Saint-Girons (6 420 hab.).
- *Principaux secteurs d'activité :* près de 72 % de la population travaille dans le secteur des services, 15 % dans l'industrie, 8 % dans la construction, et seulement 5,2 % dans l'agriculture.
- *Signes particuliers :* avec ses 2 500 km de cours d'eau, l'Ariège est le lieu idéal pour goûter aux sensations fortes des sports en eaux vives (canoë, rafting...). Mais ici l'eau ne procure pas que des grands frissons, elle a aussi le pouvoir ancestral de guérir les rhumatismes et autres petits maux. La formule magique ? Un peu de sulfate, de calcium et de magnésium, que l'on peut goûter dans les nombreuses sources ariégeoises.

Ce fut longtemps une des régions les plus enclavées et les plus isolées de France. Du point de vue géographique, l'Ariège se présente comme une succession de trois vagues parallèles, de plus en plus hautes. Après la plaine du Nord vient une rangée de coteaux très doux (les montagnes du Plantaurel). Puis, sur l'axe Foix – Saint-Girons, une vaste vallée, relayée par le massif de l'Arize, et enfin, après deux autres vallées, la chaîne des Pyrénées. Le passage successif de ces chaînes verdoyantes par de pittoresques cols ne sera pas le moindre de vos plaisirs.

La plus grande partie du réseau routier buta longtemps sur la barrière pyrénéenne sans aucun débouché sur l'Espagne (à part dans l'extrême sud-est du département). L'ouverture du tunnel de Puymorens en 1994 et, plus récemment, celle du tunnel de Foix ont facilité les échanges avec la Catalogne. L'Ariège est donc un département qui s'ouvre et se structure chaque année davantage pour accueillir les amoureux d'une nature préservée, surprenante de diversité. Ainsi, 40 % du territoire a été classé Parc naturel régional en 2009, soit 4 200 km² regroupant 145 communes du sud-ouest du département. Que ce soit lors d'une randonnée entre forêts et cols, au fond d'une grotte ou sur les traces de nos lointains ancêtres, l'Ariège offre un retour aux choses simples, aux produits de terroir de qualité, dans des paysages quasi vierges de pollution. Une situation qui pourrait évoluer rapidement, un projet d'autoroute reliant Barcelone via Foix, Ax-les-Thermes et les montagnes, est déjà à l'étude...

NORD
HAUTE-GARONNE (31)
Carbonne
Auterive
Lézat-sur-Lèze
St-Ybars
Rieux
Durfort
Montesquieu-Volvestre
Martres-Tolosane
Le Fossat
Daumazan-sur-Arize
Carla-Bayle
Montbrun-Bocage
Ste-Croix-Volvestre
Campagne-sur-Arize
Montfa
Dolmen du Cap del Pouech
Sabarat
Fabas
Camarade
Grotte
Le Mas-d'Azil
Montégut-Plantaurel
Lasserre
Lorp-Sentaraille
St-Lizier
Unjat
St-Girons
Rimont
La Bastide-de-Sérou
Castelnau-Durban
Nescus
Alzen
LE COUSERANS
Serres-sur-Arget
Galey
Audressein
Lacourt
St-Lary
Augirein
Argein
Engomer
Castillon-en-Couserans
Ourjout
Samortein-en-Bethmale
Soueix
Boussenac
Les Bordes-sur-Lez
Vallée du Biros
Ayet-en-Bethmale
Col de Port 1 250
Antras
Massat
Saurat
N.-D. de l'Izard
Sentein
Oust
Cominac
Seix
Rabat-les-Trois-Seigneurs
Pic de Crabère 2 630
Eylie
La Pucelle
Vallée de Bethmale
Ercé
Aulus-les-Bains
Trein d'Ustou
1 111
Col de Latrape
Vicdessos
Port d'Urets 2 512
Saleix
Auzat
Guzet-Neige
1 618
Cascade d'Ars
Goulier
Col d'Escots
Vallée de Marc
Marc
Garonne
ESPAGNE
A 64
E 80
D 626
D 622
D 820
D 635
D 10
D 627
D 628
D 14
D 919
D 817
D 119
D 15
D 117
D 618
D 72
D 17
D 18
D 8
D 32
St-Lizier Lieux traités
Luzenac Adresses et lieux dans les environs
Escosse Repères
0 5 10 km
A
B
1
2
3
4

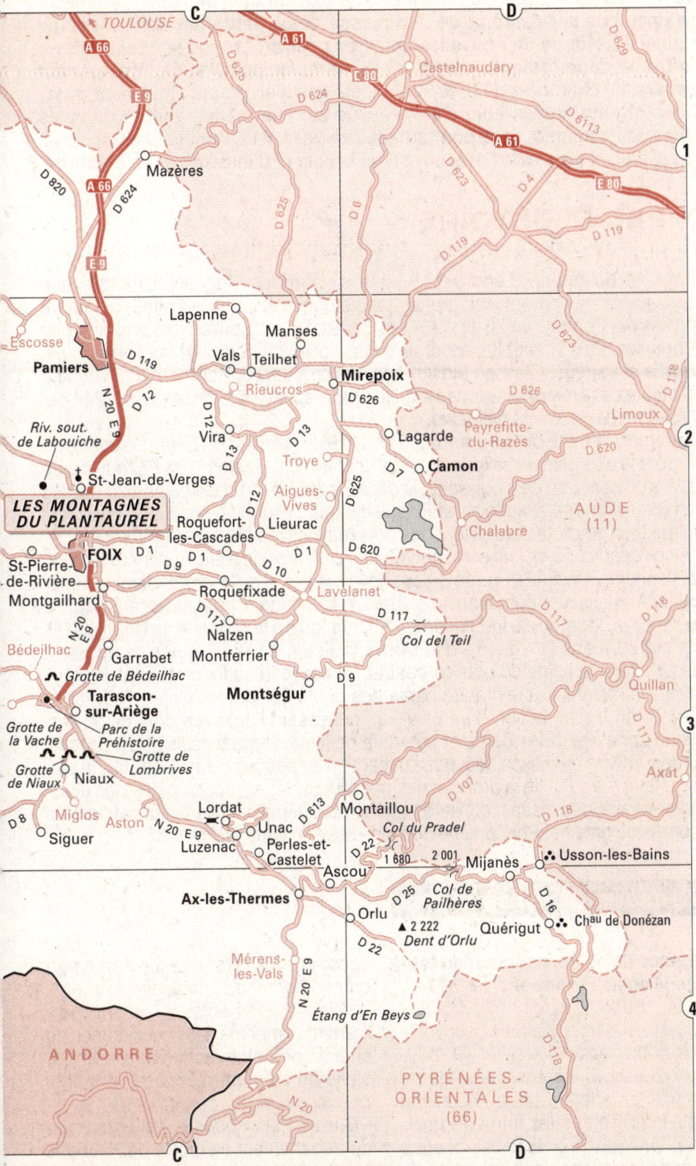
TOULOUSE
A 66
A 61
E 80
E 9
Castelnaudary
Mazères
Lapenne
Manses
Escosse
Pamiers
Vals
Teilhet
Mirepoix
Rieucros
Vira
Lagarde
Peyrefitte-du-Razès
Limoux
Riv. sout. de Labouiche
Troye
Camon
St-Jean-de-Verges
Aigues-Vives
LES MONTAGNES DU PLANTAUREL
Roquefort-les-Cascades
Lieurac
AUDE (11)
Chalabre
FOIX
St-Pierre-de-Rivière
Montgailhard
Roquefixade
Lavelanet
Col del Teil
Nalzen
Bédeilhac
Garrabet
Montferrier
Quillan
Grotte de Bédeilhac
Montségur
Tarascon-sur-Ariège
Grotte de la Vache
Parc de la Préhistoire
Grotte de Lombrives
Grotte de Niaux
Niaux
Axat
Montaillou
Lordat
Miglos
Aston
Unac
Col du Pradel
Siguer
Luzenac
Perles-et-Castelet
Usson-les-Bains
Ascou
Mijanès
Ax-les-Thermes
Col de Pailhères
Orlu
Querigut
Chau de Donézan
2 222
Dent d'Orlu
Mérens-les-Vals
Étang d'En Beys
ANDORRE
PYRÉNÉES-ORIENTALES (66)

L'ARIÈGE

Vous ne manquerez pas de rencontrer de plus en plus de jeunes Ariégeois convaincus de la beauté et de la richesse de ce petit coin de France, qui ont ainsi développé de nouvelles activités pour profiter de la qualité de vie qu'offre ce département : créateurs de parcs animaliers, de sites parlant d'histoire, de chambres d'hôtes, restos, ateliers d'artisanat... tous sont dynamiques et passionnés. Loin d'être repliée sur elle-même, ancrée dans les racines de l'humanité sans pour autant être passéiste, l'Ariège s'est tournée vers l'avenir, et pour cela fait preuve d'un bel esprit d'initiative et de créativité.

UN PEU D'HISTOIRE

Comme en beaucoup d'endroits, il y eut d'abord les Magdaléniens (puisque l'Ariège abrite de nombreuses grottes préhistoriques), puis les Celtes, qui furent colonisés par Pompée en 76 av. J.-C. Les traces de l'occupation romaine sont peu nombreuses. Puis vinrent les désormais classiques grandes invasions wisigothe, sarrasine et franque. C'est au Moyen Âge que se situa l'épisode le plus marquant de l'histoire de la région : l'épopée cathare, qui s'acheva à Montségur en 1244 par le massacre des derniers albigeois.
Entre-temps, le traité de Paris fut signé en 1229. En héritant du Béarn, le comté de Foix, dont le plus célèbre seigneur fut, de 1331 à 1391, Gaston III dit Phébus devint au XIVe s un petit État déjà puissant ; le pape Benoît XII en fut d'ailleurs issu. La très dure répression anti-albigeoise et l'Inquisition catholique favorisèrent cependant l'implantation du protestantisme, et les persécutions reprirent au XVIIe s.
Dans ces conditions, nul ne sera étonné que les Ariégeois aient vu dans le pouvoir royal l'ennemi principal et qu'ils soient devenus par la suite profondément républicains. Ainsi, ils s'opposèrent violemment à la monarchie de Juillet, à Guizot, le ministre de la bourgeoisie industrielle montante, puis à la politique de Napoléon III. C'est surtout dans la « guerre des Desmoiselles », en 1827, que s'exprimèrent cette révolte et la haine du pouvoir central. Le nouveau code forestier promulgué à Paris avait restreint une grande partie des droits des paysans dans l'utilisation de leur forêt. L'insurrection dura plusieurs années, et l'agitation près de 30 ans.
Lorsque apparurent des partis et courants politiques républicains et de gauche, l'Ariège y adhéra en masse, toujours en réaction au pouvoir central, identifié la plupart du temps à celui de la droite et des possédants. C'est pourquoi, de nos jours, la quasi-totalité des maires, conseillers généraux, députés et sénateurs appartient aux partis de gauche. Phénomène politique assez unique en France.

Adresses et infos utiles

ℹ *Agence de développement du tourisme Ariège-Pyrénées :* *BP 30143, 09004* ***Foix*** *Cedex. ☎ 05-61-02-30-70. • ariegepyrenees.com • Tte l'année, lun-ven 8h30-12h30, 13h30-18h (17h ven).* C'est aussi le siège de l'Association ariégeoise de l'hôtellerie de plein air. Toutes les infos pour sillonner l'Ariège à vélo : liste des loueurs, des manifestations, des grands cols ariégeois, etc. Possibilité de télécharger les carnets de route du tour de l'Ariège à vélo sur le site internet du comité départemental de tourisme.
– ***Randonnées :*** il existe un site spécifique sur la rando à pied avec parcours imprimables, *• ariegepyrenees-outdoor.com •*, ainsi qu'un site permettant d'imprimer les fiches étapes du chemin de Saint-Jacques-de-Compostelle du Piémont pyrénéen, *• ariege.com/cheminstjacques •*
– ***Carte « Réductions » :*** 7 sites majeurs du département (la grotte de Niaux, la grotte et le musée de la Préhistoire du Mas-d'Azil, les châteaux de Foix et de Montségur, le palais des Évêques à Saint-Lizier et les forges de Pyrène à Montgailhard) se sont regroupés et proposent une carte « Réductions » qui

permet d'obtenir des tarifs préférentiels sur les prix d'entrée à partir du 2e site visité. Carte distribuée sur les sites participants et chez les partenaires. Infos sur • grands-sites-ariege.fr •

■ ***Relais départemental des Gîtes de France :*** *Maison du tourisme, 2, bd du Sud, 09004* ***Foix.*** *☎ 05-61-02-30-89.* *• gites-de-france-ariege.com • Lun-jeu 8h-12h30, 13h30-17h30.*

FOIX

(09000) 9 780 hab. *Carte Ariège, C2*

◗ Pour le plan de Foix, se reporter au cahier couleur.

Préfecture de l'Ariège, dominée par un imposant château, Foix possède peu d'industries ; c'est avant tout une ville administrative et de services, une aimable bourgade commerçante pelotonnée au pied de son gros caillou appelé synclinal. Un tunnel, ouvert depuis décembre 2000, permet aux aficionados de la route d'Andorre d'éviter les encombrements de la ville.

GASTON PHOEBUS, LE PREMIER « ROI SOLEIL »

Gaston Phébus (Fébus ou Phoebus), comte de Foix, vicomte de Béarn, coseigneur d'Andorre et seigneur des Pyrénées, ne fut jamais roi. Pourtant, sa cour était la plus brillante de l'époque. Guerrier redoutable, chasseur émérite, bâtisseur visionnaire, il se prétendait « fils du soleil », et l'on peut dire que son charisme éclaira toute cette période troublée. Vassal du roi de France, il fit le choix stratégique de rester neutre et « autonome » pendant la guerre de Cent Ans et de ne prendre ainsi partie ni pour la France ni contre l'Angleterre, préférant faire commerce et fortune. Il logeait surtout à Orthez et ne fréquenta finalement qu'assez peu son château de Foix. Les principaux travaux effectués sont l'œuvre de son architecte Sicard de Lordat.

Adresses et infos utiles

i *Office de tourisme* *(plan couleur B2) :* *29, rue Delcassé. ☎ 05-61-65-12-12. • tourisme-foix-varilhes.fr • Juil-août, lun-sam 10h-19h ; dim 10h-12h30, 14h-18h. Le reste de l'année, lun-sam 9h-12h, 14h-18h ; ouv dim de Pâques, de Pentecôte et d'Ascension et 15-30 juin 10h-12h30, 14h-18h.* Équipe dynamique et bonne documentation (demandez le dépliant *Escapades en pays de Foix-Varilhes* pour la visite de la ville).

■ ***Central de résa ADTAP :*** *☎ 05-61-02-30-83.*

■ ***Association des gîtes ruraux de l'Ariège :*** *2, bd du Sud. ☎ 05-61-02-30-89.*

Gare SNCF *(plan couleur B1) : rue Pierre-Sémard. Rens : ☎ 0800-31-31-31 (appel gratuit depuis un fixe) ou 36-35 (0,34 €/mn).*

■ ***Location de voitures :*** ***Hertz,*** *route d'Espagne, ZA de Peysales. ☎ 05-61-65-15-99.*

■ ***Taxi Express :*** *☎ 05-61-02-86-50.*

– ***Marchés :*** *ven, pl. Saint-Volusien, allées de Villote et sous la halle aux grains. Également les j. de foire (1er, 3e et 5e lun du mois).* Volailles, charcuteries, mais aussi légumes, fleurs, miel, fromages.

– ***Marché artisanal :*** *allées de Villote, juil-août, mar-mer 10h-19h.*

P *Parkings :* *on trouve de nombreux parkings en ville, payants pour la plupart (certains gratuits le w-e). Celui de la gare, à 10 mn à pied du centre, est gratuit, de même que le parking de la Vigne, à 2 mn du centre, derrière le cimetière.*

■ **Toilettes publiques :** *sur les allées de Villote, face à la poste, ou dans le jardin public derrière l'office de tourisme.*

Où dormir ?

Camping

Camping du Lac *(hors plan couleur par B1,* ***1****) : quartier Labarre. ☎ 05-61-65-11-58. • camping-du-lac@wanadoo.fr • campingdulac.com • Accès : route de Toulouse (N 20). Ouv tte l'année. Compter 10-20 € en tente selon saison ; loc de bungalows toilés et mobile homes 315-574 €/sem. 135 empl. Réduc de 10 % sur présentation de ce guide.* Choisissez les emplacements les plus proches du lac, plus agréables et plus éloignés de la route, celle-ci étant très fréquentée. Tous sont ombragés. Nombreux équipements, dont un bar, un service de restauration et une épicerie (à 100 m). Piscine.

Bon marché

Foyer de vacances Léo Lagrange *(plan couleur A2,* ***2****) : 16, rue Noël-Peyrevidal. ☎ 05-61-65-09-04. • contact@leolagrange-foix.com • leolagrange-foix.com • Ouv tte l'année. Nuitée 22-24 €/pers selon nombre de lits ; studio 50 € pour 2. Formule 11 € et menu 14 € (le soir, slt pour les pensionnaires). Parking.* Centre fonctionnant un peu comme une AJ, accueillant beaucoup de groupes de randonneurs, en particulier l'été. Situé en plein centre-ville, dans 2 corps de bâtiments distants d'une dizaine de mètres. 25 chambres de 1 à 5 lits, les unes avec douche et w-c, rénovées récemment, et certaines avec une belle vue sur le château. Quelques studios équipés avec kitchenette, salle de bains et TV. Le tout propre et fonctionnel. Chauffage. Cuisine à disposition dans un des 2 bâtiments. Service de restauration. Accueil sympa.

De prix moyens à chic

Hôtel Lons *(plan couleur B1,* ***3****) : 6, pl. Duthil. ☎ 05-34-09-28-00. • hotel-lons-foix@wanadoo.fr • hotel-lons-foix.com • Dans la vieille ville, à deux pas du Pont-Vieux. Resto fermé sam midi. Doubles 62-90 €. Formule déj en sem 13,80 € ; menus 18 € (avec buffet et cassoulet ariégeois)-35 €. Réduc de 10 % sur le prix de la chambre nov-mars sur présentation de ce guide.* Le charme désuet (voire vieillot) de l'hôtel classique de province. Chambres tout à la fois banales et confortables. Les nos 202, 213 et 302 sont les plus spacieuses, les autres étant un peu étroites. Cuisine régionale classique : foie gras, magret de canard, cassoulet au confit, truite... À noter, le petit déj-buffet, servi dans une salle aux baies vitrées donnant sur l'Ariège. Excellent accueil. Parfait pour une étape !

Hôtel du Lac *(hors plan couleur par B1,* ***5****) : Labarre, route de Toulouse. ☎ 05-61-65-17-17. • contact@hoteldulac-foix.fr • hoteldulac-foix.fr • À 1,5 km du centre-ville. Resto le soir slt, tlj sf dim. Doubles 69-85 €. Menus 24-29 € ; carte 30-33 €. Parking. Apéritif maison offert sur présentation de ce guide.* En bord de lac (à côté du *Campanile* et de la base de loisirs), une ancienne bergerie du XVIe s transformée en hôtel. Chambres lumineuses, largement ouvertes sur la nature. Certaines ont vue sur le lac. 10 petits chalets confortables (avec coin cuisine) ont envahi le jardin et, il faut l'avouer, gâtent un peu le décor. Au resto, bonne cuisine régionale (foie gras, azinat, chou farci...) servie dans un cadre plaisant avec cheminée, murs en pierre sèche et baie vitrée ouverte sur le jardin. Accueil chaleureux.

Hôtel Pyrène *(hors plan couleur par B2,* ***4****) : rue Serge-Denis. ☎ 05-61-65-48-66. • hotel.pyrene@wanadoo.fr • hotelpyrene.com • À moins de 2 km vers le sud en direction de l'Andorre, puis de Soula. Ouv de mars à mi-nov. Doubles 58-70 € ; familiales 73-90 € selon saison. Parking gratuit.* Cet hôtel, à la sortie de la ville, à l'orée de la zone industrielle (mais entouré de verdure), s'avère beaucoup plus accueillant que sa triste façade ne le laisse présager. Les chambres sont claires, parquetées et avec TV. Les nos 6, 10, 20 et 21 sont les plus grandes. Piscine, tennis et jardin. Bon accueil.

Où manger ?

De prix moyens à chic

🍽 **Le Médiéval** *(plan couleur A1, **12**)* **:** *42, rue des Chapeliers. ☎ 05-34-09-01-72. Tlj sf dim soir, lun et le midi des j. fériés. Formule déj en sem 16 € ; carte 30-35 €.* Un accueil et un service timides mais souriants, un cadre sobre et agréable, une cuisine de terroir qui s'autorise quelques échappées vers le bord de mer ou quelque contrée lointaine... Le resto fait le plein le midi avec sa formule gourmande servie à un prix attractif. Le soir, l'atmosphère est plus feutrée, plus intime. Bref, il était une fois, dans la ville de Foix, une bonne table, d'un excellent rapport qualité-prix.

🍽 **Le Phœbus** *(plan couleur B1, **13**)* **:** *3, cours Irénée-Cros. ☎ 05-61-65-10-42. Tlj sf lun, sam midi et dim soir. Congés : de mi-juil à mi-août. Formule déj en sem 19 € ; menus 29-85 €.* La terrasse couverte donne sur le château de Foix, illuminé chaque soir. Une cuisine inventive et un service impeccable. Belle carte de foies gras et d'audacieuses combinaisons.

🍽 Voir aussi le restaurant de l'***Hôtel Lons*** *(plan couleur B1, **3**)* et celui de l'***Hôtel du Lac*** *(hors plan couleur par B1, **5**)*, dans la rubrique « Où dormir ? ».

Où dormir ? Où manger dans les environs ?

Camping

⛺ ***Camping La Barguillère :*** *au hameau de La Mouline, 09000* ***Serres-sur-Arget.*** *☎ 05-61-65-22-87 ou 05-61-65-16-21 (mairie). • camping@serres-sur-arget.fr • Accès par la D 117. Ouv mars-oct. Compter 7 € pour 2 en tente. CB refusées. 40 empl.* Petit camping familial très accueillant, en bord de rivière et largement ombragé. Piscine ouverte l'été *(gratuite pour les campeurs).* Terrains de tennis et de basket. Possibilité de randos dans la vallée. Boulangerie à 1 km. Piscine.

Prix moyens

🏠 🍽 ***Auberge de la Barguillère :*** *18, lieu-dit Le Pont, 09000* ***Saint-Pierre-de-Rivière.*** *☎ 05-61-65-14-02. • contact@barguillere.fr • barguillere.fr • ♿ (resto). À 5 km de Foix par la D 17. Resto fermé dim (tte l'année), plus le midi lun-mer hors saison. Congés : janv. Doubles 56-69 € selon saison ; familiales 75-85 €. Menus 14 € (midi en sem), puis 23-28 € ; carte 30-35 €. Wi-fi Apéritif maison offert sur présentation de ce guide.* De cette auberge d'apparence banale, la pimpante et souriante Anne a fait une étape accueillante et chaleureuse. Son petit resto fait le plein chaque midi quand le petit menu fait le bonheur des ouvriers du coin, des employés du Parc ou des randonneurs affamés. Sa passion pour l'Italie, l'huile d'olive et les vins de pays répond à son goût pour les choses délicieusement simples et simplement évidentes. Avec l'aide de son chef sicilien, elle donne aux meilleurs produits du terroir ariégeois un bon goût de soleil. Une dizaine de chambres à l'étage, récemment rénovées (et dotées d'une nouvelle literie), fraîches et confortables, certaines avec TV. Les clients de l'hôtel peuvent profiter du petit jardin aménagé à l'arrière de la maison. Une bien jolie étape aux portes de Foix.

À voir

Le château des comtes de Foix *(plan couleur A1-2)* **:** *☎ 05-34-09-83-83. • grands-sites-ariege.fr • Oct-avr, tlj sf mar (tlj pdt les vac scol, slt w-e janv) 10h30-12h, 14h-17h30 ; mai-sept, tlj 14h-18h. Fermé 1er janv, 1er ven de sept (à l'occasion*

FOIX ET SES ENVIRONS

de la fête locale) et 25 déc. Visites guidées gratuites tte l'année, presque ttes les heures mai-sept (ttes les 30 mn l'ap-m juil-août). Entrée : 5,60 € ; 13-18 ans 3,80 € ; 5-12 ans 3 € ; pass famille (2 parents et 2 enfants) 15,90 €. Un dépliant-jeu est distribué pour agrémenter la visite des enfants.

Probablement construit dans le courant du Xe s, le château de Foix est un château de défense bâti sur un roc calcaire. Il ne connut jamais de défaite et fut surtout le symbole de la puissance d'un comté farouchement indépendant, qui fut rattaché à la couronne de France par son dernier comte, Henri III de Navarre – qui allait devenir Henri IV. Les trois tours datent d'époques différentes. La plus petite, carrée, est la plus ancienne ; puis vient la tour du milieu, la plus grosse, également carrée, et enfin la tour ronde, la plus belle, datant du milieu du XVe s. En fait, les comtes n'habitèrent plus le château à partir du XIVe s et préférèrent séjourner ponctuellement à Mazères, où ils possédaient une superbe demeure, puis définitivement à Orthez et à Pau au XIVe s. Après avoir servi de dépôt d'archives, il fut utilisé comme prison politique et civile jusqu'en 1862. Dans les salles de la tour ronde, on retrouve encore des graffitis et des inscriptions gravées dans la pierre par d'anciens prisonniers politiques. L'un d'eux réussit à s'évader par les latrines. La légende raconte que la « folle des Pyrénées », une femme solitaire qui vivait avec un ours dans les forêts de Suc et Sentenac, mourut dans l'escalier, n'ayant pas eu le droit de partager la cellule des hommes.

Le château abrite aujourd'hui les collections médiévales du musée départemental de l'Ariège, soit un certain nombre d'armes, et même le lit d'Henri IV. Expos temporaires, dont une, plus pérenne, sur l'art de la construction.

Petite précision : depuis le centre, vous vous rendrez vite compte qu'il est impossible de voir le château dans son entier (et souvent même de le voir tout court !). En fait, il vous faudra traverser l'Ariège et vous rendre tout près du resto *Le Phoebus (plan couleur B1,* ***13****)* : pour la carte postale, c'est là ! Il existe plusieurs autres points de vue, mais celui-ci est le plus central.

L'abbatiale Saint-Volusien *(plan couleur A-B1)* **:** *au pied du château. Visites guidées gratuites en juil-août, lun-sam (sf j. fériés) 14h-18h. Brochure gratuite.* Édifiée en partie au XIIe s par le comte de Foix Roger II, remaniée à l'époque gothique, démolie lors des guerres de Religion, reconstruite au XVIIe s. La légende rapporte que saint Volusien, évêque de Tours, fut décapité près de Foix. De l'époque romane, il reste une partie du transept, la base du mur et le portail côté halle. Énorme clocher jamais achevé. À l'intérieur, grande nef de 20 m de haut. Magnifiques stalles du XVIIe s en demi-cercle, sculptées à l'origine pour la basilique Saint-Sernin de Toulouse. L'orgue date lui du XIXe s. En juillet-août, concerts gratuits tous les vendredis à 11h30, pendant le marché.

Promenade dans la vieille ville : ne pas manquer, à deux pas de l'église, au 37, rue du Rival, une superbe porte sculptée de 1617. Au 1, rue de la Préfecture, *maison des Cariatides* à la façade ornée de colonnes (et cariatides au dernier étage). Rue des Chapeliers, au n° 30, *maison en pierre de M. de Tréville,* capitaine des mousquetaires de Louis XIII. Place Parmentier, quelques *demeures à colombages,* mais les plus jolies sont situées au 18, rue de Lafaurie, et 36, rue de Labistour (dans le prolongement de la précédente ; porte en accolade en bois). Elle débouche sur la ravissante *fontaine de l'Oie,* ornée d'un splendide volatile de bronze. Au 3, rue du Mercadal, maison en double encorbellement. Ne pas manquer, rue des Grands-Ducs, les *pontils,* passages couverts qui réunissaient les maisons par-dessus la rue. À l'entrée du centre historique, jolie place de la *halle aux grains* au style 1900, squattée par des terrasses de café.

Fête et manifestations

– ***Visites aux flambeaux de la ville :*** *en juil-août, mar et jeu à 21h30.*
– ***Festival Résistances :*** *début juil. • festival-resistances.fr •* Plus de 100 films, débats, rencontres avec les réalisateurs sur les résistances à l'oppression sous

toutes ses formes (économique, politique...). À 22h, séance gratuite, en plein air, généralement à la halle Saint-Volusien.
- ***Festival Trad'estiu :*** *un w-e pdt la 2de quinzaine de juil.* • *tradestiu.com* • Festival gratuit de musiques et danses traditionnelles occitanes.
- ***Festival de Jazz :*** *fin juil.* • *jazzfoix.com* •
- ***Festival Ingénieuse Afrique :*** *le 1er w-e d'août.* Expositions, animations diverses, marché africain et concerts gratuits.
- ***Histoire d'Oc – Les Âmes cathares :*** *la 1re quinzaine d'août.* ☎ *05-61-02-88-26.* • *foixterredhistoire.sitego.fr* • Spectacles son et lumière au château dans un petit théâtre en plein air (huit représentations environ).
- ***Fête locale :*** *le 1er w-e de sept.* Bals, fête foraine, retraite aux flambeaux, concerts et spectacles ; feu d'artifice au-dessus du château le vendredi précédant ce 1er week-end de septembre.

DANS LES ENVIRONS DE FOIX

Les forges de Pyrène : *à* ***Montgailhard*** *(09330).* ☎ *05-34-09-30-60 ou 05-61-05-10-10.* • *grands-sites-ariege.fr* • *À 3 km au sud de Foix sur la N 20. Juin et sept, lun-ven 10h-18h, w-e 10h-18h30 ; juil-août, tlj 10h-19h. Fermé en hiver (sf pdt les vac de Noël). Entrée : 8,20 € ; 13-18 ans 6,40 € ; 5-12 ans 4,90 € ; pass famille 24,50 €.*
Sur un site de 5 ha, présentation très scénique de quelque 120 métiers d'autrefois. D'abord un musée regroupant plus de 6 500 outils, des rabots du menuisier aux instruments de torture du dentiste. Ensuite, un grand parc avec des animations dans les granges (programme distribué à l'entrée) : forgeron, sabotier, fabricant de peignes en corne, boulanger (mai-septembre)...
Au cœur du site, vous pourrez voir en action le dernier martinetteur de l'ancienne forge de Montgailhard. Le maître forge attend. L'arpète tire sur une longue chaîne pendue au plafond d'un atelier aussi inquiétant qu'un cachot. Les matines sont un peu particulières : 320 kg de pression d'eau actionnent la roue à aubes qui entraîne l'arbre à cames, pour soulever en cadence le marteau : petite frappe de 50 t de pression, autour de laquelle, campé sur son siège balançoire, le maître forge, Philippe, virevolte avec la grâce d'une abeille, butinant un feu étrange. Et chacun de vibrer au diapason d'un métier aussi beau qu'une enclume.
Enfin, un parcours scénographique de 50 mn, *Les Âges de la vie,* suit de tableau en tableau le récit de Baptistou, un vieil homme retraçant au fil de ses souvenirs l'évolution de la vie en Ariège au cours du XXe s.
Nombreuses animations tout au long de l'année, notamment le battage à l'ancienne en août, ou le Noël d'antan (voir le site internet). Aire de pique-nique au bord d'un plan d'eau, chenil gratuit.

La rivière souterraine de Labouiche : *à 6 km au nord de Foix, sur la route de Baulou, à* ***Vernajoul.*** ☎ *05-61-65-04-11.* • *labouiche.com* • *Avr-juin et sept, tlj 10h-11h, 14h-16h30 ; juil-août, tlj 9h30-17h15 ; d'oct à mi-nov, w-e, j. fériés et tlj sf lun pdt les vac scol 10h-11h, 14h-16h30. En hte saison, venir plutôt le mat. Conseillé d'arriver 30 mn avt le dernier bateau. Tarif : 9,80 € ; 2-12 ans 7,80 €.* Rivière souterraine découverte en 1908 et explorée par Norbert Casteret en 1935. Véritable réseau souterrain, avec cinq niveaux de galeries, des affluents, des avens, des siphons, deux cascades. La visite commence à 60 m sous terre, en barque, sur une longueur de 1 500 m. Deux changements de bateau pendant la visite (1h15). Belle galerie des lustres, en contrepoint d'une galerie noire commémorant le travail remarquable des spéléologues du lieu.

➢ ***Voie verte :*** entre Foix et Saint-Girons, soit 40 km aménagés le long de l'ancienne voie ferrée. Pour les randonneurs, les cyclistes et mêmes les poussettes. Départ à Vernajoul, près de la rivière souterraine de Labouiche.

L'église de Saint-Jean-de-Verges *(09000) : sur la N 20 en direction de Pamiers. Ouv pour les (rares) offices.* Construite au XIIe s. Sûrement la plus jolie église romane d'Ariège. Architecture parfaite de simplicité. Ravissants chapiteaux côté cimetière. En 1229, le comte de Foix, Roger-Bernard II, y a fait soumission à l'Église catholique et au roi. L'Inquisition pouvait alors lancer sa croisade contre les cathares.

Montégut-Plantaurel *(09120) :* sculpture monumentale d'Amnesty International créée par Christian Louis. Carré de béton avec 12 murs formant un cercle dans le carré. Le centre est matérialisé par une sphère. Sur chaque mur sont disposées des plaques. Sur chacune figure le prénom d'un prisonnier d'opinion. Lorsqu'un prisonnier est libéré, sa plaque est retirée et remplacée par une nouvelle identité. La sculpture est évolutive. Quand il n'y aura plus de prisonniers (dans un avenir, hélas, lointain...), la sphère centrale sera reconstituée.
– Sur la commune, également un intéressant ***musée des Enfants du château de la Hille,*** à la bibliothèque municipale *(mer ap-m et sam mat, ou sur rdv auprès de la mairie au ☎ 05-61-05-35-83 ; entrée : 1 €).* Petit musée inauguré en souvenir des centaines d'enfants juifs venus d'Allemagne, d'Autriche, de France... qui furent cachés de 1941 à 1945 dans ce château grâce à l'action de la Croix-Rouge suisse.

LES MONTAGNES DU PLANTAUREL

LA BASTIDE-DE-SÉROU (09240) 905 hab. *Carte Ariège, B2*

Pour rejoindre la grotte du Mas-d'Azil depuis Foix, mieux vaut musarder par les départementales environnantes, avant de rejoindre, par la D 117, La Bastide-de-Sérou, petit village ayant conservé, sous la halle, d'anciennes mesures à grains.

Adresses utiles dans le coin

Office de tourisme de La Bastide-de-Sérou : *Côtes. ☎ 05-61-64-53-53. • tourisme-seronais.com • Tte l'année, lun-ven, plus sam mat en été.*

L'Échoppe du Séronais : *09240* **Castelnau-Durban.** *☎ 05-61-96-38-83. À env 6 km de La Bastide-de-Sérou, direction Saint-Girons. Juin-fin sept, tlj 10h-19h.* Boutique proposant des produits locaux, issus d'une vingtaine de producteurs du Séronais et de la région. Possibilité de constituer son panier pique-nique. Artisanat local également.

Où dormir dans les environs ?

Chambres d'hôtes La Ferme de Méras : *09240* **Nescus.** *☎ 05-61-64-50-66. • olivier.courtiade@orange.fr • Traverser Nescus puis repérer sur la droite le (petit) panneau « Méras ». Ouv tte l'année. Compter 60 € pour 2. Table d'hôtes sur résa 20 €.* Isolée, perchée à flanc de colline, la ferme d'Olivier Courthiade s'est spécialisée dans la traction animale. C'est d'ailleurs également une école des mulets. Mules, chevaux de trait, ici on travaille la terre à l'ancienne, sans tracteur. Dans la maison principale, face à l'étable, 4 chambres reçoivent les hôtes qui pourront apprécier les produits du cru ou d'ailleurs mitonnés par un passionné qui, dans une autre vie, aurait bien intégré une école hôtelière.

À faire

– ***École d'équitation et centre de randonnée Équizones :*** *à 500 m du centre du village. ☎ 05-61-64-62-11. 06-20-74-76-20. • equizones.com • Ouv tte l'année. Sur inscription et selon les plannings, promenades à cheval et à poney. Compter 40 € pour 2h ; balade à poney 14 € pour 30 mn. Stages à la ½ journée et à la journée.* Propose des stages et des randonnées à cheval, notamment à dos de mérens. C'est un des rares endroits où vous pourrez voir et monter ces chevaux de race locale : le cheval de Mérens, une race très ancienne (il ressemble beaucoup aux chevaux magdaléniens dessinés dans la grotte de Niaux, il y a plus de 13 000 ans) et qui s'est développée dans les hautes vallées de l'Ariège. Autrefois utilisé pour les petits travaux agricoles, l'équidé fait aujourd'hui un excellent compagnon de randonnée grâce à son endurance. Restaurant très correct sur place, avec une formule à prix très honnêtes le midi.

DANS LES ENVIRONS DE LA BASTIDE-DE-SÉROU

La ferme des Reptiles : *route d'Allières, au lieu-dit* ***Brouzenac.*** *☎ 05-61-65-82-13. • lafermedesreptiles.fr • De fév à mi-juin et de mi-sept à déc, w-e, j. fériés et tlj pdt les vac scol 14h-18h ; de mi-juin à mi-sept, tlj 10h-12h, 14h-19h. Entrée : 8 € ; 3-11 ans 5,50 € ; gratuit moins de 3 ans.* Toutes les visites sont commentées par des passionnés, qui assurent des démonstrations au public et expliquent les différents comportements des reptiles, leurs sens, leur alimentation, leur reproduction. Vraiment passionnant ! On peut y voir (de très près... et en toute sécurité) une centaine d'espèces, et plus de 200 animaux, du boa à l'iguane en passant par les caïmans et les tortues géantes. On y trouve même un serpent de 7 m... Brrr !

– ***Écogolf Ariège-Pyrénées :*** *à* ***Unjat.*** *☎ 05-61-64-56-78. • golf-ariege.com • Tte l'année.* Il est public, accessible à tous et un peu moins cher que les autres golfs. Parcours original et agréable (un de 18 trous et un pour l'initiation, de 9 trous). Baptêmes tous les soirs en été, cours particuliers. Resto sur place.

➢ Pour les randonneurs et les cyclistes, une ***voie verte,*** soit un parcours balisé de 40 km, a été aménagée entre Foix et Saint-Girons. Elle suit le tracé de l'ancienne voie ferrée, empruntant ses ponts et ouvrages d'art. *Rens : ☎ 05-61-64-53-53.*

L'écomusée d'Alzen : *Vidalac, 09240* ***Alzen.*** *☎ 05-61-01-12-49. • ecomuseealzen.fr • À 10 km au sud de La Bastide-de-Sérou. Juin et sept-nov, w-e, j. fériés et tlj pdt les vac scol 10h30-18h ; juil-août, tlj 10h30-18h30. Entrée (valable 1 an) : 5,50 € ; 4-14 ans 2,50 €.* Visite d'une ferme traditionnelle, celle d'Albert et Sidonie, maintenue en activité par une association. Le temps semble s'être figé dans les années 1950. D'ailleurs, dans la maison, rien n'a changé depuis. Dans les étables et les écuries, on peut voir de nombreuses races locales : vaches (casta), brebis (castillonnaise du Couserans), cochon (la bise à Noisette, un bon gros noir de Gascogne !), poules (visez donc le poulailler 3 étoiles !)... Et sinon, jeux, expositions diverses, visites guidées, ateliers et animations. Le programme change tous les jours : traite des vaches ou des chèvres, cueillette, fabrication du pain, balade à l'estive, soirées contes en été... Une bonne excuse pour venir et revenir...
|●| Pour qui ferme rime avec bedaine, assiette de produits fermiers et bio à déguster le temps d'un déjeuner ou d'un goûter à la ***table paysanne*** *(juil-août, le midi slt ; carte 10-15 €).* Jolie terrasse.

L'abbaye Saint-Laurent de Combelongue : *à* ***Rimont.*** *06-07-99-35-82. • abbayedecombelongue.fr • Juil-sept, tlj 15h-18h ; le reste de l'année, sur rdv. Visites guidées à 15h, 16h et 17h. Entrée : 3 €.* Installée au creux d'un vallon, cette abbaye de style mudéjar, probablement fondée en 1138 et entièrement bâtie en brique, est un des rares exemples ariégeois de l'influence du style arabe sur les constructions de l'Occident. Fortement endommagée durant les guerres de Religion, elle était à l'origine deux fois plus grande. Le chevet de l'abbatiale mêle art roman et influences espagnoles, tout comme les chapiteaux et autres vestiges du cloître aujourd'hui détruit. À l'extérieur, les jardins – médiéval, Renaissance italien et à la française – revisitent les époques. Ils ont obtenu le classement « Jardin remarquable ». L'abbaye étant privée, on peut aussi y dormir *(compter 60 € pour 2, petit déj inclus).* À voir à proximité, un ancien moulin.

LE MAS-D'AZIL

(09290) 1 210 hab. *Carte Ariège, B2*

Ancienne bastide (1286) qui se fortifia et épousa au XVIe s le protestantisme. On prétend que Calvin vint y prêcher et y séjourna quelque temps. La célèbre grotte fut également fortifiée en prévision de l'attaque des troupes royales. En 1625, une énorme armée de 14 000 soldats fit le siège du Mas-d'Azil et de ses 1 000 protestants. Le village résista 5 semaines, et le siège fut levé. Plus tard, Richelieu fit abattre toutes les fortifications.

Adresse et infos utiles

Office de tourisme : *11, pl. du Champ-de-Mars. ☎ 05-61-69-99-90. • tourisme-arize-leze.com • Fin avr-sept, tlj ; le reste de l'année, fermé w-e.* Personnel aimable et très coopératif.

– ***Marché :*** *mer mat.*

– ***Marchés nocturnes :*** *à* ***Daumazan-sur-Arize,*** *à 13 km du Mas-d'Azil. Juil-août, lun 18h-22h.*

Où dormir ?

Camping Le Petit Pyrénéen : *lieu-dit Castagnès. ☎ 05-61-69-71-37. 07-87-06-12-72. • contact@campinglepetitpyreneen.com • campinglepetitpyreneen.com • À la sortie du Mas-d'Azil direction Sabarat. Ouv avr-Toussaint. Compter 14,60-18 € en tente pour 2 selon saison ; loc de chalets et mobile homes 220-647 €/sem. Réduc de 20 % à partir de 7 nuits pour une résa avt le 1er mars 2015 (camping et loc). 60 empl.* En contrebas de la route, au bord de la rivière, un camping familial partiellement ombragé. Ping-pong. Accueil sympa. Piscine.

Où manger dans les environs ?

La Tomate du Jardin : *1, pl. de l'Église, 09350* ***Daumazan-sur-Arize.*** *☎ 05-81-30-40-03. • latomatedujardin09@gmail.com • À 13 km du Mas-d'Azil par la D 419 puis la D 628. De mi-fév à mai, ouv le midi jeu-dim, plus le soir ven-sam ; mai-juin et de sept à mi-nov, jeu-dim ; juil-août, tlj sf mer. Fermé le reste de l'année. Résa quasi obligatoire. Le midi en sem, formule et menu env 12,50-14,50 € ; ardoise env 25-40 €.* À deux pas de l'église, dans l'ancien presbytère, un joli resto, aussi bio que bon. Les jeunes patrons (elle en cuisine et lui en salle) ont eu vite fait de séduire la clientèle locale, et il faut parfois se battre pour décrocher une table car le bouche à oreille ayant fait son œuvre, on vient de loin pour goûter à cette cuisine fraîche et créative. Ils mettent un malin plaisir à ne proposer que des produits bio, locaux et de saison ; de bons produits du cru, des produits paysans ! Et la carte se déroule ainsi sur l'ardoise en toute amitié : chèvre frais (de chez Nicole) en millefeuille, miel (du voisin) et piment d'Espelette (qui vient d'un peu plus loin), salade du jardin ; bœuf (de chez Renate) aux petits pois, cannelle et poivre vert... Et pourquoi ne pas arroser tout cela d'un petit chardonnay bien frais de Carla-Bayle, la bastide voisine ? À déguster au jardin, sur une jolie terrasse rouge tomate ! Un rapport qualité-prix remarquable, un vrai coup de cœur...

À voir

La grotte du Mas-d'Azil : *☎ 05-61-69-97-71. • grands-sites-ariege.fr • Fév-mars et nov-déc, tlj sf lun hors vac scol 10h-12h30, 13h30-18h ; avr-juin et sept-oct, tlj 10h-12h30, 13h30-18h45 ; juil-août, tlj 10h-20h. Fermé 25 déc et en janv. Entrée : 8 € (incluant la visite du musée de la Préhistoire) ; 13-18 ans 5 € ; 5-12 ans 4 € ; pass famille 22,60 €.*
L'un des plus importants sites préhistoriques de la région Midi-Pyrénées, et la seule caverne d'Europe que l'on traverse en voiture. En effet, sur 420 m, la route (D 119) y suit le cours de l'Arize. Cette dernière, butant contre la paroi de la falaise pendant quelques dizaines de milliers d'années, la tarauda et l'infiltra pour finir par provoquer cet impressionnant effondrement. L'entrée mesure 80 m de haut et 70 m de large. Dans cet immense abri naturel se réfugièrent d'abord des ours, puis les Aurignaciens (30 000 ans av. J.-C.) et les Magdaléniens (13 000 ans av. J.-C.). À la fin de la période de glaciation, la grotte donna même son nom à la civilisation azilienne, dont le musée du Mas-d'Azil présente de nombreux témoignages. La grotte fut un haut lieu de résistance pour les huguenots au moment du siège du Mas-d'Azil par les armées royales de Richelieu.
Après plusieurs années de travaux, la grotte a rouvert ses portes en 2013. Nouvelle muséographie et remarquable mise en lumière. Également un espace muséographique qui présente la principale galerie ornée de la grotte.

Le musée de la Préhistoire : *pl. de l'Église. ☎ 05-61-69-97-22 ou 05-61-05-10-10. • grands-sites-ariege.fr • Juil-août, tlj 11h-12h30, 14h-19h. Le reste de l'année, tlj sf lun et j. fériés hors vac scol, 14h-18h. Fermé 25 déc et 1er janv. Entrée : 4 € ; entrée gratuite avec le billet de la grotte.* Le musée présente une collection d'armes, d'outils et d'objets d'art mobilier sculptés et gravés. On y voit le célèbre « faon aux oiseaux » propulseur de sagaies, pièce remarquable de l'art magdalénien. Nouvelle présentation des gravures et des peintures des galeries ornées de la grotte. Ouverture d'une salle présentant la civilisation azilienne, également le crâne dit « de Magda ». Découverte chronologique des objets retrouvés dans la grotte.

L'Affabuloscope : *rue de l'Usine. ☎ 05-61-69-72-10. • affabuloscope.fr • Juil-août, tlj 14h-19h ; le reste de l'année, tlj sf mar 14h-19h (18h oct-avr). Entrée : 5 € ; réduc ; gratuit moins de 6 ans.*
Son créateur, Claudius de Cap Blanc, le définit comme un espace d'art métahistorique, une fabrique d'histoires. La métahistoire... jamais entendu parler ? Normal, c'est un concept inventé par ce poète, philosophe habile de ses mains, qui s'ingénie à « faire exister ce qui dans l'histoire a oublié d'être »... En bref, il invente des inventeurs qui inventent des machines qui n'ont jamais été inventées et qui, selon lui, méritent de l'être « pour que soient comblées les lacunes de l'histoire »... le tout avec beaucoup d'humour, un sens de l'esthétique et de l'absurde, et quelques doses de subversion.
Chacun trouvera son bonheur parmi ces curieuses créations – par exemple la machine à tourner en rond, celles à verser dans le tragique ou encore à retourner sa veste, le sèche-larmes, le retardateur d'échéance, le pèse-mot, la prothèse à sourire, le frein à dépense et son contraire, la machine à creuser les déficits...

À voir aussi, la série des judas portatifs qu'aurait inventés Georges Planchet, et qui firent fureur dans le Paris de la seconde moitié du XIXe s. Pratique pour voir sans être vu en toute circonstance... Un troisième niveau (500 m²) a ouvert et propose un travail fouillé sur « le signe de la vulve », de la période paléolithique à aujourd'hui. Étonnant ! Autre curiosité : si le maître des lieux est bien luné, demandez-lui de vous prêter la clé du « saint des seins », une petite expo nichée dans un recoin, porte cadenassée (et où les enfants ne sont pas conviés).

L'église Saint-Étienne : très curieux clocher à bulbes du XVIIIe s. Tout autour, belle halle.

L'atelier du souffleur de verre : *av. de la Grotte, à la sortie du village, avt l'entrée de la grotte du Mas-d'Azil. ☎ 05-61-69-71-27. • kirzdorf.com • En saison, tlj 14h-18h30 ; le reste de l'année, se renseigner.* Carafes, verres, flacons à parfum, objets de décoration... Toutes les pièces sont soufflées et façonnées sous vos yeux.

Aux Grès de Marie et Laurence Thomas : *8, av. de la Grotte. ☎ 05-61-68-24-72. • mariedesbrosses.com • Vac scol de Pâques-déc, tlj 10h-12h30, 14h30-18h (19h juil-août) ; Noël-Pâques, sur rdv.* Deux céramistes d'art exposent sculptures, pièces utilitaires et décoratives en grès, porcelaine...

Xploria – La Forêt à explorer le temps : *à la sortie du Mas-d'Azil, au lieu-dit Castagnès, route de Sabarat. ☎ 05-61-60-03-69. • xploria.com • De mi-mars à juin et de sept à mi-nov, tlj sf lun 10h-17h30 ; juil-août, tlj 10h-19h. Tarifs : 8,90 € ; 6,90 € moins de 12 ans ; pass famille 24,90 €.* Un parcours aménagé dans la forêt de Castagnès, pour partir à la découverte du monde du vivant, de l'origine des temps jusqu'à aujourd'hui... et même demain. Illustrations géantes, véritables fossiles, maquettes tactiles, animaux grandeur nature, plage d'empreintes, ateliers de fouilles paléontologiques, animations, etc. Aire de pique-nique, aire de jeux pour les enfants.

À faire

– ***Saut à l'élastique :*** *rens et résas au ☎ 05-61-74-64-00 ou 06-78-90-21-69. • elasticjump.com • Juin-début oct, le w-e sur résa (ou en sem pour les groupes). Compter 65-70 €/pers.* Sensations fortes garanties dans un cadre naturel exceptionnel (saut de 70 m du haut de la grotte du Mas-d'Azil au-dessus de la rivière) !

Fêtes

– ***Fête locale :*** *le 1er w-e de sept.* Spectacles musicaux, animations nocturnes...
– ***Fête de la Figue :*** *le 1er w-e d'oct.*

DANS LES ENVIRONS DU MAS-D'AZIL

Le dolmen du Cap del Pouech : *à 2 km à l'ouest.* Au sommet d'une colline. L'un des rares dolmens pyrénéens bien conservés, qui daterait de 2000 av. J.-C. Une randonnée pédestre permet de découvrir deux autres dolmens (infos à l'office de tourisme).

L'église de Raynaude et son chemin de croix : *à 1 km au sud sur la D 119.* Très belle vue depuis la route. Un christ en majesté annonce l'église, consacrée en 1895. Au-dessus, un étonnant chemin de croix égrène ses chapelles à flanc de colline. Des *orris* de spiritualité qui mettent en scène la mort du Christ.

À 9 km du Mas-d'Azil, nos lecteurs frileux peuvent aller visiter ***Mohair Pyrénées*** : *aux Moulis, sur la commune de* ***Camarade*** *(bien signalé de la route, toujours la D 15). ☎ 05-61-69-91-59. • mohair-pyrenees.com • Pdt les vac scol, tlj ; le reste de l'année, ven-dim. Visites guidées à 15h et 17h. Tarif : 4 € ; enfants 2 €. Expo-vente 15h-19h.* Belle production de mohair à tricoter, pulls, couvertures, vannerie paysanne, etc. Ferme intéressante à visiter et chèvres douces à câliner, le tout dans un bel environnement. Petit film sur la transformation du mohair. Un parc d'ânes et de boucs juste en face. Parfait pour les petits comme pour les grands. Stage de vannerie paysanne hors saison et gîte « Accueil paysan ».

L'observatoire de Sabarat : *en surplomb de* ***Sabarat,*** *le prochain village sur la D 119. ☎ 05-61-69-67-90 ou 05-61-60-20-10. • observatoire-sabarat.com • Soirées publiques juil-août, ven à 21h ; le reste de l'année, 1 sam/mois à 20h30. Compter env 5 € ; enfants 3 € ; gratuit moins de 12 ans.* Si le diamètre du soleil était égal à celui de la coupole de l'observatoire, le système solaire mesurerait 20 km de long, ce qui placerait Neptune au niveau de Montesquieu-Volvestre (ça fait moins science-fiction dit comme ça...). On a alors installé sur le parcours qui mène à Neptune-Volvestre un panneau explicatif au niveau de chaque « planète ». 20 km pour traverser le système solaire, c'est court. M'enfin, si la coupole faisait le même diamètre qu'une tête d'épingle, on serait plus vite arrivé...

Montbrun-Bocage *(31310)* : *à 1 km de la « frontière » de l'Ariège.* Petit village bien intéressant et peu connu. On est accueilli par un château en ruine. Vieille halle avec une belle charpente. L'église retient l'intérêt pour son clocher-mur à quatre baies, mais surtout pour ses admirables fresques médiévales. Une vraie B.D.
Dans les environs proches, les syndicalistes feront le détour par *Camarade* (sur la D 15, de Mérigon au Mas-d'Azil).

SAINTE-CROIX-VOLVESTRE *(09230)*

Un havre de paix et de repos, la forêt de Sainte-Croix ! Prendre la D 235 ; 1 km plus loin, route forestière qu'il faut suivre jusqu'à un rond-point aménagé. Accès à la sapinière par un sentier. Dans le village, petit marché le mercredi matin.

Où dormir ?

Chambres d'hôtes Maison du Bout du Pont : *chez Josette Péré. ☎ 05-61-66-73-73. • maisonboutdupont.free.fr • Compter 65 € pour 2.* Belle maison située à la sortie du village, avec un joli jardin fleuri et arboré que côtoie un potager soigné et une miniferme avec ânes, agneaux, poules et coqs. Les chambres, confortables et meublées à l'ancienne, dégagent l'atmosphère surannée des vénérables pensions de famille. Aux murs, de nombreux tableaux peints par la maîtresse des lieux. Accueil d'une grande gentillesse. Une belle adresse !

Où dormir dans les environs ?

Maison d'hôtes Haras Picard du Sant : *Les Peyroutets, 09230* ***Lasserre.*** *☎ 05-61-66-65-34. • contact@merens-ariege.com • merens-ariege.com • Ouv tte l'année. Compter 55-65 € pour 2 selon saison. Également 2 gîtes.* Excellent confort : 3 chambres envahies de bouquins, toutes différentes. Dans l'une trône un lit en bambou, dans l'autre un home cinéma. La 3ᵉ, plus petite, reste pour autant bien agréable. L'activité principale étant l'élevage de chevaux de Mérens, possibilité bien sûr de monter. En été, vous pourrez aussi vivre une estive ; départ très tôt avec les bêtes et retour dans l'après-midi, avec pause casse-croûte dans les alpages *(sur résa ; participation pour le panier-repas).* Plein d'activités tout autour : randonnées à pied ou à cheval, tennis au village (et ski l'hiver). L'occasion aussi de découvrir la vie à la ferme et l'hospitalité ariégeoise véritable. En prime, de succulentes confitures maison au petit déj et la vente de produits (bio). On sait vivre, dans le coin !

Chambres d'hôtes Estivades de Peyre : *au lieu-dit Peyre, 09230* **Fabas.** *☎ 05-61-96-40-16. • rosina.de.peira@wanadoo.fr • ariege.com/les-estivades/gite • Situé entre Sainte-Croix et Fabas ; attention de ne pas louper la route qui part à droite, et pousser jusqu'au bout après la ferme. Fermé en hiver. Sur résa slt : n'oubliez pas de téléphoner avt ! Loc à la sem de préférence (604-1 595 € selon saison et capacité), mais possible à partir de 2 nuits selon disponibilités. Une tit' chanson en occitan offerte au départ sur présentation de ce guide !* C'est dans la maison de ses grands-parents que Rosina de Peira, tout aussi attachée à ses traditions occitanes, vous accueille gentiment. 2 corps de bâtiments rénovés, perchés en haut d'une colline, avec une vue magnifique sur la chaîne des Pyrénées. Piscine couverte et clôturée posée au milieu des prés.

CARLA-BAYLE *(09130)*

Pittoresque village sur l'arête d'une colline. Bastide médiévale puis citadelle huguenote, son patrimoine témoigne d'un passé prestigieux. Beau panorama sur la campagne environnante. Festival d'art contemporain en juillet et août, Rue des arts, au cours duquel de nombreux artistes et artisans d'art prennent leurs quartiers d'été au village et ouvrent leurs galeries au public (relâche le lundi).
Un temple, une église, et la ***maison Pierre-Bayle,*** qui retrace la vie et l'œuvre de ce philosophe né à Carla en 1647, l'un des plus grands penseurs du XVIIe s, précurseur du Siècle des lumières *(rens : ☎ 05-61-68-53-53 ; en été, mar-dim 10h30-12h30, 15h-19h ; le reste de l'année, lun, mer, sam et dim ap-m ; entrée : 2,50 €, réduc).*
Un ***parcours-aventure dans les arbres et des sentiers de découverte*** ont également été aménagés, dans un arboretum regroupant plus de 80 essences. *Rens :* ***Séquoia Vertigo,*** *☎ 05-61-68-51-51. 📱 06-70-67-38-84. • sequoia-vertigo.com • Ouv de mi-mars à nov slt : juil-août, tlj 10h-19h ; mai-juin, w-e, j. fériés et ponts 10h-18h30 ; le reste du temps, ouv pdt les vac scol, w-e et j. fériés 13h30-18h. Entrée arboretum 4,50 € ; parcours-aventure 19,50 € (entrée arboretum incluse) ; réduc.*

Où manger ?

Sabor Maïz : *sur la place du village. En été slt. Assiette env 5,50 €.* En principe, ils passent l'été au Carla-Bayle, mais peut-être ont-ils replié leur terrasse pour rejoindre quelque festival ? Il est sud-américain, elle est française. Tous 2 préparent des galettes de maïs fourrées, façon *quesillada,* au fromage des Pyrénées, ou garnies, façon *taco,* de viande et légumes bio de la région. À accompagner d'une salade variée, d'une citronnade, d'un vin bio ou d'une bière artisanale. Ils ne manquent pas d'idées pour allonger leur carte, alors, si vous tombez sur leur roulotte au hasard de la route, n'hésitez pas.

Auberge Pierre Bayle : *dans la rue principale. ☎ 05-61-60-63-95. • auberge.pierrebayle@orange.fr • ♿ Tlj sf lun en été ; hors saison, fermé lun, mar soir, mer soir et dim soir. Congés : janv. Menus 13,50 € (midi en sem), puis 27-48 € ; carte env 40 €.* Une table gourmande, réputée dans toute l'Ariège. Dans les mains habiles du chef, les produits locaux se parent d'épices et de saveurs lointaines : encornets farcis et *piquillos,* bouillon de cocos de Pamiers ou côte de veau fermier à la badiane et jus de réglisse, poire pochée au vin et poêlée de millas, glace au poivre ou chiboust de pomme caramélisée et macaron. À déguster dans une salle à manger des plus classique ou en terrasse couverte et panoramique.

LE FOSSAT (09130)

Là aussi, village-rue. Église fortifiée. Base en pierre avec porche ogival, le reste en brique. Galerie à mâchicoulis et deux puissantes tours. Halle en brique en face avec une série de maisons à arcades. À 4 km, l'*église Sainte-Suzanne* montre les stigmates des ravages huguenots.

SAINT-YBARS (09210)

Le plan de circulation infernal témoigne du plan de l'ancienne bastide (la première édifiée en comté de Foix, en 1241 !) : sur un promontoire, deux rues parallèles et cinq étroites et transversales (qui semblent toujours être en sens interdit !). Le village connut une certaine prospérité et garde quelques beaux vestiges de ce passé glorieux mais révolu. Beau panorama sur la vallée de la Lèze.

LÉZAT-SUR-LÈZE (09210)

Le dernier village du nord de l'Ariège. De l'importante abbaye bénédictine Saint-Pierre de Lézat (840), il ne reste qu'un bâtiment du XVIIIe s, devenu mairie. Dans la rue menant à l'*église Saint-Jean,* belles maisons à couverts en bois. L'église présente un clocher octogonal à flèche du XIVe s et un portail roman, vestige de la première église. À l'intérieur, fresques du XVIe s et surtout une ravissante *Mise au tombeau* du XVIe s au décor exquis. Étonnante série de lustres psychédéliques, qui semblent chercher nos têtes, comme une armée de bourdons d'acier.
Au nord de la ville, l'*ermitage* dédié à saint Antoine vaut également le détour (fléché). Posé sur les ruines de l'oratoire de l'ancienne abbaye, il trône au cœur d'un petit jardin abrité par des palmiers.

PAMIERS (09100) 15 450 hab. *Carte Ariège, C2*

À une vingtaine de kilomètres au nord de Foix (sur la N 20) et seulement 60 km au sud de Toulouse. Ville industrielle (usine métallurgique qui réalise, entre autres, des pièces pour l'A380 et l'A350), sous-préfecture et cité la plus peuplée d'Ariège. Ville natale du compositeur Gabriel Fauré (festival entre mai et octobre, concours international de piano en octobre) et de Théophile Delcassé, qui fut ministre des Affaires étrangères de 1898 à 1905 et l'artisan de l'Entente cordiale avec l'Angleterre. Le centre-ville est entouré de canaux datant de l'époque médiévale, mais Pamiers souffrit des guerres de Religion. De la plupart des églises, il ne reste guère que les clochers d'origine. La cathédrale et quelques monuments religieux ont tout de même été épargnés.

Adresse et info utiles

ℹ ***Office de tourisme :*** *bd Delcassé. ☎ 05-61-67-52-52. • pamierstourisme.com • Tte l'année, tlj sf dim (fermé sam ap-m oct-avr).* – ***Marché :*** *sam mat.* Beau marché.

LES MONTAGNES DU PLANTAUREL

Où dormir ? Où manger ?

Pour être honnête, la ville n'inspire guère au séjour...

Camping

Kawan Village L'Apamée : route de Saint-Girons. ☎ 05-61-60-09-09. 06-73-95-45-17. • v-a-p@orange.fr • vacance-ariege-pyrenees.com • Ouv avr-oct (10 janv-15 déc pour les loc). Compter 10-20 € pour 2 selon saison ; loc de bungalows toilés et mobile homes 190-711 €/sem selon saison ; loc de caravanes 119-203 €/sem. 100 empl. Réduc de 10 % sur présentation de ce guide. Un camping tout confort, ombragé, fleuri et au bord de l'eau, avec bar, snack, location de vélos... Le chemin de Saint-Jacques-de-Compostelle passe à proximité. Piscine.

De bon marché à prix moyens

Bistrot La Bascule : 1, pl. Milliane. ☎ 05-61-69-73-34. • la.bascule09@orange.fr • À l'entrée du centre-ville en venant de Toulouse. Tlj sf le soir dim-mar, plus mer soir hors saison. Congés : 2 sem mi-août. Le midi en sem, formule 13 € et menu 16 € ; autres menus 21-31 € ; carte env 25 €. Un bistrot moderne et sans cachet mais accueillant et ouvert sur une terrasse qui prend d'assaut la place. On s'y sustente de quelques plats honnêtes (magret, confit, entrecôte, belles salades...) servis avec des tagliatelles fraîches ou des frites maison. En spécialité, la star locale, les *cocos de Pamiers* (en fait, un genre de cassoulet). Accueil souriant ; en revanche, mieux vaut ne pas être pressé.

À voir. À faire

– ***Visites guidées*** gratuites de la ville le mercredi à 9h30 en juillet-août. Rendez-vous à l'office de tourisme. Et sinon, on peut visiter la ville en suivant les balises et panneaux du ***chemin de Saint-Jacques*** (voie du Piémont pyrénéen) qui la traverse. Le pupitre de départ est situé aux jardins de Saint-Jean, surplombant l'esplanade de Milliane et son panorama remarquable sur la ville.

La cathédrale Saint-Antonin : portail du XIIe s et magnifique clocher de type toulousain (XIVe s), avec baies en mitre et, en haut, une très jolie balustrade à colonnettes, pinacles et gargouilles au riche décor. Buffet d'orgue du XVIIIe s, classé. Carillon de 49 cloches (unique carillon de quatre octaves dans la région Midi-Pyrénées), que l'on peut entendre sonner le samedi (entre autres) de 11h à 12h.
À voir également autour de la cathédrale : ***Le Castella*** avec vue panoramique sur Pamiers, un buste de Gabriel Fauré, la ***porte de Nerviau,*** la ***tour de la Monnaie...***

L'église Notre-Dame-du-Camp : offre sa haute façade de brique, rescapée, elle aussi, des guerres de Religion. Portail remanié du XIIe s (classé), à façade fortifiée. À l'intérieur, diverses œuvres et objets classés : toiles, bas-relief, orgue de facture romantique.
Un peu plus loin, le ***clocher des Cordeliers,*** élevé en 1512.

L'église romane du Mas-Vieux *(site de Cailloup)* **:** un peu à l'extérieur de la ville. On ne peut pas la visiter, mais tout autour, 72 ha d'espaces verts où l'on peut découvrir un jardin médiéval, un verger conservatoire, un sentier de randonnée (pédestre, à VTT, à cheval), des parcours de course d'orientation, ainsi qu'une aire de pique-nique aménagée...

– ***Les canaux :*** inscrits à l'inventaire des Monuments historiques. Bel aménagement paysager qui permet une agréable promenade au fil de l'eau, jalonnée de panneaux. Pour les enfants (jusqu'à 12 ans), parcours gratuit de pêche à la truite d'avril à septembre *(mer et sam 14h-17h),* avec prêt de matériel possible (infos à l'office de tourisme).

– Et sinon, ***livret-jeu Graine d'historien*** à la découverte de la ville : un parcours ludique (pour les 8-11 ans) récompensé par un diplôme. Des panneaux historiques jalonnent le parcours. Livret disponible à l'office de tourisme ou sur leur site internet.

DANS LES ENVIRONS DE PAMIERS

MAZÈRES (09270)

À une vingtaine de kilomètres au nord de Pamiers. Site néolithique puis place forte protestante, Mazères est aujourd'hui un gros bourg de brique rouge semé de quelques maisons à colombages et planté d'une monumentale église. Agrandie au XIXe s après avoir été détruite durant les guerres de Religion, puis reconstruite quelques siècles plus tard, elle est flanquée d'une impressionnante halle en brique et bois bâtie en 1850. À voir également, un ancien couvent tout aussi imposant (aujourd'hui recyclé en salle des fêtes), et l'*hôtel Ardouin,* transformé en musée ouvert sur un jardin d'esprit Renaissance.
Office de tourisme : *rue Gaston-de-Foix. ☎ 05-61-69-31-02. • ville-mazeres.fr • 15 juin-31 août, tlj sf dim-lun.*
– ***Les Médiévales :*** *1er w-e d'août.* Le village remonte au temps de Gaston Phébus, originaire de Mazères. Animations, marché médiéval, artisans. Le samedi soir et le dimanche après-midi, près de 450 figurants costumés et 50 cavaliers envahissent les rues. Également des spectacles payants et un festin médiéval le dimanche soir.

LES MONTAGNES DU PLANTAUREL

À voir à Mazères et dans les environs

Le musée de Mazères : *rue Castellane. ☎ 05-61-60-24-62. • ville-mazeres.fr/musee-d-ardouin • Juin-sept, mer-sam 10h-12h, 15h-18h ; dim et j. fériés 15h-18h. Le reste de l'année, lun et mer-ven 10h-12h, 14h-17h ; sam 10h-12h ; visite guidée lun et mer-ven à 10h. Entrée : 5 € ; réduc ; gratuit moins de 12 ans.* Au cœur de la bastide de Mazères, l'hôtel d'Ardouin est un bel exemple de demeure pastelière. Construit en 1580, il abrite aujourd'hui un centre d'interprétation de la civilisation mérovingienne. Y sont regroupés les vestiges des deux nécropoles de Bénazet, mises au jour dans les années 1960, à 2 km de la ville. Avec 363 tombes wisigothes (Ve s) et mérovingiennes (VIe-VIIIe s), c'est l'un des plus importants sites funéraires du sud de la France. Une toute nouvelle scénographie sobre, moderne et efficace, mêlant audiovisuels, panneaux interactifs et vitrines « à l'ancienne », présente le résultat de ces fouilles (plus de 200 pièces originales !). Maquettes et reconstitutions complètent l'ensemble. Quelques salles consacrées à l'histoire de Mazères ; l'une d'elles évoque la culture du pastel, qui donna en son temps à la ville renommée et prospérité.

Le Domaine des Oiseaux : *route de Calmont. ☎ 05-61-69-12-97. 06-50-19-26-82. • ledomainedesoiseaux.com • Traverser Mazères puis prendre à gauche sur 2 km direction Calmont. Possibilité de visite guidée sur résa. GRATUIT.* Entrelacés sur 60 ha autour de trois étangs, différents sentiers partent à la découverte des oiseaux migrateurs en bivouac en Ariège. À voir, selon la patience et les saisons, aigrettes, canards, guêpiers, échasses blanches, bécasses d'eau... et une douzaine de cigognes, en semi-liberté celles-ci. Quelques coins dédiés à la pêche. On trouve aussi sur le site un vieux pigeonnier en brique encore occupé, une grange abritant d'anciennes machines agricoles et une autre transformée en musée *(21 juin-22 sept, tlj sf mar 10h-12h, 15h-18h30 ; le reste de l'année, mer 15h-17h, sam-dim 10h-12h, 15h-17h30 ; GRATUIT ; visite guidée sur résa, min 5 pers, 3-5 € selon durée, réduc).* Y sont regroupés des outils d'antan avec, à l'étage, un espace dédié au foie gras (origine, fabrication...). On peut y observer la vie des étangs au moyen de deux webcams. On peut enfin visiter une ferme et s'initier à la cueillette de fleurs comestibles. Un site bien agréable donc, dommage que la route passe si près.

I●I Et si quelques pétales ne suffisent pas à vous nourrir, la ferme pédagogique *Ô Délices (☎ 05-61-60-65-30)* cuisine les produits du terroir dans une bâtisse du XIXe s.

DE PAMIERS À MIREPOIX

Nous pénétrons ici en « Pays d'art et d'histoire des Pyrénées cathares ». Ce label implique toutes sortes d'événements culturels et patrimoniaux (visites guidées, conférences, dégustations...). Renseignements dans les offices de tourisme du coin (de Lavelanet à Montségur, en passant par Mirepoix).

VALS (09500)

Une dizaine de kilomètres avant Mirepoix.

À voir

L'église rupestre : *rens à l'office de tourisme de Mirepoix : ☎ 05-61-68-83-76. Tlj 9h-19h.* Coup de cœur pour un site on ne peut plus insolite. Le moins que l'on puisse dire, c'est que l'architecte ne rechercha pas la facilité en décidant d'asseoir sa construction sur un énorme rocher. Une bien curieuse église donc, composée en fait de deux nefs superposées. On y pénètre par une faille étroite dans la falaise et un escalier. Accès d'abord à la nef inférieure (datant du carolingien). Abside décorée de fresques du XIIe s. Nouvelle volée de marches pour accéder à la nef supérieure. Imposant clocher-donjon du XIVe s. Superbes fresques.

TEILHET

À 2 km de Vals, à voir aussi pour son *église* et son clocher-mur. Sous la cloche apparaît un cavalier sculpté dans la pierre. Beau portail roman. Au-dessus, frise de figures grotesques. Grande finesse des chapiteaux. À signaler également, une nécropole mérovingienne récemment mise en valeur *(visite libre ou guidée en saison).*

LAPENNE (09500)

La Ferme aux Bisons : *à 5 km de Vals en remontant vers le nord. ☎ 05-61-67-60-74. • lafermeauxbisons.com • ♿ Juil-août, tlj 12h-19h, avec visites guidées 15h-17h ; également tlj pdt les vac scol (zone A), ainsi que dim et j. fériés avr-fin oct 12h-18h (visite guidée à 15h). Entrée : 9 € ; 2-12 ans 7 €.* Propose une visite guidée (en tracteur et remorque !) de 1h au milieu des animaux et d'une ferme d'élevage de 110 ha. Outre les bisons, vous pourrez apercevoir biches, cerfs, autruches, yacks et des animaux de la ferme. Salle d'exposition d'animaux naturalisés avec ours, élan, lynx, et même un wapiti. Sentier pédestre, aire de pique-nique, petite boutique de produits de la ferme...

Sur place, aux mêmes périodes d'ouverture, excellente ferme-auberge le midi pour goûter au steak de daim, de cerf ou de bison (en été seulement).

Le Parc aux Bambous : *tt proche de la Ferme aux Bisons. ☎ 05-61-60-52-11. • parcauxbambous.com • Avr-juin et sept-oct, mer, w-e, j. fériés, ponts et tlj pdt les vac scol (zone A, sf jeu-ven) 14h-18h ; juil-août, tlj 11h-19h. Entrée : 7 € ; 2-11 ans 3,50 €.* Autour de 200 espèces de bambous à découvrir en suivant des sentiers à thème (jardin de fleurs, labyrinthe de bambous...), qui rendent la visite de ce parc très plaisante. Vente de plantes. Resto et aire de jeux sur place.

MIREPOIX (09500) 3 130 hab. *Carte Ariège, C2*

La plus belle bastide d'Ariège ! Ancienne ville cathare, construite sur la rive droite de l'Hers, prise par Simon de Montfort. Elle fut ultérieurement reconstruite sur l'autre rive d'après le modèle des bastides en 1290. Elle en conserve aujourd'hui une des plus belles places à couverts de la région Midi-Pyrénées. Un superbe marché s'y tient le lundi.

DÉJÀ L'ARNAQUE !

Aujourd'hui, on vend du cheval en guise de bœuf. Au Moyen Âge, le chat remplaçait souvent le lapin dans les pâtés. En 1303, Jean de Lévis Ier, seigneur de Mirepoix, exigea que les charcutiers travaillent la viande à la vue de tous et non dans leur arrière-boutique. Cette pratique est souvent respectée aujourd'hui encore.

Adresse utile

Office de tourisme : *à côté de la mairie. ☎ 05-61-68-83-76. • tourisme-mirepoix.com • Tte l'année, tlj sf dim hors saison.* Propose des visites guidées en été et des nocturnes aux flambeaux *(mer à 21h30).* Plan de la ville avec explications détaillées.

Où dormir ? Où manger ?

Camping

Camping Les Nysades : *route de Limoux. ☎ 05-61-60-28-63. • campinglesnysades@orange.fr • camping-mirepoix-ariege.com • À la sortie de la ville direction Limoux. Ouv 15 avr-15 oct (tte l'année pour les loc). Compter 13-16 € en tente selon saison ; loc de bungalows toilés et mobile homes 322-525 €/sem selon saison ; loc de caravanes 120-140 €/sem. 60 empl. Réduc de 15 % sur l'emplacement ou le locatif en basse saison sur présentation de ce guide.* Petit camping assez bien ombragé et aux sanitaires récemment rénovés. Ping-pong. Petit snack. Projet de piscine.

De prix moyens à chic

Les Gîtes de Mirepoix : *9, rue du Docteur-Chabaud. 06-21-01-17-95. • eve.renault@mc-durable.com • gites-mirepoix.com • En plein centre, face à la cathédrale. Ouv tte l'année. Chambre d'hôtes 55 € pour 2 ; 5 gîtes 2-7 pers 295-495 €/sem selon saison (possibilité de w-e). CB refusées. Réduc de 10 % sur la formule gîte hors vac scol d'été sur présentation de ce guide.* Installés dans un ancien presbytère repeint en rose pâle, des chambres et gîtes superbement décorés par Hubert Chojcan, un des plus grands peintres en trompe l'œil actuel ! Tout dans cette maison se

LES MONTAGNES DU PLANTAUREL

révèle cosy, délicat, coloré, confortable et agréable à vivre. Jardin à l'ancienne et terrasse. Petite piscine. Accueil suave et fort beau petit déj.

Hôtel-restaurant Les Remparts : *6, cours Louis-Pons-Tande. ☎ 05-61-68-12-15. • contact@hotelremparts.com • hotelremparts.com • ♿ Resto fermé dim soir, lun et mar midi. Doubles 72-140 € selon confort et saison. Formule déj en sem 23 € ; menus 29 € (35 € dim midi)-39 € ; menu « Inspiration » 53 €. Parking privé payant.* Comme son nom l'indique, il se situe sur les remparts de la ville. L'hôtel propose 7 jolies chambres confortables, mariant lignes et mobilier contemporains aux vieilles pierres et aux tons chaleureux du bois. La plus chère est équipée d'une balnéo. Au resto, avec ses menus « historiques », Géraldine Portoles nous raconte à sa façon la grande épopée culinaire depuis le Moyen Âge. Entre nouveaux procédés et nouvelles saveurs, la cuisine est ici vécue comme une grande aventure, du viandier à l'appertisation, en passant par Vatel et Parmentier. Elle utilise pour cela les produits du cru : truite bio des viviers cathares, bœuf gascon, cochon du col, agneau des Pyrénées, etc. (et pêche de petit bateau pour les accros aux saveurs marines !). Une histoire bien exquise !

Auberge Logis de Mirepoix : *2, cours Docteur-Chabaud. ☎ 05-61-68-21-63. • contact@logisdemirepoix.com • logisdemirepoix.com • ♿ En saison, ouv le soir tlj sf lun, plus le midi sam-dim ; hors saison, ouv slt ven soir, sam et dim midi. Congés : de janv à mi-fév. Formules et menus 18-28 €, et carte. Apéritif maison ou café offert sur présentation de ce guide.* Afin de pousser jusqu'au bout l'immersion historique, le *Logis* ressort chandelles, costumes et vaisselle d'époque pour faire ripaille à la médiévale dans une demeure du XVIIIe s.

De chic à beaucoup plus chic

La Maison des Consuls : *6, pl. du Maréchal-Leclerc. ☎ 05-61-68-81-81. • hotel@maisondesconsuls.com • maisondesconsuls.com • Ouv tte l'année. Doubles 75-130 € selon confort et saison ; suite plus chère ; petit déj express 6 €, sinon 12-16 €. Garage privé payant.* Idéalement située en plein cœur de la place médiévale, une demeure historique (ancienne maison de justice du XIVe s) rénovée avec goût. 7 chambres haut de gamme panachant plein de styles différents évoqués par leurs appellations : chambres « du Marquis », « de Dame Louise », « du Maréchal » ou « de Monseigneur », « de l'Académicien », « de l'Écrivain » ou « du Voyageur »... il faudrait être difficile pour ne pas en trouver une à son goût ! Salon rustique au rez-de-chaussée pour le petit déj. En été, possibilité de grignoter quelques tapas régionales dans la journée...

Le Ciel d'Or : *8, rue du Maréchal-Clauzel. ☎ 05-61-60-19-19. • relaisroyal@relaischateaux.com • ♿ Ouv le soir mer-dim, plus le midi ven et dim. Menu bistronomique unique 20 € ven midi ; autres menus 49-59 € ; pas de carte.* Rogier Van den Biggelaar fut d'abord second, petite toque néerlandaise à l'ombre d'une grande toque française, celle de Robert Abraham. Puis il a repris seul la main, avec envie, inventivité et finesse. Et le maître n'aura pas à rougir de l'élève, d'autant que ce dernier est assisté avec brio d'un surprenant pâtissier et d'un sommelier passionné. Laissez-vous donc guider par cette équipe qui ne manque pas d'idées. Pour preuve, la carte change tous les 2 mois. L'été, tables à l'extérieur, dans la cour intérieure de cette belle maison de maître qui revient à la vie. C'est aussi un hôtel 4 étoiles, superbe mais plutôt inabordable !

Où dormir dans les environs ?

Campings

Camping La Serre : *5, chemin de la Serre. ☎ 05-61-03-06-16. 📱 06-81-96-04-23. • contact@camping-la-serre.com • camping-la-serre.com • ♿ Accès par la D 625 entre Lavelanet et Mirepoix. Ouv avr-sept.*

PLANS ET CARTES EN COULEURS

DISTANCES PAR LA ROUTE

NORD
LANDES (40)
LOT-ET-GARONNE (47)
PYRÉNÉES-ATLANTIQUES (64)
GERS (32)
p. 242
HAUTES-PYRÉNÉES (65)
p. 317
ESPAGNE
Villeneuve-sur-Lot
Garonne
Agen
Nérac
Montaigu-de-Quercy
Lauzerte
Moissac
St-Nicolas-de-la-Grave
Auvillar
Dunes
Flamarens
Castelsarrasi
La Romieu
Montréal-du-Gers
Condom
Lectoure
Gramont
Larrazet
Larresingle
Mont-de-Marsan
Eauze
Abbaye de Flaran
Terraube
St-Clar
Estang
Valence-sur-Baïse
Fleurance
Beaumont-de-Lomagne
Monfort
Laréole
Nogaro
Mauvezin
Cologne
Cadou
Aire-sur-l'Adour
Aignan
Termes-d'A.
AUCH
Gimont
L'Isle-Jourdain
Saint-Mont
Bassoues
Madiran
Montesquiou
Caumont
Marciac
Mirande
Boulaur
Samatan
Simorre
Lombez
Miélan
Rieumes
Pau
TARBES
Aurignac
Martres-T.
St-Martory
St-Pé-de-Bigorre
Lannemezan
Lourdes
Bagnères-de-Bigorre
Montréjeau
St-Gaudens
Argelès-Gazost
Campan
St-Bertrand-de-C.
St-Lizier
St-Savin
Sarrancolin
St-Giron
Viscos
Cauterets
Arreau
Saint-Béat
Audresseir
Luz-St-Sauveur
Barèges
St-Lary-Soulan
Saint-Aventin
Cazeaux
Luchon (Bagnères-de-Luchon)
Gavarnie
A 62
A 65
A 64
E 72
E 80
N 21
N 124
D 655
D 932
D 933
D 911
D 813
D 931
D 930
D 654
D 953
D 925
D 30
D 6
D 924
D 20
D 935
D 936
D 939
D 928
D 626
D 12
D 929
D 634
D 3
D 943
D 127
D 27
D 632
D 17
D 817
D 635
D 5
D 938
D 8
D 33
D 117
D 618
D 918
D 921
20 km

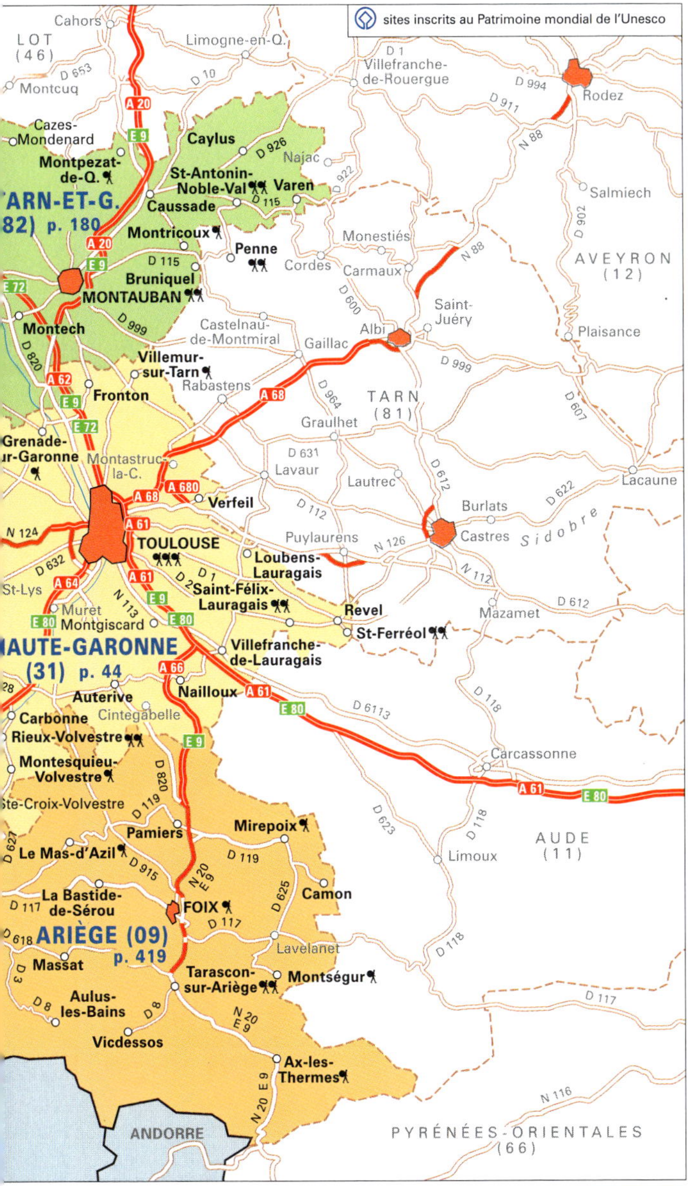

LE MIDI TOULOUSAIN

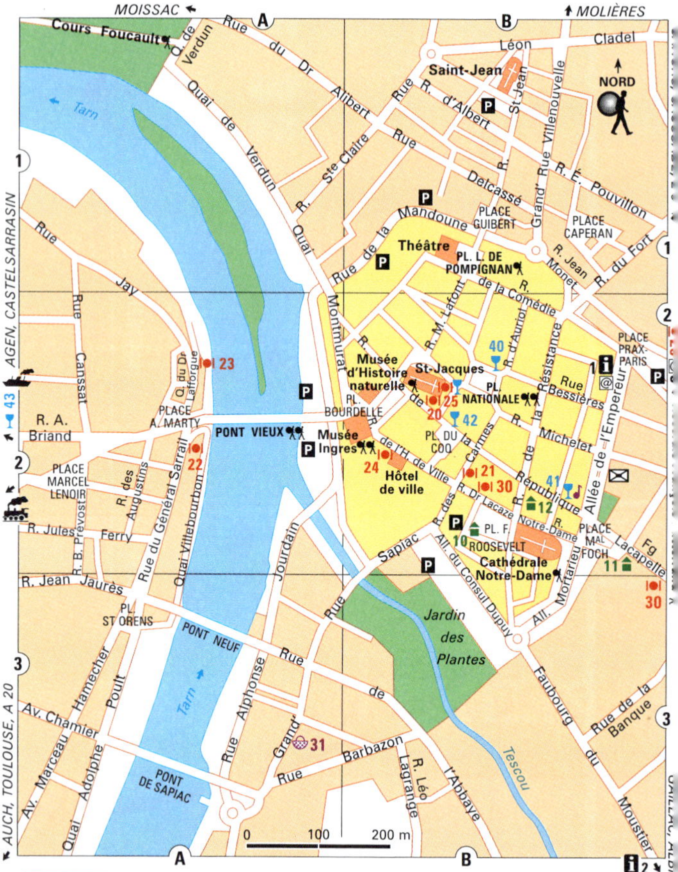

MONTAUBAN

■ **Adresses utiles**

- ℹ @ 1 Office de tourisme
- ℹ 2 Agence de développement touristique de Tarn-et-Garonne
- @ 3 Médiathèque

Où dormir ?

- 10 Hôtel du Commerce
- 11 Chambres d'hôtes Le Boudoir du Faubourg
- 12 Hôtel Mercure

Où manger ?

- 20 Namasthé
- 21 Les Délices Gascons
- 22 Le Ventadour
- 23 Au Fil de l'Eau
- 24 Les Saveurs d'Ingres
- 26 La Maison

Où manger des tapas ?

- 25 Les Baletis

Où manger ? Où acheter une douceur ?

- 30 Pâtissier-chocolatier Alexandres
- 31 Maison Mauranes

Où boire un verre ? Où écouter de la musique ?

- 25 Les Baletis
- 40 Les bars de la place Nationale
- 41 Le Café Flamand
- 42 Lulu la Nantaise
- 43 Le Port

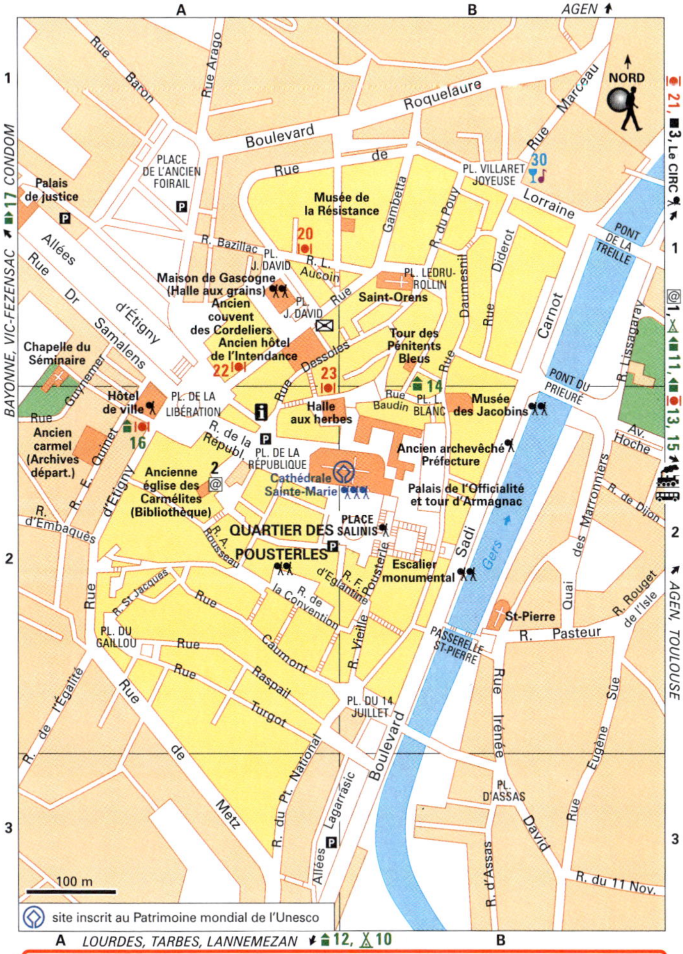

AUCH

Adresses utiles

- Office de tourisme
- @ 1 IMAJ – Bureau Information Jeunesse
- @ 2 Bibliothèque municipale
- 3 Cyclo Watt 32

Où dormir ?

- 10 Camping de l'île Saint-Martin
- 11 Camping et chambres d'hôtes Le Castagné
- 12 Hôtel Le Robinson
- 13 Hôtel de Paris
- 14 Chambres d'hôtes Le Consulat
- 15 Domaine de Baulieu
- 16 Hôtel de France
- 17 Château Les Charmettes

Où manger ?

- 16 Brasserie Le 9e et restaurant La Grande Salle
- 20 Thé Comédie
- 21 La Cant'Auch
- 22 Le Bartok
- 23 La Table d'Oste

Où boire un verre ? Où assister à un concert ?

- 30 Le Salon

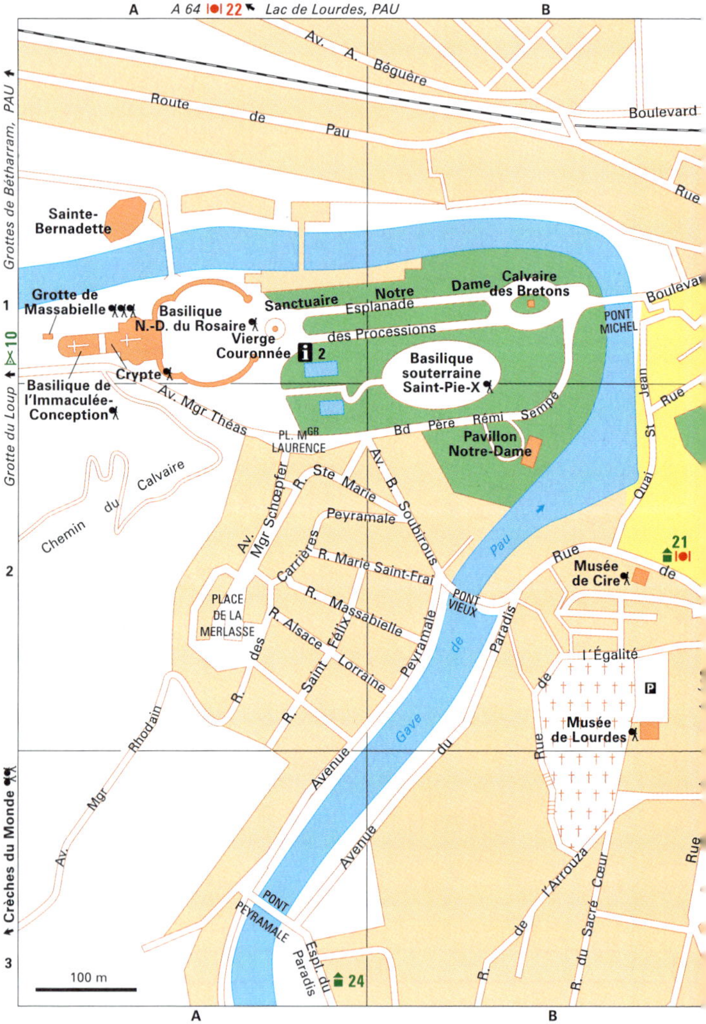

Adresses utiles

1 Office de tourisme
2 Centre d'information des Sanctuaires
@ Cyber@café Arobase 65

3 Marchés

Où dormir ? Où manger ?

10 Camping La Forêt
11 Camping de Sarsan
13 Hôtel Cazaux

LOURDES

- **14** Hôtel La Régence
- **15** Hôtel du Centre
- **16** Alexandra
- **17** Hôtel Best Western Beauséjour
- **18** Chambres d'hôtes Villa Les Orangers
- **19** Le Magret
- **20** Le Palacio
- **21** Grand Hôtel de la Grotte
- **22** Le Chalet de Biscaye
- **23** Hôtel Majestic
- **24** Appart'hôtel Lorda

FOIX

■ **Adresse utile**

- Office de tourisme

Où dormir ?

1 Camping du Lac
2 Foyer de vacances Léo Lagrange
3 Hôtel Lons
4 Hôtel Pyrène
5 Hôtel du Lac

Où manger ?

3 Restaurant de l'Hôtel Lons
5 Restaurant de l'Hôtel du Lac
12 Le Médiéval
13 Le Phœbus

Compter 15-24 € pour 2 en tente selon saison ; loc de chalets et mobile homes 330-830 €/sem selon saison ; loc de caravanes 140-196 €/sem. 60 empl. Entrée à l'écomusée, à la bibliothèque et sentiers de découverte gratuits sur présentation de ce guide. Ce camping à la ferme s'étend sur 10 ha de terrasses ombragées. Emplacements très vastes, délimités et arborés. Écomusée, piscine (l'été), solarium... Un terrain de jeux où l'on peut pratiquer du foot, du volley-ball et du badminton, un parcours VTT, 2 sentiers de découverte avec longues-vues pour observer les oiseaux et une aire pour les tout-petits ajoutent encore à l'attrait de ce camping.

L'Amaranthe : *Gouziaud, 09300* ***Lieurac.*** *☎ 05-61-01-30-38. 07-85-27-35-81. • lamaranthe@hotmail.fr • amaranthe.sitew.com • Dans le village de Lieurac, suivre le fléchage. Ouv 15 juin-Toussaint. Compter 11 € en tente en hte saison. CB refusées. 6 empl.* Autoproclamé « camping écologique et sympathique », ce petit camping, situé au cœur d'un bois, a effectivement tout pour plaire, à commencer par un accueil exceptionnel. Tenu par un jeune couple également producteur de fruits, de fleurs et de légumes bio, il combine les joies du campement à l'ancienne, avec un confort pour le moins rudimentaire, et le charme d'un site paysager. Irène et François sont de véritables artistes et, chaque année, ils créent un Jardin extraordinaire, un parcours artistique et botanique, pour leur plus grand plaisir et celui de leurs hôtes. Ce jardin féerique est ouvert à tous le 1er week-end de septembre.

Belrepayre Airstream & Retro Trailer Park : *Belrepayre, 09500* ***Manses.*** *☎ 05-61-68-11-99. • info@airstreameurope.com • airstreameurope.com • Traverser le village et continuer tt droit puis à gauche pdt 3,4 km ; suivre le fléchage. Ouv début mai-fin sept. Compter 20-30 € pour 2 selon saison ; loc de caravanes 540-870 €/sem. W-e en amoureux (2 nuitées + petits déj + 1 spa) 230 € mai-juin-sept.* Ce couple de passionnés, Perry et Coline, lui irlandais, elle française, issus du milieu du cirque, ont créé ici un camping (mais le mot est réducteur), basé sur les caravanes vintage. Il propose un vrai voyage dans le temps. Sur un terrain arboré, une dizaine de caravanes Airstream, de petits bijoux rutilants datant des années 1940-1970. Entièrement rénovée dans le goût de l'époque, chacune est entourée d'un petit jardinet avec chaises longues et barbecue. Intérieur soigneusement décoré et ambiance superbement recréée. Ceux qui viennent avec leur vieille bagnole auront même droit à 10 % de réduction ! On peut y planter sa tente ou y parquer sa caravane mais à la condition qu'il s'agisse d'un modèle vintage, de plus de 30 ans... Des puristes, on vous dit ! L'ensemble, forcément, possède un charme fou. Petit resto sous un chapiteau, spa nordique, massages, bar rétro, et dans son caravane-bar, Perry fait même le DJ tous les soirs. Location de vélos.

Où grignoter ? Où boire un verre ?

Plusieurs bars sous les arcades, certains où l'on peut grignoter... Notre préféré (quand il daigne ouvrir) : le ***Café Llobet*** pour son cadre rétro et ses belles assiettes (un peu moins pour l'accueil).

Où acheter du bon vin dans les environs ?

Les Coteaux d'Engraviès : *09120* ***Vira.*** *☎ 05-61-68-68-68. • coteauxdengravies.com • À 14 km au sud-ouest de Mirepoix.* Ce vignoble est un bon exemple du renouveau vinicole qui s'opère en Ariège. Les cépages (syrah, merlot, cabernet sauvignon et pinot noir) donnent des vins rouges tout à la fois rustiques, soyeux, structurés, fruités et aromatiques. Des vins de terroir ! Cultivés et vinifiés en bio. Coup de cœur pour la cuvée Fount Cassat.

À voir

La place centrale : belle succession de maisons à colombages, reposant sur des piliers de chêne. Enfilade de couverts, très agréables en été pour boire un verre en terrasse. Maison des Consuls avec 25 solives sculptées de têtes de personnages (femmes à coiffe, tête barbue) et de monstres. Seul vestige des remparts : la porte d'Aval (au bout de la rue Monseigneur-de-Cambon), avec la grande arche brisée où l'on peut encore voir la rainure de la herse.

L'église Saint-Maurice : sa construction débute au XIIIe s pour s'achever au XIXe s. Ancienne cathédrale, elle présente une allure assez massive, particulièrement au chevet, dont on admirera le beau rythme des absidioles, contreforts et arcs-boutants. Clocher octogonal dont la flèche grimpe à 65 m. De style gothique méridional, elle possède la nef unique la plus large de France (22 m de large sur 48 m de long et 24 m de haut) et la deuxième d'Europe. La voûte ne fut achevée qu'en 1867. Porche gothique de 1506. Au-dessus, trois dais finement sculptés. Noter le beau travail des clés de voûte. Intéressant retable en bois doré, à côté de la chaire. Christ en bois polychrome du XIVe s (en face), série de tableaux évoquant le chemin de croix. Belles peintures murales également qui, malheureusement, s'estompent avec le temps.

Fêtes et manifestations

– ***Festival du Swing :*** *le w-e de Pâques.* Concerts de swing et jazz New Orleans. Expos et omelette géante le lundi de Pâques.
– ***Salon de la carte postale :*** *2 fois/an, à la Pentecôte et le 1er dim de déc.*
– ***Fêtes médiévales :*** *le 3e w-e de juil.*
– ***Festival de la Marionnette :*** *le 1er w-e d'août. ☎ 05-61-68-20-72. • mima.artsdelamarionnette.com* • Toute la ville est prise d'assaut. Une trentaine de représentations sur 4 jours. Autour du festival : vitrines décorées, ateliers, expos, marché artisanal.
– ***Marché des potiers :*** *en août, mar-mer après le festival de la Marionnette.*
– ***Fête de la Pomme :*** *le 3e w-e d'oct.* Décorations sur le thème... de la pomme, dans tout le village. Marché, animations, dégustation de cidre et de produits locaux (jus de pomme notamment).

CAMON (09500) 165 hab. *Carte Ariège, D2*

Ce bourg pittoresque, figurant parmi les « Plus Beaux Villages de France », est un ancien prieuré du Xe s, à savoir un village édifié près d'un monastère et sous sa protection. Vestiges significatifs des remparts. L'église possède de nombreux objets classés. Porte de ville avec Vierge et campanile. Non loin, très belle maison d'angle du XVIe s avec dernier étage en encorbellement.

Adresse et info utiles

Office de tourisme : *10, rue Georges-d'Armagnac. ☎ 05-61-68-88-26. • camon09.org/ot.html* • Propose des visites guidées du village, de l'abbaye et différentes balades thématiques accompagnées, notamment une intéressante balade sur le *sentier des Cabanes en pierre sèche*, à la découverte de plus de 80 cabanes en pierre construites

depuis le haut Moyen Âge par les villageois *(résa conseillée ; 5 €, réduc).*
– ***Fête des Roses :*** *3e dim de mai.* Marché de producteurs, artisans locaux, produits du terroir, animations dans l'abbaye, etc.

À voir

L'***abbaye*** est privée (elle abrite des chambres d'hôtes et un resto charmant), mais on peut la visiter lors des visites organisées par l'office de tourisme.

DANS LES ENVIRONS DE CAMON

Les ruines du château de Lagarde : *à Lagarde.* À voir en route, à 5 km de Camon, les ruines majestueuses et impressionnantes de cette forteresse médiévale remaniée à la Renaissance et abandonnée à la Révolution. Il n'en reste aujourd'hui qu'une gigantesque carcasse de pierre, on ne peut plus romantique et photogénique !

MONTSÉGUR (09300) 125 hab. *Carte Ariège, C3*

Flottant entre terre et ciel, le château de Montségur s'élève à 1 207 m d'altitude sur un impressionnant *pog* (« piton rocheux », en occitan) calcaire. Quasiment inexpugnable, il représente le symbole de la résistance cathare.

UN PEU D'HISTOIRE

La doctrine cathare s'est fortement implantée dans les ***comtés de Toulouse et de Foix au XIIe s.*** Les cathares étaient des chrétiens. En réaction aux abus du pouvoir religieux de cette époque, ils prônaient un retour à un christianisme plus « pur ». Pour eux, Dieu n'avait pu créer que le Paradis, le monde terrestre n'étant qu'une émanation satanique. L'homme ne pouvait être sauvé qu'en se détachant des biens terrestres. La condition essentielle du salut était donc une ascèse rigoureuse. Un seul sacrement existait : le *consolamentum,* qui transformait le simple croyant en « parfait ».

LES NAZIS GIVRÉS CHEZ LES CATHARES

Otto Rahn, archéologue de pacotille, persuada Himmler, ex-éleveur de poulets, que le Graal était à Montségur. Ce calice contiendrait, dit-on, le sang du Christ qui donne la vie éternelle ! En 1939, Otto mourut (congelé) sur un glacier. Et Steven Spielberg l'immortalisa dans Indiana Jones et la dernière croisade *avec une escouade de nazis allumés.*

Dans leur implantation, les cathares bénéficiaient de nombreuses complicités avec les seigneurs locaux, tout acquis à leur cause car peu enclins à une allégeance forte au pouvoir royal. Dès 1204, l'Église cathare avait demandé à Raymond de Péreille de reconstruire le château du *pog* de Montségur, alors en ruine. ***À partir de 1232, Montségur devint le siège de l'Église hérétique.*** Environ 500 personnes vivaient sur le *pog,* protégées par une garnison armée. Au début de la croisade contre les albigeois (autre nom des cathares), l'Église et le

pouvoir royal ne s'aventurèrent pas à attaquer cette forteresse. Pendant 40 ans, des villes entières furent détruites tout autour. On pensait que Montségur ne tomberait jamais. Mille personnes furent bientôt réfugiées sur le rocher, sans compter les pèlerins, les commerçants, les bêtes, une véritable ville avec ses fortifications. La fin de Montségur fut déclenchée par l'assassinat des inquisiteurs en Avignonet (en Haute-Garonne) par des éléments venus du bastion. Le siège du *pog* commença en 1243 et dura presque une année. Les attaques successives restant infructueuses, Hugues Des Arcy porta l'estoc final. Avec une poignée d'hommes aguerris à la varappe, il prit la falaise la plus inaccessible le jour le plus insolite : la veille de Noël. Acculés, ***les cathares se rendirent le 2 mars 1244.*** Aucun des 225 parfaits n'ayant voulu abjurer, ils furent livrés au bûcher le 16 mars 1244 au pied du château, dans le *campo de cremats* (« le champ des brûlés »). Depuis, des légendes circulent, d'autant que quatre cathares furent autorisés à quitter Montségur, emportant avec eux, jusqu'en Lombardie, leur supposé trésor, la « banque » de l'église cathare.
Suite à l'épopée cathare, l'ordre féodal et le droit parisien furent restaurés, prenant le pas sur le droit local. Les intérêts de l'Église et du roi coïncidaient, l'une pour rétablir son autorité, l'autre pour s'emparer du pays qu'il convoitait. Pourtant, la citadelle de *Quéribus* mettra encore 11 ans pour se soumettre...

Adresse utile

Office de tourisme : *☎ 05-61-03-03-03 ou 05-61-01-10-27 (mairie). • montsegur.fr • Juil-août, tlj (mais horaires restreints et variables) ; le reste de l'année, se renseigner. Fermé en janv.*

Où dormir ?

Camping

Camping Point Accueil Jeunes : *chez Mme Pigelet, 104 bis, le village. ☎ 05-61-01-10-27 (mairie). • mairie.montsegur@alsatis.net • À la sortie du village. Ouv avr-sept. Compter 8 € pour 2 en tente en hte saison. Pas de locatif. CB refusées. 30 empl.* Au calme, assez éloigné de la route. Belle prairie avec vue sur le château local. Possibilité de randos.

Prix moyens

Hôtel Couquet : *81, rue Principale. ☎ 05-61-01-10-28. Au centre du village. Double env 50 €.* Un hôtel hors norme (au sens propre comme figuré !), pittoresque, vieillot et fleurant bon la France profonde, géré par une charmante vieille dame née dans cette maison que tenaient déjà ses grands-parents. Les chambres sont restées dans leur jus avec draps en lin, duvets fleuris et mobilier ancien. Même la poussière est d'époque ! La plus grande possède pas mal de charme et un bel ameublement (avec baignoire mais w-c à l'extérieur). Dans la salle à manger, dès septembre, le feu crépite dans l'âtre. Il faudra évidemment se montrer indulgent (voire aventurier) car, on vous le répète, l'entretien est plutôt aléatoire... L'établissement fait aussi office de petit café, avec quelques tables sur la rue.

Où manger ?

À la Patate qui fume : *dans la rue principale. ☎ 05-61-02-65-07. • res@patatequifume.com • Tlj sf mer, plus jeu hors saison. Résa conseillée. Menu déj en sem 14 € ; menus-carte 15-22 €. Apéritif maison ou café offert sur présentation de ce guide.* Le genre d'endroit que l'on est ravis de dénicher quand on arrive le soir dans un village aux airs de bout du monde et que, quand tout semble désert, on découvre de la vie, des gens ! Ô joie ! Dans l'assiette, rien de bouleversant, mais tout est frais et « maison » (même le resto, comme aime à plaisanter le patron). Et surtout, à base de bons produits : truite de Montferrier, bœuf gascon, canard local et légumes bio... Accueil vraiment adorable. Vraiment, on aurait pu tomber plus mal !

Où dormir ? Où manger dans les environs ?

Camping

⛺ ***Camping La Fount de Sicre :*** *à la sortie du village, 09300* ***Montferrier.*** *☎ 05-61-01-20-97. • lafountdesicre@free.fr • lafountdesicre.com • ♿ Sur la D 9, en montant vers Montségur. Ouv tte l'année. Compter 13 € pour 2 en tente en hte saison ; une poignée de chalets et bungalows 112 €/sem ; loc possible à la nuitée. 26 empl.* Un petit camping très agréable, ombragé et en bord de rivière, situé sur le GR 7. Nombreuses installations sportives (foot, tennis, parcours de santé...) et départs de balades et randos (vers Montségur notamment). Également un bar avec baby-foot et billard. Piscine.

Gîte d'étape

🏠 |●| ***Le Gîte de Roquefixade :*** *09300* ***Roquefixade.*** *☎ 05-61-66-44-56. • contact@gite-etape-roquefixade.com • gite-etape-roquefixade.com • En saison, ouv le midi tlj, plus le soir mer-sam ; hors saison, téléphoner avt. Congés : 2de quinzaine de janv. Résa conseillée. Nuitée 28-32 €/pers selon saison (35-40 €/pers avec petit déj ; 45-50 €/pers en ½ pens).* 📶 Un gîte d'étape adorable et coquet, aménagé dans l'ancienne école du village. Une vingtaine de couchages en chambre de 2 à 6 lits. Salle commune et cuisine en gestion libre. Au resto, casse-croûte et plats de terroir.

Prix moyens

|●| ***Restaurant Les Sapins :*** *lieu-dit Conte, 09300* ***Nalzen.*** *☎ 05-61-03-03-85. • restaurantlessapins@yahoo.fr • ♿ Sur la D 117 entre Lavelanet et Foix. Fermé dim soir, lun sf j. fériés, plus mar hors saison. Menus 15,10 € (midi en sem), puis 25-48 € ; carte env 35 €.* Une excellente table revenue dans le giron familial. Une salle classique un peu sombre pour déguster une cuisine de saison, créative et raffinée, concoctée à base de produits frais et régionaux toujours présentés avec soin. Terrasse aux beaux jours.

LES MONTAGNES DU PLANTAUREL

À voir

🏛🏛 ***Le château :*** *☎ 05-61-01-06-94 ou 05-61-01-10-27. • grands-sites-ariege.fr • Fév-déc, tlj : 9h-19h juil-août ; 10h-18h avr-juin ; horaires plus réduits le reste de l'année. Visites guidées mai-sept incluses dans le prix de la visite. Entrée : 4,50 € ; réduc.* Compter une bonne demi-heure pour la montée (raide) du chemin, taillé en « pas d'âne ». Le château épouse intégralement le sommet du *pog,* mais il n'en reste que la tête, le *caput castrie,* 95 % des bâtiments ayant disparu. Restent deux portes seulement, des murs pignons aveugles, le donjon et le chemin de ronde. L'architecture est assez sommaire, purement utilitaire. Le site reste malgré tout grandiose ! Tout autour, des fouilles ont révélé des vestiges du village cathare (fondations, citernes, escaliers). Le 21 juin, deux meurtrières à angle droit se renvoient le même « carreau » solaire. Calendrier ? Cérémonies ? Ce qui est sûr, c'est que, ce même jour, un pèlerinage draine chaque année des centaines d'adeptes ou passionnés de catharisme, qui viennent là se retrouver, ou se perdre...

🏛 ***Le Musée historique et archéologique :*** *☎ 05-61-01-06-94 ou 05-61-01-10-27. ♿ Mai-sept, tlj 11h-13h, 14h-19h ; le reste de l'année, slt l'ap-m. Fermé en janv. Entrée : 2 €.* Histoire de la guerre contre les albigeois et de la chute de

Montségur. Maquettes, vidéos, vestiges préhistoriques des grottes de la région et produit des fouilles réalisées autour du château (armes, boulets, objets de la vie quotidienne, etc.), dont deux squelettes, un homme et une femme, enterrés avec chacun une pointe de flèche, ce qui laisse supposer qu'ils furent tués durant le siège du *pog.*

Le village : petit bourg paisible (voire reculé, sans téléphone portable, ni Internet !), lové au creux de la montagne, né après la reddition de 1244. Les maisons furent en grande partie édifiées avec des pierres provenant du château.

DANS LES ENVIRONS DE MONTSÉGUR

Roquefixade : à flanc de montagne, un joli village en plein pays cathare, coiffé d'un château en ruine.

Roquefort-les-Cascades : *à Lavelanet, prendre direction Raissac ; traverser Raissac puis continuer sur la D 10 jusqu'à prendre un chemin communal sur la gauche.* On s'engouffre ici dans une vallée verdoyante, presque oubliée du monde. Au pied d'une colline, quelques maisons. Plus loin, au bout d'un chemin de pierre puis d'un court sentier (5 mn de marche), les cascades, impressionnantes en hiver, laissent découvrir l'été leur lit de rochers asséché. De la falaise envahie par la végétation pendent des jupes de roche couvertes de mousse, recréant une atmosphère de forêt dense égarée en milieu tempéré. On imagine presque les lutins se laissant glisser sur les parois humides. Autour, une poignée de clairières, idéales pour un pique-nique, voire un bivouac.

Les Papillons d'Amarante : *au **col del Teil** (09300), entre Montségur et Puivert. ☎ 05-61-01-98-80. • papillonsdamarante.com • De mi-mai à sept, tlj : 14h-18h mai-juin ; 10h30-17h30 juil-août ; 13h-16h30 sept. Entrée : 7 € ; 3-11 ans 3,50 €.* Une serre à papillons qui compte de 35 à 65 espèces selon les périodes et un jardin très fleuri qui attire tous les papillons ariégeois. Une agréable promenade colorée. Aire de pique-nique. Excellent accueil.

TARASCON-SUR-ARIÈGE

(09400) 3 430 hab. *Carte Ariège, C3*

Ville carrefour importante – cinq vallées y convergent –, plus incontournable qu'intéressante, avec pas mal de monde sur la route en été. D'ailleurs, les montagnes qui la cernent invitent déjà à fuir le trafic... Voir tout de même la *tour de Castella* (ou de l'Horloge), la *tour de Saint-Michel* (unique vestige d'une église du XVe s) et la *porte d'Espagne,* seule rescapée de l'enceinte de la ville. La région est riche en grottes préhistoriques.
À 1 km, *église Notre-Dame-de-Sabart.* Derrière la façade grossièrement restaurée au XIXe s, trois absides romanes et surtout d'intéressants vitraux du XIIIe s.

L'HYPOCRAS, LE PLUS VIEIL APÉRITIF DE FRANCE

Sans doute issu de la tradition antique, peut-être rapporté des Croisades, l'hypocras, mentionné sous ce nom pour la première fois au XIVe s (en hommage au médecin grec Hypocrate), est une boisson couramment consommée au Moyen Âge, et ce dans toute l'Europe. On lui prêtait alors toutes sortes de vertus médicinales, toniques, aphrodisiaques et digestives. Le principe est toujours le même : un vin sucré-miellé, épicé et macéré. Évidemment, les recettes de l'époque, assez vagues quant aux ingrédients, laissent place à toutes les interprétations. Et chacun composait son mélange à l'envi. Avec le temps, cette boisson, servie dans toutes les cours élégantes (Gaston Phoebus, Henri IV, Louis XIV), finit par passer de mode. En 1982, Élyane et Michel Séguélas retrouvèrent une recette bien détaillée (à base de gingembre, clou de girofle, cardamome, cannelle et pétales de rose) et décidèrent de la commercialiser à Tarascon-sur-Ariège sous le nom de « L'Hypocras ». Le succès fut fulgurant au point de faire de l'hypocras l'apéritif local. Beaucoup de chefs ariégeois l'utilisent en cuisine...

Adresse et info utiles

Office de tourisme des montagnes de Tarascon et du Vicdessos : *centre multimédia François-Mitterrand, av. Paul-Joucla.* ☎ *05-61-05-94-94.* • *tarascon-vicdessos.com* • *Lun-sam 9h-13h, 14h-18h, plus dim en saison.* Visite guidée gratuite ou payante *(2-5 €)* de la ville en été.

– **Marchés :** *mer mat et sam mat.*

Où dormir ? Où manger ?

Hôtel Confort : *3, quai Armand-Sylvestre.* ☎ *05-61-05-61-90.* • *contact@hotel-confort.fr* • *hotel confort.fr* • *Doubles 49-61 € selon confort et saison ; familiales 66-77 €. Parking privé (places limitées) ; garage pour vélos et motos.* Un établissement d'une quinzaine de chambres, récemment repris et rénové. Classique mais économique et central. Autant vous prévenir, assez mal insonorisé, l'endroit n'est pas propice aux grasses matinées mais conviendra parfaitement aux randonneurs ou à ceux qui ont décidé d'enchaîner les 4 grottes dans la journée ! Bon accueil.

Le Manoir d'Agnès – Les Saveurs d'Agnès : *2, rue Saint-Roch.* ☎ *05-61-02-32-81 (hôtel) ou 05-61-64-76-93 (resto).* • *hotel@manoiragnes.com* • *manoiragnes.com* • *À la sortie de Tarascon, en direction d'Andorre et d'Ax-les-Thermes (N 20). Resto fermé dim soir et lun. Doubles 102-127 € selon standing et saison. Formule déj en sem 15 € ; menus 19 € (midi en sem), puis 29-52 €.* Une jolie villa datant de la fin du XIXe s (époque où l'environnement était autrement plus glamour !), entièrement rénovée et transformée en un bel hôtel 3 étoiles. 15 chambres à la déco sobre et contemporaine, plus ou moins spacieuses selon leur catégorie mais toutes parfaitement équipées (clim, TV à écran plat, minibar...). Hammam *(payant)*, salons cosy et beau petit déj-buffet. Le resto, de gestion séparée, occupe une aile du bâtiment. Le cadre manque de cachet, mais la cuisine y est fine et soignée (desserts remarquables !), ce qui contribue à faire du *Manoir d'Agnès* une étape de choix.

Où dormir ? Où manger dans les environs ?

Ariège Azimuth : *8, rue de la Rivière, 09400* ***Garrabet.*** ☎ *09-80-79-09-09.* 📱 *06-71-03-78-68.* • *contact@ariege-azimuth.com* • *ariege-azimuth.com* • *En remontant vers Foix par la D 618, ou par la N 20 (sortie n° 12). Congés : nov. Maisons 85-180 €/nuit selon capacité et saison ; loc au w-e et à la sem également.* Conçu en famille, un village de 12 maisons en pierre et bois dotées de tout le confort moderne (TV satellite, lecteur DVD, cuisine équipée avec lave-vaisselle...). Ouvertes sur une terrasse, elles peuvent accueillir de 2 à 6 personnes (1 ou 2 chambres et un salon). Touche rustique, les plus vastes se chauffent au poêle à bois. Ici, on est attaché à une démarche de tourisme responsable (tri des déchets, compostage, piscine d'eau salée et non chlorée, etc.). L'établissement est d'ailleurs labellisé « Clef verte ». Piscine chauffée *(mai-oct)*, spa, lave-linge et barbecue à disposition. Boutique de produits locaux. Accueil familial. Atmosphère conviviale donc, malheureusement perturbée par la voie ferrée et la rumeur lointaine de la nationale.

La Petite Auberge de Niaux : *09400* ***Niaux.*** *☎ 05-61-05-79-79. • auberge-de-niaux@wanadoo.fr • À 5 km de Tarascon par la N 8 ; non loin de la grotte de Niaux. De mi-mars à mi-nov slt, tlj sf dim soir hors saison et lun ; service jusqu'à 14h (voire 16h en été, avec une carte réduite !) et 22h. Formule déj en sem env 13 € ; menus 19 € (midi en sem), puis 23-50 €.* Si vous voulez du terroir ariégeois pur et dur, vous êtes au bon endroit ! Difficile de faire plus local : escargots de Barjac, agneau tarasconnais, truite ariégeoise... Et des recettes anciennes, trop rares ailleurs : quenelles de truite, *mounjetado,* civet des grands-mères, millas à l'hypocras... Une bonne cuisine de terroir et des prix démocratiques. Accueil et service très souriants.

Auberge La Sapinière : *au col de Port, 09400* ***Saurat.*** *☎ 05-61-05-67-90. • alexisrispe@gmail.com • Avr-sept, tlj sf dim soir et lun ; plus le soir mar-jeu le reste de l'année. Congés : 1re sem d'avr et 1re sem d'oct. Plat du jour 14 € ; carte env 20 €. CB refusées.* En pleine montagne, à 1 249 m d'altitude, mais (pour une fois) parfaitement accessible en voiture ! Selon la saison et la météo, on s'y régalera de grillades au feu de bois ou de plats mitonnés à la cheminée : soupe au chou, azinat (aux cocos de Pamiers !), millas, tarte aux myrtilles... On pourra aussi, au retour d'une promenade, s'y arrêter le temps d'une bière fraîche en terrasse ou d'un vin chaud au coin du feu. Accueil chaleureux. Gîte d'étape sur place, aménagé dans de jolis *orris* de pierre *(nuitée env 30 €).*

Achats

Hypocras : *chemin de la Croix-de-Quie. ☎ 05-61-05-60-38. • hypocras.com • Mar-sam 15h-19h.* Fabrication de l'hypocras. On vous racontera l'histoire de ce breuvage avec passion, tout en vous faisant déguster 2 produits dérivés, la gelée et les bonbons à l'hypocras, joliment nommés « pépites d'Ariège ».

La Pierre à aiguiser des Pyrénées : *09400* ***Saurat.*** *☎ 05-61-05-95-60. • pierre-a-aiguiser-naturelle.com • Magasin ouv début juil-début sept, tlj 9h-12h, 14h-19h (sur résa slt en août).* Il s'agit de la dernière fabrique d'une activité autrefois florissante. Pierre à couteaux, pierre à ciseaux, pierre à sécateurs, pierre à faux, etc., le tout en pierre naturelle, un grès schisteux au grain très (très) fin.

À voir

Rêve et Magie du Rail : *route d'Arignac. ☎ 05-61-05-94-44. • rma-reve magiedurail.com • De mi-juin à mi-sept et pdt les vac scol, tlj sf lun (tlj juil-août) 14h-18h. Entrée : 6 € ; 3,50 € enfant.* Visite commentée d'un wagon de tri postal et d'une locomotive électrique BB4736. Spectacle son et lumière qui recrée la magie du rail à travers une maquette animée de 25 m de long. C'est l'Ariège en miniature, avec ses châteaux, églises, villages, lacs et grottes...

Manifestations

– ***L'Ariégeoise :*** *le dernier sam de juin.* Épreuve cyclosportive de France avec plus de 4 000 participants.

– **Tarascon latino fait son tour du monde :** *en juil. Infos auprès de l'office de tourisme (☎ 05-61-05-94-94) ou sur • mairie-tarascon.com •* Festival gratuit de musique.
– **Festival du Conte :** *fin juil, à* ***Saurat.*** *Rens : ☎ 05-61-05-10-14. • spectaclesetcontes.free.fr •* Contes chez l'habitant, balades et repas contés, stages, contes pour enfants...
– **Marchés artisanaux de Saurat :** *le dernier dim de juil et le 3e dim d'août. Rens : ☎ 05-61-64-31-61.*

DANS LES ENVIRONS DE TARASCON-SUR-ARIÈGE

Le parc de la Préhistoire : *au lieu-dit* ***Lacombe,*** *route de Banat ; accès fléché au départ de Tarascon. ☎ 05-61-05-10-10. • grands-sites-ariege.fr • Avr-début nov, tlj 10h-18h (19h w-e et 20h début juil-fin août). Fermé lun sept-oct, sf vac scol et j. fériés. Entrée : 10,80 € ; 13-18 ans 8,30 € ; 5-12 ans 6,90 € ; pass famille 32 €. Nombreuses animations pour les enfants tte l'année : voir le site internet.*
Dans un des plus beaux sites d'Ariège, un parc enchanté d'eau, prairies, bois et rochers consacré à la préhistoire. Un cadre unique pour explorer, apprendre, s'amuser et revivre cette période. Les centres d'intérêt sont multiples et satisferont les plus curieux, autour du *grand atelier* qui met en scène le plus grand fac-similé du monde, restituant les peintures de la grotte de Niaux (14 000 ans av. J.-C.). Recréant la pénombre propre aux galeries souterraines, la scénographie résolument moderne part à la découverte des Magdaléniens à travers films, diaporama géant, son et lumière, audioguidage (pour adultes et enfants). La visite de la grotte originale (lire plus bas) se révèle ensuite idéalement complémentaire. Expo spectaculaire de 500 m² sur les animaux préhistoriques géants de l'âge de glace.
À l'extérieur, l'inattendu est toujours au rendez-vous : les *gours,* véritables grottes à ciel ouvert ; le *panorama de la chasse* – les sculptures d'un troupeau de bisons entourent une peinture circulaire de 25 m (!) –, montrant une journée de chasse aux rennes du temps des Magdaléniens. Des animations et des ateliers (ouverts à tous) sont également organisés tous les jours dans le parc (en continu ou à heures fixes ; programme à l'entrée) : atelier de fouilles archéologiques, atelier d'art pariétal, atelier de la chasse avec tir au propulseur préhistorique (!), atelier des traces qui permet de reconnaître les animaux chassés par Cro-Magnon. Dans le campement reconstitué, démonstration de taille du silex, de création d'outils et d'allumage du feu. Bref, un parc intelligent pour apprendre en s'amusant.
À noter, autour du lac, le parc dispose également d'un restaurant (plus que correct !), d'une librairie, d'une boutique, d'une aire de pique-nique avec jeux pour enfants...

Le Musée pyrénéen de Niaux *(09400) : à 3 km de Tarascon. ☎ 05-61-05-88-36. • musee-pyreneen-de-niaux.com • À l'entrée du village ; bien signalé. Juil-août, tlj 10h-19h ; hors saison, tlj 14h-18h. Entrée : 8 € ; 7 € sur présentation de ce guide ; enfants 5 €.* Dans ce musée d'arts et traditions populaires, vous découvrirez plus de 4 000 outils et objets domestiques insolites, le plus souvent peu connus et pittoresques. Voir notamment cette collection, unique à ce jour, d'objets et de meubles creusés dans des troncs (dont une étonnante armoire creusée dans un demi-sapin !), ou encore ces muselières en fer d'ours et d'oursons, ayant appartenu à un montreur d'ours ariégeois au XIXe s. En contrepoint, des photos des métiers d'autrefois et de superbes portraits de paysans et artisans locaux. Reconstitution d'habitats, d'une salle de classe et d'ateliers. Les propriétaires du musée ont passé 35 années à effectuer des enquêtes ethnographiques et à constituer des collections. Buvette.

La grotte de Niaux : *à 6 km au sud-ouest de Tarascon (sur la D 8), puis petite route montant en lacet. ☎ 05-61-05-88-37 ou 05-61-05-10-10. • grands-sites-ariege.fr • Ouv tlj (w-e slt en janv).* ***Résa obligatoire.*** *Entrée : 12 € ; 13-18 ans 8 € ; moins de 13 ans 7 € ; pass famille 33 €. Compter 1h30 de visite et prévoir de bonnes chaussures de marche (sol glissant) et des vêtements chauds. Un dépliant-jeu est distribué aux enfants. Calendrier des événements ponctuels sur Internet.*

Par l'ampleur de ses salles et la variété de ses décors, la grotte de Niaux compte, avec Lascaux et Altamira, parmi les plus belles cavernes préhistoriques. Située à près de 800 m de l'entrée, la grotte fut fréquentée durant la période magdalénienne (environ 11 000 à 12 000 ans av. J.-C.). Si elle fut « scientifiquement » découverte en 1906, on la visitait depuis le XVIIe s. Évidemment, à l'époque, un manque de connaissances et d'imagination empêchait alors d'y déceler quoi que ce soit ou d'en tirer une quelconque interprétation. Après tout, Adam et Ève n'étaient pas censés avoir peint dans des cavernes vêtus de peaux de bêtes... Et les scientifiques se référaient encore en grande majorité à la Bible. L'obscurité y est totale, hormis la faible lueur des lampes, et le silence est absolu. Et soudain le grand choc, l'émotion à l'état pur devant l'apparition du *Salon noir,* le fameux sanctuaire où d'authentiques chefs-d'œuvre sont réalisés à même la paroi, des peintures datant de 140 siècles environ ! Elles représentent des chevaux, un cerf, des bouquetins, et surtout des bisons, dont certains portent sur le flanc des signes énigmatiques. Si l'on sait expliquer les techniques de réalisation de ces peintures, on ignore encore et sans doute pour longtemps leur signification. Symboles ? Mythe ? Pure esthétique ? Toutes les hypothèses ne sont que pure conjecture et pour cause, aucun Magdalénien n'a daigné nous expliquer le sens de ces dessins... Dans un réseau cousin (le réseau Castre, fermé au public), un dessin de belette, unique dans l'art paléolithique, a été découvert. Mais la grotte possède également toute une série de gravures sur argile, des traces de pieds nus et autres signes géométriques, certains très rares et presque uniquement trouvés dans les Pyrénées (ces parties non accessibles au public sont reproduites en fac-similés au parc de la Préhistoire à Tarascon). La grotte de Niaux et son bouleversant Salon noir, d'ailleurs reconstitué au parc de la Préhistoire, restent un des sites incontournables de la préhistoire. On se sent soudain tout proche de nos lointains ancêtres, et la dimension émotionnelle s'ajoute à celle purement esthétique. Un moment inoubliable !

FRENCH GRAFFITI

Des graffitis polluent les parois de certains sites. Le penchant à l'autographe semble être une tradition française ancrée dans nos mœurs depuis quelques siècles déjà. Visitée depuis le XVIIe s, la grotte de Niaux est ainsi constellée des signatures de touristes d'un jour, la plus ancienne qu'on ait pu voir datant de... 1611. Quant à la grotte de Lombrives, outre quelques noms célèbres (Dumas, Sand, Lamartine...), elle porte des graffitis remontant parfois jusqu'au XVIe s.

La grotte de la Vache : *à* ***Alliat*** *(09400). ☎ 05-61-05-95-06. • grotte-de-la-vache.org • Juil-août, tlj départs à 11h et 14h-17h ; avr-juin et sept, départs à 14h30 et 16h ; le reste de l'année, sur rdv pdt les vac scol. Entrée : 9 € ; 6-13 ans 5 €. Billet couplé avec la visite de la grotte de Bédeilhac (voir ci-dessous) : 16 €. Compter min 1h30 de visite.* Grotte-habitat du Magdalénien, elle est le complément parfait de la visite de la grotte de Niaux, située sur la rive opposée, et de celle de Bédeilhac. Elle n'est sans doute pas la plus belle ou la plus impressionnante, mais sa visite passionnera les amateurs d'histoire car elle est axée sur la vie quotidienne et permet de mieux comprendre la vie et la culture des Magdaléniens. C'est l'une des rares grottes où les visiteurs peuvent voir en place les foyers datant d'environ 14 000 ans. On a découvert ici un nombre remarquable, voire record, de vestiges : près de 800 000 ossements d'animaux – vestiges de repas –, près de 2 000 harpons ou sagaies, et surtout une belle collection d'objets gravés ou sculptés sur os ou bois de cervidés, exceptionnels témoins du talent artistique des hommes de ce temps. L'essentiel est exposé (ou rangé dans les réserves) au musée de la Préhistoire à Saint-Germain-en-Laye. Pour la petite histoire, la première datation au Carbone 14 eut lieu en 1952, pour estimer un vestige de la grotte de la Vache.

La grotte de Bédeilhac (09400) : *sur la D 618 en direction du col de Port. ☎ 05-61-05-95-06. • grotte-de-bedeilhac.org • Juil-août, tlj départs réguliers 11h-17h ; avr-juin et sept, visites à 14h30 et 16h15 ; vac scol de la Toussaint, Noël et d'hiver, visite à 15h ; le reste de l'année, sur rdv. Entrée : 9,50 € ; 6-13 ans 5 €. Billet couplé avec la visite de la grotte de la Vache (voir ci-dessus) : 16 €. Prévoir 1h30 de visite. Comme pour les autres visites de grottes, ne pas oublier son pull et porter de bonnes chaussures...* Porche d'entrée et salles de dimension exceptionnelle, dépassant parfois 100 m de largeur. La galerie principale, qui mesure près de 1 km de long, est ornée de peintures, gravures, dessins divers et bas-reliefs en argile datant d'environ 15 000 ans BP *(Before Present).* Les concrétions stalagmitiques sont à l'échelle de la cavité, véritable cathédrale souterraine... C'est ici que furent découvertes en 1906 par l'abbé Henri Breuil les premières peintures pariétales paléolithiques dans cette zone pyrénéenne. La visite de la grotte mérite le détour et présente donc un double intérêt : géologique et (pré)historique.

La grotte de Lombrives : *à* **Ussat-les-Bains** *(09400). ☎ 05-61-05-98-40. 06-70-74-32-80. • grotte-lombrives.fr • Sur la route Tarascon/Ax-les-Thermes (N 20). Juil-août, départs réguliers tlj 9h-19h ; avr-juin, sept et vac scol de printemps, départs tlj (slt w-e et j. fériés avr hors vac scol) à 10h, 14h et 17h ; mai et oct, en sem à 14h et 17h, départ supplémentaire à 10h les w-e et j. fériés et pdt les vac scol de la Toussaint ; vac scol de Noël et d'hiver, tlj à 14h et 16h30 ; le reste de l'année, slt le w-e et sur rdv. Tarifs : 7,50-44 € selon visite ; 4,50-34 € moins de 12 ans. En fait, en hte saison, plusieurs formules de visite (en alternance ttes les 20-30 mn) et randonnées souterraines (jusqu'à 7h), de la « Première découverte » (1h) aux « Voyages au cœur de la Terre » (5h), les derniers avec repas inclus pris à 4 km sous terre... Résa obligatoire pour les randonnées (3h) et les « Voyages au cœur de la terre » (5-7h avec repas). En saison, sur résa slt, concert « Musique et chants russes » mer soir, dîner-spectacle insolite aux chandelles jeu à 19h. Pulls et (bonnes) chaussures de marche (surtout pour les visites longues) obligatoires. Arriver 15-20 mn avt le départ.*

L'accès à Lombrives s'effectue à pied (1 km, compter 10 à 20 mn) ou en petit train touristique, par une petite route panoramique qui permet d'admirer la vallée et les multiples porches de cette immense grotte. C'est d'ailleurs la plus vaste d'Europe (classée depuis 1985 au *Guinness des records*), qui s'étend du bourg des Cabannes à Tarascon-sur-Ariège et totalise, toutes galeries mises bout à bout, plus de 39 km sur sept niveaux superposés. Elle possède près de 200 entrées et trois salles d'un volume équivalent ou supérieur à Notre-Dame de Paris. Selon la légende, elle abriterait le tombeau de Pyrène dont Hercule était amoureux et qui donna son nom aux Pyrénées.

La majeure partie des galeries ouvertes au public, situées aux niveaux 4 et 5 sur les deux rives de l'Ariège, sont parallèles à cette rivière qui passait autrefois dans la grotte, avant qu'une partie de la cavité n'explose sous la pression de l'eau. Les galeries situées sur la rive gauche (à l'est) sont caractérisées par de nombreux blocs granitiques charriés par les glaciations du Quaternaire, tandis que sur l'autre rive (plus chaude, car située à l'ouest) se trouvent des boues glaciaires près des nombreuses entrées décorées de peintures du Magdalénien (accès réservé aux scientifiques).

Très belles concrétions dans la grotte, parmi lesquelles le *Mammouth*, le *Tombeau de Pyrène*, la déesse mère des Pyrénées dans la mythologie gréco-romaine, la *Sorcière*, la *Vierge*, et des marbres de plusieurs couleurs dans la *salle de l'Empire*

de Satan, où abondent de nombreuses particularités géologiques (cristaux, concrétions, etc.), visibles lors des visites les plus longues. Les visites de 7h permettent d'accéder à la très grande salle et au gouffre géant.
Connue des Grecs et des Romains, Lombrives a toujours été fréquentée par les hommes, qui y laissèrent plus de 114 symboles énigmatiques et 3 600 noms, les plus anciens étant datés du XVIe s et les plus nombreux datant de l'époque romantique, lorsque d'illustres écrivains en visite sur les lieux y apposèrent leur signature (Lamartine, Dumas, Sand, Mérimée, Sainte-Beuve...). Plusieurs opposants politiques (nobles pendant la Révolution, Républicains pendant les deux Empires) y trouvèrent refuge. Une autre façon originale de découvrir Lombrives est d'assister à un dîner-spectacle donné en soirée l'été, à un spectacle pour enfants (notamment à l'occasion d'Halloween ou de Noël...), ou au réveillon insolite du 31 décembre.

– ***La base nautique de Mercus*** *(09400) : ☎ 05-61-05-80-50. En remontant vers Foix par la D 618 ou la N 20 (fléché). Ouv juil-août.* Téléski nautique, canoë-kayak, aire de jeux... Possibilité de se restaurer.

AX-LES-THERMES (09110) 1 350 hab. *Carte Ariège, C4*

Ville carrefour commerçante, le bourg touristique du coin est une station de montagne (été et hiver) et une station thermale fameuse pour ses eaux traitant les rhumatismes et les voies respiratoires. Les incendies, tout au long de l'histoire de la ville, ont laissé peu de marques du passé (pourtant, on ne manquait pas d'eau !). Ne pas rater cependant le pittoresque bassin des Ladres dans le centre-ville. Il fut aménagé par Roger IX de Foix en 1260, sous le règne de Saint Louis, pour traiter ses soldats ayant contracté la lèpre lors des croisades, et il n'a guère changé d'aspect depuis. À la sortie de la source, l'eau atteint les 77 °C. Ainsi, Ax-les-Thermes est sans doute l'un des rares villages où, sur les fontaines publiques, des panneaux mettent en garde contre les risques de brûlures...

Adresses et infos utiles

Office de tourisme du Pays des vallées d'Ax : *6, av. Théophile-Delcassé. ☎ 05-61-64-60-60. Central de résa : ☎ 05-61-64-68-10. • vallees-ax.com • Sept-juin, tlj (sf dim en nov et certains j. fériés) 9h-12h, 14h-18h ; juil-août, tlj 9h-19h (18h dim et j. fériés).* Édite un guide des activités et services, très bien fait. Dépliant gratuit avec un itinéraire de découverte urbain. Également un excellent topoguide comprenant 21 circuits à VTT de différents niveaux *(4 €)* et 3 topos de randonnées pédestres (balades de 1h30 à 6h) qui permettent la découverte du patrimoine bâti des villages alentour, mais aussi celle des montagnes, lacs, torrents, crêtes et sommets *(6,50 €).* Excellent accueil.

Bureau des guides : *gare Aval téléporté, camp de Granou. 06-84-59-20-63. • guides-ariege.com •* Pour toutes les activités liées à la montagne (randos, trek, spéléo, canyoning, escalade...).

– À l'office de tourisme, nombreux autres contacts pour toutes sortes d'activités sportives (escalade, équitation, parapente...).

Axéval : *☎ 05-61-64-68-05. • axeval.m-vallees-ax.com • Circule juil-sept.* 3 circuits desservent les principaux sites touristiques des vallées d'Ax. Sur résa et selon un calendrier précis, il est possible d'emprunter ce bus « à la demande ». Pour l'aller-retour, compter 2 € (1 € si vous résidez chez un hébergeur partenaire).

Où dormir ? Où manger ?

Ville de cure, Ax ne manque guère d'établissements hôteliers. On y trouve par ailleurs nombre de sandwicheries, pizzas à emporter, terrasses de café... Voici cependant quelques adresses pour ceux qui souhaitent s'offrir un vrai repas.

De prix moyens à chic

Le Chalet : *4, av. Turrel. ☎ 05-61-64-24-31. • contact@le-chalet.fr • le-chalet.fr • Resto fermé dim soir et lun (slt lun midi pdt les vac scol). Congés : 10 j. à Pâques et de mi-nov à mi-déc. Doubles 60-82 €. Menus 28-52 €.* C'est un couple fort sympathique qui tient cet hôtel très agréable. Les chambres sont lumineuses et s'ouvrent sur un balcon. Celles situées dans le nouveau bâtiment (ascenseur) donnent sur l'Ariège, qui coule le long des thermes du Teich ; toutes sont propres et confortables (TV à écran plat, parquet, belles salles de bains). Jacuzzi. Jolie salle de resto avec véranda, où l'on sert une cuisine de terroir revisitée, absolument délicieuse.

La Grande Cordée : *31, av. du Docteur-Gomma. ☎ 05-61-65-77-00. • info@grande-cordee.com • grande-cordee.com • Resto ouv ts les soirs (service jusqu'à 20h30). Congés : 2 sem en avr et nov. Doubles 55-66 € selon saison. Menu unique 20 €. Parking gratuit. Apéritif maison offert sur présentation de ce guide.* Légèrement à l'écart du centre-ville, un hôtel géré comme une maison d'hôtes ou une pension de famille. L'ambiance n'est certes pas des plus folle, mais le rapport qualité-prix du menu, qui change tous les jours (apéro et amuse-bouches compris), est tout à fait remarquable. Le chef régale son petit monde de recettes fraîches et inventives, en utilisant au maximum les produits locaux et de saison. Pour en profiter, il faudra se plier à des horaires plutôt stricts !

La Petite Fringale : *6, rue Joseph-Rigal (rue piétonne). ☎ 05-61-01-36-40. • sdormoy@aol.com • Tlj sf mer hors saison. Formule 12 € ; menus 15-36 €. Café offert sur présentation de ce guide.* Fondues au fromage ou « du viandard », garbure, charcuterie, cochonnaille *a la plancha* ou mitonnée au chou, poêlons de patates noyées dans le fromage de montagne... *La Petite Fringale* sort la grosse bouffe, les portions opulentes, celles qui requinquent un montagnard sans oublier de lui faire plaisir et d'épargner son porte-monnaie. Avec, toujours, une petite salade « pour l'équilibre ». Tout ça se dévore sur la terrasse en bois jetée sur la rue piétonne, ou dans la salle qui sent bon le reggae, la convivialité et le voyage.

Où dormir dans les environs ?

Prix moyens

Chambres d'hôtes La Belle Ourse : *5, roc de la Gadibe, 09110* ***Perles-et-Castelet.*** *☎ 05-61-05-32-96. • eric.mina@wanadoo.fr • labelleourse.monsite.orange.fr • En redescendant vers Tarascon par la N 20. Congés : oct-nov. Double 63 € (61 € à partir de 2 nuits). Table d'hôtes 21 €.* Un grand jardin, au fond une passerelle qui s'échappe vers le potager fermé d'une barrière « Attention, ours ». Plantée au cœur de la pelouse, une belle bâtisse aux 3 vastes chambres à parquet craquant rénovées avec goût, chacune dans sa couleur. Toutes ont leur salle d'eau privée, même si l'une est sur le palier. Possibilité d'une « suite » familiale pour 6 personnes. Repas à base de produits du jardin ou de ceux de fermiers locaux, souvent bio. Confitures et pain maison au petit déj. Randos et sorties raquettes. Accueil rayonnant. Seul défaut, la voie ferrée à proximité. Mais bon, ici, il ne passe pas de TGV...

À faire

Ax-les-Thermes est aussi un centre de ski important et le dernier passage vers l'Andorre ou la Cerdagne, de l'autre côté du col de Puymorens. Quatre stations de ski avoisinantes (deux de ski alpin et deux de ski nordique).

Ax-Trois Domaines (Bonascre, Saquet, Campels) : ☎ *05-61-64-20-06. Possibilité d'acheter les forfaits dans les points de vente délocalisés (pratique pour ne pas faire la queue aux caisses !). On peut aussi recharger les forfaits en ligne.* Ski alpin (l'une des plus importantes stations des Pyrénées !) avec un domaine skiable de 85 km. Deux télécabines entre Ax-les-Thermes et sa station de ski Ax-Trois Domaines. À 2 000-2 225 m, enneigement garanti. Au domaine de Bonascre (1 400 m) se concentrent hébergements et services au pied des pistes.

Ascou : ☎ *05-61-64-28-86.* • *ascou-ski.com* • Ski alpin. Au total, 20 km de pistes. Petite station familiale noyée dans les sapins. Des pistes isolées, idéales pour les tout-petits, un domaine « débutants » avec un tapis roulant pour luge et ski, mais aussi des pistes pour bons, voire très bons skieurs, le tout à des tarifs très attractifs, d'où une forte clientèle d'étudiants.

Beille : ☎ *05-34-09-35-35.* • *beille.fr* • Site d'exception (1 800-2 000 m). Premier site nordique des Pyrénées (troisième au niveau national). Immense plateau d'altitude dont le splendide panorama est à découvrir à ski de fond, à raquettes à neige, à traîneau à chiens, ou tout simplement à pied. Espace luge avec tapis roulant remonte-luge, espace ludique, biathlon... Possibilité de louer tout le matériel sur place.

Chioula : ☎ *05-61-64-20-00.* • *chioula.fr* • L'autre site nordique des vallées d'Ax. Les pistes de ski et de raquettes convergent vers le refuge de montagne. Elles jouxtent les villages et les ruines du château cathare de Montaillou. Espace luge. Location de matériel. Resto panoramique face à plus de 120 km de Pyrénées ariégeoises.

Refuge du Chioula : ☎ *05-61-64-06-97.* • *laurence@refugeduchioula.com* • *refugeduchioula.com* • *Accès slt à pied, à cheval ou à VTT. Congés : avr et nov ; sur résa en mai-juin et oct. ½ pens 37-41 €/pers selon saison. Déj env 12 € et dîner 17 €. Douche chaude en supplément.*

– ***Télécabines :*** *ouv en hiver lors de l'ouverture de la station Ax-Trois Domaines et fin juin-début sept, tlj 9h30-12h30, 13h30-19h. A/R adulte pour 1 ou 2 télécabines : 7 ou 11 €.* Deux télécabines : Ax-les-Thermes/Ax-Trois Domaines, puis Ax-Trois Domaines/Le Saquet. On passe de 700 m d'altitude à 1 400 m, puis jusqu'à 2 000 m. De là, multiples balades, mais aussi une super descente à VTT !

– ***Les Bains du Couloubret :*** *promenade Paul-Salette (à côté du casino).* ☎ *05-61-02-64-41.* • *bains-couloubret.com* • *Tlj 10h-19h30 (20h30 ven-sam) ; en sem en basse saison, ouv slt l'ap-m. Compter 16 € pour 2h, 28 € pour 5h ; réduc ; pass famille. Enfants autorisés à partir de 5 ans.* Puisqu'on est dans une ville d'eau, pourquoi ne pas en profiter ? Derrière la façade néogothique de ces thermes récemment rénovés dans un style « néo-pompéien » se dévoilent 3 000 m^2 de bassins, geysers, jacuzzi, hammam, frigidarium, caldarium, vaporium... Superbe ! À l'extérieur, bassin en amphithéâtre et solarium... Espace bien-être ; outre les soins esthétiques classiques et habituels, le centre propose des soins « à ma façon », un massage ludique et original où le client peut préalablement choisir la texture du produit (crème, huile ou cire) et la combiner à la senteur qu'il préfère (fleur d'oranger, bois de cèdre ou de santal, vanille, citron...).

Manifestations

– ***Explos Film Festival – Montagne & Aventure :*** *pdt 4 ou 5 j., autour du jeu de l'Ascension en mai. ☎ 05-61-64-60-60. • explos-festival.com •* Les plus beaux films de montagne et d'aventure en présence de sportifs et de réalisateurs de renom, venus des quatre coins de la planète.
– ***Festival de Théâtre de rue :*** *le w-e de l'Ascension. Rens : ☎ 05-61-64-38-00. • ax-animation.com •* Contrebandiers de l'imaginaire, artistes d'ici et d'ailleurs inventent des passages à travers la ville, les villages et les sentiers.
– ***Les Mercredis de la rue :*** *mer de mi-juil à mi-août.* Animations de rue pour un public jeune ou familial (théâtre, danse, clowns, musique, contes et histoires).
– ***Festival des Saveurs :*** *pdt 3 ou 4 j. autour du 10 sept. Infos : ☎ 05-61-64-60-60.* Marché des producteurs régionaux, animations, dîners gastronomiques et dégustations dans les restos de la ville...

DANS LES ENVIRONS D'AX-LES-THERMES

MONTAILLOU *(09110)*

Ce village, qui abrite les ruines d'un château, est le cadre du fameux livre de l'historien Emmanuel Le Roy Ladurie *Montaillou, village occitan.*

UNAC *(09250)*

L'église romane : pour les amateurs d'art roman, c'est incontestablement la plus belle de la région. Très élégant clocher avec trois étages de baies romanes jumelées. Noter surtout la finesse du décor des fenêtres du chevet, superbe travail de ciselage. Possibilité de visite guidée *(rens à l'office de tourisme d'Ax-les-Thermes, ☎ 05-61-64-60-60).*

➢ ***La Ferme aux Ânes :*** *☎ 05-61-64-44-22. • la-ferme-aux-anes.com • Tte l'année (sf neige).* Organisation de balades d'un ou plusieurs jours dans la région, sur de vieux sentiers (tous balisés et sûrs) de paysans ou de contrebandiers. Possibilité de réserver les logements en amont, location de matériel, accompagnateur, etc. Ânes particulièrement doux pour porter les sacs et faciles à vivre. Une façon originale de découvrir l'Ariège.

LUZENAC *(09250)*

La carrière de talc de Trimouns (*« les trois monts »*) **:** *résa obligatoire au ☎ 05-61-64-60-60 (office de tourisme des vallées d'Ax). • vallees-ax.com • Rdv sur le site même de la carrière, à env 18 km de Luzenac (au-dessus de Lordat) et à 1 800 m d'altitude (le site peut être fermé en cas de mauvaises conditions météo). Attention, compter 45 mn de route depuis Ax et arriver au moins 15 mn avt ! De mi-mai à mi-oct, lun-ven (sf j. fériés). Visites guidées slt, à 10h, 11h, 14h, 15h et 16h de début juil à mi-sept ; à 16h slt mai-juin et sept-oct. Tarif : 8 € ; réduc.* Quoi de commun entre du chewing-gum, de la céramique, du papier et du rouge à lèvres ? Du talc, bravo ! Et à Trimouns, on ne plaisante pas. Au total, environ 400 000 t sont extraites chaque année de cette carrière, descendues ensuite par des bennes pendues le long d'un câble jusqu'à l'usine, dans la vallée (il faut déplacer 10 t de roche pour obtenir 1 t de talc !). L'exploitation remonte au XIXᵉ s et l'entreprise a fêté ses 100 ans d'activité en 2005, c'est dire l'importance économique de l'endroit, qui a marqué l'histoire et le développement de ce coin de l'Ariège. Avec 6 % de la production, le groupe Luzenac est le leader mondial de la production de cette matière première issue d'une roche tendre dont la densité moyenne est équivalente à celle du granit. Ce qui signifie que le talc à l'état brut n'est pas pulvérulent ; il ne se réduit pas facilement en poudre et peut être exploité à ciel ouvert. Ce sont des saisonniers, logés sur place, qui viennent y travailler durant la belle saison. Le week-end, pour tuer le temps, ils (en l'occurrence les Marocains) sculptent le talc. Certains ramènent même de leur pays des minéraux à montrer, voire à vendre, aux touristes. Avis aux amateurs... Quoi qu'il en soit, visite spectaculaire de la carrière à ciel ouvert (même si l'on observe tout cela de loin... derrière les vitres d'un bus !).

LE CHÂTEAU DE LORDAT *(09250)*

Sur la D 20 après Luzenac. À 965 m d'altitude sur un piton calcaire, il fait partie des plus anciens châteaux féodaux du comté de Foix et surplombe la vallée de l'Ariège. C'est là que les derniers cathares se réfugièrent après la chute de Montségur. Superbe balade. Entrée payante aux ruines du château, qui permet aussi d'assister au spectacle de 45 mn, ***Les Aigles du château de Lordat,*** mettant en scène une trentaine de rapaces. Aigles, faucons, vautours évoluent devant nous en toute liberté, le tout agrémenté d'un commentaire pédagogique *(rens : ☎ 05-61-01-34-22 ; • les-aigles-chateau-lordat.com • ; juil-août, spectacles tlj à 11h30, 15h et 16h30 ; Pâques-juin et sept-Toussaint, tlj sf mar et ven à 15h slt ; tarif : 8 €, 3-12 ans 6,50 €).*

➢ Les amateurs de chemins de traverse pourront redescendre dans la plaine direction Tarascon-sur-Ariège via la D 20, bucolique et étroite *route des Corniches* enjambant ruisseaux et cascades, et noyée dans une forêt s'ouvrant de-ci, de-là, sur le panorama.

ORLU *(09110)*

Où dormir ?

Camping Les Loules : *à L'Estap. ☎ 05-61-64-30-09. • camping.orlu@orange.fr • vallee-orlu.com • ♿ À 5 km d'Ax, au pied de la réserve nationale. Ouv tte l'année. Compter 10,50-17,40 € pour 2 en tente selon saison ; loc de chalets 268-510 €/sem selon saison. 100 empl.* Camping familial traversé par une rivière. Nombreuses activités sur place. Petite bibliothèque. Épicerie en saison. Piscine.

À voir. À faire

L'observatoire de la Montagne et son sentier de découverte : *route des Forges. ☎ 05-61-03-06-06. • observatoire-montagne.com • ♿ Avr-oct, mer-ven 10h-13h, 14h-18h (10h-19h juil-août) ; sam-dim 14h-18h (19h juil-août) ; fermé lun-mar sf vac scol de la zone A. Vac scol de fév, lun-ven 14h-18h. Entrée : 7 € ; 6-11 ans 4 €. Billet valable tte une journée (on peut donc visiter l'expo en plusieurs fois).*
Une très belle muséographie sur 300 m² reconstitue les divers niveaux que l'on trouve en montagne : villages et cultures, forêts de feuillus et de résineux, prairies et crêtes. Cette exposition fait appel à nos sens : vue, odorat, toucher, ouïe... Vingt-sept films et documentaires, 112 vitrines thématiques, des bornes interactives pour approcher la montagne d'un peu plus près. Le billet d'entrée permet également d'accéder à l'usine hydroélectrique d'Orlu. Visite des installations (turbines...) et d'une exposition interactive décryptant le phénomène électricité *(mêmes horaires que l'observatoire ; sur résa).*

Parallèlement, des ***sorties de découverte*** sur la réserve naturelle d'Orlu sont proposées avec découverte de la faune et de la flore. Allant de 4h autour du village d'Orlu à 2 jours avec une nuitée en refuge *(12-50 €/pers selon balade).*

La Maison des loups : *route des Forges. ☎ 05-61-64-02-66. • maisondesloups.com • Avr-août, tlj 10h-17h30 (19h juil-août) ; sept-oct, mer-dim 11h-17h. Entrée : 8,70 € ; 3-12 ans 7,10 € ; réduc. Certaines prestations en supplément, comme l'accès au tunnel de vision (4 €).* Une vingtaine de loups venus de différents pays et continents, vivant dans un parc de 7 ha, que l'on peut suivre dans leurs déambulations depuis des observatoires. Le but de ce lieu est de faire tomber l'image du grand méchant loup – on apprend à mieux connaître l'animal lors du nourrissage commenté d'une meute (l'après-midi). Divers points d'animation pour tous : aire de jeux pour les tout-petits, parcours découverte d'empreintes, auditorium pour découvrir les chants et cris des animaux de montagne... Un diaporama en fondu enchaîné est projeté à heures fixes à l'étage de l'espace accueil. Boutique et buvette.

– ***Akrobranch d'Orlu :*** *Les Forges (pôle nature des Forges d'Orlu). ☎ 05-61-05-97-33. • acrobranche-ariege.com • Juil-sept, navette bus depuis Ax-les-Thermes (gare SNCF). Avr-mai et sept-oct, slt w-e, j. fériés et ponts 13h-18h (tlj pdt les vac scol de Pâques ; tlj 12h-17h pdt les vac scol de la Toussaint) ; juin, tlj sf lun-mar 13h (10h dim)-18h ; juil-août, tlj 10h-19h. 11 parcours aventure associant l'accrobranche à la via ferrata. 3 forfaits : mat, ap-m ou journée, permettant l'accès illimité à ts les parcours. Forfait ap-m : compter 23 €/adulte et 6-19 €/enfant ; moins cher le mat. Réduc de 1 € sur présentation de ce guide.* 200 ateliers répartis sur 11 parcours dans les arbres et au-dessus des cascades, qui associent acrobranche et via ferrata : quatre pour les enfants (2-12 ans), quatre pour les familles (adultes et enfants à partir de 6 ans), trois techniques et sensationnels (dès 14 ans), une aire de jeux sur l'équilibre (2-12 ans) avec rocher d'escalade, labyrinthe, toboggans... Espace *paintball* fondu dans l'environnement naturel de la réserve nationale d'Orlu, ou « quête du Graal » à la manière d'Indiana Jones *(plusieurs formules ; 30 € pour 2h).* En été sont également proposés du canyoning (canyon d'Orlu au cœur du parc aventure) et des parcours aventure en nocturne *(27 €).* Le parc de 5 ha, situé dans une hêtraie centenaire et au-dessus des cascades du canyon d'Orlu, réserve chaque année de nouvelles surprises. Aire de pique-nique. Sinon, possibilité de se restaurer sur place au *Bistrot des Forges.* Pas mal de produits fermiers ou bio.

Randonnées

Dans la réserve d'Orlu

➢ ***L'étang d'En Beys** (1 954 m) :* 6h environ à la rencontre de la faune des Pyrénées (isard, marmotte, aigle royal, grand tétras). Itinéraire encore souvent enneigé au printemps !

Refuge d'En Beys : *Les Forges, au bord du lac. ☎ 05-61-64-24-24 ou 05-61-64-21-70 (hors saison ; mairie d'Orlu). • info@refuge-enbeys.com • refuge-enbeys.com • Ouv dernier w-e de mai-dernier w-e de sept ; sur résa slt en mai et oct ; simple refuge le reste de l'année. Compter env 15 €/pers la nuitée ; 37 €/pers en ½ pens ; petit déj 5,50 €. Douche chaude payante (3 €). Apporter ses draps.* Près de 70 places dans des dortoirs de 15 à 20 lits répartis sur plusieurs mezzanines (du coup, les espaces sont un peu réduits et plus intimes). Soirées thématiques proposées en saison.

Balades incontournables autour de la réserve d'Orlu

➢ ***La Dent d'Orlu*** *(2 222 m)* **:** marche sans grande difficulté, de 3h. Également de nombreuses voies d'escalade. Un peu raide tout de même. Pour les amateurs, contacter *Montagne Passion (☏ 06-79-46-02-27 ; • montagnepassion.com •),* qui propose randonnées et escalade.

➢ ***Le pic du Tarbesou*** *(2 364 m)* **:** marche assez facile (3h30 environ) qui offre une très belle vue des trois étangs, Noir, Bleu et Rabassoles, ainsi que des sommets environnants, dont la Dent d'Orlu, le roc Blanc et le pic de Balbone. Départ du col de Pailhères. Infos auprès de l'office de tourisme des vallées d'Ax *(☎ 05-61-64-60-60).*

BALADES AUTOUR D'AX ET DANS LE DONÉZAN

➢ ***Le col du Pradel :*** très agréable balade. Sortir d'Ax par la D 25 (vers Mijanès et Quérigut). À quelques kilomètres, embranchement à gauche pour le col du Pradel (à 1 680 m) par la D 22. La route s'élève rapidement, sinueuse, étroite à souhait mais fort bonne. Quelques hameaux et des paysages sauvages d'une sérénité absolue. Arrivé au col, on est bien tenté de redescendre sur la forêt de la Fajolle.

➢ ***Le col de Pailhères et la région de Quérigut :*** *à 19 km d'Ax.* Le Quérigut est surnommé « Québec de l'Ariège » en raison de la ressemblance de ses paysages avec ceux de la région canadienne, et surtout parce que ce canton a fait sécession au XIXe s et avait demandé son rattachement aux Pyrénées-Orientales... Il faut dire qu'on entre ici en terres catalanes. Le Quérigut culmine à 2 001 m. Montagnes assez nues, paysage pathétique. Descente très sinueuse vers ***Mijanès,*** petit village de montagne typique. Possibilité d'y skier. Les pentes reverdissent, on entre en Languedoc. Puis on arrive à ***Quérigut*** *(09460),* le fond du fond de l'Ariège. Le village s'étend au pied des ruines du **château de Donézan.** Chouette balade dans la *forêt des Hares.* Route forestière reliant Quérigut à Mijanès. Sentiers de randonnée vers l'*étang de Laurenti* et le *roc Blanc.* Beaucoup de marmottes dans le coin. À ***Usson-les-Bains,*** les ruines de l'orgueilleux ***château*** dominent toujours les gorges de l'Aude et de la Bruyante. Il accueillit les cathares en fuite et leur fameux trésor. La Maison du patrimoine, aménagée dans les écuries du *château d'Usson,* est un véritable espace d'information sur le patrimoine historique du Donézan (expos temporaires, diaporamas). Au rez-de-chaussée se trouve l'annexe du syndicat d'initiative.

Où dormir ? Où manger dans le coin ?

⌂ |●| ***Refuge du Rulhe :*** *2, Tirole, 09110* ***Perles-et-Castelet.*** *☎ 05-61-65-65-01. • refuge@rulhe.com • rulhe.com • À 2 200 m, au pied du col de Terre-Nègre et du pic de Rulhe. Accessible aux promeneurs en 1h30 depuis le pla de Las Peyres (vallée d'Aston). Ouv juin-sept ; en hiver, sur résa, le w-e slt. Compter env 13,50 € la nuitée ; ½ pens 33,50 €/pers. Menu 14,50 € ; snacks et casse-croûte 4-8,50 €. CB refusées.* Point de départ de splendides balades. Chambres de 2 à 6 lits et un dortoir de 10 places. Le midi, pour les randonneurs, plat du jour, omelette et sandwichs...

LA ROUTE DE TARASCON À VICDESSOS

Superbe route de montagne suivant en partie la *vallée du Vicdessos.* Quelques sites intéressants le long de l'itinéraire et d'époustouflants paysages.

Siguer *(09220)* **:** un petit détour dans la rue principale pour admirer les colombages et consoles de fenêtres sculptées d'une splendide maison Renaissance, dite « maison des comtes de Foix ». Très bien restaurée. Elle aurait été un relais de chasse de Gaston Phébus. Au passage, noter le surprenant portail très « kitsch républicain » de la mairie.

VICDESSOS ET LA VALLÉE D'AUZAT

(09220) 560 hab. *Carte Ariège, B3*

À 15 km de Tarascon. La petite capitale d'une étonnante vallée ariégeoise, sportive et dynamique, où l'on trouve une ribambelle de petits villages accrochés à flanc de montagne. C'est ici qu'est installée l'usine qui produit les eaux minérales du Montcalm (l'*eau de Montcalm*), ainsi que les mines de fer du Rancié qu'il est question de convertir en site touristique industriel. Étonnante vallée ! Amis skieurs, réjouissez-vous, car la station de ski la moins chère de France se trouve ici *(Goulier-Neige).*

Adresse utile

Office de tourisme des montagnes de Tarascon et du Vicdessos : *rue des Pyrénées, à **Auzat.** ☎ 05-61-64-87-53. • tarascon-vicdessos.com • Tte l'année, lun-sam 9h-13h, 14h-18h, plus dim en saison.* Très bien documenté. Information sur les activités sportives encadrées : parapente, équitation, escalade (plusieurs rochers-écoles), VTT, spéléologie, canyoning, parcours aventure, ski de piste... Topo-guides sur les randonnées pédestres.

Où dormir ? Où manger ?

Camping

Camping La Bexanelle : *à Vicdessos. ☎ 05-61-64-82-22. • info@labexanelle.com • labexanelle.com • À Vicdessos, avt le pont, tourner en direction de Goulier et Sem et prendre la route qui longe la rivière. Ouv tte l'année. Compter 10,50-19,50 € pour 2 selon saison ; chalets jusqu'à 6 pers et bungalows 180-590 €/sem. 193 empl.* Au bord de la rivière, dans un bel environnement. Emplacements ombragés de différents conforts. Piscine, aire de jeux, boulodrome, etc. Une passerelle permet de rejoindre le village. Pour l'anecdote, sachez que c'est le curé du village qui a créé ce camping pour relancer le tourisme local...

Bon marché

Le Relais d'Endron : *09220 **Goulier.** ☎ 05-61-03-87-72. • colleonimarc.lerelaisdendron@sfr.fr • Prendre à droite à la sortie du pont de Vicdessos, continuer sur 3,5 km, c'est à la sortie du village de Goulier. Resto fermé lun ; sur résa slt. Compter 40 €/pers en ½ pens. Menu unique, midi et soir, 15 € (21 € dim). CB refusées.* À 1 100 m d'altitude, dans un village typiquement montagnard. Un vieux bâtiment entièrement rénové (l'ancienne école !), dans un environnement superbe. Le genre d'endroit où l'on a très vite envie de poser son sac à dos pour quelques jours, de rester là à admirer le panorama depuis la terrasse du resto et de respirer...

Gîte d'étape de Marc & Montmija : *09220 **Marc.** ☎ 05-61-64-88-54. • contact@marc-montmija.com • marc-montmija.com • Bureau d'accueil à Auzat. Ouv avr-oct. Nuitée 14,50 €/pers en chambre de 4-5 lits ; 18 €/pers en chambre double ; petit déj 8 €. Repas 16 €.* Un gîte d'étape

LES MONTAGNES DU PLANTAUREL

récent, annexe d'un grand village-vacances, avec piscine, animations en soirée... Enfin, on n'est pas obligé de participer ! On peut se contenter de profiter du calme et du bon confort. Chambres de 2 à 5 personnes. Coin cuisine et repas à disposition.

À voir. À faire

Le Barri – Maison des patrimoines : *à Auzat, à côté de la mairie. ☎ 05-61-02-75-98. • lebarri.fr • Vac scol et en saison, mer-dim 14h30-18h30 (15h-19h juil-août). Entrée : 4 € ; ½ tarif enfants.* Un musée moderne qui présente en trois salles tout le patrimoine de la vallée, de l'ère glaciaire à Péchiney en passant par le pastoralisme, les fouilles archéologiques, les mines... Expos temporaires et conférences. Organise aussi des balades culturelles *(sur résa)* à la découverte des *orris* (refuges de bergers), des mines du Rancié, des ruines du château de Montréal-de-Sos et des cultures en terrasses. Des parcours que l'on peut aussi explorer par soi-même (dépliants explicatifs gratuits à disposition au musée).

– **Montcalm Aventure :** *à Vicdessos, juste derrière le camping* La Bexanelle *(voir « Où dormir ? Où manger ? »). ☎ 05-61-05-19-37. 📱 06-81-01-16-49. • montcalm-aventure.com • Ouv tte l'année : juil-août, tlj 9h-19h ; hors saison, sur résa.* Pour réveiller un peu les muscles, s'amuser ou frissonner, toute une panoplie d'activités nature pour tous les âges. D'abord un parc accrobranche avec six parcours différents pour tous niveaux *(9-23 € selon âge),* dont une longue tyrolienne au-dessus de la rivière. Ensuite deux via ferrata (familiale ou plus sportive), sorte de rando-escalade où l'on chemine harnaché *(14-26 € selon âge).* Enfin, plusieurs activités encadrées par des moniteurs : canyoning et spéléo à la journée ou à la demi-journée *(à partir de 33 € ; réduc),* escalade, balades à raquettes l'hiver... Intéressant forfait à 50 € la journée qui ouvre l'accès à une activité autonome (via ferrata ou accrobranche) et une encadrée (spéléo ou canyoning).

BALADES AUTOUR DE VICDESSOS

➢ ***Le chemin des orris du haut Vicdessos :*** *orris* du Carlat (1 650 m), vallée de Marc, Auzat. Prévoir 3h de marche afin de découvrir les *orris,* cabanes circulaires en pierre sèche qui abritaient les bergers de juin à octobre (période d'estive). Lire plus haut « Le Barri – Maison des patrimoines » dans « À voir. À faire ».

➢ ***Saleix :*** splendide petit village à 3 km d'Auzat, dont l'horloge de l'église n'a qu'une seule aiguille, comme si là-bas le temps ne comptait plus. Pour les randonneurs de GR 10, gîtes d'étape et refuges gardés. Renseignements à l'office de tourisme d'Auzat *(☎ 05-61-64-87-53).*

LA ROUTE DE VICDESSOS À AULUS-LES-BAINS

Après les *cascades d'Arbu,* la route s'élève vers le *port de Lers,* tournoyant sans cesse et livrant de magnifiques points de vue sur de verdoyantes vallées. Arrivé au col d'Agnès, panorama à couper le souffle : un plateau légèrement vallonné aux tons veloutés avec pâturages et troupeaux, encadré de hautes montagnes. Puis descente vers l'*étang de Lers* (resto-buvette sur place). La fin du parcours jusqu'à Aulus, porte d'entrée du Couserans, se révèle plus classique.

LE COUSERANS

Le Couserans possède une place un peu à part en Ariège. Plus proche du Comminges que du pays de Foix par la langue, la religion et les traditions. Lorsque le Couserans fut réuni avec le pays de Foix et la Basse-Ariège en 1790 pour former le département de l'Ariège, on se connaissait peu de part et d'autre.

Dans le Couserans, on était avant tout catholique et on parlait le gascon. Dans la région de Foix, on fut cathare, puis plus volontiers protestant, et le languedocien dominait. Dans le Couserans, les vallées sont plus larges, verdoyantes et boisées. Pays d'élevage, de montagne, peu capable de nourrir son monde. La population émigra donc massivement. Les hommes devinrent colporteurs, porteurs de glace et parfois montreurs d'ours. Les femmes de la vallée de Bethmale fournirent jusqu'à la fin du XIXe s de gros contingents de nourrices.

C'est encore dans le Bethmale que l'on trouve le folklore le plus riche, mais surtout les vêtements les plus beaux, les plus colorés, au point qu'ils faisaient souvent penser à ceux de certains pays balkaniques (Grèce, Albanie). Curieux sabots, très effilés et recourbés, cadeaux de fiancés dans le passé. Grand châle multicolore, robe rouge et vert, coiffe pointue de velours rouge. Le Couserans échappa donc longtemps à la vie moderne et sut garder une grande personnalité. Vous le constaterez nettement dans son architecture (villages d'une homogénéité quasi parfaite). On trouve dans le Couserans encore quelques chercheurs d'or (si, si !). Personne ne fera jamais fortune, mais vous pouvez participer à des stages d'orpaillage. Quelques bons coins dans la rivière Salat. Enfin, parmi ses nombreuses vallées, certaines vous offriront de mémorables randonnées. Nous leur avons accordé ici beaucoup plus de place que nulle part ailleurs.

Adresse utile

i ***Office de tourisme communautaire de Saint-Girons et de Saint-Lizier :*** *pl. Alphonse-Sentein, 09200* ***Saint-Girons.*** *☎ 05-61-96-26-60.* • *saint-girons-couserans-pyrenees.fr* • *De mi-mai à début nov, tlj 10h-12h30, 14h30-18h (horaires plus larges en été) ; sinon, fermé dim.* Dynamique et compétent. Bonne documentation sur les randonnées (un guide pour chacun des 5 cantons du Couserans).

AULUS-LES-BAINS

(09140) 210 hab. *Carte Ariège, B3*

Porte d'entrée du Couserans, le paisible Aulus ou « haut village » est situé dans un beau cirque de montagnes. Déjà connues par les Romains, ses eaux thermales furent retrouvées en 1845 sous l'ancienne source Armagnac après, dit-on, qu'un soldat a guéri sa syphilis en buvant l'eau d'Aulus. La ville eut son heure de gloire, puis tomba un peu en léthargie. Aujourd'hui, la station n'a toujours pas mis la tête hors de l'eau. Elle s'est pourtant dotée, il y a quelques années, d'un centre de cure thermale ultramoderne spécialisé dans le traitement du diabète et du cholestérol. Mais les propriétaires valsent, et les locaux désespèrent. Dommage car, été comme hiver, la région est superbe.

Adresse et infos utiles

i @ *Office de tourisme du Haut-Couserans :* *résidence Ars.* ☎ *05-61-96-00-01.* • *haut-couserans.com* • *Tlj sf dim ap-m et j. fériés 9h-12h, 14h-18h (15h-19h juil-août).* Outre le thermalisme, renseignements sur

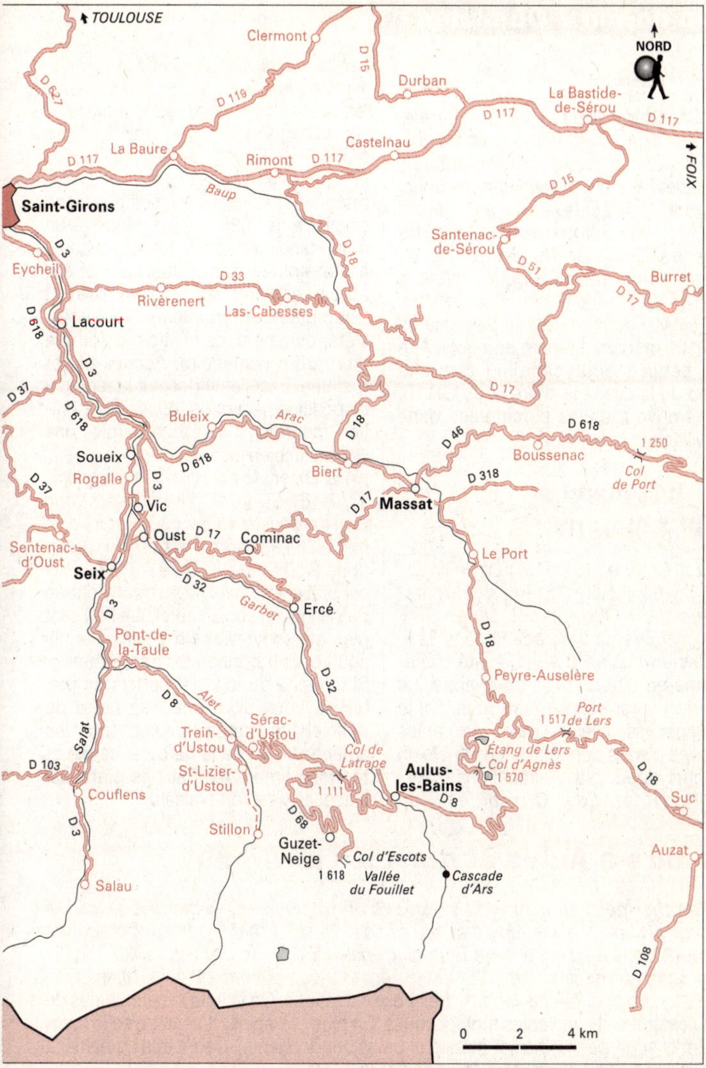

LE COUSERANS

LE COUSERANS

les différentes activités sportives de la région : randonnées, trail, parcours acrobatique dans les arbres, canoë-kayak, escalade, parapente, location de vélos et VTT, etc.

Bus CAP Denamiel : *tte l'année, tlj sf dim.* Relie Aulus à Seix et Saint-Girons.
Bus TER : *slt l'hiver, pdt les vac scol et le w-e.* Pour Guzet, Seix, Saint-Girons, Toulouse.

Où dormir ? Où manger ?

Camping

⩓ **Le Coulédous :** *rue principale, à l'entrée du village. ☎ 05-61-66-43-56. • campinglecouledous@orange.fr • camping-aulus-couledous.com • ♿ Par la D 32 en venant d'Oust et Saint-Girons. Ouv tte l'année. Compter 13-15 € pour 2 en tente selon saison ; loc de chalets 4-6 pers 220-440 €/sem selon saison. 72 empl.* Propose des emplacements de 100 m² dans un parc agréable. Aire de service pour camping-cars. Au pied de la cascade d'Ars et du GR 10. On trouve tous les commerces dans le village.

De bon marché à prix moyens

La Goulue : *route de Saint-Girons. ☎ 05-61-66-53-01. • ariege.com/la-goulue • Ouv mai-oct. Nuitée 16 € en chambre de 2-4 pers. ½ pens 32 €.* L'ancien casino d'Aulus a été transformé en gîte d'étape de charme. Le confort y est simple, mais le jardin, le potager, les salles de bains rétro et les vieilles pierres donnent à l'ensemble un cachet indéniable. Vraiment charmant !

Hôtel Les Oussaillès : *au centre du village. ☎ 05-61-96-03-68. • jcharrue@orange.fr • ariege.com/les-oussailles • Resto slt le soir, pour les résidents slt. Congés : nov-fév. Doubles 49-61 € selon saison ; familiales (3-4 pers) 61-75 €. Menu env 15 €. Animaux refusés.* Une insolite maison en pierre de 1925 qui fait penser à un petit manoir. En fait, la tourelle d'angle a été ajoutée parce que, au départ, aucun escalier n'avait été prévu ! Chambres confortables et rénovées. L'été, on dîne dans le jardin à l'ombre d'un arbre centenaire. Accueil plutôt rustique. Excellente doc sur la région à disposition. À propos, *oussaillès* signifie « montreur d'ours » en patois ; une spécialité bien locale !

L'Oustalet : *rue Principale. ☎ 05-61-96-00-90. • restaurantloustalet@orange.fr • Ouv mai-oct slt ; tlj sf mar en intersaison. Plats du jour à partir de 9,50 € ; carte 20-23 €. Café offert sur présentation de ce guide.* À l'entrée du village, un ancien hôtel que l'on sent plein de souvenirs. On y sert, avec le sourire, une bonne cuisine de famille. Si le menu du jour est parfois un peu bidon, vous trouverez à la carte de délicieuses truites (noyées sous les amandes !) ou de la garbure. Jardin et terrasse ombragée par des platanes. L'accueil y est fort plaisant.

À faire à Aulus et dans les environs

– **Les thermes :** *au centre du village. ☎ 05-61-66-36-80. • thermes-aulus.fr • Accès piscine : tte l'année, mar, jeu et sam 15h30-17h45 ; pdt les vac scol de Pâques (zone A), d'été et de la Toussaint, également lun, mer et ven 15h30-18h45 ; vac scol d'hiver, tlj sf dim 16h-19h45. Accès Aqua-détente : 9 € ; 3-14 ans 5 € ; pass famille et différents forfaits.* Très belle esthétique. On y traite les problèmes de cholestérol et les maladies métaboliques. En plus des soins, détente avec le hammam et superbe piscine (jet-stream et bains bouillonnants). Cadre très agréable et lumineux de bois et de verre. Idéal contre le stress.

– **Station de Trail :** *base d'accueil au* Parc thermal d'Aulus. *☎ 05-61-96-00-01. • stationdetrail.com •* Première station de trail des Pyrénées avec neuf parcours et stade d'entraînement.

➢ **Balade de la vallée du Fouillet :** assez facile. Environ 6 km de trajet et 3h de marche. Du village, aller vers le *col de Latrape*. Au premier virage où il y a le parking, prendre la route forestière qui monte à gauche. Après 30 mn de marche, tourner à droite. La piste grimpe en douceur. Traversée d'un bois de hêtres, puis arrivée aux prairies de la vallée. Retour par un sentier menant directement à Aulus.

LE COUSERANS

➢ ***Balade à la cascade d'Ars :*** un classique ! Compter 4h aller-retour. Même départ que pour la vallée du Fouillet. Au lieu de tourner à droite, poursuivre sur la route forestière qui domine superbement l'étroite gorge du Pas de l'Enfer. Traverser l'Ars sur la passerelle de l'Artigous et continuer sur la rive droite du torrent. Quelques lacets plutôt raides entre les hêtres ; plus loin apparaît la cascade, l'une des plus belles des Pyrénées avec ses 246 m de haut, encore plus impressionnante au printemps, nourrie des eaux de fonte. Le retour se fait par le même chemin.

➢ ***Balade au col d'Escots :*** suivre la D 8, puis la D 68 (par le col de Latrape). Tout en haut, à 1 620 m, superbe panorama sur les cirques montagneux alentour. En voiture, il est recommandé de pousser jusqu'à *Ustou,* puis *Stillon* (par la D 38). Balade familiale du *cirque de Cagateille,* l'un des plus jolis des Pyrénées (compter 1h30 A/R et 150 m de dénivelée sportive) ; 600 m au-dessus s'allonge l'étang de la Hillette (rando plus sportive).

Station de ski Altiservice de Guzet : ☎ *05-61-96-00-11.* Domaine skiable de 40 km de pistes et 15 remontées mécaniques. Canons à neige. *Snowpark.* Piste multi-activités de 4 km. En été, la station propose différentes activités ***(Guzevasion :*** *☎ 05-61-96-00-01 ; • guzevasion.com •).* Elle dispose d'un domaine VTT de descente (Guzet Mountain Bike Park) tous niveaux, d'un espace ludique gratuit avec un circuit d'initiation VTT à bosses et d'un rocher d'initiation à l'escalade.

LE COUSERANS

Location de ***chalets*** et ***appartements*** au pied des pistes, au week-end et à la semaine. S'adresser à *ADT Ariège Pyrénées (☎ 05-61-02-30-80)* ou à la *Maison de Guzet (☎ 05-61-96-01-76).*

Chalet de Beauregard : *☎ 05-61-66-75-99. Accès en hiver par le téléski ; en été, accessible en voiture par une piste carrossable ou à pied (compter 30 mn de marche depuis le Prat Mataou). Juil-août, tlj sf lun 9h30-16h ; déc-mars, tlj (mêmes horaires ; ouv le soir sur résa). Formule et menus 18-26 €.* Paul Fontvielle, chef officiant à Saint-Lizier et Saint-Girons, a ouvert ce petit resto d'altitude avec le même souci d'excellence. Au menu : garbure, viandes ariégeoises, poissons de montagne, fondue du Couserans, millas... À déguster en terrasse ou au coin du feu.

Manifestation

– ***Le Tourn de la cascade d'Ars :*** *un dim autour du 10 juin. Rens : ☎ 05-61-66-49-62.* Course de montagne de 13,5 km autour de la cascade d'Ars et trail de la vallée de Garbet, un parcours de 27 km. Également une course pour les enfants.

D'AULUS À LA VALLÉE DU BIROS, PAR BETHMALE

Un véritable enchantement. L'un de nos itinéraires préférés, également très prisé des géologues, qui trouvent ici l'une des régions les plus variées en matière minérale. On a suivi la D 32 jusqu'à Oust et Seix, mais on aurait aussi bien pu prendre la D 8 (la vallée d'Ustou), sauvage tout autant (en Ariège, ça devient très vite cornélien !).

ERCÉ (09140)

Tout comme Cominac, c'est le village d'origine de la plupart des montreurs d'ours et des « Américains », migrants ariégeois partis pour New York au début du XXe s. ***Exposition*** dédiée aux montreurs d'ours des vallées de l'Alet et du Garbet dans le village *(l'été, tlj 14h30-19h, et tte l'année sur rdv à la mairie au ☎ 05-61-66-86-00 ; tarif : 2 €,* *réduc ; pass patrimoine valable pour le château de Seix et la Boutique des Colporteurs à Soueix : 5 €).* L'église présente une façade baroque inhabituelle pour la région.

COMINAC *(09140)*

Peu après Ercé, Cominac est un petit village posé sur une moraine granitique en surplomb de la D 32. Site classé et nombreuses granges à « pas d'oiseau » et toit de chaume.

Où dormir ?

Gîte La Comté : *chez Michel et Véronique Blavet. ☎ 05-61-66-95-79. • gite.lacomte@gmail.com • lacomte.online.fr • Nuitée en dortoir 21 €/pers. Table d'hôtes (sur résa) 20 €. CB refusées. Apéritif maison offert sur présentation de ce guide.* Un gîte tout en bois labellisé « Rando'plume », bien au calme et doté d'un agréable jardin-terrasse face aux montagnes. 8 chambres de 2 à 4 lits, claires et bien tenues (soit une trentaine de lits en tout). De nombreuses possibilités de randonnées au départ du gîte, dont une au golfe de la Lune. Bonne cuisine concoctée par Véronique et accueil sympathique de toute la famille.

À voir

Les granges : une poignée de granges caractéristiques avec leurs toitures à « pas d'oiseau » ornant les pignons. Ces toitures à redents avaient pour fonction de retenir le chaume déposé sur les toits (beaucoup de vent dans la région !) et de protéger les murs pignons. Malheureusement, aujourd'hui, on trouve plus facilement des tuiles de lauzes en sabot (au bout arrondi). Remarquer enfin l'église, dotée d'un dôme d'inspiration orthodoxe.

VIC-D'OUST

Bel ensemble formé par le *manoir* du XVIe s d'un côté et l'*église* de l'autre. Celle-ci *(en été, mer-dim 15h-18h ; le reste de l'année, slt dim ap-m)* présente une intéressante et pure architecture romane : clocher-mur, abside et absidioles. À l'intérieur, splendide plafond à caissons du XVIe s, autel en cuir de Cordoue. Nombreux motifs décoratifs et têtes, peints de couleurs vives. Visite guidée possible avec l'office de tourisme de Seix.

SOUEIX *(09140)*

Voir la *chapelle Saint-Sernin*, pour les jolis chapiteaux à entrelacs et palmes du clocher-mur. Au cœur du village, on peut visiter la ***Boutique des Colporteurs*** *(rens à l'office de tourisme du Haut-Couserans, ☎ 05-61-96-00-01 ; entrée : 2 €, réduc ; pass patrimoine valable pour le château de Seix et l'exposition des montreurs d'ours à Ercé : 5 €).* Elle abrite une ancienne boutique à vocation multiple (épicerie, quincaillerie, mercerie, bijouterie et objets de piété) qui servait également de lieu d'approvisionnement pour les colporteurs. Elle a conservé le mobilier et l'organisation du début du XXe s ainsi que de nombreux objets d'origine.

Où manger ?

Restaurant Marmigère, Le Perroquet : *au cœur du bourg. ☎ 05-61-66-80-91. Ouv le midi tlj sf sam, plus le soir jeu-ven en été.*

Menus 14-20,50 €. Cuisine familiale dans une pièce chaleureuse. Les menus (écrits à la main, au stylo bille) changent tous les jours et le quart de vin rouge y est toujours compris. Une clientèle d'habitués qui sait que l'on s'y régale sans trahir son appétit. Cassoulet, pied de veau farci, desserts maison, etc.

SEIX (09140) 770 hab. *Carte Ariège, B3*

Petit bourg commerçant très plaisant à l'entrée des vallées du Garbet et du Haut-Salat. « Château du roi » (XVe s), véritable maison forte, avec tours et meurtrières - dont une à redents -, poterne et échauguette. En 1391, René de Balby, fils du gouverneur de la Calabre, est appelé d'Aragon pour défendre les droits hérités de Gaston Phébus. Son fils épousera une fille du vicomte de Couserans. Pittoresques maisons à galeries le long du Salat. L'*église Saint-Étienne* possède un grand clocher-mur au décor hyper chargé de galeries et encorbellement, trois retables en bois sculpté et doré classés, du XVIIIe s. Elle relevait du comté de Toulouse, ce qui explique son nom, saint Étienne étant son premier martyr.

De Seix, nous conseillons la balade au *col de Pause* pour les prodigieux points de vue (par la D 103). Route tortueuse à souhait.

À UNE VOYELLE PRÈS...

Une lettre vieille de plus de 200 ans a été retrouvée à la mairie de Saïx, dans le Tarn ! Destinée à la commune de Seix, en Ariège, elle a été écrite en pleine Révolution française par le ministère de l'Intérieur. En substance, Seix se voyait refuser son statut de chef-lieu du canton ariégeois. Un mal pour un bien car, depuis, Saïx a rendu à Seix sa missive... Et les deux communes se sont rapprochées, en tissant des échanges culturels.

Adresse et infos utiles

Office de tourisme du Haut-Couserans : *1, pl. de l'Allée. ☎ 05-61-96-00-01. • haut-couserans.com • Lun-sam sf mar hors vac scol 9h-12h, 14h-18h (15h-18h30 l'été) ; dim 9h-12h30.* Accueil sympa. Une bonne doc sur les nombreuses randonnées pédestres ou à VTT et autres activités (pêche, raft, balades à dos d'âne...) à faire dans la région (mont Valier, port de Salau, cirque de Cagateille, cascade d'Ars, etc.) ; topoguide de rando, fiches payantes ou téléchargeables gratuitement. Visites guidées pour les groupes *(2 €/pers).*

Cars : pour Aulus, Saint-Girons (avec changement) et Toulouse (direct toute l'année).

– ***Foires et marchés de produits régionaux :*** *tte l'année, les 1er et 3e jeu du mois, plus les 2e et 4e mer et dim mat en été.* ***Marché aux fleurs*** *en mai et oct, et* ***foire d'automne*** *mi-nov.*

Où dormir ? Où manger à Seix et dans les environs ?

La Gourmandine : *pl. de l'Allée, à Seix. ☎ 05-61-66-71-19. • alex.dougnac@gmail.com • Tlj sf lun, plus mar hors saison. Congés : de mi-nov à fin janv. Résa conseillée. Formule déj servie tlj 12 € ; menus 16-23 €. Café offert* *sur présentation de ce guide.* La jolie Alexandrine, dont la grand-mère tenait déjà un resto au village, a repris ce petit resto rétro tout simple et en a fait en peu de temps la table à la mode à Seix (voilà qui fait rêver !). Habitués et touristes se battent pour décrocher une table (surtout en terrasse), et tous se réjouissent de cette cuisine maison résolument personnelle. Elle crée, invente des recettes et métisse le terroir ariégeois, avec parfois quelques petits couacs, il faut l'avouer. Il n'en demeure pas moins que l'ensemble est frais, original, savoureux et généreux. Le tout à bon prix et servi avec le sourire !

🏠 |●| ***Auberge des Deux Rivières :*** *Le Pont-de-la-Taule, 09140 Seix. ☎ 05-61-66-83-57. • aubergedeuxrivieres@netcourrier.com • auberge-des-deux-rivieres.fr • À 5 km de Seix, dans la vallée du Salat. Resto fermé le midi lun-mar tte l'année, plus le soir dim-mar hors saison ; mais resto ouv pour les hôtes. Congés : nov. Double 41 € ; familiales (3-4 pers) 48-55 €. Menus 15-32 €.* On aime beaucoup cette petite adresse rustique, à l'ambiance amicale et tenue par Philip, un ancien designer, et Robert. Si, le soir, en creux de vallée, il fait plutôt sombre, le matin, l'hôtel est baigné de soleil (quand il brille, bien sûr !). Chambres avec douche ou bains, toutes simples mais plaisantes ; certaines sous les toits. Cuisine traditionnelle, aux horizons multiples, concoctée par Philip et servie en été sur la terrasse, au confluent de 2 rivières (le Salat et le Garbet).

🏠 |●| ***Hostellerie de la Poste :*** *rue Principale, 09140* ***Oust.*** *☎ 05-61-66-86-33. • hotel-de-la-poste3@wanadoo.fr • ariege.com/hoteldelaposte • Ouv Pâques-Toussaint. Resto fermé lun midi tte l'année, mar midi en hte saison et lun soir hors saison. Doubles 52-60 € selon saison ; familiale 80 €. Menus 18-39 € ; carte env 40 €. Parking clos.* Une vingtaine de chambres toutes différentes, bien entretenues. Salle à manger cossue et bons plats bourgeois et de terroir comme le fondant de pieds de porc farcis au foie gras. Certaines chambres ont un balcon donnant sur le jardin et la piscine (la nº 25 est particulièrement spacieuse). Celles situées dans la partie moderne (plus chères) ne disposent que de lits jumeaux.

À voir. À faire

Le château de Seix : *☎ 05-61-96-00-01 ou 05-61-96-51-58. • patrimoine-du-couserans.com • Tlj en été et le w-e au printemps et à l'automne 14h30-19h. Entrée : 2 € ; réduc ; pass patrimoine (valable pour l'exposition des montreurs d'ours à Ercé et la Boutique des Colporteurs à Soueix : 5 €).* Ce centre d'interprétation du patrimoine des vallées du Couserans porte un regard sur la vie passée et actuelle dans ces montagnes, thème après thème.

Le jardin de curé : *rue de la Chapelle. En saison slt, tlj 15h-19h. Entrée libre.* Un joli jardin « de curé » recréé dans l'enceinte de la chapelle Notre-Dame-de-Pitié. Lieu de sérénité et de méditation, les curés de village soignaient leur jardin, c'est bien connu... Un avant-goût de Paradis qui leur permettait de fleurir l'église et d'égayer le quotidien grâce à la production de fruits et de légumes. On y trouvait aussi traditionnellement des plantes aromatiques et médicinales. Expos sur les outils anciens et sur le lin.

➢ Du ***Pont-de-la-Taule,*** on peut continuer à s'enfoncer dans les gorges du Salat, le long de l'étroite route coincée entre pente arborée et rivière, jusqu'à atteindre Salau et son coquet estaminet de bois, *Les Myrtilles.* Un bien joli but pour une pause-café. Visite libre de l'église de Salau et de l'exposition sur l'ancienne mine de tungstène à l'ancienne école.

Manifestations

– ***Les 1 000 Pagaies :*** *début mai.* Festival d'eaux vives. Baptême de rafting *(gratuit),* animations, concerts et ambiance festive.

– ***Transhumances en Haut-Salat :*** *3 j. autour du 10 juin. • transhumances-haut-salat.com •* Fête du pastoralisme. Accompagnement des bergers et de leurs troupeaux vers les estives. De nombreux marchés artisanaux dans toute la région. Soirées et veillées avec repas et concert.
– ***L'Orsalher VTT :*** *le 1er dim de juil, à* ***Oust.*** *• orsalher-vtt.com •* Rando-raid VTT avec cinq parcours proposés. Animations VTT enfants gratuites.
– ***Les Estivales Lagorre :*** *2 mois, en été. Rens : ☎ 05-61-96-00-01.* Expos de peinture au cœur du village, à la mémoire du peintre René-Gaston Lagorre. Une trentaine d'artistes sur six lieux d'exposition, art dans la rue, etc.

MASSAT (09320) 690 hab. *Carte Ariège, B3*

Gros bourg accueillant, sur la route (superbe) entre Saint-Girons et Tarascon-sur-Ariège, planté d'une église massive hérissée d'un clocher en tourelle (le plus haut d'Ariège !). Tout autour, ce ne sont que forêts de hêtres, de châtaigniers et de résineux, hameaux typiques et granges d'estive. On est au cœur du parc naturel des Pyrénées ariégeoises, un nid de verdure au fond d'un cirque toujours fréquenté par les adeptes de tourisme vert : randonnées à pied, à cheval ou à VTT.

Adresse utile

ℹ ***Office de tourisme :*** *route du col de Port. ☎ 05-61-96-92-76. • tourisme-massat.com • Tte l'année, mar-sam 10h-12h30, 15h-17h30.* Édite une trentaine de fiches *(payantes)* sur les randonnées locales.

Où dormir dans les environs ?

Campings

⛺ ***Camping municipal du Pouech :*** *le Pouech. ☎ 05-61-04-95-22. 📱 06-85-90-38-41. • campicampa@orange.fr • ariege.com/camping-massat • ♿ Suivre le fléchage depuis le centre-bourg (à 100 m). Ouv juin-sept. Compter 15,40 € pour 2 en saison ; loc de caravanes 107,80 €/sem. CB refusées. 35 empl.* Un camping tranquille et convivial tout à la fois, avec des emplacements délimités et ombragés, et un bar sympa où tout le monde se retrouve à l'apéro. Tennis et commerces à proximité. Pas mal de randos pédestres ou équestres pour les amateurs.

⛺ ***Camping en ferme d'accueil L'Azaïgouat :*** *route du Col-du-Saraillé, 09320* ***Biert.*** *☎ 05-61-96-95-03. 📱 06-47-94-33-43. • camping.azaigouat@club-internet.fr • azaigouat.com • À Biert, traverser le pont ; sur le départ de la D 18 (indiqué). Ouv de mi-juin à mi-sept. Compter 13 € pour 2 en tente en saison ; loc de caravanes 120-150/sem selon saison. 25 empl. Réduc de 10 % sur présentation de ce guide.* Vaste aire naturelle de camping, aménagée sur plusieurs terrains noyés dans la forêt autour d'une ferme. De spacieux emplacements ombragés, en terrasses ou en bord de rivière. Grande salle d'accueil, qui peut servir en cas d'intempéries, avec cheminée, baby-foot et table de ping-pong. Point de départ de sentiers balisés, pêche et site d'escalade à proximité. À la buvette, cidre, jus de pomme et confitures maison. Poulets rôtis sur commande une fois par semaine. Barbecue à disposition. Un très bon rapport qualité-prix.

DANS LES ENVIRONS DE MASSAT

➢ ***La balade de Goutets :*** cette randonnée, dont la fiche descriptive est en vente à l'office de tourisme de Massat, mène à l'adorable site de Goutets, vestige d'une activité pastorale millénaire. En effet, l'été, les habitants de la vallée montaient au village et résidaient dans les *orris,* petites cabanes couvertes de végétation. Intéressant : une partie de la randonnée passe par un chemin empierré qui part de la vallée pour atteindre les estives. Il fut entièrement dallé à la main et témoigne encore du savoir-faire des tailleurs de schiste. Une curiosité.

LA VALLÉE DE BETHMALE

Carte Ariège, A3

Tout au long de la D 17, l'une des vallées les plus séduisantes des Pyrénées. D'une harmonie sans pareille. Très évasée et boisée, laissant place néanmoins à de beaux pâturages. En dehors du temps. Délicieuse descente vers le *lac de Bethmale* cerné par la forêt, depuis le col de la Core (1 395 m), qui peut toutefois être fermé pour enneigement au cours de l'hiver. Et si la perspective d'une marche vous épuise, un parking est idéalement situé à 200 m du lac, 5 km après le col, en descendant dans la vallée (accès handicapés). À découvrir également, les étangs d'Ayès et d'Eychelle. Aux grandes occasions, les villageois sortent leurs costumes si colorés, en particulier pour le 15 août.

LEÇON DE MORALE

Un homme de la vallée de Bethmale, qui possédait des sabots particulièrement effilés, tua sa fiancée et le coquin qui l'avait séduite. Il se promena avec les deux cœurs enfilés sur la pointe des sabots en criant : « Aouita pla aco, catin ! Equé servichio dé leçoun ! » *(Regardez bien, filles infidèles ! Que cela vous serve de leçon !). L'histoire ne dit pas si d'autres sabots servirent de pics à brochettes, mais pendant longtemps, il fut de tradition de les offrir à sa fiancée avec un cœur gravé sur la pointe. On vous rassure, la légende remonte au IXe s et l'on ne trouve plus personne pour embrocher le cœur des belles, ni même des touristes !*

AYET-EN-BETHMALE

Village d'une remarquable homogénéité architecturale, dominé par une église du XVIIIe s. Belles boiseries baroques polychromes à l'intérieur. Balade sympa au *lac de Bethmale* par un chemin balisé (environ 8 km aller-retour). Peu après, la vallée de Bethmale réalise sa jonction avec celle du Biros.

Où déguster un sorbet ? Où acheter un fromage dans les environs ?

🍦 ***En Terre d'Abajous – Terrasse de dégustation de sorbets fermiers :*** *Anne Larive, à* ***Samortein-en-Bethmale*** *(09800), au centre du village.* ☎ *05-61-96-19-53.* 📱 *06-70-25-91-53.* • *annelarive@orange.fr* • ♿ *Juil-août et vac scol, tlj 15h-19h ; hors saison, le w-e, sinon appeler avt. CB refusées. Un petit pot de confiture maison offert sur présentation de ce guide.* Se poser sur la petite terrasse face aux crêtes du Balam et déguster un délicieux sorbet maison : myrtille, réglisse, rhubarbe, fleurs d'acacia... Produits bio garantis, la matière première pousse juste là, dans le jardin en contrebas. Vente aussi de confitures, sirop de fleurs ou de fruits et coulis de fruits rouges.

Fromagerie La Core : *à* ***Samortein-en-Bethmale.*** *☎ 05-61-04-05-55. • fromagerie-lacore.com • En saison, tlj 9h-13h, 14h-19h.* Une minuscule échoppe d'affineur qui vous flatte les narines à peine la porte franchie. Excellents fromages de montagne à la coupe (à base de lait de vache, de chèvre et/ou de brebis ; tous ne sont pas au lait cru, attention !) et confitures. Hors saison, rendez-vous au *chalet de Cazalas,* à Cescau, entre Castillon et Saint-Girons, la laiterie moderne où est aujourd'hui fabriqué le fromage *(ouv tlj ou presque).*

ARET

Ne pas manquer de rendre visite au *sabotier* installé dans ce petit village beau comme un poème. On y fabrique encore le sabot si caractéristique de la vallée (décoré de clous dorés et tout effilé). On vous expliquera l'histoire et la fabrication du sabot de Bethmale, on vous présentera diverses formes de sabots selon les régions. Voir également les sabots de jardin. Excellent accueil. *☎ 05-61-96-78-84. • artisan-bois-sabots.fr • Atelier, expo-vente de sabots en saison tlj 15h-19h (le reste de l'année, se renseigner). Visite commentée en juil-août, mar à 15h. Durée : env 45 mn. Prix : 2 €.*

LA VALLÉE DU BIROS

Carte Ariège, A3

Paysages harmonieux là aussi. Un folklore, de riches traditions culturelles, même si un beau jour il restera peu de monde pour les transmettre, tant la vallée se vide de ses jeunes. Les mines employaient plusieurs centaines de personnes. Elles fermèrent en 1954. Espérons que le tourisme pourra contribuer à stopper l'hémorragie.

Adresse utile

Office de tourisme du Castillonnais : *à* ***Sentein*** *(09800). ☎ 05-61-96-10-90. • tourismecastillon.com • À l'entrée du village, dans le centre d'accueil et d'animation. Juil-août, tlj sf dim et j. fériés.* Excellent accueil, très compétent. Renseignements sur toutes les activités : tennis, randonnées, balades accompagnées, location de raquettes à neige... Topos de randonnées très bien faits, proposant des itinéraires de 2 à 10h de marche *(9,90 €).* Possibilité d'accueil des enfants à partir de 3 ans (se renseigner au centre de loisirs cantonal à Castillon-en-Couserans).

Où dormir ?

Camping et gîte d'étape

Camping municipal La Grange : *av. Alphonse-Sentein, 09800* ***Sentein.*** *☎ 05-61-96-18-74 (en été) ou 05-61-96-73-92 (mairie). • communedesentein@wanadoo.fr • De Saint-Girons, par la D 618 puis la D 4. Ouv juil-août. Compter 8 € pour 2 en tente. CB refusées. 45 empl.* Petit camping municipal avec accès à la rivière.

Modeste, peu ombragé mais bonne base pour des randos dans la belle et méconnue vallée du Biros. Location de salon de jardin. Épicerie au village.

Gîte d'étape d'Eylie : *à Eylie-le-Haut, 09800* ***Sentein.*** *☎ 05-61-96-14-00. 06-75-59-22-96. • gite.eylie@wanadoo.fr • giteseylie.jimdo.com • Ouv tte l'année. Nuitée en dortoir 15-18 €/pers selon saison ; petit déj 6 €. ½ pens 36 €/pers.* Tout au bout de la vallée, au cœur des montagnes, un gîte perché sur une petite colline qui regarde une ferme. 20 places en dortoir de 8 et 12 lits. Le gardien loge plus haut dans le village (fléché). Point de départ de nombreuses balades et topoguides à disposition.

Prix moyens

Chambres d'hôtes La Maison du Rabada : *à* ***Sentein*** *(09800), sur la place principale, face à l'église. ☎ 05-61-96-07-76. 06-76-88-29-67. • estreme.veronique@wanadoo.fr • ariege.com/maison-du-rabada • Congés : janv. Résa conseillée. Compter 55-60 € pour 2, 69 € pour 4. ½ pens 45 €/pers. Séjour min 2 nuits.* Une vieille maison en pierre pleine de charme. Les 3 chambres sont confortables, la décoration est soignée et l'accueil particulièrement chaleureux. Jardin à l'arrière de la maison.

À voir

SENTEIN (09800)

Le plus important village de la vallée. Propose l'une des plus curieuses ***églises*** de la région (classée). Forme tout à fait inhabituelle avec ses trois tours aux toits effilés. En fait, elle fut fortifiée et il manque les quatrième et cinquième tours. Base du clocher de l'époque romane. Noter la croix fleurdelisée et penchée. À l'intérieur (pas toujours ouvert), nombreux points d'intérêt : à droite de l'entrée, le baptistère dans la base romane du clocher, et les fresques des XVe-XVIe s sur la voûte. À gauche de la voûte, *arbre de Jessé* avec Vierge en majesté. Pour les peindre, on n'utilisa que des terres, le noir et le blanc n'étant pas considérés comme des couleurs. En face (moins visible), le *Jugement dernier,* avec le Christ en majesté et l'archange saint Michel en dessous, triant les âmes. À gauche de l'autel, un banc-coffre sculpté (à serrure). *Possibilité de visites guidées, se renseigner à l'office de tourisme (voir plus haut « Adresse utile »).*

ANTRAS (09800)

À 2 km au nord de Sentein. Charmant village livrant une très belle vue sur la vallée. Église romane avec un retable en bois doré de la fin du XVIIIe s *(août, mar et jeu 14h-19h ; visite guidée).* Maisons traditionnelles en pierre sèche, toit d'ardoises en pignon avec galerie.

BALACET (09800)

À 4 km à l'est de Sentein. Charmant village où l'église romane du XIIe s est construite en grès violet. Bandes lombardes, modillons sculptés animent le chevet.

EYLIE (09800)

Le bout de la vallée, le bout du monde voudrait-on dire, perdu dans les montagnes. C'est le point de départ de superbes ***randonnées*** (voir plus loin la rubrique « Promenades et randonnées dans le Biros »). Le GR 10 y passe. À *Eylie-le-Haut,* plan détaillé avec toutes les durées de trajet ; et gîte d'étape avec possibilité de demi-pension (voir plus haut « Où dormir ? »).

OURJOUT (09800)

À l'entrée de la vallée. Charmant ensemble composé du plus vieux pont du Couserans et d'une belle église romane dont l'abside domine la rivière. Beau clocher-mur à baies géminées.

CASTILLON-EN-COUSERANS (09800)

Ravissante ***chapelle Saint-Pierre*** édifiée fin XIe-début XIIe s, seul vestige d'un château que fit raser Richelieu. À l'intérieur, peintures murales du XIIIe s, trous acoustiques et fresque gothique du *Pendu dépendu* (inspirée d'une légende jacquaire puisque nous sommes sur un chemin secondaire pour Compostelle). Clocher-mur du XVIe s. Dans l'église du village, ne pas rater une jolie pietà. On y trouve aussi une croix processionnelle en argent du XVIe s.

i ***Office de tourisme du Castillonnais :*** *☎ 05-61-96-72-64. • tourisme castillon.com • Tte l'année, tlj sf dim (ouv dim mat en été).* Vous y trouverez toute la doc habituelle, ainsi que la clé de la chapelle Saint-Pierre et des « sacs à dos qui parlent » pour des randos commentées (voir ci-après). Et sinon, près de 70 fiches randos *(0,75 € chacune)* et un topoguide d'une cinquantaine de randos (de 2 à 10h de marche).

– ***Marché traditionnel :*** *ts les 15 j., mar mat (en été, ts les mar).*

Promenades et randonnées dans le Biros

Castillon-en-Couserans est située au carrefour des 4 B (vallées de Bethmale, Biros, Bellongue et Balaguères), parcourues d'itinéraires de rando pour tous niveaux. La vallée du Biros en est certainement la plus fascinante (avec celle de Bethmale, bien sûr). En tout cas, elle offre une quantité incroyable de superbes randonnées dans des sites sauvages à couper le souffle. De plus, sans vraiment de difficulté. Le rêve ! Chacun saura, d'après chemins balisés et cartes, déterminer lui-même son parcours. Enfin, de toutes les crêtes du Biros, le randonneur admirera les paysages espagnols dont il faut déjà retenir deux noms, le *massif de la Maladetta* et le *pic d'Aneto*.

➢ ***Les Chemins qui parlent du Castillonnais :*** l'office de tourisme du Castillonnais propose un système d'audioguidage tout à fait original. Cinq « chemins qui parlent » et vous content au gré de la promenade la vie dans les vallées. Il suffit de récupérer un sac à dos à l'office, de choisir son chemin et de se laisser guider... Le paysage défile et l'on écoute en même temps de magnifiques témoignages des habitants, des sons de la vie quotidienne, qui donnent une dimension humaine et touchante à la visite (on peut aussi préférer marcher en silence et « écouter le sac » lors d'une pause). Coup de cœur pour le *Chemin du bâti,* consacré à l'architecture du village de Galey.

Et sinon, nous vous avons sélectionné quelques randos parmi les plus belles.
– ***De Sentein :*** le port d'Urets (2 512 m), le cirque de la Plagne (1 100 m), le pic de Crabère (2 630 m), la chapelle de l'Izard.
– ***Entre Sentein et Castillon :*** la vallée d'Orle, le col des Cassaings, le mont Vallier (2 838 m) par la vallée du Riberot.

Quelques conseils avant de partir

– Déterminer la durée de l'excursion pour prévoir vêtements, chaussures, nourriture et eau !
– Se renseigner sur les prévisions météo sur la zone *(☎ 0892-68-08-08).* Gare aux orages de montagne...

– Connaître ses limites physiques car, si les montagnes ariégeoises sont belles, les dénivelées sont souvent importantes.
– Gendarmerie de montagne : ☎ 05-61-96-70-17 ou 05-61-64-22-58.

Au départ de Sentein

Sortir de Sentein et suivre la route qui longe le Lez jusqu'aux anciennes usines d'exploitation de minerais *(Eylie)*. On laissera le véhicule au bout de ce chemin ; ne pas franchir la passerelle en voiture. Deux randonnées conseillées.

➢ ***Le port d'Urets*** *(2 512 m)* **:** pour routards courageux. Prévoir la randonnée sur 2 jours. Petit refuge pastoral attenant à celui du berger (15 places), non gardé, au barrage d'Urets (1 941 m). Partir en début d'après-midi et continuer le chemin qui domine vite les usines désaffectées. On arrive à l'embranchement de la Plagne ; à gauche, un sentier traverse le torrent et s'élève rapidement dans la forêt. En fonction de la saison, faire attention aux framboises et myrtilles sauvages qui jonchent le sol ! Une durée de 3h30 à 4h sépare le parking du refuge. Le pylône se rapproche ! La première halte n'est plus très loin ! Au refuge, soit on dormira dans la pièce commune, soit on choisira de monter sa tente pour voir le coucher ou le lever du soleil sur le *Maubermé* (à droite) ou le *port d'Urets* (tout droit). Le matin, partir de bonne heure (7 ou 8h) puis continuer droit devant. Environ 600 m de dénivelée, soit 1h30 à 2h, séparent le refuge du col. Laisser à droite le chemin qui mène au Mauberné. Enfin, le col où chacun appréciera l'approche des hauteurs et puis... en bas, d'un côté, le *val d'Aran* et, de l'autre, la *vallée du Lez*. À droite, le *pic de Mauberné* et sa majestueuse forme arrondie. Le retour s'effectuera par le même itinéraire.

➢ ***Le cirque de la Plagne* :** pour routards fatigués. Le départ de cette promenade est le même que celui du port d'Urets. On arrive à l'embranchement de la Plagne (environ 45 mn de marche après le parking). On laissera à gauche le sentier pour prendre celui qui mène droit devant au cirque de la Plagne. Faible dénivelée où il faudra compter une petite heure pour arriver au fond du cirque. De là, les plus courageux des fatigués pourront pique-niquer au bord du torrent et admirer d'en bas les contreforts du *Mauberné* (2 880 m) et du *pic de Serres* (2 713 m). Même itinéraire pour le retour.

Au départ de Sentein encore

Partir de Sentein, puis tourner à droite (au hameau du Pont) vers *Frechendech*. Une petite route charmante mène au parking du *pic de Crabère*. Prévoir la randonnée sur 2 jours, réserver la nuit et les repas au *refuge de l'Étang d'Araing (☎ 05-61-96-73-73 ; 📱 06-88-69-46-07 ; • refuge-araing.fr • ; juin-sept, tlj ; mai et oct, slt le w-e et sur résa ; env 18 € la nuitée ; ½ pens env 40 €/pers ; réduc moins de 18 ans)*. Deux randonnées conseillées.

➢ ***Le pic de Crabère* :** pour routards courageux. Départ à 823 m. Partir dans l'après-midi, car il faut compter 3h environ jusqu'au refuge. Longer le ruisseau de l'Isard rive gauche jusqu'à la passerelle « Illa Marie » pour se trouver sur sa rive droite. Une longue montée à travers la forêt s'annonce. À environ 1h du départ, on parvient à une autre passerelle qu'on ne franchit pas. Continuer sur la rive droite du ruisseau jusqu'aux *pâturages d'Hillaou* (environ 1 600 m). La forêt se termine et le Crabère se montre droit devant. De là, on peut deviner le *barrage de l'étang d'Araing* et, selon la saison, la montée peut s'effectuer à travers les buissons fleuris de rhododendrons sauvages. On arrive au refuge (1 900 m ; ouvert seulement pendant la saison, une partie reste ouverte pendant l'hiver, mais n'est pas gardée).

Première récompense : ambiance montagnarde très sympa, nourriture excellente, et le vin est fort apprécié après cette montée.
Le matin, partir de bonne heure (à 7 ou 8h) pour se diriger vers le col, puis vers le Crabère (2 629 m). La montée, quoique rude, est relativement rapide. Arrivé au sommet, magnifique belvédère sur la chaine des Pyrénées avec en face tout le *massif de la Maladetta* (3 404 m) et à gauche le *Maubermé* et le *mont Vallier.* À noter, la présence de quelques chèvres gourmandes qui veulent à tout prix partager le repas du pique-niqueur affamé. On déconseille le passage des crêtes vers le Maubermé, qui nécessite l'utilisation de cordes. Le retour s'effectue par le même itinéraire.

➢ ***La chapelle de l'Izard :*** pour routards assez courageux. Randonnée d'une journée. Le départ de cette promenade est le même que celui du *pic de Crabère.* Au deuxième pont, on bifurquera vers la droite. Le sentier s'élève en lacet dans la forêt. Bientôt la chapelle apparaît. Bien qu'elle ne présente aucun intérêt architectural, elle se situe dans un cadre vaste et splendide. Droit devant, on reconnaît le *Crabère* et la *Serre d'Araing* (2 221 m). Une petite halte, et on repart pendant 15 mn pour se retrouver aux abords du cirque de l'Izard, entouré d'une sapinière très touffue. Les pics qui nous font face culminent à 2 000 m et plus. On peut pousser jusqu'à l'*Étang d'Araing,* refuge de 50 places bien tenu (voir plus haut), avec restauration (glaces et sorbets maison). Le retour s'effectuera par le même itinéraire.

LE COUSERANS

Une variante pour les coups de pompe

➢ ***La route du Playras :*** sortir du village de Sentein et prendre à droite la route du Playras. Hameau typique du Couserans avec ses maisons aux jolis balcons. En voiture, une petite route sinueuse mène au parking jusqu'au pylône relais de télévision. De là, panorama admirable composé de tous les sites énumérés plus haut. Si la montagne est belle d'en haut, il n'est pas négligeable de la contempler d'en bas ! Allez, montagnards, on est quand même fiers de l'avoir fait ! Continuez à pied, car à cet endroit la route n'est accessible qu'en Pataugas ; 45 mn vous mènent au col. Là, récompense : le cœur de Pyrène vous appartient.

Entre Sentein et Castillon

➢ ***La vallée d'Orle :*** c'est faisable en une journée, mais on peut prévoir sa tente. Cette vallée présente un panaché de grandes et de petites randonnées. Le départ s'effectue au lieu-dit La Pucelle, qui est le terminus auto. Les plus courageux et les plus entraînés pourront faire le tour de la vallée d'Orle par les crêtes. Il faut alors prévoir une navette (laisser un véhicule au village de Luentein et un autre à La Pucelle). Suivre les indications et les balises au départ. On peut se rendre du *Mail de Bulard* (2 750 m) au *pic de Barlonguère* (2 802 m) en passant par le *pic du Port-d'Orle* (2 618 m). Ce parcours (assez long) est également une approche visuelle de ces magnifiques sommets espagnols et offre aussi un large panorama vers la vallée... vers l'Ariège.

➢ Pour les petites jambes, il est possible au départ de *Luentein* de faire un petit tour du côté du ***col des Cassaings*** (1 497 m). Charmante promenade, petite dénivelée, heureux compromis entre la campagne ariégeoise et les premiers pics, les premières hauteurs... Bref, de quoi donner l'envie aux plus réticents (s'il en existe encore) d'aller plus haut.

Entre Sentein et Castillon encore

➢ ***La vallée du Riberot :*** le *mont Vallier* avec ses 2 839 m, le seigneur des lieux, domine la vallée du Riberot. Destinée aux marcheurs confirmés, cette randonnée demande une endurance certaine. Prévoir 2 jours.

Partir en fin d'après-midi. Prendre la route de la *vallée du Riberot* (bifurcation vers Ayer) jusqu'au « Pla de la Lau » (terminus auto). Le départ de cette promenade offre plein de lieux à pique-nique très agréables. Les montagnards, eux, traverseront le ruisseau du Muscadet pour s'enfoncer rapidement dans la forêt (myrtilles et framboises). Premier enchantement : la *cascade de Nerech* (à 1h30 du départ). Selon l'heure, on campera là ou bien on continuera vers la *cabane des Caussis,* ou vers les *Estagnous* (c'est l'idéal ; voir plus bas). De là, en contrebas, le *lac Rond* (1 929 m) et le *lac Long* (2 125 m), magnifiques lacs naturels d'un vert... on ne vous dit que ça ! Partir de bonne heure le lendemain matin car la dernière partie présente une dénivelée très importante. Quelques pierres empêchent une ascension rapide. À vos pieds, l'Espagne ! Les principaux sommets ariégeois, les *monts Maudits...* les diverses vallées du Couserans et bien loin, au fond, Toulouse.

Refuge des Estagnous : *09800* ***Les Bordes-sur-Lez*** *; au pied du mont Vallier (2 240 m). ☎ 05-61-96-76-22. • refuge.estagnous@gmail.com • refuge-estagnous.com • Compter 4h depuis le parking du Pla de la Lau. De mi-juin à mi-oct, tlj ; de mai à mi-juin et dernière quinzaine d'oct, le w-e slt. Résa obligatoire par tél. Nuitée 14 € (couverture et oreiller fournis) ; ½ pens 36 €/pers. Loc de tentes 3 places 15 €. Le soir, menu unique 15 € ; le midi, assiette du randonneur et plat du jour env 12 €. CB refusées. Apéritif maison offert sur présentation de ce guide.* Tenu par Stéphane et Laurent, des gars qui connaissent la région comme leur poche. Capacité de 72 personnes. Bonne cuisine régionale pyrénéenne et ambiance très sympa. On peut également bivouaquer aux abords du refuge. Les vendredis de l'été, soirées contes, danses folkloriques, dégustations, musique... sont au menu du Festivallier.

La Maison du Valier : *Ayer, 09800* ***Les Bordes-sur-Lez.*** *☎ 05-61-01-01-01. • maisonvalier@orange.fr • maison-valier.fr • À 3 km des Bordes (env 6 mn) ; compter un bon quart d'heure depuis Castillon. Tlj sf dim soir et lun hors saison. Congés : de mi-nov à mars sf vac scol de Noël. Résa conseillée. Compter 48,10-53,30 €/pers (sur la base de 2 pers) en ½ pens (chambres de 2 à 9 lits). Carte slt 20-30 €.* En fond de vallée, loin de tout, un petit coin de paradis ! Une véritable carte postale : la rivière en creux, la montagne en fond et de la verdure tout autour. *La Maison du Valier* fait l'unanimité sur la qualité de la cuisine ! Le chef se décarcasse avec passion et générosité pour offrir au meilleur prix une cuisine de terroir soignée et personnelle. Ceux qui veulent y faire étape trouveront sur place un hébergement avant tout fonctionnel. Terrasse pour profiter du cadre, mais elle n'est malheureusement pas toujours ouverte.

AUDRESSEIN ET LA VALLÉE DE BELLONGUE

(09800) 115 hab. *Carte Ariège, A3*

Petit village pittoresque au confluent du Lez et de la Bouigane, Audressein possède une très intéressante *église Notre-Dame-de-Tramesaygues* (« entre deux eaux »), bâtie effectivement sur une langue de terre entre les deux rivières. Curieuse façade avec un porche très ancien surmonté d'un campanile à galerie couvert. Sol de galets. Vieux portail à voussures gothiques avec, au milieu, des visages sculptés. Mais le must de l'église, ce sont les fresques du porche. Ex-voto pour la plupart peints en remerciement pour la guérison de maladies ou de blessures. Certaines fresques se révèlent assez effacées, mais on peut reconnaître certaines scènes. À voir également, une batteuse hydraulique du XIXe s, accessible au public lors des Journées du patrimoine.

Ne pas manquer de passer sur l'autre rive pour la vue générale sur l'église et le village. Le 8 septembre, célèbre pèlerinage.

Où dormir ? Où manger à Audressein et dans les environs ?

Camping

▲ ***La Vie en Vert :*** *09800* ***Augirein.*** *☎ 05-61-96-82-66. 📱 06-22-95-95-88. • lavieenvert09@gmail.com • lavieenvert.com • Par la D 618. Ouv 15 juin-30 août. Compter 16 € en tente ; hébergement locatif 350 €/sem en hte saison. CB refusées. 13 empl.* En pleine montagne, un camping-jardin au bord de la rivière Bouigane. Emplacements vastes et ombragés, délimités par des haies. Sanitaires impeccables. Location de tipis.

De bon marché à prix moyens

🏠 ***Maison d'hôtes Le Relay des Deux Rivières :*** *à Audressein, dans le village. ☎ 05-81-15-52-50. 📱 06-30-77-58-52. • lerelaydes2rivieres09@sfr.fr • ariege.com/relay2rivieres • Congés : déc. Compter 52 € pour 2, 64-71 € pour 3-4. Réduc de 10 % sur le prix de la chambre (nov-fév) sur présentation de ce guide.* Rénové sans pour autant avoir perdu son cachet d'antan, l'ancien bar du village (voir le vieux zinc !) dispose de 4 chambres au parquet craquant, meublées à l'ancienne. Salles d'eau modernes impeccables. Bon accueil.

🏠 |●| ***Auberge de l'Isard :*** *rue des Bains, 09800* ***Saint-Lary.*** *☎ 05-61-96-72-83. • aubergeisard@orange.fr • hotel-logis-ariege.com • À 700 m d'altitude, au pied du col du Portet. Resto fermé dim soir et lun. Congés : fév, 1 sem fin juin-début juil et 1 sem en oct. Doubles 50-55 € ; familiales 85-90 €. Menus 13 € (midi en sem), puis 19-32 €. Réduc de 10 % sur le prix de la chambre hors saison sur présentation de ce guide.* Des chambres simples mais modernes, confortables et propres, réparties dans 2 bâtiments reliés par une passerelle jetée au-dessus de la rivière. Fait aussi resto, servant une cuisine bistrot ou plus élaborée et surprenante, à découvrir en salle ou sur la belle terrasse au-dessus de l'eau. Bon accueil.

🏠 ***Gîtes à la ferme Le Pourtérés :*** *09800* ***Augirein.*** *☎ 05-61-96-12-43. • wolfgang.bendick@orange.fr • le.pourteres.free.fr • Traverser Augirein puis suivre le fléchage « Gîte/fromage » ; on emprunte alors une route étroite sur quelques centaines de mètres. Ouv tte l'année. Gîtes 4-6 pers 280-360 €/sem et 110-130 € le w-e.* À 600 m d'altitude, c'est un de ces endroits coupés du monde, perdu dans la forêt à flanc de montagne, où les hommes, sans doute un peu ermites, se sont aménagé un espace pour bâtir une ferme et faire paître les vaches. Ici, on fait du fromage, on le vend à qui ose s'aventurer jusque-là, on élève quelques cochons. Et puis on loue 3 gîtes. Un grand, sur 2 étages, au-dessus de la miellerie, à côté de la ferme. 2 autres, partageant une même bâtisse plus isolée, ouverte sur une cour à l'ombre d'un grand arbre. Tous ont une cuisine, 2 chambres séparées, un salon avec cheminée ou insert. Autour, tout n'est que silence. Ou plutôt bavardage d'oiseaux, lointain ronronnement d'un ruisseau, carillon des cloches de vaches...

|●| ***Chez Monique et Stéphane :*** *09800* ***Galey,*** *sur la D 304 entre Orgibet et Saint-Lary. ☎ 05-61-96-71-52. Fermé mar soir et mer hors saison. Congés : déc-fév. Formule déj en sem 13 € avec boisson ; menus 18-23,50 €. Apéritif maison offert sur présentation de ce guide.* Installé dans un pittoresque village de chasseurs, ce jeune couple secondé par un fiston très appliqué mitonne une cuisine du terroir plébiscitée par une clientèle d'habitués. Charcuterie, fromages à volonté, escargots, confit, daube de sanglier

sauvage... les menus copieux s'apprécient dans un cadre montagnard, au pied d'une cheminée et sous l'œil circonspect des trophées de chasse. Croustades maison et plats à emporter. Fait aussi bar-tabac dans une salle mitoyenne.

DANS LES ENVIRONS D'AUDRESSEIN

LA VALLÉE DE BALAGUÈRES

La vallée où fut tourné en 1982 *Le Retour de Martin Guerre* avec Nathalie Baye et Gérard Depardieu ne compte plus aujourd'hui qu'environ 200 habitants permanents, répartis sur trois villages : ***Alas, Agert*** et ***Balagué.*** Ce dernier, véritable cul-de-sac ouvert sur de larges pâturages, est le point de départ de nombreux sentiers s'envolant vers les granges d'estive qui abritaient autrefois hommes, bêtes et fourrage durant l'été. À voir également, les ruines de la tour Sainte-Catherine.

SAINT-LIZIER (09190) 1 430 hab. *Carte Ariège, A2*

Fascinante petite cité du Couserans, classée par l'Unesco au titre des chemins de Compostelle et figurant parmi les « Grands Sites de Midi-Pyrénées » ! Le site fut longtemps occupé par les Gallo-Romains. Ces derniers fortifièrent la cité en érigeant une muraille et en firent un puissant oppidum. La cité résista victorieusement aux invasions barbares et devint, au IVe s, un important évêché fondé par Valerius. Elle prit alors le nom de Saint-Lizier, deuxième évêque du Couserans. Saint-Lizier perdit de son activité et de son prestige lorsque la Révolution française supprima l'évêché, au bénéficie de sa voisine Saint-Girons.

Aujourd'hui, c'est une aimable bourgade aux surprenantes richesses patrimoniales (deux cathédrales ! celle du haut et celle du bas, pour ne fâcher personne...) et une halte sur le chemin de Saint-Jacques-de-Compostelle. Compter au moins une journée pour profiter pleinement du lieu, et une matinée pour découvrir le site *Au Pays des Traces,* situé à la sortie de la commune. Enfin, pour s'aérer après toutes ces visites, la nature aux abords de la cité promet d'agréables balades.

Adresse utile

ℹ ***Office de tourisme communautaire de Saint-Lizier :*** *pl. de l'Église.* ☎ *05-61-96-77-77.* • *tourisme-stgirons-stlizier.fr* • *De mi-mai à sept, tlj 10h-12h, 14h-18h (horaires plus larges juin-fin sept) ; d'oct à mi-mai, tlj sf dim.* Bon accueil et excellente doc (pas mal de balades et de randos, avec, notamment, une promenade dans la cité de Saint-Lizier). En juillet et août, visites guidées de Saint-Lizier, comprenant la cathédrale, le cloître, le trésor et la pharmacie *(départs réguliers tlj 10h-18h ; compter 5 €).* Le reste de l'année, visite guidée de la pharmacie *(tlj sf dim ; 2,50 €)* ; visite de l'ensemble des monuments de la ville pour les groupes, sur rendez-vous. Le commentaire des visites guidées est vraiment intéressant. En outre, notez que le trésor de la cathédrale et la pharmacie ne sont accessibles que dans le cadre des visites guidées.

Où dormir ? Où manger ?

Bon marché

11 Place de l'Église : *11, pl. de l'Église (pardi !). ☎ 05-61-64-27-36. Fermé le soir et mer-jeu hors saison. Congés : nov. Compter env 14 €.* Ce ravissant salon de thé au cadre épuré offre à midi une petite restauration gourmande et légère. Magnifique terrasse avec l'église et les Pyrénées en toile de fond.

De prix moyens à plus chic

Chambres d'hôtes Villa Belisama : *rue Notre-Dame. ☎ 05-61-02-83-24. 06-72-87-63-71. • villabelisama.ariege@orange.fr • ariege.com/belisama • Congés : de mi-nov à mi-déc. Compter 80-100 € pour 2 selon saison. Table d'hôtes sur résa 30 €. Réduc de 10 % sf juil-août sur présentation de ce guide.* L'écrin : une maison à colombages entièrement rénovée, dominant la cité médiévale. Les bijoux : 3 chambres, toutes différentes, vastes et chaleureuses. L'une, à l'écart, se dispatche en duplex et s'ouvre sur un balcon. Les 2 autres se lovent sous le toit, exposant leur baignoire lascive au milieu de la salle d'eau. Au rez-de-chaussée, une bibliothèque débordante, et à l'extérieur, jardins, piscine chauffée et terrasse avec vue sur les montagnes.

Le Carré de l'Ange : *au palais des Évêques. ☎ 05-61-65-65-65. • resa@lecarredelange.com • De mi-juil à fin août, tlj ; le reste de l'année, tlj sf dim soir et lun. Congés : janv-mars. Formule déj en sem 19 € ; menus 25-69 €.* Paul Fontvieille ne pouvait rêver plus beau décor ! Le célèbre chef ariégeois a investi le palais des Évêques, nouvellement restauré, l'un des plus beaux monuments de la région. De la terrasse, on bénéficie d'une vue spectaculaire sur la vieille ville et la vallée. La salle, résolument contemporaine, inspire quant à elle plus de recueillement. Le vrai spectacle est pourtant dans l'assiette ! Le chef, le cœur écartelé entre l'Ariège, la Catalogne et le Pays basque, marie tout son monde en cuisine, célébrant les Pyrénées de la plus belle manière. Porc de Bigorre, truite de Montferrier, pêche d'Hendaye, gibier du pays... Un coup de cœur ! Et ce dès les 1ers menus...

À voir. À faire

La cathédrale de Saint-Lizier : curiosité locale, Saint-Lizier possède deux cathédrales ! La cathédrale Notre-Dame-de-la-Sède, siège de l'évêque, se situe au palais épiscopal.
Édifiée à partir du XIe s, elle connut plusieurs périodes de construction. L'abside pentagonale date du XIe s. On trouve dans le chevet des matériaux de réemploi de monuments gallo-romains. Autour de l'abside, frise de modillons (tête, animaux, damiers, boules). Au XIIIe s, la cathédrale est voûtée. Construction du clocher de type toulousain au XIVe s : massif, peu élevé, avec fenêtres en mitre. Dans le même temps, élargissement du transept. Au XVe s, on surélève la nef, les piliers, le portail. Chaque siècle a ainsi apporté, pourrait-on dire, sa pierre à l'édifice, sans en altérer l'homogénéité. D'autant plus que, étrangement, chœur et nef ne sont pas dans l'axe (10° de différence), les piliers de la nef ne sont pas en vis-à-vis, le mur de gauche n'est pas droit, les ailes du transept n'ont pas la même longueur, les murs des absidioles mesurent jusqu'à 2 m d'épaisseur ! Saint-Lizier est à cet égard un chef-d'œuvre.
Beau portail aux voussures gothiques en brique. Colonnes de marbre blanc et chapiteaux ornementés de feuillage. Porte en chêne du XVe s.
– **À l'intérieur :** en face du portail, en haut, *vitrail du XVe s* (bleu superbe). Puis découvrez de merveilleuses *fresques*. Dans le chœur, celles entre les arcatures datent du XIe s. Dans la partie supérieure, les apôtres. En dessous, de gauche à

droite, les Mages chez Hérode ; à côté, offrande des Mages, puis l'Annonciation, la Visitation et la Nativité. Dans le cul-de-four, un Christ en majesté du XIIIe s au visage particulièrement dur, entouré des symboles des évangélistes.
Stalles en chêne du XVIIe s. Dans l'absidiole de gauche, fresque de la Jérusalem céleste du XIIe s. Dans le transept droit, grande pietà de bois doré du XVIIe s. Transept de gauche, retable du XVIIIe s. Dans la tribune, buffet d'orgue du XVIIe s.
– ***Le cloître du XIIe s :*** l'un des plus fascinants cloîtres romans de la région Midi-Pyrénées. Sans atteindre la magnificence de Moissac, il est d'une beauté et d'un dépouillement très émouvants, rythmé par 32 arcades reposant sur des colonnes simples ou jumelées. La sobriété de l'architecture n'en met que mieux en valeur la richesse des chapiteaux historiés (animaux fantastiques, démons, histoire d'Adam et Ève, etc.) ou purement décoratifs (entrelacs, palmettes, feuilles d'acanthe).
– ***Le trésor :*** *accès en visite guidée slt.* Installé dans l'ancienne sacristie s'ouvrant sur le cloître. On y trouve d'abord son chef-d'œuvre, le *buste-reliquaire de saint Lizier* du XVIe s, en argent doré et ciselé ; la crosse dite « de saint Lizier » en ivoire et argent du XIIe s (symbole du bien et du mal), une mitre en soie blanche brodée d'or, orfèvrerie religieuse en vermeil et argent, une armoire-reliquaire, une châsse en bois peint du XIIIe s, etc.
– Un mot sur la ***cathédrale du Faubourg,*** pour signaler qu'elle possède d'exceptionnelles fresques romanes.

🚶🚶🚶 ***La pharmacie :*** *située dans l'ancien hôtel-Dieu du XVIIIe s, à deux pas de la cathédrale. ♿ Accès en visites guidées slt, tte l'année (sf dim en hiver) ; rens à l'office de tourisme pour les j. et horaires.* Rare ensemble tenu à l'origine par des sœurs de Nevers, voici l'ancienne pharmacie de l'hôtel-Dieu (1764), comprenant de très belles boiseries (merisier et poirier). Également une remarquable collection de pots en faïence et de bouteilles en verre soufflé, aux inscriptions parfois insolites : « vinaigre des quatre voleurs », « eau d'euphraise », « huile de chien » (dont voici la recette : deux petits chiens, 500 g de vers, de l'huile et faire bouillir !). Dans certaines, on trouve de l'« eau de cannelle », de l'« huile de vers », du « sirop de nénuphar » pour calmer les ardeurs de Vénus. Les pots-canons contenaient les onguents, les chevrettes, les liquides. Voir aussi les livres de pharmacopée, une sphère armillaire (utilisée en herboristerie pour déterminer la meilleure période de récolte pour les plantes et de fabrication pour les onguents) et la trousse complète de chirurgien militaire du XVIIIe s (brrr !).

🚶 ***Les remparts romains :*** édifiés à la fin du IVe s apr. J.-C. Il en subsiste d'importantes portions et 12 tours (6 carrées et 6 rondes), notamment rue de l'Horloge, dans le soubassement d'édifices (juste à côté, la porte de Fer). Une grande partie de l'enceinte du palais des Évêques et de la cathédrale Notre-Dame-de-la-Sède s'appuie également sur la muraille romaine, intégrant ses tours. À certains endroits, on aperçoit même le chaînage de brique typiquement gallo-romain.

🚶🚶🚶 👪 ***Le palais des Évêques :*** *☎ 05-61-04-81-86 ou 05-61-05-10-10. • grands-sites-ariege.fr • ♿ Tlj sf lun (tlj pdt les vac scol zone A et ponts fériés) : juil-août, 10h30-19h ; juin et sept 10h-12h30, 14h-18h ; avr-mai et oct 10h30-12h, 14h-17h30 ; le reste de l'année, 14h-18h. Fermé fin des vac scol de la Toussaint-début des vac scol de fév, mais ouv pdt les vac scol de Noël. Entrée : 5,60 € ; 13-18 ans 3,80 € ; moins de 13 ans 3 € ; pass famille 15,90 €.*
Le palais des Évêques, remarquable ensemble fortifié, domine aujourd'hui fièrement la cité médiévale. Il connut pourtant une histoire bien mouvementée. Saint-Lizier était déjà capitale du Couserans à la fin du IIe s et cité épiscopale au Ve s ; 77 évêques s'y succédèrent. Les origines du palais résidentiel remontent au XIe s mais son aspect actuel date du XVIIIe s car il fut l'objet, à travers les siècles, de nombreux aménagements et agrandissements (comme les écuries ou la maison du jardinier).

Saint-Lizier perd son statut d'évêché avec le Concordat de 1801 (ce qui n'empêchera pas l'église d'en bas de continuer à se prétendre cathédrale !). Le palais est, depuis la Révolution, propriété du Département. Il fut tour à tour dépôt de mendicité sous Napoléon (y étaient parqués mendiants et prostituées), maison de santé, puis asile d'aliénés jusqu'en 1969, avant de devenir, dans les années 1990, musée des Arts et Traditions populaires. Après d'importants travaux, il a rouvert en 2011 et abrite désormais le ***musée départemental de l'Ariège.***
Le joyau du palais est, vous le comprendrez vite, sa *cathédrale Notre-Dame-de-la-Sède* (à ne pas confondre donc avec la « cathédrale » du centre-ville). Un miracle si l'on songe qu'il fallut la rénovation de 1992 pour mettre au jour de manière fortuite de magnifiques peintures murales. Après 7 ans d'un minutieux chantier, le public peut à son tour profiter de ces peintures exceptionnelles. Elles datent de la fin du XVe s et leur style annonce déjà celui de la Renaissance. Leur remarquable état de conservation permet d'en admirer détails et couleurs. Juste sublime ! Au plafond, sur un fond étoilé, 24 personnages subtilement associés : 12 sibylles pour 12 patriarches, 12 femmes pour 12 hommes, 12 profanes pour 12 personnages bibliques. Le tout peint à l'ocre, au charbon et à la chaux (d'où cette dominante de noir, de rouge et de jaune). On est frappé par le mélange de naïveté dans les expressions et de grande précision dans le rendu des étoffes. La fascinante sibylle de Cûmes est d'ailleurs devenue l'égérie du palais.
Sur le mur, à droite du chœur, l'arbre de Jessé reprend la généalogie du Christ. Au niveau du chœur, une autre série de peintures représente la vie des saints. Notez les sentences mêlant latin et occitan. À gauche, un superbe saint Jacques, dont le bateau ne vous sera dévoilé que dans le cadre de la visite guidée (que l'on vous encourage donc à suivre !) ; face à lui, saint Pierre. La visite guidée vous révélera deux autres trésors, mais on ne vous divulguera rien, c'est une surprise !
Quoi qu'il en soit, gardez un peu de temps pour le reste du palais, qui mérite lui aussi une visite... Une toute nouvelle muséographie présente les anciennes collections archéologiques, historiques, ethnologiques, folkloriques (enrichies depuis). On découvre ainsi l'histoire de l'Ariège (et plus particulièrement du Couserans et de la vallée de Bethmale) de l'Antiquité à nos jours. Une salle tactile vous mettra les sens en émoi tandis qu'une salle sonore est consacrée aux contes et légendes des Pyrénées ; asseyez-vous et prenez le temps d'écouter les amours d'Hercule et de la belle Pyrène...

Balade dans la ville : à côté de la porte de la cathédrale Saint-Lizier, belle demeure du XVe s en double encorbellement et à colombages à croisillons. En face, couverts du XVe s. Poursuivre la promenade par les pittoresques *rues des Nobles* (maison canoniale du XVIIIe s) et *de l'Horloge* (ancienne porte de Fer et tour de l'Horloge). Intéressante *place des Étendes.* Maison avec coquille Saint-Jacques sur la façade.

Au Pays des Traces : *ferme du Miguet, 8, route de Miguet. ☎ 05-61-66-47-98. • paysdestraces.fr • Juil-août, tlj 10h (13h30 dim)-19h ; vac scol de fév, de Pâques et de la Toussaint, tlj 13h30-18h30. Tte l'année pour les groupes (à partir de 8 pers et sur résa). Entrée : 11 € ; 3-12 ans 9 €. Veillée : 23 € (enfants 17 €).*
L'ichnologie, vous connaissez ? C'est la science qui étudie les traces laissées par les animaux, et Jean-Louis Orengo en est un spécialiste. C'est toute sa passion pour cette discipline et l'enthousiasme de son équipe que vous partagerez sur 3 ha de prairies, bois, rivière et cavités : ils vous feront rêver dans des grottes en vous racontant de merveilleuses histoires autour de moulages d'empreintes, ils vous apprendront à reconnaître les traces de divers animaux, ils vous proposeront des observations d'oiseaux, des parcours d'initiation aux techniques de montagne. Des jeux, ateliers d'initiation aux techniques de fouilles, de moulage d'empreintes, parcours originaux d'animaux « végétalisés » font de ce lieu un formidable espace ludique pour petits et grands, à mille lieues des traditionnels parcs d'attractions aux impressionnantes réalisations. On réapprend à jouer avec de la terre, à regarder les choses simples autour de soi, on retrouve son âme d'enfant !

Enfin, une tyrolienne, des expos sur les découvertes archéologiques du site (gisement paléontologique, ossements humains et empreintes dans la roche, outils et parures), sur l'ichnologie et les diverses traces naturelles, humaines, historiques ou contemporaines. Des veillées trappeurs sont aussi organisées... Ou l'art d'utiliser les ressources de la nature pour se concocter un repas très terroir, soupe aux orties et volaille à la broche.

➢ ***Randonnée sur les chemins de Saint-Jacques :*** Saint-Lizier est aussi une étape en Ariège pour les pèlerins et les randonneurs qui empruntent la route du Piémont des Pyrénées. Infos disponibles auprès de l'office de tourisme et sur le site • *ariege.com/cheminstjacques* • Et sinon, plusieurs autres balades de 1 à 4h.

Fêtes et manifestations

– ***Festival d'Art sacré du Couserans et de l'Ariège :*** *fin mai. Rens : ☎ 05-61-96-77-77.* Programmation de qualité. Concerts dans la cathédrale et les villages alentour.
– ***Fête du Feu de la Saint-Jean :*** *fin juin.*
– ***Concours international de violon :*** *fin juin.*
– ***Journées gallo-romaines :*** *en été. Se renseigner.*
– ***Festival de Saint-Lizier :*** *en août. Résas : ☎ 05-61-66-67-89.* • *festivalsaint lizier.com.fr* • Nombreux concerts de musique classique dans le village. Plus de 40 ans d'existence !
– ***Récital d'orgue :*** *le 15 août.*
– ***Fête locale :*** *le 3ᵉ w-e d'août.*
– ***Festival des Métiers d'art :*** *fin sept.*

SAINT-GIRONS (09200) 6 420 hab. *Carte Ariège, A2*

Sous-préfecture, Saint-Girons est une ville administrative et commerçante, perpétuant ainsi l'opposition avec sa voisine Saint-Lizier, ville éminemment spirituelle. Elle est surtout le point de rencontre de 18 vallées. Promenade ombragée agréable le long du Salat, avec le *vieux pont* du XVIᵉ s et l'église en fond. Arrêt obligatoire chez *Martine Crespo* pour goûter ses fameuses croustades.

Adresse et infos utiles

Office de tourisme communautaire : *pl. Alphonse-Sentein. ☎ 05-61-96-26-60.* • *tourisme-stgirons-stlizier.fr* • *Lun-sam 10h-12h, 14h-18h, plus dim en juil-août 10h-13h.* Organise des visites commentées de la ville en été.

Cars : pour Toulouse et Guzet-Neige, via Seix et Aulus-les-Bains. Également pour Toulouse via Martres-Tolosane et Saint-Martory.

– ***Marché :*** *sam mat.* Ambiance très vivante le long du Salat, sous les platanes.

Où dormir ? Où manger ?

De prix moyens à plus chic

Hôtel Eychenne : *8, rue Paul-Laffont. ☎ 05-61-04-04-50.* • *hotel-eychenne@wanadoo.fr* • *hoteleychenne.com* • *(resto). Fermé dim soir et lun en nov. Congés : déc-fév. Selon saison et confort, doubles 78-134 €, suites 124-205 €. Menus 15 € (midi en sem), puis 29,50-45 € et* *carte. Parking payant.* 💻 📶 *Au resto, apéritif maison offert sur présentation de ce guide.* Un endroit très chic, avec de belles et vastes salles, des chambres confortables, une jolie cour intérieure qui s'étire entre 2 ailes. Aux beaux jours, on se régale d'une cuisine fraîche de qualité, non loin d'une piscine où les plongeons font écho à une volière ombragée par un grand cerisier.

🏠 🍽 ***Le Château de Beauregard :*** *av. de la Résistance.* ☎ *05-61-66-66-64 (hôtel) ou 05-61-66-11-02 (resto).* • *contact@chateaubeauregard.net* • *chateaubeauregard.net* • *Resto fermé sam midi, dim soir et lun. Doubles 60-100 € selon saison ; suites 80-220 €. Formule déj en sem 15 € ; menus 30-40 €.* 📶 Une « folie » du XIXe s, à l'aspect d'une élégante demeure bourgeoise plantée au milieu d'un grand parc. 10 chambres toutes différentes et aménagées avec goût, alliant confort moderne et charme rustique. Portant chacune le nom d'un monstre sacré de la littérature, elles s'ouvrent sur un balcon ou une terrasse. Piscine, belle roseraie et spa *(payant)* dans les anciennes écuries. À l'arrière, un resto, *L'Auberge d'Antan,* dans une haute grange chaleureusement restaurée, avec un impressionnant lustre en fer forgé et une immense cheminée où rôtissent d'énormes pièces de viande... Paul Fontvieille n'est plus au fourneau mais le menu proposé est toujours composé de plats traditionnels et copieux, toujours mitonnés à l'ancienne.

Où dormir ? Où manger dans les environs ?

🏠 🍽 ***Chambres d'hôtes L'Échappée Belle :*** *chez Muriel Lorne, au lieu-dit Raoubots, 09200* ***Lacourt.*** ☎ *05-61-66-62-65.* • *chambres-hotes-ariege-pyrenees.com* • *À 15 mn de Saint-Girons, dans la montagne. Prendre la direction de Massat ; après Lacourt, emprunter une petite route à droite ; 3 km plus loin, prendre, toujours à droite, une petite route sinueuse ; pas facile d'y monter, mais quelle récompense une fois là-haut ! Ouv tte l'année. Compter 49-53 € pour 2. Dîner 16 €. Réduc de 10 % sur le prix de la chambre à partir de la 4e nuit consécutive (hors vac scol) sur présentation de ce guide.* Le site est magnifique : un hameau typique et loin de tout accroché à la montagne. Muriel (apicultrice) et sa famille accueillent depuis plus de 30 ans les routards en mal de confort et d'originalité. Ils ont aménagé leurs chambres d'hôtes sur le thème des 5 continents, et l'ensemble est plutôt réussi. Bonne cuisine à base de produits de la ferme, à déguster dans une grande salle conviviale, avec cheminée et coin salon. François est accompagnateur en montagne ; il organise des excursions et vous renseigne sur les balades. Et s'il vous prend l'envie de vous évader encore un peu plus, sachez qu'il encadre aussi des treks au Népal... Une très belle adresse.

🏠 🍽 ***Chambres d'hôtes La Maison Blanche – Relais équestre :*** *chez Alain et Agnès Roques, chemin de la Mole, Prat-du-Ritou, 09190* ***Lorp-Sentaraille.*** ☎ *05-61-66-48-33.* • *agnes.roques@laposte.net* • *couseransmaisonblanche.com* • *À 3 km de Saint-Girons. Ouv tte l'année. Compter 60 € pour 2 ; familiale 80 €. Table d'hôtes sur résa 22 €.* 📶 Une longue bâtisse blanche (sans blague...) disposant de 3 chambres confortables avec bains privés. Également une jolie suite sous les combles, moderne et chaleureuse, avec cuisine équipée, salon et w-c séparés. À la table d'hôtes, vous dégusterez peut-être la soupe de la sorcière... Accueil et atmosphère agréables.

🍽 ***La Petite Maison :*** *14 bis, av. Aristide-Bergès, 09190* ***Lorp-Sentaraille.*** ☎ *05-61-66-54-49.* • *restaurantpaomagny@orange.fr* • ♿ *Par la D 117 direction Salies, à 6 km de Saint-Girons. Tlj sf lun-mar. Congés : janv. Formule déj en sem 18 € ; menus 27-51 € ; menu dégustation 70 €, servi à l'ensemble des convives ; carte 50-55 €. Apéritif maison offert sur présentation de ce guide.* Une adresse gourmande ? Ce n'est pas la carte qui le démentira... Le chef Pao Magny est revenu au pays après avoir fait parler de lui chez les plus grands, pour ouvrir cette affaire qui tourne rond. Sa cuisine, décalée mais très maîtrisée, réellement fabuleuse et respectueuse des bons produits, surprend et emballe vite les nouveaux venus, sans compter les fidèles, habitués auparavant à un terroir plus conventionnel. Le foie gras mi-cuit au millas avec son confit de cerises vous assure un grand moment, tout comme les poissons à la cuisson parfaite. Et quand il fait bon dehors, on peut profiter de la terrasse en bord de rue, tout en appréciant pleinement la générosité de la cuisine et de l'accueil. À découvrir de toute urgence !

Où acheter de bons produits ?

Martine Crespo : *38, rue Pierre-Mazaud. ☎ 05-34-14-30-20. • martine.crespo@croustade.com • Tlj sf dim 9h-19h (18h30 hors saison).* Salées ou sucrées sont les croustades à emporter ! La gamme s'est élargie avec les années : foie gras, cèpes, poireau, citrouille ou fromage, chocolat, figues, châtaignes, etc., sans oublier, bien sûr, les classiques : pommes, poires et pruneaux. Expédition sur demande.

Brasserie La Brouche : *6 ter, av. René-Plaisant. ☎ 05-61-96-60-01. Boutique ouv mer-sam 15h-19h.* C'est ici que l'on brasse la *Brouche,* une goûteuse bière artisanale servie, de la plus légère à la plus charpentée, en version blanche, blonde ou rousse.

À faire

➢ ***Voie verte :*** entre Saint-Girons et Foix, 40 km aménagés le long de l'ancienne voie ferrée (pour les randonneurs, les cyclistes et les poussettes).

Manifestation

– ***Autrefois le Couserans :*** *le 1er w-e d'août. • autrefois-le-couserans.com •* Ce festival a fêté ses 20 ans en 2012. Une des plus grandes manifestations d'Ariège avec près de 20 000 visiteurs et 700 bénévoles qui font revivre la vie du Couserans, comme autrefois : défilés, vieux métiers, moisson, produits du terroir, chants, danses, musiques et, en clôture, un grand dîner dansant...

les ROUTARDS sur la FRANCE 2015-2016

(dates de parution sur • **routard.com** •)

Découpage de la FRANCE par le ROUTARD

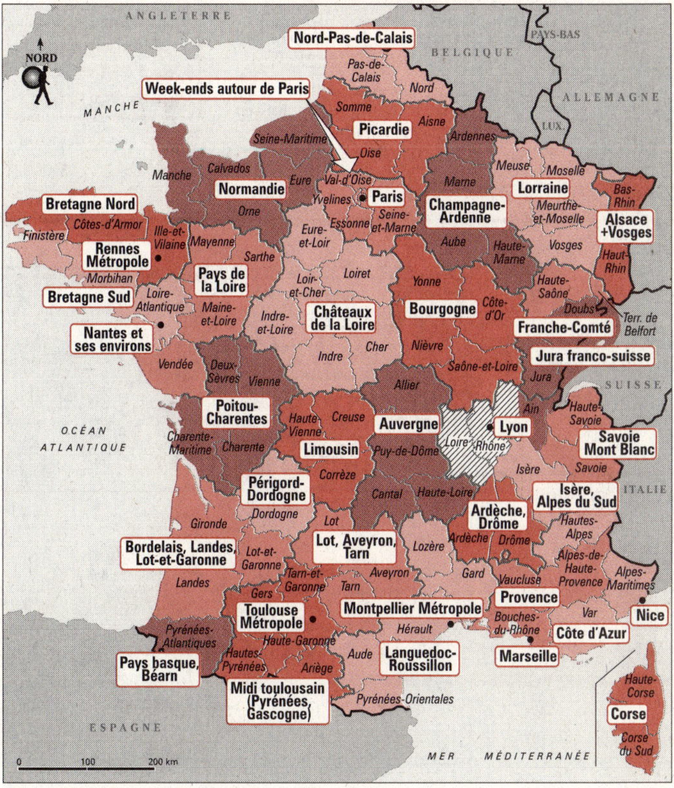

Autres guides nationaux

- La Loire à Vélo (février 2015)
- Les grands chefs du Routard
- Nos meilleurs campings en France
- Nos meilleures chambres d'hôtes en France
- Nos meilleurs hôtels et restos en France
- Nos meilleurs sites pour observer les oiseaux en France
- Tourisme responsable

Autres guides sur Paris

- Paris
- Paris à vélo
- Paris balades
- Restos et bistrots de Paris
- Le Routard des amoureux à Paris
- Week-ends autour de Paris

les ROUTARDS sur l'ÉTRANGER 2015-2016

(dates de parution sur • *routard.com* •)

Découpage de l'ESPAGNE par le ROUTARD

Découpage de l'ITALIE par le ROUTARD

Autres pays européens

- Allemagne
- Angleterre, Pays de Galles
- Autriche
- Belgique
- Budapest, Hongrie
- Crète
- Croatie
- Danemark, Suède
- Écosse
- Finlande
- Grèce continentale
- Îles grecques et Athènes
- Irlande
- Islande
- Madère (mai 2015)
- Malte
- Norvège
- Pologne
- Portugal
- République tchèque, Slovaquie
- Roumanie, Bulgarie
- Suisse

Villes européennes

- Amsterdam et ses environs
- Berlin
- Bruxelles
- Copenhague
- Dublin
- Lisbonne
- Londres
- Moscou
- Prague
- Saint-Pétersbourg
- Stockholm
- Vienne

les ROUTARDS sur l'ÉTRANGER 2015-2016

(dates de parution sur • routard.com •)

Découpage des ÉTATS-UNIS par le ROUTARD

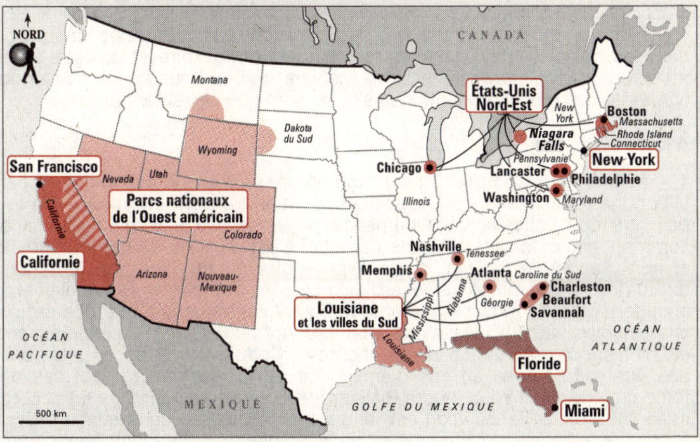

Autres pays d'Amérique

- Argentine
- Brésil
- Canada Ouest
- Chili et île de Pâques
- Équateur et les îles Galápagos
- Guatemala, Yucatán et Chiapas
- Mexique
- Montréal
- Pérou, Bolivie
- Québec, Ontario et Provinces maritimes

Asie

- Bali, Lombok
- Bangkok
- Birmanie (Myanmar)
- Cambodge, Laos
- Chine
- Hong-Kong, Macao, Canton
- Inde du Nord
- Inde du Sud
- Israël et Palestine
- Istanbul
- Jordanie
- Malaisie, Singapour
- Népal
- Shanghai
- Sri Lanka (Ceylan)
- Thaïlande
- Tokyo, Kyoto et environs
- Turquie
- Vietnam

Afrique

- Afrique de l'Ouest
- Afrique du Sud
- Égypte
- Kenya, Tanzanie et Zanzibar
- Maroc
- Marrakech
- Sénégal
- Tunisie

Îles Caraïbes et océan Indien

- Cuba
- Guadeloupe, Saint-Martin, Saint-Barth
- Île Maurice, Rodrigues
- Madagascar
- Martinique
- République dominicaine (Saint-Domingue)
- Réunion

Guides de conversation

- Allemand
- Anglais
- Arabe du Maghreb
- Arabe du Proche-Orient
- Chinois
- Croate
- Espagnol
- Grec
- Italien
- Japonais
- Portugais
- Russe
- G'palémo (conversation par l'image)

Le Routard Express

- Amsterdam (nouveauté)
- Barcelone
- Berlin
- Bruxelles (nouveauté)
- Florence (mars 2015)
- Istanbul (mars 2015)
- Lisbonne (nouveauté)
- Londres
- Madrid
- Marrakech (mars 2015)
- New York
- Prague
- Rome
- Venise

Nos 1200 coups de cœur

- France (nouveauté)
- Monde

PETITS TRUCS ET ASTUCES POUR ÉVITER LES ARNAQUES !

Un routard informé en vaut deux ! Pour éviter les arnaques en tous genres, il est bon de les connaître. Voici un petit vade-mecum destiné à parer aux coûts et aux coups de bambous. À commencer par **l'affichage des prix** : dans les hôtels comme dans les restos, il est **obligatoire** et doit être situé à l'extérieur de l'établissement, de manière visible. Vous ne pouvez donc contester des prix exorbitants que s'ils ne sont pas clairement affichés.

À L'HÔTEL

1 - Arrhes ou acompte ? : au moment de réserver votre chambre par téléphone – par précaution, toujours confirmer par écrit (ou mail) – il n'est pas rare que l'hôtelier vous demande de verser à l'avance une certaine somme, celle-ci faisant office de garantie. Il est d'usage de parler d'arrhes et non d'acompte (en fait, la loi dispose que « sauf stipulation contraire du contrat, les sommes versées d'avance sont des arrhes »). Légalement, aucune règle n'en précise le montant. Toutefois, ne versez que des arrhes raisonnables : 25 à 30 % du prix total, sachant qu'il s'agit d'un engagement définitif sur la réservation de la chambre. Cette somme ne pourra donc pas être remboursée en cas d'annulation de la réservation, sauf cas de force majeure qu'il vous faudra justifier (maladie ou accident) ou en accord avec l'hôtelier si l'annulation est faite dans des délais jugés raisonnables. Si, au contraire, l'annulation est le fait de l'hôtelier, il doit vous rembourser le double des arrhes versées. À l'inverse, l'acompte engage définitivement client et hôtelier.

2 - Subordination de vente : comme les restaurateurs, les hôteliers ont interdiction de pratiquer la subordination de vente. C'est-à-dire qu'ils ne peuvent pas vous obliger à réserver plusieurs nuits d'hôtel si vous n'en souhaitez qu'une. Dans le même ordre d'idées, on ne peut vous obliger à prendre votre petit déjeuner ou vos repas dans l'hôtel ; ce principe, illégal, est néanmoins répandu dans la profession, toléré en pratique, surtout en haute saison... notamment dans les zones touristiques, où la demande est bien plus importante que l'offre ! Bien se renseigner.

« QUI DORT DÎNE ! »

Cet adage, venu du Moyen Âge, signifie que les hôteliers imposaient le couvert aux clients qui prenaient une chambre. Déjà de la vente forcée !

3 - Les réservations en ligne : elles se sont généralisées. Par l'intermédiaire de sites commerciaux ou en direct sur les sites des hôtels, elles sont simples et rapides. Mais voilà, les promesses ne sont pas toujours tenues et l'on constate parfois des dérives, notamment via les centrales de résa telles que promos bidons, descriptifs exagérés, avis d'internautes truqués... Des hôteliers s'estiment étranglés par les commissions abusives. N'hésitez pas à contacter l'hôtel sur son site pour vous faire préciser le type de chambre que l'on vous a réservé (sur rue, sur jardin ?).

4 - Responsabilité en cas de vol : un hôtelier ne peut en aucun cas dégager sa responsabilité pour des objets qui auraient été volés dans la chambre d'un de ses clients, même si ces objets n'ont pas été mis au coffre. En d'autres termes, les éventuels panonceaux dégageant la responsabilité de l'hôtelier n'ont aucun fondement juridique.

5 - En cas d'annulation : si vous avez réservé une chambre (sans avoir rien versé) et que vous avez un empêchement, passez un coup de téléphone pour annuler, c'est la moindre des politesses. Trop peu de gens le font, ce qui rend les hôteliers méfiants.

AU RESTO

1 - Menus : très souvent, les premiers menus (les moins chers) ne sont servis qu'en semaine ou que le midi, et avant certaines heures (12h30 et 20h30 généralement). C'est parfaitement légal, à condition que ce soit clairement indiqué sur le panneau extérieur : à vous d'être vigilant et d'arriver dans les bons créneaux horaires ! Il peut arriver que ce soit écrit en tout petit. Par ailleurs, bien vérifier que le « menu d'appel », le moins cher donc, est toujours présent dans la carte qu'on vous donne une fois installé. Il arrive qu'il disparaisse comme par enchantement. N'hésitez pas à le réclamer si vous êtes entré pour ce menu précis.

2 - Le « fait maison » : cette grande « tendance culinaire » de ces dernières années s'oppose aux plats sous-vide ou congelés achetés par les restaurateurs, réchauffés sur place et « agrémentés » d'une petite touche personnelle pour noyer le poisson (ou la souris d'agneau). Depuis 2013, le label « fait maison » permet de vérifier si les plats sont réellement préparés ou non sur place.

3 - Commande insuffisante : il arrive que certains restos refusent de servir une commande jugée insuffisante. Sachez, toutefois, qu'il est illégal de pousser le client à la consommation. Mais l'on peut également comprendre que commander un seul plat pour 3 personnes peut agacer un tantinet le restaurateur. Tout est une question de juste équilibre.

4 - Eau : une banale carafe d'eau du robinet est gratuite – à condition qu'elle accompagne un repas – sauf si son prix est affiché. On ne peut pas vous la refuser, sauf si elle est jugée impropre à la consommation par décret. La bouteille d'eau minérale quant à elle doit, comme le vin, être ouverte devant vous. L'arnaque dans certains restos « pousse-conso » consiste à proposer d'emblée une eau minérale et de la facturer 7 €, voire plus… À la question du serveur : « …et pour l'eau, Badoit ou Vittel ? » vous êtes en droit de répondre « une carafe ! ».

5 - Vins : les cartes des vins ne sont pas toujours très claires. Exemple : vous commandez un bourgogne à 16 € la bouteille. On vous la facture 32 €. En vérifiant sur la carte, vous découvrez que 16 € correspondent au prix d'une demi-bouteille. Mais c'était écrit en petits caractères illisibles. Attention au prix parfois exorbitant des vins au verre. Abus bien courant, l'année de référence n'est plus disponible : on vous sert un millésime plus récent mais au même tarif ! Vous devez obligatoirement en être informé avant le débouchage de la bouteille.

6 - Couvert enfant : le restaurateur peut tout à fait compter un couvert par enfant, même s'il ne consomme pas, à condition que ce soit spécifié sur la carte. Parfois il est libellé « Enfant ne mangeant pas », tant d'euros ! Cela dit, ce n'est quand même pas courant et ça donne une petite idée de la générosité du restaurateur !

7 - Sous-marin : après le coup de bambou et le coup de fusil, celui du sous-marin. Le procédé consiste à rendre la monnaie en plaçant dans la soucoupe (de bas en haut) : les pièces, l'addition puis les billets. Si l'on est pressé, on récupère les billets en oubliant les pièces cachées sous l'addition. Malin !

N'oublions pas que l'hôtellerie et la restauration sont des métiers de service, qui ne souffrent ni l'approximation, ni les (mauvais) écarts. Nous supprimons de nos guides tous les établissements qui abusent. Mais la réciproque est aussi valable : tout est question de respect mutuel.

Bonne route !

INDEX GÉNÉRAL

A

B

C

D

E

F

G

H

I-J-K

L

M

N

O

P

Q-R

S

T

U

V-Y

INDEX GÉNÉRAL

OÙ TROUVER LES CARTES ET LES PLANS ?

Les **Routards** parlent aux **Routards**

Faites-nous part de vos expériences, de vos découvertes, de vos tuyaux. Indiquez-nous les renseignements périmés. Aidez-nous à remettre l'ouvrage à jour. Faites profiter les autres de vos adresses nouvelles, combines géniales... On adresse un exemplaire gratuit de la prochaine édition à ceux qui nous envoient les lettres les meilleures, pour la qualité et la pertinence des informations. Quelques conseils cependant:

– Envoyez-nous votre courrier le plus tôt possible afin que l'on puisse insérer vos tuyaux sur la prochaine édition.
– N'oubliez pas de préciser l'ouvrage que vous désirez recevoir.
– Vérifiez que vos remarques concernent l'édition en cours et notez les pages du guide concernées par vos observations.
– Quand vous indiquez des hôtels ou des restaurants, pensez à signaler leur adresse précise et, pour les grandes villes, les moyens de transport pour y aller. Si vous le pouvez, joignez la carte de visite de l'hôtel ou du resto décrit.
– N'écrivez si possible que d'un côté de la lettre (et non recto verso).
– Bien sûr, on s'arrache moins les yeux sur les lettres dactylographiées ou correctement écrites !

En tout état de cause, merci pour vos nombreuses lettres.

Les Routards parlent aux Routards :
122, rue du Moulin-des-Prés, 75013 Paris

e-mail : • *guide@routard.com* •
Internet : • *routard.com* •

Routard Assurance 2015

Née du partenariat entre *AVI International* et le *Routard*, *Routard Assurance* est une assurance voyage complète qui offre toutes les prestations d'assistance indispensables à l'étranger : dépenses médicales, rapatriement médical, caution et défense pénale, responsabilité civile vie privée et bagages. Présent dans le monde entier, le plateau d'assistance d'*AVI International* donne accès à un vaste réseau de médecins et d'hôpitaux. Pas besoin d'avancer les frais d'hospitalisation ou de rapatriement. Numéro d'appel gratuit, disponible 24h/24. *AVI International* dispose par ailleurs d'une filiale aux États-Unis qui permet d'intervenir plus rapidement auprès des hôpitaux locaux. *AVI International* est un courtier reconnu qui gère lui-même ses dossiers et garantit une réponse rapide et simple. C'est aussi la filiale d'un groupe (SPB) présent à l'international. Pour toutes vos questions : ☎ 01-44-63-51-00 ou par mail • *routard@avi-international.com* • Conditions et souscription sur • *avi-international.com* •

Édité par Hachette Livre (43, quai de Grenelle, 75905 Paris Cedex 15, France)
Photocomposé par Jouve (45770 Saran, France)
Imprimé par Jouve 2 (Quai n° 2, 733, rue Saint-Léonard, BP 3, 53101 Mayenne Cedex, France)
Achevé d'imprimer le 2 février 2015
Collection n° 15 - Édition n° 01
34/1112/2
I.S.B.N. 978-2-01-002758-1
Dépôt légal : février 2015

PAPIER À BASE DE FIBRES CERTIFIÉES

hachette s'engage pour l'environnement en réduisant l'empreinte carbone de ses livres. Celle de cet exemplaire est de : 550 g éq. CO_2
Rendez-vous sur www.hachette-durable.fr